◎ 李云鹤 李剑尧 著

驿路钩沉

—— 吉林古代交通历史文化笔记

吉林文史出版社

图书在版编目(CIP)数据

驿路钩沉:吉林古代交通历史文化笔记/李云鹤,
李剑尧著.--长春:吉林文史出版社,2023.12
吉林文脉传承工程
ISBN 978-7-5752-0013-4

Ⅰ.①驿… Ⅱ.①李… ②李… Ⅲ.①交通运输史 –
吉林 – 古代 Ⅳ.①F512.9

中国国家版本馆CIP数据核字(2023)第228281号

驿路钩沉——吉林古代交通历史文化笔记
YILU GOUCHEN——JILIN GUDAI JIAOTONG LISHI WEN HUA BIJI

著　　者：李云鹤　李剑尧
责任编辑：程明　戚晔　高丹丹
封面设计：李剑尧
美术设计：杨兆冰
出版发行：吉林文史出版社
电　　话：0431-81629375
地　　址：长春市福祉大路5788号
邮　　编：130117
网　　址：www.jlws.com.cn
印　　刷：吉林省科普印刷有限公司
开　　本：787mm×1092mm　　1/16
印　　张：27
字　　数：605千字
版　　次：2023年12月第1版
印　　次：2023年12月第1次印刷
书　　号：ISBN 978-7-5752-0013-4
定　　价：128.00元

前　言

　　这个世界上所有的路,都是人走出来的。人的双脚在处女地踩踏成路的过程,就是人类历史文化持续书写的过程。因而,任何地方的历史文化都与各种各样的路密切相关,都有因路而生、循路而成的蜕变演绎过程。很简单,文化是人创造的,创造文化的人一直行走在路上,他们创造文化行程中的每一个当下之前,在这个"当下"来临的时候,都已经成为历史。所以,历史和文化的紧密联系从来都无法分割开来。

　　在吉林省地方志领域工作逾二十年,本人对吉林地域历史文化有着非常深厚的感情。吉林地域从历史文化视角观察,是一个非常特殊而又有趣的地方。这里有人类活动的历史绝不比其他地方短,但是这里有文字系统记录的历史却很少。一方面人类活动的历史很长,另一方面历史文化的记录很薄。于是,产生了一种尴尬:我们有足够长的令人自豪的历史,但是这个历史我们自己却说不清楚。更为尴尬的是,太久远的历史说不清楚倒也罢了,不太久远的历史也说不清楚。在实际工作中经常碰到这样的情况:某一件事情,很多人都能说出个大概,但是一到追索究竟的时候,又谁也说不出下文了。这是非常遗憾的事情。

　　出于职业责任感,也因迫切希望改变这种窘境,我们对吉林地域历史文化进行了相对系统的搜罗整理,逐渐形成了一些成果。清代驿路对吉林省土地开发、城镇格局、文化发展都有着非常重要的意义。沿着驿路上的一个个驿站走下去,可以远远眺望到"一驿过一驿,驿骑如星流"的历史镜头中流星赶月的驿使背影,可以慢慢捕捉到"生非生兮死非死"的凄凉氛围中步履蹒跚的流人脚步,可以静静感觉到"死逼无奈下关东"的流民大潮中充满希冀的脉搏律动……从某种意义上说,驿路是"闯关东"流民的生命线,是吉林省最初城镇格局拉伸的中轴线,是中原汉民族文化流布整合的轨迹线。沿着清代驿路走下去,一定能够走进吉林地域历史文化中去,追赶上时光隧道中那些逐渐远去的滚滚风尘和人间烟火。因此,有了《驿路钩沉——吉林古代交通历史文化笔记》这本书。

　　这本书的写作过程,对于我们来说可谓一场痛苦的"修行"。2022年3月,就在本书动笔没有多久之时,本人相濡以沫35年的妻子张柏文猝然辞世,在特殊的社会环境下凄然去往另一个世界。从那时起,直到本书完稿,梳理史料、写作文稿都成了本人和儿子李剑尧排解哀伤和思念的第一选择。即将付梓的书稿,字里行间都隐伏着无法言表的痛,承载了难以传递的情……

确实,行百里者半九十。干任何事情,结果往往都会与初衷有着"深情相望"的距离。于我们而言,于这件事情而言,激动于初衷的豪情尚未消失,遗憾于结果的沮丧已经升腾。我们深知,这件事情并没有做好。不是努力不够,而是学力不够,智慧不够,底蕴不够。尚可聊以自慰的是,从始至终,初心未失,一直坚守着一份执着。那就是:给自己认可的价值赋予价值,给自己坚持的意义升华意义,给自己信守的希望添加希望!

因此,心中稍安。

李云鹤

2023 年 10 月 16 日

目　　录

古代中国的驿路风尘

　　不知从什么时候开始，中国大大小小的城市都热衷于举办马拉松比赛，"马拉松"一度成为"热词"，也使得那个遥远岁月中的地名，为更多的中国人所熟知。遥想公元前490年的爱琴海岸边，攻打古希腊城邦的波斯帝国军队在雅典附近的马拉松登陆，随即遭到同仇敌忾的雅典将士的顽强阻击。面对兵力数倍于己的波斯军队，雅典将士以无比的果敢和勇毅取得了胜利。因为此战关乎城邦存亡，雅典市民都在以极其忐忑而又异常迫切的心情等待着前方战事的消息。雅典军队统帅米太雅非常清楚雅典市民此时的想法，于是在取得胜利以后，立即选派擅长奔跑的士兵斐力庇第斯返回雅典城传送胜利喜报。身上带伤的斐力庇第斯以最快的速度从马拉松一路跑到了雅典中央广场，对市民们奋力高喊："大家欢乐吧，我们胜利了！"随后倒地身亡。马拉松到雅典的距离为42.195公里，这就是后来马拉松比赛的长度。每每读到这个故事，作者就会想：这件事如果放在同一时期的古代中国，斐力庇第斯或许就不会死，因为公元前490年，在我国为东周敬王时期，处于春秋晚期，那个时候我们已经有了比较规范的由驿路和驿站构成的驿传系统了。《孟子》第二篇《公孙丑》记载，孟子对公孙丑说："孔子曰：'德之流行，速于置邮而传命。'"这说明，在孔子生活的春秋晚期，"置邮传命"已经存在。试想，若是发生一场如此重大的战事，驿传系统必然会高速运转，40多公里的距离，中间一定会有一个歇脚、换马或换人的驿站，绝不会发生斐力庇第斯这样的悲剧。从某种意义上说，古代中国是从驿路上穿越历史风尘走过来的，古代中国的驿路风尘何尝不是古代中国行进道路上的历史风云！中国古代的驿路，就像纵贯中国古代文明发展历史的经络，不仅流淌着时代的活力和生机，更刻画下时代风云的深刻印记，随着时光渐行渐远，一点儿一点儿沉入历史记忆的深处。所以，中国古代驿路的拓展历程，是中国古代文明发展的真实历程缩影。

一、穿越漫长时光的驿路

世间最初并没有道路,人类在蔓草荒榛之间,踏过巉岩坎坷,用双脚日复一日地踩踏出道路。人们之所以要去踩踏成路,是因为有着出行的需要。最初,可能是生存的需要,要采集或猎取食物;然后产生了交往的需要,不同的部落和集团之间需要经常来往;再后来就变成日趋复杂多样的需要,文化交流、经济贸易、军事需要,等等。因此,只是简单的道路交通已经无法满足多方面的需要,于是人们创造出可以更好满足需要的更为完善的交通设施和制度体系,这就是驿路、驿路上的设施以及配套制度构成的驿传系统。毫无疑问,驿路是交通孔道,是人们为了从一地到达另一地而在两地之间开辟出来的方便行走的道路。而人们最初开辟这样的交通孔道,最直接的目的是方便两地往来和传递信息。所以,无论从交通史的角度,还是从邮驿史的角度研究驿路起源,学者们都要从最古老的信息传递说起。对于驿路驿站的早期形式,有的追溯到黄帝"合符"传说,有的则从尧舜设"诽谤木"说起,以至夏王朝"遒人"手执木铎宣布政府号令。其实,真正的驿路雏形,出现在商周时期。从鸿蒙初辟延展过来的道路,穿越了混沌迷蒙的时光,在这时成长为驿路;而成长起来的驿路,还要继续穿越数千年的时光隧道,延展到历史所能延伸到的去处。

(一)商周时期:刚刚开辟的驿路和刚刚上路的王朝

学者研究发现,殷墟出土的甲骨卜辞中已经存在"行""传""腾"等反映信息传递情形的文字,还有"来闻""来告""来警"等反映地方向中央定期奏报制度的文字。学者根据一条记录北境边报内容的卜辞推测,殷商时代已经形成了军邮传送制度,传递速度可能已经有了相对确定的每日里程。根据考古发现,我们大致可以了解,商朝时通衢大道沿线设立了先称为"堞"后称为"次"的所在,为行者提供止歇栖身之处;而再后来发展起来的"羁",则是专为王族、贵族提供止歇饮食的道边旅舍。不过可以肯定的是,商朝时还没有设立像后世那样分段传递信息的常设驿站,一般是一个信使传送到底。据一条商王祖庚时的甲骨卜辞记载,有一位信使送信,走了48天才到达目的地,估计走了1200多里路。还有一位信使更为悲惨,商王武丁时期的甲骨片记载,这是一位年龄很大的信使,在路上走了26天,行走了600多里路,还没有到达目的地就死去了。

到了西周王朝统治时期,交通已经比较发达,形成了由交通干道组成的陆路交通网。这些交通干道被称作"周行"或者"周道",在《诗经》中有着非常充分的反映。

《诗经·周南·卷耳》:"嗟我怀人,置彼周行。"

《诗经·小雅·大东》:"佻佻公子,行彼周行。"

《诗经·小雅·鹿鸣》:"人之好我,示我周行。"

《诗经·桧风·匪风》:"顾瞻周道,中心吊兮。"

《诗经·小雅·四牡》:"四牡骓骓,周道逶迤。"

《诗经·小雅·小弁》:"踧踧周道,鞫为茂草。"

《诗经·小雅·大东》:"周道如砥,其直如矢。"

从这些诗句可以得出两点认识:一是这些交通干道分布比较广阔,所以会发生那么多浪漫或悲伤的故事;二是这些道路一定平直宽阔、规格很高,可供系驾四匹骏马的战车从容通行。从文献记载来看,这个陆路交通网的干道,首先是被称为"王道"的镐京至东都洛邑的大道,数百年后墨子评论这条大道说:"王道荡荡,不偏不党;王道平平,不党不偏。其直若矢,其易若砥。"此外,就是周王朝通往各大诸侯国的通道,如从洛邑通往鲁国的"鲁道",《诗经·齐风·载驱》有"汶水汤汤,行人彭彭。鲁道有荡,齐子翱翔。"这样的描述。在这样高规格的交通设施基础之上,西周的驿传制度建设也比较完善。在政府机构设置中,天官冢宰之下,有秋官司寇负责日常的通信,夏官司马负责紧急文书,地官司徒负责沿途馆驿供应、交通凭证和道路管理。此外还有大行人、小行人、行夫等专门职官。而道路之上相关设施的设置也有相应的规范。据《逸周书·大聚解》记载:"辟开修道,五里有郊,十里有井,二十里有舍。""舍有委"是说国家正式规划修筑的道路,每隔一定的距离,都设有规定的设施。据《周礼·地官·遗人》记载:"凡国野之道,十里有庐,庐有饮食;三十里有宿,宿有路室,路室有委;五十里有市,市有候馆,候馆有积。"从这条记载看,每隔10里设置可以提供饮食的"庐",每隔30里设置有可以休息的"路室"的"宿",每隔50里设置有住宿条件更好的"候馆"的"市"。而"委"和"积",都是为行人提供行旅饮食的生活消费品储备。驿传方式则区分为传、邮、徒等不同种类,"传"是以车传递的"快递","邮"是边境上的传书,"徒"则为和斐力庇第斯在马拉松接受的任务相似的急行步传。据《尚书》记载,武王去世后,成王继位,周公辅政,命召公经营洛阳新都。新都建成前后,周、召二公之间的信息交流,都是依靠信使在两地之间传递的,可见西周驿传很得统治阶层信任。当然,便捷畅通的驿传系统,在西周历史时期,分布肯定不会延伸到边远地区。历史记载,西周初年,地处今两广和越南一带的越裳氏欲赴中原朝拜,因为山迢路远,担心到不了镐京,同时派出了三队使臣分头前来,最后都到了周朝都城,使周公大为感动。可见,驿路分布在当时还仅限于西周的中心地域。

公元前770年,我国进入东周时期,其中公元前770年至公元前476年为春秋时期,公元前475年至公元前221年为战国时期。春秋时期,各诸侯国强大起来以后,普遍重视驿传建设。齐国齐桓公在管仲辅佐之下最早强盛称霸,其驿传建设甚为完备。据《管子·大匡》记载:"三十里置遽委焉,有司职之。"就是在齐国的交通干线上,每隔30里设置一"遽",在那里储备供行人休息饮食的物资,并且有人帮助装卸行李、准备饮食并提供相关服务。楚国"以驲传命"成为定制,设驲的地方配置相应数量的驲车和驲马。燕国信使传递消息非常方便,境内大道两旁种着树木,沿途设有庐室馆舍,昼可以憩,夜可以寝。从史料记载来看,当时的驿传形式称"遽"、称"驲"、称"传"。《左传·僖公三十三年》记载,公元前627年,郑国商人弦高发现秦国欲偷袭郑国,便伪称受郑国国君委派慰问秦军,显示郑国已经知道秦军企图,以对秦军加以阻吓,同时"使遽告于郑"。《左传·昭公二年》记载,公元前540年,郑国公孙黑发动叛乱,正在边鄙之地的国相子产担心来不及拯救危局,于是"乘遽而至"。据《国语·吴语》记载,公元前482年,越王勾践袭击吴国,攻破其都城。吴王夫差正在黄池与晋定公谈判,"吴晋争长未成,边遽乃至,以越乱告。"可见,"遽"是比较普遍使用的驿传方式,郑国、吴国都有,应为单骑快马奔行。《国语·晋语四》记载,公元前636年,晋文公预知臣下密谋作乱,危急之间"乘驲自下",逃到秦国边城避祸。据《左传·昭公五年》记载,公元前537年,楚国会集诸侯及东夷进攻吴国,楚君"以驲至于罗汭"。可见,晋国、楚国有称"驲"的驿传方式,应为一种高级急行车,从记载来看多为国君使用。《左传·成公五年》记载,公元前586年,晋国梁山崩坏,晋景公曾经以"传"紧急召见伯宗商议对策。这说明,在晋国还有"传"这个驿传形式,应该比"驲"级别低一些。从上述记载可以了解到,当时文明水平相近的诸侯国,有着大体相当的驿传制度。分段传递的驿传记录出现在春秋末期,据文献记载,公元前541年,秦景公的弟弟鍼去晋国,在秦晋之间开通驿道,每隔10里设置一舍,每辆驿车只跑一舍,然后换车跑下一舍,这样历百舍1000里地,正好由秦国都城直达晋国都城,这应该是中国古代驿路分段传递之先河。战国时代,驿传制度进一步完善,驿路关卡通行建立了符证制度。中国国家博物馆珍藏着一尊湖南出土青铜铸造昂首瞪眼卧虎造型的战国时楚国"王命传任虎节",正反面共刻有九个字"王命命传赁一樽饮之",意思是"传递王命供应车马饮食"。1957年安徽寿县发现的"鄂君启节",就是楚怀王发给鄂君启的水陆通行符节。上面有错金铭文,说明持节者所拥有车船、通行路线等事项,持此节者可以在沿途驿站免费食宿。历史上孟尝君靠鸡鸣狗盗之徒赚开函谷关关门,得以逃脱秦昭王的追拿,一个很重要的前提是更换了"封传"。所谓封传,就是驿途证明身份的证件。此外,战国时期还出现了私家控制的信息传递系统。

(二)秦汉及魏晋南北朝时期:逐渐拓宽的驿路和逐渐完善的驿传

秦始皇并吞八荒、横扫六合,建立了我国历史上第一个统一的封建中央集权帝国,不但统一了文字、度量衡等,还对列国驿传制度进行了整合统一,将各诸侯国所称的"遽""驲""传"等整合后统称为"邮"。秦朝驿传体系和制度建设能够长足发展,有两个重要原因:一是秦朝建立了比较发达的交通网络,为驿传体系发展奠定了坚实的物质基础。秦王朝以国都咸阳为中心,建设了辐射全国的交通干线网络。比较重要的干线,第一条是主要用于军事的直道,包括从关中向北直达塞外九原的北路干线和从蒲津渡河经平阳、晋阳以通云中的河东干线;第二条是由咸阳东出函谷关,经洛阳循济、渎抵定陶,以达临淄的东路干线,横贯关中和华北,是关乎政治、经济、军事的大动脉;第三条是由咸阳出武关,经南阳以达江陵的南路干线,为关中联系江南的重要孔道。这些大道畅通无阻,沿途遍布驿站、离宫、馆舍以及其他军事设施。二是秦朝实行郡县制,上下公文往来量大面广,驿传建设事关统治效能。秦朝在全国普遍设置郡县,郡守县令由中央直接任免,也就意味着中央政令要直接下达到郡县。同时,郡守县令由中央任免,就必须对中央负责,那么向中央进行请示汇报的事项就少不了,以致秦始皇每天要阅批的竹简奏章重达120斤。如此双向文书往来,驿传体系必然要高速运转。因此,秦朝对驿传做出了很多严格细致的规定:"邮"负责长途公文书信的传递,近距离的另有"步传",即步行传递。邮传则采用分段接续传递的方法,邮传人员沿政府规定的路线,一站一站接力传送。邮路沿途设有供邮传人员休憩的处所,称为"邮"或"亭",继续实行以符节为信物的制度。邮传公文一般分为两类,一类为急行文书,包括皇帝诏书、征召文书等,必须立即送达,不得有任何耽搁;另一类为普通文书,按规定也得当日送出,不得积压,否则按律处置。秦朝时承担传递任务的邮传使者地位比战国时代要低,不再属于官吏,而是民间役夫。不过明确规定,那些身份极低的人和年老体弱的人,不可以充当邮传使者。另外,特别重要的文书,按规定还是由接受过特殊训练的人员来传送。当然,驿传系统不仅仅是传递政令文书,还承担着传递军令情报、运输政府及军队物资、押送犯人等任务。驿路上设置的传舍,接待过往使者和官员,提供食宿和车马。接待中也有级别等差:地位较高的公使,传舍提供饮食;一般使者,传舍提供有偿饮食服务;级别更低的人,到属县办事或从军,即使有传符,传舍也不负责饮食。

汉承秦制,驿传管理体制并无太大差别,但是交通网络建设更加完善,军令政令无远弗届。西汉时期的交通干线,第一条是自京师向西,经陇西逾黄河,贯通河西走廊,连通西域,为著名的丝绸之路。第二条和第三条为秦代两条直道,是防御匈奴的交通要道。一经平阳、晋阳抵云中,一从关中直达塞外九原。第四条由京师西南向,循褒斜道经汉中以达成都,后继续向西南方延伸逾昆明、永昌而通于天竺。第五条由京师出武关经南阳以达江陵,从江陵可通今湖南、广东。第六条由京师东出函谷关,经洛阳直达临淄。有学者研究认为,西汉时期既采用由前朝沿袭下来的传车模式,又采用逐渐盛行的驿骑模式。大体上,步递称作"邮",车传称作"传",马递则称作"驿"。从史料记载看,西汉早期车传使用比较频繁。《史记·黥布列传》记载,淮南王英布图谋对抗刘邦,贲赫"乘传诣长安"告密,英布派人追赶但没有追上。《汉书·陈平传》记载,樊哙有反状,刘邦令陈平带着周勃乘"驰传"取代樊哙。汉景帝时,发生了七国之乱。大将周亚夫奉诏平叛,从长安乘六乘传秘密会兵荥阳,收到出奇制胜之效。当然,传车不仅用于告变、逮捕、征召、发兵,还用于押送犯人、传首长安等。总之,传车在西汉王朝巩固其统治地位方面,发挥了重要的作用。西汉初改"邮"为"置",是驿传体系和制度建设上的新变化。应劭《风俗通义》记载:"改邮为置。置者,度其远近置之也。"驿置以传递文书为主,一般在交通干线上每隔三十里左右设立一置。驿置备好车马,随时供兼程驰驿的使者来此换乘。起初,驿置的交通工具是轻车快马,后来车辆逐渐被淘汰,以驿马为主要交通工具。"驿"作为指代驿传形式的名词,在文献中正式出现,大约是在汉武帝时期,实际上"驿"的广泛应用则是在西汉末东汉初。特别是东汉时期,由于经济困难,传车大部分取消,以马骑为主的驿发展起来。应该指出的是,改邮为置以后,驿传意义上的"邮"并未消亡,只是概念范畴缩小为步递,与之对应的机构称"邮亭"。邮与驿置传递方式虽然不同,但职能都是以传递文书为主,行经路线也大致相同,所以文献中出现了将二者合称的"邮驿"称谓。汉代传车、驿马、步递的行进速度可以进行大略判断。一般车传主要为贵族使用,规定并不太快,据《汉书》记载,皇帝乘车出行"吉行日五十里,师行日三十里",据此推断传车速度当不超过日行70里。不过,因传车使命不同,速度也会不一样,有学者考证传车最快可达日行二三百里。驿马的速度显然要快很多,清人王之春在《椒生随笔》中认为,汉代"乘疾置为急递,日行四百里,古以四百里为至速"。步递距离较短,一件文书一般当天送达,平均每个时辰十里。交通干线上设有若干亭,而处于交通干线上的县以上城市则设传舍,传舍附近有厨、厕,为驿传系统的后勤保障。传舍只接待持有证明的官员,没有证明则不予接待。须特别指出,汉代亭的设置应为基层组织,处于交通干线上的亭,兼有接待往来信使的任务,否则不具有邮传功能。

东汉政权衰亡以后,中原大地群雄并起,魏、蜀、吴三足鼎立之后,中国进入了纷纷扰扰的割据时代。毫无疑问,狼烟遍地、交战频繁的动荡背景下,经济社会的发展受到了极大的影响。驿传体系的发展虽然也深受其害,但是战争需要的刺激,加之诸如纸的广泛应用、马镫的发明等因素的共同作用,魏晋南北朝时期的驿传体系和制度建设,还是有了一些颇具历史意义的发展。三国时期的曹魏在魏文王时,大臣陈群等将秦代以来有关驿传的法令,根

1972年出土自嘉峪关新城堡魏晋墓群的"驿使图"壁画砖,距今1600多年。原画长34厘米,宽17厘米,为米色底,黑色轮廓线,马身涂黄,还有几笔红色的斑块。砖上绘一信使,头戴黑帻,着皂缘领袖中衣,左手持棨传文书,跃马疾驰。棨传为通过关卡、驿站时的信物。驿马四蹄腾空,奔驰在戈壁绿洲的道路上。这被认为是我国发现最早的古代邮驿的形象资料,现收藏于甘肃省博物馆(图片来自网络)

据当时的具体历史条件进行了修改,即《邮驿令》,这是我国历史上第一个以"邮驿"命名的专门法令。虽原文已经失传,但是从一些历史文献的记载看,对后世有深远影响。也是在三国时期,水驿在东吴出现了。吴国统治中心在江南水乡,境内多有水道,所以当地驿传水陆兼行。到南朝时,江南水驿尤为发达,甚至用于和西域各国的驿传联系。据学者考证,当时有一条"河南路",从金陵出发,从水路西溯巴蜀,然后再逆江而行,穿过今青海到达西域各国。当然,至南北朝时期,水驿在北方也有一定规模的发展。这一历史时期驿传体系出现的另外一个重大变化,就是在北朝出现了传驿合一趋向。北魏初期道路上大概还有"亭传",但以后传所担负的任务大半交驿承担,虽然依然保留了精美的传车和馆舍,主要是供接待南朝国使、特殊权贵以及册封诸王专使使用。由于传驿趋于合一,驿传速度不算太快,北齐时陆路每日二百里左右。此时文书一般由发件方派专人送递,途中替换车马和食宿由驿站供应。驿站成为驿路上唯一机构,同时承担迎送官员、专使和宾客的任务。如此一来,非官方的客商和私人行旅的食宿,则被新兴的私人旅店和寺院旅店经营了。尽管私人逆旅逐渐兴起,但这个时期私邮还没有发展起来,民间通信主要靠过往商旅和官员传送。《晋书·殷浩传》记载,东晋时有个人姓殷名羡字洪乔,任豫章太守。有一次他从京城返回本郡,京城人求他捎带了100多函书信。岂料他刚出京城就将这些书信统统投入水中,还咒骂着:"沉者自沉,浮者自浮,殷洪乔不为致书邮。"后人将此事概括为"洪乔之误",谴责其言而无信。

(三)隋唐时期:"驿骑如星流"的繁忙驿路

隋朝结束了中国数百年分裂割据的局面,开创了全国统一的新局面。581年隋文帝杨坚建立隋朝,618年李渊称帝建立唐朝,隋朝国祚满打满算不到40年。但是,就在这样短暂的时间里,隋朝还修筑了运河和驰道,促进了驿传体系的发展。隋初建有馆、驿、台传。台传还备有仓库,供应过往官员和使者饮食等。州设馆,头目称监事,在馆舍停留须有凭证。驿则遍布在全国驿路上,每个驿都有兵卒。隋朝驿速很高,有时会把体弱的人半途累死。据《隋书》记载:"秦王俊为并州总管,诏(王诏)仍为长史。岁余,驰驿入京,劳敝而卒,时年六十八岁。高祖甚伤惜之,谓秦王使者曰:语尔王,我前令子相(王诏字子相)缓来,如何乃遣驰驿?杀我子相,岂不由汝邪?"所以,隋朝非急事不发驿,隋文帝还专门下令,处死州囚不得驰驿行决。一般官员赴任、觐见,要乘传马;地方上的文书,一般交由健步传递。甚至《隋书》还记载了一个颇为离奇的故事:相传隋初有一个善于徒步的健卒名叫麦铁杖,行走速度快如奔马,能够日行五百里,曾经由京城送诏书到南徐州,一夜之间能够往返。后来投奔杨素,屡立奇功,但是杨素并没有对他论功行赏。一天,麦铁杖遇到驰驿返归京师的杨素,步行追赶,每夜住在同一个地方,杨素见此,醒悟对麦铁杖待遇不公。尽管比较离奇,但是能够说明隋初的确存在步行传递的健步。

唐朝政治清明,国力强盛,经济、文化空前繁荣,驿传事业进一步发展完善。全国共有水马驿1639所,其中陆驿1297所,水驿260所,其余为水陆相兼驿所。陆驿,30里置一驿,驿有长,称捉驿,起初由州里富强之家来主持,至德年间以后改为"吏主驿事",驿卒由民夫充任。水驿,分成三等,视驿事繁简而定。水陆相兼的驿,则兼备马驴船只。唐代交通线路四通八达,据柳宗元《馆驿使壁记》记载,唐朝以首都长安为中心,辐射七条驿道通往全国各地。第一条是从长安到西域的西北驿路,自长安经泾州、会州、兰州、鄯州、凉州、瓜州达安西都护府。第二条是从长安到西南的驿路,自长安经兴元、利州、剑州、成都、彭州、邛州达川藏地区。第三条是从长安至岭南的驿路,由长安经襄州、鄂州、洪州、吉州、虔州直达广州。第四条是从长安至江浙福建的驿路,由长安经洛阳、汴州、泗州、扬州、苏州、杭州、越州、衢州达福建泉州。第五条是从长安到北方草原地区的驿路,自长安到同州,再经河中府、晋州、代州、朔州达北方单于都护府。另外两条,一条自长安至山东、东北地区,一条自长安至四川云贵地区。在四通八达的驿路上,"十里一走马,五里一扬鞭",驿传效率非常高。据推算,唐朝朝廷发布的政令,两个月内便可全国推行。唐朝的水驿不但分布在人工修建的运河上,在普通江河上也有设置。在南方,驿路更多的是水陆相兼,有的水陆两线大致平行。据《唐会要》记载:"江淮之间多有水陆两路。近日乘券牒使命等或使头陆路则随从船行,或使头登舟则随从登陆。"有的是一段陆路一段水路,如杜甫从陇右道成州去成都,就是先走陆路,再走水驿,然后又由陆路到达成都。唐朝边疆少数民族地区驿传也有很大发展,如唐时为西州的吐鲁番一带,内部就建有11条驿路。西北回纥、西南南诏也都建立了驿传体系,还有许多与邻国往来的国际驿道。

唐朝交通线上普遍设立驿、馆等站所。驿设于驿路之上,一般兼有通信机构和招待所的双重作用。起初,有的驿设于城内,但由于城市宵禁要关闭城门,对于紧急军情传递不利,遂陆续迁于城外。如京畿道上诸驿,除鄠县驿、醴泉驿、昌宁驿、泥阳驿、富平县驿设在县城内,此外近三十个驿都在城外干线上。馆有两种,一种设于县、州、府城内,一种设于非干线之上,其主要作用是接待过往官员。因发挥作用不同,驿俗称馆驿或驿亭,馆则称客馆、宾馆或馆第。驿兼备双重职能,建筑一般宏伟壮观。明清之际思想家顾炎武在《日知录》中说:"予见天下之为唐旧治者,其城郭必皆宽广,街道必皆正直,府舍之为唐旧创者,基地必皆宏敞。"中唐诗人刘禹锡在一篇题为《管城新驿记》的文章中,生动描写了馆驿的豪华:"门街周道,墙荫竹桑,境胜于外也。远购名材,旁延世工。既涂宣皙,瓬甓刚滑,求精于内也。"是说管城新驿坐落于宽敞整齐的大路旁边,周围栽种着益然成荫的桑竹,宛然一派宜人风景。门内则是以名贵木材构建、高级砖瓦修筑墙壁的建筑物,装饰精美华丽。驿馆内还有专门的厨房,备有牲口的厩舍,储藏物资的仓库,等等。唐人李肇写的野史《唐国史补》记述了这样一件事:江南有一位驿吏请新上任的刺史参观一处驿馆,酒库中贮藏着各色美酒,茶库中陈列着各地名茶,酱菜库里腌制好的各种蔬菜香味浓郁,由此亦可见唐朝驿馆豪华奢侈之一斑。

唐朝驿传功能范围有了很大的扩张,根据史料中关于发驿的记载,大体可以梳理出驿传的主要作用:一是中央与地方之间的公文往来,包括紧急军情报告的传递,重要文书派专使乘驿传送,一般文书交驿发递。二是官员赴任,由发传改为发驿。大多数骑马,偶尔也有乘车者。三是输送官员往来公干,如派遣官员怀柔少数民族、平息叛乱、镇压叛乱、赈济灾民、追捕罪犯、审理案件等都要驰驿。四是作为特殊礼遇,如征召贤能、礼待僧道等。五是押送犯人、传递首级。六是物资运送,如贡品运输、小件物品运送等。唐朝在私人运用驿传通信上有了重大突破,618年,唐高祖下特诏宣布解除官员间私人通信的禁令,因此官员可以合法地通过专门派人和托人捎带来互通音问,一些官员还可以利用乘驿外出的使者捎带口信、代递书信。唐朝驿传发送公文信件种类多、数量大,中央到地方的发寄形式有派专使、交驿、交来京使者顺路带回、交进奏院等。重要机密公文派专使,紧急文书则往往交进奏院。各地公文在运递过程中,都沿着固定的中转路线汇总。如关东地区公文一般经由洛阳转发京城,洛阳是重要的公文中转地。唐朝驿传分为步递、马递、驴驼递以及水路舟递等方式。驿传的主要脚力是马,分为驿马和传马两种,传递书信靠驿马,货物运输靠传马。驴一般用于品级较低的官员使驿时骑乘。驿马日行六驿,传马日行四驿,按每30里一驿计算,即180里至120里左右。如果情况紧急,速度则大大加快。如左降官日驰十驿,约300里;送赦书则要求日行500里,因为赦书送达快慢事关人命。唐人著作曾记载,有送赦书的驿使马上昏睡迟行一驿,等赦书送达时人已经被斩首。水驿用舟,有大小两种驿船,船行一般比马慢。重舟逆水河行日30里,江行日40里,其他45里;空舟逆水河行日40里,江行日50里,其他60里。顺水则不分轻重河行日100里,江行日150里,其他70里。官员乘驿,严格按照品级确定驿马数量。据《唐律疏议》记载:"给驿职事三品以上若王,四匹;四品及国公以上,三匹;五品及爵三品以上,二匹;散官、前官各递减职事官,一匹;余官爵及无品人各一匹。"官员乘驿须凭公券,私事而又无券不得使用驿马,不得进驿停留。乘驿行进速度也不准过快,以节省畜力。关于馆驿食宿及停留,《唐会要》记载:"使人缘路无故不得于馆驿淹留。纵然有事,经三日以上,即于主人安置,馆存其供限。如有家口相随,及自须于村店安置,不得令馆驿将什物饭食草料就彼等供给。"不过,节度使、按察使家口不在此列。唐朝关于驿传的法律制度规定已经相当完善,不再一一赘述。

(四)宋朝与辽金西夏时期:承前启后的特殊重要发展阶段

在我国驿传发展历史上,宋朝尤其是北宋时期,是一个特别重要的发展阶段。其上承隋唐五代之余绪,形成了独特的形式和内容;下启元明清三朝之大端,深刻影响着后世驿传事业之发展。北宋对后世影响深远的制度变革,概括起来为四个方面:一是调整了驿站之间的距离,唐代两驿之间距离为30里,北宋调整为60里;二是军卒代替民夫充当驿卒,开后代"军站"之先河;三是出现了驿递的新形式,如递铺、斥堠铺、摆铺,而递铺又有步递、马递、水递、急脚递四种形式,元明时期的急递铺就是由此发展而来的;四是官员私书可以入递的规定,突破了秦汉以来传统驿传的陈规旧习,有力推进了驿传事业的发展。北宋以开封为中心,形成了辐射全国的水陆交通网络,概括起来可称为"四河五道"。四河指汴河、黄河、惠民河、广济河,"五道"指分别通往河北、山东、陕西以及通往东南、西南地区的五条主要交通干线。如果按照东、南、西、北四个方向来描述北宋陆路交通干线,大概情形为:自开封东行,经曹州至今山东各地;自开封东南行,经应天府可至江苏、浙江、福建各地。自开封南行,取道蔡州、信阳军,东可至寿春府,东南可以至南康、洪州,南可以经岳州、潭州以至广州。自开封西行至长安,向西北行至今陕西、甘肃各地,向西南行至今四川各地。自开封北行,东北可至大名府,北可至真定府、燕山府,西北可至太原府。虽然北宋交通四通八达,但仍然在全国扩建驿道。宋至和元年(1054)冬,任利州路转运使、工部主客郎中的李虞卿奏请新开白水路,自凤州河池驿至兴州长举驿,长50余里,仅半年即告竣。甘肃境内许多驿路桥梁如兰州浮桥、安乡浮桥都是北宋时修建的,方便了甘肃到新疆、青海的驿路交通。高宗南渡以后,宋金交战频繁,驿传建设不得不摆在重要位置,并带有浓厚军事色彩。据《永乐大典》记载,建炎元年(1127)九月,一位官员上疏高宗:"有司失职,邮传不通,陛下即位以来,诏令多矣,而浙东州军所受者,惟两敕书及四五御札,其他片纸不传。"迫使仓皇南渡的高宗政权重整驿传体系,虽然缺乏反映驿传状况的系统史料,但根据地方志资料统计,南宋8府47县共有递铺377处。

宋代十分重视馆驿建设,州府县镇驿舍、亭、铺相望于道,驿路之上官员往来不绝,食宿非常方便。在路途偏远、驿馆稀疏的地方,附近庙宇辟出一部分房舍,用于招待过客。赵匡胤甚至令无驿州县也要设置公使库,专门用于招待过往公干官员。宋人王应麟在《玉海》中说:"郡国朝宿之舍,在京者谓之邸;邮骑传递之馆,在四方者谓之驿。"北宋在京师汴梁兴建一些大型馆驿,作为"国宾馆"招待外国使节。如汴梁封丘门外之东的班荆馆,为迎饯辽国使臣的地方;由怀信驿改建的都亭驿,作为曾经宴请契丹使臣的地方,也赐宴过文武百官;位于崇化坊的来远驿,为接待西北地区少数民族使客之所;在汴河北的怀远驿,用来接待交州、龟兹、大食、于阗、甘沙、宗哥等贡使。以上馆驿都是举行国事活动之所,为驿馆之中规格最高的设置。宋代驿路上一般的馆驿,大都环境整洁、屋宇宽敞、设施完备,使得来往官员、信使大有宾至如归之感。之所以对馆驿建设如此用心,是因为馆驿是地方行政的门面,馆驿建设好坏反映着地方治理的优劣。宋朝馆驿大概的状况,从一些古人的记述中可见端倪。苏轼曾于嘉祐六年(1061)赴凤翔,谒客于凤鸣驿,其于《凤鸣驿记》中写道:"视客所居与其凡所资用,如官府,如庙观,如数世富人之宅。四方之至者如归其家,皆乐而忘去。将去既驾,虽马亦顾其皁而嘶。"这一段记述可能有些文人不经意的夸张成分,但是凤鸣驿之豪华、舒适、惬意当是不假,甚至连驿马也不愿离去。不过,修建这样豪华的驿馆,靡费也是相当惊人,扶风太守修建凤鸣驿用夫三万六千,用木石二十一万四千七百有奇。南宋文学家毛开在《和风驿记》中,以精当细腻的笔触对和风驿进行了这样的描写:"为屋二十四楹,广袤五十七步,堂守庐分,翼以两庑,重垣四周""门有守吏,里有候人"。是说馆驿屋宇十分宽敞,有24间房屋,房屋长宽57步,有厅堂、居室、走廊,四周还有两重院墙。大门有守卫,室内有侍者,服务人员亦很齐备。馆驿的管理相应比较严格,严禁使客长期占据驿舍,超过

30 日者徒一年，无故逗留驿舍者杖一百。宿驿按官职尊卑、等级高下享受不同待遇，不得越分。馆驿或递铺附近的空地栽种榆树或柳树，并有专人检查年终上报，目的是防止疫病流行，保护行旅健康。

沈括在《梦溪笔谈》中说："驿传旧有三等，曰步递、马递、急脚递。急脚递最遽，日行四百里，唯军兴则用之。熙宁中，又有金字牌急脚递，如古之羽檄也。"步递、马递、急脚递，这是三种不同的驿传方式，也是三种不同的驿传组织。宋代有的地方同时存在着三者，有的地方步递与急递合二为一，在步递铺内设急脚卒数名，专司传递紧急公文。急脚递和马递，则因时因地而异。递有递夫，又称为铺兵，一般由地方上的"厢兵"充任，是传递文书的主要人员。所谓厢兵，是北宋初将各藩镇精兵抽调中央后，将剩余本地的老弱残兵与新设供劳役军队组合而成承担各种杂役的部队，地位极其低下，劳役极其沉重，军俸却非常微薄，死亡和逃亡现象严重。步递为步行接力传递，速度显然会比较慢。一般用于传递普通公文，还要承送官物、侍送游宦等任务，从役者非常辛苦。马递速度较快，宋代一般规定马递一昼夜行 400 里，多用以传送紧急文报及敕书等时限要求迫切的文书，有时也担负运送官物的工作。不过，宋代马政衰敝，军马尚且不堪足用，驿传马匹只能是老弱疲弩，不能满足实际需要，所以马递始终没有发展起来。后来出现了一种叫作"急脚递"的新型驿传形式。史籍中关于急脚递的最早记载出自《永乐大典》。据记载，真宗景德二年（1005）三月，"诏河北两路急脚铺军士，除递送真定总管司及雄州文书外，他处不得承受"。显然，急脚铺创立的时间比这条记载还要早。景德元年九月，辽军大举攻宋，次年一月宋辽议和，签订"澶渊之盟"，宋在边境上设急脚递"传送边（关）上机宜切要文字"，直达首都汴梁。神宗熙宁四年（1071），与交趾开战，自京师至广西邕桂沿边置急递铺。元丰二年（1079）西夏兵攻绥德城，宋置通往陕西延安的急递铺。可见，急递铺是北宋在同辽、金、西夏作战的特殊环境下创生的，军事色彩浓厚，一般昼夜须行 500 里。宋神宗时，又在急脚递的基础上发展出金牌急脚递。金字牌是一种通信檄牌，"牌长尺余"，木制，"朱漆刻以金书"，上刻"御前文字，不得入铺"。金牌急脚递由御前直接发下，沿途接力传送，昼夜不停。由于金牌急脚递不入递铺交接，减少了在递铺停留的时间，日行达五百余里。南宋绍兴十一年（1141），秦桧以宋高宗名义，一天内连发十二道金字牌传达命令，勒令岳飞退兵。明人李东阳在《金字牌》诗中写道："金字牌，从天来，将军怵哭班师回，士气郁怒声如雷。声如雷，镇边陲，幽蓟已覆无江淮。仇虏和，壮士死，天下事，安有此，国之亡，嗟晚矣！"宋室南渡以后，为了沟通中央与地方、后方与前线的联系，还在东南沿海及边防要地先后建立了斥堠埔、摆铺及急脚递，用以传送紧急文书。

两宋时期，在我国边疆地区出现了几个少数民族建立的政权，其中辽、西夏、金的影响最大。辽朝为契丹族建立的政权，境内分设五京：上京临潢府（今内蒙古自治区巴林左旗），中京大定府（今内蒙古自治区宁城县），东京辽阳府（今辽宁省辽阳市），南京析津府（今北京市），西京大同府（今山西省大同市），五京之间有驿路联通。《辽史·地理志》记载，上京临潢府西南有同文驿，用以接待各国信使，有临潢驿专门接待夏使。中京大定府设大同驿，接待宋使,朝天馆接待新罗使臣,来宾馆接待夏使。辽朝地处山地和草原,交通条件比较落后,陆路交通占重要地位,使臣驰驿以银牌为证。《辽史·仪卫志》记载:"银牌二百面,长尺,刻以国字,文曰'宜速',又曰'敕马走牌',国有重事,皇帝以牌亲授使者,手札给驿马若干,驿马缺,取他马代,法昼夜驰七百里,所至如天子亲临,须索更易,无敢违者。使回,皇帝亲受之,手封牌印郎君收掌。"辽朝馆驿设置简陋,使臣经过馆驿,有指定的"供亿户",沿途供应饮食,并备车马驴送到界首。有时馆驿无人,就到附近抓人应差。辽代徭役以邮驿、马牛最重,役户送往迎来,疲于奔命。党项族建立的西夏政权,模仿唐宋制度,修治驿路。曾巩《隆平集》记载:"其地东西二十五驿,南北十驿,自河以东北,十有二驿而达契丹之境。"曾有出土的西夏敕牌,内面夏字译为"敕燃马焚",意为"敕令驿马昼夜疾驰",是西夏驿站传递文书时用的符牌。女真族建立的金朝,金太宗天会二年(1124)正月,诏自京师会宁(今黑龙江省哈尔滨市阿城区)至南京(今河南省开封市)每五十里置驿,同年闰月又从上京到春泰间置驿,这是金朝设立驿传的开始。就在这一年,北宋派遣著作郎许亢宗出使金朝,从雄州动身至金都会宁府,全程二千七百五十里,经由驿站三十九处,乃为金朝通往中原的主干线驿路。金世宗时,又设立了急递铺,每十里一铺,日行可三百里。南宋洪皓《松漠纪闻》和赵彦卫的《御寨行程》都记载了金境内驿传设置情况,其驿站称"寨""铺""馆",不过从记载来看都不怎么景气,远不如中原驿站繁忙。

(五)元明时期:驿传体系到了成熟时期

元代国家疆域空前辽阔,为实现有效统治,驿传体系的重要作用不可或缺。《经世大典》在论及元代驿传系统历史作用时说:"我国家疆理之大,东渐西被,暨于朔南,凡在属国,皆置驿传,星罗棋布,脉络贯通,朝令夕至,声闻必达,此又总纲挈维之大机也。"成吉思汗率兵西征时,就仿照中原交通制度,在通往西域的大道上设置"驿骑""铺牛"和"邮人"。窝阔台即大汗位以后,在蒙古国普遍设立驿站,把原有分散驿路连接起来,颁布法令,制定条例,加强管理。一方面明确使臣经过驿站的供应标准,另一方面严令禁止使臣骚扰驿站,对违令人员施以重处。忽必烈改燕京为大都以后,大规模开拓驿传,建立了以大都为中心,通向全国的驿传网络。至元元年(1264),改革汉地驿站,定站赤("站赤"系蒙古语,驿传之译名)条例。保留蒙古卡伦站户制度,但淘汰落后的管理方式;沿袭宋代公文传递方式,但革除烦琐的多种递铺组织形式。建成"两网制",即以驿站为主体的马递驿传网和以急递铺为主体的步递驿传网,二者构成完整的元代驿传体系。以大都为中心的驿站网,通过层层辐射,逐站接力,通往全国。大都通往全国的干线驿路有三条:东路,大都经通州、蓟州,衔接辽阳、岭北行省驿路。西路,大都至昌平,在榆林分路。南路,经良乡、涿州南下,与南方各行省驿路相连接。现在的东北三省元朝时为辽阳行中书省管辖,有南北两大驿路干线,向北延伸到黑龙江入海处的奴儿干城,南抵高丽王都开京(今朝鲜开城)。据《经世大典》记载,东北地区设驿站375个,有驿马19904匹,驿牛15698头,驿车7856辆,驿狗3000只。全国共设置驿站3500余处,东连高丽,东北至奴儿干,北抵吉尔吉斯,西通伊利汗国与钦察汗国,西南达乌斯藏,南接安南、缅甸。此外,还有三条国际驿路:一条从蒙古通往中亚,一条通往叶尼塞河、鄂毕河、额尔齐斯河上游,还有一条为经过甘肃走廊通往中亚、欧洲的丝绸之路。到13世纪70年代,元代驿传系统达到了空前发展的高度,可谓规模庞大、纵横中外。清初史家万斯同说:"元有天下,薄海内外,人迹所及,皆置驿传,使驿往来,如行国中。""适千里者如在户庭,之万里者如出邻家。"

元朝官方规定,政府公文传递有两种形式:一种是有关国之大事的文书传送,叫"遣使驰驿",其专使一般称"使臣"或"驿使",这种驿传形式通常称为马驿。另外一种传送日常公文,叫"铺兵传送",这种驿传形式通常称为步驿。"遣使驰驿"的驿传形式,要仰仗驿站的保障供给。元因宋制,号称六十里一驿,实际上各地冲僻不同,驿站之间距离并不很一致,有的地方因站距过大,在"道半别置馆舍",叫作"腰驿"。驿站都备有驿舍,用来招待使臣住宿,设施条件比较奢华。驿站的合理设置,对当时统治效率的提高,显然发挥了积极重要的作用。据《元史·兵志四》记载:"于是四方往来之使,止则有馆舍,顿则有供帐,饥渴则有饮食,而梯航必达,海宇会同,元之天下,视前代所为极盛也。"《马可·波罗游记》称,元代驿站有"宏伟壮丽的建筑物,陈设华丽的房间,挂着绸缎的窗帘和门帘,供给达官贵人使用。即使王侯在这样的馆驿下榻,也不会有失体面的。因为,需要的一切物品,都可以从邻近的城镇和要塞取得。朝廷对某些驿站,还有经常性的供应"。或许马可·波罗笔下这样豪华的驿站会有,但绝不会是全部。元世祖至元十九年(1282)九月兵部上言:"各路驿舍,冬无暖室,夏无凉所,饮食器皿,床榻铺陈之属,俱不整齐。"可见,也有设施极其简陋的驿站。无论设施条件如何,驿站都要为使臣提供交通工具。据《经世大典》记载:使臣"陆行马微者,或给驴;闽广马匹少,或代以牛;水行舟,山行轿,倦者给卧轿,纲运以车马,直险则丁夫负荷,辽海以犬拽小舆,载使者行冰上。"总之,因地制宜,各显神通。据马可·波罗记述,遇到需要火速传递的消息时,"他们身带一块画有'隼'的牌子,作为紧急和疾驰的标志。如果是两个驿卒一同前往,他们便在同一地点乘快马同时启程。他们束紧衣服,缠上头巾,挥鞭策马以最快的速度前进"。一日飞驰六百四十里,有时甚至是八百里。元朝规定,每十里、十五里或二十五里设一"急递铺","以达四方文书之往来"。元世祖至元二十八年(1291),中书省议定:"铺兵须壮健善走者,不堪之人,随即易换。"每铺设施规格大致相同,"每遇夜,常明灯烛",以为标识。每铺置铺兵5人,文书交递,有严格的制度,如果是"边关急速公事",另外"用匣子封锁",在上面题写某处文字、发遣时刻,以便核查其送递速度。铺兵一般腰系革带、悬铃,持枪,挟雨衣,携文书以行。夜间执行勤务则手举火炬,道路狭窄时,一般骑乘车马者和负荷行路者,听到铃声都避让于路旁,铃声在夜间还有惊吓虎狼的作用。铃声传到下一铺,则值班人员出门迎候,迅速接收文书,安排向下一铺传递。曾有人建议将急递铺改名为"通远铺",然而不久又恢复旧名"急递铺"。

明代是大一统专制主义整体更加成熟的时期,驿传制度也在这一时期进入了成熟时期。朱元璋十分重视驿传建设，曾经对兵部官员说："驿传所以传命而达四方之政，故虽殊方绝域不可无也。"所以，他在称帝后的第二十二天，洪武元年(1368)正月二十六日，颁布诏令，设置"各处水马站及递运所、急递铺"。还命儒臣搜集天下地理资料，以及全国水马驿程，编纂成书，亲自定名为《寰宇通衢书》，可惜今已失传。明代不但建成以京城为中心的全国驿传网络，还在边疆驿传开拓上，留下了特别深刻的历史印记。贵州彝族土司霭翠之妻奢香夫人，丈夫去世后代领夫职，为报答朱元璋除去压迫彝人的总督马烨之恩，开辟贵州东北通往四川、云南的驿路，设立"龙场九驿"。起自贵阳以西的威清卫，经龙场驿、陆广驿、谷里驿、水西驿、奢香驿、金鸡驿、阁雅驿，抵达560里外的归化驿，与乌撒道相沟通，直通乌蒙府(今云南省昭通市)。明朝时还在东起鸭绿江、西至嘉峪关之间设置了辽东、宣府、大同、延绥、宁夏、甘肃、蓟州、太原、固原等军事重镇，时称"九边"。九边之间设置驿所，保持畅通联系。洪武年间，在辽东设都指挥使司，置驿24处。永乐七年(1409)设奴儿干都司，在元代站赤基础上设立45处驿站。宣德年间，还对肃州、酒泉至庄浪的21处驿进行整顿，增加马铺，完善铺陈。特别突出的是，驿传系统的建立，加强了中央政府与西藏地区的联系。几经努力，数万里驿程道路毕通，使臣往还无虞寇盗，两地来往更加频繁。

明代驿传机构主要有驿站、递运所、急递铺三种形式。明初，三者分工比较明确：递运所主要任务为运送军需物资和贡物，急递铺专司递送公文，驿站则递送使客、飞报军情、转运军需兼而有之。尽管明代驿传建设很受重视，事实上驿站网路直接连通的也只是部分地区。据《地图综要》记载，嘉靖年间，全国县以上地方行政机构共1556处，其中设驿的地方尚不足一半。如北直隶(京师)嘉靖年间府八、直隶州二、属府州十七、县一百一十六，总计县以上地方行政机构143处，其中设驿的州县只有46处(辖驿站60处)。关于驿站配置和驿路分布，由于永乐以后二京并建，北京和南京为两大政治中心，又是国内交通的两大枢纽，二京之间、二京至十三布政司的水陆交通都有驿路，各布政司至所属府州的主要水陆交通也有驿路。据《明会典》记载："自京师达于四方设有驿传，在京曰会同馆，在外曰水马驿并递运所。"会同馆设于首都所在地，为全国驿站的总枢纽，也是国家的高级招待所，"专以止宿各处夷使及王府公差、内外官员"。水马驿则为京外驿站，设于交通干线和通衢大道，分马驿和水驿，也有水陆合设的水马驿。洪武元年规定，六十里或八十里设置一驿。据《洪武实录》记载："凡马驿设置马驴不等，如冲要去处或设马八十匹、六十匹、三十匹。其余虽非冲要，亦系经行道路，或设马二十匹、十匹、五匹。""水驿设船不等，如使客通行正路，或设船二十只、十五只、十只。其分行偏路亦设船七只、五只，大率每船设水夫十名。"各地驿站规模大小不等，但驿舍建筑规格大体相仿，大同小异。一般的驿站有厅堂、仪门、鼓楼、厢房、耳房、仓库、厨房、马房等。递运所亦分水路和陆路两种，主要运输工具是车、船、牛、骡。水路递运所的船只俱用红油刷饰称"红船"，船只大小不同定员也不同；陆路递运所则根据车辆大小、运送量的不同配置人员和畜力。递运所与驿站不同，主要建筑是牲口棚。如保定府安肃递运所，有正厅三间，东西厢房各五间，车、牛草房各五十间，并有门楼和官吏宿舍。明代在全国州县普遍设置急递铺,每铺相距十里,个别地方也有十五里或二十五里一铺。按规定,每铺设铺长一名,铺兵则要路十名,僻路四名或五名。州县所在地的急递铺称为"县前铺"或"总铺",设铺司一名,负责巡视县内各处递铺。公文传递一昼夜行三百里,公文到铺随到随送,昼夜不停,鸣铃走递。下铺听到铃声,铺司预先出铺接收,迅速指派本铺铺兵急速送往下铺。至明中叶,急递铺逐渐式微,其递送公文的使命改由驿站承担。同时,也有一些递运所改为驿站,或者并入驿站,其运输任务也就逐渐改归驿站。由此,驿站担负的任务也就越来越重。

(六)清代谢幕:古老驿传体系让位于新式交通通信技术

清朝是我国历史上最后一个封建王朝,我国古老的驿传体系也在这个末代王朝上演最后的辉煌后,退出了历史舞台。清朝统治在十八世纪中叶进入全盛时期,而服务于统治阶级的驿传体系也在康熙、雍正、乾隆三朝百余年间发展到了高峰。清代对古老的驿传制度进行了一些卓有成效的改革和创新,使得有清一代的驿传呈现出一些新的亮点,达到了新的高峰。邮驿实质性融合,是在清朝实现的。清代以前,虽然经常将"邮"和"驿"合起来并称"邮驿",而事实上二者是驿传体系中不同的组织,"邮"是传递公文的通信组织,而"驿"并不直接传送公文,只负责提供各种交通和通信工具。自汉唐以来,这种分工几为定制,陈陈相因,一脉相承,变化不大。明代辽东地区因未设州县,驿站由卫所管理,以兵卒充驿务,出现了驿卒直接传送公文的"马上飞递"。清入关以后,将这个形式推广到全国,突破了历史的陈规旧习,邮驿实质合为一体,推动驿传事业达到了新的高度。实现了邮驿合一以后,清代还适应国家的高度统一和民族、地区间交往联系的需要,更加广泛地设置驿站。创造性地在国家干线驿站网络之外设立"县递",用以沟通地方之间的联系,弥补干线驿站的不足。"县递"为地方性通信组织,备有专用的通信马匹,叫作递马,也称里甲马,承担地方通信任务。清代官员黄六鸿《论驿政》有言:"夫驿站之设,有冲有僻。冲则谓之驿站,所以供皇华之使臣、朝贡之方国与赍奏之员役也;僻则谓之里甲马,仅以供本州邑之驰递,故又谓之递马。"对县递之存在做出了清楚解说。清朝时还对边疆驿传进行了大力拓展,清人钟奇说:"我朝边围驿站之政,到高宗而集其大成。"意思是说,到了乾隆朝,我国边境驿传事业达到了古代社会的巅峰,这个评价基本符合历史实际。东北、西北、西南边疆都形成了覆盖广阔、联系畅通的驿传网络,加强了与中央的联系,保证了通信畅通和物资转运。同时,驿传效率也在清代达到了最高峰。清代以前马递传送公文一般一昼夜四百里到五百里,清代则达到六百里甚至八百里的最高水平。康熙平定三藩叛乱,其中从西南到京师五千余里,九日可到,其速度确实很快。

清代驿传组织性相对复杂一些,因时因地制宜的灵活性比较大。概括而言有驿、站、塘、台、所、铺六种组织形式。据《光绪会典》记载:"凡置邮曰驿、曰站、曰塘、曰台、曰所、曰铺,各量其途之冲僻而置焉。"驿设于各省腹地包括盛京,主要任务是传递通信、迎送使臣和运送官物,而传送紧急公文是驿站的首要任务。前文提及的县递,也应该算作此列,只不过仅供本州县所需。军报所设为站,自京城回龙观而西,一路通张家口接阿尔泰军台,以达北路文报;一路沿边城逾山西、陕西、甘肃出嘉峪关接军塘,以达西路文报。此二路与吉林、黑龙江二将军辖境所设皆称站。直隶喜峰口、古北口、独石口及山西杀虎口外所设及蒙古六盟四十九旗所设也都称站且互相衔接。甘肃安西州、新疆哈密厅、镇西厅曾设军塘,以达该地区出入文报。新疆设置行省以后,裁哈密、镇西两属军塘。北路张家口外和迤逦而西至乌里雅苏台西北两路,所设皆称台。以上站、塘、台是适应边疆地区特点的特殊设置,共同特点是由军卒充役,以飞报军事文报为首要任务,兼具巡逻、侦察、运输等多种职能。所谓的所,乃为旧设运递官物的递运所,后来裁并归驿,只有甘肃一带还保留这种形式,各设牛车专司运输。清代的急递铺与明朝基本相同,不过规模更大,覆盖更广,效率更高。一般各省腹地厅州县,都设有铺司。每十五里设铺一所,每铺设铺司一名,铺兵四名。急递铺专司传送地方和中央的一般文件,严禁役使铺兵挑送官物和行李,违者依律制裁。根据《光绪会典事例》统计,不包括西藏,全国有驿站1970个,急递铺(所)13935个,铺兵44643人。可见其驿传系统规模庞大,四通八达,在广度和深度上,都超过历史上任何朝代。

清代驿传网路,以京师皇华驿为中心向全国辐射。据刘广生《中国古代邮驿史》记载,其路网大致如下:东路一,自皇华驿东行,经通州潞河驿等十个驿站,出山海关,又经十三驿至盛京,由盛京驿经十二驿至吉林城,从吉林城经十八站至齐齐哈尔。这是一条连通东北三省的干线,全长3317里。东路二,自皇华驿东行至遵化石门驿,东北行至喜峰口,出喜峰口接蒙古地区各站。东北路,自皇华驿至热河,自古北口外案匠屯接蒙古卡伦站。北路一,自皇华驿至独石口,由独石口接蒙古卡伦站,此路由土木驿正北行。北路二,自皇华驿至张家口,由张家口接蒙古卡伦站,此路由土木驿偏西北行。南路一,自皇华驿至涿州涿鹿驿,经雄县、河间、献县、德州等驿,至山东省城济南府,再由济南府分出两路,一路至江宁、安徽、江西、广东,为山东中路;一路至江苏、福建,为山东东路。南路二,自皇华驿至保定,经正定、栾城、邢台、安阳等驿,通往河南省城开封府,由开封府分为两路,一路达湖北、湖南、广东、广西;一路达云南、贵州。南路三,自皇华驿至山西省城有两路,一路经居庸关外;一路经保定、正定越太行山,经获鹿、井陉、平定州,通往山西省城太原府,再由太原出发以达陕西、甘肃、四川,再由甘肃以达新疆、青海、西藏。此外,还有水路。自皇华驿,经通州潞河驿,沿大运河,通往山东、江苏、安徽、浙江、江西、福建、湖北、湖南等省。在这样的交通网络之上,驿传规模大、覆盖广也就不足为奇了。

然而,随着西方交通通信技术的引进,中国古老的驿传体系还是不可避免地走到了末路。至清末,传统驿传制度已经百病丛生,《清史稿》中将其概括为四句话:"越数诛求,横索滋扰,蠹国病民,势所必至。"同时民间出现了民信局、侨批局,而帝国主义者办的"客邮"以及海关兼办邮政等,对驿传制度造成很大冲击。19世纪70年代起,中国掀起了轰轰烈烈的"自强"运动,现代交通、通信设施纷纷兴办发展起来,将驿传事业彻底逼进了死胡同。咸丰年间,著名思想家冯桂芬就大声疾呼兴办新式邮政,他专门写了一篇《裁驿站议》,指出:"国家以有限之帑项，既饱县官私囊，复递无足轻重之例信，亦何贵此一战为乎？"此后，改良主义思想家王韬、薛福成、郑观应等纷纷撰文，建议裁撤旧式驿站，实行新式交通通信。郑观应在《盛世危言》中指出："盖电报设而驿差轻其半，轮船通而驿差轻其七八，若铁路之干枝渐次而成，而驿传势难再留。"光绪二十二年（1896），大清邮政开始启动。光绪三十二年，诏命设立邮传部以掌管轮船、铁路、电讯、邮政事业。到此时，驿传体系的使命事实上已经走到了历史的尽头。1912年5月，刚刚成立不久的中华民国政府宣布，全部裁撤驿站，中国古老的驿传制度寿终正寝。而在驿路上一路走来的古老中国，也在跌跌撞撞之中，被裹挟跨过近代化门槛。从更为宏阔的视野来看，这并非驿传系统走到了末路，而是涅槃重生，有了更为高等的存在形式。穿越了漫长时光而走进近代乃至现代、当代的驿路，并没有因为时代的变化而消失。那些路线依然存在，只是表现为不同的存在形式；那些价值依然存在，只是有了更为高等的实现载体；那些历史依然存在，只是在一些特定情形下才会被人们记起。驿路伴随中国历史的脚步前行，也伴随中华民族成长发育，还沉淀着漫长时光里风云际会时的历史长歌。既然成为历史，便不再会轻易消失，一定会随着历史延展到历史所能到达的去处。人们也许不再需要那些驿路，但人们仍然会需要驿路沉淀下来的那些历史往事，以及蕴含在丰富往事中的灼热情感和历史智慧。

二、驿人生命旅程上的苦难与挣扎

驿人，泛指在驿传体系中承担相关使命的人。驿人可以分为两个层级：一是最底层的劳动者。自古以来，最底层的劳动者有驿卒、驿丁、驿子、驿夫、驿兵、驿隶等称谓，不同的历史时期、不同的称谓之下的具体职责、境遇虽有所不同，但总体上差不太多。他们一般是以服役形式进入驿传体系，作为承担艰苦繁重驿递任务的底层劳动者，身份极其卑微，在承受着统治者盘剥的同时，还要受到服务对象的欺压侮辱，个中苦难悲惨为常人难以想象。二是对这些劳动者承担管理责任的底层官吏。作为驿站负责人，有驿吏、驿丞、驿宰等不同称谓。驿传体系能够正常运转，担负起维系庞大封建专制统治的军国大计之实现重任，靠的是驿人以生命和血泪为代价的艰苦付出。驿吏是国家行政体系中最低层级的官吏，虽然负有管理驿站的责任，组织日常驿传工作安排，是国家统治机器中非常基础和重要的一环，但终归处于最底层且主要是服务职能，因而地位相当低下。从远古走到近代，中国的这条驿路，每一次的拓展和延伸，莫不是以驿人的累累白骨和滔滔血泪为基础的；每一次短暂辉煌的背后，都是那些身处其中驿人的苦难与挣扎。

（一）官卑未有如驿吏

清嘉庆年间任直隶州知州的官员詹应甲，曾在一首题为《保安驿丞张焕死事》的诗中，以"官卑未有如驿吏"一句，来形容驿吏社会地位的低下。本身处于最低官吏位阶，日常从事的是迎来送往的服务性工作,接待服务的对象又都是达官贵人,驿吏无论如何都难以获得尊重和尊严。《史记·平原君列传》记述了这样一件事情:秦国军队围困赵国都城邯郸时,平原君很是着急,邯郸"传舍子"李同来到平原君面前请战,后来战死沙场。他那做传舍长的父亲因而被封为李侯。而传舍长,就是当时管理驿传的官吏。这大概是关于驿吏最早的记述,而靠儿子战死之功来封侯,本身怕也是心底流淌着滔滔辛酸泪吧。据《纲鉴易知录》记载,东汉时宛人卓茂任密县县令时,有百姓告状,说亭长接受过他的米、肉的馈赠。卓茂问道:亭长是因为答应了你的请求接受的,还是因为你有事求他才接受的,还是你因为日常受到他的恩惠才送给他的? 那人说,是我送给他的。卓茂斥责道:你送给人家,他才接受,你还来说什么? 这里的亭长,就是当时的驿吏,其直接与普通百姓接触,且有礼尚往来,可见社会地位确实很低。不过,驿吏在工作中所服务的对象则往往是达官贵人,这就不得不随时赔着小心。孔尚任《桃花扇·守楼》写道:"才关后户,又开前庭,迎官接客,卑职驿丞。"唐人张鷟的《朝野佥载》记载,唐代大臣娄师德任兵部尚书时,曾经出行至并州,沿途各县地方官接送相陪,来到某驿。为避免"烦扰驿家",令在厅内安排一同就食。而"尚书饭白而细,诸人饭黑而粗",于是呼驿长责问:"饭何为两种者?"并"换取粗饭食之"。驿长的安排依照当时的律令并无大错,但娄师德是个开明上官,讲究与下属同甘共苦,因此责备驿长。这还不算什么大事呢,说的是他又有一次来到灵州,在驿上饮食后上马即将出发,而判官向驿家索要"浆水",驿家居然傲慢以待,不予理睬。这下惹恼了娄师德,将驿长叫来训斥道:判官和我有什么差别? 竟然敢不予供给? 就要求将刑杖拿来,准备责打驿长。驿长这下可吓坏了,赶紧惶恐下拜承认错误。娄师德说:"我原想打你一顿,大使打驿将,只是细碎小事,我不过是名声受点影响。然而如果让州县知道了这件事,你恐怕就性命难保了,还是放过你吧。"于是"驿将跪拜流汗,狼狈而走"。娄师德固然是宽仁的,但是从如果他真的责打驿长,驿长将性命难保的具体事态之中,可以看到当时驿传体系中尊上卑下等级制度之森然,驿长地位之卑微。

　　驿吏作为驿站管理人员,主持驿站迎送接待诸事,品级虽然不入流,日常需要处理的事务却十分繁杂。明代佚名戏剧《鸣凤记·林公理冤》对驿吏形象的刻画非常传神:"驿宰风骚,乌纱叶叶器。趋迎当道,走得腿无毛。"驿吏按相关规定要求,要根据"使客"的品级高低,提供相应的交通工具、人夫马匹、粮草饮食等,还要履行所谓"籍其出入"的职责,也就是要对他们的来路、去向以及行程进行审查登记。然而,驿吏履行这些规定职责,有时需要特别的周旋智慧,甚至要付出生命的代价。唐代诗人卢纶曾经有一首题为《驿中望山戏赠渭南陆赞主簿》的诗:"官微多惧事多同,拙性偏无主驿功。山在门前登不得,鬓毛衰尽路尘中。"诗人自比于"官微多惧"的驿吏,一句"鬓毛衰尽路尘中"不仅是诗人的自嘲,还是驿吏生活境遇的真实写照。对驿吏来说,正是因为"官微多惧"的悲凉现实,才会有"鬓毛衰尽路尘中"的境遇,而这"路尘"既是驿吏自己人生跋涉之中的滚滚风尘,又是驿站迎来送往的驿使们带来的一路风尘。而李商隐《戏赠稷山驿吏王全》诗云:"绛台驿吏老风尘,耽酒成仙几十春。过客不劳询甲子,惟书亥字与时人。"其中,"老风尘"三字,将驿吏经江湖煎熬以后的圆滑世故表现得入木三分。馆驿最日常的工作是迎来送往,遇到不同官员同时驻驿时,往往要面对一些不好处理的问题。除了应对对夫役、马匹和供应的勒索外,有时还要面对争夺居住房间的纠纷。驿吏谁也得罪不起,左右为难,甚至遭受池鱼之灾。唐高宗麟德二年(665),刘仁轨应朝廷征召入京,到达莱县时入住驿馆西厅。夜深时分,有御史到达驿馆,要求入住最好的房间。驿吏解释说,西厅的条件好一些,只是已经有人入住了。御史得知入住者为青州刺史,官阶比自己低,加之觉得自己是朝廷官员,更加高人一等,于是便命令驿吏"劝"刘仁轨让出西厅。虽然刘仁轨不得不移居东厅,但是驿吏"劝"刘仁轨的过程中,内心一定充满了惶恐和无奈,虽然刘仁轨官阶比御史低,但是比驿吏高得多,一旦把怒火发泄到驿吏身上,他也是承受不住的。无独有偶,《新唐书·元稹传》记述了另外一个故事:监察御史元稹由河南返京,停宿敷水驿。宦官刘士元在元稹之后也来到这个驿馆,因此与元稹争夺驿馆最好的房间。元稹不肯相让,刘士元竟然强行进入元稹的房间,打得元稹穿着袜子就跑到厅后躲避,最后刘士元还是追击打伤了元稹的面部。这件事情还闹到了皇帝那里,唐宪宗竟然裁定:"以(元)稹少年后辈,务作威福,贬为江陵府士曹参军。"我们姑且不论事情的是非曲直,只是来关心一下事件中敷水驿驿吏的处境。史料中并没有关于驿吏情况的具体记述,但是俗话说"阎王打架小鬼遭殃",一番心惊肉跳是怎么也免不掉的。如果仅仅是担惊受怕还好,因为驿吏还要承担对往来驻驿官员的监督之责,有时甚至会付出生命的代价。《旧唐书·宗室列传·王君廓》记载,左领军大将军兼幽州都督王君廓,不守法度、纵逸不羁、肆意而为,长史李玄道每每以朝廷法度相规劝并加以约束。王君廓怀疑李玄道可能已经向朝廷举报了自己的不法行为,因而疑神疑鬼、惶恐不安。当他奉朝廷之召赶往长安的途中,越想越觉得事情不对,于是"行至渭南,杀驿吏而遁"。这个渭南驿吏看似遭受无妄之灾,但是从驿吏本身承担的监视任务来看,这个事情只能是这个结局。除非另有强力支持,驿吏或可翻局。就如《新唐书·李元谅传》记载的这个故事:唐德宗命令幽、陇部队东进征伐割据势力李希烈部。部队刚刚出关,叛将朱泚派刘忠孝去追赶部队,企图将部队召回。而当刘忠孝行至华阴县(今陕西省华阴市)入住馆驿以后,华阴县尉李简夷说服驿吏采取措施将其逮捕,挫败了叛军的企图。华阴县驿吏在县尉李简夷的劝说下采取的行动,实际上是在县尉的支持下采取了主动的措施,使自己在这个事件中占据了主动地位,这个结局就驿吏来说自然是十分难得。

　　驿吏日常工作中的处境本已十分艰难,还要承受国家法令的一些严苛规定的约束,使得日子更加难过。秦简《法律问答》有这样一段话:"今咸阳发伪传,弗智(知),即复封传它县,它县亦传其县次,到关而得。今当独咸阳坐而赀,且它县当尽赀?咸阳及它县发弗智(知)者当皆赀。"说的是如果有封发伪传,不但首发地点,包括所有未发现是伪传的交换点都要受到惩罚。隋唐驿传法律制度,是中国古代最早的完备驿传立法,隋朝法律《大业律》大半佚失,但唐朝的法典《永徽律》是在《大业律》基础上完善发展起来的,大体可以代表两朝的驿传法律状态。这些法律规定中,涉及驿吏的有:官员利用驿传系统行旅要按规定根据官阶使用不同数量的驿马,"增乘驿马"者,每增乘一匹徒刑一年,罪加一等。主管驿马的官员,如果知情则同罪处罚。凡有假冒驿使身份"诈乘驿马"的,论处"加役流"。提供驿马的驿所和经由的关卡,知情者同罪,不知情者减二等。还专门就"驿长私借人马驴者"做出处罚规定,规定"驿马驴一给之后,死即驿长陪填"。对驿传过程中出现弃毁损坏文书、失泄秘密等情况,也都规定了严厉的处罚措施,有些也涉及驿吏。唐初,指定当地富人掌驿,称驿将或捉驿。唐天宝七年(748)玄宗诏:"三十里一驿,驿各有将,以州里富强之家主之,以待行李。"在政权稳固、经济繁荣的情况下,富人乐于主驿,因为亏累不大,而且可以利用主驿的方便条件营商牟利。而安史之乱以后,政局动荡、经济凋敝,征发富人主驿变成了掠夺民间财富的手段。结果,"人不堪命,皆去为盗贼"。天怒人怨之下,不得不进行驿政改革,"以吏主驿事",驿长代替了驿将。驿长的任务是对驿丁进行管理,负责驿所的修缮,按月呈报通信和接待情况等。宋朝的规定更加严厉一些,如"诸急脚马递铺曹司节级,失觉察铺兵盗匿、弃毁、私拆青词黄素制书及重害机密文书递角者,杖一百,三犯降配重难递铺""诸递铺承传上供物样,违一时笞五十,一日加一等,罪止徒一年,曹司节级失察觉而犯人至罪者止杖八十……"宋太宗太平兴国三年(978),发生了一起震动朝廷的李飞雄诈乘驿马、图谋叛乱的事件。李飞雄是秦州节度判官李若愚的儿子,泼赖无行,喜欢结交地痞流氓,在河北魏县一带游荡鬼混,终日以纵酒赌博为务。太平兴国三年三月初,李飞雄到陕西看望任盩厔县(今陕西省周至县)县尉的岳丈张季英,乘机偷偷骑走张季英的乘马冒充"巡边使者"。深夜到达驿所,索乘驿马。驿卒秉烛出迎,李飞雄以私买的马缨为凭证,驿卒无法辨认,只好照付驿马,并以一卒乘一马随行为前导。李飞雄窃取乘驿使者身份后,又以奉诏巡边为名,沿途诈骗。凤翔巡驿殿直、陇州监军供奉官、吴山县尉等都一路随行,因而更加具有欺骗性。后来,李飞雄来到清水县,拘押朝廷派遣的七位军官,准备解往秦州处死,图谋胁迫士卒据城为叛,被刘文裕、田仁郎等识破并设计擒拿。最后,李飞雄以"矫制乘驿"的罪名被处腰斩并夷灭三族,轻信盲从的几个官员和驿站的相关人员被处以死刑。吊诡的是,有一位官员因为姓名和李飞雄父亲李若愚连名,名李若拙而"躺枪"。《宋史·李若拙传》记载:"太平兴国二年,知乾州。会李飞雄诈乘驿称诏使,事败伏法。太宗以若拙与飞雄父若愚连名,疑其昆弟,命殿直卢令珣即捕系州狱,乃与若愚同宗,通家非亲,不知其谋,犹坐削籍流海岛。岁余,起授卫尉寺丞,知陇州。"宋太宗够任性,在已经证明怀疑错了的情况下,硬是将错就错,将李若拙削籍流放海岛,使之承受一年多的无妄之灾。话说回来,这个事件非常典型,表明驿吏所面临的风险可谓无时不在。

到了明朝,驿吏处境更加艰难。明人有"秩莫卑于驿官,事莫纷于邮务"的说法。"驿官,卑官也。所承接非尊官大人,则奉上命强有力也。而所支给钱粮,又膻人竞逐也。势不能抗上以伸法,力不能庇下以自全。"在王公贵族、达官显宦看来,驿吏不过是奴隶和仆人,没有人格和地位。明代名臣海瑞在淳安知县任上时,发生了这样一件事情:当时以文官身份出任总督的胡宗宪，同时又负有防御倭寇的重要职责，因行政风格英锐果敢，管内官民莫不敬畏。而他的儿子一次途经淳安，随带大批随从和大量行李，一路作威作福，对驿站的服务百般挑剔，还狂傲粗暴地凌辱驿吏。海瑞下决心惩治这个纨绔子弟一番，下令拘捕了胡公子押解到总督衙门，同时没收了他所携带的大量现银。然而，如海瑞这样肯为驿吏撑腰的地方官员太少了。明代多次发生驰驿官员打死驿吏的事件。正统五年（1440），陕西右参政郝敬乘传过华清驿，驿丞张耕野未在驿，郝命从人到张家中将驿丞捆绑，殴打致死。崇祯元年（1628）六月，山东益都金岭驿驿丞黄道，因不肯违例多支夫马，被土豪活活打死。还有，在明代驿吏甚至成为谪贬官员的惩罚方式，将犯了律条的官员遣谪到边鄙地区的艰苦驿站。《明史·廖庄传》记载，景泰年间，南京大理寺少卿廖庄因上疏不合帝意，"廷杖八十，谪定羌驿丞"。明代定羌在今甘肃省临夏回族自治州广河县，而且在相当于今甘肃山丹、永昌之间有定羌墩堡，可见定羌驿在西北极偏远之地。《明史·王守仁传》记载，正德元年（1506），著名思想家王守仁，因为得罪执政宦官刘瑾，被"廷杖八十，谪贵州龙场驿丞"。龙场驿位于今贵州修文，是当时极为偏远荒凉之地。还有《明史·周广传》记载，正德年间御史周广上疏指控宦官钱宁"滥宠已极""轻蔑王章"，钱宁"见疏大怒，留之不下，传旨谪广东怀远驿丞"，两年之后，又"矫旨再谪竹寨驿丞"。怀远驿（今广州市）还好，而竹寨驿（在今湖南黔阳西南的竹滩）则非常僻远荒凉。而且，朝廷贬谪的犯官发配驿站的做法，一直延续到了清朝，东北一些驿站的站丁就是朝廷发配的流人。如此政策之下，驿人的社会地位只会愈加卑下。

（二）百姓之差驿递为重

自有驿传系统以后，驿人一直以非常卑下的地位承担着极其沉重的责任，处于最底层的驿卒则是境遇最为悲苦的。元末明初文学家陶安《驿户余粮应驿记》说："民之受役，莫重于站赤。"明代名臣姜宝《驿传议》中针对当时驿传制度的现实状况也说："百姓之差，驿递为重。"可见，历代广大驿卒一直承受着巨大压力。驿卒的处境艰难，一方面是其岗位本身承担着繁重任务，另一个方面则是驿传系统经常被滥用，从而导致其不堪承受。据郦道元《水经注·沔水》记述，洋川是戚夫人的出生地，汉高祖刘邦得戚夫人而宠之。"夫人思慕本乡，追求洋川米，帝为驿致长安。"说的是刘邦为了取悦戚夫人，专门安排驿传系统将"洋川米"运抵长安。有刘邦滥用驿传在先，后来为了满足皇室贵族们"珍无用，爱奇货"生活消费的需要，甚至通过驿传系统不远千里从南国往中原地区转运鲜美珍异的果品。据《后汉书·和帝纪》记载："南国献龙眼、荔枝，十里一置，五里一候，奔腾阻险，死者继路。"从这条记载看，当时从南方通过驿传系统运送荔枝、龙眼等珍异水果到中原，通过特殊的驿置穿越艰难险阻，但是付出的代价是"死者继路"。现今传世的汉代"婴桃转舍"瓦当，可以佐证当时这种特殊的社会存在。如此以生命为代价来完成的驿传任务，当然会成为驿卒生命中不可承受之重。汉代在设有传舍的地方通常还有厨和厩，其中的厨是供应过往官员饮食的设施，耗费十分惊人。《汉书·宣帝纪》记载，汉宣帝曾经下诏说，地方官"或擅兴徭役，饰厨传，称过使客,越职逾法,以取名誉"。但是地方官为了媚上,依然故我,到汉哀帝时,"诏书无饰厨传,增养食,至今未变,或更尤过度"。亭传不仅要征调大量更卒去服侍、养马、赶车,而且传舍车马不足时,还随时征调道路上行人的车马,不但加重了驿卒的负担,也使得百姓承担了额外的负担。《后汉书·郭陈列传》说:"使者所过,威权翕赫,震动郡县……长吏惶怖谴责,或邪谄自媚,发人修道,缮理亭传,多设储峙,征役无度,老弱相随,动有万计。"这些或是由上对下的滥用,或是由下对上的谄媚,无疑都进一步加剧了对驿卒的盘剥和压榨。南北朝时期从事驿亭工作的人地位十分低下,北齐奠基人高欢早年曾任函使,乘驿往来于驿路之上六年之久。任函使时,即便是高欢在洛阳令史面前也不能坐着吃肉,否则要遭受鞭打。而驿传在北朝君主眼里,不过是供其享乐的工具,因而常常被滥用。如北齐后主听说南阳王绰在冀州把蝎子和猴子放置在一个器具内取乐,责问道:"如此乐事,何不早驰驿奏闻!"上行下效,北齐高季式驻守济州(今山东省聊城市东南)时,一次夜间饮酒之时,突然想到了远方的好友,于是便大开城门,令左右乘驿,将一壶酒送往光州(今山东省莱州市),行程八百余里。如此滥用驿传,有多少驿卒够用呢?驿卒如何能够摆脱压迫和盘剥?唐代唐玄宗宠爱杨贵妃,为她专设了从四川涪州到长安的驿传,其滥用驿传曾激起时人的强烈不满。《新唐书·元稹传》记载,当时明州(今浙江省宁波市)每年远道向长安贡送蚶,"役邮子万人,不胜其疲",直到元稹调任浙东观察使之后,"方奏罢"。《新唐书·刘汉宏传》记载,"僖宗在蜀,贡输踵驿而西,帝悦,宠其军为义胜军,即授节度使"。是说刘汉宏任浙东观察使期间,自数千里之外源源不断地向偏居蜀地的唐僖宗输奉贡物,于是益得亲宠,而进献贡品的途径,正是通过驿传系统。唐宪宗时,徐州监军使孟升去世,节度使王绍"传送(孟)升丧柩还京,给券乘驿,仍于邮舍安丧柩"。史思明也曾经利用驿传系统,从洛阳至河北,为他儿子寄送樱桃。从以上材料看,唐代时对驿传系统的滥用已经达到了非常严重的程度。

历朝历代驿站的工作人员,其名称和数量有着较大的差别。至于在驿服驿的驿户,地位更低,饱受歧视。北魏规定驿户的来源是:"小盗赃满十匹以上,魁首死,妻子配驿,从者流。"北齐则规定:"盗及杀人而亡者,即悬名注籍,甄其一屋配驿户。"坐配的驿户同杂户、隶户一样,打入另册称别户,处于社会最底层。唐代驿卒一般从民间征调轮番服役。据《册府元龟》记载,唐代宗广德二年(764)下诏说:京兆府的驿丁、屯丁"仍令河东、关内诸州府配,不得偏出京兆府。"宋初发生的一件"外交事件",也可以佐证说明当时驿卒所处的社会状况。宋初著名文士陶谷,曾任后周翰林学士承旨,北宋时相继任礼部、刑部、户部尚书。据说北宋许多礼仪制度"皆其所定",史书说他"幼有才俊""博记美词翰""佛老之书,阴阳之学亦能考究",但是性格有阴暗的一面,"倾险巧诋,为时论所薄"。有一次,陶谷奉命出使南唐,依恃北宋大国强权,对南唐居高临下,态度倨傲,不屑一顾,使得南唐君臣十分不满。南唐权臣韩熙载说:"我看这个人也不是端介正人,他的操守也不是无懈可击,你们且看我的手段。"于是,韩熙载挑选了一位名叫秦弱兰的歌女,冒充驿卒之女来到陶谷所居馆驿,打扮得非常简朴粗陋,每日晨昏洒扫驿庭。然而,再朴素的装扮也遮掩不住秦弱兰的天生丽质,如此美艳脱俗的尤物不可能逃过陶谷的法眼。陶谷询问秦弱兰的身世，秦弱兰告诉他，自己的丈夫亡故，无处栖身，只好投奔看守驿馆的父母。一番说辞，楚楚可怜，陶谷在对方是个美娇娘前提之下的同情心泛滥，一来二去，陶谷就犯了"错误"，与秦弱兰私相狎好，并对秦弱兰赠词一阕。这阕词题为《春光好》："好姻缘，恶姻缘，奈何天，只得邮亭一夜眠，别神仙。琵琶拨尽相思调，知音少，待得鸾胶续断弦，是何年。"几天后，南唐国主举办酒宴，陶谷又摆出了"高人"的臭架子。于是南唐国主招呼出秦弱兰，命她唱陶谷赠送的这阕词劝酒，陶谷当场狼狈不堪，知道自己被"摆了一道"。自此以后，名声大损，一蹶不振。这个故事可以从一个侧面反映出，驿卒在当时可以是终身职业，但是身份非常卑微，地位非常卑下。北宋建隆二年（961）开始，以军卒代民役，改由军士充当驿夫，驿有驿卒，铺有铺司兵（铺兵）。据《嘉定赤城志》记载，铺兵生活很苦，口粮由州县供给，官吏层层克扣，又不按时发给，以致铺兵衣食无着，途中"盘缠缺乏，多饥冻僵殍，或逋逃聚为盗贼"。因此，铺兵大量逃亡，甚至文书无人递送。为了防止铺兵逃亡，朝廷竟然对铺兵实行刺字的办法，有的刺面，有的刺臂，已将铺兵当作囚犯一样对待。《永乐大典》记载，南宋官员向孝宗上书："乞仿范仲淹措置陕西民兵刺手之法，凡铺兵并与刺字，稍大其字，名著某州某县斥堠铺兵某人。凡逃在他州他县者并不得招收。遇支衣粮，除番次留铺传送递角外，其当请者验臂支给，冒法逃窜之弊可以革绝。"这个建议得到了宋朝皇帝的认可并予以实施。

从元代开始，改为征发民夫。这些民夫，起初来自各州县所管民户及漏籍户，内中多系贫民。后来，有些富户充入其中。元世祖至元二十年（1283），留守司官言："初立急递铺时，取不能当差贫户，除其差发铺兵。又不敷者，于漏籍户内贴补。今富人规避差发承元铺兵。乞择其富者，令充站户，站户之贫者，却充铺兵。"元朝政府把所管辖的人户按不同职业、不同条件划分为民户、军户、站户、匠户、医户、儒户、打捕户等，称为"诸色户计"。站户是专门承担驿站差役的人户。元朝驿传系统规模庞大，所以驱使大批人户出人出资，充当站户，无偿地在驿站服役。站户的成分相当复杂，上户和中户多是地主，大量的下户则是贫穷的农牧民。富户可以想尽办法逃避差役，转嫁给穷户。众多穷户是站户的主体，他们长年累月、世世代代被束缚在固定的驿站，忍受着沉重的压迫和残酷的剥削。站户一经登记入籍，就得世代相承，轻易不能改籍。站户的牲畜、田地不准卖与非站户。遇有站户缺额，由民户签补。元世祖至元二十七年（1290），澄州站户李小三、金龙，因贫困不能当役，申请改籍。经按察司核实，辽阳行省具文上报，兵部批准，费尽周折，最后才改为民户，另行征派站户替补，但这样的情形极其少见。站户承担供应首思、提供交通工具和出夫应役三项义务。供应首思，是为来往使臣提供饮食，有两种办法：一种是由站户无偿承担，叫作自备首思。站户被免去的田粮有限，而"首思"供应无穷。过往使臣仗势勒索，多取分例。有的以少支多，有的恃威挟势，稍不如意，则遭打骂。元世祖至元二十七年（1290）八月，平章沙不丁出使阿鲁泽大王位下，随行一百六十多人，内有九十七人支分例。延祐元年（1314）三月，杭州路在城马站，日支分例银达八锭十五两有余，超过规定几倍至几十倍。官府认为"既是自备首思,本部不须会计""站户自备首思,不须理算",看作理所当然。另一种是官府拿出一些钱来,叫作"官降首思",但降下来的"首思",数量有限,加上官吏层层克扣,不足处仍由站户负担。无论哪种方式,都是加在站户身上的沉重负担。提供交通工具,就是站户要向驿站提供马匹、车辆、鞍辔、草料等。当役的马匹称为"正马",另外还有一种备用马叫"贴马",站户在喂养正马的同时,还要喂养一匹贴马,等于喂养两匹马。元代差役繁多,加上贵族官员骚扰,经常发生马匹倒死。而铺马倒死,要由站户买马补充。可见,单买马一项,站户负担就很沉重。出夫应役,则是站户自备饮食,无偿地到驿站服役。有的在本乡本土就近服役,有的到很远的地方应役。如《永乐大典》记载,大都、上都站户,多系迤南路分金拨前来当驿,相去窵远,供应频劳。大批站户离乡背井,到外地应役,受尽摧残,老死荒郊山林。天历三年(1330)三月,兵部指出:"今各衙门官员为营私事,不肯遵守法度,搬取家属,收拾子粒,迁葬娶妻,送夫嫁女,泛滥给驿,以致站赤消乏。"元代诗人许有壬在题为《养马户次同年马伯庸中丞韵》一诗描写了站户的悲苦生活:"盛冬裘无完,丰岁食不足。为民籍占驿,马骨犹我骨。束刍与斗菽,皆自血汗出……"意思是,"数九寒天我还披着破烂的皮子,哪怕是丰收的年景也难以吃上饱饭。当上入籍的站户,就像受役使的马那样受苦。缴出的每束干草每斗粮,都是我的血汗所出。"这首诗最后喊出了站户们不平的呼声:"生儿甘作奴,养马愿饲粟。""难道我们世世代代甘于当牛做马、贱如奴隶吗?"如此沉重剥削压迫之下,大批站户走投无路,纷纷逃亡。

明代驿卒的征发与元代比较,相同的是仍然坚持就近金派,不同的是概令有田之家承充:"于附近民有丁力,田粮一石五斗之上、二石之下者充之。"明代驿卒并非清一色的农户,除民户外,还有些军士。弘治十三年(1500)奏准,"各铺司兵,若有无籍之徒不容正身应当用强包揽多取工钱,致将公文稽迟沉匿等项问罪,旗军发边卫,民并军工人等发附近,俱充军。其提调官、该吏铺长,各治以罪"。明中叶以后,随着赋税日增,徭役日重,土地兼并之风盛行,豪强地主大量转嫁赋役,小土地占有者乃至中产之人多沦落破产。驿卒的金起,也因而不可能都是有田之家,破产农民所占比例越来越大。因而,明末裁革驿卒才会酿成大祸。至于清代,有过之而无不及。清人余孔瑞在《代请停供鲥鱼疏》中说:"康熙二十二年三月初三日,接奉部文,安设塘拨,飞递时鲜,恭进上御。臣代摄驿传,敢不殚心料理。遂于初四日驰蒙阴、沂水等处,挑选健马,准备飞递……窃计鲥产于江南之扬子江,达于京师,二千余里。进贡之员,每三十里,立一塘,竖旗杆,日则悬旗,夜则悬灯。通计备马三千余匹,夫数千人。东南山路崎岖,臣见州县各官,督率人夫,运木治桥,劚石治路昼夜奔忙。唯恐一时马蹶,致干重谴。"为了让皇家吃上新鲜的鲥鱼,竟然开辟专门驿传,耗费如此之巨。清代地方官上任伊始,首先打听驿传经费的多寡,将驿站经费当成自己的"囊中之物",任意克扣驿站钱粮,实际在驿服役的不过十之二三。驿夫缺员,遇有大差到来,甚至强拉民夫、民车服役。康熙十二年(1673),安徽巡抚靳辅上《减差节省驿站银粮疏》揭露了当时"大差"骚扰驿站的情形:近据冲驿州县各官纷纷赴皖,向臣面诉大差横索支应难堪之苦。"大差之来,其暴如虎,其速如电,卑职等亲自驰迎,竭力供应,尚且无端辱詈,动以违误军务报部正法为辞,百般刁掯。""总之,近日骚扰之差,比比皆然。差愈急则勒索愈多,差愈大则声势愈横。"所以靳辅提出了"从裁减勘合火牌入手,减少驿差,节省开支纾减驿困"的建议。

(三)鸠形鹄面充驿卒

驿卒社会地位卑下,除承受来自各方的盘剥压迫以外,还要承担极其沉重的劳役重负。这些沉重的劳役,不仅仅需要充沛的体力,有时还需要付出生命的代价。唐代诗人元稹有题为《青云驿》诗,以诗人对青云驿由闻名后的想象,到登临后所见现实与想象的巨大反差以及由此生发的深刻哲思为抒发主题,很真实地反映了青云驿的具体情况。这首诗开始说:"岩峣青云岭,下有千仞谿。徘徊不可上,人倦马亦嘶。愿登青云路,若望丹霞梯。谓言青云驿,绣户芙蓉闺。谓言青云骑,玉勒黄金蹄。谓言青云具,瑚琏杂象犀。谓言青云吏,的的颜如珪。怀此青云望,安能复久稽。攀缘信不易,风雨正凄凄。……"诗人的感觉中,青云岭山势险峻难以攀缘,尽管人困马嘶仍然艰苦前进,就好似攀登仙霞缭绕的天梯。想象中,青云驿的建筑应当是彩门雕户,其驿马应当是玉辔金蹄,其器具应当是象牙犀角宝玉制作,其驿吏也应当是相貌堂堂一表人才。怀着这样的美好想象,在风雨凄凄之中艰难登了上去。然而,"才及青云驿,忽遇蓬蒿妻。延我开荜户,凿窦宛如圭。逶迤吏来谒,头白颜色黧。馈食频叫噪,假器仍乞醯。向时延我者,共舍藿与藜。乘我粎舸马,蒙茸大如羝。悔为青云意,此意良噬脐"。登上了青云岭以后,才看到这所以"青云"命名的驿馆,不过是"荜户""凿窦",而且饮食粗鄙,乘马羸弱,驿吏的形象也逶迤猥琐、发白面黑,与想象中大相径庭。由此,诗人想到昔日游历"蜀门下"行经的"青泥驿",从驿名来看二者有着云泥之别,然而二者却"人物一以齐"。也就是说,作为驿站,无论青云驿还是青泥驿,从建筑风貌到驿卒形象,大体上是差不多的。元稹在此诗结尾说:"道胜即乐,何惭居秽稊""上天勿行行,潜穴勿凄凄""吟此'青云'谕,达观终不迷。"引申升华出深刻的人生哲理。不过,诗句中对唐代驿传系统中驿卒生活情状所做的描述,是生动而形象的。唐代诗人王建在《水夫谣》中,则描述了服役于水驿的驿卒工作的艰辛。诗曰:"苦哉生长当驿边,官家使我牵驿船。辛苦日多乐日少,水宿沙行如海鸟。逆风上水万斛重,前驿迢迢后森森。半夜缘堤雪和雨,受他驱遣还复去。夜寒衣湿披短蓑,臆穿足裂忍痛何。到明辛苦无处说,齐声腾踏牵船歌。一间茅屋何所值,父母之乡去不得。我愿此水作平田,长使水夫不怨天。"全诗以"苦哉"二字引领全篇,以抒发内心难以抑制的悲苦。然后详细说明了水夫悲苦的缘由,是那"辛苦日多乐日少"的夜以继日的拉船苦役。水驿的驿夫们"逆风上水"而"沙行",驿程"迢迢"又"森森","夜寒衣湿""臆穿足裂"依然"齐声腾踏""牵驿船"。他们的"牵船歌",就是用"苦"和"怨"的音符谱成的。全诗最后以"我愿此水作平田,长使水夫不怨天"结尾,暗示水夫的痛苦是无法解除的。宋代一些史料的记载,能够反映驿卒所承受的苦难。据《资治通鉴长编》记载,宋熙宁五年(1072)诏,"陕西运铜锡铺兵,极为艰苦,死亡无处无之"。至和元年(1054)十一月诏,"陕西转运司,自永兴州至益州递铺卒,方冬寒苦,挽运军器不息"。元祐元年(1086),苏辙说:"蜀道行于溪山之间,最是险恶。搬茶至陕西,人力最苦,元丰之初,于成都路厢军数百人贴铺搬运,不一二年死亡略尽……其为骚扰不可胜言。后遂添置递铺,十五里辄立一铺,招兵五十人,起屋六十间,官破钱一百五十六贯,益以民力,仅乃得成,今置百余铺矣。"这些记载反映的虽然仅是陕西、四川等地铺兵应役的艰苦和危险,但是管中窥豹,宋代驿卒总体情况与此相差也不会太远。宋代还有车子铺、水铺等专司运输的机构,使用廉价的劳动力充铺兵。这些铺兵不仅送信,还要搬运物资,名为军卒,实是苦力,受到百般折磨,还以军纪束缚他们,防止造反。

明代有"囚徒充役"的制度,囚犯会被发配到驿,以驿递劳役为服刑方式。明制,判刑的罪犯可以用银两或力役赎罪。永乐十五年(1417)规定,"什杂死罪囚,审有力者,每二名买马一匹,并随马铺陈什物终身走递"。"死罪拘役终身,徒流照年限,笞、杖计日月。"这种情形叫作"摆站"。"摆站"的处所是边远驿站或递运所。驿站成为囚徒服役的场所,这说明驿差的劳动是非常艰苦的。囚徒到驿站后,先要拜见驿丞,"无银拜见者,百般欺凌,骨立鬼形而未已。有银拜见者,一味纵容,月供岁献以为常"。明代小说《醒世姻缘传》,以明代前期正统至成化年间为背景,写的是两世姻缘、轮回报应的故事。其中对"囚徒充役"的徒夫到驿以后的情形有这样的描述:原来这徒夫新到了驿里,先送了驿书、驿卒、牢头、禁卒常例,这下边先通了关节,然后才送那驿官的旧例。礼送得厚的,连那杀威棒也可以不打,连那铁索也可以不戴,连那冷饭也可以不讨,任他租赁居住,出入自由,还可告了假回家走动。遇着查盘官点闸,驿丞雇了人替他代点,这是那第一等的囚徒。若是常例不缺,驿丞的旧例不少,只是那为数不厚,又没有甚么势要的书启相托,这便些微打几下接风棍棒,上了铁索,许他总网巾,打伞络,讨饭糊口,这是第二等的囚徒。若是年少精壮,膂力刚强,拈得轻,掇得重,脱得坯,打得墙。狠命的当一个短工觅汉与那驿丞做活,这也还不十分叫他受苦,这是那第三等的囚徒。若是那一些礼物不送,又没有什么青目书札相托,又不会替驿丞做甚么重大的活,这是不消说起,起初见面定是足足的三十个杀威大板,发在那黑暗的地狱里边,饭不许你讨碗吃在肚里,要死了伶俐,阎王偏生不来拘唤,要逃了出去,先不曾学得甚么土遁水遁的神通,真是与鬼不差,与人相异,这是那第四、第五、第六等的囚徒。虽然是小说里叙述的情节,但大体来源于生活实际。从这些描述可以看到,囚徒充役到驿以后的黑暗,如果没有足够的财力打点,或者没有足够的后台支撑,充役徒夫怕是难得保全自己的性命。囚徒充役当然是一种特殊的驿递劳役形式,也从一个侧面反映出驿人的悲惨处境。姜宝《驿传议》记载:"百姓之差,驿递为重,而驿递之差,轿扛为重,招募贫民,一日才得银二分耳,一身八口供养取给焉。""贵州、云南两省,原无驿夫,以军民为夫,道里长远,山势险峻,每夫一名,帮贴数名,始得成役,昼不得力耕,夜不得安枕,月支米不过数斗,亦良惨矣。"贵州原有驿站三十二处,最初由府司出办马匹供应,后来改由驿卒代役,军少差繁,马匹缺乏,难以支撑,日夜扛抬,苦楚万状。大批军卒,不堪忍受,纷纷逃亡。明代陆粲《边军谣》和《担夫谣》写的就是这种情形:"边军苦,边军苦,自恨生身向行伍。月支几斗仓底粟,一半泥沙不堪煮。""担夫来,担夫来,尔何为者军当差。朝廷养军为杀贼,遣作担夫谁爱惜。自从少小被编差,垂老奔走何曾息。只今丁壮逃亡尽,数十残兵浑疲墨。可怜风雨雪霜时,冻馁龙钟强驱逼。手抟麦屑淘水餐,头面垢腻悬虮虱。高山大岭坡百盘,衣破肩穿足无力。三步回头五步愁,密箐深林多虎迹。归来息足未下坡,邮亭又报官员过。朝亦官员过,暮亦官员过,贵州都来手掌地,焉用官员如许多。太平不肯恤战士,一旦缓急将奈何?噫吁嘻!一旦缓急将奈何!"水夫的遭遇更是悲惨。明宣德六年(1431)十月,兵科给事中李蕡说,每年里河(运河)运粮军士及百姓,有病死的,押船官员辄弃尸水中或河岸,波浪漂流,犬狸啮噬,惨不忍睹。宣德时,监察御史陈搏看到浙江沿河驿所,每遇官船经过,俱用军夫挽送,每船用二三十人,船多时用到一二千人,而督运者肆意多取,乘机勒索财物,驿站深受其害。明末史学家谈迁有题为《驿卒行》的诗,描绘了水驿驿夫的生活境况。诗中一方面有"河边高盖拥前马,传呼声震武安瓦。天上相闻有使星,官舫络绎来城下"的驿传繁荣景象的描写;另一方面也有驿卒应役苦难的反映。"鸠形鹄面充驿卒,乞儿挽船救死骨。颓堤步步判滗隆,仰若登天俯若窟。雨雪修途足未停,枞金伐鼓骤雷霆。津吏奔程常恐后,动殴木梃逞威灵。""鸠形鹄面"的驿卒,不但承担着沉重的挽船力役,还要随时面对"动殴木梃"的严酷摧残,至于精神上的压迫自不待言。

　　清代驿夫收入微薄,生活极为艰苦。清初官员薛所蕴作《驿卒词》,描绘了驿站马夫的悲惨境遇:"闾阎困弊乏帮贴,差繁马瘦刍葵绝。典妻鬻子敢辞苦,惜马无钱动箠楚。闻道军中驰吉语,一日一夜行千里。昨年偶尔误一时,县官逮治驿卒死。五更三点不交睫,头枕驿门候消息。"虽然在"典妻鬻子"的境况之下,承受"一日一夜行千里"的沉重驿务,还要面临哪怕是偶尔出现一个失误都有可能付出生命代价的严酷惩罚。无奈,目不交睫也要在驿门等候消息,随时出役,自然苦不堪言。康熙朝秦松龄《点夫行》中,揭露了县吏抓民到驿站服役的情景:"夜投龙里县,喧呼闻点夫。三户成一铺,五铺当一隅。远者来百里,近者沿山居,排催保仍押,弟去兄相扶。奔疲面目黑,负背形神枯,水深泥没踝。衣破肩无肤,苦情不敢说,欲语先呜呜……""自此供亿苦,从朝抵日晡,或歌采菽什,或征皇华车,或宣扬明诏,或拜爵迁除,动辄计千百,要不有锱铢。今年更太数,十日九长途。山田正插莳,不能把末锄。夜半打门叫,惊走号妻孥,鸡犬飞上屋,牵走宁须臾。黄尘赤日道,烈火烧洪炉,山高更峣确,路远还崎岖。又闻昨前站,死者非形癯,大都举家窜……"康熙朝大学士梁清标写的《挽船行》,则是沿河纤夫的血泪控诉:"宁为官道尘,勿为官道人,尘土践踏有时歇,人民力尽还戍身。长安昨日兵符下,舳舻千里如云屯。官司催夫牵揽去,扶老携儿啼满路……穷民袒臂身无粮,挽船数日犹空肠。霜飙烈日任吹炙,皮穿骨折委道旁。前船夫多死,后船夫又续。眼见骨肉离,安能辞楚毒。呼天不敢祈生还,但愿将身葬鱼腹。可怜河畔风凄凄,中夜磷飞新鬼哭。"至道光朝,曾任平定州知州的孙子丹,目睹陕西华州官吏,以强盗手段劫夺民车,到驿站服役,愤怒之余,作长诗《拉车当差谣》:"拉车复拉车,舆夫气不舒,掀公于道货弃地,将车驱向县中去。有役狞然手执牌,谓是兰州饷使来。朝廷驿递岁支几百万,一鞘两夫驰以马,将车代夫事可行,如何劫夺行李赴邮程?""夺车载鞘心徘徊,一言愿告有司良,厂夫工食费谁偿。治盗不能乃为盗,驿卒度支充宦囊。吁嗟乎!驿卒度支充宦囊!"这些诗词虽然为文学作品,但是都来源于真实的生活,反映了真实的存在。一部中国古代驿传史,实质上就是驿人的苦难史。

(四)驿路上的那些虎狼盗寇

驿人的苦难并不仅仅来自制度性的盘剥压榨和肆意凌辱,还来自驿路之上的可以预见以及不可预见的各种危险。驿路难行、虎狼当道、盗寇出没,无不对驿人的性命造成威胁。世间本无路,所有的路都是靠人一脚一脚踩踏出来的,而在这些路上最先踩下足迹的,往往是那些苦命的驿人。只不过,在踩踏成路的过程中,相伴随的是驿人以身犯险的付出和苦难。关于驿路难行的记述,唐代诗人作品中的反映最为充分。韩公驿至蓝桥驿之间山岭盘高,就是唐代诗人所谓的七盘岭,现今仍有七盘之名。白居易《初出蓝田路作》,记述了诗人初出长安,自灞桥驿而南至蓝桥驿,翻越七盘岭,这一路的观感:"停骖问前路,路在秋云里。苍苍县南道,去途从此始。绝顶忽上盘,众山皆下视。下视千万峰,峰头如浪起。朝经韩公坂,夕次蓝桥水。浔阳近四千,始行七十里。人烦马蹄跙,劳苦已如此。"其中"路在秋云里"一句,写出了前路之高、之险、之缥缈,下文"下视千万峰,峰头如浪起"则更加真切地描摹出了视觉感受,自是不折不扣的一段"险途"。而张籍《使至蓝溪驿寄太常王丞》诗曰:"独上七盘去,峰峦转转稠。云中迷象鼻,雨里下筝头。水没荒桥路,鸦啼古驿楼。君今在城阙,肯见此中愁。"与白居易不约而同,都以"云里"或"云中"的意象,来描述驿路之高绝。岑参在《酬成少尹骆谷行见呈》诗中,有"千崖信萦折,一径何盘纡。层冰滑征轮,密竹碍隼斿。深林迷昏旦,栈道凌空虚"这样的诗句,为读者勾勒出这样一幅画面:在"千崖"之上,只有一条小径盘旋曲折,蜿蜒伸展,上为千仞绝壁,下为万丈深渊。这条小径乃是一条凌空栈道,经常出现诸如"层冰滑征轮""密竹碍鹰隼"之类的艰难险阻,还因为山深林密而行人不得不行走在难分晨昏的迷离朦胧之间。这些意象叠加起来形成路险难行的感受,生动真切,确实有摄人心魄之效。但这是诗人行经驿路的真实体会,并非凭空杜撰的臆想之作,应该会有文学意义上的适度夸张,大致不会距离实际太远。而今这条路线,虽然路边的"密竹""深林"大多已然不存,但是群峰攒立,峡壁逼人,近午方能见到日光的情形,有的地方仍然存在。步行于山路之上,肩拂长藤、足履青苔之时,依稀之间还会有"栈道凌空虚"之感。正是因为驿路难行,险阻太多,唐代比较重视修整驿路。刘禹锡在《山南西道新修驿路记》中记述:"居右扶风触剑阁千一百里,自散关抵褒城次舍十有五,牙门将贾黯董之。自褒而南,逾利州至于剑门,次舍十有七,同节度副使石文颖董之。两将受命,分曹星驰,并山当蹊,顽石万状……"《册府元龟》记载,宝历二年(826),任兴元观察使的裴度奏修斜谷路及创造馆驿:

"自京师抵汉中，列邮传于骆谷久矣，而艰难险阻，人尝病之。度既到镇，因访故老，熟其利害。遂决请移路于斜谷，桥梁、馆宇克期而就，人心大惬。"可见，裴度干的这件事情，很受人们的欢迎。唐人诗作很多篇章提到了蓝桥驿，蓝桥或蓝关成为人们心中非常深刻的文化意象。韩愈《左迁至蓝关示侄孙湘》诗："一封朝奏九重天，夕贬潮州路八千。欲为圣明除弊事，肯将衰朽惜残年！云横秦岭家何在？雪拥蓝关马不前。知汝远来应有意，好收吾骨瘴江边。"这是一首千古绝唱，"云横秦岭家何在，雪拥蓝关马不前"一句，既写实又写意，千百年来传诵不绝。就写实的意义而言，蓝关当是不大容易翻越的一道驿路关口。对于诗人们而言，再险峻的驿路也不过是一次旅途中的经历，而对于驿人而言则是每天都要走上一遭的工作，常年都要奔波其上的职分，其中隐伏的艰难和危险可想而知。

古代时候的中国，人口密度还不够大，更为广阔的土地为野兽占据着，人与兽的斗争曾经是很长一段时间人类生活的重头戏。《老子》（亦称《道德经》）有"陆行不遇兕虎"之说，意为没有害人之心的人，也不会遇到害他的人。之所以以此说来表征此义，是因为那个时代人们出行遇到犀牛、老虎一类的猛兽是很危险的事情，所以必须要预先做出相应的防范。驿人常年行走于驿路之上，遭遇虎狼是经常的事情。以致有这样的民谚："太华之下，白骨狼藉。"据《华阳国志·巴志》记载，秦昭襄王时，有白虎为患，危及秦、蜀、巴、汉之间的行旅往来。而《华阳国志·蜀志》记载，汉桓帝时，任命原任并州刺史的泰山郡人但望为巴郡太守，他的属员抱怨说："郡境广远，千里给吏，兼将人从，冬往夏还，夏单冬复。"这么遥远的行程，役时非常漫长，奔波于驿路之上的给役之人必然要"怀怨旷之思"，"加以水陆艰难，山有猛兽，思迫期会，殒身江河，投死虎口。咨嗟之叹，历世所苦"。从"山有猛兽、投死虎口"的描述看，驿路之上猛兽伤人的情况应是比较普遍，是当时行旅的很大威胁。《淮南子·地形训》有载，说是东方多虎，关中与关东地区之间的行旅通道虎患比较严重。《后汉书·儒林列传·刘昆》说："崤、黾驿道多虎灾，行旅不通。""崤、黾驿道"乃今河南三门峡至渑池之间的驿道，由于虎患严重已经导致行旅不通了。《汉书·地理志》有关于蓝田"有虎候山祠"的记载，大概是说在蓝田往东南的方向上，经武关抵南阳的古武关道，也曾经发生过比较严重的虎患，对驿传造成严重影响。据《后汉书》记载，广州一带过去为皇室进献龙眼、荔枝，谢承书说："旧献龙眼荔枝及生鲜，献之驿马昼夜传送之，至有遭虎狼毒害，顿仆死亡不绝。"又说："交趾七郡献生龙眼等，鸟惊风发，南州土地恶虫猛兽不绝于路，至于触犯死亡之害。"可见虎狼等猛兽对驿人荼毒甚深，以致"顿仆死亡不绝"。《苦寒行》是建安十一年（206）春，曹操于亲征高干途中鞍马之上的作品，其中有"熊罴对我蹲，虎豹夹路啼"诗句，反映出在他的行军途中所遇虎豹熊罴之类的猛兽很是凶残。陆机《赴洛道中作》两首之中的第一首，有"虎啸深谷底"一句，说明他在行程中听到了虎啸声。杜甫《水宿遣兴奉呈群公》诗中有"风号闻虎豹"之句，《复愁十二首》其一中有"人烟生处僻，虎迹过新蹄"之句，《夜归》中有"夜来归来冲虎过"之句，《宿青溪驿奉怀张员外十五兄之绪》中有"畏虎不得语"之句。这么多的诗作中都有"虎踪"，说明当时虎患比较普遍地存在着。而李商隐《商於新开路》诗："六百商於路，崎岖古共闻。蜂房春欲暮,虎阱日初曛。"写的是诗人由长安经武关往南阳驿路的行旅经历,其中"虎阱"的出现,说明驿路上存在虎患。唐《北梦琐言·逸文》记述,有一个叫周雄的递铺卒,手持托叉、利剑日夜行役,前后打死老虎数只,当时的行旅很依赖于他。据《册府元龟》记载:"江淮南诸州大虫杀人,村野百姓颇废生业,行路之人尝遭死失……令李全确驰驿往淮南大虫为害州,指授其教,与州县长官同除其害。缘官路两边去道各十步,草木尝令芟伐,使行人往来得以防备。"小说《水浒传》中有武松打虎和李逵杀子母四虎的描述,都是古时行旅虎患的真实写照。关于武松打死的那只老虎,小说中说:"如今前面景阳冈上有只吊睛白额大虫,晚了出来伤人,伤了三二十条大汉性命。官司如今杖限猎户擒捉,发落冈子路口都有榜文:可教往来客人结伙成队,于巳、午、未三个时辰过冈;其余寅、卯、申、酉、戌、亥六个时辰不许过冈。更兼单身商人,务要等伴结伙而过。"只不过是一只老虎,就导致这条道路一天之中只能有三个时辰的时间可以通行,而且还必须要结伴而行。而吃了李逵老母亲的那子母四虎更是不得了,李逵将四虎杀掉以后,猎户说,这四虎长期阻断了山路行旅,整三五个月没人敢行。古人诗作中,关于旅途遭遇虎豹等猛兽的描写比较多,也在一定程度上反映出当时驿路的状况。据《元史·兵志》记载:"凡铺卒皆腰革带,悬铃,持枪,挟雨衣,赍文书以行。夜则持炬火,道狭则车马者、负荷者,闻铃避诸道旁,夜亦惊虎狼也。"其实腰悬铃铛,差不多是各个朝代驿卒的"标配",其中一个重要作用就是驱赶驿路上的猛兽,一直到清代也是如此。由此可见,驿路之上的猛兽为害,伴随了驿传制度的始终。

　　驿路之上的艰险、猛兽固然令人生畏,但古代时候无所不在的兵匪盗寇对行旅造成的伤害更大。《后汉书·独行列传·王忳》讲述了这样一个故事:"举茂才,除郿令。到官,至薤亭。亭长曰:'亭有鬼,数杀过客,不可宿也。'忳曰:'仁胜凶邪,德除不祥,何鬼之避!'即入亭止宿。夜中闻有女子称冤之声。忳呪曰:'有何枉状,可前求理乎?'女曰:'无衣,不敢进。'忳便投衣与之。女子乃前诉曰:'妾夫为涪令,之官过宿此亭,亭长无状,贼杀妾家十余口,埋在楼下,悉取财货。'忳问亭长姓名。女曰:'即今门下游徼者也。'忳曰:'汝何故数杀过客?'对曰:'妾不得白日自诉,每夜沉冤,客则眠不见应,不胜感恚,故杀之。'忳曰:'当为汝理此冤,勿复杀良善也。'因解衣于地,忽然不见。明日召游徼诘问,俱服罪,即收系,及同谋十余人悉伏辜,遣吏送其丧归乡里,于是亭遂清安。"这个故事虽然有些玄幻神异,但终究是正史所载,或许女鬼夜诉之说,只是迫使凶手认罪的策略。而涪令一家十余口被杀于驿亭,则应该是真实的事件。《后汉书·独行列传·张武》则记载了一则悲壮故事:吴郡门下掾张业,"送太守妻子还乡里,至河内亭,盗夜劫之,业与贼战死"。是说吴郡掾吏张业,送太守妻子返回乡里,停宿河内亭时,夜里遇到盗贼劫夺,张业与盗贼血战至死。《后汉书·独行列传·刘翊》记载,汉献帝迁都西京,刘翊被任用为上计掾,"是时寇贼兴起,道路隔绝,使役稀有达者"。刘翊"夜行昼伏",才辗转抵达长安。由于社会变乱,使驿往来的行旅方式事实上已经被迫停止了。杜甫有《三绝句》诗,其一:前年渝州杀刺史,今年开州杀刺史。群盗相随剧虎狼,食人更肯留妻子。其二:二十一家同入蜀,惟残一人出骆谷。自说二女啮臂时,回头却向秦云哭。其三：殿前兵马虽骁雄，纵暴略与羌浑同。闻道杀人汉水上，妇女多在官军中。第二首说二十一家人一同通过骆谷驿道入蜀，最后却只有一个人走了出来。须知，唐代时的一家，不是今天的三口之家，也不是两代人的家庭，可能是三代人、四代人同堂的大家族，人口数量不会很少。骆谷驿道之上到底发生了什么？诗人并没有明说，只是说他们在骆谷经历了生离死别，哭得云天变色。联系前一首和后一首的内容推测，遇到的应该是兵匪祸患，从中可以看出兵匪之祸为害更烈。其实，每当兵乱肇启，驿传体系最先遭到破坏。因为健全的驿传体系可以保证战时信息的通畅，对战事的发展影响巨大。敌对的双方都不会坐视对方保持畅通的信息渠道，割裂对方驿传链条必然是重要的战略任务。《旧唐书》记载，安禄山叛乱之前，收买了京畿关内采访处置使吉温，"温于范阳辞，禄山令累路馆驿作白绸帐以候之，又令男庆绪出界送，拢马出驿数十步。及至西京，朝廷动静，辄报禄山，信宿而达"。这里信息的"信宿而达"，足以说明驿传畅通的重要。安史之乱后，四川一些地方的驿路驿站很是荒凉。杜甫行至梓州（今四川省三台县），看到驿舍成为泉水旁的荒屋，而贾岛"策杖驰山驿，逢人问梓州"，已经找不到梓州驿了。唐代宗曾经颁布《缘汴河置防援诏》，由于"自东都至淮、泗，缘汴河州县自经寇难，百姓凋残，地阔人稀，多有盗贼，漕运商旅，不免艰虞"，于是诏令地方军政长官"夹河两岸每两驿置防援三百人"，"分解捉搦"扰乱驿道正常通行秩序的盗贼。唐宪宗时，李勃充当泽潞节度的吊祭使。泽潞在今山西东南部，距离长安并没有多远。但沿途所见，"道路不修，驿马多死"，一片残毁之状。《元典章新集·刑部·防盗》中讲述了江淮一带，以水上盗劫行旅为营生手段者，已经形成"结党成群"的局面："濒江靠海，水面阔达，内有船户十万余户，其间逃役结党成群，以揽载为由，中途将客杀死，劫夺财物。"这对水驿而言，危害极大。明代有一本商旅指南性质的著作，书名《客商一览醒迷》，其中有一条忠告为"客商慎勿妆束，童稚戒饰金银"。书中自注曰："出外为商，务宜素朴。若到口岸肆店，服饰整齐，小人必生窥觊，潜谋劫夺，不可不慎。而孩童年小，父母垂爱，以金银为之冠帽、手镯、项圈、耳坠之类，小人窥见，利其财物，或毁体折肢采取，或连孩童抱去，谋杀之端由此。"还有一条为"卸船无埠头，防生歹意。同行无的伴，谨慎囊囊。"自注云："凡卸船，必有船行经纪，前途吉凶得以知之。间有歹人窥视，虑有根脚熟识，不敢轻妄。倘悭小希省牙用，自雇船只，人面生疏，歹者得以行事，以谓谋故，无迹可觅，为客者最宜警惕。凡出外必须要择的伴，庶几有辅。若路逢素非熟识之人，同舟同宿，未必他心似我，一切贵细之物，务宜谨慎防护，夜恐盗而昼恐拐也。"从这些史料来看，到了明代旅途盗劫危患仍然十分普遍，所谓"歹者""截路劫杀人财"仍然是严重的社会问题。当然，驿路之上有时还会有谋杀事件发生。明人唐顺之《荆川集》之《殷秋野翁墓志铭》记载了这样一个故事："翁所居并医局，尝有海寇，邑吏鸠工即局中高敞地缮军器为备。众久役，疫作，人相枕。翁乃日捣椒蒜和酒以遍饮不病者，而大镬煮药以遍饮病者。又日令不病者一人给事病者五人，时其药物而披搔之，已而不病者得不染，其病者往往得活，想与诣翁罗拜，手加额为谢。后数年，有人与翁相仇。翁子应试南京，过毗陵驿。仇者狙人驿旁伺翁子，欲殴之,沮其行。翁子大窘。忽有驿卒数人,跃而前助翁子,与之力斗,翁子由是免于难。既免而询诸跃斗者,乃故尝役医局中翁所活者。于是翁子欲厚报之,其人谢固不肯受,竟还家,持果与鸡馈翁子,然后去。"这是一个善有善报的暖心故事,虽然本意是讲述殷秋野善行得善报的事儿,不过也客观上保留下来了毗陵驿的这一段往事,展示了驿路之上歹人为害的另一种版本。清人袁枚《香山同知彭君小传》记载:"扬帆竞行,行百余里,遇盗船两只。"清人黄培芳《赎人行》诗也有"海上盗船动盈百,东南西北候过客"的诗句。这些史料说明,无论陆路还是水路,兵匪盗寇之祸一直没有消弭。

(五)压迫之下的驿卒抗争

重压之下的驿卒,蓄积起来的愤怒总得找到宣泄的出口,因此从消极怠惰、逃亡为盗直至揭竿而起等各种形式的抗争,相继在历史的舞台上演。东晋时代,就有人指出驿传系统征用民力之繁剧,严重影响到百姓的生产和生活秩序。《晋书·虞预传》记载:"自顷长吏轻多去来,送故迎新,交错道路。受迎者唯恐车马之不多,见送者惟恨吏卒之常少。""穷奢竭费谓之忠义,省烦从简呼为薄俗。""虽有常防,莫肯遵修。"当时形成奢华铺张风气,已经变相效仿成为流风难以扭转。尽管以往有明确的制度规定,但是人们并不愿意遵守。因此提出建议:"人船吏侍皆具条例,到当依法减省,使公私允当。"强调对民力所不堪的驿传形式,"宜复减损,严为之防"。有识之士的真知灼见并不一定总能得到积极回应,封建统治之下的专制本质决定,明君和盛世才是最契合的逻辑关系,所以一旦到了皇朝末世,再明显的积弊也无法得到整治,直至酿成祸患直接引发社会动乱。隋唐时期的驿卒不但社会地位卑下而且承受严酷盘剥,不论是炎炎烈日之下、倾盆暴雨之中,还是寒风凛冽的日子,都要奔波在驿路之上。稍有差错,便要受到严厉的处罚。比如驿卒抵驿,必须换马更行,若不换马则杖八十。文书晚到一天杖八十,两天加倍,最重的处徒罪两年。如果耽误的是紧急军事文书,则罪加三等;如果导致了战事失败,则要判处绞刑。如此境遇肯定不能维持长久,最终会招致最激烈的反抗。宋朝由于官府层层克扣,铺兵"盘缠缺乏,多饥冻僵殍",因而出现大量逃亡现象,而朝廷竟然对铺兵手臂或面上刺字,当作囚犯一样来对待。严法苛律并没有阻止铺兵的大量逃亡,有的铺兵则采取消极怠惰的手段来进行反抗。据《永乐大典》记载,宋代驿传系统频繁发生"盗发递角""重害文书""冒法逃窜""或逋逃聚为盗贼"等情形。元代的站户,也是在不堪忍受之下,选择了逃亡的方式。元人说,"民之受役,莫重于站赤"。元代"诸色户计"之中,站户既当铺马,又要承担支应酒食,确实难以承受,大批站户选择了逃亡。元世祖至元十四年(1277),永昌府站户一百二十户,卖掉妻子房地产当役。朝廷拨款五十锭银子,令站户赎回妻子。款到后,用掉三十一锭购马八十匹当站,只剩下十九锭无法赎回妻子。大批站户走投无路之下纷纷逃亡,有的充当诸王位下的投下户,有的为寻求庇护出家为僧,有的流亡各地。甘肃行省甘泉站,六十年前立站时有站户三百四十八户,后来因贫困无力应役出现逃亡,到大德七年(1303)逃亡四十六户,充投下一百二十六户,在站当役只剩下一百七十六户。明代的情况更加严重,崇祯元年至十年,江南各省府拖欠顺天府驿银达四万五千八百五十余两。甘肃甘镇站(驿)每年驿银二万八千余两,原由西安府属蒲城、朝邑、乾州、邠州、同官五州县协济,平时每年至多协济五六成或七八成,到崇祯十五年,共拖欠八万四千余两,致使"驿递(马匹)倒毙殆尽,军大半皆逃亡,呼军无军,呼马无马","甘肃一路邮传尽为无人之境"。清末的驿传也同样出现驿卒无法忍受压迫而纷纷逃走的情况。河北武清县(今天津市武清区)东北有一个河西驿,地处京东水路通衢,为漕运咽喉。清初有驿夫152名,驿马33匹。但到清晚期的光绪年间,这里驿务萧条,只剩下驿夫30名,驿马24匹。光绪年间担任顺天府河西驿驿丞幕僚的沈侨如,曾写了一部《河西驿日记》。在他的笔下,河西驿成为一个残破不堪的机构:破烂的房屋,即将倒塌的马棚,老弱待毙的病马,饥寒交迫的驿夫,构成一幅凄凉的画面。这幅画面,昭示着古老的驿传体系,已经走到了濒死边缘,生机和活力已经流失殆尽。当然,以上描述的不过是历朝历代驿卒自觉或不自觉的消极反抗,而历史上也曾经发生过驿卒们走投无路情况下的武力反抗,这是驿卒反抗最为激烈的形式。

中国历史上第一次影响较大的驿卒起义,发生在唐朝武宗年间。安史之乱后,唐王朝政治腐败,官宦权贵挥霍无度,水陆驿传滥用严重,驿站事务格外忙碌。原本在政局不稳背景下已经不堪重负的驿卒,不但要承受滥用驿传带来的巨大负担,还要经常面对严法苛律的严厉惩罚。这种情况下,在驿路上奔波的驿卒,与其说是背负着难以承受的徭役,不如说是背负着前程莫测的无常命运,求生的意志已经压倒了一切。尤其是唐后期,驿卒待遇变化很大,贪官污吏层层克扣愈加严重。这时的驿卒并不全是应征而来,许多是被发配来的囚徒,使得驿卒群体成分更加复杂,反抗意识更为强烈。河西走廊是唐朝通往西域的重要交通要道。安史之乱爆发以后,朝廷慌忙将镇守西域的官军调往中原,投入各个平叛战场。一直对中原虎视眈眈的吐蕃势趁机举兵席卷西域,将河西走廊纳入势力范围,这一区域的驿站自然也都落入吐蕃之手。吐蕃军队烧杀掳掠,残害百姓,搜刮财物,抢掠壮丁。有史料记载:"百姓丁壮者驱之以归,羸老者咸杀之,或断手凿目,弃之而去。"吐蕃人在河西走廊稳住阵脚以后,对汉族人实行了残酷的民族压迫政策,这使得汉族人难以接受,反抗意识在心底蓄积酝酿。以汉族人为主体的驿卒群体,不但心底郁积反抗的怒火,还要时刻面对吐蕃贵族的欺凌压榨,忍耐慢慢达到了临界点。终于,愤怒的火山爆发了!由于"驿将王命诠等苦尅",在忍无可忍的情况下,一场"千里为谋"的暴动在酝酿之中。在一个夜晚,肃州(今甘肃省酒泉市)的激烈骚动打破了大漠深处的宁静。在"拟逃瀚海,远申相府,罚配酒泉"的驿户氾国忠、张清等的领导下,沙洲充当驿卒的囚犯们发动了起义。他们夺取了战马和铠甲,冲进官衙,准备杀掉吐蕃官吏。驻守此地的相当于州刺史的吐蕃节儿惊慌失措之下,自知性命不保,于是纵火烧掉官府衙门,"伏剑自裁,投入火中,化为灰烬"。在随后的三天里,驿卒义军充分利用驿道的交通优势,从沙洲打到了沙洲城(今甘肃省敦煌市)。由于一路上得到驿户们的合作,"其东道军州不报消息",并制造假情报,"煞却西来""张皇兵威,夜色不分,深浅莫测"。官吏事后报告,驿卒义军"劫马取甲,来赴沙洲。千里奔腾,三宿而至。东道烽铺,烟尘莫知,夜越重城……""蕃官慢防,不虞祸至,人吏散乱,难与力争"。与此同时,沙洲玉关的驿卒在张清的率领下也发动了暴动,与肃州暴动的驿卒义军相互呼应,一时之间声势浩大。这一场驿卒起义虽然是历史上的第一次,却不见正史记载,直到20世纪初从出土的敦煌文书中才得窥见一二。令人扼腕的是,这些搏命抗争的驿卒们,最终并没有改变自己的命运,不仅未能推翻吐蕃人在河西走廊的统治,反而被吐蕃统治阶层残酷镇压了。不过,他们也不是一点作用没有发挥,正是由于他们的奋起抗争,迫使吐蕃贵族对汉族人开始采取柔性统治政策,缓和了民族矛盾。关于这次驿卒起义,由于历史资料不够丰富,我们至今仍然了解得不够详尽。甚至有的著作还认为这次起义,给唐朝统治者以很大震动,殊不知义军反抗的是吐蕃统治,而不是唐朝当局。不管如何,这是历史上第一次影响较大的驿卒起义,应该在驿传发展历史上记上浓墨重彩的一笔。

三、中国古驿路上的诗文流韵

驿路本身具有非常浓烈的开拓意义。如今,遥想最初人类踏上驿路留下第一个脚印的时候,完全可以以最严肃的态度和最庄重的声音大声宣布:"时间开始了!"之所以要这样来宣布,是因为这个开始,是全方位、全领域的开始,是民族前行的开始,是历史书写的开始,是政治进化的开始,是经济壮大的开始,是文化发展的开始……驿路,就如同古代中国的一条条经络,日夜流淌着信息流、物资流,在统治阶级神经的"末梢"和其"心脏"之间循环往复,维系着庞大封建帝国的政治、经济、军事的有效运转。而从文化意义上来考察的话,驿路又如同中华民族文化发展过程中的一条条血脉,日夜流淌着千头万绪的情思、千变万化的心境、千回百转的愁绪、千姿百态的意象,这些情思、心境、愁绪和意象凝结成诗词、融会为美文,滋养着民族文化日益成长成熟,甚至形成了独特的"文学现象",为后人留下了诗坛佳话、浪漫传说。如果在中华民族历史上抽去了驿路,那么我们的历史文化会顿时消减几分伟岸和风骨,诗词美文会顿时消减几许色彩和分量。

(一)沿着驿路延展的爱与哀愁

驿路的延展,意味着人的远离;而人的远离,必然牵动着离愁别绪、牵挂惦念等人类各种情感。于是,故事就有了开头。这个故事的开头,可能要追溯到很遥远很遥远的过去,甚至是文字还没有创造出来的过去。对于今天的我们来说,这个故事的开头因为历史记忆的淡化已经不可追忆,只能从我们还能说得清楚的最早的时候说起。《诗经》是我国第一部诗歌总集,收入西周初年至春秋中叶五百多年间的诗歌共三百零五篇,其中有很多篇涉及当时被称为"周行""周道"的驿路。在这些诗歌中,"周行""周道"经常作为具体的抒发载体,借以表达作者非常浓烈的思想感情。《诗经·周南·卷耳》:"采采卷耳,不盈顷筐。嗟我怀人,置彼周行。陟彼崔嵬,我马虺隤。我姑酌彼金罍,维以不永怀。陟彼高冈,我马玄黄。我姑酌彼兕觥,维以不永伤。陟彼砠矣,我马瘏矣,我仆痡矣,云何吁矣!"这是一首女子怀念远行丈夫的诗。主人公在采摘卷耳的时候,因为思念丈夫而心不在焉,采了很久也没有采满一筐,索性将筐放到大道旁,随着悠悠神思专心思念起远行的人。她想象丈夫上山了,过岗了,马病了,人倦了。而处于窘境中的丈夫,饮酒自宽,以此排遣同样浓烈的思念之情。之所以要在"周行"展开如此的想象,大概远行的丈夫就是从"周行"走向远方的吧?而《诗经·桧风·匪风》的主人公则是在周道之旁表达了另外一种浓烈情感:"匪风发兮,匪车偈兮。顾瞻周道,中心怛兮。匪风飘兮,匪车嘌兮。顾瞻周道,中心吊兮。谁能亨鱼,溉之釜鬵。谁将西归,怀之好音。"这是一首游子怀乡诗。诗人告别家国踽踽东行,看见官道上车马疾驰,风起尘飞,想到自己离家越来越远,归期不定,不免心中涌起浓烈的忧伤之情。这时,他非常希望遇到一个西归的故人,能够给他捎带一个平安口信。诗中反复吟咏"顾瞻周道",一则以"中心怛兮",一则以"中心吊兮",一再强化心中忧伤的表达,仿佛在读者面前展开了这样一幅画面:宽阔笔直的周道上,来来往往的车马行人不断,有一个孤独的行者兀立于道旁,眼中满含泪水回头眺望西方,然后又毅然踽踽向东走去。这是一位游子孤独的背影,但是这个背影牵系着一条长长的感情丝线,一头在游子的心中,一头在游子的故乡,随着游子前行而在周道上延展。无论是家乡的女子思念远行的丈夫,还是远行的游子思念家乡,都是这条长长的周道来承载着他们的浓烈忧伤。无独有偶,《诗经·小雅·四牡》则表达了一位奔波在路上的小官吏的思乡怀亲之情:"四牡騑騑,周道倭迟。岂不怀归?王事靡盬,我心伤悲!四牡騑騑,啴啴骆马。岂不怀归?王事靡盬,不遑启处!翩翩者鵻,载飞载下,集于苞栩。王事靡盬,不遑将父!翩翩者鵻,载飞载止,集于苞杞。王事靡盬,不遑将母!驾彼四骆,载骤骎骎。岂不怀归?是用作歌,将母来谂!"这是一位驾车在官道上不停奔波的小吏,大约应该类似于后世驿使一类的角色吧。虽然整日奔波于途,但是心中始终惦念着家中老父老母,担忧他们无人奉养,恨不得插翅飞回家乡。但是官家的差事没完没了,自己只得日夜听候差遣,总是一副风尘仆仆的样子,哪里能够有时间安居于家侍奉父母啊!他只好在诗中一再慨叹:"岂不怀归,王事靡盬"!甚至于他很羡慕鹁鸪,虽然整日飞来飞去,但尚有驻足树上歇息的自由,哪里像自己听命于王室,不知何时才能了却奉养父母的心愿。分为五章的这首诗,把主人公颠沛于路的辛劳和思亲不得归的哀愁,淋漓尽致地表达了出来。

当然,诗经的作品中,以驿道为抒发载体表达出来的情感,并非仅仅一家一户的爱与哀愁,还有涉及军国戎机的庄重严肃和面对压迫剥削的愤愤不平等更高层面的情感关系。《诗经·小雅·出车》:"我出我车,于彼牧矣。自天子所,谓我来矣。召彼仆夫,谓之载矣。王事多难,维其棘矣。我出我车,于彼郊矣。设此旐矣,建彼旄矣。彼旟旐斯,胡不旆旆?忧心悄悄,仆夫况瘁。王命南仲,往城于方。出车彭彭,旂旐央央。天子命我,城彼朔方。赫赫南仲，狁狁于襄。昔我往矣，黍稷方华。今我来思，雨雪载途。王事多难，不遑启居。岂不怀归，畏此简书。喓喓草虫，趯趯阜螽。未见君子，忧心忡忡。既见君子，我心则降。赫赫南仲，薄伐西戎。春日迟迟，卉木萋萋。仓庚喈喈，采蘩祁祁。执讯获丑，薄言还归。赫赫南仲，狁狁于夷。"这首描述出征武士的凯旋乐歌，大约创作于西周后期。周宣王时，多次对举兵南侵的狁狁部落进行征伐，后来取得了平定四夷的胜利，开创"中兴"局面。南仲是当时的一员大将，在征伐狁狁的战斗中荣立殊勋。这首诗颂扬了周宣王平定四夷的功绩，称赞大将南仲勤劳王事、克敌有功，讴歌出征将士英勇转战的事迹，以及眷属对征人的牵挂。篇幅略长，表达的感情也比较丰富。这首诗与驿路之间的联系，由"畏此简书"一句揭示出来。所谓"简书"，乃为公元前千余年由通信人员传递的官府紧急文书。南仲奉天子之命出征，走的时候是"黍稷方华"的春季，迨至"雨雪载途"的冬季，战事还没有结束。经过近一年的转战经历，将士们不是不想回归故乡，只是天子一件一件传过来的紧急文书，督促着他们必须坚持战斗下去，直至取得最后的胜利。所谓"畏此简书"之"简书"，与后世驿传文书并无二致。《诗经·小雅·大东》是一首反映东方诸侯各国的人困于赋役，怨刺周室的诗，揭示了西周王朝与诸侯各国臣民之间的矛盾。相传作者为谭国大夫，谭国在今山东省济南市章丘区东南。因原文较长，仅选取前二章。第一章："有饛簋飧，有捄棘匕。周道如砥，其直如矢。君子所履，小人所视。睠言顾之，潸焉出涕。"以饭食、行路总写周人对东人的剥削，说周人饮食丰足，食具精美。东方诸侯国的百姓们，眼睁睁地看着周室贵族在平坦笔直的周畿大道上，把征收来的原本属于自己的财富源源不断地运往西方，忍不住流下了痛惜的泪水。第二章："小东大东，杼柚其空。纠纠葛屦，可以履霜。佻佻公子，行彼周行。既往既来，使我心疚。"写东方诸侯各国的财富已经被搜刮殆尽，说丝帛及可以履霜的麻鞋都被搜刮尽了，穿得漂漂亮亮的贵族公子还是川流不息地来催缴赋税，使我的内心十分忧伤。这两章诗歌之中，都有以"周道""周行"为叙述对象的内容，借以描述周王室对东方诸侯各国搜刮的严苛。《诗经·小雅·何草不黄》："何草不黄？何日不行？何人不将？经营四方。何草不玄？何人不矜？哀我征夫，独为匪民。匪兕匪虎，率彼旷野。哀我征夫，朝夕不暇。有芃者狐，率彼幽草。有栈之车，行彼周道。"这是一首反映从役士兵怨尤劳苦的诗。西周末年，国势日衰，天下分崩。周王室为了维系统治，征役不已，引发怨恨。这首诗的主人公哀叹疲于奔命的征夫，就像原野上的衰草一样枯槁，就像出没于草丛中的野兽一样，过着非人的生活。诗歌的后两句，描绘了一幅凄惨的画面：狐狸拖着长长的尾巴出没于草丛深处，高高的兵车拉载着征夫奔向吉凶莫测的漫长征途……后人有评："纯是一种阴幽荒凉景象，写来可畏，所谓亡国之音哀以思，诗境至此，穷仄极矣！"恰是最后一句"有栈之车，行彼周道"，为这"穷仄极矣"诗境的点睛之笔。

　　诗言志，毕竟只是单方面的表达。书信则是更为直接具体的情感表达，是有来有往的双向沟通。不论这些书信是通过驿传递送，还是通过熟人捎带，总归要通过驿路到达目的地，那些书信所承载的那份情感就这样在驿路上流淌。当这些书信往来通过诗的形式叙述出来,就更增添了几分浪漫。南朝萧统《古诗十九首》中有这样一首诗:"孟冬寒气至,北风何惨栗。愁多知夜长,仰视众星列。三五明月满,四五蟾兔缺。客从远方来,遗我一书札。上言长相思,下言久别离。置书怀袖中,三岁字不灭。一心抱区区,惧君不识察。"诗人在北风呼啸的寒冬时节,漫漫长夜之中,因思念涌上心头而难以成眠,于是走到庭院仰望夜空,只见清冷寒星列布于空,冷寂无言。就这样,日复一日,从月圆的十五日重复到了月缺的二十日。直到有客人从远方来到,送来了一封信札,信中深情诉说了长久别离后的相思之情。诗人将这封信札揣于袖中,珍藏了三年字迹依然没有漫漶。诗人一心一意将之视为至宝,只是希望对方能够了然自己的一片深情。这就是我们能够从这首诗解读出来的情感,够真挚、够热烈、也够笃定! 东汉秦嘉的《留郡赠妇诗》,表达的则是接到妻子回信后的失落与怨尤。秦嘉是一位边郡官署的属官,其妻原本跟他在一起,后因"寝疾还家,不获而别"。他因思念妻子,曾派专人去接妻子回来,但妻子只回了一封信,人没有回来。于是写了这首诗:"人生譬朝露,居世多屯蹇。忧艰常早至,欢会常苦晚。念当奉时役,去尔日遥远。遣车迎子还,空往复空返。省书情凄怆,临食不能饭。独坐空房中,谁与相劝勉。长夜不能眠,伏枕独辗转。忧来如循环,匪席不可卷。"看来,秦嘉对接妻子的车"空往复空返"本已非常失望,读罢妻子的回信则心情"凄怆",吃不下饭了。我们无从得知其妻信中所言如何,但从秦嘉"独坐空房中,谁与相劝勉。长夜不能眠,伏枕独辗转"的"抱怨"中,感觉他似乎并不担心妻子的病状,而是慨叹自己的孤独。由此判断,似乎他的妻子不愿意跟他到任职之地生活,因而令其更加郁闷。《全唐诗》载有张氏《寄夫》诗:"久无音信到罗帏,路远迢迢遣问谁。闻君折得东堂桂,折罢那能不暂归。驿使今朝过五湖,殷勤为我报狂夫。从来夸有龙泉剑,试割相思得断无。"张氏丈夫彭伉于贞元年间登第,辟江西幕不归,于是张氏作此诗寄夫。彭伉答妻诗云:"莫讶相如献赋迟,锦书谁道泪沾衣。不须化作山头石,待我堂前折桂枝。"显然,这对夫妻远比前述秦嘉夫妻的状况要好得多,两人情感甚笃,一个问"试割相思得断无"一个说"锦书谁道泪沾衣",两人通过驿使传书,使一份欢愉甜蜜的情感在驿路上流淌开去,一直在中华民族历史文化的记忆中流淌着。

(二)遗落于驿路上的飘逸思绪

行走于驿路上的人们,各有不同的原因和不同的目的,但是心绪感受、情感变化却大致差不了太多,或思乡望归、或怀念亲友、或赏景抒情、或感悟人生……因此,一条条驿路,一个个朝代,总会飘逸着人同此心、心同此理的思绪。李白后人评为"百代词曲之祖",他的《菩萨蛮·平林漠漠烟如织》就是反映驿路思乡望归的佳作:"平林漠漠烟如织,寒山一带伤心碧。暝色入高楼,有人楼上愁。玉阶空伫立,宿鸟归飞急。何处是归程? 长亭更短亭。"唐代的文学艺术成就是中国文学艺术史上的一座高峰,流传下来的文学作品涉及驿路羁旅的内容特别多,感情表达也特别充分。苏颋《山驿闲卧即事》:"息燕归檐静,飞花落院闲。不愁愁自著,谁道忆乡关。"这是很有意思的一首诗,题中点明是在山驿闲卧时的所见所思,于恬淡从容之中自然而然生发出来的幽思。"不愁愁自著",完全是看到燕子归巢、飞花落院的场景,不知不觉之间无意识涌起的情感,而这份情感就是油然而生的乡愁。越是这样,越见乡愁之深沉、真切。张说《深渡驿》云:"旅泊青山夜,荒庭白露秋。洞房悬月影,高枕听江流。猿响寒岩树,萤飞古驿楼。他乡对摇落,并觉起离愁。"钱起《晚次宿预馆》云:"乡心不可问,秋气又相逢。飘泊方千里,离悲复几重。回云随去雁,寒露滴鸣蛩。延颈遥天末,如闻故国钟。"宋之问《题大庾岭北驿》:"阳月南飞雁,传闻至此回。我行殊未已,何日复归来。江静潮初落,林昏瘴不开。明朝望乡处,应见陇头梅。"《旧唐书·宋之问传》:"之问再被窜谪,经途江岭,所有篇咏,传布远近。"这首诗就是"传布远近"的"篇咏"代表作,可见是在宋之问被贬谪之后再改谪遣地的谪迁途中所作,感情愈加沉重复杂。"何日复归来"一句,体现出来的不只是迷茫,还隐含着一腔怒火:这个大庾岭,连大雁飞到这里都要折回头去,我却要翻过大庾岭继续南行,怎么能不愤懑! 还有张籍的《宿临江驿》:"楚驿南渡口,夜深来客稀。明月见潮上,江静觉鸥飞。旅宿今已远,此行殊未归。离家久无信,又听捣寒衣。"元稹的《使东川·西县驿》写道:"去时楼上清明夜,月照楼前撩乱花。今日成阴复成子,可怜春尽未还家。"温庭筠《商山早行》:"晨起动征铎,客行悲故乡。鸡声茅店月,人迹板桥霜。槲叶落山路,枳花明驿墙。因思杜陵梦,凫雁满回塘。"白居易《邯郸冬至夜思家》:"邯郸驿里逢冬至,抱膝灯前影伴身。想得家中夜深坐,还应说着远行人。"戴叔伦《除夜宿石头驿》:"旅馆谁相问?寒灯独可亲。一年将尽夜,万里未归人。寥落悲前事,支离笑此身。愁颜与衰鬓,明日又逢春。"当然,唐诗中还有很多这一主题的诗作,因为千百年来,思乡望归是一条条驿路上最深的那道辙印。行旅之人耽在驿路之上,怀念亲友也是一个重大主题,诗人也往往就这个主题抒发感情。《太平御览》引南朝宋人盛弘之《荆州记》中记载了这样一个故事:陆凯与范晔交好,从江南托驿使寄送梅花一枝,给身居长安的范晔,并附赠花诗曰:"折花逢驿使,寄与陇头人。江南无所有,聊寄一枝春。"由此,"驿使梅花"被后人用为熟典,象征对远方亲友的思念,而驿使也一度赢得"梅花使"雅号。唐代张说《还至端州驿前与高六别处》:"旧馆分江日,凄然望落晖。相逢传旅食,临别换征衣。昔记山川是,今伤人代非。往来皆此路,生死不同归。"这首诗用了追怀他曾经在这个驿馆与友人邂逅,他们传食换衣的互动,表明了彼此之间的深厚情谊。揣摩诗中反映出来诗人的情绪发现,可能在其故地重游时,这位朋友已经辞世了,因而诗人才会"凄然望落晖""今伤人代非",才会有"往来皆此路,生死不同归"的感慨。还有很多文学作品,反映的是诗人行旅之间赏景抒情、感悟人生的思想感情。白居易有一首《自秦望赴五松驿马上偶睡睡觉成吟》很有趣:"长途发已久,前馆行未至。体倦目已昏,瞌然遂成睡。右袂尚垂鞭,左手暂委辔。忽觉问仆夫,才行百步地。形神分处所,迟速相乖异。马上几多时,梦中无限事。诚哉达人语,百龄同一寐。"在赴五松驿的路上,诗人在马上睡着了,虽然是仅行百步开外的工夫,梦中却感觉好似过了很久,引发了诗人的一番感慨。而另一首《东归》则描述了诗人驿路之上饮酒赏景的潇洒快意:"翩翩平肩舆,中有老醉夫。膝上展诗卷,竿头悬酒壶。食宿无定程,仆马多缓驱。临水歇半日，望山倾一盂。藉草坐嵬峨，攀花行踟蹰。风将景共暖，体与心同舒。始悟有营者，居家如在途。方知无系者，在道如安居。前夕宿三堂，今且游申湖。残春三百里，送我归东都。"宋代苏轼《和子由渑池怀旧》："人生到处知何似，应似飞鸿踏雪泥。泥上偶然留指爪，鸿飞那复计东西。老僧已死成新塔，坏壁无由见旧题。往日崎岖还记否，路长人困蹇驴嘶。"秦观的《如梦令》，通过驿亭夜宿的真实写照，含蓄表现出诗人的客况凄凉和心境愁苦："遥夜沉沉如水，风紧驿亭深闭。梦破鼠窥灯，霜送晓寒侵被。无寐，无寐，门外马嘶人起。"陆游《卜算子·咏梅》更为大家熟知："驿外断桥边，寂寞开无主。已是黄昏独自愁，更著风和雨。无意苦争春，一任群芳妒。零落成泥碾作尘，只有香如故。"诗人借梅花自抒怀抱，也可算是驿路诗作的"天花板"了。

　　水路驿传发展起来以后，文人墨客将水驿旅程的所闻所感诉诸笔端，也流传下来很多优秀诗篇。唐代诗人韩翃《送赵评事赴洪州使幕》："孤舟行远近，一路过湘东。官属张廷尉，身随杜幼公。公河映湘竹，水驿带青枫。万里思君处，秋江夜雨中。"诗中"孤舟行远近""水驿带青枫"诗句，很鲜明地体现了水驿的特点。李白《流夜郎至西塞驿寄裴隐》："扬帆借天风，水驿苦不缓。平明及西塞，已先投沙伴。回峦引群峰，横蹙楚江断。砅冲万壑会，震沓百川满。龙怪潜溟波，俟时救炎旱。我行望雷雨，安得沾枯散。鸟去天路长，人愁春光短。空将泽畔吟，寄尔江南管。"这是李白在流放途中写给同时被流放的裴隐的诗，因为他所乘驿船借助风势速度很快，比同伴早到西塞驿，所以会怨怪"水驿苦不缓"。在描写了沿途景致后，诗人感慨"鸟去天路长，人悲春光短"，可见流放途中，即便豪放如李白也会心生悲凉，没有了"仰天大笑出门去，我辈岂是蓬蒿人"的豪迈。杜甫也有一首水驿旅途写就的诗，题为《过南岳入洞庭湖》："洪波忽争道，岸转异江湖。鄂渚分云树，衡山引舳舻。翠牙穿裹桨，碧节上寒蒲。病渴身何去，春生力更无。壤童犁雨雪，渔屋架泥涂。敧侧风帆满，微冥水驿孤。悠悠回赤壁，浩浩略苍梧。帝子留遗恨，曹公屈壮图。圣朝光御极，残孽驻艰虞。才淑随厮养，名贤隐锻炉。邵平元入汉，张翰后归吴。莫怪啼痕数，危樯逐夜乌。"其中"微冥水驿孤"一句，点明了这首诗的创作环境。王建《汴路水驿》："晚泊水边驿，柳塘初起风。蛙鸣蒲叶下，鱼入稻花中。去舍已云远，问程犹向东。近来多怨别，不与少年同。"这是一首很少将"水驿"写入诗题中的作品，诗人傍晚停泊在水边的驿舍，面对一派田园景致：柳塘微风乍起，青蛙在蒲叶之下鸣唱，鱼儿在稻禾之下畅游。但是人在旅途，尽管已经走了很远，来日还要向着更远处漂泊，心中升腾起惆怅的情绪，对别离颇有一些怨气："近来多怨别，不与少年同。"宋代王之道《放船和子远韵》："冬温寒日好，岁晚早梅开。帆脚随风转，江流与岸回。坐怜青嶂远，静见白鸥来。水驿三千里，斯游亦壮哉。"杨万里有《宿兰溪水驿前三首》，其一："系缆兰溪岸，开襟柳驿窗。人争趋夜市，月自浴秋江。灯火疏还密，帆樯只更双。平生经此县，今夕驻孤艟。"其二："合眼波吹枕，开篷月入船。奇哉一江水，写此二更天。剩欲酺清赏，翻愁败醉眠。今宵怀昨夕，雨卧万峰前。"明代徽商程春宇《士商类要》收录概括南北大运河全部驿程的《水驿捷要歌》："试问南京至北京，水程经过几州城。皇华四十有六处，途远三千三百零。从此龙江大江下，龙潭送过仪真坝。广陵邵伯达盂城，界首安平近淮阴。一出黄河是清口，桃源才过古城临。钟吾直河连下邳，新安防村彭城期。夹沟泗亭沙河驿，鲁桥城南夫马齐。长沟四十到开河，安山水驿近章丘。崇武北送清阳去，清源水顺卫河流。渡口相接夹马营，梁家庄住安德行。良店连窝新桥到，砖河驿过又乾宁。流河远望奉新步，杨青直沽杨村渡。河西和合归潞河，只隔京师四十路。逐一编歌记驿名，行人识此无差误。"严格来说，这并不算是文学作品，但是利用歌诀的形式，将南京到北京46驿、3300余里水程的驿名顺序排列出来，使得经行水驿的商旅行人熟悉沿途交通情况，也是很有实用价值的作品。

　　当某种强烈的情感体验与驿路特殊情境不期而遇，而且用文学的方式加以体现时，我们完全有理由相信会有新的文学体裁创生出来。唐玄宗天宝年间，安禄山、史思明发动叛乱。叛军攻破潼关，长安岌岌可危，唐玄宗仓皇出逃。行至马嵬驿时，随扈士兵发生哗变，玄宗被迫赐死杨贵妃，下令杀掉杨国忠。然后才在随扈士兵保护下走上通往四川的褒斜驿道，逃往四川。唐人郑处诲在《明皇杂录·补遗》中记载："明皇既幸蜀，西南行初入斜谷，属霖雨涉旬，于栈道雨中闻铃，音与山应。"唐玄宗思念杨贵妃，于是"采其声为《雨霖铃》曲，以寄恨焉"。而由玄宗创制的教坊名曲《雨霖铃》，到了宋代，经过柳永的改制，演变为一种词牌。柳永以《雨霖铃》词牌，在离开汴京时创作了抒发旅人惜别的一首佳作，一直为后世传诵的名篇："寒蝉凄切，对长亭晚，骤雨初歇。都门帐饮无绪，留恋处，兰舟催发。执手相看泪眼，竟无语凝噎。念去去，千里烟波，暮霭沉沉楚天阔。多情自古伤离别，更那堪，冷落清秋节。今宵酒醒何处？杨柳岸，晓风残月。此去经年，应是良辰好景虚设。便纵有千种风情，更与何人说！"上片纪别，对日暮雨歇、送别都门、设帐钱行，至兰舟催发、泪眼相对、执手告别，依次层层描述离别的场面和双方惜别的情态。下片述怀，承"念"字而来，设想别后情景。"此去"以下放笔直写，由"今宵"想到"经年"，由"千里烟波"想到"千种风情"，由"无语凝噎"想到"更与何人说"，回环往复而又一气贯注地抒写"相见时难别亦难"的不尽愁思。驿路行旅作为特殊的人生体验，曾经被历代诸多词家作为"竹枝词"的创作主题，其中尤以元代词人记述由居庸关驿路北行感受的"竹枝词"作品最为突出。王士熙《竹枝词十首》：

　　其一：居庸山前洞水多，白榆林下石坡陀。后来才度枪杆岭，前车昨日到滦河。

　　其二：宫装骢袅锦障泥，百辆毡车一字齐。夜宿岩前觅泉水，林中还有子规啼。

　　其三：新雨霏霏绿馽匀，马蹄何处有沙尘？阿谁能剪山前草，赠与佳人作舞茵。

　　其四：车帘都卷锦流苏，自控金鞍撚仆姑。草间白雀能言语，莫学江南唱鹧鸪。

　　其五：山前马陈烂如云，九夏如秋不是春。昨夜玄冥剪飞雪，云州山里尽堆银。

　　其六：山上去采芍药花，山前来寻地椒芽。土屋青帘留买酒，石泉老衲唤供茶。

　　其七：风高白海陇云黄，寒雁来时天路长。山上逢山不归去，何人马蹄生得方。

　　其八：山前闻说有神龙，百脉流泉灌水春。道与年年往来客，六月惊湍莫得逢。

　　其九：天上瑶宫是吾居，三年犹恨往来疏。滦阳侍臣骑马去，金烛朝天拟献书。

其十：龙冈积翠护新宫，滦水秋波太液风。要使竹枝传上国，正是皇家四海同。

王士熙《竹枝词十首》问世后，先后有袁桷《次韵继学途中竹枝词十首》，许有壬《竹枝十首和继学韵》，胡奎《次韵王继学滦河竹枝词》等唱和作品，吴当《竹枝词和歌自扈跸上都自沙岭至滦京所作》也属于同一主题作品。到清代晚期，又有一些文人雅士以"竹枝词"来反映电报电话等新的通信技术的兴起。而正是火车、电报、电话等新生事物的兴起，最终将古代中国的驿传体系挤出了历史舞台。"竹枝词"这一文学体裁，也算和驿传体系颇有渊源了。

（三）驿壁上的跨时空情感交会

驿路上人来人往，来来往往的每个人都有着自己丰富的人生阅历，不同的人生际遇，行旅之中也会产生不同的思想体悟。其中的一些文人墨客就会把这些思想体悟变成诗词，以最优雅的方式将之表达出来。路途之中是不便表达的，只有到达驿舍以后，才会有合适的环境和宽裕的时间，完成这个任务。于是，驿馆的墙壁便成了"告示板"，作为大家发表作品的公共平台，实现了人们跨时空的情感交会。一般来讲，人们在行旅中，有感而发，并不太注重身份、角色，也不会过多思考影响、后果，处于比较自然的状态下，宣泄着自己最真实的思想感情。人们愿意将自己的诗作题写在驿壁上，也愿意在驿壁上品读别人的诗作，所谓跨时空情感交会就是这样实现的。不过，也有人怀着比较强的功利心，在驿壁上题写一些东西。元代方回在题为《古店》的诗中写道："古店看题壁，儒风岂易还。匪因登贡籍，即叩贤关。腾踏青云上，沉埋草莽间。其人俱已矣，遗迹尚斑斑。"他指出这些题写驿壁诗文的人，不是谋求"登贡籍"，就是企图"叩贤关"，总之是为了自己飞黄腾达。这样的情况肯定会有，但是更多的还是没有功利目的，只是真情流露而已。因为很多驿壁题诗是不留姓名的，大家也不觉得有什么奇怪。宋人杨延龄《杨公笔录》记载："陈留驿壁有人题感怀诗一篇，其一联云：'一生更部残零阙，尽老江乡远小州'，其意甚可悲，此必老选人所作。"这位"老选人"是谁？因为驿壁题诗没有留下姓名，人们已经无法知晓了。南宋陈鹄《耆旧续闻》记载："（姚嗣宗）尝题诗于关中驿舍，云'欲挂衣冠神武门，先寻水竹渭南村。却将旧斩楼兰剑，买得黄牛教子孙'。东坡见而志之，后闻乃嗣宗诗。"可见，姚嗣宗题写这首诗的时候没有留名，苏东坡也不知道是谁作的这首诗，只是为诗中表现出来的豪迈气概所感动。这位姚嗣宗也是一个妙人。北宋僧人文莹《湘山野录·续录》记载："姚嗣宗关中诗豪，忽绳检，坦然自任。杜祁公帅长安，多裁品人物，谓尹师鲁曰：'姚生如何人？'尹曰：'嗣宗者，使白衣人入翰林亦不忝，减死一等黜流海岛亦不屈。'姚闻之大喜，曰：'所谓善评我者也。'时天下久撤边警，一旦，忽元昊以河西叛。朝廷方羁笼关豪之际，嗣宗也因写二诗于驿壁，有'踏碎贺兰石，扫清西海尘。布衣能效死，可惜作穷鳞'，又一绝'百越干戈未息肩，九原金鼓又轰天。崆峒山叟笑不语，静听松风春昼眠'之句。韩忠献公奇之，奏补职官。"这位姚嗣宗想来就是一位干练豪爽之人，听到人评价他"如果以平民身份进入权力中枢也不算抬举，如果以无期徒刑流放海岛也不算冤屈"时，竟然非常高兴，认为评价非常准确。因为有报国之心，有牺牲之志,后来还是被朝廷录用了,不过是得到了韩琦的赏识而"奏补职官",并非自己钻营来的。清人王士禛《香祖笔记》回忆少年时应考途中在驿壁题诗情形:"余自少年与先长兄考功,同上公车,每停骖辍轭,辄相倡和,书之旗亭驿壁,率不留稿。诸同人见之者,后在京师,往往为余诵之,恍如昨梦。近见吴江钮玉樵琇《觚剩》亦载余逸句。因忆丙午自里中北上,戏题德州南曲律店壁一绝,云:'曲律店子黄河崖,朝来一雨清风霾。青松短壑不能住,骑驴又踏长安街。'语虽诙嘲不足存,亦小有风趣,聊记于此。"王士禛驿壁题诗不留底稿,不论留不留名,可以肯定没有功利目的,纯粹游戏心态。但是因为作品确实优秀,别人则替他将诗文流传下来。

驿壁就像一块告示板,在驿壁上题诗的人,是为了抒发自己的情感,也是在向别人展示自己的情怀;而来到驿壁寻阅题诗的人,是为了丰富自己的旅途经验,也是寻找自己的知音同好,以别人的诗句来浇自己的胸中块垒。唐代李频《和太学赵鸿博士归蔡中》:"得禄从高第,还乡见后生。田园休问主,词赋已垂名。扫壁前题出,开窗旧景清。遥知贤太守,至席日邀迎。"其中"词赋已垂名""扫壁前题出"两句不无奉承之嫌,但也说明赵鸿还是有些名气,有人拜读其曾经在驿壁的题诗。宋代陆游《纵游》:"人事元知不可谐,名山踏破几青鞋。百钱挂杖无时醉,一锸随身到处埋。驿壁读诗摩病眼,僧窗看竹散幽怀。亦知诗料无穷尽,灯火萧疏过县街。"从陆游擦拭着病眼也要去看驿壁题诗,可以看出驿壁题诗对于他的吸引力很强。陆游爱看驿壁题诗,也爱在驿壁题诗。陆游《题江陵村店壁》:"青帘三家市,黄茅十里冈。蓬飞风浩浩,尘起日茫茫。驰骋多从兽,锄耰少破荒。行人相指似,此路走襄阳。"陆游甚至有时梦里也会在驿壁题诗,如《梦题驿壁(十二月二十七日夜)》:"半生征袖厌风埃,又向关门把酒杯。车辙自随芳草远,岁华无奈夕阳催。驿前历历堠双只,陌上悠悠人去来。不为途穷身易老,百年回首总堪哀。"其实不光是陆游,古代诗人很多都有停宿驿馆寻读驿壁题诗的喜好。北宋张耒《项城道中》:"尘壁苍茫有旧题,十年重见一伤悲。野僧欲与论前事,自说年多不复知。"宋人惠洪《再游读旧题》:"渡头路人白云隈,断岸柴门窈窕开。忽忆去年曾过此,拂尘闲看旧题来。"他们不但喜欢看驿壁题诗,而且旧地重游还要再看一看。梅尧臣有"到日寻题墨,犹应旧壁留"的想法;范成大有"披开豹雾寻陈迹,扫尽蛛尘看旧题"的执着;杨万里有"晓起巡檐看题壁,雨声一片隔林来"的勤奋;赵庚夫有"下马看题壁,闻鸡起抱薪"的经历;赵蕃有"立马看题壁,冲鸥唤渡船"的体验;元人方回有"寻觅旧题壁,脱落迷榛菅"的诗句;明人刘应时有"立马邮亭看题壁,谁能不动故山情"的感慨;清人毛奇龄则有"亭回通潞看题壁,家近前溪认落帆"的描述。他们有着驿路行旅的共同爱好,因为这个爱好他们冲破了时空限制,与驿壁题诗的人实现了驿壁上的情感交会。诗人都喜欢看别人的题诗,如果自己的题诗被湮没或消失了,自然会产生失落感。白居易《骆口驿旧题诗》中"拙诗在壁无人爱,鸟污苔侵文字残"一句,就颇有些愤愤不平的意气。郑谷《渼陂》诗中"旧题诗句没苍苔"一句,多半也是抱怨自己的题诗被忽视了。也有人因为题诗太受人欢迎,驿卒不胜其扰而重新刷涂墙壁将之覆盖的。北宋谢逸曾经在黄州杏花村馆题《江神子》

一阕于驿壁，来往的客人都很喜欢，往往向驿卒索要笔墨来抄录。驿卒被打扰得烦了，干脆用泥将这块墙壁涂上以覆盖字迹。宋人孔平仲《书驿舍壁》："巍巍使馆开华堂，行人旧题诗满墙。去年读之多好语，今岁重寻在何处。驿吏却云官长来，垩以赤白墁青灰。银钩错落应手没，当时嘲谑谁为才。呜呼万事只如此，古人豪强安在哉！寄语征途往来客，不如挥毫落金石。金石虽坚有时灭，君不闻海波成田淮水绝。"诗人看到驿馆粉刷墙壁，导致一些很好的题诗被覆盖了，感觉特别惋惜。所以建议大家再有好的诗作不要写墙上了，还是刻在金石上稳妥一些。当然，也有人旧地重游，发现自己曾经题写的诗文无处可寻而无可奈何。明人李化龙《题清苑泾阳驿壁》："短墙小屋柳垂垂，二十年前此咏诗。今日重来无觅处，空余乌鹊绕寒枝。"诗人二十年前曾经在这个驿壁上题过诗，今日故地重游，自己的题诗已经找不到了。"空余乌鹊绕寒枝"一句，很真切地传达了诗人失落的心情。无奈，再题一首诗写到驿壁上吧。

驿壁有时就像一块留言板，使得不同时间来到此地的诗人，由此实现唱和以交流思想感情，而最为典型的大概是唐代白居易和元稹之间的驿壁交流。唐宪宗元和五年（810），元稹由监察御史贬为江陵士曹参军，元和十年（815）奉召还京，过蓝桥驿时在驿壁题《留呈梦得、子厚、致用（题蓝桥驿）》："泉溜才通疑夜磬，烧烟余暖有春泥。千层玉帐铺松盖，五出银区印虎蹄。暗落金乌山渐黑，深埋粉堠路浑迷。心知魏阙无多地，十二琼楼百里西。"八个月后，白居易自长安贬江州，过蓝桥驿时看到元稹这首诗，感慨万千，写下绝句《蓝桥驿见元九诗》："蓝桥春雪君归日，秦岭秋风我去时。每到驿亭先下马，循墙绕柱觅君诗。"当行至武关以南，白居易又读到元稹题诗《山石榴花》："寥落山榴深映叶，红霞浅带碧霄云。曲尘枝下年年见，别似衣裳不似裙。"于是他又作《武关南见元九题〈山石榴花〉见寄》："往来同路不同时，前后相思两不知。行过关门三四里，榴花不见见君诗。"有意思的是，元稹见到白居易这首诗以后，又作《酬乐天〈武关南见微之题山石榴花〉诗》："比因酬赠为花时，不为君行不复知。又更几年还共到，满墙尘土两篇诗。"元稹也曾在驿路见到白居易题诗，而作《见乐天诗》："通州到日日平西，江馆无人虎印泥。忽向破檐残漏处，见君诗在柱心题。"元稹还有见到前人题诗而作的诗文，《襄城驿二首》中有一首就描述了在襄城驿看到前人题诗的感受："容州诗句在襄城，几度经过眼暂明。今日重看满衫泪，可怜名字已前生。"他还有一首《公安县远安寺水亭见展公题壁飘然泪流因书四韵》："碧涧去年会，与师三两人。今来见题壁，师已是前身。芰叶迎僧夏，杨花度俗春。空将数行泪，洒遍塔中尘。"宋之问在端州驿看到杜审言、沈佺期、阎朝隐、王无竞等人旧题，作《至端州驿见杜五审言沈三佺期阎五朝隐王二无竞题壁慨然成咏》：其一：逐臣北地承严谴，谓到南中每相见。岂意南中歧路多，千山万水分乡县。其二：云摇雨散各翻飞，海阔天长音信稀。处处山川同瘴疠，自怜能得几人归。白居易有一首《重过寿泉忆与杨九别时因题店壁》："商州南十里，有水名寿泉。涌出石崖下，流经山店前。忆昔相送日，我去君言还。寒波与老泪，此地共潺湲。一去历万里，再来经六年。形容已变改，处所犹依然。他日君过此，殷勤吟此篇。"从诗中叙事可以得知，当年这位杨九送别诗人在此洒泪分别,六年之后行经万里的白居易又来到寿泉这个地方,抚今追昔感慨物是人非,因此作诗书于店壁以寄语老友。就这样,古人在没有手机、微信的时代,以驿舍墙壁为交流平台,形成了中国古代文化交流的一道亮丽风景,创造了中国文化史上的一个奇观,也为后人流传下诸多文坛佳话,积累下宝贵的精神财富。

(四)出人意表的女性驿路诗文

一般来说,古时候奔波于驿路之上,有感而发题诗驿壁,应该是男人干的事情,很少有人会想到历史上还出现了一些女性创作的驿壁题诗。仔细搜寻一番,还真有一些女性的驿壁题诗流传下来,而这些女性虽然大多行实不详,但总算因为题诗而在历史上留下了雪泥鸿爪般的痕迹。宋代有位名叫鲍娘的女子(亦有人说乃李清照),在兑溪驿题诗一首:"溪驿旧名夕,烟光满翠岚。须知今夜好,宿处是江南。"这是一首写景的诗,比较浅显易懂,看上去并不是很特别。但是,这首诗得到了一位大人物的赏识,而且还和了一首诗。这位大人物就是担任过枢密使的蒋颖叔,其和诗题为《和鲍娘题兑溪驿》。诗云:"尽日行荒径,全家出瘴岚。鲍娘诗句好,今夜宿江南。"宋人周辉《清波杂志》收录了这两首诗,大概是觉得以蒋大人之尊和一位小女子的题诗有失身份,他还特意解释说:"颖叔岂固欲和妇人女子之诗?特北归读此句,有当于心,戏次其韵以志喜耳。"说实话,看到蒋颖叔和鲍娘诗并没有感到多么奇怪,反倒是周辉的这个解释有些狗尾续貂之嫌。说来鲍娘也是一位才女,她还有题在大安驿的一首诗,全诗已经失传,但其中一联为"鸡声哽入江南路,柳暗莺残别是春"。之所以留下来这一联,是因为这首诗也得到了不止一位大人物的关注。政和二年进士,历任给事中、礼部、吏部侍郎、中书舍人等职的李正民,在《题大安驿》中说:"大安驿距信州(今江西省上饶市)分水岭二十五里,壁间有鲍娘题诗云:'鸡声哽入江南路,柳暗莺残别是春'。因题其一:平生未省历瓯闽,叠嶂层峰困旅人。珍重鲍娘诗句好,江南别是一家春。其二:两州水向岭头分,入眼溪山处处新。春色固应无彼此,江南未必胜瓯闽。"此外,绍兴八年进士第一、仕至尚书考功员外郎的黄公度,其《题分水岭两绝》其二写道:"闽越江南此地分,鲍娘诗句尚能存。客怀未觉今宵好,家住壶山烟雨村。"如此看来,这位鲍娘还真有些特别,能够引起这样一些"大佬"的注意,说明其诗词造诣已经达到比较高的水平。但若此鲍娘真的是李清照,则是他们在蹭李清照的"流量"。还真是挺有趣儿的事情。宋人彭乘撰《墨客挥犀》记述了女子卢氏驿壁题诗的事情:"蜀路泥溪驿,天圣中有女郎卢氏者,随父往汉州作县令,替归,题于驿舍之壁。其序略云:'登山临水,不废讴吟。易羽移商,聊纾乎羁思。因成《凤栖梧》曲子一阕,聊书于壁。后之君子览之者,毋以妇人窃弄翰墨为罪。'词曰:'蜀道青天烟蔼蔼,帝里繁华,迢递何时至。回望锦川挥粉泪,凤钗斜斡乌云腻。钿带双垂金缕细,玉佩玎珰,露滴寒如水。从此鸾妆添远意,画眉学得遥山翠。'"这位卢姓女子乃县令之女,当然受过良好的教育,从题诗看也是小有才学,喜欢舞文弄墨。尽管嘴上说希望大家"毋以妇人窃弄翰墨为罪",但是字里行间透着一份洒脱自信,倒也不枉因此题诗而史上留痕。

女性驿壁题诗，如上面所引二人之作，只是吟诵风月的比较少，大多是倾诉自己身世不幸和命运多舛。辛弃疾有一首《减字木兰花·盈盈泪眼》，序曰："长沙道中，壁上有妇人题字，若有恨者，用其意为赋。"其词："盈盈泪眼。往日青楼天样远。秋月春花，输与寻常姊妹家。水村山驿。日暮行云无气力。锦字偷裁，立尽西风雁不来。"可惜，诗序语焉不详，我们无从得知何人有何恨，而辛弃疾"用其意为赋"还是有点意味的。宋人王直方撰《王直方诗话》，收录唐人周仲美《书邮亭壁》："世居京师，父游宦，家于成都，既而适李氏子，侍舅姑，宦泗上，从良人赴金陵幕。偶因事弃官，入华山，有长住之意。仲美即寄身合肥外祖家，方求归未得，会舅遽调任长沙，不免共载而南。云水茫茫，去国益远。形影相吊，洒涕何言。因书所怀于壁：爱妾不爱子，为问此何理。弃官更弃妻，人情宁可已。永诀泗之滨，遗言空在耳。三载无朝昏，孤帏泪如洗。妇人义从夫，一节誓生死。江乡感残春，肠断晚烟起。西望太华峰，不知几千里。"这是一个典型的被丈夫抛弃的怨妇，一上来既讲道理又讲人情，颇有点不论出个里表不善罢甘休的气势。然而，终究是在传统纲常禁锢之中的女人，最后也只能认命而已。宋代女子韩玉父《题漠口铺》并序："妾本秦人，先大父尝仕于朝，因乱遂家钱塘。幼时，易安居士教以学诗。及笄，父母以妻上舍林子建。去年林得官归闽，妾倾囊以助其行。林许秋冬间遣骑迎妾。久之杳然，何其食言耶？不免携女奴自钱塘而之三山，比至，林亦官盱江矣。因而复回延平，经由顺昌，假道昭武而去。叹客旅之可厌，笑人事之多乖，因理发漠口铺，漫题数语于壁，云：南行逾万山，复入武阳路。黎明与鸡兴，理发漠口铺。盱江在何所，极目烟水暮。生平良自珍，羞为浪子妇。知君非秋胡，强颜且西去。"在那个时代，韩玉父为寻夫走过漫长旅途，着实不易。其实她自己心里已经意识到，可能遇到负心汉了，可还是抱着一线希望继续前行。"知君非秋胡"一句用了唐代诗人吴兢所著的《乐府古题要解》中的一个典故："鲁有秋胡子，纳妻五日，而官于陈，五年乃归。未至家，于路旁见妇人采桑。美，悦之。下车，谓：力田不如逢丰年，力耕不如见公卿。吾今有金，愿以与夫人。妇曰：妇人当采桑力作以养舅姑，不愿人之金。秋胡归至，奉金遗母。母使人呼妇至，乃向采桑者也。妇恶其行，因东去，投河而死。"林子建到底是不是秋胡，我们已无从得知，从情节上分析，林子建如秋胡乃大概率事件。北宋宣和年间，有一位名叫幼卿的女子，投宿陕府驿馆，在馆壁题写了一首《浪淘沙》云："幼卿少与表兄同砚席，雅有文字之好。未笄，兄欲缔姻，父母以兄未禄，难其请，遂适武弁公。明年，兄登甲科，职教洮房，而良人统兵陕右，相与邂逅于此。兄鞭马，略不相顾，岂前憾未平耶？因作《浪淘沙》以寄情，云：目送楚云空，前事无踪。漫留遗恨锁眉峰，自是荷花开较晚，孤负东风。客馆叹飘蓬，聚散匆匆。扬鞭哪忍骤花骢。望断斜阳人不见，满袖啼红。"幼卿题壁被多名宋人收入笔记，流传下来。这位不知姓的女子，原本也是无数历史过客中普通一员，只是因了这首《浪淘沙》，我们知道历史上曾经有这样一位女子，她有着这样一个伤感的故事。在信州杉溪驿还发生了这样一个故事：一位无名女子在驿舍墙壁上留言说：她出身于士族，遵父母之命，嫁给"三班奉职"鹿生之子。鹿生极为势利，捞到官职后急匆匆带着全家赴任。作为儿媳的她虽然刚分娩三天，也被逼迫上路。因途中奔波劳累，病倒于杉溪驿舍，奄奄一息。临终前，将自己不幸遭遇题写驿壁之上，"具逼迫苦楚之状，恨父母远，无地赴诉。言极哀切，颇有辞藻，读者无不感伤"。后来投宿此处的来客，多为之激愤，为诗以吊者百余篇，都为女子鸣不平。后有好事者将鹿生真实身份查出，此人乃宰相夏竦的家奴，人们恶其贪忍，故斥为"鹿奴"。还有人将众人凭吊女子的诗词辑录成书，书名为《鹿奴诗》。

还有些女性驿壁题诗，有着比较宏大的背景，题诗人身份也很不简单。明人毛晋《三家宫词》记载，宋太祖平后蜀，花蕊夫人以俘见。问其所作，口占一绝云："君王城上竖降旗，妾在深宫那得知？十四万人齐解甲，更无一个是男儿！"杨慎云："宫词之外，尤工乐府。蜀亡入汴，书葭萌驿壁云：'初离蜀道心将碎，离恨绵绵，春日如年，马上时时闻杜鹃。'书未毕，为军骑催行。后人续之云：'三千宫女皆花貌，妾最婵娟。此去朝天，只恐君王宠爱偏。'花蕊见宋祖，犹作'更无一个是男儿'之句，焉有随昶行而书此败节之语乎？续之者不惟虚空架桥，而词之鄙，亦狗尾续貂矣！"按百度"花蕊夫人"词条介绍，宋太祖在花蕊夫人侍宴时，命花蕊夫人即席吟诗，花蕊夫人即吟此词，不过下阕为："三千宫女皆花貌，共斗婵娟。髻学朝天，今日谁知是谶言。"吟罢说道这词是当日离开蜀国，途经葭萌关时所作并书于驿壁上。还说："当年在成都宫内，蜀主孟昶亲谱'万里朝天曲'，令我按拍而歌，以为是万里来朝的佳谶，因此百官竞执长鞭，自马至地，妇人竟戴高冠，皆呼为'朝天'。及李艳娘入宫，好梳高髻，宫人皆学她以邀宠幸，也唤作'朝天髻'。哪知道却是万里崎岖，前往汴京，来见你宋主。万里朝天的谶言，却在降宋应验，岂不可叹？"读过百度词条介绍，总觉得不太靠谱。下阕词无论立意、格调、雅驯诸方面，都和上阕差距较大，情绪衔接也不够顺畅，可能杨慎所言为是。世事无常，因果循环。清人徐釚撰《词苑丛谈》记载："至正丙子正月十八日，元兵入杭，宋谢，全两后以下皆赴北。有王昭仪清惠者，题《满江红》于驿壁云：'太液芙蓉，浑不似、旧时颜色。曾记得、春风雨露，玉楼金阙。名播兰簪妃后里，晕潮莲脸君王侧。忽一朝，鼙鼓揭天来，繁华歇。龙虎散，风云灭，千古恨，凭谁说。对山河百二，泪沾襟血。驿馆夜惊尘土梦，宫车晓碾关山月。愿嫦娥、相顾肯从容，随圆缺。'文丞相读至末句，叹曰：'惜哉！夫人于此少商量矣。'为之代作二首云：'试问琵琶，胡沙外、怎生风色。最苦是、姚黄一朵，移根仙阙。王母欢阑琼宴罢，仙人泪满金盘侧。听行宫、半夜雨霖铃，声声歇。彩云散，香尘灭，铜驼恨，哪堪说。想男儿慷慨，嚼穿龈血。回首昭阳辞落日，伤心铜雀迎新月。算妾身、不愿似天家，金瓯缺。'其二云：'燕子楼中，又挨过、几番秋色。相思处、青年如梦，乘鸾仙阙。肌玉暗消衣带缓，泪珠斜透花钿侧。最无端、蕉影上窗纱，青灯歇。曲池合，高台灭，人间事，何堪说。向南阳阡上，满襟清血。世态便如翻覆雨，妾身原是分明月。笑乐昌、一段好风流，菱花缺。'"且不论文丞相所见是否精当，也不论其代作二首是否符合王昭仪原意，总之历史上确有深宫妇人在改朝换代的时代背景下，将自己的亡国之恨、颠沛离愁和无可奈何等诸多情绪，以诗词的形式抒发出来书于驿壁，并由此得以流传下来。在破家亡国的动乱中，败亡一方的深宫女子固然要蒙受难言的凌辱和深深的苦难，而能够在这样的动乱时代发出自己的声音,并得以流传后世,可以算得上奇女子了。

(五)驿路上演绎的浪漫与玄幻

中国古代的驿路,从商周时期开始穿越几千年的漫长时光延展下来,从行旅之人的脚下穿越千山万水而无所不达。几十个朝代、几千年的时光、几万里的距离,男男女女、老老少少、官差驿使、行旅客商在驿路上走过春夏秋冬、走出雨雪风霜、走进史料传说。这些有血有肉、有情有感的驿路上行走之人,在几千年的时光中、几万里的路途上,演绎了很多浪漫故事和玄幻传说。在中国传统文化中,与信息传递有关的最浪漫的传说应该是鱼雁传书了。东汉蔡文姬的父亲蔡邕作《饮马长城窟行》:"青青河边草,绵绵思远道。远道不可思,宿昔梦见之。梦见在我傍,忽觉在他乡。他乡各异县,辗转不相见。枯桑知天风,海水知天寒。入门各自媚,谁肯相为言。客从远方来,遗我双鲤鱼。呼儿烹鲤鱼,中有尺素书。长跪读素书,书中竟何如。上言加餐食,下言长相忆。"其实,那时人们之间通信非常困难,一般是依靠熟人带信,而带信的同时都要带上相应的物品。蔡邕收到信的同时还收到两条鲤鱼,但是经过他生花妙笔写出来,就带上了浪漫传奇的色彩,似乎是鲤鱼来传书了。不过,善良的人们更愿意接受这种美好的想象,于是就一路流传了下来。据《汉书·苏武传》记载:苏武被匈奴羁留流落到北海牧羊。当汉朝向匈奴索要苏武的时候,匈奴诡称苏武已经死去。但原苏武属史常惠秘密会见汉朝使者,让使者对匈奴单于说,大汉天子在上林苑射中一雁,雁足系有帛书,上写苏武等人在某泽中。使者如此交涉以后,匈奴不得不释放苏武。所谓鸿雁传书,也不过是外交中的一个小策略而已。但是,鱼雁传书的成语却流传下来,丰富了中华民族的历史文化宝库。如果说鱼雁传书浪漫多于传奇的话,那么司马迁的《史记·秦始皇本纪》则记载了更为离奇的故事:秦始皇三十六年(公元前211年)秋天,有使者从关东前往咸阳。夜间过华阴平舒道时,"有人持璧遮使者曰:'为吾遗滈池君。'言曰:'今年祖龙死。'使者问其故,忽不见,置其璧去。使者奉璧据以闻,始皇默然良久,曰:'山鬼固不过知一岁事也。'退言曰:'祖龙者,人之先也。'使御府视璧,乃二十八年行渡江所沉璧也"。事情确实有些离奇,不过更加离奇的是,第二年秦始皇果然死了。《晋书·陆机传》记载了"黄耳传书"的故事。吴郡名士陆机寓居洛阳多年,很是挂念亲人。有一天,他对养的名为"黄耳"的狗说:我已经很久没有和家里通信了,你能为我送信吗?黄耳居然摇尾应允。于是,陆机书写家信,装在竹编容器中系在黄耳脖子上。黄耳寻找到南行的大路,真的回到了吴郡陆机的家中,然后带着回信又回到了洛阳。更令人咋舌的是,"其后因以为常"。这个故事真假难辨,从洛阳到吴郡按今天的公路里程算,大概有两千多公里,如果是真的,黄耳乃为犬中豪杰了。同样比较浪漫但更为靠谱的事情,乃唐末《开元天宝遗事》记载张九龄"飞奴"传书。唐代名相张九龄少年时,养了一群鸽子。每当要和亲友通信的时候,就把信系在鸽子腿上,鸽子可以按照要求将书信送到地方。张九龄称送信的鸽子为"飞奴"。北宋何薳著《春渚纪闻》中记录了一则陇州鹦哥的故事。说韩奉议任陇州通判时，家人得到了一只鹦哥。回到京师后，有一天鹦哥突然说："鹦哥这些日子特别思念家乡，如果能放我回到家乡，生死不忘此恩。"家人听了鹦哥的话，很同情它，于是说："我放你很容易，但是这里离陇州数千里之遥，你怎么能回得去？"鹦哥说："鹦哥自记得来这里时候的驿程道路，我白天藏身深林之中以避鹰鹞，晚上飞行并寻觅食物，只要不饥渴就可以了。"家人打开笼子，解开系在鹦哥腿上的丝线，并祝愿它一路平安。鹦哥低头回答说："娘子多多保重自己，不要想念鹦哥。"然后振翅向西飞去，家人怅然许久，觉得鹦哥肯定回不到家乡。数月以后，有位名叫何忠的急足驿使自陇州至京师送文书，出陇州城后在一棵大树下面休息。忽然听到树梢有叫"急足"的声音，吓了一跳，以为遇到鬼了。这个声音再三呼叫，不免仰头看向树梢，见到一只鹦哥。鹦哥看着何忠说："你还记得我吗？我是韩通判家里养的那只鹦哥呀！你到了京师，一定要替我传话给韩通判家眷，就说鹦哥回到了家乡，很是快活，特别感谢他们放我回家！"何忠闻言感慨不已，到了京城至韩家将其所见所闻告知，韩家非常惊异，很吃惊鹦哥如此聪明且有情义。这个故事够离奇的了，我们也就当作一个故事听听而已，其中韩通判家人与鹦哥之间和谐相处的关系，还是值得称道的。

驿路上不仅有传奇，还有浪漫。良辰美景、花好月圆、有情人终成眷属，一直是喜欢大团圆结局的中国人很突出的心理取向，因此古老的、漫长的驿路上演绎的故事中，浪漫的事从来不会缺席。传吕洞宾所作《遇仙桥》云："几回秦女夜吹箫，洞底松风送寂寥。不做巫阳云雨梦，却寻仙侣到蓝桥。"诗中蓝桥寻仙侣，说的是裴航与云英的故事。传说唐穆宗长庆年间，有位叫裴航的秀才，乘船遇到樊夫人，惊讶于其美貌与优雅，心生爱慕以求交好。夫人向裴航赠诗一首，然后不辞而别，不知所往。诗云："一饮琼浆百感生，玄霜捣尽见云英。蓝桥便是神仙窟，何必崎岖上玉清。"后来，裴航前往长安，途经蓝桥驿，因为口渴得厉害，找到一户人家向老妪讨碗水喝。老妪呼喊一位女子手捧瓷碗盛水奉上，这个女子名字恰好叫"云英"。裴航想起了樊夫人诗中提到的云英，觉得可能在蓝桥应验诗中所言，便要求留宿老妪家并向云英求婚。老妪说，你要娶云英也不是不可以，但是有一个条件你必须得答应。裴航赶紧问是什么条件？老妪说，我需要一个捣药的玉杵臼，你若是给我寻了来，我便把云英许给你。裴航当下与老妪相约百日为期，百日之内定当寻到玉杵臼，断不可在此期间另许他人。裴航在竭力寻访之下，终于在京师虢州药铺卞老处寻到了玉杵臼，急忙携带玉杵臼赶去蓝桥驿。老妪见裴航果然寻到了玉杵臼，高兴地大笑着说：还真有这样守信用的君子呢，我怎么能因为爱惜女子而不酬谢你的辛劳呢？于是，让云英与裴航成婚，随后"神化自在，超为上仙"。唐文宗大和年间，有人在蓝桥驿之西还遇见过裴航，他还向人讲述了得道成仙之事，并赠予此人蓝田美玉。蓝桥这个地名确有几分浪漫色彩，不由得会引人产生旖旎遐思。早在裴航这个故事之前，这里就有一个尾生抱柱的传说故事。《庄子·盗跖》云："尾生与女子期于梁下，女子不来，水至不去，抱梁柱而死。"说的是尾生和一个女子相约在蓝桥下面相会，可是到了约定的时间女子却没有来。尾生不肯失信于女子,坚持在桥下等待。不期赶上暴发洪水,最后尾生抱着桥柱子被水淹死了。孤男寡女相约桥下,必然是一场幽会。这不过是一个充满悲情浪漫的故事,尾生的运气比裴航相差太多。但不论如何,蓝桥后来成为形容男女情爱有缘守信的典故,被诗人经常引用。唐人唐彦谦有"情似蓝桥桥下水,年来流恨几时干"的诗句,宋人周邦彦有"飞散后,风流人阻,蓝桥约,怅恨路隔"的诗句;明人陈汝元有"音入蓝桥,响振琼瑶"的诗句;清人李渔有"今生合该相傍,若不是红丝暗引,隔蓝桥怎乞琼浆"的诗句,可见该典使用之广泛、频繁。以驿路为背景的传说故事,还有张说《虬髯客传》记述的红拂女驿舍夜会李靖。红拂女相传是隋唐之际的女侠,姓张,名出尘,原本为杨素侍妾。隋炀帝巡幸江都时,命杨素留守西京。李靖以布衣身份拜访杨素,其英俊潇洒的外貌和滔滔雄辩的才华,吸引了杨素身边执红拂侍妾的注意。李靖回到驿舍以后,夜深时分有人低声叩门。李靖起身开门,看到一人紫衣戴帽,并不相识。于是问其为何人?答曰,妾乃杨家红拂妓也。进门后脱衣摘帽,李靖看去,是一位十八九岁的美丽女子。红拂女对李靖自陈心迹,说:"妾侍杨司空久,阅天下之人多矣,无如公者。丝萝非独生,愿托乔木。故来奔耳。"于是红拂女女扮男装,与李靖一起去往太原,后来又遇见虬髯客,襄助李靖成就一番事业,得以辅佐李世民起事。另外,宋代有一个发生在驿路上的真实浪漫故事,只是结局不太圆满。宋人陈世崇笔记小说《随隐漫录》记载,陆游宿驿舍,见驿壁题诗:"玉阶蟋蟀闹清夜,金井梧桐辞故枝。一枕凄凉眠不得,呼灯起作感秋诗。"不禁对这首诗很有感觉,就打听作者是谁。驿舍的人告诉他,这首诗的作者是一位驿卒的女儿。陆游心生怜悯,便将此女纳为妾室。不料,刚刚过去半年,此女便被夫人逐出。此女又赋《生查子》云:"只知眉上愁,不识愁来路。窗外有芭蕉,阵阵黄昏雨。晓起理残妆,整顿教愁去。不合画春山,依旧留愁住。"如果只看故事的前半部,还真是一桩文坛佳话。可这位驿卒之女却是个才高福薄的可怜女子,只是不知她最后的人生结局如何。

古老漫长的驿路上,当然也演绎出许多神怪妖魅的故事传说,用今天的话来说,是有很多玄幻故事。也许,漫长的驿路、冷清的驿馆、复杂的旅人,才有足够丰富的元素可以附会出那些离奇的情节。东汉《风俗通义》有怪神篇,讲了一个"亭有鬼魅"的故事:"汝南汝阳西门亭有鬼魅,宾客宿止,有死亡,其厉厌者,皆亡发失精。询问其故,云先时颇已有怪物。其后,郡侍奉掾宜禄郑奇来,去亭六七里,有一端正妇人,乞得寄载。奇初难之,然后上车。入亭,趋至楼下,吏卒檄白:'楼不可上'。奇曰:'我不恶也'。时亦昏冥,遂上楼,与妇人栖宿,未明发去。亭卒上楼扫除,见死妇,大惊,走白亭长。亭长击鼓会诸庐吏,共集诊之,乃亭西北八里吴氏妇。新亡,以夜临殡,火灭,火至失之。家即持去。奇发行数里,腹痛,到南顿利阳亭加剧,物故。楼遂无敢复上。"大概是说汝阳西门亭原本就有些古怪,后来有一位叫郑奇的官员,在来亭的路上遇到一个有些姿色的妇人,带到驿亭,不顾亭吏劝阻与妇人在楼上住了一晚。早晨郑奇走了以后,亭卒发现楼上有一个死去的妇人。亭长找来地方管事的人来一起参详此事,发现死者是亭西北八里吴家刚死不久的妇人。当时这个妇人死了以后夜间下葬,照明的火把突然都灭了,待重新点燃火把,尸体已经不知去向,不想今天却出现在这里。吴家又把尸体带回去安葬了。且说郑奇走了几里地感到腹痛,到了南顿利阳亭时疼痛加剧死去了。以后,再没有人敢上楼上的房间了。清人袁枚《子不语》也讲了一个类似的故事:"乾隆二十六年,京师大旱。有健步张贵,为某都统递公文至良乡。漏下出城,行至无人处,忽黑风卷起,吹灭其烛。因避雨邮亭。有女子持灯来,年可十七八,貌殊美。招至其家,饮以茶,为缚其马于柱,愿与同宿。健步喜出望外,绸缪达旦。鸡鸣时,女披衣起,留之不可。健步体疲,乃复酣寝。梦中觉露寒其鼻,草刺其口。方知身卧荒冢间,大惊。牵马,马缚在树上。所投文书,已误期限五十刻。官司行查至本都统,虑有捝搁情缘。都统命佐领严讯,健步具道所以。都统命访其坟,知为张姓女子,未嫁与人通奸,事发,羞忿自缢,往往魔祟路人。或曰:'此旱魃也。猱形披发,一足行者,为兽魃。缢死尸僵,出迷人者,为鬼魃。获而焚之,足以致雨。'乃奏明启棺,果一僵女尸,貌如生,遍体生白毛。焚之,次日大雨。"看来这位叫张贵的驿卒,虽然在"生活作风"上有问题,而且还误了递送公文的时间,但是也为京师降雨创造了机会,可算补过了。清王士禛笔记小说《池北偶谈》讲了一个蔡侍郎的故事。说蔡侍郎为山西宪使的时候,巡查基层,到了一个驿舍。驿卒跟他说,驿舍闹鬼,没有人敢在这里留宿。蔡侍郎斥退驿卒,独卧堂中。深夜风起,有一人披发跪于床前。蔡侍郎从容问曰:你是谁? 如果真有冤情,你就告诉我,我会为你伸冤。鬼将蔡侍郎引到一口枯井前,消失不见了。第二天,蔡侍郎召集属下,到枯井探查,果然发现一具死尸。询问驿卒,得知某甲原来在此开店,此井是他的后院,此人已经走了好几年了。于是蔡侍郎命人将某甲抓来,该人抓到以后马上承认,曾经有客人携带重金来他家投宿,他杀人谋财,将尸体投入井中,因此致富,然后迁居。蔡侍郎将该人依法惩处以后,这个驿舍再没有闹鬼的事情发生。这一类鬼怪妖魅故事,有一个共同特点,都是劝人向善,基本的故事逻辑都是善恶有报。虽然大多荒诞不经、离奇玄幻,甚至看上去迷信色彩浓厚,但若仔细揣摩,莫不是以吸引眼球的故事为外包装,内核却是劝人向善、善恶有报的朴素价值观。某种意义上说,和寓言故事有异曲同工之处。不过,正是驿路上演绎的这些故事,充实了民间传说故事宝藏,成为民间文学的特殊体裁。

四、历史转角处的那些驿站

中国古代的驿路,是一条条穿越空间的道路,将此处与彼处联结起来;也是一条条穿越时间的隧道,将过去与未来联结起来。从历史纵深的长焦镜头看过去,很多乐极生悲、否极泰来或者改天换地的大事件,都发生在驿路之上、驿站之中,那些驿站就是一个个历史转角的地方。几千年的历史长河中,风云际会、刀光剑影、生死斗法、机变百出的大博弈不可胜数,每每博弈的结果都会牵动历史发展的轨迹发生改变,留下一个个历史转角。当然,这些历史转角处的驿站,记忆里并不全是悲或喜,还有更为复杂的难言情感隐含其中,往往有从当事者得失角度感受与从历史发展大势角度感受,情感体会完全相反的情况出现。大概这是人性复杂使然,也是历史评价维度不同的结果。无论如何,这是真实的客观存在,越复杂越见其真实。

(一)马嵬驿的悲情和褒斜路的悲歌

时光回溯到756年,也就是大唐天宝十五年六月十四日,在今陕西省兴平市西的一所当时叫马嵬驿的驿站,发生了一件影响非常深远的历史事件。因"安史之乱"仓皇西逃的唐玄宗李隆基,在这里遭受到哗变兵卒逼宫,被迫将"三千宠爱在一身"的杨玉环杨贵妃作为牺牲品赐死,换来扈从部队继续保护其西行。在"安史之乱"背景之下,在唐朝由盛而衰的转折时间节点,马嵬驿因为这个事件很自然地站到了历史转角处。

《资治通鉴》记载,"安史之乱"发生以后,安禄山很快就攻到了潼关。六月初九,接到潼关告急的报告以后,玄宗派遣李福德等人率领监牧小儿组成的军队前去救援。到了晚上没看到报告平安的烽火,玄宗心生惧怕。六月初十日,玄宗召宰相商议对策,杨国忠提出到蜀中避难,得到了玄宗首肯。十二日,玄宗下制书说要亲自率兵征讨安禄山,当天移居大明宫。天黑以后,玄宗秘密命令龙武大将军陈玄礼集合禁军六军,重赏他们金钱布帛,又挑选骏马九百余匹。十三日,天刚刚放亮,玄宗匆忙带着杨贵妃姐妹、住在宫中的皇族以及杨国忠、韦见素、魏方进、陈玄礼,还有部分亲信宦官、宫人等,从延秋门出发,开始了狼狈的逃亡之旅。这一天,入朝的百官到了宫门口,还能听到漏壶滴水的声音,仪仗队的卫士们仍然整齐地站在那里。等到宫门打开后,宫人乱哄哄地出逃,谁也不知道皇帝在哪里。十四日,玄宗的队伍赶到了马嵬驿,随从的将士因为饥饿疲劳心中蓄积着怨恨和愤怒。龙武大将军陈玄礼认为,天下大乱的罪魁祸首就是杨国忠,想要杀掉他,并请东宫宦官李辅国转告太子,而太子则犹豫不决。恰好这时有吐蕃使者拦住杨国忠的马,向他索要吃的。杨国忠还没有来得及回答,有士卒突然喊道:杨国忠与胡人谋反了!于是有人迅速箭射杨国忠,射中了坐骑马鞍。杨国忠急忙逃命,逃至马嵬驿西门之内,被士卒追上砍死,并且肢解了尸体,把头颅挂在矛上插于西门外示众,然后又杀死了杨国忠的儿子户部侍郎杨暄与韩国夫人。士卒接着包围了驿站。玄宗听到了外面喧哗声音,就问发生了什么事情,左右侍从回答说是杨国忠谋反。玄宗走出驿门,安慰士卒并命令他们撤走,但士卒们不答应。玄宗又让高力士去问话,陈玄礼回答说:"国忠谋反,贵妃不宜供奉,愿陛下割恩正法。"意思是,杨国忠谋反已经被杀了,他妹妹杨贵妃不应该继续侍奉陛下,请陛下割爱把杨贵妃处死吧。玄宗要处理这件事情。进入驿站以后,拄着拐杖侧首而立。过了一会,韦见素的儿子,京兆司录参军韦谔上前说:"今众怒难犯,安危在晷刻,愿陛下速决。"然后跪下叩头直到额头流血。玄宗说:"贵妃平常深居宫中,她怎么能知道杨国忠谋反呢?"高力士说:"贵妃固然无罪,可是将士已经杀掉了杨国忠,如果杨贵妃还在陛下左右侍奉,他们怎么能心安呢?希望陛下慎重思考这件事,将士安心,陛下才能安全啊!"于是,玄宗命高力士将杨贵妃带到佛堂,将其缢杀。然后将贵妃尸体陈放于驿站院子里,召陈玄礼等人来察验。玄礼等人这才脱去甲胄,叩头谢罪。玄宗安慰他们,并命令告谕其他士卒。陈玄礼等人高呼万岁,拜了两拜,然后出去整顿军队准备继续前进。杨国忠的妻子裴柔和小儿子杨晞、虢国夫人与儿子裴徽乘乱逃走,到了陈仓县(今陕西省宝鸡市陈仓区),被县令薛景仙率领官吏抓获杀掉。马嵬驿兵变,玄宗极其被动无奈,身为一国之君,竟然被禁卫军卒如此拿捏,也是够窝囊的了。

其实,李隆基原本并不是一个很窝囊的人,恰恰相反,他曾经是一个英武多谋的王子。武则天让位以后,唐中宗李哲即位,李隆基之父相王李旦加号安国相王,拜太尉、同凤阁鸾台三品。中宗时,韦皇后与武三思结党,太子李重俊屡受屈辱,激愤难平,于景龙元年(707)正月初六日,率三百余名羽林千骑兵,冲进武三思府第,把武三思、武崇训及亲党十余人杀掉。然后自肃章门斩关而入,陈兵宫门外,被中宗出面镇压。在后来审理此案的过程中,有人扳引相王,被中宗阻止。中宗死后,对韦党专权深为忧虑的李隆基,暗中召集智勇之士、广结左右羽林军将士,图谋清除韦党、振兴唐室。景云元年(710)六月,李隆基率领羽林军诛杀了韦后、安乐公主、驸马武延秀、上官婉儿等韦党重要成员,向父亲相王汇报了自己所谋,叩头谢不先告之罪。相王抱着他哭着说:社稷宗庙仰赖你才得以存在,你有什么罪呀!然后相王入宫辅佐少帝,分遣羽林军搜捕韦氏亲党。随后,少帝传位相王,李旦登基史称睿宗,立李隆基为太子。先天元年(712)七月,睿宗传位李隆基,自称太上皇。李隆基登基以后,又面临太平公主势力的严峻挑战。开元元年(713)七月,李隆基一举平逆,太平公主被赐死,其几个儿子和亲党数十人一起被杀,羽翼被全部清除。太上皇下诰,完全交出军国大权,李隆基真正掌握了最高权柄。李隆基采取了安抚王室、用贤纳谏、裁汰冗员、改革吏治,打击豪门士族,兴修农田水利,改善民族关系、维护国家统一等一系列政策措施,开创了唐朝第二个盛世,史称"开元盛世",国力达到了鼎盛状态。人口快速增长,到天宝十四年(755),全国有890余万户,5290余万人口。边荒瘠地的开拓,农田水利的发达,屯田的经营,大大推动了农业生产的繁荣,出现如唐人元结撰《元次山集》所言"开元天宝之中耕者益力;四海之内,高山绝壑,耒耜亦满,人家粮储皆及数岁,太仓委积,陈腐不可较量"的景象。随着农业生产的发展,官、私手工业普遍蒸蒸日上。官营"少府"拥有工匠多达1.9万余人。主要手工业部门的纺织业,分工细致,工艺精巧,花色、品种繁多,远销域外。商品流通日益活跃,对外贸易不断增长,海上贸易业较为发达。开元之治的出现,绝不是偶然的,原因固然有很多,但是玄宗的知人善任是非常重要的一个因素。据史书记载,玄宗有一天照着镜子闷闷不乐。他身边的太监就说:自从韩休任相,陛下比以前瘦多了。何若戚戚,为什么不罢免他的相位呢?玄宗却说:吾貌虽瘦,天下必肥!选相是为社稷,岂能为吾一身啊!然而,就是这位知人善任的玄宗,却误用了李林甫为相,拖拽着盛世开始沉沦。李林甫阴险而不露,惯于对人以甜言蜜语相谄媚,而背后却在谋害人,故有"口蜜腹剑"之谓。其独揽朝政,堵塞言路,排斥异己,以酷吏为刀斧,残害正直朝臣数百家。朝野钳口,连太子都对其恐惧。李林甫权势日炽一日,而朝政败坏日甚一日,最后导致天下大乱。尤其是在任用奸相的同时,玄宗又专宠杨玉环,甚至为了杨贵妃吃上新鲜荔枝,不惜人力开辟从岭南(或说川南)通往长安的千里驿道,沿途设置驿站,备有快马。杜牧《过华清宫》说的就是这件事:"长安回望绣成堆,山顶千门次第开。一骑红尘妃子笑,无人知是荔枝来。"这样折腾下来,玄宗的政绩和威望逐渐被透支了,直到"安史之乱"爆发,打开了"潘多拉盒子",玄宗遭遇马嵬驿兵变。

平心而论,玄宗对杨玉环的感情是很真挚的。相传有一年,玄宗临幸华清宫,住在长生殿。正值七月初七乞巧佳节,夜阑更深,杨贵妃好端端忽然独自抽泣起来。玄宗初不知原因,温言相劝许久,杨贵妃才道出了心事:妾遥望牛郎织女二星,不由地羡慕他们夫妻之长久,我恐怕是比不上他们了。稍顿又说,妾览前史,每见时过境迁,秋扇抛残,怎能不为之伤情呢?杨贵妃的衷曲深深打动了玄宗,他们遂相盟誓:"在天愿作比翼鸟,在地愿为连理枝。"发誓生生世世,永不分离。尽管玄宗如此深爱专宠,但在严酷的现实面前,杨贵妃还是作为替罪羊被玄宗牺牲掉了。若说杨贵妃无辜,怕是也不够客观。毕竟杨贵妃恃宠而骄,如《旧唐书·杨贵妃传》所言:杨家姐妹"并承恩泽""宠遇愈隆",借机广收贿赂,"其门如市";大兴宅第,"每构一堂,费逾千万计""土木之工,不舍昼夜"。特别是杨贵妃对安禄山的支持和隆遇,对玄宗产生的影响不可小视,"安史之乱"的爆发不能说没有杨贵妃的过错。不过,说到底还是李隆基的过错,杨贵妃即使要承担责任,也是很次要的历史责任。李隆基心里也很清楚,所以当他雨中行进在褒斜路时,心里思念着杨贵妃,听着雨中回荡的驿马铃音,心中的那份凄凉无以言表。据《明皇杂录·补遗》记载:"明皇既幸蜀,西南行,初入斜谷,属霖雨涉旬,于栈道雨中闻铃,音与山相应。上既悼念贵妃,采其声为《雨霖铃》曲,以寄恨焉。时梨园子弟善觱篥者,张野狐为第一。此人从至蜀,上因以其曲授野狐。泊至德中,车驾复幸华清宫,从官嫔御多非旧人。上于望京楼下命野狐奏《雨霖铃》,曲未半,上四顾凄凉,不觉流泪。左右感动,与之歔欷。其曲今传于法部。"唐玄宗《雨霖铃》:"斜风凄雨,古栈昭峭,暮雨未歇。巴山怅望无际,方肠断处,风铃悲切。袅袅疏疏密密,似子规啼血。不忍听,如恨如怨,多少怨情与谁说。人间最苦伤别离,更那堪,玉魄永湮灭。今宵魂在何处,冷雨里,碎铃声咽。点点滴滴,心似寒泉落飞雪。便纵有万里江山,愧对荒莹月。"在大雨滂沱的蜀道上,玄宗深切缅怀受其独宠的杨贵妃,不免羞愧与怨恨伴着怀念,雨水与泪水交织洒落。更何况在长时间寂寞与颠簸行进途中,风雨中车驾上叮叮当当的马铃声,轻一声重一声,声声叩击着他内心的孤寂与哀愁,情景相映更加难以自持。马嵬驿兵变于玄宗和杨玉环而言,是一桩千古遗恨的残忍悲剧,于处于烽火狼烟中的大唐王朝也是一个重要事件,历史的走势因此而发生了偏转。但是,唐玄宗的这曲《雨霖铃》传播开去,成为唐代教坊名曲。到了宋代,人们又借旧曲而别倚新声成为词牌,最早见于北宋柳永《乐章集》。延续了这一支唐曲的生命而另开新境的,正是柳永这位白衣卿相的词中王者。这是李隆基对文学的一大贡献,当然也成为马嵬驿这个历史转角处的一个路标。

开创了"开元盛世"的玄宗,在马嵬驿跌入人生的谷底。王士禛《香祖笔记》有言:"蜀道有郎当驿,即明皇雨中闻铃声处。予丙子岁过之,题诗驿壁云:'金鸡赐帐事披猖,河朔从兹不属唐。却使青骡行万里,三郎当日太郎当。'三郎郎当,黄旛绰对明皇语也。"历史事件就是这样,一旦成为历史,就得任后人评说,无论褒贬。无论唐玄宗马嵬驿的悲情还是褒斜路的悲歌,其思想情感确实就如元稹《琵琶歌》所言:"因兹弹作雨霖铃,风雨萧条鬼神泣。"可这又如何?因果循环,早已注定。这是李隆基的必然,也是杨玉环的必然,更是曾经辉煌的大唐王朝的必然。因为,历史就是要在马嵬驿转个角!

(二)那一年,大唐的丧钟在白马驿敲响

在今河南省滑县,有一个原本是东都洛阳附近的小驿站,既不出名,又不特殊,但是却有着一个引人遐思的站名——白马驿。唐朝末年,就在这个普通的小驿站,发生了一起被历史深刻记忆的惨案,史称"白马驿之祸"或"白马之祸"。唐朝统治阶层豪族门阀因此受到清理,大唐的丧钟即在此敲响。唐朝,在中国历史上太重要了。正是因为有着唐朝的无比辉煌,后人对自己的历史才会有如此的自信和自豪。可是,无论多么辉煌的盛世,终究也会落幕。白马驿,大唐的帷幕从这里开始徐徐落下。

唐朝天祐二年(905)六月的一天,一群气度不凡的人被押送到了白马驿。他们中有左仆射裴枢、静海军节度使独孤损、右仆射崔远、吏部尚书陆扆、工部尚书王溥、守太保致仕赵崇、兵部侍郎王赞等,一共三十人。他们既是当时的朝廷重臣,又是非常显赫的世家子弟。只是,他们的生命从到达白马驿的那一刻起,进入了倒计时。杀害他们的主谋是朱温,先是假冒小皇帝李柷的名义颁敕,赐这些人在家里自尽。后来又觉得"赐自尽"不够过瘾,让手下将领把这些人全部羁押到白马驿,杀掉以后,尸体投进黄河。为什么会发生"白马驿之祸"呢?《资治通鉴》记载,朱温在与军阀李茂贞的争斗中胜出以后,控制了唐朝政权,所谓皇帝实际已经成为傀儡。在这种情况下,唐室衰微,朝臣官僚成为备员。一些旧臣百官见到国主受辱,私下里非常激愤,同时对那些新发迹起家的官僚又很看不起。这使朱温意识到,这些高门望族、世家权贵,迟早会成为自己实现野心前路上的绊脚石,于是一方面加紧培养自己的心腹,另一方面开始谋划清肃这些朝内旧臣。朱温的心腹中有一个叫柳璨的,本是朝廷旧臣,进士及第后四年不到便官至宰相。此人惯于见风使舵,对朱温竭力曲意逢迎,得到朱温信赖。当时同为宰相的裴枢、崔远、独孤损等人,自命朝廷宿望、清流高族,很瞧不起柳璨,经常有意轻慢于他,这让柳璨十分不爽。还有一个名叫张廷范的人,原本是一个戏子,因为得到了朱温的宠幸而提升为太常卿。裴枢对此表示了反对意见,朱温因此很不高兴,对身边佐僚说:"吾常以裴十四器识真纯,不入浮薄之党,观此议论,本态露矣。"意思是说,我常常以为裴枢见识纯真,不会加入浮躁的党争之中,听到他这话,可以知道他的本性了。柳璨趁机到朱温那里落井下石,污蔑裴枢,在朱温与裴枢等人之间进行离间,致使裴枢、崔远、独孤损被革掉宰相之职。当时恰好出现了异常

天象，占卜的人认为"君臣俱灾，宜诛杀以应之"。柳璨于是列出他平时不满意的旧臣，到朱温那里进谗言："此曹皆聚徒横议，怨望腹非，宜以之塞灾异。"诬陷这些旧臣聚众诽谤朱温，建议杀掉。朱温的谋臣中还有一个叫李振的，此人考进士屡试不中，对高门学士非常嫉妒。他也趁机向朱温进言："朝廷长期不能够理顺，是由于这些衣冠浮薄之徒紊乱纲纪；而且吾王如果还想图谋大事，这些人将来都是难以制服之人，不如将他们彻底清除。"朱温于是将裴枢、崔远、独孤损三人贬为地方刺史，随后又贬为地方司户。李振对此还不甘心，又进言说，这帮人常自谓清流，宜投入黄河，使他们成为浊流。朱温笑着采纳了李振的建议。于是，出现了前面叙述的那悲惨一幕。"白马驿之祸"是朱温对唐廷旧臣的一次彻底清除，是对东汉以来形成的门阀世家进行的一次毁灭性打击，也以此结束了延续多年的唐朝官僚集团的党争。更为重要的是，通过这次清洗，朱温基本扫除了其篡夺权力道路上的障碍，用力敲响了煌煌大唐覆灭的丧钟，为历史这次大转角刻画了明显路标。以这个事件为标志，唐朝事实上已经覆灭了。

朱温，何许人也？此人生于唐大中六年（852），今安徽砀山人。其祖父、父亲都以教授为业，为儒学之家。家有长兄全昱、二兄存，朱温行三。幼年丧父，母亲王氏带着他们兄弟佣食于萧县刘崇家。可见，朱温虽然出生于儒学之家，但是特殊的人生际遇导致他并没有受到良好的教育。朱温长大后，时人对他及其二哥的评价为"勇有力，而温犹凶悍""不事生业，以雄勇自负，里人多厌之"。唐乾符四年（877），朱温与二哥朱存一起参加了黄巢起义军，转战于岭南一带。后来，朱存战死，朱温因功补为队长。唐广明元年十二月（881年1月），黄巢起义军攻占长安，建立政权。朱温在战斗中左冲右突，成功阻击唐军各路藩镇的反扑，立下不少战功，成为黄巢大齐政权的悍将。唐中和元年（881）二月，朱温被黄巢任命为东南面行营都虞候，受命攻占邓州（今属河南），俘刺史赵戒，阻遏了由荆襄地区北攻的唐军，稳定了"大齐"政权东南面的局势。七月，朱温奉调到长安西面的兴平（今陕西省兴平市），抗击从邠（今陕西省彬州市）、岐（今陕西省宝鸡市凤翔区）、鄜（今陕西省延安市）、夏（今陕西省靖边县）等州调集的唐军，取得胜利。又在东渭桥一带大败唐将拓跋思恭、李孝昌等率领的大军。中和二年（882），朱温被任命为同州（今陕西省大荔县）防御使，受命攻占同州，成为扼守大齐政权东部的大将。可是，接下来在跟唐朝河中节度使王重荣的交战失利后，几次向黄巢求援，都被黄巢手下人给压下来。被自己人刻意打压，本已令朱温很寒心，而看到在长安做了皇帝的黄巢，既不采取措施去追捕逃到成都的小皇帝唐僖宗，又不再继续积极谋划攻城略地，手下将士派系倾轧、钩心斗角，已经没有了当初打天下的劲头。朱温意识到，这个政权怕是靠不住了，于是向王重荣开城投降，唐僖宗给他赐名"全忠"，以旌表其投降唐朝的行动。从此，朱全忠改换门庭，开始将兵锋对准昔日的老东家黄巢。中和三年（883）三月，朝廷任命朱全忠为汴州（今河南省开封市）刺史、宣武军节度使，命其收复京城。四月，朱全忠率军长驱直入，与其他唐军配合围攻长安，黄巢被迫撤出长安城向东退守蔡州（今河南省汝南县）。七月，朱全忠进入汴州，以汴州作为大本营，成为手握重兵的新军阀。然后与沙陀贵族、河东节度使李克用相互攻伐,又与蔡州节度使秦宗权几次大战,并最后将秦宗权斩杀。昭宗龙纪元年(889)三月,昭宗加封朱全忠兼中书令,进爵东平郡王。自此,朱全忠兵势大盛,取代秦宗权成为中原最大的割据势力、唐廷最大的威胁。在与凤翔、昭义节度使李茂贞争夺对昭宗控制权的斗争中又占得上风,朱全忠加封守太尉、充副元帅,升爵梁王,尽掌唐朝军政大权,昭宗成为其控制之下的傀儡。尽管如此,朱全忠还是认为昭宗有英气,担心朝中生变,谋划另立幼君,以便禅位给自己。天祐元年(904)八月十一日夜,弑昭宗,立辉王祚为皇太子,更名柷。13岁的李柷在柩前即位,改元天祐,是为昭宣帝即唐哀帝。第二年,朱全忠就制造了"白马驿之祸"。

朱全忠弑杀昭宗以后,为掩人耳目,找了几个替罪羊承担罪名。天祐二年二月,指使人缢杀了昭宗诸王子,六月在白马驿聚杀裴枢等朝士30多人。其为所欲为,百官俯首听命,唐朝廷事实上已经成为梁王朝廷了。到了秋天,朱全忠又收了唐、邓、复、郢、均、房、荆、襄州,取代唐室的心情更加迫切。不但日夜在大梁修建宫阙,还密嘱右谏议大夫、同平章事柳璨与枢密使蒋玄晖等密议传禅事。柳、蒋等议:魏晋以来,都是先封大国,加九锡、殊礼,然后受禅,梁王受禅也应按这个程序进行。朱全忠因为急着要当皇帝,一听还有这么多程序,不由得勃然大怒。蒋玄晖吓得急忙去见朱全忠说明详情。朱全忠说:"你们讲这些闲事来阻我大事,假使我不接受九锡,难道就不能作天子了吗?"蒋玄晖连忙解释说:"唐祚已尽,天命归王,这是愚人智者都知道的。玄晖与柳璨不敢违背王德,就是因为现在晋李克用、燕刘仁恭、岐李茂贞、蜀王建都是我们的劲敌,王受禅过快,他们不服。所以,不得不一步一步来,这是为王创万代之业啊!"朱全忠怒斥蒋玄晖说:"奴才果然反了!"蒋玄晖吓得屁滚尿流,诚惶诚恐地辞别出去,与柳璨加快推进受禅安排。半个月后,哀帝按柳璨、蒋玄晖建议,以朱全忠为相国,总百揆;以宣武、宣义、天平、护国、天雄、武顺、佑国、河阳、义武、昭义、保义、戎昭、武定、泰宁、平卢、忠武、匡国、镇国、武宁、忠义、荆南等21道69州为魏国,进封朱全忠为魏王,加九锡。十二月,蒋玄晖传带哀帝手诏去大梁见朱全忠,朱全忠怪罪其办事不力,怒不接受。蒋玄晖还报哀帝,说梁王怒不消解。柳璨赶紧奏称:"人望归梁,陛下释重负,如今正是时候。"逼迫哀帝速速禅让。于是哀帝派柳璨到大梁传谕禅让之意,而朱全忠惺惺作态,假意不能接受。感觉到危险的何太后哭着遣人请求蒋玄晖,希望让位后能够保全她和小皇帝的性命。有人趁机向朱全忠进谗言,说柳璨、蒋玄晖、张廷范夜赴何太后积善堂宴会,对太后焚香发誓,要兴复唐室。朱全忠大怒,密杀何太后;斩杀蒋玄晖,焚尸都门;车裂张廷范,斩杀柳璨。柳璨临刑前大呼:"负国贼柳璨,死得应该!"这应该是他良心未泯,临死前做出的最后忏悔吧。天祐三年(906)秋,朱全忠在平定贝、博、澶、相、卫五州后,大举进攻幽州、沧州,久攻不下。这时潞州守将昭义节度使丁会闻昭宗被弑凶讯,倒戈举军投降了李克用。朱全忠烧营而还,休兵贝州。他自感威望受挫,深恐内外离心,决意迅速受禅。转过年正月,哀帝派御史大夫薛贻矩到大梁慰问朱全忠。薛贻矩见到朱全忠说:"殿下功德在人,天、地、人心都已去唐室,皇帝要行禅让之事,做臣子的哪敢违背。"说完,就行君臣大礼。薛贻矩还洛阳,报告哀帝说:梁王有受禅之意了!于是哀帝下诏,在二月禅位给梁王。二月,唐大臣们共同奏请哀帝退位,宰相又率领百官到元帅府劝进,朝臣、藩镇也相继向朱全忠劝进。三月十七日,唐哀帝降御札禅位给朱全忠,大唐自618年李渊建国,至此走完了二百八十九年的历程,宣告灭亡。四月,朱全忠改名晃,正式即皇帝位,改元开平,后梁朝建立。开平二年(908)二月,唐末代皇帝李柷被害,年仅17岁,谥曰哀皇帝。

以"白马驿之祸"为标志,大唐覆灭的进程开始加速。朱温的一番操作,尽管真真假假、虚虚实实,但是一直朝着篡夺皇权的目标迈进。白马驿站到了历史转角之处,见证了一个辉煌帝国的末日悲哀。这个历史转角和白马驿其实没有多大关系,白马驿只是恰好站到了这里。而就是这个恰好站到了这里,具有了厚重的历史意义,为后人提供了宝贵的历史坐标。历史的这个转角,转入了一个令人伤心的乱世。正因为如此,今天的我们,更期待看到下一个历史转角的到来,其实是期盼着又一个盛世的开启!

(三)陈桥驿:见证了赵匡胤如何"黄袍加身"

在河南开封东北方向封丘境内,沿着黄河北岸大堤向西行数公里,有一个名叫"陈桥驿"的村庄。村子里有一个大院,门前立有一块石碑,上刻"省级文物保护单位"字样。院子里有一座单檐九脊大殿,有四块石碑,石碑上刻着一些文人墨客游览此地以后题写的诗词。大殿东南角有一棵老槐树,当地人称"系马槐",据说当年赵匡胤的战马就拴在这棵槐树上。如今槐树已死,但枯干还在。这座驿舍大约建于五代十国的后晋时期,为出开封城向北进发的驿路第一站,地理位置非常特殊,因而能够见证赵匡胤披上黄袍的历史时刻,成为中国历史上又一个重要的历史转角处。

后周建隆元年(960)元旦,是幼帝柴宗训纪元的第一天,文武百官都上朝庆贺。然而,没过几天,北方的镇、定二州飞报来京,说是"北汉主刘钧勾结辽兵入寇",请求速速发兵防边。柴宗训还是一个七岁孩子,符太后只得召集宰相范质等一班大臣商量对策。范质提出,都点检赵匡胤忠勇多智,可令作统帅;副都点检慕容延钊素称骁勇,可令作先锋;再命各镇将领会集北征,统归赵匡胤调遣。如此安排,一定能够取得胜利。符太后准奏,立即命令赵匡胤率兵北征。消息传出,京城骚动起来。眼下这局势和后汉末何其相似,当初那郭威不就是领兵出征抗辽,在途中披上撕裂的黄旗,当上皇帝回京的吗?于是一个流言在开封城不胫而走:出军之日,当立点检为天子。老百姓人心惶惶,因为每次改朝换代,遭殃的都是老百姓,所以有"宁为太平犬,不为离乱人"的说法。一些富人慌忙收拾细软,匆匆逃往城外。赵匡胤也听到了这个流言,着实也有些慌张,偷偷溜回家把外间流言告诉家人,并问母亲杜夫人该怎么办。正在厨房做饭的姐姐听到赵匡胤的话,顿时脸色铁青,举起擀面杖就朝赵匡胤的头上打去,气愤地说:"大丈夫面临生死关头,是否行动应在自己心里决定,跑回家里吓唬女人算什么能耐?"赵匡胤就这样被姐姐用擀面杖赶跑了,同时暗暗下定孤注一掷的决心。初三一早，赵匡胤率军出征，走到开封东北40里外的陈桥驿，便下令宿营。当时已近黄昏，军士苗训略懂天文，说看到了"日下复有一日，黑光摩荡者久之"奇异天象。一时间队伍中议论纷纷，说底下那个太阳要吞掉上面那个小太阳，这是天命，要应在点检身上，马上就要改朝换代了。很快，没等吃完晚饭，这个流言便传遍了军营。而赵匡胤却"醉卧，初不省"，说是喝酒喝多了，鼾声如雷。可是他手下的大将们却没有闲着，聚集到一起饮酒议论这件事。一位将军借着酒劲道出了大家的想法："如今天子幼弱，不能亲政，我们再怎么拼命也无人在意。不如先把点检立为天子，再去抗敌也不迟！"此话可谓一石激起千层浪，营帐中立马嚷成一团。有人把赵匡胤的弟弟光义和亲信赵普叫来一起商议，光义假意劝说了大家几句，赵普则说：如今主少国疑，当然不能让众人信服。点检在军内外都享有崇高威望，一入京城，就能顺利即位。今夜安排好，明晨就可行事。众将纷纷叫好，分头去做准备。第二天东方欲晓之时，士兵们都被叫起，穿戴好盔甲，把赵匡胤的营帐团团围住，呼叫声震动原野。光义和赵普等人率先冲进营帐，随后众人一拥而上，有人把准备好的黄袍披在赵匡胤身上，全军山呼万岁。形成了将士们迫使赵匡胤黄袍加身，改朝换代当皇帝的态势。赵匡胤以迷迷糊糊、睡眼惺忪、懵懵懂懂的状态出现，做足了勉为其难的姿态，然后说："汝等自贪富贵，立我为天子，能从我命则可，不然，我不能为若主矣。"意思是说，你们贪图富贵想要立我为天子，那你们得听从我的命令，不然这件事免谈。众将士纷纷表示听从赵匡胤的命令，于是赵匡胤"被迫"接受了被立为天子的事实。下达的第一道命令，就是全军回到开封后，不准滥杀一人，尤其是皇室成员、公卿大臣。返回开封过程中，没有遇到多少抵抗，很顺利地接管了后周政权。赵匡胤正式即位，定国号为"宋"，改年号为"建隆"，国都开封，称东京。这次改朝换代仅杀掉韩通一家，整个过程基本是和平的，京城百姓也没有受到太大的惊扰，街市上一切照旧。就这样，赵匡胤成了宋朝开国皇帝，后周天下变成了赵宋天下，这一切只因为赵匡胤在陈桥驿披上了一件黄袍。

不论赵匡胤在陈桥驿"黄袍加身"是蓄意还是被迫，宋朝的建立总归是一件好事。唐亡之后，天下大乱，五十三年间，中原地区后梁、后唐、后晋、后汉、后周五个朝代相继更替，史称"五代"。这些朝代最长的不过十七年，最短的只有五年，前后更换了八姓十四君。之所以如此纷乱，是因为唐王朝覆灭以后，出现了很多割据军阀，互相之间征伐不已，老百姓深受其害。宋朝建立以后，逐渐统一了各个割据军阀，中国又进入了一个稳定发展时期。不过，对赵匡胤来说，建立起稳固的宋朝版图，远比披上黄袍就坐上了天子龙椅复杂艰苦得多了。他首先要制服那些和他称兄道弟的"老哥们儿"，使他们真正心服口服。后周那些和赵匡胤出身、资历差不多，且拥有重兵镇守一方的武将，都是能征善战、武艺高强之辈，当时称"十兄弟"。一夜之间，赵匡胤和他们从兄弟变成君臣，这些人是否真心臣服，赵匡胤心里没底。于是，赵匡胤把他们召来，每人骑一匹马，带上弓箭，赵匡胤自己也不带随从，一行人悄悄出城，来到郊外树林之中，然后下马喝酒。这时，赵匡胤说："现在此地无人，谁想要做皇帝就可以杀死我。"众人大吃一惊,急忙拜伏在地,表示绝无此心。赵匡胤再三喝问,见无人敢应,乃说:"既然你们愿意拥戴我当皇帝,今后应当谨守臣节,不得骄横。"众将叩谢隆恩,口呼万岁。此后,赵匡胤恩威并施,将这些人彻底收服。对那些敢于公开反抗的人,赵匡胤则毫不客气,坚决镇压,先后削平潞州节度史李筠、淮南节度使李重进的反叛。外围的不安定因素解决以后,赵匡胤深知自己身边这些拥戴自己"黄袍加身"的亲信们,也是潜在的不稳定因素。一天,晚朝之后,赵匡胤把石守信、王审琦等亲信留下喝酒。酒过三巡,酒兴正酣,赵匡胤将内侍挥退,举杯起身而言:"诸位! 要不是你们出力,我哪有今天,因此对你们的恩德,我永志不忘!"就在大家客气地回应之时,赵匡胤话锋一转,又说:"可是,当天子太难了,远不如当初做节度使快活,如今我都不能安枕入睡。"有人问:"为什么呢?"赵匡胤说:"这很简单,皇帝这个位子,谁不想坐啊?"霎时,众将出了一身冷汗,瞬间明白了皇帝的意思,急忙趴在地上叩头。石守信战战兢兢地说:"陛下怎么突然说这种话? 如今天命已定,谁还敢起异心啊?"赵匡胤极为郑重地说:"不然,即使你们没有异心,而一旦部下贪图富贵,将黄袍强加到你们身上,你们想不当皇帝怕是也不行吧?"就在众臣正困惑不知该怎么办时,赵匡胤给出了主意:"你们何不放弃兵权呢? 然后去多买些良田美宅,为子孙留下永久的产业,再多收罗些歌姬美女,每天饮酒作乐,以终天年,君臣之间互不猜疑,上下相安,这不很好嘛!"大家纷纷表示赞同。第二天,这些人都声称有病,主动解除了军权,宋太祖给他们改任了闲职,给予优厚的俸禄,还赏赐了很多金银,有的还与皇室结了姻亲。至此,赵匡胤巩固皇权的内部整顿基本完成。然后,开始了对原来后周地盘以外的割据势力的征战,不断扩大宋朝疆土。

赵匡胤虽然是一介武夫,但是当了皇帝以后却表现得很有人文情怀,治下宽仁,不滥杀,特别是不杀文官,以至于整个宋朝都显得过于文弱了些。据说宋太祖初进皇宫时,看到宫女抱着一个小孩,便问这是谁的孩子。宫女回答说是前朝皇帝周世宗柴荣的儿子。太祖便问一旁的范质、赵普、潘美等重臣,应该如何处置。赵普等人说,应该斩草除根。潘美却在一旁默然。太祖问他的看法,潘美不敢回答。太祖说:"夺了人家的皇位,再杀人家的儿子,我有点不忍心下手。"潘美这才开口说:"臣与陛下当年都在周世宗手下当官,我要是劝你杀世宗遗孤,太对不起世宗;要是劝你不杀,陛下肯定怀疑我不忠。"太祖说:"把这个孩子当作你的侄子,带回家抚养吧。"此后太祖不曾过问,潘美也未再提此事。太祖有一次举行国宴,翰林学士王著喝醉了,借着酒劲大声喧哗。王著是前朝留下来的学士,这样子是很危险的,但太祖并未在意,只是吩咐人将他扶下去。岂料,王著死活不肯离开,还走到皇帝屏风前放声痛哭,太祖只好差人将他强行架离,国宴也被他搅得不欢而散。第二天,有人上奏,说前朝遗臣王著在宫中痛哭,是因为思念周世宗,让当今皇上难堪,应加以严惩! 太祖说:"王著不过是一个酒徒罢了。我当年在周世宗手下时就深知他的为人。何况一个白面书生为前朝皇帝掉几滴眼泪,又能掀起什么大浪呢?"这件事就这样不了了之。王著酒醒以后,着实吓得够呛。听闻太祖的态度以后,心中那份感激难以言表,从此死心塌地效忠太祖。不光是对王著如此宽容,宋太祖的知识分子政策确实可圈可点。据说,他曾叫人秘密刻了一块碑,立在寝殿的夹室之内,成为"誓碑",用贴金的黄布遮盖,门户紧闭密不示人。规定新天子即位后,必须来此拜读碑上的誓词。新天子前来拜读时,只允许一个不识字的小内侍陪伴,其余人等不得靠近。新天子默诵誓词后,要再拜退出,北宋各朝皇帝均照此办理。直到靖康之变,金人入侵,皇宫大门洞开,人们才发现誓碑高七八尺,宽四尺多,上面镌刻三条誓词:第一条,前朝柴氏子孙有罪不得加刑,即使犯上作乱,最多让他们在牢中自杀,不可在大庭广众之处公开行刑,也不可株连他们的亲属;第二条,不得杀士大夫和上书议论国家大事的人;第三条,子孙如有违反这些誓词的必将遭到老天的惩罚。对于"誓碑"是否真实存在,史学界尚有不同看法。但是,周世宗后代依旧享受荣华富贵,宋朝知识分子议论国事比较自由,整个政治环境相对宽松,这些都是不争的事实,已经可以充分反映赵匡胤本性中宽厚仁慈的一面,这在封建帝王中还是很少见的。

赵匡胤以黄袍加身的方式,从孤儿寡母手中夺取后周江山,固然有不够光明磊落的一面,不过,宋朝取代后周的改朝换代,是历史上付出社会代价最小的一次。以如此小的社会代价结束一个动荡的时代,怎么说都是历史的进步,是黎民百姓的福气。陈桥驿所处的这个历史转角,转出来的是一个宏阔的新时代,是历史发展方向的一次重要校正。如果没有这个历史转角,中华民族的历史和文化,或许会削减很多亮丽色彩和厚重质地。这将不仅是中华文明的巨大损失,还是整个人类文明的重大损失。好在,这个历史转角在陈桥驿出现了,中华民族的伟大历史文化又重新整装上路了。

(四)元代西行驿路上,那位为天下苍生奔波的老人

成吉思汗从漠北草原崛起,其麾下铁骑横扫欧亚大陆,开拓出非常广阔的疆域。《元史·地理志》:"自封建变为郡县,有天下者,汉、隋、唐、宋为盛。然幅员之广,咸不逮元……若元,则起朔漠,并西域,平西夏,灭女真,臣高丽,定南诏,遂下江南,而天下为一。故其地北逾阴山,西极流沙,东尽辽左,南越海表。盖汉东西九千三百二里,南北一万三千三百六十八里;唐东西九千五百一十一里,南北一万六千九百一十八里。元东南所至不下汉唐,而西北则过之,有难以里数限者矣。"如此广阔的疆域,必须依靠四通八达的驿路网络和"朝令夕至,声闻必达"的驿传体系,才能够"总纲挈维",实现有效统治。就在四通八达的驿路上,曾经有一位老人西行奔波万里之遥,只为劝说铁血大汗少造一分杀孽,从而多争天下苍生一分生机。丘处机,元代西行驿路刻印下了他那单薄却英挺的身影。

丘处机,字通密,自号长春子。南宋绍兴十八年(1148)出生在山东登州栖霞县(今山东省栖霞市)滨都里。很小的时候父母双亡,由亲戚抚养他长大。十九岁时,到宁海昆嵛山(今山东省烟台市牟平区)出家,在岩洞中自我修行了大约一年。后来听说全真道的创立人王重阳正在宁海,于是便拜王重阳为师。王重阳接纳了他,给他起了名和字,还赠诗

曰：“细密金鳞戏碧流，能寻香饵食吞钩。被予缓缓收纶线，拽入蓬莱永自由。”可见，王重阳对其甚是看重。追随王重阳之初，丘处机主要做一些文书性质的工作，这就促使他不断提高自己的文化素养。丘处机记忆力惊人，悟性也很高，很快就学会了作诗，并以诗为传经教法的重要手段。在王重阳的教导下，丘处机和他的三个师兄马钰、谭处端、王处一在昆嵛山、登州等地修行了二年。金大定九年（1169），王重阳带领信徒回到宁海，然后去莱州（今山东省莱州市）和汴梁（今河南省开封市）。在去汴梁的路上，五十八岁的王重阳病逝，马钰继为全真教领袖。王重阳遗体被送回家乡陕西终南县（今陕西省周至县终南村）刘蒋村安葬，丘处机与三位师兄也因此来到陕西，为王重阳举哀五年，然后分头到各地传法。丘处机来到磻溪（陕西宝鸡境内）隐居，人称蓑衣先生。后迁居龙门山（今陕西省陇县西北）继续修道，创立全真教龙门派。他在这几年中，将修道的心得随时写成诗歌，因此流传开去，声誉逐渐隆盛。金大定二十六年（1186），38岁的丘处机宣布自己修道成功，应金朝京兆统军夹谷公礼请，从龙门山移居终南山王重阳故里，弘扬全真道。金大定二十八年（1188），金世宗邀请他到中都（今北京市丰台区）主持万春节大醮。世宗向他求道，他便先说延生保命之要，次及持盈守成之难。又说：“富贵骄淫，人情所常。当兢兢业业，以自防耳。诚能久而行之，去仙道不远。谲诡幻怪，非所闻也。”金世宗安置他在万宁宫之西，屡次召见，但他急求还山，获准后回到终南山。金世宗死后，金明昌元年（1190），丘处机从终南山东归栖霞县太虚观。除金大安三年（1211）应金朝卫绍王邀请，到过一次中都外，在栖霞一住达27年。金贞祐五年（1217），王处一去世，丘处机成为全真教教主。次年，他由栖霞县太虚观转到莱州昊天观居住，这一年他回绝了南宋南下讲道的邀请。即在这一时期，通过耶律楚材和近侍刘仲禄的介绍，成吉思汗得知丘处机是神仙般人物，故于金兴定三年（1219）派刘仲禄携带他的诏书，延请丘处机到汗庭讲道。金兴定六年（1222），丘处机一行到达位于阿富汗境内的成吉思汗行宫，谒见成吉思汗。金正大元年（1224）春，丘处机与其弟子们同回燕京，居太极宫（今北京白云观），受命掌管天下道教。金正大四年（1227）丘处机去世，享年八十岁。丘处机去世以后，其弟子李志常编纂的《长春真人西游记》，记述了丘处机西行谒见成吉思汗这段不平凡的旅程。当时的文人孙锡为《长春真人西游记》作序说：“门人李志常，从行者也，掇其所历而为之记。凡山川道里之险易，水土风气之差殊，与夫衣服饮食百果草木禽虫之别，粲然靡不毕载，目之曰西游。”正是因为有了《长春真人西游记》的翔实记载，我们才得以了解丘处机以年逾古稀之体奔波万里之遥，劝诫成吉思汗减少杀戮，为万民争取生机的艰辛和伟大。

金兴定三年（1219）深秋，一行二十多人的蒙古骑士风尘仆仆地来到山东莱州昊天观，奉成吉思汗诏令专门迎请丘处机道长。丘处机弟子李志常著《长春真人西游记》记载：“成吉思汗皇帝遣侍臣刘仲禄悬虎头金牌，其文曰：如朕亲行，便宜行事。及蒙古人二十辈，传旨敦请。师踌躇间，仲禄曰：师名重四海，皇帝特诏仲禄，逾越山海，不限岁月，期必致之。”刘仲禄向丘处机讲述了他这一路的艰苦：五月在乃蛮国兀里朵接受成吉思汗命令,六月到达白登北威宁,又接到了成吉思汗的传谕,八月抵达京城。刘仲禄作为奉命延请丘处机的专使,并不知道丘处机具体在山东什么地方。本来想带五千兵卒前往迎请,经过金朝西北驻军和边臣的劝说,为避免误会,只带了蒙古亲兵二十人,一路探访来到此处。其实,此时的丘处机已经接到了多方的邀请。早在三年前,就曾拒绝过金朝的邀请。同年,南宋宁宗久闻他的道望,遣使召请他南行,而且命令大帅彭义斌派兵保卫,丘处机辞谢不去。莱州地方官很不理解,问他原因。他说:"吾之出处,非若辈所可知,他日恐不能留耳。"这次,成吉思汗派专使迎请,丘处机当如何处理呢?据史料记载,成吉思汗写给他的制诏说:"七载之中成大业,六合之内为一统。是以南连蛮宋,北接回纥。东夏、西戎,悉称臣佐。任大守重,惧有阙政。且夫刳舟剡楫,将以济江河也。聘贤选佐,将以安天下也。朕践祚以来,勤心庶政。三九之位,未见其人。伏闻先生体真履规,博物洽闻,探赜究理,道冲德著,有古君子之遗风,抱真上人之雅操。今知犹隐山东旧境,朕心仰怀无已。山川悬阔,有失躬迎之礼。朕但避位侧身,斋戒沐浴,选差近臣,备轻车,不远数千里,谨邀先生,暂屈仙步,不以沙漠远行为念。或忧民当世之务,或恤朕保身之术。朕得亲仙座,惟先生将咳嗽之余,但授一言斯可矣。"文中言辞恳切,态度真诚,令人动容。从制诏的态度,丘处机即知道成吉思汗的邀请不可推辞,另外他还有自己的考虑,所以欣然接受邀请,决定来年春天上路。至于丘处机另外的考虑是什么,从他《复寄燕京道友》诗中可见端倪:"十年兵火万民愁,千万中无一二留。去岁幸逢慈诏下,今春须合冒寒游。不辞岭北三千里,仍念山东二百州。穷急漏诛残喘在,早教身命得消忧。"从"万民愁"到"二百州",都在丘处机的心心念念之中,这是要为民搏命啊!金兴定四年(1220),丘处机到了燕京以后,得知成吉思汗西征行程已经到达了更为辽远的地方,便进表陈情,奏请不去。但是,成吉思汗再次颁诏,邀请西去。于是,丘处机携十八位弟子,在专使陪同下,沿着西行驿路继续踏上为民请命之旅。他们出居庸关,北上至克鲁伦河畔,由此折向西行至镇海城(今蒙古国哈腊乌斯及哈腊乌斯湖南岸)。再向西南过阿尔泰山,越准噶尔盆地,至赛里木湖东岸。南下穿经中亚到达阿富汗境内兴都库什山北坡之八鲁湾。这一路,历时三年,跨越数十国,行程万余里,《元史》称其"喋血战场,避寇绝城,绝粮沙漠",真真是艰辛备尝。尤其是弟子虚静先生赵九古,在西行路上"示疾而逝"。好在其他人终于在金兴定六年(1222)到达八鲁湾行宫,谒见了成吉思汗。

据《长春真人西游记》记载:"馆舍定,即入见。上劳之曰:他国征聘皆不应,今远逾万里而来,朕甚嘉焉。对曰:山野奉诏而赴者,天也。上悦,赐坐。食次,问:真人远来,有何长生之药以资朕乎?师曰:有卫生之道,而无长生之药。上嘉其诚实,设二帐于御幄之东以居焉。"成吉思汗之所以不远万里延请丘处机,真正的目的是求取长生不老之道,因此一见面就迫不及待地问有没有长生不老药。丘处机并没有简单迎合成吉思汗的想法,而是坚持向他阐述儒道两家忠孝仁义的思想,谆谆劝导其戒杀以治天下。据《元史·释老传》记载:"太祖时方西征,日事攻战。处机每言,欲一天下者,必在乎不嗜杀人。及问为治之方,则对以敬天爱民为本。问长生久视之道,则告以清心寡欲为要。太祖深契其言,曰:天赐仙翁,以悟朕志,命左右书之,且以训诸子焉。于是赐之虎符,副以玺书。不斥其名,惟曰神仙。"据《长春真人西游记》所言,成吉思汗请丘处机讲道三次,每次都是很认真地听讲,还命人做好记录。"上温颜以听,令左右录之,仍敕志以汉字,意示不忘。谓左右说:神仙三说养生之道,我甚入心,使勿泄于外。"丘处机抓住一切机会,向成吉思汗灌输汉文化思想,利用现成事例进行说服感化。有一次成吉思汗问打雷的事情,丘处机回答:我听说蒙古国人夏天不到河里洗澡,不生产毛毡,禁止采野外的蚕茧,是因为害怕天威,但这并不是奉天的正道。我曾听说,两千种罪过中,不孝是最大的罪过,所以老天要打雷来发出警告。听说现在百姓大多不孝敬父母,皇上可以施以威德,进行训诫。成吉思汗听了以后说:"神仙说的这些话,正合我的想法。"并命身边人用回纥文字记录好。丘处机请求将这个思想遍谕全国,成吉思汗欣然应允。还有一次,成吉思汗在山下打猎,在猎射一头大野猪的时候,坐下的乘马突然失蹄,将成吉思汗颠下马背,一旁站立的大野猪不敢上前攻击他。身边的人赶快送上乘马,于是停止打猎回到行宫。丘处机听说这件事情,赶紧入宫进谏说:"天道是爱护生命的。如今皇上年龄也大了,应该少参加一些打猎活动。今天坠马,是上天对你的警告;野猪在你坠马的时候不攻击你,是上天对你的护佑。"成吉思汗说:"我也体会到了。神仙劝我的话很对,只是我们蒙古人从小习惯了骑射,不能一下子停下来。尽管如此,神仙说的是金玉良言啊。"此后,两个月没有出猎。丘处机与成吉思汗相处的时间不算很长,但是对成吉思汗的影响确实很深。丘处机辞行时,成吉思汗赐予牛马等物,丘处机没有接受,说:只得驿骑足矣!成吉思汗问:"汉地神仙弟子多少?"通事阿里鲜回答说:"很多。神仙来的时候,在德兴府龙阳观还看到过官府催发差役。"成吉思汗说:"命令官府,对神仙门下人的差役尽数全免。就此颁发一道圣旨,而且用玉玺盖上大印。"在丘处机归途中,还派人传旨说:"神仙自春及夏,道途匪易。所得食物、驿骑好否?到宣德等处,有司在意馆穀否?招谕在下人户得来否?朕常念神仙,神仙无忘朕。"成吉思汗赐给丘处机的虎符玺书,不仅仅是一种荣宠,更为丘处机师徒救护百姓提供了重要保障。《元史·释老传》:"时国兵(元兵)践蹂中原,河南北尤甚。民罹俘戮,无所逃命。处机还燕,使其徒持牒,招求于战伐之余。由是为人奴者,得复为良。与濒死而得更生者,毋虑二三万人。中州人至今称道之。"后来忽必烈统一中国的时候,他的徒弟尹志平等,世奉玺书,袭掌其教。其余门人,分符领节,各据一方,也庇护了不知多少百姓的生命财产。而且到了元武宗至大三年(1310),还加赐了金印。丘处机在国家民族危难时刻,不惜以古稀单薄之躯奔波万里,为黎民苍生争取一线生机,无论最后的效果如何,都是一种伟大的壮举。

丘处机西行万里,劝诫成吉思汗减少杀戮,虽未改变历史行进的方向,但还是减轻了黎民百姓在历史前行中付出的生命代价。表面上看,丘处机是顺势而为之举;实质上说,却有着力挽狂澜之效。当民族有难,山河倾颓,一个新兴的道教宗派领袖,能够挺身而出,默默付出保护民族命脉的努力,理当奉为千古英雄。在我们的历史记述中,对丘处机在这个重要历史关头做出的巨大贡献,给予的关注是不够的。这种情况是否出于儒家史笔对道家人物的故意忽视,不好妄下断言。但是,时至今日,我们应该给予丘处机应有的荣耀,则是义当如此。元代西行驿路上,丘处机为民搏命的宽仁大爱与挺身而出的侠肝义胆,已经在历史的时光隧道中汇聚成一座永恒的人性坐标,它指示的虽然不是历史转角,但却是前途光明的方向!

(五)龙场驿,一位世界级思想家的伟大觉醒

贵州西北万山丛中有一个龙场驿,明武宗正德年间有一位从"中央机关"发配到此充当驿丞的思想家,在驿站附近的一个小山洞里进行了一次伟大的思想觉醒,由此出发创立了一个影响中国乃至世界的哲学思想体系,世称"阳明心学"。从京城贬谪到龙场驿,王阳明是不幸的;而从王阳明来到龙场驿的那个时刻起,中国思想史进入了又一个收获期,开始了又一次的幸运降临。龙场驿艰苦的生存环境,龙场一带纯朴善良的各族居民,王阳明蒙受屈辱、心灰意冷的痛苦心理历程,以及他长期不懈的哲学思考和理论思辨,各种因素不期然碰到了一起,促使这次伟大觉醒的发生,催生了这位世界级思想家的崛起。龙场驿适逢其会,恰好于此时与此人共存于此处!

龙场驿在贵州省修文县境内,是当年奢香夫人开通的贵州东北往四川驿路中,出贵阳西边威清卫后的第一个驿站。明太祖洪武四年(1371),明军南下,贵州土司霭翠任贵州宣慰使,与思南州宣慰使宋钦分别管理水西、水东地区。霭翠和宋钦相继去世后,霭翠妻子奢香和宋钦妻子刘氏均代理夫职。当时,明朝廷派驻的都督马烨专横跋扈,侮辱奢香夫人,意在制造借口出兵"郡县其地"。此举激起彝族人民的强烈反抗,很多土司头人意欲举旗造反。在万分危急关头,刘氏奔走京师,向朱元璋报告了马烨的暴行。洪武十七年(1384),奢香奉诏进京。朱元璋说:"你们苦于马烨的淫威已久,我为你们除掉他,你们准备怎么报答朝廷呢?"奢香说:"愿教育子孙世世代代永不为乱。"朱元璋说:"这是你们应尽的义务,怎么说是报答呢?"奢香又说:"贵州东北有一条小路可通四川,现在已经梗塞不通了。我可以出资开山修路,以供驿差往来。"朱元璋听了很是赞许,召马烨进京,历数其罪状以后将其斩杀。奢香回去以后,马上组织力量,开拓这条驿路,设立龙场九驿。龙场在贵州西北万山丛中,为龙场九驿出贵阳以后的第一个驿舍。一百多年后的正德初年,掌握朝廷权柄的宦官刘瑾要迫害南京给事中御史戴铣等二十余人,任兵部主事的王阳明因伸出了援助之手而惹怒了刘瑾,被廷杖四十以后,贬谪贵州龙场驿任驿丞。当时王阳明的父亲王华已经官任礼部左侍郎,也因为王阳明得罪刘瑾这件事情的牵连出为南京吏部尚书。当时的龙场驿是极其边远荒凉的地方,历史文献说:"龙场万山业薄,苗、僚杂居""万山丛棘中,蛇虺魍魉,蛊毒瘴疠。"简单说,就是龙场驿地处边远大山之中,毒蛇山魈出没、蛊毒瘴疠横行,是少数民族杂居之地,文明开化程度很低,生活条件非常艰苦,被时人视作有去无回的发配之地。从"中央机关"到边远驿舍,从兵部主事到卑微驿丞,从锦衣玉食到"茹毛饮血",从春风得意到

失魂落魄……王阳明经历了巨大的人生落差。好在来到龙场驿以后，王阳明因俗化导，对当地少数民族进行了顺势而为的教化引导，很得百姓欢迎，大家非常热情地主动关心王阳明的生活起居。在这样的恶劣条件下，王阳明重新鼓起生活的勇气，在残酷的现实中用心体验生命，一刻也没有停止思想上的探索，走上了一条艰苦独特的道路，也使得龙场驿成为他生命中的重要转折点，开启了他学术思想的广阔天地。在还没有房子居住的时候，他住到了驿舍附近的小山洞之中，"书卷不可捣"就默习"五经"要旨，凭借自己的理解去更加深入地领悟孔孟之道。正是这样艰苦的环境成就了他，使他能够摆脱世间凡俗，跳出传统"以经解经""为经作注"的窠臼，充分发挥独立思考的精神，探索出独树一帜的理论，这就是为后人津津乐道的"龙场悟道"。

王阳明"龙场悟道"在后人的描述中，蒙上了越来越朦胧的神秘面纱。有的文学化、神秘化的描写，极尽渲染之能事，说在一个风雨交加的夜晚，王阳明躺在龙场驿附近小山洞的石棺中，在风狂雨骤的扰攘中，继续思考自己"人人胸中皆有个圣人"的哲学命题。突然，一道闪电划过，在霹雳巨雷声中，他的大脑中灵光闪现，突然意识道："圣人之道，吾性自足，向之求理于事物者，误也！"于是兴奋地冲进大雨之中，疯狂地大喊："我悟道了！我悟道了！"这当然是文学化的表达手法，听听热闹而已，当不得真。其实，王阳明龙场悟道，绝非一朝一夕之功，不可能像武侠小说描写的武功等级突破般戏剧化。王阳明是一个专注的人，青少年时，初溺于任侠之习，再溺于骑射之习，三溺于辞章之习，每次沉溺都是全心全意，心无旁骛。这是他的禀赋，是他后来能够开创"阳明心学"的重要基础。年轻时研究儒学，为了亲身体验"格物致知"的道理，他对着竹子"格"了七天七夜，不但思想上一无所获，还把自己"格"得大病一场。这是追求真理的执着，也是追求真理的勇气。"龙场悟道"是阳明心学的起点，奠定了阳明心学的稳固基石。在这个基础之上，构建了"心即理""知行合一""致良知"的基本理论框架。心即理，是说心是天地万物的主宰，心外无理，心外无物，是阳明心学的基本观点。他认为，人心是根本问题，是产生善恶的源头。任何外在的行动、事物都是受思想支配的，一切统一于心。知行合一，是说知和行是不能分离的，知是行的主意，行是知的功夫；知是行之始，行是知之成。有知必有行，否则不是真知。致良知，是阳明心学的核心观点。王阳明摸索"致良知"之路，用他的话说，是"从百死千难中得来"，是"千古圣贤相传的一点骨血"。良知人人都有，致良知就是让心回到"无善无恶"的明洁本真状态，意在通过主体意识的净化达到道德修养的提升，规范自己的行为。综合起来，阳明心学的基本观点就是，世间的真理都在人心中，要维护心为本体，做到心外无物，追求透彻的本心，从良知出发，人人皆是平等的，凡人也可成为圣人。而这一切，都包含在王阳明晚年总结的"四句教"之中：无善无恶心之体，有善有恶意之动，知善知恶是良知，为善去恶是格物。阳明心学旨在呼唤人的本体意识，强调个体本身的价值和自我人性的修养，强调将知付之于行的实践力量。这个思想观点一出世，便产生了振聋发聩的强烈效应，打破了原来居于统治地位的程朱理学的禁锢，为萎靡消沉的社会注入了新的生机和活力，一时间占据了学术的主导地位。

　　阳明心学不但在中国影响深远,而且在传入东南亚一带特别是日本之后,产生的影响之大甚至超过了其对中国的影响。阳明心学传入日本可考的时间,应该在他去世后的80年前后,《传习录》1602年传入日本,1650年在日本出版。日本明治维新之所以能够取得成功,完全是因为充分效法王阳明的学说。明治维新时的很多重要人物,都很认真地研究阳明心学,以之为行动指南。其中最为典型的人物,就是被称为日本"军神"的东乡平八郎。1905年,东乡平八郎大胜俄国波罗的海舰队回国,天皇为他举行隆重的庆功宴。宴会上,面对众人一片夸赞声,东乡平八郎默不作声,只是拿出了自己的腰牌示于众人,上面只有七个字:一生俯首拜阳明。当时的日本人十分看重阳明心学中强调人的精神和意志力量,强调实践,要求以实际行动去变革社会的观点。这个思想,成为当时主张"开国""维新"和"独立主权"者的锐利武器,在反对腐朽落后封建传统观念的斗争中所向披靡。最终,日本人靠着一部阳明心学,推翻了500多年的幕府统治,成功进行明治维新,完成了向资本主义的过渡。日本人写的《日本之阳明学》云:"维新诸豪杰震天动地之伟业,殆无一不由王学所赐。"据说,有中国留学生在日本看到这样的场景:不论在火车上、电车上或轮渡上,凡是在旅行的时候,总能看到许多日本人在阅读王阳明的《传习录》,且有许多人读了之后,就闭目静坐,似乎在聚精会神思索这个哲学的精义。可以说,阳明心学改变了日本,进而改变了世界。

　　有人评价,中国历史上达到立德、立言、立功"三不朽"的有两个半人,一个是孔子,一个是王阳明,半个是曾国藩。这个说法是不是准确,我们不好评说。但是,说王阳明"三不朽",则有着充分的客观依据。从立德说,王阳明从小就怀揣"圣人梦",行事光明磊落,努力追求人格完善,临终之时对学生说:"我心光明,亦复何言!"只有不负天地不负人者,才可以临终说"我心光明"吧!这种光明,不仅照耀自己一生行实,还在照耀整个人间,照耀人类古今。从立言说,创立阳明心学,开创出"人人皆可成为圣人"的康庄大道,不但改变了中国社会的图景,还深刻地改变了邻国日本的历史进程,进而改变了世界格局。从立功说,"终明之世,文臣用兵制胜,未有如守仁者"。正德十一年(1516)巡抚南赣,平定漳州詹师富、大帽山卢珂、大庚陈日龙、横水谢志珊、桶冈蓝天凤、浰头池仲容等武装反抗势力。正德十四年六月,率部镇压福建地方的武力反抗,途中于丰城获悉宁王朱宸濠反,即返吉安起义兵,水陆并进捣南昌,连下九江、南康,历时35天平定叛乱,生擒朱宸濠。嘉靖六年(1527)五月,受命镇压思恩、田州、八寨、仙台、花相等地少数民族对明朝统治的反抗,翌年秋平定。仅就其事功而言,一介书生,提旅沙场,战无不胜,历史上有出其右者吗?"三不朽"的桂冠,王阳明应当戴得稳稳当当。

　　王阳明是幸运的,他在大不幸中有幸来到了龙场驿,在这里悟道,奠定了开创阳明心学的坚实基础。龙场驿是幸运的,能够在明代正德初年迎来王阳明这位驿丞,能够见证一位世界级思想家的伟大觉醒,站到了一个辉煌的历史转角处。这个历史的转角,转的不是简单的历史发展轨迹,而是人类思想发展的轨迹;改变的不仅仅是当时的历史图景,也不仅仅是中国的历史图景,还改变着世界的历史图景,甚至改变了未来的历史图景。偏远萧条的龙场驿,本来隐没于贵州万山丛中,却因为王阳明的"龙场悟道",赫然驰名于世,成为中华民族思想发展史上的一个鲜明路标,永远矗立于我们的民族文化殿堂之上。

(六)银川驿裁掉的驿卒,终结了执意裁驿皇帝的王朝

朱元璋创建的明朝政权,到了崇祯皇帝的时候,已经处于风雨飘摇之中,而最后给了摇摇欲坠的明王朝致命一击,逼迫崇祯皇帝登上煤山自缢而亡的,则是原来银川驿裁减下来的驿卒。不错,这位驿卒就是明末农民起义军的领袖——闯王李自成。世事无常,造化弄人。谁能想到,曾经的一个区区驿卒,却因为一次激进的裁驿行动,与皇皇天子产生联系,并且形成了生死因果。如果没有那次裁驿行动,李自成的人生可能行走在另外一条道路上,尽管崇祯皇帝仍然会是同样的结局,但那和李自成可能就没有关系了。历史不能假设,在崇祯皇帝坚持之下,裁驿行动展开了,银川驿驿卒李自成被裁减下来了,银川驿因此站到了历史的转角处。

银川驿本来籍籍无名,如果不是因为李自成,人们很难注意到这个边远地方的小驿站。查明代陕西境内驿站,有两个银川驿。一个名银川驿,属临洮府河州,在今甘肃省积石山保安族东乡族撒拉族自治县东南;一个名银川马驿,属延安府米脂县,在今陕西省米脂县城内。因李自成是米脂县人,结合李自成在驿站的具体情况分析,李自成所在的驿站当为银川马驿。崇祯二年(1629)四月,正当高迎祥领导的陕北农民起义风起云涌的时候,明朝最后一个皇帝朱由检却在北京发布上谕,裁革驿递。崇祯皇帝裁驿决心非常大,对于刑科给事中刘懋奉旨按照"俱裁十分之六"的指标制订的方案,仍然感觉不够到位。这是在明政权已经岌岌可危的情况下进行的一次大冒险,裁驿时间之短、幅度之大、范围之广、影响之深,在明朝历史上是空前的。尽管一些有见识的官员已经提出:"驿递之设,贫民不得自食者赖之,裁之太过,将铤而走险。"刚愎自用的崇祯皇帝却没有听进去,强力推进裁驿,最终把大批失业驿卒"逼上梁山",壮大了农民起义军队伍。李自成就是失业驿卒大军中的一员。据史志资料记载,李自成于天启六年(1626)20岁的时候,进入银川驿充当驿卒。据《明史·流贼列传·李自成》记载:"及长,充银川驿卒。善骑射,斗狠无赖,数犯法。知县晏子宾捕之,将置诸死,脱去为屠。"从这段简短记载看,李自成在银川驿充驿卒时,可能因为自身功夫不错,有些桀骜不驯,不肯逆来顺受地忍受欺凌,属于"刺头"一类,很是让当官的头疼。所以,一旦裁驿命令下来,他必然要首当其冲受到整治。所谓"数犯法",甚至"将置诸死",其实际是银川驿接连死了三匹驿马,作为驿卒李自成要承担主要责任。知县晏子宾乘裁驿之机,要求李自成赔偿三匹驿马的钱,然后裁掉其驿卒之职。无奈,李自成找乡绅借钱赔上了驿马的钱,自己也就此失业,回到了老家。先是做了屠夫,后来谋上了一个里长的差事。不过,安生日子没过多久,因为还不上欠乡绅的钱,

被告到县衙,吃了官司。后来经亲戚出面保释,总算从监狱里出来了。可是回到家以后,却发现了一个令他难堪的事儿:妻子与别人通奸。怒发冲冠之下,李自成杀了水性杨花的妻子,顺便把为富不仁将自己送进监狱的乡绅也给杀掉了。两桩命案在身,李自成隐姓埋名逃离家乡,并在甘肃甘州(今甘肃省张掖市甘州区)投军。进入军队以后,李自成很快就被提拔为把总,在基层士兵中威信很高。当时,部队经常欠发军饷,士兵们心里都憋了一把火。不久,部队行军途经榆中时,欠发饷银引发的怒火终于爆发出来,李自成顺势发动兵变,杀死参将和知县,举起了义军大旗,并投奔舅舅,号称闯王的农民起义军领袖高迎祥,成为高迎祥麾下的"闯将"。

刚刚加入农民起义军队伍的李自成籍籍无名,只是高迎祥麾下的一员裨将。义军进入河南以后,李自成与侄儿李过结交了李牟、白广恩、李双喜、顾君恩、高杰等人,组成一军。李过、高杰善战,顾君恩善于谋划,经过连番苦战,队伍实力不断增强,李自成逐渐打出名声。崇祯八年,各路义军领袖在荥阳召开会议,商议对敌策略。在这次会议上,李自成提出了自己的主张。他说:"一夫尚且奋起,何况十万呢? 官兵对此事无能为力的。应该分兵,各定攻打方向,成败得失,就听天命了。"大家都非常支持李自成的建议,议定分配了各自的主攻方向。根据分工,李自成随高迎祥与张献忠主攻东方,攻下了固始、霍邱,焚烧寿州,攻陷颍州,进而乘胜拿下了凤阳,焚烧了明皇陵,引起京师震动,皇上穿素服哀哭。随后,因与张献忠发生龃龉,李自成与高迎祥西走归德,重新进入陕西。在陕西与官军的战斗中,李自成率领义军攻城掠地,连战连胜。当时,朝廷命卢象升改任湖广巡抚,总理直隶、河南、山东、四川、湖广各省军务,诏令洪承畴督领关中,卢象升督领关外。义军也分兵应对,高迎祥夺取武功、扶风以西,李自成夺取富平、固州以东。此时,李自成麾下将领高杰与李自成妻子邢氏通奸并带着邢氏投降,洪承畴亲自追击李自成,于渭南、临潼大战,李自成大败,向东走走。多次战败的高迎祥也与李自成会合,一起出朱阳关,与张献忠会合。攻打洛阳不下,李自成退走偃师。崇祯九年,在一系列战事失利以后,高迎祥、李自成精锐几乎丧失殆尽,分兵再次入陕。李自成自南山越过商县(今陕西省商洛市商州区)、洛南,走延绥。在巩昌北境被左光先、曹变蛟等官军将领合击,退走环县(今甘肃省庆阳市)。随后在罗家山大败官军,俘获总兵官俞冲霄,官军士卒、战马以及武器全部丧失,李自成实力得到恢复并有所增强。挥兵西进米脂县,向知县边大绥喊话"这是我的故乡,不要虐待我的父老",还留下黄金,让他修建文庙。本拟袭击榆林,但黄河水暴涨,义军被淹死很多,于是改道从韩城西去。孙传庭任陕西巡抚,锐意剿灭义军。七月,高迎祥兵败被孙传庭擒获,押至北京受审,后遭杀害,义军共推李自成为闯王。此后,义军在李自成领导下与官军周旋缠斗,有胜有负。崇祯十一年(1638)夏,义军在梓潼失利,李自成奔往白水,断粮以后,被洪承畴、孙传庭联手击败,只与刘宗敏、田见秀等十八骑突围,回到商县、洛南山潜伏。这一年,张献忠投降,义军形势更加低迷。不久,洪承畴改任蓟辽总督,孙传庭因改任保定总督借病推辞而入狱,李自成获得了喘息之机。崇祯十二年

（1639）夏，张献忠在谷城再反，李自成也趁机出来收集部众，队伍重新获得壮大。在官军围堵之下，李自成突破武关依附张献忠。当发觉张献忠想要吞并他的队伍时，李自成率队伍果断逃离，但被官军包围在巴西、鱼复山中。李自成将辎重全部烧掉，轻骑从郧阳、均州突围，进入河南。当时河南大旱，饥民依从李自成队伍的达数万人。李信、牛金星、宋献策等人加入义军，李自成给李信改名李岩。李岩劝李自成："夺取天下以人心为本，请不要杀人，以收天下人心。"李自成欣然接受，还将获得的财物赈济饥民，益受百姓欢迎，追随者越来越多。

　　经过多年征战，到崇祯十六年（1643），当初十三家七十二营农民起义军，基本上非降即死，只剩下李自成和张献忠，而李自成实力最强，自称新顺王。他召集牛金星等人商议进军方向，牛金星主张先取河北，直奔京师。杨永裕主张东下金陵，断绝燕京粮食。顾君恩说："金陵位在下游，虽说可以成功，但失之过缓。直奔京师，如不胜，将要退到哪里？失之过急。关中，是大王您的家乡，百二山河，占了天下三分之二，应该先取它，建立基业，然后略取三边，用这些兵力攻取山西，然后指向京师。这样，则进可战，退可守，万无一失。"李自成采纳了这个意见。冬十月攻陷潼关，然后连破华阴、渭南、华州、临潼，进而占领西安，并改西安为长安。崇祯十七年（1644）正月初一，李自成在西安称王，定国号为"大顺"，改元永昌。设天祐殿大学士，增设六政府尚书，设弘文馆、文谕院、谏议、直指使、从政、统会、尚契司、验马寺、知政使、书写房等官。恢复五等爵制，大封功臣。制定军事制度，起草檄文驰告远近各地。消息传到京城，崇祯皇帝大惊。二月，李自成渡过黄河，一路攻城拔寨，三月十三日占领昌平（今北京市昌平区）。明朝廷兵部派出侦察的骑兵，都被义军俘获并投降，所以义军游骑已经到了平则门，京师还毫无察觉。十七日，崇祯皇帝召集群臣来问，没有人能够说明情况，有的还哭了。不久，义军围攻九座城门，门外设立的三大营全都很快投降。京师长期短缺粮饷，能登上女墙作战的人很少。于是使用宦官补充，宦官专管守城事务，百司不敢过问。十八日，义军攻城更急，李自成驻扎在彰义门（今北京市广安门）外。把投降太监杜勋吊进城内，派他去面见崇祯皇帝，劝其禅位。崇祯皇帝大怒，将杜勋斥下，诏令亲征。天黑后，太监曹化淳打开彰义门，义军全部进城。崇祯皇帝走出皇宫，登上煤山，望着满城烽火，叹息道："苦了我的百姓了。"徘徊良久，又回到乾清宫。令人将太子和永王、定王送到外戚周奎、田弘遇家，拔剑刺杀长公主，催促皇后自尽。十九日，天还没亮，皇城失守，鸣钟召集百官，竟没有一人到来。崇祯皇帝又登上煤山，在衣襟上写下遗诏后用帛上吊，于是驾崩。太监王承恩也在旁边上吊。李自成头戴毡帽，身穿淡青色衣服，骑着乌驳马，进入承天门（今天安门）。就这样，银川驿那个落魄驿卒，在被崇祯皇帝的裁驿政策逼迫失业以后，率领义军攻占皇城，竟然能逼迫崇祯皇帝上吊结束了自己的生命。

　　一饮一啄，莫非前定。一位卑微到泥土中的小人物，与一位九五至尊，互相之间的联系就这样戏剧性地建立起来，又这样戏剧性地结束。这样的历史，实在是比剧本都要精彩几分,更加具有震撼人心的力量。在中国传承久远的驿路上,人世间的悲欢离合故事上演很多,大时代的风云际会戏份异彩纷呈,而这些都已成为厚重深沉的历史文化。我们今天重新梳理那一条条从古代延展到今天的驿路,重新整理那驿路上一个一个驿站曾经发生的历史故事,并非为了猎奇,而是为了以更加细腻温润的方式了解历史、感知历史、理解历史。大事件蕴藏的小道理,小事情揭示的大道理,都是人类智慧的结晶。这一点,发生在银川驿的故事最有说服力,而银川驿也因此在历史长河中被赋予了特殊的魅力。

吉林古代交通穿过的高山大河

　　吉林省地处中国东北,生活在这片土地上的各族人民,自古以来一直和中原保持着紧密的沟通和联系,接受着中原文化的哺育,发展着属于自己的地域文化。从原始族群的迁徙,到地方民族政权的朝贡,吉林地域上生活着的古代各族先民,都将中原驿道不断开拓延伸,蹚过一条条大河,翻越一座座高山,一直铺展到自己的家门口,进而实现与中央政权的政治联系,实现与中原王朝的经济联系,实现与民族母体的文化联系。毋庸讳言,在漫长的历史进程中,这些交通路线的开拓和延伸,很多时候是在烽火狼烟中实现的。因为驿路的开拓和延伸,本质上是统治范围的扩张,是统治力量的输出,当然也会有两情相悦的自愿结合,不过,更多的则是弱者对强者的屈从,而且是在刀光剑影中对铁蹄和强权的屈从。但无论如何,中原驿路延伸到吉林大地时,无形的文明纽带就从中华民族母体中伸展出来,坚韧有力地把生活在这里的各族赤子紧紧地揽入怀中,再未分开。

吉林省主要山脉分布图

一、从族群迁徙开始的远行脚步

人类行走于大地之上会留下串串脚印,先民穿行于历史时空也刻下深深印痕。人类从学会直立行走开始,就没有停下过远行的脚步。如果说人类最初因为族群迁徙而迈出远行步伐是出自本能,那么后来出于各种需要而你来我往则是自主的选择。历史文献明确记载吉林先民首次参加中原王朝召集的集会,是三千多年前西周时期的"成周之会"。从那时开始,一代又一代的吉林先民踩着前人的脚印,一次又一次走到中央王朝统治中心。道路,就这样开辟出来;历史,就这样书写下来。当然,不仅仅是通往中原的朝觐之路,吉林地方民族政权统治区域内部交通网络,也是这样一代一代后人踩着前人的脚印开拓出来的。今天,我们说起来似乎轻飘飘的,而披荆斩棘、踏平坎坷的艰难开拓过程,不但伴随深重苦难,有时甚至要靠生命去填充。尽管如此,吉林先民拼着苦难和牺牲,筚路蓝缕以启山林。自吉林大地有人类活动以来,自第一缕人类文明曙光在吉林大地升起以来,这种奋斗就一刻没有停歇过,甚至一直到今天,吉林人民仍然如此奋斗着。

(一)古先民足下留痕

从进化论的观点来看,人类在进化的过程中,从树上下来、回到地上的那个时刻起,行走就成了终生的任务。为了生存就要获取食物,而要获取食物就必须奔走。既然行走成为终生任务,那么开拓行走道路也就自然成为天赋使命。当然,最初的人类行走绝不会有开拓道路的自觉,他们只是为着单纯的目的而单纯地行走。相关研究显示,即便是原始人类,其族群迁徙距离也是十分遥远的。

考古资料表明,吉林省很可能是早期人类活动的重要地区。1990年,考古工作者在松原市前郭尔罗斯蒙古族自治县王府屯,发掘出土了七件只有人类才可能制作和使用的打制石器,有刮削器、尖状器以及石核,以刮削器为多,其中有三件呈现出明显的人工打制痕迹。这些石器的特点和性质与河北阳原泥河湾组小长梁及东谷坨旧石器文化相近,属于早更新世的打制石器,年代为距今约100万年。所谓打制石器,就是人类有意识地把合适的石头敲击出尖锐的边角,或者从整块石头上敲击下来边角锋利的石片作为工具使用。根据打制出来的工具的形状称其为尖状器、刮削器,而被用来敲击下石片的那个整块石头剩下的部分,则被称为"石核"。旧石器时代是一个十分漫长的历史发展阶段,至少历经300多万年,一直到距今1万年左右才进入新石器时代。两者之间的主要区别是,前者使用打制石器,后者使用磨制石器。"人猿相揖别,只几个石头磨过,小儿时节。铜铁炉中翻火焰,为问何时猜得?不过几千寒热。人世难逢开口笑,上疆场彼此弯弓月。流遍了,郊原血……"在毛主席豪迈而浪漫的诗笔之下,人类社会那段漫长的进化历史被诙谐地表述为"只几个石头磨过"。而让我们非常自豪的是,这"几个石头"中,就有"七块石头"出自吉林省。全国范围内百万年以上的旧石器早期文化遗存据说只有九处,而王府屯遗址位居其一。虽然没有出土人类化石,但是吉林省仍然可以肯定地告诉世人:早在100多万年以前,这里就有我们的古老先民在居住生活了!

遥想100多万年以前,吉林这块土地上森林茂密、水草苗壮,生活在这里的原始人类穿行在深林中追逐猎物,奔走在河谷间捕获鱼虾,出没于草莽里采摘果实。"江畔何人初见月?江月何年初照人?"每当想到这样的场景时,我们很自然地会联想到一个问题:100多万年以前的先人们,是什么时候、从什么地方、怎么来到这块土地上的? 或者,他们是由原本生活在这里的祖先进化过来的吗? 关于早期古人类,考古工作者根据化石资料的地理分布情况提出这样一个观点:早期人类在中国境内是由南向北逐渐扩散和迁移的,至中更新世中期后,直立人的活动范围开始由华北向东北地区扩大。根据这个观点,王府屯古先民是从南方慢慢迁移过来的。至于是从什么地方出发的,走的是怎样的一条路线,经过了多么漫长的时间才来到这里,迁徙的队伍有多大,路途中牺牲了多少同伴,这些问题,我们可能永远也找不到答案了。100多万年的时间太漫长了,斗转星移、沧海桑田的变迁中,古先民留下的痕迹早已被时光漫漶湮灭,甚至连古老的传说都变得不那么真实了。

不过,当时光推移到距今二三十万年前旧石器时代早期之末叶,东北地区古老先民的代表已经被考古工作者推选出来了,有些事情能够说得更清楚一些了。1974年和1978年,考古工作者先后在辽宁省营口金牛山和辽宁省本溪庙后山发现了古人类遗址,除发现了古人类化石外,还同时发现一批哺乳动物化石和石器文化遗物,生活在这两个地方的古人类分别被命名为"金牛山人"和"庙后山人"。据考古专家鉴定,遗址地质年代属于中更新世,"金牛山人"距今约28万年,"庙后山人"距今约24万年,均属于旧石器早期古人类(直立人)。考古工作者深入研究发现,金牛山遗址200余件石器,原料为脉石英和硅质灰岩,打制方法和特征与北京周口店"中国猿人"的很相似;庙后山遗址石器67件,其中一件脉石英砸击石核与"中国猿人"枣核形砸击石核形制很相似,盘状刮削器、直刃刮削器与周口店出土的同类石片基本一致,多边砍砸器也颇相类似。这说明,这个时期以"金牛山人"和"庙后山人"为代表的东北地区古人类,与华北地区的"中国猿人"具有同源同属的传承关系,在地理空间上存在十分密切的内在联系。或者说,早在距今二三十万年以前,北京周口店"中国猿人"族群的一部分,在追逐猎物的过程中,不知不觉地翻山越岭来到了东北南部。他们离开原来的居住地域太远了,在崇山峻岭的穿行中逐渐忘记了来时的路。不过,他们觉得当下所在的地方山深林密、水草丰茂,猎物更加丰富,食物更加多样,气候也适宜居住,于是便定居下来。当然,他们的后代继承了他们的冒险基因,此后继续了他们的探索步伐,又向着更有诱惑力的远方迁徙,不断地向北、向东,一直走出很远很远。旧石器时代中期,特别是晚期,东北古人类随着族群迅速扩大和生产力水平的提高,进行了规模空前的迁徙远征。他们从辽河流域走到了松花江流域、黑龙江流域,并经由这个天然通道络绎不绝地走向朝鲜半岛,走向乌苏里江以东的日本海沿岸,走向从黑龙江流域直到楚科奇半岛的广大地区。

虽然前面横亘着浩渺无际的汪洋大海,可是他们前行探索的脚步依然没有停下,而是以后人难以想象的精神和毅力,沿着冰川期间白令海峡或近海间显露出来的海洋陆桥,走到了大洋彼岸的美洲荒原,成为那里最早的原始居民。以东北为枢纽的古人类大举迁徙,将人类活动范围扩大到了亚洲和美洲的北部,在那里播撒下人类文化的种子,镌刻下人类文明的痕迹,这无疑是人类进化发展历史上非常伟大的壮举。

毫无疑问,古人类在迁徙的过程中,并不是一群人一直走下去的。而是在迁徙途中,遇到适宜的地点就会有一部分人居住下来,而他们的后人经过一段时间的繁衍生息使得族群更加壮大以后,再沿着先人选定的方向继续奔向远方。因此,从辽宁南部向北方迁徙的"金牛山人""庙后山人"的后人,有一部分来到吉林大地以后,喜欢上了这里的山林河湖,在这里定居下来。当然,限于考古资料,我们如果想要把这个故事从二三十万年以前一路讲下来是不可能的,所以关于吉林古先民的故事,我们只能从"青山头人"讲起。在吉林省松原市前郭尔罗斯蒙古族自治县查干湖东岸,有一条绵延起伏的山冈,南端陡然耸立形成一个30多米高的凸起山头,人称青山头。20世纪80年代,考古工作者在这里发现了与其他哺乳动物化石混在一起的古人类股骨化石,据推定距今六七万年,为旧石器时代中期。这说明,早在六七万年以前,查干湖畔就有人类生息繁衍。这些古人类,被考古界命名为"青山头人",也称为查干淖尔人,不但是吉林西部最早的人类,而且是吉林省目前为止考古发现的最早人类之一。穿越时空隧道,距今六七万年前的查干湖畔,一支已经进入母系氏族社会的古老人类部族,在老祖母的率领下,停下了从南向北迁徙的脚步,在青山头向阳坡挖掘出地穴或者半地穴,然后用树枝、树皮、茅草覆顶,定居下来。他们在查干湖畔捕鱼捉蚌、猎杀野兽、采集野果,在与大自然和谐共生的过程中,一点一滴创造着、积累着人类文明,将人类文明的曙光从这里发散出去,在吉林大地上踩踏出最为古老的先民脚印。

比"青山头人"稍晚一些的吉林先民,应该是被考古界称为"榆树人"和"安图人"的古人类。1951年,吉林省榆树县周家油坊村发现了旧石器晚期的人类文化遗址,这一文化被称为"榆树文化",创造这一文化的人类被称为"榆树人",其生活时代距今7万至3万年。1964年,考古工作者在吉林省安图县明月镇发掘了安图遗址。遗址位于明月镇东南2.5公里石门山村二级阶地的一处洞穴中,出土了19种哺乳动物化石和一枚古人类的牙齿化石,其时代距今3万至2万年。以"榆树人"和"安图人"为代表的吉林早期先民,以赤裸的双足在吉林大地上留下最古老的印痕,以非常简单粗糙的石器和棍棒,书写了吉林人开发自然的最初篇章。吉林省旧石器时代人类文化遗址,在东部还有白山市抚松仙人洞遗址,其文化遗存年代属旧石器时代晚期。在中部,长春地区还有两处,吉林市地区有三处。长春地区两处:一为长春市南红嘴子遗址,处于伊通河一级阶地之上,属于旧石器时代晚期;二为榆树市刘家乡大桥洞遗址,文化堆积形成于全新世,属于晚更新世的再生堆积,文化遗存被看作旧石器时代产物。吉林市地区三处:一为蛟河砖厂遗址,根据综合分析,文化层地质年代为晚更新世早期偏晚,相当于考古年代的旧石器时代中期偏晚;二为桦甸市寿山仙人洞遗址,文化堆积年代经动物化石样品测试,距今10万年至3万年,即旧石器中期至晚期;三为吉林市九站西山遗址,文化遗存地质年代为晚更新世晚期,相当于考古年代的旧石器时代晚期。在吉林省西部,还有松原市乾安县大布苏遗址,其年代为1万年前,相当于旧石器时代晚期末或更晚一些。包括吉林省在内的东北地区旧石器文化,与华北旧石器文化有很多相同之处。例如,石片加工技术多用锤击法,偶尔使用砸击法和碰砧法;工具以片状毛坯为主;修理多采用锤击法,修理方式以碎裂面向背面加工为主等。这些相同之处,说明二者在文化上存在着紧密的内在联系。基于此,考古学界认定东北地区生活的古人类是由南向北迁徙而来的。所以,我们梳理吉林古先民的文化遗存,是为了更加清晰地了解古先民的跋涉足迹,更加深刻地认识这块土地上文化的创生和演化。

在大约距今1万年的时候,人类社会进入新石器时代。这个时候,吉林大地几乎处处都有人类活动,吉林境内每一条较大的江河流域,都留下了人类活动的遗迹。考古工作者对已经发现的200余处新石器时代遗址进行了发掘和研究,基本上厘清了新石器时代吉林各地古人类的活动情况,掌握了文化内涵上的共性和联系,勾画了不同文化类型的文化区域分布轮廓。大体上可以划分为三个类型:在西部洮儿河、霍林河、嫩江中游地区新石器文化内涵中,以细石器、骨柄石刃刀和数量较多的玉质装饰品最具特色,体现了以渔猎为主要特征的经济类型;在张广才岭西侧松花江中游地区,主要出土器物为磨制石器、骨角器和压印"之"字纹、扭曲纹纹饰为主的陶器,反映其经济类型为农耕和渔猎兼营;张广才岭东侧图们江、珲春河、嘎呀河、海兰江流域,分布着一种面貌迥异的新石器时代文化,从出土的石矛、骨剑、石剑、石斧以及多刻有"人"字纹纹饰的陶器看,其经济类型以采集狩猎为主,兼营农耕。由此可见,不同区域有着不同的经济文化特点,存在着明显的差异,而差异则是产生交流和沟通要求的物质基础。考古工作者通过对不同文化遗址的分析研究,已经基本厘清了不同区域之间的文化联系。曾有研究者提出,今见东北新石器时代文化遗存之间,在时间上有承袭关系,在空间上有交流关系,这显然是"这一群人"与"那一群人"之间互联互通的结果。而从更为宽广的视野来看,大体上新石器时代包括吉林地区古人类在内的东北古人类,在与内地同时代文化联系中,以同黄河中下游仰韶文化、龙山文化和大汶口文化的联系最为密切。文化上的联系不是凭空产生的,其背后必然存在着人员的交流和往来,说明在新石器时代就已经走出了文化交流的通道,联系孔道主要是辽西走廊和辽东半岛。今天,我们无法还原新石器时代吉林先民是通过哪条交通路线与不同氏族之间进行沟通交往的,但是可以从蕴含在出土器物形制之上、烧制在古老陶器纹饰之上的文化元素,分析判断他们互相之间往来交流的情形。从这个意义上说,新石器时代吉林先民的开拓脚印,已经刻印在石器和陶器之上了。

大约在中原地区夏代纪年期间,吉林省进入青铜时代。境内已发现的青铜时代遗存有千余处,遍布全省各地,但以东辽河流域和松花江流域分布最为密集。考古工作者根据考古发现和研究成果,将吉林省青铜时代文化分为六个区域:以松花江流域——大体以吉林哈达岭为界的松花江南、北两个区域,处于松花江流域南北两区间的东辽河流域,西部、西北部的沙丘地域,东部长白山图们江流域,南部长白山地南坡鸭绿江流域。毫无疑问,随着生产力水平的提高,人类生活半径得到了充分的延展,道路的开辟和一定程度的主动建设应该存在。吉林省最著名的青铜时代考古文化当属西团山文化,是以吉林市郊区的西团山墓群命名的。这一文化分为三期,早期相当于西周初期到春秋初期,中期相当于春秋中期到战国中期,晚期相当于战国末期到秦汉之际,而社会性质上则与父系氏族社会的早、中、晚期相当。西团山文化分布范围,东边以张广才岭为界,南面到辉发河、饮马河、伊通河上游,西边到伊通河中下游和东辽河沿岸,北界在拉林河上、中游的左岸,大体相当于长白山地与松辽平原交会地带。生活在如此辽阔地域上的先民们,保持着大体相同的文化状态和特点,不同地方之间没有往来沟通是不可想象的。邵汉明主编《吉林市历史文化研究》,根据西团山文化考古资料,梳理已发现10处以上西团山文化遗存的县(市、区)分布后指出:"西周初年到西汉初年的千余年间,今吉林省中部地区,已经形成以永吉、蛟河等县市为中心,北抵拉林河,西至伊通河,南到东辽河的文化格局。就上述文化遗存的内在关联而言,可以肯定,上述地区之间,严格来说,是上述地区的重要文化遗址之间,肯定存在较为密切的交通往来。"另外,通化市万发拨子遗址考古发掘资料显示,该遗址商周文化层有"西团山文化"的印记,说明早在商周时期,吉林濊人和通化貊人之间就已经有了交通联系。诸如此类,吉林省青铜时代无论生活在哪个区域的先民,氏族部落之间、氏族部落内的不同部落之间,一定维持着必要的交通往来,在吉林大地上开辟出来纵横联络的交通路线。

至于和中原之间的交通联络,历史文献则有着碎片化的记载。《国语·鲁语》有载:"仲尼在陈,有隼集于陈侯之庭而死,楛矢贯之,石砮其长尺有咫。陈惠公使人以隼如仲尼之馆,问之。仲尼曰'隼之来也,远矣!此肃慎氏之矢也。昔武王克商,通道于九夷、百蛮,使各以其方贿来贡,使无忘职业。于是肃慎氏贡楛矢石砮,其长尺有咫。先王欲昭其令德之致远也,以示后人使永监焉。故铭其栝曰:肃慎氏之贡矢。以分大姬,配虞胡公而封诸陈'。"此即历史上很著名的楛矢石砮典故。原来,西周在东都洛邑建成以后,周公曾经以天子的名义颁发诏书,号令天下诸侯以及地方少数民族首领来洛邑参加集会,史称"成周之会"。这次会议,东北地区的肃慎族、濊族、高夷族等部族的首领,都按照周天子"各以方物来贿"的要求带着自己地方的特产来了。居住于长白山的肃慎人带来的方物就有楛矢石砮,后来周王将楛矢石砮铭文"肃慎氏之贡矢",并分发给了后人保存。周王的一个女儿许配虞胡公被分封到陈地,孔夫子认为她保存的这支"肃慎氏之贡矢"也应该带到了陈国,建议陈惠公到库房找一找看,说不定还能找得到。陈惠公派人到库房查找,果然找到了。早在西周初期,吉林先民就到中原王朝参加朝贡仪式。他们走的是怎样的一条路?在这山重水复之中跋涉了多少时日?这一路走来遇到多少凶险、吃了多少苦头?这一切,已经无从得知了。考古工作者根据出土文物从器型学的角度做出推测:战国时代,吉林与辽西、辽南之间有交通往来。那么我们今天可以推断,辽西、辽南都有可能成为吉林与中原地区交通往来的中继站。而四平二龙湖古城,则恰可为战国时代吉林交通向辽宁、中原地区拓展的时空坐标。根据王绵厚、朴文英合著《中国东北与东北亚古代交通史》观点,肯定有一条由中州大地经幽、燕之黄、渤海沿岸,再向长白山南北的部族交通道。再具体一点儿说,就是由辽海腹地的辽河、浑河谷道,走向东北的浑江和富尔江流域,再北转越过龙岗山脉和吉林哈达岭,进入长白山"西系"松花江流域和"北系"牡丹江流域,到达濊貊人和肃慎人故地。无论如何,我们还是要虔诚感谢飞到陈侯院子的这只隼鸟,借助它的翅膀,楛矢石砮的典故飞进了历史典籍,在历史文化旅程上留下了一个醒目标记,也把吉林古先民的足下留痕印到了历史典籍之上。

(二)夫余国开辟草莱

当历史的脚步前进到公元前2世纪末,吉林地域上出现了第一个地方民族建立的奴隶制国家——夫余国。夫余国至494年灭国,存国600多年,在这期间为吉林书写了辉煌壮丽的历史篇章,夫余人是吉林历史上占据重要地位的古老少数民族。夫余人开发了吉林大地,建设了村落城郭,创造了灿烂文化,将吉林地域从原始社会带入奴隶制时代。著名历史学家徐中舒言:奴隶制国家是从原始社会的废墟上建立的,它不同于原始社会的,就是这个社会一开始就要开辟道路,冲破原始时代孤立闭塞、老死不相往来的状态。那么,我们有理由相信,吉林地域上最初的交通脉络,是夫余人构建起来的。

夫余又写作扶余、浮榆、凫臾等,可能源于乌裕尔河之名,原始族源出自濊貊。濊族与貊族生活地域南北毗邻,习俗相近,本已开始逐渐融合。汉代内地先进文明传入以后,濊、貊两族社会结构发生急剧变化,并开始了民族大迁徙。一方面,在汉王朝政治压力之下,貊人退向东北;另一方面,在先进文明吸引之下,濊人持续迁往东南。两股迁徙潮流相遇会合,终于导致更加深刻的民族交融,逐渐形成濊貊族系,广泛分布于松嫩流域到朝鲜半岛地域之间。《史记·货殖列传》在记载燕国时就提到了夫余:"北临乌桓、夫余。"据此可以推知,至迟在战国末年,夫余就已经是一股比较强大的势力,起码为一个比较强大的民族团体,因此被司马迁用以界定燕国边界。根据相关历史文献,我们大致可以了解夫余国建国概况。公元前2世纪,濊人的一支在嫩江中游建立了藁离国。至公元前2世纪末,藁离国王子东明受国王排挤出走,南渡掩㴲水,在松花江以南建立了一个新的国家,即夫余国。关于东明建国,《论衡》《魏略》《后汉书》等都记载了一段神话传说:"北夷藁离国王侍婢有娠,王欲杀之。婢对曰:'有气大如鸡子,从天而下,我故有娠。'后产子,捐于猪溷中,猪以气嘘之,不死。复徙置马栏中,欲使马藉杀之,马复以口气嘘之,不死。王疑以为天子,令其母收取奴畜之,名东明,令牧牛马。东明善射,王恐夺其国也,欲杀之。东明走,南至掩㴲水,以弓击水,鱼鳖浮为桥。东明得渡,鱼鳖解散,追兵不得渡。因都夫余,故北夷有夫余国焉。"剥离神话包装,从这个故事中我们可以了解夫余建国的基本事实:藁离国王子在内部政治斗争中失势逃走,率领自己的部族南渡掩㴲水,征服了原本在这里建立了濊国的濊人后建立夫余国并统治了这里的濊人。根据历史专家的研究推定,早期夫余国的王城在今吉林市一带,比较一致的看法认为龙潭山即其早期王城所在的鹿山。

《三国志·夫余传》记载:"夫余在长城之北,去玄菟千里。南与高句丽、东与挹娄、西与鲜卑接,北有弱水,方可二千里。户八万。其民土著,有宫室、仓库、牢狱。多山陵、广泽,于东夷之域最为平敞。"据此记述,按当时的千里约合今天的400公里计,夫余国疆域面积非常辽阔。具体而言,南起今辽宁省开原以北,北达小兴安岭以南,东至张广才岭,西抵双辽、白城一线。从这个疆域范围看,今吉林省长春市、吉林市、四平市、辽源市、松原市、白城市等大致都包含在内,所据松辽平原之北部确实"最为平敞"。拥有八万民户,"土地宜五谷","其人粗大,性强勇谨厚,不寇钞",……可见当时的夫余国具备了非常优越的创造财富的条件。疆域辽阔,土地适宜种植粮食,人口众多,国人身体强壮,民风朴实,尤其难能可贵的是"不寇钞",不以掠夺异族财物为务,踏踏实实进行生产劳动。从史料记载可以了解,夫余国畜牧业比较发达,东明王子即"牧牛马"出身,而《三国志·夫余传》载"其国善养牲,出名马、赤玉、貂狖、美珠"。根据榆树老河深墓葬男女墓中均随葬镰、锸、镬等农耕生产工具,男子墓中多随葬兵器和车马器,但是在遗址和墓葬中均未发现农作物等情况综合分析,这个时期夫余人的社会生活中,农耕生产已经成为重要经济形式,占据主导地位的还是畜牧业。毫无疑问,随着中原农耕技术的广泛传播,社会财富积累的增加,夫余人必然逐渐过渡到以农耕文明为主导的社会状态。因此,建立定居村落,建筑坚固城郭,开辟交通路线,成为必然的选择。想来,在夫余国处于鼎盛时期,至少在"最为平敞"的平原地带,应该有一番聚居邑落相望、大小城池错落、道路行人络绎不绝的繁华景象。遗憾的是,夫余人"作城栅皆员,有似牢狱",多用木栅为城,平原地带鲜少留下夫余城址,考古发现多为山城。所以,我们很难根据考古资料来还原夫余国城市分布情况,当然也就很难勾勒其内部交通往来线路。

根据碎片化的历史资料,结合考古发现综合分析,我们还是能够在一定程度上了解夫余国内部交通往来的大概情况。据《三国志·夫余传》记载:"国有君主,皆以六畜名官,有马加、牛加、猪加、狗加、大使、大使者、使者。邑落有豪民,名下户皆为奴仆。诸加别主四出道,大者主数千家,小者数百家。"关于"四出道",学者有不同的理解,徐中舒对此曾做具体论述"国有君主",国即城邦国家;"诸加别主四出道"之"四出道",即由城邦控制四方的交通要道。"国"与"四出道",就是奴隶制国家政权所借以实现的具体条件。他还举例说:殷王国"邦畿千里",邦畿之间有许多交通要道,也是确定无疑的。由此,我们可以推断,夫余国王城与周边比较大的城池之间,应该有"四出道"相联系。学者根据夫余国早期王城与各地城寨方位,推断出当时的六条主要交通线路:一是今吉林市经长春市双阳区、辽源市通往辽宁省西丰县的辽西路;二是今吉林市经永吉、磐石、辉南、柳河通往通化的高句丽路;三是今吉林市经永吉、磐石、辉南、梅河口通往辽东的辽东路;四是今吉林市通往蛟河的沃沮路;五是今吉林市经舒兰、榆树、黑龙江省哈尔滨市阿城区通往黑龙江省宾县的挹娄路;六是今吉林市经长春市九台区、德惠、农安、松原通往嫩江的鲜卑路。从"行道昼夜无老幼皆歌,通日声不绝"的记载看,夫余人邑落内部交通是很热闹的,不论昼夜都有人在路上,而且路上有老有少,当然也有男有女,最难得的是大家习惯于边唱歌边走路。"通日声不绝"说明,一方面行道人都在唱歌,使得歌声不绝;另一方面道路上行人络绎不绝,才使得歌声不绝。至于出行方式,除了步行以外,应该也有骑马和乘车出行的。之所以做出这个推断,一是因为夫余国"出名马"。马匹在古代是衡量"综合国力"的重要指标,除构成战斗力以外,还是极其重要的交通载体。"出名马"的夫余国,不可能不在交通中充分发挥自己的优势。二是因为夫余国"于东夷之域最为平敞"。有了出产名马的良好背景,又有着"最为平敞"的优越地利,造物主为夫余人在交通中广泛使用车马提供了良好的客观条件。三是出土文物中出现车马器。孙乃民主编《吉林通史》认为:"相当于东汉初年的榆树老河深中层遗址,是夫余鼎盛时代的文化遗存。"考古学者将老河深中层九座墓葬出土的全部随葬品按用途分为六类,其中有一类为车马器,多出现于男性墓葬中。这些出土的车马器中,铁质的主要有铁衔、当卢、节约等。根据以上三个方面的情况,车马一定会在夫余人的道路交通中占据一定地位,至于应用程度是否广泛,则不好妄加猜测。

夫余国作为地方民族政权,一直与中央王朝保持着密切联系,比较忠实地履行着藩属国的义务。西汉时期,夫余国就接受了汉朝册封,作为中原王朝藩属,归玄菟郡管辖。王莽篡汉以后实行歧视性民族政策,导致交往一度中断。但东汉光武帝建武二十五年(49),"夫余王遣使奉贡,光武厚答报之,于是使命岁通",双方关系得到了改善。此后,50多年时间里,夫余国一直与汉朝保持着良好的藩属关系。后来随着东汉王朝日渐式微,控制能力减弱,夫余国对东汉边地也进行过几次小规模劫掠,但大体上还是保持着臣服朝贡的关系。永宁元年(120),夫余王派遣嗣子尉仇台诣阙贡献,汉朝皇帝赐尉仇台印绶金彩。特别是顺帝永和元年(136),夫余王亲赴京师来朝,汉顺帝"作黄门鼓吹、角抵戏以遣之"。此后,汉魏时贡使往来仍然比较密切,西晋时在东北设有护东夷校尉。西晋太康六年(285),慕容廆发兵攻打夫余,晋平州护东夷校尉鲜于婴未发兵相救,夫余王城被攻破,"夫余王依虑自杀""子弟走保沃沮"。慕容廆对夫余国进行了扫荡式掳掠,掠"万余人而归",将这些人卖与中原地区做奴隶。晋武帝司马炎下诏曰:"夫余王世守忠孝,为恶虏所灭,甚愍念之。若其遗类足以复国,当为之方计,使得存立。"晋武帝对鲜于婴进行了问责,免去其护东夷校尉职务,以何龛接任。何龛上任后,与躲到今延边州珲春一带的夫余王子依罗取得联系。何龛派督护贾沈护送依罗返回故土,与半路拦击的慕容廆进行了一场大战,慕容廆大败溃退。在何龛的帮助下,依罗收拾旧部,在废墟上实现复国。东晋永和二年(346),夫余国被迫将王城迁徙到今农安一带,纳入前燕统治之下,直到最后灭国。

既然夫余国与中原王朝保持着比较密切的朝贡关系,贡使往来不断,甚至夫余王亲自赴京师朝贡,那么一定有一条畅通的朝贡路线。关于这条朝贡路线,《中国东北与东北亚古代交通史》有考证结论,认为汉魏时期东北古代交通北行干线,以出玄菟郡通达夫余和肃慎故地路线最为重要。从古代陆路交通多沿河谷穿行的惯例出发,这条北行交通干线当由玄菟郡郡治所在地,今辽宁省辽阳市向东北进发,经过汉代"高显县"(今辽宁省沈阳市魏家楼子汉城),沿浑河向东北陆行,至浑河南岸当时的玄菟郡境(今抚顺市),溯浑河上行跨分水岭,进入今吉林省柳河、辉发河谷道,然后沿着松花江上游西岸诸支流谷道,径直北行至今吉林市东郊,松花江右岸之东团山、龙潭山一带。这样,就到达了当时夫余国王城。显然,这条交通路线与前文提到的辽东路高度重合。这条北行干线并没有到此为止,而是过夫余后继续北行,过牡丹岭,进入牡丹江流域和黑龙江以南"三江平原"的古肃慎之道。这一条北行交通干线对中原王朝而言,具有极其重大的政治意义,就像是人体的一条大动脉,源源不断流淌着安边绥靖的政治营养。夫余国国王、王子、使者到中原王朝朝贡,中原王朝对夫余国的册封和赏赐,都要通过这条交通干线来实现。史载,历代夫余王死后用玉匣做葬具,汉王朝"预以玉匣付玄菟郡,王死则迎取焉"。那玉匣也必是通过这条道路,从玄菟郡迎取到夫余王城。玉匣不仅仅是一副葬具,更是藩属国和中原王朝之间政治关系的表达,它不仅装殓夫余国王的遗体,同时还是一个庄重的政治象征。从我们的角度看这条道路,更关心的是从玄菟郡到夫余国王城这一路段,这也恰恰是这条路不确定性最大、最为艰难的一段。当年人烟稀少、山高谷深、虎狼横行环境下,行走在这条路上的使者们,面临的困难和风险恐怕是今人难以想象的。如果再加上政治因素,本已危机四伏的路途则会更加难行。在夫余国存国600多年间,这条路通或不通,奔走其上的人是多还是少,根本上还是取决于政治因素。一旦路上再无行人,荒榛野草湮没路径,就如同人体血管堵塞导致身体器官失灵一样,中原王朝也就不能如臂使指般指挥调度藩属国了。从这个意义上说,这条路也是一个政治"晴雨表"。不过,就夫余国与中原王朝的关系而言,大多数情况下,这条路都是畅通无阻的。

应该特殊提及的是,除了上述北行干道外,大致与夫余国同时期内,还存在一条勿吉部族朝贡道。《魏书》"勿吉"条记载:"勿吉国,在高句丽北,旧肃慎国也。邑落各自有长,不相总一。其人劲悍,于东夷最强,言语独异。常轻豆莫娄等国,诸国亦患之。去洛五千里。自和龙北二百余里有善玉山,山北行十三日至祁黎山,又北行七日至如洛瑰水,水广里余,又北行十五日至太鲁水,又东北行十八日到其国。国有大水,阔三里余,名速末水。"这段记载中的一些山、水名称和地名,根据专家考证确切可知的有:和龙为今辽宁省朝阳市,洛瑰水为今大凌河支流,太鲁水为今洮儿河,速末水为今松花江。善玉山、祁黎山虽不能确指,可推知应属努鲁儿虎山。从这些信息可以大致判断出勿吉部族朝贡道的基本走向。《魏书》还记载了北魏孝文帝延兴五年(475)勿吉遣乙力支为使者到北魏都城平城(今山西大同)朝贡的行程,对于这条勿吉部族朝贡道有更为具体的描述。据记载,乙力支"初发其国,乘船沂难河西上,至太鲁河,沉船于水,再南出陆行,渡洛孤水,从契丹西界达和龙"。这里所说的难河为嫩江,洛孤水即前文所说洛瑰水。根据这段记载,结合相关考古资料,《中国东北与东北亚古代交通史》一书中,推定勿吉部族朝贡道的路线为:从今朝阳市北行出大青山关隘,经敖汉旗、奈曼旗(当时的契丹界),然后沿教来河到通辽市,过西拉木伦河,经科尔沁左翼中旗、吉林省通榆县到洮南市附近的洮儿河。然后改由水路乘船沿洮儿河下行，入嫩江至下游汇合处，再入合流松花江东北行，顺流而下，到达当时勿吉部所在地。这条交通线路被继续使用，至少到元朝时还没有被废弃，一般称之为草原交通线路。乙力支这次朝贡的真正目的，可能是请求北魏支持勿吉联合百济进攻高句丽。北魏朝廷没有同意勿吉的想法，还劝告说："三国同是藩附，宜共和顺，勿相侵扰。"不过，勿吉还是乘高句丽进攻百济无暇北顾之机大举南下，攻占"高句丽十落"，并顺手灭掉了"西徙近燕"的夫余国。抛开乙力支朝贡的政治算计不谈，《魏书》关于乙力支具体行程的记述，却是给我们留下了非常宝贵的交通史料，使得我们可以大致推定勿吉部族朝贡道的基本路线，丰富了后人对古代交通状况的了解。

（三）高句丽通行四方

高句丽是吉林地域历史上出现的第二个地方民族政权，而且与夫余国渊源颇深，统治集团同为濊貊族系。高句丽虽然源出夫余国，但存世时间更长，鼎盛时期国力更加强盛，因此创造出了远比夫余国辉煌得多的历史文化。在吉林省历史文化隧道中，高句丽无疑是非常璀璨的一段光影，无论物质文化还是精神文化，都有着足够的震撼力和影响力。吉林省的历史脚步行进到高句丽时期，驻足的时间稍长，在吉林大地上留下的遗址遗迹一类的历史痕迹也相对较多。不过，从交通开拓的角度看，历史遗留下来的文献资料并不多，遗址遗迹则更少。好在根据城址、墓葬、军事设施遗迹等，还是可以进行一些推定，取得一些认识成果。

西汉元帝建昭二年（前37），夫余国王子朱蒙（历史典籍又作邹牟、东明等）为躲避夫余王的迫害，率领一支夫余人自松嫩流域南逃至卒本川，于鹘山之上修筑纥升骨城作为都城，建立了高句丽王国。三年后，东明圣王四年（前34），正式"营作城郭宫室"，这或是鹘山之上的纥升骨城，其沸流水即浑江，鹘山即辽宁桓仁五女山，纥升骨城即五女山城。此时的高句丽王国很小，由玄菟郡代中央王朝管辖。据《三国志·高句丽传》记载："汉时赐鼓吹伎人，常从玄菟郡受朝服衣帻，高句丽令主其名籍。"这是说，当时的高句丽国从玄菟郡领取朝服衣帻，而且名籍归玄菟郡辖下高句丽令管辖。公元前19年，朱蒙即东明圣王去世，其子类利即位，为高句丽王朝的第二代王，史称琉璃明王，又称孺留王。3年，琉璃明王将国都迁往国内城，即今集安市国内城遗址。国内城位于平原之上，原本就有土城，土地开发基础比较好，既便于统治管理，又宜于耕种劳作，并且与作为军事卫星城的丸都山城距离适宜，于王都而言其安全保障也比较牢靠。在以国内城作为王都的400多年间，高句丽获得了长足发展。东晋太元十七年（392），故国壤王第十八世王伊连去世，其子广开土王谈德即位。广开土王登基以后，牢牢抓住历史机遇，南征北战，广开土境，把高句丽的扩张战争推向了一个新高潮。向北，击败契丹三个部落，并征服了数百年来一直压制着自己的夫余国，占领大片夫余领土；向南，彻底征服宿敌百济，击败援助百济、侵扰新罗的倭军，将高句丽疆域推进到汉江流域,迫使百济俯首称臣;向西,经过与后燕政权的反复厮杀,终于占领了辽东,实现了十几代高句丽王延续了300多年的梦想。北魏始光四年(427),长寿王将王都从国内城迁到平壤城,又休养生息约半个世纪,国力达到了巅峰状态。《魏书·高句丽列传》记载,"民户三倍于前魏时,其地东西二千里,南北一千余里",是不折不扣的区域霸主。北魏太和十五年(491),在位79年的长寿王去世,其孙文咨明王即位。此后,高句丽渐入低谷,至唐高宗总章元年(668)被唐朝所灭。结合相关文献记载和考古成果分析,高句丽在吉林省所占据的土地范围,大致为其修建的千里长城以东的今吉林省绝大部分土地。其千里长城的走向,具体而言,大致北起德惠市松花江镇,经农安县境、公主岭市境,越过东辽河进入梨树县境,然后进入辽宁省,至营口市老边区前岗子为南端终点。

从公元前37年至668年,高句丽存国705年,也在其国土上建设了705年。在长期的生产实践和军事斗争中,根据实际需要,高句丽修筑了许多城堡重镇。佟冬主编《中国东北史》记载,至高句丽灭亡时,有城176座,民户69万户,大约平均3920户拥有一座城镇。业已在辽宁省和吉林省发现高句丽古城遗址近百处,充分证明历史资料所言不虚。应该注意的是,在所发现的高句丽古城遗址中,90%以上是易守难攻的山城,而且城墙多为石筑,异常坚固,说明这些城堡多出于军事目的而修筑。既然为军事城堡,那么出于军事需要,城堡之间的交通联络必然畅行无阻。依常理推断,在700多年的漫长历史时期内,高句丽人不可能一直居住在山城之中,山城之间的平原地带断不会任其荒芜。而69万户的民户要生存,也必然不会放弃生产生活条件更加优越的平原沃土。所以,即便平原地带没有人烟辐辏的重镇城郭,也必然会有民户聚居的乡村邑落。如此一来,176座城池,69万民户,遍布高句丽国各地,互相之间必以道路纵横贯通,形成便利的交通网络。

据《吉林通史》介绍,在交通习俗上,高句丽民族惯于以马为代步工具。在集安高句丽城址、墓葬中出土了大量形制相似的马镫,还有铁制马鞍桥、鎏金素面鞍桥、鎏金马镫、鎏金桃形马饰、鎏金镂空桃形饰件、鎏金梅花马饰等精美装饰品。《三国志·高句丽传》记载,高句丽"其马皆小,便登山。国人有气力,习战斗,沃沮、东濊皆属焉"。《魏书·高句丽传》的记载更加具体:"出三尺马,本朱蒙所乘,马种即果下也。"而"果下"之马名,来自《三国志·濊传》:"(濊)出果下马,汉桓时献之。"裴松之注曰:"果下马高三尺,乘之可于果树下行,故谓之果下。"根据这些记述我们可以了解,当时在高句丽比较流行果下马。这与史料关于高句丽"多大山深谷"的地理环境记述相契合,果下马身小灵活,便于在大山深谷之中攀登穿行。当然,高句丽人也有乘船于水上交通的记录。296年,慕容氏军队攻入国内城,掘了西川王的坟墓。国相仓助利发动政变废掉烽上王,拥立流浪民间的烽上王侄子乙弗于晋永康元年(300)即位,是为美川王。有史料记载:"是时国相仓助利将废王,先遣北部祖弗、东部萧友等物色,访乙弗于山野。至沸流河边,见一丈夫在船上。"可见,高句丽前期就已经用船作为渡水工具了。

不过,论及高句丽国的交通,最为吸引研究者注意力的当属"南北二道"。《资治通鉴》卷

97《晋纪》咸康八年（342）条，记载慕容皝率军攻陷丸都城之役时提道："将击高句丽。高句丽有二道，其北道平阔，南道险狭，众欲北道。翰曰：'虏以常情料之，必谓大军从北道，当重北而轻南。王宜帅锐兵从南道击之，出其不意，丸都不足取也。别遣偏师从北道，纵有蹉跌，其腹心已溃，四肢无能为也。'从之。"另外，《晋书》记载："咸康七年，皝迁都龙城。率劲卒四万，入自南陕，以征伐宇文、高句丽，又使翰及子垂为前锋，遣长史王寓等勒众万五千，从北置而进。"这两则史料的记述，引起了众多学者的高度重视，各家关于高句丽南北二道多有论述，对这二道的具体路线其说不一。不过，大家有共识的是：这次慕容皝出兵高句丽，确实存在着两条进军路线，即南北二道，而主要战斗发生在南道。既然这两道都是慕容皝的进军路线，那么南北二道虽然位置或居南、或居北，不论具体路线如何，大方向当都为从当时的龙城即辽阳向国内城进发，只是慕容皝进军时可供选择的有两条道路，而非高句丽国只有两条道路。由于此南北二道过分吸引大家的关注，使得人们产生了高句丽只有"南北二道"的印象。不过，这里所言南北二道对高句丽来说确有特殊重要的意义。因为从龙城通往国内城的道路，实际是高句丽通往辽东，进而通往中原的交通要道，尤其"北道平阔"，很有可能为当时高句丽国与中央政府往来的官方驿道。对于《晋书》所言"入自南陕""从北置而进"等语，金毓黻《东北通史》考证："南道，载记作南陕，陕者狭也，南道险狭，故名南陕。北道，载记作北置，置字从直，应有平直之义，北道平阔，置有驿递，故名北置，此称名不同之释义也。"金毓黻从字面意思做出了这样的解释，至于那时平阔的北道是否真的置有驿递，因未见史料记载，亦未见考古报告，不可妄加评说。不管怎么样，这南北二道无疑是高句丽联系中原的交通孔道，是高句丽与中原政治、经济、文化交流的重要通道，也是中华民族中原母体揽系边疆少数民族的坚韧纽带。

至于此南北二道的具体路线，学者们至今尚有不同观点。概括而言，比较接近历史真实的有两种观点，虽然对南北二道起点是第二玄菟郡还是第三玄菟郡其说不一，但都认可溯苏子河河谷东行，然后再分南北道的观点，而在南北道具体路线上则有不同认识。所谓第二玄菟郡和第三玄菟郡，是指玄菟郡迁移以后的治所。玄菟郡郡治开始设在沃沮（沃沮城），公元前82年一迁至新宾满族自治县境内，一般称"第二玄菟郡"；107年二迁到沈阳西接抚顺处的上伯官古城，一般称"第三玄菟郡"。魏存成教授在《高句丽南北道辨析》一文中，曾经对这两种观点进行了梳理。一种意见是溯苏子河河谷东行，过木奇镇、永陵、新宾满族自治县城，到新宾满族自治县东界旺清门，由此分南北两路。南路，沿富尔江南下，过浑江，再沿新开河东南行，越老岭沿麻线沟到集安。北路，从旺清门沿河流北行转东行到通化县城（今快大茂镇），然后南行过浑江，沿苇沙河、清河河谷南行，越老岭以后，再沿通沟河谷地到集安。另一种意见是溯苏子河河谷东行，过木奇镇，到第二玄菟郡治所，即今新宾满族自治县永陵镇二道河子古城，由此再分南北两道。北道即上述意见的南路。南道从二道河子古城南下，中经榆树镇、岔路子等村镇进入桓仁满族自治县，再顺六道河谷到桓仁县城，然后东南渡浑江，过二棚甸子南行到沙尖子、五里甸子等村镇，向东进入集安境内，再过凉水、榆林等村镇到达集安。如果在今天的地图上把上述两种意见主张的三条路线标注出来,我们会发现,前一种意见主张的北道在集安市境内大部分路段与G303公路重合,后一种意见主张的南道在集安市境内大部分路段与G331公路重合。而恰恰是两种意见都主张的这条路线,居于这两条路线中间,为前一种意见的南道、后一种意见的北道。这条路线,先走苏子河河谷,再向东走富尔江河谷、新开河河谷,然后进入麻线河河谷,基本是穿行在河道峡谷之中。魏存成认为,"陕"字还有"峡谷"之义,与金毓黻将"北置"解释为北侧的驿站、站头相对应,将"南陕"解释为从南侧山峡河谷通过的道路,也未尝不可。从字面意思上看,金毓黻和魏存成的解释很有道理;从考古资料上看,如此确定南北二道具体路线也有着充分的实证资料支持。所以,我们不妨暂且依从此说。

王绵厚自20世纪80年代中期开始多次调查过南北二道,30多年间先后5次亲赴部分路段进行了实地踏查,因此在《中国东北与东北亚古代交通史》一书中,结合考古实证资料进行了很多论证。南道路线,从二道河子古城出发,在苏子河南岸东行,过新宾满族自治县旺清门东"白旗堡汉城"遗址,此城应为《三国志》所记载的玄菟郡东界的"帻沟娄城"。由白旗堡古城经旺清门孤脚山墩台后,顺富尔江河谷南下,直达当年富尔江上"梁口"之地,即今富尔江汇入浑江汇流点附近的江口村一带。从江口村渡过浑江,到达集安市财源镇霸王朝高句丽山城遗址。此城居新开河口右岸,是这条道路上的咽喉锁钥,也是这条路线通往国内城的第一道重要关口。由霸王朝山城沿新开河谷地南行10公里到达财源镇,又东南行10公里到花甸镇,继续沿新开河山谷地东行到台上镇,再由台上镇南行到荒崴子,此地有高句丽"望波岭关隘",距集安市50多公里,是这条路线通往国内城的第二道关口。这一关隘在新开河峡谷中,是通往集安各条道路险要处设置关隘中,现存最大、最险要的一处关隘。从望波岭关隘沿新开河上源(双岔河)山谷地南行到达天沟门,再沿双岔河到双岔村,由双岔村沿双岔山谷地东南行过老岭,再沿麻线河上游东行到小板岔。毌丘俭丸都山纪功石刻,就是光绪三十二年(1906)筑路时,在小板岔西北天沟山坡上发现的。由小板岔沿麻线沟东行约2公里到石庙子,再东南行约1公里到二道阳岔,从这里沿山谷地东北行,越过山岭即到丸都山城。当年毌丘俭"束马悬车"攻破丸都山城的登山位置,应该就在石庙子附近。

在经过旺清门之前,北道路线与南道相同。过旺清门孤脚山以后,北道沿着苏子河谷地东北行,到通化县三棵榆树镇,该镇石庙沟南有土城。又东行到英额布镇,镇北小倒木沟附近有高句丽山城。再沿河谷东行抵达通化县赤柏松古城遗址。此城西距第二玄菟郡60公里,东距国内城50余公里,周长约1公里,建在山坡上,为高句丽北道上的重镇,从其位置看应为上殷台县城址。过赤柏松古城南下,经过存有高句丽古墓群的大都岭,然后过同样存有高句丽古墓群、原名高句丽墓子的繁荣,就到达了浑江边上的江沿村。从江沿村渡过浑江,进入集安市境内。然后沿着苇沙河南下,所经过的头道、清河、大川等地,都有高句丽墓群。在清河镇东南2公里左右大川村后山,建有大川哨卡。这是北道进入国内城方向的第一道关口,为一周长153米的小城堡。过大川哨卡东南行至集安市清河镇上围子村,村南清河左岸通集公路两侧,现存三道石筑城墙,俗称"关马墙"。此处距丸都山城百里左右,城墙修筑在高山深谷通道两侧,确有"一夫当关,万夫莫及"之气势,为北道防御进犯之敌的第二道关口。由关马墙沿清河河谷南下,过老岭后,再沿通沟河谷地南行,即可到达集安。这条路线虽然也多是沿着河谷山地而行,与前述南道比较而言相对易行,与文献中所言"北道平阔"比较契合,当为高句丽古道。从前面的叙述可知,不论南道还是北道,沿途都有汉代和高句丽的古城、墩台、古墓群,大体能够反映当年城站相连的概貌,而且都设有两道明显的城堡关卡,基本可以肯定当为南北二道路线正解。

正如前文曾经提到过,高句丽南北二道为学者高度关注,但高句丽绝非只有南北二道。高句丽出自濊貊族系,除与华夏族系关系密切外,与同为世居东北的肃慎族系、东胡族系等各民族,在长期的生产、生活中,建立了广泛的联系,互相之间也必然开辟了来往通道。毫无疑问,高句丽人与同为濊貊族系的夫余人联系最为密切。根据好太王碑碑文中关于邹牟王"……命驾巡幸南下,路由夫余奄利大水"的记述推测,当最初都城在纥升骨城的时候,其与夫余国都城之间一定会有联络通道。大体路线应该是出纥升骨城,溯浑江而上,再顺辉发河谷地或头道江河谷进入松花江谷地,然后到达今吉林市一带。这条路线,大致与夫余国朝贡路线中的相应路段相重合。而当国都迁往国内城以后,则从国内城沿前述北道路线行进至浑江,再与原来的交通路线相衔接。此外,从北道溯浑江而上,经过今通化市鸭园二道沟关隘,靖宇县榆树川山城,进入当年的肃慎南界。今延边地区安图、和龙、敦化、珲春等地存有一些高句丽山城遗址,说明高句丽势力已经到达这里,必然会与国内城之间建立联络交通孔道。再者,出国内城,经关马山城过岭,也可以经过通化县石湖关隘,向东过临江市桦皮甸子古城、东马鹿馀子古城,进入沃沮之地。当都城迁往平壤城以后,其交通网络的拓展更为广阔。高句丽可能也有比较发达的水路交通。今国内城南边鸭绿江岸还保存着一段以石材砌筑的江堤残迹,在鸭绿江右岸凉水河子和外岔沟还有两处江防关隘,反映高句丽时期至少在鸭绿江上有水路通道。

(四)渤海国六路通道

继夫余和高句丽之后,在吉林这片土地上崛起了第三个地方民族政权,这就是在历史上被誉为"海东盛国"的渤海国。渤海国政权建立以后,不但与中原建立了密切的政治、经济、文化联系,还与周边其他地区和国家开展了多层次的交流活动,因此,交通覆盖范围空前广大,交通路网比较发达。根据历史文献记载,渤海国对外交通有六条道路,其中两条通往中原,两条通往周边民族,一条通往朝鲜半岛,一条通往日本。从698年立国,到926年灭于辽,渤海政权历15位王,存世228年,一度以"海东盛国"之姿雄张东北亚,其鼎盛之时国力确实非常雄厚,不但取得了富足繁荣的经济成就,还创造了辉煌灿烂的历史文化,在吉林地方史册上写下了浓墨重彩的亮丽华章。从古代交通角度考察,渤海国时期也是吉林省历史上的高光时刻。

　　唐朝万岁通天元年(696),当时统治东北地区的政治中心营州发生了以契丹贵族李尽忠、孙万荣为首的反唐起义。当时,高句丽灭亡以后被强迁到此居住的靺鞨人和高句丽遗民,在乞乞仲象和乞四比羽的率领下出走东奔。圣历元年(698),乞乞仲象之子大祚荣率领族人以及高句丽遗民回到了长白山故地,在长白山东北坡奥娄河(牡丹江)上游落脚,"恃荒远,乃建国,自号震国王"。在东牟山(今敦化市城山子)"筑城以居之",后来又在今永胜遗址(在牡丹江东岸,距城山子山城5公里)建平原城。开元元年(713),接受唐朝册封,正式定国名为"渤海"。大祚荣于开元七年(719)去世,为渤海国发展奠定了坚实基础,形成了"地方两千里,编户十余万"的规模。大祚荣去世后,其嫡长子大武艺继位。唐玄宗册封大武艺袭父爵,为"左骁卫大将军、渤海郡王、忽汗州都督"。大武艺继续进行武力扩张,"斥大土宇",渤海南境已达原高句丽境内的泥河。开元二十五年(737),大武艺去世,其子大钦茂继位。大钦茂事唐恭谨,积极学习唐朝政治文化,把渤海国引向全新发展轨道,欣欣向荣的"海东盛国"初露端倪。大钦茂之后,渤海国经历了一段动荡时期。第六位王大嵩璘为大钦茂之孙,稳定了渤海国政局,把渤海国带回到发展正途。第十位王大仁秀,818年继位,是位中兴之君,引领渤海国进入"海东盛国"时期;至第十三位王大玄锡,渤海国强盛国势持续70余年。此时,渤海国的疆域南以大同江和龙兴江与新罗为界,北抵三江平原一带,东临海,西至今吉林省与内蒙古自治区交界的白城、大安附近,与契丹相接,"遂为海东盛国"。从第十四位王大玮瑎开始,渤海国走向衰落。926年正月,契丹攻陷上京城,第十五位王大諲譔率群臣出城投降,渤海国退出历史舞台。

　　渤海国有一条通往中原的陆路交通要道,一般称为长岭—营州道,也简称营州道。这条道路,最初是从渤海国旧国,亦即今敦化渤海国旧址出发,到达营州以后,再沿着营州到长安的路线抵达唐朝皇都。渤海国国都搬迁以后,去中原的行走路线也都是先从当时国都所在地抵达旧国,再从旧国沿着原来的路线行进。如果以渤海国上京龙泉府(今黑龙江省宁安市渤海镇)为出发地,具体路线是沿牡丹江河谷到达旧国,由旧国西行,经长岭府到达渤海国西境。出渤海国后,沿辉发河、浑河河谷西南行,经新城(今辽宁省抚顺市高尔山山城)、盖牟(今辽宁省沈阳市陈相屯塔山山城)至安东都护府(今辽宁省辽阳市),然后西渡辽河,继续西行至营州。这条路线经过的重要交通节点,除上京龙泉府、渤海旧国、营州以外,长岭府可谓名副其实的重镇,从长岭—营州道的命名中,也可见一斑。长岭府是渤海国设置的"五京十五府"中的重要一府,经考古界多年研究考证,确定今桦甸市苏密城为渤海长岭府府治。该城控扼松花江水路和陆路交通之要冲,地势险要,城垣建筑规整,有内、外两城和重壕,全城平面呈"回"字形。此外,据魏存成考证,渤海旧国至上京龙泉府路段遗迹密集,不仅有江东、官地、海青房、腰甸子、房身沟、湾沟六处二十四块石建筑遗址,还有横道河子、孙船口、通沟岭、石湖、黑石、南台子、大甸子、腰甸子等处的古城址或古城堡。这些建筑址、古城址、古城堡处于营州道上,已经在学界获得共识。营州道在"安史之乱"以前,是渤海国通往中原主要交通要道之一,在渤海国建国初期曾发挥过重要作用。当初粟末靺鞨首

渤海国的五京十五府六十二州中，有三京二府一州在今吉林省境内。此外，营州道、朝贡道、日本道和契丹道也经过吉林地区

领乞乞仲象和乞四比羽率其部众就是沿着这条交通路线东奔靺鞨故地，尔后大祚荣在东牟山筑城而居，建立了渤海国。渤海国利用这条交通路线与唐朝中央政府及其作为地方机构的营州都督府保持着政治、经济、文化等方面的密切往来。"安史之乱"以后，这条道路多次被阻断，往来使臣被迫转走鸭渌—朝贡道，营州道遂萧条冷清下来。

据《吉林通史》记载，鸭渌—朝贡道在渤海国境内分陆路和水路两个部分。陆路部分，自上京龙泉府溯牡丹江河谷至旧国都城，或者沿海兰江西行到中京显德府（今延边朝鲜族自治州和龙市西古城），然后经丰州（今抚松县新安古城）抵西京鸭渌府神州（今临江市）。水路部分，则由神州乘船顺鸭绿江南下，经今集安市到泊汋口（今辽宁省丹东市蒲石河口），然后从鸭绿江入海口入黄海，抵达登州（今山东省蓬莱市）登岸后再陆路西行，经青州（今山东省青州市）、齐州（今山东省济南市）、洛阳，最终到达长安。这条路线从鸭渌府神州至龙泉府路段，据魏存成考证，先后有所不同。开始是去旧国都城，之后长时间是路过和龙中京西古城。经调查，除开始有一段有所区别外，其余大部分路段是相同的。具体走向，从临江沿二道沟河谷，经永安遗址、大营遗址、汤河口遗址，过头道松花江到达新安古城。从新安

古城继续前行,有两种意见。一种意见主张向东经今泉阳、露水河,到安图县二道白河镇西北6公里的宝马城,宝马城应为渤海中京所辖之兴州城。从宝马城东北行到松江镇,然后西北行,经永庆乡到柳树屯,过古洞河沿富尔河西北行到大蒲柴河镇,再北行沿牡丹江到达敦化。另一种意见主张,由新安古城北上,经抚松县抽水乡沿二道松花江东北行,从抚松县沿江乡的白水滩进入敦化。这是经旧国都城的路线。经和龙中京西古城的路线,仍是顺海兰江向东北行至龙井市,再东北经过延吉市进入嘎呀河下游地区,然后溯嘎呀河西北行。至嘎呀河上游北行越过哈儿巴岭进入今黑龙江省宁安市境,沿上马河北行到达上京。这条道路是渤海国和中原政权交往的最主要道路,渤海国派往唐朝的使臣频繁往来于这条交通路线,唐朝派往渤海国的官员也大多选择这条路线。开元元年(713)唐鸿胪卿崔忻册封大祚荣时走的就是这条道路,在返回长安途中,在旅顺留下了著名的鸿胪井题记刻石。唐蓟州刺史兼御史大夫张建章奉命出使渤海,走的也是这条道路。张建章833年秋出使,835年返回,据所见所闻著《渤海记》。《新唐书·渤海传》记述内容比《旧唐书·渤海靺鞨传》丰富,就是因为吸纳了《渤海记》的一些记述,可惜《渤海记》后来失传。

渤海国通往周边民族的两条道路,分别是契丹道和黑水靺鞨道。契丹道,根据历史文献记载,应该是从上京龙泉府经渤海扶余府,到达契丹故地的道路。渤海扶余府,学术界多认为在农安县,但是至今农安还没有发现确切的渤海遗存。而吉林市为夫余国前期王城所在地,还是高句丽扶余城所在地,因此从上京到扶余府的交通路线,现在也只考察到吉林市。具体路线为,从上京溯牡丹江至其支流珠尔多河,然后拐向西北,过张广才岭,进入蛟河、拉法河流域,继续向西,过老爷岭,顺牤牛河到达吉林市。这一路段除牡丹江流域的渤海遗迹外,在牤牛河上游的蛟河市七道河村和尚仪村分别发现了渤海建筑遗址和唐海兽葡萄纹铜镜,蛟河上游的前进古城有学者认为可能始建于渤海。从吉林市再溯松花江而上至桦甸市苏密城,然后经柳河、东丰后,进入开原、西丰境,再西过辽河新民北,经彰武、阜新塔营子西行,经今医巫闾山北麓的“牵马岭”至朝阳,沿大凌河西北上,出大青山关隘,最后沿乌尔吉木伦河到达“永州”或巴林左旗辽“祖州”契丹故地。黑水靺鞨道是渤海国和黑水靺鞨之间往来的唯一通道。这条路线,先是有水路和陆路两途,过定理府(今黑龙江省依兰县境内)归于一途。水路自上京龙泉府向北,沿忽汗河顺流而下到达定理府;陆路从上京龙泉府出发,沿牡丹江河谷北行,经今黑龙江省牡丹江市、海林市、林口县、勃利县到达定理府。然后沿松花江、黑龙江顺流而下,最终到达黑水靺鞨腹地勃利州(即伯力,今俄罗斯哈巴罗夫斯克)。在渤海国初期,黑水靺鞨尚独立存在并单独入唐朝贡,到了渤海宣王大仁秀时期被渤海役属,这条交通线也就成为渤海国北部的内部往来通道了。

渤海国有一条通往日本的道路,称为日本道。通过日本道,渤海国和日本之间保持着十分密切的交往关系。据统计,自727至919年,渤海国派遣使者出访日本34次,自728至811年,日本使者回访渤海国13次,现存于日本史籍中的双方国书约有40篇。由于渤海国几次迁都,日本道陆路路段前后走向有所变化。前期的始发地点是旧国都城,其走向过去认为自敦化向东翻越哈尔巴岭,沿布尔哈通河进入延吉市,再由延吉市向东经过磨磐山城、和龙古城,进入珲春境内到达八连城,然后再由八连城到达日本道港口。后来有研究者主张,自敦化向东溯沙河支流而上,穿过哈尔巴岭和牡丹岭衔接处山口,顺安图境内福兴河支流而下,抵明月镇福兴乡西侧岛兴渤海遗址,然后折向东南的福兴河支流,逆流而上抵达福寿屯渤海遗址,然后翻越英额岭,顺长仁江下行进入海兰江段,再顺海兰江下行到与布尔哈通河汇流处的和龙古城,之后的路线与前一种主张相同。而且,渤海以中京和龙西古城为都时,使者出访日本,走的也是这一段路线。迁都上京以后自西北方顺嘎呀河而来,交通路线也会合了。自布尔哈通河下游沿图们江北侧东行,经图们市凉水镇、珲春市密江乡、甩弯子,到达温特赫部城,然后再走10里到八连城。再经板石镇太阳村石头河子渤海古城,翻越长岭子山口,进入今俄罗斯境,到达日本道出海口,即波谢特湾克拉斯基诺古城。这座古城,原为渤海国东京龙原府盐州州治所在。从盐州入海,有两条航线通往日本:一是自波谢特湾出发,向东南横渡日本海,到达日本本州岛的西海岸,此为北线;二是自波谢特湾出发,沿朝鲜半岛东海岸南下,到达日本的筑紫(今北九州),此为筑紫线。此外,渤海国还有一条通往朝鲜半岛的道路,称为新罗道。渤海与新罗,以泥河(今朝鲜咸镜南道南端龙兴江)为界。新罗道从渤海上京到东京,然后沿着朝鲜半岛东海岸南行,通往半岛东南部的新罗。其上京至东京路段,与日本道相同,不加详述。

以上所述6条交通路线,虽然黑水靺鞨道后来成为内部交通路线,但主要说的还是渤海国对外交通情况。作为海东盛国,渤海国国力很强,土地开发建设比较好,内部交通必然也很发达。渤海国共设置五京十五府六十二州,十五府中在今吉林省境内的是:中京显德府、东京龙原府、西京鸭渌府、长岭府和扶余府。中京显德府辖卢州、显州、铁州、汤州、荣州、兴州六州;东京龙原府辖庆州、穆州、贺州三州;西京鸭渌府辖神州、桓州、丰州、正州四州;长岭府辖瑕州、河州2州;扶余府辖扶州、仙州二州。此外还有涑州、铜州二个独奏州。如此,吉林省境内共有三京五府十九州。而十九州所管辖的县,现已知名的有59个。而通过考古发现吉林省境内渤海国古城、遗址已达175处。尽管现在还不能将这175处遗址、遗迹在渤海国时的名称、归属和具体情况说清楚,但是渤海国时期吉林省境内城镇发展的繁荣程度却可见一斑。在如此繁荣的背景下,可以推定其内部交通必然四通八达。结合史料和考古研究成果来看,当年渤海国不但有比较发达的交通路线,还在重要交通路线上设置了驿站。《三国史记·地理志》记载:“贾耽古今郡国志云,渤海国南海、鸭渌、扶余、栅城四府,并是高句丽旧地也。自新罗泉井郡至栅城府,凡三十九驿。”说明渤海国至少在某些交通路线上,设置了驿站。自20世纪50年代以来,考古工作者先后发现了十二处渤海时期二十四块石建筑遗址。其分布于由渤海旧国北经上京龙泉府和南京南海府的交通路线上,且均为三行排列每行八块础石的相同规制,基于此,学者看法现今趋向一致,认为与交通有关,属于驿站性质的建筑。据魏存成考证,二十四块石石块之上原来应铺有一层厚木板,作为建筑的活动面,二十四块石为活动面木板的基础石。承托房顶的木柱竖立在四角和所需周围几块石块上,或者竖立在石块之上的木板上,构筑成为高柱础式建筑。在当时的历史背景之下,交通驿站一类的建筑规制统一,应该不是很难理解的事情。据此,我们似乎可以推定,渤海时期的吉林土地上,就已经出现了驿站一类的机构。就出行方式而言,主要的代步工具应为车、马、船等。马和车是渤海人在陆路出行使用的主要交通工具,在永吉、白山、安图、敦化、图们等地的渤海城址、遗址、墓葬中,均出土过马衔、马镳、铁车穿等车马件,说明渤海国时期人们使用车马已经比较普遍。渤海前往中原或出使日本时,都有水路交通路线,使用船只是必然的选择。另外,从渤海国大部分地区"土气极寒"的史料记述来推断,使用雪上和冰上的雪爬犁、滑雪板一类的交通工具,也有着极大的可能性。

二、辽金元时的驿路印象

岁月年轮不羁,时光脚步匆促。从时间维度考察一个地理区域的人间变迁,我们会更加深刻理解"江山代有才人出"这句诗的深刻内涵。从更为宏大的时空背景来俯视人类历史,空间维度的地理区域实际就是一个人舞台,而时间维度历史分期则是大舞台"分镜头"的出场依据,一代一代生活在这个地理区域的人们,正是我们如今看到的一幕幕历史大剧的真正主角。青山依旧在,几度夕阳红。那些出没在青山绿水间的人们,在一代一代不断交替着。当历史车轮行进到公元十世纪的时候,今吉林省地域的历史又翻开了新的篇章。过去的夫余国、高句丽国、渤海国,都是这里的世居民族建立的地方民族政权,虽然都是中原王朝的藩属,毕竟与中央政权直接设置管辖的地方行政机构有所区别。而自辽代以后,这片土地则开始被历代皇权覆盖于此的王朝直接纳入版图,统一设置地方机构,直接行使行政管辖权。其交通建设、驿路开发、行驿制度,都被纳入统一的行政管辖制度之内。从此,中古时代包括今吉林省在内的中国北方历史上,出现了辽、金、元三个少数民族居统治地位的封建王朝。

(一)辽朝的交通要道

以契丹族为主体建立的辽朝是中国历史发展进程中的重要朝代之一,契丹是一个勤劳勇敢,有着悠久历史,对祖国历史和文化发展做出过重大贡献的民族。辽朝建立以后,在囊括今中国东北全部、南至今河北省白沟拒马河和山西大同,东及濒海,西至蒙古草原的广袤疆域,普遍建置府、州、县和投下军州,不但在北方建置历史和交通地理上拥有了特别重要的地位,还奠定了其后千年中国东北和东北亚地区建置与交通地理的基础。辽朝时期,吉林省地域大部分归属东京道管辖,部分归属上京道管辖,还有部分女真人活动区域实行特殊的管辖制度。经过先民的接力建设,随着生产力水平的提高,到辽代吉林省的交通面貌已经大为改观,尽管我们还没有掌握具体翔实的历史资料来证明这一点,但是从辽代建立固定的干线驿路、实行统一的驿传制度等情况,可以推知其交通发展已经达到的高度。当然,今吉林省地域在辽朝疆域版图之中也属于边地,开发建设程度必然要比其中心腹地差一些,交通发达程度当然也要打上一些折扣。综合历史文献资料分析,辽代交通路线网络中比较重要的路线,当有两条经过今吉林省境。

契丹族属于东胡族系,源出鲜卑,为东部鲜卑宇文别部的一支。至于族名"契丹"之含义,一般有两个方面的解释:一是以所居的地名或地理环境为根据加以释义,谓契丹具有"草原、沙漠或森林相关的意义""辽河地区水草丰美之地""奚东的意思"等;二是以语言学为根据,通过引用蒙古语、突厥语、通古斯语等语音做比较研究,或通过对已经发现的契丹文字进行解读,通过音韵上的变化来分析词义,释为"镔铁""刀剑""切断""奇首之领地""部酋名",或释义为"大中国""东方太阳神"等。比较通行的说法为"镔铁"之义。《中国东北史》认为,初起时,契丹应为部酋之名,而因以为部落之号。建立王朝国家以后,契丹势大并且出现了本民族文字,而统治者为了维护契丹人的长远利益,便赋予"契丹"一词以新的文化内涵,而释其名为"镔铁",以隐喻坚不可摧。契丹在历史文献中自388年开始有明确记载,到907年耶律阿保机建国,前后经过500多年时间。耶律阿保机建国以后,采取一系列措施充实完善国家机构,巩固新兴的奴隶制政权。辽天赞四年(925)十二月,辽太祖耶律阿保机御驾亲征,兴兵向渤海国发动全面进攻。随后耶律阿保机率军沿经渤海扶余府可达上京龙泉府的契丹道向渤海国进发,于二十九日夜包围了渤海国边防重镇扶余府。经过数日激战,于辽天显元年(926)正月初三日攻克扶余府,旋即挥师东进,于正月初九日夜包围了上京龙泉府。正月十二日,渤海国王大谭课出城投降,渤海国被辽国占领。灭掉渤海国以后,耶律阿保机宣布改渤海国为东丹,以长子耶律倍为东丹王,对原渤海国地域实行特殊统治。在这样的制度安排之下,今吉林省境原渤海国京府州县的设置基本未变。然而,耶律阿保机死后,耶律倍在皇位争夺中失败,耶律德光上位继任辽国皇帝,于天显四年(929)对东丹国实施南迁。东丹国南迁之后,原渤海国在今吉林省境内的行政机构被彻底打乱,绝大多数府名和县名被废除,多数州也被强行迁徙到辽东和辽南一带。此后,吉林省的大部分地域归属东京道管辖,西部地域归属上京道管辖。

辽朝境内设立五京:上京临潢府、中京大定府、东京辽阳府、南京析津府、西京大同府。五京之间有驿路连通并设有驿馆,比如,上京临潢府同文驿负责接待各国信使,而临潢驿则专门接待西夏使者;中京大定府设置大同驿专门接待宋朝使者,朝天馆接待新罗使者,来宾馆接待西夏使者。根据宋人使辽行程记录,辽朝境内主要驿路干道上均有供行旅驻行的馆、顿一类驿站之设。馆者设于部落或州、县关要处,多有城寨一类建筑以居行旅;而顿者,为行旅的中食或停歇处,多为临时的"毡帐"。比较固定的几条干线驿路有中京至上京驿路、南京至中京驿路、雄州(今雄安新区)至南京驿路等。这几条干线驿路串联起来,即雄州—南京—中京—上京路线,实际是辽宋交聘往来的路线。大概的路线为自雄州白沟驿(宋辽边界)渡河经新城县(今河北省高碑店市)、涿州、良乡(今北京市房山区),渡卢沟河至幽州。幽州号称燕京子城,亦即到达燕京(南京)。继续北行则出燕京北门,经顺州、檀州、金沟馆、古北口、新馆、卧如来馆、滦州、柳河馆、打造部落馆、牛山馆、鹿儿峡馆、路口村、铁浆馆、富峪馆、通天馆，至中京大定府。由中京再北行，经林都馆、缸窑馆、松山馆、高州、广宁馆、丰州、会星馆、咸熙馆、黑水馆、庆州（奉陵州）、保和馆，至上京临潢府。这条路线因为是连通辽朝内部南京、中京、上京的交通干线，其政治意义和经济意义不言而喻。另外还有一条东京至中京的交通路线，实为辽朝联系东北南部的东西向交通干道。这条路线的走向分南、北两路：南路由东京辽阳府西南行，经鹤柱馆、辽水馆、闾山馆到中京。北路由东京西行至独山馆，过独山馆历经乾州、辽西州、宜州、牛心馆、霸州、建安馆、富水馆、会安馆，至中京。这条路线曾经是隋、唐东征高句丽时的陆路中道，其军事意义远大于经济交通意义。以上所述各条路线，均为设置了驿馆的驿路，虽然和吉林省关系不大，但是能够反映辽朝交通发展状况，对分析判定辽朝时期吉林省的交通状况，具有重要的借鉴参考意义，所以专门进行简要介绍。

目前我们确知辽朝经过今吉林省境的重要交通路线有两条，第一条当为辽帝春捺钵时来吉林西部的交通路线。捺钵是契丹语，意为行在。据《辽史·营卫志》记载："辽国尽有大漠，浸包长城之境，因宜为治，秋冬违寒，春夏避暑，随水草，就畋渔，岁以为常。四时各有行在之所，谓之捺钵。"辽帝四时迁徙，进行"春水""夏凉""秋山""冬坐"活动，形成了四季捺钵制度。有学者根据《辽史》记述统计，从辽圣宗统合元年（983）起，经兴宗、道宗到天祚帝保大二年（1122），139年间有106年的春捺钵记载。虽然现在还有一些具体地点没有考证清楚，但是从地望角度分析，查干湖及其周围一带，以及松花江、嫩江一带是辽帝春捺钵的主要地点。辽帝之所以将这里作为春捺钵的主要地点，有着充分的政治考量。辽宋签订"澶渊之盟"以后，辽朝南边稳定，而东边和北边的生女真、室韦等边患则凸显出来了。关于生女真，据南宋叶隆礼《契丹国志》记载："精于骑射，前后屡与契丹边患，契丹亦设防备。南北两千余里，沿边创建城堡，搬运粮草，差拨兵甲，屯守征讨。三十年来，深为患耳。"吉林西部面对活动于嫩江中下游的室韦诸部，东部松花江以北生活着大批生女真，都是辽帝利用春捺钵进行经略的重要对象。每当辽帝进行春捺钵之时，捺钵地事实上成为临时的统治中心，不仅要召集会议讨论国事，向全国发布政令，还要接见各国及各族使节及接受贡品。所以辽帝捺钵时的行营实际上就是临时"皇都"，在一个阶段内成为国家的政治中心，其地位甚至要超过辽朝按中原都城形制修建的五京。2009年，考古工作者在查干湖西南地带，乾安县花敖泡南侧，发现分布于四处上千个保存完好的土台基，经考证确认为辽代春捺钵行营遗址。考古调查发现，这个遗址群是国内目前保存最好的辽金行宫遗迹，布局较清晰，规模巨大，呈现分区、分片现象。大量土台基高低错落，分布有序，与文献记载的高台营帐式临时居住、野炊、宴享、歌舞等叙述可互相印证，具有极高的考古价值。关于捺钵禁卫规制，从《辽史·营卫志》记载来看，毡车为营，硬寨为宫，贵戚为禁卫，着帐户为近侍，武臣为宿卫，亲军为护卫，百官轮番宿值，外围还有重兵把守，以确保皇帝安全。

　　辽帝来此进行春捺钵,一般正月上旬从辽上京即今内蒙古自治区巴林左旗林东镇起牙帐出发,大约需要行进60天到达春捺钵地点。其具体交通路线,史料并无确载。《中国东北与东北亚古代交通史》认为,从已知辽代古城和遗址分布,以及现今交通路线的情况来看,辽帝到吉林西部进行春捺钵的交通路线当循草原故道。具体路线是,从今内蒙古自治区巴林左旗林东镇出发,沿乌尔吉木伦河东行到阿鲁科尔沁旗和乌力吉木伦(梅林庙),然后再北上到扎鲁特旗、科尔沁右翼中旗、突泉县双城子古城,再东北行到达今吉林省洮南市境,沿洮儿河东行到白城市洮北区城四家子古城。关于城四家子古城,过去考古界认为是辽代泰州城址。但是,近年来的考古调查,特别是在城四家子古城发现的金代文字砖,为学者确证其为辽代长春州、金代新泰州遗址提供了确凿证据;此外,2000年,吉林省考古工作者对原来认定为辽代长春州城址的塔虎城古城遗址开展了新的考古调查,发掘确认城内遗存以金代为主,亦出土少部分元代遗物,未见辽代遗存,因而断定塔虎城应为单纯的金代城址,纠正了以往的学术认识。综合上述两个方面的考古新发现,应该确认城四家子古城为辽代长春州城遗址。到了长春州,辽帝春捺钵队伍就已经来到了吉林西部草原地带。一马平川的大草原,除散布着珍珠般的大小泡沼以外,再无其他障碍,对契丹这样马背上的民族而言,交通上不存在任何问题。所以,辽帝春捺钵时是如何从长春州来到位于乾安县的春捺钵营地或者宁江州等其他地方的,行走的是一条什么样的路线,似乎没有讨论的意义了。简而言之,应该是再沿着洮儿河到达鸭子河泺(今大安月亮湖水库),然后沿嫩江南行至嫩江与松花江汇流处。由此西南行可达查干湖一带,来到前面叙述的春捺钵营地;南行则可到达宁江州(松原市伯都讷古城),来到松花江畔。这条交通路线,也是辽代以前,由老哈河和西拉木伦河,北行松、嫩二江,通往黑水靺鞨居住地等黑龙江下游南北部族的古道。至于辽帝春捺钵的阵仗规模,可以根据考古成果进行推算。位于查干湖西南的地字村遗址有500个土台,按一个土台上面的营帐住8人计算,参加春捺钵的人数至少有4000人。这一推算结果,也与相关史料的记载比较吻合。

　　另外一条经过吉林省境的辽朝重要交通路线,即辽上京至五国部道,史上也称"鹰路"。辽朝将移居女真故地,散处于"粟末江之北、宁江州之东",亦即分布在松花江中下游、黑龙江下游广大区域,未编入辽籍的女真人称为"生女真"。生女真分为若干不相统属的部落,而五国部为其中比较活跃的部落。所谓五国部,即剖阿里部、盆奴里部、奥里米部、越里笃部和越里吉部。其中,越里吉部为五国头城,位于牡丹江与松花江汇合处,今黑龙江省依兰县治;盆奴里部位于今黑龙江省汤原县大有屯附近;越里笃部位于今黑龙江省桦川县万里和通;奥里米部位于松花江与黑龙江交汇处,今黑龙江省绥滨县治;剖阿里部位于乌苏里江与黑龙江交汇处,今俄罗斯哈巴罗夫斯克(伯力城)。据南宋徐梦莘《三朝北盟会编》卷三记载:"海东青者出五国,五国之东接大海,自海而来者谓之海东青。小而俊健,爪白者尤以为异。金则更不现,必求之女真,每岁遣外鹰坊子弟趣女真发甲马千余人入五国界,即东海巢穴取之,与五国战斗而后得,女真不胜其扰。"从政治意义上说,这条路线是辽朝和女真诸部交往联系的重要交通线,辽朝通过这条路线实现对女真人的控制。后来,"又有使者号天使,佩银牌,每至其国,必欲荐枕者。则其国旧轮中下户作止宿处,以未出室女侍之;后使者络绎,恃大国使命,惟择美好妇人,不问其有夫及阀阅高者"。这反映出契丹人对女真人的压迫已经十分严酷,民族矛盾已经非常尖锐,最终导致如《契丹国志》所言"诸部怨叛,潜结阿骨打,至是举兵谋叛"的局面形成。就这样,原本是加强中央政权对少数民族联系和控制的一条重要通道,却变成了实施政治经济压迫、激化民族矛盾的危途,通过这条危途输送过来的危机膨化要素,终于点燃了女真人反抗契丹人统治的导火线,引爆了女真民族郁积已久的熊熊怒火,炸翻了辽朝天祚帝的宝座。所以,这条交通路线,无论从辽朝政治上看,还是从历史意义上看,都有着特殊的重要性。

这条交通路线起点为上京临潢府,具体路线有两条,一条为西路(《中国东北与东北亚古代交通史》称"东北路"),从上京临潢府经长春州(城四家子古城)渡嫩江到达生女真五国部;另一条为南路(《中国东北与东北亚古代交通史》称"东南路"),从上京临潢府经信州、黄龙府到达生女真五国部。西路的具体路线,从临潢府到长春州(城四家子古城)路段,就是辽帝春捺钵行走的路线,前文已经叙述。然后从长春州到宁江州所行走的路线也应该与辽帝春捺钵路线重合,沿洮儿河行至月亮湖水库一带,再沿着嫩江到达嫩江与松花江汇流处,然后到达宁江州。再从宁江州沿松花江顺流而下,直抵牡丹江汇入松花江处五国部头城越里吉部,然后可达松花江汇入黑龙江处的奥里米部,顺黑龙江而下最终可达乌苏里江与黑龙江交汇处的剖阿里部。通过以上叙述可以发现,这条路线过五国头城以后的路段,实际上与渤海国黑水靺鞨道完全重合。在辽代,这条路成为五国部女真人向契丹皇室、贵族贡献海东青的滨海渔猎部族山林草泽之"猎路",夏行舟车、冬行冰雪交通工具,可直达远东滨海。南路实际上就是渤海国时期的契丹道,是从渤海国上京龙泉府一直通往契丹故地的这条路线,前文曾依据《中国东北与东北亚古代交通史》的考证,进行过具体描述。不过,《吉林通史》对这条路线的描述是这样的:从临潢府出发后东行,经阿鲁科尔沁旗、开鲁到通辽,再沿西辽河东行至信州(今公主岭市秦家屯),然后北行至黄龙府(农安县),至此再往东至涞州(今吉林市一带),向东越过张广才岭到达渤海国故都忽汗城,再由忽汗城北上直抵五国部头城。二者在吉林市至五国头城路段的描述大致相同,而临潢府至吉林市路段的路线则大相径庭。比较而言,《吉林通史》所述路线似乎更有道理,因为当初耶律阿保机攻打渤海国,走的就是契丹道,其攻打渤海国第一仗打的就是渤海国扶余府,亦即后来辽朝的黄龙府。攻下扶余府以后又乘胜东进直抵龙泉府,最后迫使渤海国王出城投降。所以,这条路线的正解,一定要经过黄龙府。

除前面介绍的两条重要交通路线以外,辽朝时今吉林省地域内,一定存在着自然交通网络。渤海国时期,这里就已经有了覆盖比较广泛的交通网络,虽然东丹国南迁导致这一区域州、县设置乃至聚居邑落发生了变化,但是从后来辽朝的行政设置来看,交通路线的开发建设只会发展,不会萎缩。除设置州、县及投下军州之外,辽朝还在今吉林省境内设置了榷场。辽圣宗时,在今吉林省西部同时设置了两个榷场,一个设在黄龙府,另一个设在宁江州。所谓榷场,简单说,就是不同国家或民族部落之间有官吏管理、比较固定的互市市场,一般由一方在靠近双方边界的地区设置。宁江州榷场和黄龙府榷场,主要是契丹人与生女真、兀惹以及松花江、嫩江流域其他民族之间进行土特产物资贸易的市场。黄龙府榷场的设置可能因为黄龙府女真部,而宁江州榷场则很可能与辽帝春捺钵有关。洪皓《松漠纪闻》记载:"每春水始泮,辽王必至其地(宁江州),凿冰钩鱼,放弋为乐。女真率来献方物,若貂鼠之属,各以所产量轻重而打博,谓之'打女真'。后多强取,女真始怨。"这说明,每当辽帝来宁江州春捺钵之时,包括生女真在内的东北少数民族,都要到此贡献方物,同时也进行互市贸易。北宋沈括曾经到过辽帝夏捺钵处,他在《熙宁使房图抄》中记载:"其北山,庭(即夏捺钵)之所依者,曰犊儿""过犊儿北十余里,曰市场,小民之为市者,以车从之于山间。"看来辽帝捺钵之处设置贸易场所,可能是惯例。根据文献记载,生女真"以北珠、人参、生金、松实、白附子、蜜蜡、麻布之类为市",兀惹、阿里眉、破骨鲁"每年惟贡大马、蛤珠、青鼠皮、貂鼠皮、胶鱼皮、蜜蜡之物,以与北番人任便往来买卖",铁骊"以大马、蛤珠、鹰鹘、青鼠、貂鼠等皮、胶鱼皮等与契丹交易"。靺鞨"以细鹰鹘、鹿、细白布、青鼠皮、银鼠皮、大马、胶鱼皮等与契丹交易"。可见,当时榷场的确吸引了很多周边民族来进行交易。既然进行物资交易,那么交通就是必须要解决的问题。否则,货物流通就要受到影响。所以我们有理由相信,当时的宁江州、黄龙府一定是一个区域交通枢纽,有着四通八达的交通网络,至少也得是一个交通重镇。事实上,宁江州是前文介绍五国部道西路上的一个节点,而黄龙府则是南路上的一个节点。当然,榷场交易覆盖的是一个面,而不是一条线,宁江州和黄龙府一定还有通往周边其他地方的便利交通道路。可以肯定,榷场互市贸易的开展,大大促进了以榷场为中心的交通网络拓展。

另外,辽朝对今吉林省境内的女真部落实行了特殊的管理体制,具有实际的管辖权,也必然有着保证管辖权顺利实施的交通道路。《辽史·百官志》"属国部"记载:辽有"鸭绿江女直",主要分布于鸭绿江流域至朝鲜清川江一带,置鸭绿江女真大王府管理;有"黄龙府女直部",主要分布于今吉林省农安县一带,置黄龙府女真部大王府管理;有"回跋部",主要分布于松花江支流辉发河流域,置回跋部大王府、详稳司管理;有"长白山女直国",主要分布于长白山中部至朝鲜半岛咸镜南道地区,置长白山女真大王府、详稳司管理;有"蒲卢毛朵部",主要分布于今吉林延边海兰江一带,置蒲卢毛朵部大王府管理。辽朝中央政权和这些女真部落保持着密切的联系,当然从史料记载看,这种联系更多的是女真部落到辽朝朝贡,以及春捺钵时女真部落首领前往捺钵地朝见辽帝。辽朝规定,皇帝春捺钵时,凡生女真部落首领在千里之内者,都要来朝见和贡献方物。无论以什么方式保持联系,人员和物资的往来一定存在,也就意味着必须有保证人员和物资顺利输送的交通通道。比如,回跋部就有一条从东京辽阳府通达回跋部的交通路线。从今辽阳市出发,沿着浑河、柳河、辉发河和温德河东北行,即可到达回跋城(今通化市辉南县辉发城镇)。这条路线,实际是渤海国营州道的一段,是辽朝辽东地区联系女真回跋部的重要交通纽带。可以想见,辽朝和其他女真部族之间也一定存在着这样的交通路线。这些交通路线,是前面所述的重要交通路线的必要补充,大大加强了辽朝政治中心和吉林各地政治、经济和军事等方面的联系。如五国部道在继承渤海国契丹道的基础上继续延伸,形成了纵贯东北腹地松辽平原南北的交通大动脉,不但为后来金、元时期沿用,甚至于今仍为东北地区陆路交通主要干道,继续发挥着非常重要的作用。

(二)金朝的驿路干线

12世纪初叶,世代生活于"白山黑水"间的女真人强势崛起,灭辽后统一了中国北方,于金收国元年(1115)建立金朝。金朝南以淮水与南宋分界,东至日本海和黄海水域,西至大散关(今陕西省宝鸡市西南),北逾外兴安岭。幅员万里,襟带大江以北、长城内外,疆域版图比辽朝更为广阔。在其存世的120年间,有一百多年与南宋政权南北对峙,承续此前与五代、北宋对峙的辽朝,形成了我国历史上第二次南北朝局面。吉林省地处东北地区中部,与黑龙江东部、南部一起,被金朝视为"金源内地",是其前期政治统治的中心,同时是其整个王朝统治的重心所在。因此,女真统治者对这里进行了重点经营和管理,切实加强与中原的经济往来,用心吸收中原先进文明成果,有意促进各民族之间的文化交流和民族融合,使这一区域的政治、经济、文化、社会都获得了很大的发展,有的方面甚至获得了空前的发展。这一历史阶段,在吉林省乃至东北历史发展进程中,具有特殊意义,占有重要地位。于驿路交通的拓展而言,亦是如此。

拥有广袤万里的辽阔疆域以后,能否开辟发达的交通网络,形成物资、信息以及军力畅行无阻、高效传送的良好局面,实际上是对统治者驾驭能力的重要考验。以完颜阿骨打为首的金朝统治者显然深谙此道,从建立王朝之初就注意到了驿站交通之设。历史文献记载,金太宗天会二年(1124)春正月丁丑,"始自京师至南京,每五十里置驿"。天会二年时的"京师",在今黑龙江省哈尔滨市阿城区白城村,为金朝上京;南京又称"燕京",即今北京。这条金朝最早设置的驿道,纵贯东北松辽、渤碣之间而直达幽燕,全长近1500公里,是金朝东北陆路的交通干线。同年三月,又"命置驿上京、春泰之间"。此"上京"乃辽朝上京临潢府,因为这个时候金朝还没有建立五京。"春"乃辽朝所置长春州,即今白城市洮北区城四家子古城;"泰"乃辽朝和金初的泰州,即今黑龙江省泰来县塔子城。从完颜阿骨打1115年称帝建国,到海陵王完颜亮1153年迁都燕京,金朝以上京会宁府为都38年。今吉林省境是金朝自上京会宁府南下通往辽东、燕京、朝鲜半岛以及东至今俄罗斯远东等地区的必经之路,所以通过吉林省的重要交通道路也比较多。其中最为重要的几条路线是:上京会宁府至燕京干道,有南路和西路两条路线,实际就是前文提到最早置驿的两条路线;上京会宁府至东京辽阳府干道,经过今榆树市、舒兰市、吉林市、梅河口市等地,为连接金上京与辽东地区的重要通道;上京会宁府至合懒路通道,经过今吉林市、蛟河市、敦化市、延吉市等地,是金朝统治中心与朝鲜半岛之间重要交通道路；上京会宁府至恤品路通道，经过今吉林市、蛟河市、敦化市、汪清县等地，最后抵达今俄罗斯滨海边疆区。这些交通路线的开辟和保持畅通，大大加强了金朝与中原、辽东、朝鲜半岛以及当时北部边疆区域的联系，使得行政管辖权能够顺利施行，经济、文化交流得以深度发展。从交通地理角度来观察，今吉林省境乃金朝统治中心的出入门户，恰如关隘锁钥，至关重要。

上京会宁府至燕京交通干道南路干线，是宋、金使者及商人往来的主要交通线。历史文献中，关于这条路线的记载相对丰富而且完备，特别是对驿站设置的具体情况。通过对历史资料的深入研究，再结合考古成果综合分析，我们可以有比较准确的认识和掌握。关于这条路线的大致情况，《松漠纪闻》有着具体记述："自上京至燕二千七百五十里。上京即

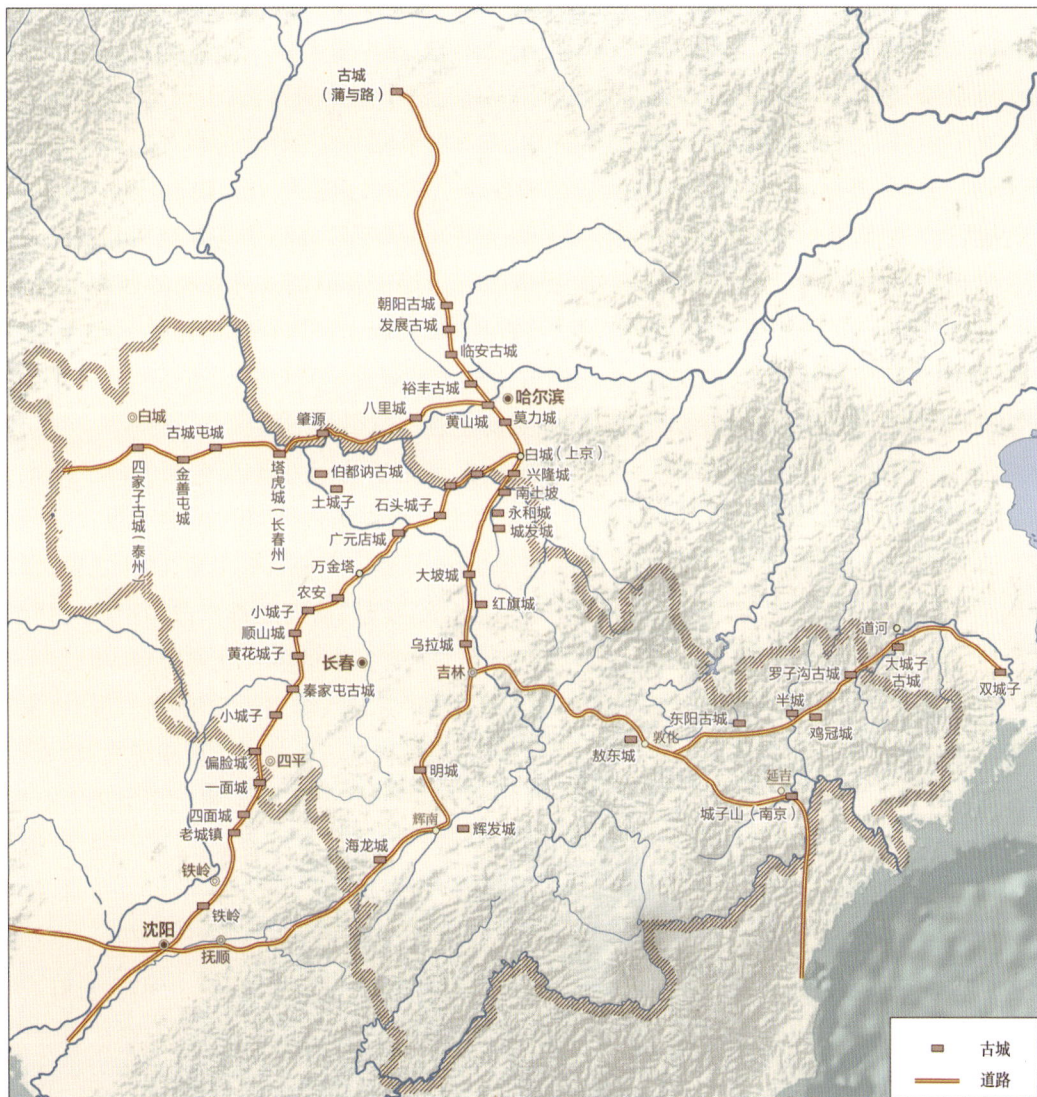

辽金时期在今吉林省境内主要道路交通图

西楼也。三十里至会宁头铺，四十五里至第二铺，三十五里至阿萨铺，四十里至来流河，四十里至报打孛堇铺，七十里至宾州。渡混同江七十里至北易州，五十里至济州东铺，二十里至济州。四十里至胜州铺，五十里至小寺铺，五十里至威州。四十里至信州北，五十里至木阿铺，五十里至没瓦铺，五十里至奚营西，四十五里至杨柏店，四十五里至夹道店，五十里至安州南铺，四十里至宿州北铺，四十里至咸州南铺，四十里至铜州南铺，四十里至银州南铺，五十里至兴州。四十里至蒲河，四十里至沈州，六十里至广州。七十里至大口，六十里至梁渔务，三十五里至兔儿埚，五十里至沙河，五十里至显州，五十里至军官寨，四十里至惕隐寨，四十里至茂州，四十里至新城，四十里至麻吉步落，四十里至胡家务，四十里至童家庄，四十里至桃花岛，四十里至杨家馆，五十里至隰州，四十里至石家店，四十里至来州，四十里至南新寨，四十里至千州，四十里至润州，三十里至旧榆关，三十里至新安，四十里至双望店，四十里至平州，四十里至赤峰口，四十里至七个岭，四十里至榛子店，四十里至永济务，四十里至沙流河，四十里至玉田县，四十里至罗山铺，三十里至蓟州，三十里至邦军店，三十五里至下店，四十里至三河县，三十里至潞县，三十里至交亭，三十里至燕。"来流河亦称涞流水，是当年完颜阿骨打会师反辽之地，亦即现今拉林河，为吉林省与黑龙江省界河。所以，从渡过来流河开始，这条驿路就进入了吉林省境。据考证，杨柏店为今梨树县喇嘛甸镇彭家窝堡村后城古城；而夹道店，也写作"贾道店"，为辽宁省昌图县鸳鸯树镇四合屯古城。可以确定，这条路过杨柏店后出吉林省境。如此计算，共在今吉林省境有13站。当然，这只是按照《松漠纪闻》所记进行的统计，而不同的历史文献对具体站点的记述还有些不同。许亢宗的《宣和乙巳奉使金国行程录》对具体站点的记述就有很多不同。

宋徽宗宣和七年、金太宗天会三年（1125），金太宗完颜晟（女真名吴乞买）即位，北宋龙图阁直学士许亢宗奉命出使金朝，以"贺大金皇帝登宝位国信使"身份，到上京祝贺新帝登基。许亢宗一行正月从汴梁出发，八月返回，宋朝境内行程一千一百五十里，二十二程；金朝境内三千一百五十里，三十九程。《宣和乙巳奉使金国行程录》从河北雄州白沟拒马河开始，对金朝境内三十九程情况进行了记述，为后人留下了非常宝贵的古代交通资料。其三十九程路线为：第一程，自雄州六十里至新城县；第二程，自新城县六十里至涿州；第三程，自涿州六十里至良乡县；第四程，自良乡六十里至燕山府；第五程，自燕山府八十里至潞县；第六程，自潞县七十里至三河县；第七程，自三河县六十里至蓟州；第八程，自蓟州七十里至玉田县；第九程，自玉田县九十里至韩城镇；第十程，自韩城镇五十里至北界清州；第十一程，自清州九十里至滦州；第十二程，自滦州四十里至望都县；第十三程，自望都县六十里至营州；第十四程，自营州一百里至润州；第十五程，自润州八十里至迁州；第十六程，自迁州九十里至习州；第十七程，自习州九十里至来州；第十八程，自来州八十里至海云寺；第十九程，自海云寺一百里至红花务；第二十程，自红花务九十里至锦州；第二十一程，自锦州八十里至刘家庄；第二十二程，自刘家庄一百里至显州；第二十三程，自显州九十里至兔儿埚；第二十四程，自兔儿埚六十里至梁鱼务；第二十五程，自梁鱼务百单三里至没咄寨；第二十六程，自没咄寨八十里至沈州;第二十七程,自沈州七十里至兴州;第二十八程,自兴州九十里至咸州;第二十九程,自咸州四十里至肃州,又五十里至同州;第三十程,自同州三十里至信州;第三十一程,自信州九十里至蒲里孛堇寨;第三十二程,自蒲里孛堇寨四十里至黄龙府;第三十三程,自黄龙府六十里至托撒孛堇寨;第三十四程,自托撒孛堇寨九十里至漫七离孛堇寨;第三十五程,自漫七离孛堇寨一百里至和里间寨;第三十六程,自和里间寨九十里至句孤孛堇寨;第三十七程,自句孤孛堇寨七十里至达河寨;第三十八程,自达河寨四十里至蒲达寨;第三十九程,自蒲达寨五十里至馆。

据《宣和乙巳奉使金国行程录》所记载的路线,从第二十九程开始进入今吉林省境,至第三十五程出境,在境内历6程,具体情况详述如下。其第二十九程到达的同州,应为"通州",今四平市西南一面城古城。而其前一程之肃州,位于辽宁省昌图县仲马河镇。可以确定,从第二十九程开始,许亢宗一行踏上了今吉林省土地。第三十程所至之信州,学界认识比较一致,确认在今公主岭市秦家屯古城。据《辽史·地理志》:"信州,彰圣军,下,节度。本越喜故城。渤海置怀远府,今废。圣宗以地邻高丽,开泰初置州,以所俘汉民实之。兵事属黄龙府都部署司。"关于越喜故城之说,金毓黻在《渤海国志长编》中予以否定,认为应是辽初迁渤海国越喜故城即怀远府之民,侨置于此地。时当辽太宗天显三年(928),较开泰初要早近90年。也就是说,早在天显三年,秦家屯古城所在地,就已经安置了怀远府的渤海人。而《金史·地理志》记载:"信州,下,彰信军刺史。本渤海怀远军,辽开泰七年建,取诸路汉民置,户七千三百五十九。"综合这两则史料的记述可知,信州城建于辽开泰七年,其目的是防御高丽,安置的民户是契丹人从中原劫掠来的汉民,到金代时已经有民户7359户,在当时应该是比较大的城池,也应该比较繁华。第三十一程到达蒲里孛堇寨,此蒲里孛堇寨有时也简称为"蒲里寨"。《松漠纪闻》记述"信州北四十里至威州,又五十里至小寺铺",二者合计九十里,与许亢宗所记"自信州九十里至蒲里孛堇寨"里程相合,故可能洪皓所言"小寺铺"即蒲里孛堇寨。目前具体位置尚且无考,但应按往农安方向距秦家屯九十里,距农安县六十里的条件寻求,当时为一个女真猛安寨。第三十二程到达黄龙府,亦即今农安县,据《御寨行程》记载,黄龙府驿馆称龙骧馆。第三十三程到达托撒孛堇寨,许亢宗有记曰:"府为契丹东寨。当契丹强盛时,虏获异国人则迁徙杂处于此……故此地杂诸国风俗。凡聚会处,诸国人语言不能相通晓,则各以汉语为证,方能辨之。"据考证,托撒孛堇寨应为辽祥州所在地,具体位置在今农安城东30公里万金塔古城。《御寨行程》有记:"龙骧馆六十里,祥州常平馆。"第三十四程到达漫七离孛堇寨,"道旁有契丹旧益州、宾州空城"。据学者考证,今农安东北万金塔东北5公里处,有"西小城子",为益州旧址;而由益州再东行35公里可至宾州,万金塔东北的"东小城子"就是宾州旧址。宾州、益州在辽朝时均为交通重地,因战争被毁成为空城,所以许亢宗一行只能安置到附近的漫七离孛堇寨安歇。第三十五程到达和里间寨,根据许亢宗所述,应该是在距离漫七离孛堇寨六十里处,经过了地处松花江岸边的古乌舍寨,"寨前高岸有柳树,沿路设行人幕次于下""此排中顿,由是饮食精细绝佳"。看来古乌舍寨对宋使一行照顾得很到位，许亢宗很满意。在古乌舍寨渡过松花江，再行四十里到达同样在松花江边的和里间寨。学者考证，古乌舍寨应在今伊通河汇入松花江处的农安县红石垒所在地，和里间寨应在今扶余市弓棚子镇藤家店一带。过和里间寨继续北行，渡过来流河即进入今黑龙江省境。以上是根据《宣和乙巳奉使金国行程录》的记述，对上京会宁府至燕京交通干道南路干线情况的梳理。

上京会宁府至燕京的两路干线，之所以在天会二年的时候金朝就做出置驿安排，是因为此乃金朝进军中原的战略需要。金朝于天辅四年（1120）攻陷辽上京，天辅六年（1122）攻陷辽中京、西京、燕京，仅仅经过了一年多的休养生息，就开始谋划进驻中原的宏图伟业。这样一来，畅通交通要道就成为首先要解决的问题，所以要对会宁府与燕京之间的两路交通干线进行全面部署。西路干线辽上京临潢府至长春州、泰州之间，应该在辽朝时就有驿站之设，所以此次金朝不过是进行了恢复重建，并非新建。而从会宁府到长春州、泰州之间的驿站，应该是新建的。这条路线在金朝统治者眼中分量很重，天德四年（1152）金海陵王完颜亮迁都燕京时，就是从这条干线一路走到燕京的。但是，由于历史文献缺乏详细记载，这条路线所经州县城站名称、方位大多无考，仅几个重要府州县城可以确知。《吉林通史》认为，西路干线从会宁府先到前郭县塔虎城，再沿辽帝春捺钵路线抵达临潢府，再由临潢府南下至燕京。具体路线为，从会宁府出发到塔虎城，经今大安市、洮南市之间的二龙山古城、金善屯古城、新荒古城和古城屯古城，到达城四家子古城。然后西行至今内蒙古自治区突泉县双城子，科尔沁右翼中旗吐列毛杜古城，经今扎鲁特旗到达临潢府。再由临潢府南下，经松山县（今内蒙古自治区赤峰市松山区城子乡城子屯古城），北京路大定府（即辽中京，今内蒙古自治区宁城县大明城），富峪馆（今内蒙古自治区宁城县甸子乡黑城屯古城），今河北省平泉市，最后抵达燕京。《中国东北与东北亚古代交通史》一书中依据这条路线上的辽、金古城和遗址，进行了基本走向和所经节点的推测，大体与上述路线相同。从今哈尔滨市阿城区白城村到塔虎城之间，沿拉林河、松花江有许多辽、金古城址，很明显是一条古道。由塔虎城到城四家子古城之间的辽、金古城，规模都比较小，距离一般在20公里至25公里之间，与"每五十里置驿"的要求相符，很可能是辽、金朝交通驿站性质的建筑。这些考证，进一步证实了这条交通路线。

上京会宁府至东京辽阳府的交通干线，将金朝统治中心与辽东地区联系起来，在金朝政治布局中其战略意义不言而喻。从目前掌握的材料看，应该存在着三条具体路线。前述会宁府至燕京的路线经过沈州（今沈阳市），而辽阳府在沈州南40公里，自然可以直接通达。所以从会宁府出发，西南经黄龙府、信州府、沈州至辽阳府，是会宁府至辽阳府的第一条具体路线，前文已经详述。第二条路线，从会宁府出发，向南经过今黑龙江省五常市兴隆乡古城和南土城子古城，然后进入吉林省榆树市境，经新庄镇南永和城（城子古城）、城发乡城发古城、新立镇附近的古城、大坡古城之后进入舒兰市境，经过原红旗乡附近古城到达今吉林市龙潭区乌拉街满族镇，穿过吉林市以后，经过永吉县双河镇苇子沟村辽金遗址、黄榆乡西山金代遗址,然后进入磐石市,经过烟筒山镇小梨河村虎嘴子山城、西炮台山山城、明城古城、石咀镇马宗岭山城、宝山乡纸房沟坝城后进入梅河口市境内,经过海龙镇辽金古城、山城镇古城(北山城子)后进入辽宁省清原满族自治县县城,经过今新宾满族自治县南杂木镇、抚顺市、沈阳市,最后到达今辽阳市。通过以上所列古城和遗址连线,可以勾勒出这条交通路线。除了上述两条路线以外,第三条路线,从今辽阳市向北沿浑河、柳河、辉发河、温德河到今吉林市,然后到达会宁府。辽阳市到吉林市这条古道由来已久,本书前面多次提到,夫余国通过这条交通路线与中原王朝相联系,高句丽、渤海国也在使用这条道路,为营州道、契丹道的一段,到了辽代是辽阳府和回跋部之间的交通路线。金朝没有理由不再使用这条现成道路,所以一定是上京会宁府到东京辽阳府之间的一条通道。虽然历史文献关于这条路线所经州县城站名称记载较少,但是考古发现,上述河流沿岸分布的辽金古城和遗址,一般都在20公里至50公里之间,可以证明这是一条重要的交通路线。

　　上京会宁府至合懒路的交通路线,也有一段经过今吉林省境。关于合懒路路治,学界有不同观点,但对这条交通路线所指合懒路,《吉林通史》《中国东北与东北亚古代交通史》都认为是今朝鲜民主主义人民共和国咸兴市。具体路线为,自上京会宁府出发后南下至今吉林市,然后转向东行,经过蛟河市、敦化市,沿布尔哈通河流域古城而行,抵达图们市磨盘山山城,再南下经过今朝鲜民主主义人民共和国之会宁、镜城、吉州、端川、北青、洪源等地,最后到达合懒路。以上所述路线全长约950公里,接近《金史》记载的合懒路"西北至上京一千八百里"的里程之数,行进方向也与史料记载相符。这条路线从金上京南行松花江,转图们江而至朝鲜半岛,是金朝统治中心地区与朝鲜半岛之间往来的主要通道。这条路所经图们市磨盘山山城,是金末东夏国都城南京城。另外一条经过今吉林省的金朝重要交通路线,是上京会宁府通往恤品路的道路。恤品路即渤海国时期的率宾府,故城在今绥芬河流域的双城子,今为俄罗斯滨海边疆区的乌苏里斯克。这条路线,按《中国东北与东北亚古代交通史》所论,具体为:由上京会宁府东南行至黑龙江省五常市兴隆乡古城、南土城子古城进入吉林省榆树市境,经新庄镇南永和城(城子古城)、城发乡城发古城、新立镇附近的古城、大坡古城之后进入舒兰市境,经过原红旗乡附近古城到达今吉林市龙潭区乌拉街满族镇,至吉林市以后,东行经蛟河市、敦化市进入汪清县境,过东阳古城、大兴沟镇半拉城、鸡冠乡鸡冠山城、罗子沟古城进入黑龙江省东宁市境,经大城子古城,到达恤品路。这条路线全长752.5公里,与《金史》所载恤品路"西北至上京一千五百七十里"的里程相吻合。从这条路线上的山川河流及辽金古城分布情况来判断,该路线应当沿用了渤海国时期中京至东京交通路线的后段。上京会宁府至恤品路交通路线,将金朝统治中心与今吉林省东部地区以及今俄罗斯远东地区联系起来,对金朝乃至后世都有着非常重要的多重意义。

　　除了以上重要交通路线外,金代王寂《辽东行部志》还记载了在今吉林省境内的一小段旅程。王寂乃金朝官员,大定二十九年(1189),获任提点辽东路刑狱。于次年即明昌元年二月十二日到四月初八日,用了一个月又二十五天的时间,巡按辽东路并记行程故事,写成《辽东行部志》。记曰:"乙丑次韩州,宿于大明寺。韩州,辽圣宗时并三河、榆河二州为韩州。三河,本燕之三河县。辽祖掠其民于此置州,故因其旧名以改。城在辽水之侧,常苦风沙,移于白塔寨。后为辽水所侵,移于今柳河县。又以州非冲涂(途),即徙于旧九百奚营,即今所治是也。"此韩州即今梨树县偏脸城。王寂三月十一日到达韩州后,住了四日,三月十五日启行去往胡底千户寨,并于十六日到达。千户寨当为女真猛安治所,因为《金史·兵志》载"猛安者,千户长也"。王寂从韩州出发行走两日到达胡底千户寨,按路程推算,此寨当为梨树县十家堡镇小城子古城遗址处。王寂十六日在胡底千户寨住一个晚上,十七日到达南谋懒千户寨,记曰"南谋懒,汉语岭也。以其近分水岭,故取名焉"。按其行程前后节点以及靠近分水岭分析,南谋懒千户寨当为四平市铁东区石岭子山城处,此城正在松辽分水岭上。十八日到达松瓦千户寨,记曰"松瓦,城也",由此判断这个千户寨应该有城郭建筑。按其离开松瓦千户寨,中间经过两个地方,第三日到达地处今辽宁省开原市清河区的叩畏千户营的大致行进方向判断,这个千户寨应在今吉林省东丰县一带。王寂此行经过今吉林省境一小段路程,虽然停宿节点除偏脸城外,其他几个地方声名不显,但是这些节点连缀起来,是金朝民间的一条交通路线,对了解金朝村寨邑落之间的自然交通状况,有着特殊重要的意义。

(三)元朝的站赤设置

元朝是中国历史上第一个由少数民族建立的全国统一政权,而蒙古族是我国历史上第一个建立全国统一政权的少数民族。蒙古军队于元太祖六年(1211)进入今吉林省地域,到太宗五年(1233)平定东夏,实现了对今吉林省地域完全有效的行政管辖。元朝政权虽然只存在了九十余年,但是在极其广阔的领土疆域上,建设了非常发达的驿路交通体系,以支持和保障其对全国统治的有效实现,对包括今吉林省在内的整个东北地域,也同样建立起来了四通八达的驿路交通,从而实现对这里的有效管辖。就元朝北方交通地理而言,当时从元大都(今北京)通往东北的各条驿路及其站赤,多是沿用辽金所置,在辽金不达之地则开辟新路。辖今吉林省地域的辽阳省,在忽必烈时代开展了大规模驿传体系建设。而涉及今吉林省的驿路建设,主要在元世祖至元二十四年(1287)乃颜叛乱发生之后。为了平息叛乱和加强对辽阳行省的政治、军事控制,忽必烈加速了这一地区驿路的开辟和建设,基本实现四通八达、连结成网,驿传体系规模可观、设施完备。

按《吉林通史》所述,辽阳行省境内经由吉林的驿道大致有八条干线:大宁(今内蒙古自治区宁城县)—驿安(今辽宁省阜新市)线;驿安—咸平(今辽宁省开原市)—西祥州(今农安县万金塔古城)线;西祥州—肇州(今黑龙江省肇东市)—吉答(今黑龙江省齐齐哈尔市)—失宝赤万户府(今黑龙江东岸瑷珲旧城)线;咸平—建州(今吉林市)线;西祥州—桑吉(也称"唆吉",今敦化市)线;桑吉—永明(今俄罗斯境内克拉斯基诺古城,位于日本海西岸)线;桑吉—合懒府(今朝鲜民主主义人民共和国咸镜南道咸兴市)线;西祥州—哈里宾(今黑龙江口右岸俄罗斯远东阿纽伊河口,即敦敦河口北岸敦敦庄)线。而吉林省邮电管理局文史办

岭北行省

呼伦贝尔
吾失温站

泰宁

元

中书省

失宝赤万户府
爱辉

辽

苦怜站

浦峪路万户府
灰亦儿千户所

茶剌罕

龙江
吉答站
明安伦城
齐齐哈尔

脱斡怜万户府
（佛思木隘口）

孛苦江万户府
富锦

朵因温都兀兀良哈千户所

桃温万户府

离怕含站

木兰

塔海万户府
（忽帖察站）

胡里改万户府（五国头城）
依兰

宁

昌

路

白城

塔鲁站

肇州万户府
（肇州站）

哈散站

通河

吴纳忽苦站

水

达

达

路

洮南

泰宁路

大安

幹母站
松原

肇州

哈尔滨

双城

花

鹿鲁站

撻怜站

七台河

第四铺站

刺怜

上京故城

开元路省

开元千户所

宸州站

开元路
（黄龙府）

特甫站

松

花

旧建州

阿忽站

古州千户所

开元万户府
（开元站）

乌苏里斯克
（双城子）

长岭

忽里吉站
十八里站

农安

散迭站

建造站

阿母府

东祥州站

希田站

长春

阿剌站

土罗火站

折连川
（者连怯呆九万户府）

大水泊站

信州站

吉林

禅春站

甫舟站

石迪站

符拉迪沃斯托克
（海参崴）

永明城

双辽

韩州站
梨树

智化

嗳吉站

谋丹站

南京万户府

吴夭总管府

宁昌路
（宁场站）

庆云站

贾道站

四平

仁县

辽源

磐石

那丹府

幹盘千户所

坊州

海阳
（迷甫站）

大

宁

路

阜新

咸平府

开原
银州
铁岭

那河口

梅河口

抚松

蜜出温站

罗津

蒲苦站
清津

广宁府路

北镇

沈阳路
沈阳

白山

毛良苦站
木吉站

广宁府路

辽阳
辽阳千户所

辽阳路
东宁府

沈阳路

通化

黄城
集安

海阳
（迷甫站）
吉州

阿剌可失列站
金绫

利原

端州站

东宁府

直

青州站

高

合兰府
（合懒府站）

洪宽站

征东行省

咸兴

双城总管府

西京
平壤

丽

	从祥州到永明城和合兰府路线
	从黄龙府到塔海万户府路线
	从咸平府到黄龙府路线
	从咸平府到建州路线
	从黄龙府到失宝赤万户府和吾失温站路线

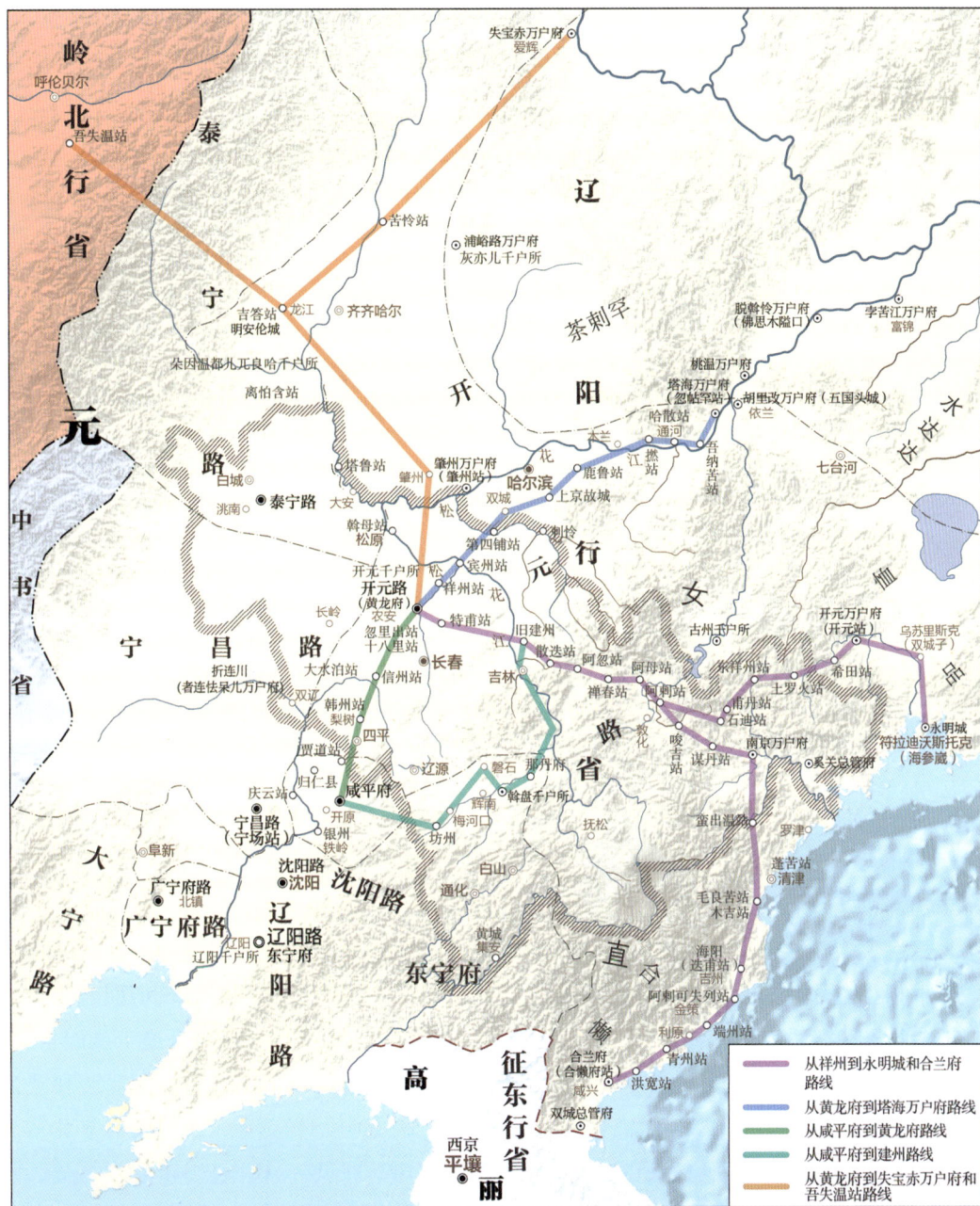

元代今吉林省境内交通道路图

公室编纂《吉林邮驿》一书,则列举了元朝时经过今吉林省境的九条驿路,分别是:从西祥州经肇州到吉答驿路;从西祥州东南行到桑吉驿路;西祥州至驿安驿路;从桑吉到永明城驿路;从桑吉到合懒府驿路;从西祥州经塔海万户、哈里宾至奴儿干东征元帅府驿路;咸平府至聂延站驿路;桃温万户府经甫丹迷站到大都驿路;咸平府到宋瓦江驿路。经过比对,两者都认可的路线有:驿安—咸平—西祥州线(驿安路线至西祥州)、西祥州—肇州—吉答—失宝赤万户府线(从西祥州经肇州到吉答驿路)、咸平—建州线(咸平府到宋瓦江驿路)、西祥州—桑吉线(从西祥州东南行到桑吉驿路)、桑吉—永明线(从桑吉到永明城驿路)、桑吉—合懒府线(从桑吉到合懒府驿路)、西祥州—哈里宾线(从西祥州经塔海万户、哈里宾至奴儿干东征元帅府驿路)七条路线。《吉林通史》所列"大宁—驿安线"是从今内蒙古自治区宁城县至辽宁省阜新市之间的路线,肯定和吉林省无关,因此是错误的。而《吉林邮驿》所列"咸平府至聂延站驿路""桃温万户府经甫丹迷站到大都驿路"都有一小段经过今吉林省境,所以以《吉林邮驿》所说为是。上述九条路线中,以西祥州为端点的有四条,以桑吉为端点的有三条(包含"西祥州至桑吉"驿路),以建州(宋瓦江,即松花江)为端点的一条,还有两条两个端点都在域外,是纯粹的过境路线。

由上述四条以西祥州为端点的路线可以看出,西祥州在元朝东北地区交通网络之中具有重要地位,处于局域交通网络中心的位置。《中国东北与东北亚古代交通史》专设"以'西祥州'为中转的北行诸交通道"一目,进行了专门论述,认为元代从西祥州出发,有北行、东南行、东北行三条驿路。西祥州北行驿道,即前述"西祥州—肇州—吉答—失宝赤万户府线(从西祥州经肇州到吉答驿路)"。这条路线据元代熊梦祥《析津志》记载:"西祥州正北斡母,百二十肇州,正东北三十塔鲁,东北百四十泰州,百二十离帕合,一百迪失吉,正北一百吉答。至此分二路:一路东行至失宝赤万户,一路西行至吾失温。其西接阿木哥。"这段记载在方向上有多处错误,结合考古发现,大致走向推定为:从今农安县万金塔古城(西祥州)出发,向正北方向行进到达斡母(今扶余市境内),然后由斡母到达肇州。出肇州西行经塔鲁(今前郭县塔虎城)至泰州(黑龙江省泰来县塔子城),然后由泰州正北行一直到吉答。到吉答之后,又分为两条路线。《中国东北史》第三卷专列一张表格,即《元代辽阳行省站赤统计表》。根据这张表格所列,这条路线在今吉林省境的站赤为:西祥州、斡母(中间为肇州)、塔鲁、胡里迷(今地失考)、泰州、离帕合(镇赉城北、英华以南)共六站。其交通工具配备,除西祥州站有马40匹、牛40头、车40辆以外,其余每站马42匹、牛42头、车42辆。需要注意的是,表格所列,在塔鲁和泰州之间多出了胡里迷一站,是《析津志》所未载。吉答东北行到失宝赤万户府。失宝赤万户府所在地,为黑龙江东岸旧瑷珲城。根据《析津志》的记载,从齐齐哈尔经今富裕县、讷河市、嫩江市境到达瑷珲旧城,这条路线与后来清朝时从齐齐哈尔到瑷珲的道路基本相同。从吉答西行到阿木哥大王府。阿木哥大王府所在地蛟河市为今内蒙古自治区新巴尔虎左旗吉布胡郎图苏木甘珠花嘎查。这条路线是从大兴安岭东部嫩江流域通往大兴安岭以西呼伦贝尔地区的草原古道。

西祥州东南行驿路，即前述"西祥州—桑吉线（从西祥州东南行到桑吉驿路）"。《析津志》所载路线为："（西祥州）正南八十特甫（今长春市九台区境内）、建州，东南一百石敦（今永吉县锦州砬子古城），一百散迭（今蛟河市东天岗附近），正东一百阿忽（今蛟河市老爷岭），一百禅春（今蛟河市东三道河子附近），一百阿母（今敦化市额穆镇），一百二十阿剌（今敦化市额穆镇南），一百二十唆吉（桑吉）。"考古工作者根据区间古城分布情况，大致路线推定为：从今农安县万金塔古城东行，到德惠市夏家店城子下古城，然后再东行，经德惠市朝阳乡双城子、榆树市大坡古城，之后南下，经舒兰市红旗古城到吉林市。从吉林市东行，沿今铁路沿线附近的金代古城一直前行可到达敦化，而这就是元朝时从建州到桑吉的驿路路线。西祥州至桑吉驿路全线均在今吉林省境内，按《中国东北史》之《元代辽阳行省站赤统计表》显示，这条路线共九站。各站赤及交通工具配置情况为：起点西祥州，特甫站，马43匹，牛43头，车43辆；石敦站，马45匹，牛45头，车45辆；散迭站，马43匹，牛43头，车43辆；阿忽站，马44匹，牛44头，车44辆；禅春站，马44匹，牛44头，车44辆；阿母（斡木火）站，马45匹，牛45头，车45辆；阿剌站，马39匹，牛38头，车38辆；桑吉站，马38匹，牛38头，车38辆。

西祥州东北行驿路，即前述"西祥州—哈里宾线（从西祥州经塔海万户、哈里宾至奴儿干东征元帅府驿路）"，这是元朝通往东北黑龙江下游奴儿干东征元帅府的一条重要交通干线。塔海万户，即忽帖罕站，今黑龙江省通河县大古洞河东岸大古洞村。《析津志》记载了西祥州至忽帖罕之间的驿站："西祥州正东宾州（农安县靠山镇广元店古城），一百一十韦口铺（今哈尔滨市双城区石家崴子古城），百二十斡木火（双城市单城子古城），百一十上京海哥（今哈尔滨市阿城区海沟村），七十鹿鲁（今哈尔滨市阿城区蜚克图附近），八十撚站（今宾县乌尔河口古城），七十不牙迷（今哈尔滨市木兰县白杨木河东五站），一百撚站（今哈尔滨市通河县东浓河镇附近），百八十哈散（通河县东三站），百七十吾纳苦（通河县东洋顺），百三十忽帖罕。塔海万户。"忽帖罕站以下，至末鲁孙站之间的驿站，史料失载。而末鲁孙站至末末吉站十五个狗站，《经世大典》有记载，与吉林省关系不大，不予详述。这条路线在今吉林省境内只有西祥州和宾州两站，宾州站配备马40匹，牛40头，车40辆。

除了上述三条以西祥州为端点的驿路外，还有一条以西祥州为端点的重要驿路，那就是"驿安—咸平—西祥州线（驿安路线至西祥州）"。驿安是元朝辽西驿站的枢纽，而这条路线将辽西驿站枢纽与吉林地域交通网络中心连接起来，具有特别重要的意义。史料记载以驿安为起始点驿路路线为："驿安东北百五十里洪州（今辽宁省彰武县西部），百二十五里宁昌（今彰武县四合城子），百二十里庆云（今辽宁省康平县小塔子村古城），正东偏南咸平府大安（今辽宁省开原市老城）。正北一百十里贾道铺（今辽宁省昌图县四面城），正北微东一百一十里韩州（今吉林省梨树县偏脸城），信州，大水滦（今农安县波罗湖），正东百二十里十八里（'十八里'为地名，失考），九十里胡里出（失考），东北百二十里至西洋（祥）州。"虽然上述路线有"十八里"和"胡里出"两个地名今地失考，但是必然在万金塔古城和波罗湖中间求之，亦在农安县境内，对整个路线的认识影响不大。这条驿路，过了贾道铺以后进入今吉林省境，先后经过偏脸城、秦家屯古城、波罗湖一直到万金塔古城，路线很清晰。万金塔古城距农安县城30公里，这条驿路大致与金朝燕京经黄龙府至上京会宁府驿路经此区间的路段路线重合，大致是《宣和乙巳奉使金国行程录》所记路线，应该是元朝沿用了金朝的这条驿路。《中国东北史》之《元代辽阳行省站赤统计表》，对这条路线今吉林省境内各站交通工具配置情况具体记述如下：韩州站，马50匹，牛46头，车46辆；信州站，马46匹，牛46头，车46辆；大水滦站，马47匹，牛49头，车49辆；十八里站，马47匹，牛50头，车47辆；胡里出站，马69匹，牛69头，车69辆；终点西祥州站。

以桑吉为端点的驿路有三条，除了西祥州至桑吉驿路以外，另两条分别是桑吉到永明城驿路和桑吉到合懒府驿路。桑吉到永明城，就是今敦化市至俄罗斯乌苏里斯克（双城子）南面的克拉斯基诺雅尔山城。此古城在日本海西岸，为渤海国时期的盐州所在地，也是渤海国最重要的出海口，诚属日本海西岸重要的千年交通重镇。史料记载："桑吉正东微北百二十里石迪，正东北五十里甫丹，百一十里东洋（祥）州，百二十土罗火，百三十里希田，百二十开元，正东孛迷、樏母、孛吾、阿失吉、舍站、永明城，其东海。"但是，根据这条驿路两个端点之间考古发现的金元古城分布，专家推断这条驿路的走向，当从今敦化市沿牡丹江支流沙河东行，过哈尔巴岭到汪清县境内的前河流域。再东行，经东四方台山城（东祥州故址），继续东行至大兴沟镇新兴村广兴山城。由广兴山城沿前河东行，过嘎呀河至半城村。半城村在今汪清镇北，处前河与嘎呀河汇流处东岸。从半城村继续沿着河流东行，经过鸡冠山城东行，到达绥芬河西岸罗子沟古城。再由罗子沟古城沿绥芬河东行，进入黑龙江省东宁市境内的道河镇红石砬子古城，然后沿着绥芬河继续东行到达大城子，又沿着绥芬河东南行到达今俄罗斯远东乌苏里斯克南面的山城，这个山城就是旧开元城址。从旧开元城沿日本海西岸西南行，经"孛迷、樏母、孛吾、阿失吉、舍站"五站到达永明城。《中国东北史》之《元代辽阳行省站赤统计表》只是将石迪（石迪闻）站考定在今吉林省境内，其余各站均认为在黑龙江省境以及今俄罗斯境。其认定各站今地及交通工具配备如下：石迪站（今敦化市官地镇），马39匹，牛39头，车39辆；甫丹（黑龙江省镜泊湖畔南湖头古城）、东祥州（黑龙江省宁安市东京城）、土罗火（黑龙江省宁安市偏脸子）、希田（黑龙江省宁安市乌拉草甸子）、开元（黑龙江省东宁市大城子古城）各站马20匹，牛20头，车20辆。以下直至永明城各站，在今俄罗斯境，略过不谈。桑吉到合懒府驿路，据《析津志》记载："（桑吉）东海东南百一十谋丹，百一十南京，百一十蛮出海（温），七十蓬苦，百三十毛怜苦，百二十木吉，百一十迭甫，百四十阿剌可失列，百四十瑞州，百二十青州，百一十洪宽，百二十合懒府，高丽后门，其东海。"根据金元古城分布，专家推断这条路线走向为：从桑吉出发，沿布尔哈通河东南行，经南京（今图们市磨盘山山城）去往合懒府，实际沿用了金朝上京会宁府至合懒府驿路。因元朝时合懒府已近高丽北部海岸，故站道称"至高丽后门"。

元朝行经今吉林省境的重要驿路还有三条，其中一条的端点在今吉林省境，即"咸平—建州线（咸平府到宋瓦江驿路）"，这是从今辽宁省开原市老城镇到吉林市松花江一带的驿路。《元史·世祖本纪》"至元二十五年六月丁卯"条记载："复立咸平至建州四驿。"而《经世大典》记载，元世祖至元二十七年（1290）八月，"拟于咸平府至宋瓦江斟酌安立五站"。宋瓦江、建州均在今吉林市。两条史料所载，一为四驿，一为五站；一为元世祖至元二十五年（1288）立，一为元世祖至元二十七年立。按时间先后顺序，元世祖至元二十五年为"复立"，应当是恢复原有设置；而元世祖至元二十七年为"斟酌安立"，显然是新设立。如此看来，可能先是恢复金朝设立的四个驿站，尔后根据需要又增设了五站，二者并不矛盾。由于对于这些站赤名称、配置等史料失载，具体路线和所经站地已无法确认。但是，从交通地理角度分析，这条驿路不外乎两条路线：一条，从开原老镇东北行，经今吉林省境叶赫、双阳、搜登等站到吉林市，这也是后来明朝、清朝的驿道路线；另一条，从开原老城沿清河东北行入辉发河谷，经今梅河口市山城镇古城、海龙古城、磐石市明城古城到吉林市，或由海龙古城经柳河县罗通山镇至桦甸市苏密古城，然后到达吉林市。这两条路线都是历史古道，以哪一条为驿路路线都有可能。还有两条两个端点都在今吉林省境以外，但是有一段驿路经过吉林境。一条是咸平府至聂延站驿路，从今辽宁省开原市老城通往黑龙江省拜泉县境内的乃颜故城。这条驿路由咸平府出发，北行大致经过今吉林省境内黄龙府、西祥州、斡母三站，然后抵今黑龙江省境肇州站，继续东北行，经今肇东市、兰西县、青冈县，沿呼兰河转通肯河北行，在拜泉县三道镇以南地带转向西行，抵达乃颜故城。另外一条是，桃温万户府经甫丹迷站到大都的驿路。这是从今黑龙江省汤原县固木纳城经宾县西北乌河口故城到北京的一条路线。史料记载桃温城向西设有七个站赤，这些站赤应该设于桃温城到甫丹迷之间。从甫丹迷西南行经鹿鲁吉、上京、底失铺、西祥州、黄龙府等地，可通往大都。但是由于史料失载，无法确知。

三、明朝吉林水陆驿路设置

　　明朝推翻了元朝统治以后，经过洪武、永乐两朝，历将近半个世纪之久，才真正巩固下来在东北的统治，将管辖权真正覆盖到吉林这片大地之上。尽管已将整个东北纳入王朝版图之内，但明朝还是对东北实行了特殊的制度安排。毕竟，东北是边疆地区，以世居少数民族为居民主体，而且这些世居少数民族情况又错综复杂，导致整个东北有了特殊复杂的政治、军事形势。朝廷先后设置辽东、奴儿干两都司及北平行都司，以卫所作为基层政权机构，并在行政上以辽东隶属于山东行省，以辽东控扼整个东北。虽然以这样的方式建立起了行政管辖体制，但是谁都清楚，这必须以强大的军事存在为依托。作为统治管理地方的辅助工具，明朝在东北地区大力建设军事驿路，以保证中央政令畅通和军事力量投送的高效，从而保持震慑力。所谓的震慑，不见得一定会怎么样，只要保持着"怎么样"的高度可能性就可以了。事实上，这样的制度安排和治理模式，注定只能在王朝强盛时有效；一旦中央政权实力衰弱，"怎么样"的可能性没有了，所谓的"震慑"名存实亡，危机便会迅速来临。不过，这里我们更关心的是明朝时期今吉林省地域驿路设置情况，至于驿路所服务的政治和军事，可以暂且放一放。

(一)"拿下"吉林颇费周章

1368年，亦即洪武元年，明军攻克大都，宣告统治中原一百多年的元朝覆灭。不过，这只是明王朝政治上的胜利，要真正实现军事上的完全胜利，还有很长一段路要走。因为这个时候的东北，还是在元朝"故臣遗老"控制之下，且与明朝政权对峙很长一段时间。辽金时期，辽阳就是一个很特殊的地方，可以算作东北的区域政治中心，元朝亦如是。元朝时，辽阳行省客观上就是整个东北的政治中心。元末时，辽阳行省域内的地方大员或蒙古贵族，在镇压红巾军的战争中都在有意识地扩张个人势力。元顺帝北遁以后无力东顾，北上明军主力此时也尚未进入东北内地，于是辽阳行省地方势力获得了极为难得的自我壮大的历史机遇。而且，元朝中央政权及内地一些地方溃散下来的官员、将领甚至军队，也纷纷逃到辽阳行省，更是起到了推波助澜的作用。一时之间，盘踞东北各地的故元残余，虽然如明任洛编修《辽东志》所言"各置部众，多至万余人，少不下数千，互相雄长，无所统属"，但是在名义上还都奉元帝为正统，在与明军对抗时还能够守望相助。这就决定了新建立的明朝政权，要想在东北真正掌握统治权，还得付出一些努力，要"拿下"东北恐怕还得费一些力气。

当时，活动在今吉林省境内的故元势力，主要是成吉思汗麾下大将木华黎的后裔纳哈出。纳哈出原为元太平路(今广西壮族自治区崇左市)万户，曾被朱元璋的军队俘虏过，后被释放又回到了辽阳，元朝末年为辽阳行省平章政事。元朝灭亡以后，纳哈出在金山(今双辽市东北，辽河北岸)一带聚兵抗明，号称拥兵数十万，实则二十余万，是整个东北故元势力中最强盛者。对纳哈出，朱元璋一直坚持招抚和征伐两手策略。洪武二年(1369)，明军尚未进入东北内地，朱元璋听说纳哈出拥兵据辽阳为患，就曾遣使致书纳哈出："将军昔自江左辞还，不通音问十五年矣。闻戍守辽阳，士马强盛，可谓有志之士。兹因使通元君，道经营垒，望令人送达所遣内臣至将军营，即令其还。"这封信有点揭人伤疤的意思，纳哈出未予理睬。第二年，朱元璋再次遣使致书，不但为纳哈出分析形势，还语带威胁："岂以辽海之远，我师不能至欤?!"然后，又温言诱惑："昔窦融以河西归汉，功居诸将之右，朕独不能为辽东故人留意乎?"尽管如此，纳哈出还是没有理会。洪武四年(1371)六月，朱元璋第三次派遣使臣到金山纳哈出驻地进行招降，纳哈出不但不降，还把使臣给扣下了。眼见招抚无效，朱元璋开始挥动大棒。派遣军队将辽东地区故元势力消灭殆尽，以孤立纳哈出。洪武五年(1372)至洪武七年(1374)间，纳哈出屡犯辽东。洪武八年(1375)，朱元璋命辽东都司在纳哈出进犯辽东时对其进行了沉重打击，纳哈出气焰稍有收敛。明军趁机在今辽宁一带建立自己巩固的根据地，在积极防御的同时积蓄力量，等待有利时机。洪武十一年(1378)八月，朱元璋再次遣使致书纳哈出，对其动之以情，晓之以理，进行攻心。但纳哈出自恃"辎重富盛，畜牧蕃息"，仍然对明廷的招降政策不予理睬。随着时间的推移，明朝政府对纳哈出进行军事进攻的各项准备就绪,朱元璋就要开始"动真格的"了。

洪武二十年(1387)正月,朱元璋任命宋国公冯胜为征虏大将军总领全军,颖国公傅友德、永昌侯蓝玉为左右副将军,率20万大军出征北伐。朱元璋还亲自为北伐军做出战略安排:"虏情诡诈,未易得其虚实,汝等慎无轻进。且驻师通州,遣人觇其出没,虏若在庆州,宜以轻骑掩其不备,若克庆州,则以全师径捣金山。纳哈出不意吾师之至,必可擒矣。"同时,朱元璋还不失时机地派遣故元将领乃剌吾对纳哈出进行劝降。二月,冯胜率军进抵通州,派右副将蓝玉率轻骑乘大雪,袭击纳哈出驻扎在庆州的军队,并大获全胜。三月,明军主力在大宁、宽河、会州、富裕等地修筑城池,作为驻扎基地。纳哈出果断放弃金山老巢,分兵三营,分别驻扎在榆林深处、养鹅庄、龙安一秃河(今农安县伊通河)等地。五月,冯胜在大宁留兵五万驻守,率大军直趋金山。这时,乃剌吾也赶到了冯胜军营,冯胜派人把他送到了纳哈出的驻地。乃剌吾与纳哈出相见,对其开始劝降。这时的纳哈出,面对外部大军压境,内部军心动摇的不利局面,态度产生了变化。犹豫不决之间,派人以献马为名到明军营中窥探虚实。而乃剌吾乘机在纳哈出将领中广泛进行说服工作,更多的人倾向于投降。六月,冯胜率军抵金山,向女真苦屯发起进攻,守卫这里的纳哈出部将全国公观童率军投降。于是,纳哈出在自己势力已趋瓦解的情况下,迫于无奈,遣使到冯胜大营,表示愿意归降。不过,此时纳哈出心里还抱着一丝侥幸,派人详细打探明军实力,直到得到明军实力确实强盛的探报以后,心中幻想才彻底破灭,亲自率领百名骑兵到蓝玉处约降。在办理归降事宜时,由于饮酒推让发生误会,纳哈出手臂被明将误伤,导致松花江北十余万纳哈出所部将士及其家属发生骚乱。冯胜立即派先前归降的观童前去安抚,这些人才安定下来。纳哈出投降以后,其旧部绝大部分跟着投降了,但是仍有一部分继续与明军对抗,而且实力还不差。冯胜派部下对拒不投降的纳哈出余部进行了追讨,但是未能肃清,以致班师途中被设伏袭击,殿后的三千骑兵全部覆灭。一直到明军北征结束,这些余部仍未肃清。

解决了纳哈出势力,并不意味着明廷已经拿下了东北。就当时今吉林省地域来说,西半部(今长春以西)是兀良哈三卫蒙古族的居地,东半部则是女真各部的居地,情况仍然十分复杂。卫所是明朝建立以后实行的兵卫制度,几个府为一个防区,设卫。卫以下设千户所、百户所。但东北卫所与内地有所不同,多与州县或部族部落相结合,卫所大小不一,体现了因地因势而置、因民因俗而治的特征。兀良哈三卫,是指泰宁卫、朵颜卫和福余卫。泰宁卫得名于辽金泰州、元朝泰宁路,居地大致在今吉林省洮南市以东的洮儿河流域;朵颜卫得名于朵颜山,其居地在辽河上游之西拉木伦河;福余卫因乌裕尔河得名,其居地以脑温江(今嫩江)流域为中心,治所在今黑龙江省泰来县塔子城。三卫初设之时,以泰宁卫为首,其首领阿扎失里乃成吉思汗四弟帖木儿·斡赤斤后裔,出身显赫,实力雄厚。在很长一段时间里,其余两卫唯泰宁卫马首是瞻。不过,后来朵颜卫实力张大,跃居三卫之首,取代了泰宁卫"带头大哥"的位置。因此,明朝往往把三卫笼统称为朵颜三卫或兀良哈三卫。明朝设置兀良哈三卫对这些蒙古族部落进行招抚安置,是希望他们从心理上真正归附,而不是慑服于武力。安抚政策确实发挥了很好的作用,兀良哈三卫充分发挥自己骁勇善战、长于骑射的民族特点,发挥了明朝藩篱的作用。不过,稳定性还是差一些,当外部压力增大时就会产生动摇,首鼠两端、叛附不定。自洪武二十三年(1390)起,燕王朱棣多次率军赴东北平息兀良哈三卫的反叛。洪武二十四年(1391),泰宁卫指挥使、故元辽王阿扎失里犯边入寇,明廷派傅友德、郭英领兵征讨,进军西兴安岭、洮儿河等地进行打击。洪武二十九年(1396)三月,明军在兀良哈秃城击溃了朵颜卫的劫掠。在明廷的反复打击之下,兀良哈三卫才逐渐消停下来,直到永乐三年(1405)以后,兀良哈三卫才朝贡不绝,真正臣服。

　　而今吉林省东半部地域的女真各部,则情况更加复杂。其分布大致的历史变迁为:海西女真,原居地在今吉林省扶余市以东,松花江大曲折后的江南岸,即今扶余市到哈尔滨以东阿什河流域;后来逐渐南迁,定居在开原边墙以北,今吉林省中部一带。建州女真,原来居住在今黑龙江省伊兰县一带,15世纪初南迁至今延边朝鲜族自治州一带,后继续南迁至今通化市地域和辽宁省浑河、苏子河一带。"野人"女真分布在松花江中下游、黑龙江南北两岸,直至沿海地区,后逐渐南迁至海西女真原居地。海西女真南迁以后,居于今吉林省地域的乌拉部、辉发部、叶赫部,都占据了很大的地盘。乌拉部在布占泰统治时期,疆域大致包括了今吉林地区、延边地区、长春地区,以及黑龙江省牡丹江地区、原松花江地区所属县(市、区)的全部或一部分,成为女真各部中的强者。辉发部在旺吉努修筑扈尔奇山王城并打出辉发国旗号时,统辖疆域仅次于乌拉部,为扈伦四部中第二大部。其四至,东南接建州女真,西接哈达部,西北接叶赫部,东北接乌拉部。包括今梅河口市、东丰县、柳河县、辉南县、磐石市、桦甸市、靖宇县境的全部或一部分。而叶赫部势力范围,南界在奉天界(今沈阳市)与哈达部为邻,西境达到今辽宁省开原市威远堡,北境与科尔沁、郭尔罗斯为邻,东界到伊通河。包括今天吉林省四平、辽源、公主岭、梨树、伊通、双阳、梅河口市和辽宁省昌图、开原、西丰的全部或一部分。此外,在长白山地区以及今延边朝鲜族自治州地域,还活跃着一些女真部族。只有把这些女真部族都招抚归顺,明廷才算真正成为这片土地的主人。

　　明廷对女真部族采取了与对兀良哈三卫相同的招抚政策,开始主要将海西女真作为招抚对象。面对朝廷给予的大量赏赐,女真首领往往是先表示归顺,获取好处以后转身就叛离。洪武二十八年(1395),明将周兴曾因此奉命征讨过海西兀者女真,对其叛离行为进行打击。但是,打归打,拉归拉,对女真部族,明廷还是采取了招抚安置的羁縻政策。洪武时期,由于主要精力放在平定蒙古各部反叛之上,对女真各部的招抚力度不大,前来朝贡者寥若晨星。永乐时期,明廷加大了对女真的招抚力度,女真各部的归附络绎不绝。据《吉林通志》记载,明朝"因其部族"建置卫所,"官其酋长,为都督、都指挥、指挥、千百户、镇抚等职,给予印信。俾仍旧俗,各统其属,以时朝贡"。所以,自永乐元年始,在今吉林省境内设置了很多卫所。如辉发部,根据《明实录》的记载,辉发部旺吉努(《明实录》记为"往吉奴")为弗秃都河卫都指挥使,弗秃都河为今辉发河下游左岸支流富太河。另有一些卫所,则由黑龙江流域南迁到松花江、鸭绿江流域等地带,在今吉林省地域定居下来。比如,乌拉部和哈达部同源,出于原居于忽剌温江(今黑龙江省呼兰河)及其以东地区的塔山左卫。叶赫部出于原居于松花江北岸的塔鲁木卫,始建于永乐四年(1406),宣德二年(1427)南迁至开原城东北镇北关外,叶赫河上游。明初在今吉林省地域设置卫所80多个,绝大部分设于永乐年间,少数设于正统以后乃至嘉靖时期。这些卫所,主要在今吉林省东部,主要集中在吉林市及延边州一带。《吉林通史》列表统计了28个明初在今吉林省境内设置的主要卫所,最早的设于洪武二十五年(1392),最晚的设于正统十一年(1446)。

明朝对女真各部的安抚政策相对更加宽松,通过招抚安置女真以牵制北部蒙古的意图比较明显,实际上归附的女真各部也确实很好地牵制了北方蒙古。同时,明廷还在今吉林省地域设置一定数量的女真卫所,意在分散女真各部力量,使其互相牵制,分而治之,也包含着狡黠的政治算计。今吉林省地域的各卫所,统归奴儿干都司管辖,也就是说,明朝时期的今吉林省地域属奴儿干都司管辖。永乐七年(1409)明廷决定设置奴儿干都司,任命了主要官员,永乐九年(1411)才真正到奴儿干"依土立兴卫所,收集旧部人民,使之自相统属"。永乐十二年(1414)明廷命辽东都司派兵三百去奴儿干都司护印,宣德三年(1428)又命康旺等"往奴儿干之地建奴儿干都指挥使司,并赐都司银印一、经历司铜印一"。为了在奴儿干设立都司的常设机构,明廷、奴儿干都司、辽东都司都付出了极大努力,但终因路途遥远、交通不便等因素,特别是需要造船运粮,成本太高,最后只能在奴儿干设立都司行署;而奴儿干都司的官员平时侨治于辽东都司的三万卫和铁岭卫两卫内,隔年率军巡视一次奴儿干地方。这样的管理模式大概维持到成化中叶,至少在成化十三年(1477),奴儿干都司机构仍然存在,其官员隶三万卫军籍,在间岁遣人前往奴儿干各地处理公务之外,逐渐兼承了辽北地区的地方守备任务及辽东都司的卫所官职。自成化中叶以后,不再有奴儿干都司机构的活动记录,其原有官员也仅署辽东都司官员的职衔,原奴儿干都司有关事务,也都由辽东都司过问、管理,今吉林省地域也属辽东都司管辖。通过以上叙述可知,直到奴儿干都司设立,今吉林省地域才真正纳入明朝政府行政管辖范围,也就是说,直到这个时候,明朝才真正将今吉林省地域统辖起来。

明朝对今吉林省地域的蒙古和女真部族实行的羁縻政策,除了设置卫所以外,还包括颁发敕书、设立马市等措施。所谓敕书,就是明廷给羁縻卫所各级负责人颁发的委任状,上面记载着明廷授予的官职和等级,是进京朝贡和接受赏赐的凭证。羁縻卫所的官员带领下属进京朝贡,必须持有朝廷颁发的敕书或印信,从指定的贡道入贡。敕书数量直接决定了部族可以参加进京朝贡的人员数量,间接决定了部族利用每年朝贡时机进行贸易获利的多少,因而对羁縻卫所具有特殊的重要性。入关时,要将敕书及进贡贡品交由主管官员检查。进入京城后,住在专门为他们朝贡设置的会同馆。进献贡品之后,会获得朝廷颁赐的抚赏和回赐。进贡之后剩余物品,可以在京城进行贸易。明朝政府规定,女真入贡之人可以在京城贸易五天,或者在会同馆交易三到五日。当然,这个规定执行得并不严格,私下交易以及往来途中的交易一直存在。一般来说,入贡的蒙古部族也好,女真部族也好,仅仅靠朝廷的抚赏、回赐以及有限的京城交易,满足不了他们对中原生产、生活产品的需求。于是,马市应运而生。永乐初年,福余卫指挥使喃不花等奏请朝廷开设马市获准。永乐年间辽东共设马市三处:开原南关,主要面向海西女真;开原城东五里、广宁城(今辽宁省北镇市),主要面向朵颜三卫。据《明宣宗实录》记载:"朝廷非无马牛而与之为市,盖其服用之物,皆赖中国,若绝之,彼必有怨心。皇祖许其互市,亦是怀远之仁。"可见,开设马市,为羁縻卫所提供贸易场所,是明廷羁縻制度的重要组成部分。就这样,从明朝1368年攻克元大都北京算起,到1409年奴儿干都司建立,明廷用了将近50年的时间,又采取了建立羁縻卫所、颁发敕书、设立马市等一系列羁縻政策,才算把包括今吉林省地域在内的整个东北"搞定"。明朝在东北实行的这种特殊制度,决定了驿路交通在这里有特殊的重要性。

(二)东北驿路交通干线

明朝东北地区的驿路建设,是在元朝辽阳行省驿路和站赤设置基础上进行的。总体上看,明朝东北驿路交通里程、驿站数量都比元朝要少,驿传系统总体规模有所缩减。具体线路也有所调整,有的线路被废弃了,有的线路被开辟出来。出现这样的情况,并非明朝驿路建设在元朝基础上退步了,原因在于明朝对东北的治理方式与元朝不同,羁縻政策之下的战略着力点在总体控制和力量震慑上,这与直接管辖之下的具体施政有着很大区别。特别是从今吉林省地域的角度来观察,设置于这片土地上的羁縻卫所,就像漂浮在天空中的风筝一样,明廷只要牵住风筝线就可以了。而代表朝廷牵着"风筝线"的"那只手",实际上就是辽东都司。即便奴儿干都司存在时,其侨治于辽东都司的三万卫和铁岭卫,实质上还是辽东都司带管东北。因此,明朝东北驿路建设必然从这个实际出发,按照辽东都司管带东北的要求来安排,战略层面的意图更加明显。从这个意义上来说,明朝的驿路建设与其治理东北的政治体制相匹配,或者说符合明朝治理东北实际需要。

明朝掌控东北是自南向北推进,其驿路交通也是自南向北逐步恢复、发展起来的。从辽阳至辽东半岛各驿站多设于洪武十八年(1385)以前,辽东都司境内及北平行都司各驿多设于洪武二十年(1387)至二十一年(1388),奴儿干都司境内各驿则多设于永乐七年(1409)之后。东北驿路交通网络,基本是以大宁(今内蒙古自治区赤峰市宁城县)、广宁、辽阳、开原、海西(今阿什河和松花江下游一带)五地为枢纽,向周围地区辐射。此外,还有一条自纳丹府(今桦甸市苏密古城)向东北延伸的线路,基本覆盖了东北地区全境。以大宁为中心有南、东、西三条驿路,大宁南线是山海关经松亭关(今河北省宽城满族自治县西南)到大宁的驿道,是洪武年间内地连通东北的唯一陆路交通孔道;大宁西线驿道置凉亭、沈阿、赛峰、黄崖四驿,与明北方军事重镇开平卫(今内蒙古自治区正蓝旗闪电河北岸)相连;大宁东线驿道,为通向辽东腹地的必经之路,经牛心山驿站(今辽宁省义县城西南)与义州驿(今义县城内)相连。以广宁为中心有西、西南、东南三条驿路,广宁西线驿路,通过牵马岭驿(今义县牟马岭)与义州驿相接,是大宁东线驿路的延伸线;广宁西南线驿路,经闾阳(今辽宁省北镇市西南)等九驿与山海关相接,是大宁入辽之路中断以后开辟出来的,并继之成为唯一入辽通道的重要驿路;广宁东南线驿路,沿辽河套西部南下,抵三岔河口附近,然后与辽阳南线相接。以辽阳为中心有南、北、东三条驿路,辽阳南线驿路另一端点为旅顺,纵贯辽南地区,连接辽东半岛南端,在海州驿(今辽宁省海城市西关)与广宁西南线驿路相接,是自海上入辽必经之路;辽阳北线驿路纵贯辽北地区,经六驿抵开原;辽阳东线驿路实际已废,并无驿站设施,但是中朝两国使臣往来仍多经此路,因元朝设有八大驿站,仍习惯称东八站,即自辽阳向东南过鸭绿江后与朝鲜驿路相接。以开原为中心也有三条驿路,为开原西陆路、开原北陆路、开原东陆路至朝鲜后门驿路。开原东线驿路在纳丹府向东略偏北分出一条干线,称纳丹府东北陆路。以海西为中心有两条驿路,一为海西西陆路,东起肇州(今黑龙江省肇东市八里城)西至兀良河(今归流河上游之乌兰河),为联系、控制东北西部地区唯一交通线路;一为海西东水陆站,是由药乞狗站至满泾狗站的路线;后来,自海西向东沿松花江又设立二十一个驿站,与药乞狗站相连接,形成一条完整斜贯奴儿干都司地域的大干线。以上驿路覆盖东北全域,是明朝经略东北地区的重要依托。

以大宁和广宁为中心的各条驿路中,最为重要的还是内地入辽的那条交通孔道。洪武年间最早开辟的自内地进入辽东的驿路,不是自山海关出长城,经广宁入辽东,而是从西边的喜峰口出长城,经大宁、义州入辽东。古代东北地区北部和西部各民族进入中原,很多都是走的这条路。明初之所以选择这条路,是因为这是北征纳哈出大军的进军路线。张穆《蒙古游牧记》有载,洪武二十年(1387)在喜峰口以北增筑"大宁、宽河、会州、富峪四城,留兵居守"。结束军事行动以后,设立了大宁都司。据《明太祖实录》记载,洪武二十一年(1388)二月"诏自山海关辽东遵化至大宁置马驿一十五"。遵化在喜峰口西南约八十里,显然是从喜峰口出长城入大宁。后来实际建成路线的枢纽站从遵化移至更靠近长城的松亭关,线路取向更合理了一些。但是,这条路线还是很不合理,从内地进入辽东,必须向西北绕很大一个圈子。加之后来兀良哈游骑不时骚扰,驿路交通基本断绝,宣德三年(1428)被正式弃用。在这个过程中,自山海关出长城入辽的线路被越来越多的人使用,并成为新的入辽唯一陆路孔道。然而,这条路也不是十分安全,永乐年间就不断受到一些蒙古部族的袭扰。尤其是锦州以东三百多里路段,因为多荒山密林,情况最为糟糕。宣德四年(1429)以后,明廷采取了诸如派遣官军护送重要公差、增置卫所保护交通、砍伐驿路两边的树木等措施,但仍然没有根除路患,直到辽西边墙筑成以后,西段交通安全情况才有所改善。不过,有明一代,广宁以西的驿路交通,一直受到兀良哈等部的骚扰,明廷为此付出了很大努力。而从广宁至辽阳之间的驿路交通,麻烦则主要来自"辽泽"地区沮洳地带。辽河中下游地区,古代以"辽泽"著称。据《新唐书》所载,唐代"辽泽泥淖二百余里,人马不可通"。后来这一地区并没有多大改观,明朝时虽然沮洳面积略有缩减,但广宁以东依然地洼水碱、芦苇萧萧,盘山以东滨海地区更是多潮沟、盛芦苇。所以在沮洳地带,只有冬季地面冻结以后,人马方可通过无虞。为了改变这一段驿路的通行状况,人们想了很多办法,花费了不少精力。正统年间,沿辽河修筑170里堤坝,堤坝之上即驿路,一堤两用,这就是著名的"长广道"。长广道虽然改善了交通状况,但是远未彻底根除驿道水患。实际上辽泽交通问题,直到努尔哈赤出手修筑叠道,从辽河一百二十里直到沈阳,才算基本解决。

以辽阳为中心的三条驿路,因其东线驿路并无驿站设置,实际上只有纵贯辽南、辽北的两条驿路,不过这两条驿路对整个辽东而言有着不容置疑的重要性。辽阳南线驿路通达旅顺,辽阳一端起始点为辽阳在城驿。辽阳在城驿,洪武十八年(1385)设,定辽左卫前所带管,今地为辽宁省辽阳市西关。从辽阳在城驿出发,第二站为鞍山驿。鞍山驿在今辽宁省鞍山市西南旧堡村附近驿堡古城,辽金时为鹤野县地,西行牛庄驿可至辽西。洪武二十年(1387)设,定辽中卫带管。第三站为海州驿,又名海州在城驿,属辽东都司海州卫,乃因辽金时海州、澄州旧城所置,今辽宁省海城市西关。第四站为耀州驿,属辽东都司盖州卫,辽金时亦为"耀州",今辽宁省大石桥市岳州村,尚存明驿站北墙遗址。第五站为盖州驿,又名盖州在城驿,属辽东都司盖州卫,辽金时为辰州治,今辽宁省盖州市。第六站为熊岳驿,辽金时为辰州熊岳县,明朝在此专设驿城,今辽宁省营口市鲅鱼圈区熊岳镇。第七站为五十寨驿,又称五十里寨驿,属辽东都司海州卫,今辽宁省瓦房店市西北五十寨。第八站为复州驿,又名复州在城驿,属辽东都司复州卫,辽金时亦为复州,临海交通重镇,今辽宁省瓦房店市复州卫城南。第九站为岚古驿,属辽东都司复州卫,今辽宁省瓦房店市南岚崮河南岸岚崮村,尚存南北长500米、东西宽450米的古城址。第十站为石河驿,属辽东都司复州卫,今大连市金普新区石河街道,尚存南北长350米、东西宽280米的古城址。第十一站为金州驿,又名金州在城驿,属辽东都司金州卫,辽代为苏州,金代改名化成县,其南有驿道上的南关岭(哈斯罕关),今大连市金州城南。第十二站为木场驿,属辽东都司金州卫,今大连市金州南30公里,旅顺口西北,大连市甘井子区前牧城驿,尚存南北长540米、东西宽210米古城址。第十三站为旅顺口驿,属辽东都司金州卫,其南临海,有老铁山和黄金山港口,今大连市旅顺口区。

辽阳北线驿路通往开原,是纵贯辽北的交通干线。从辽阳在城驿出发,第二站为虎皮驿,又名虎皮营城驿,属辽东都司沈阳中卫,洪武二十一年(1388)设,正统初年调拨后卫左所带管,今辽阳市北十里河站。第三站为沈阳驿,又名沈阳中卫在城驿,属辽东都司沈阳中卫,辽、金、元时为沈州,今沈阳市。第四站为懿路驿,属辽东都司铁岭卫,辽金时为挹娄县,今沈阳北懿路城。第五站为汛河驿,为千户所城,今辽宁省铁岭市南15公里凡河镇。需要说明的是,此驿乃《中国东北与东北亚古代交通史》所载,杨正泰撰《明代驿站考(增订本)》未列此驿,《中国东北史》也没有关于此驿的记载。第六站为中固驿,又名中固抚顺驿、抚顺驿,属辽东都司三万卫,辽金时为肃州,旧有古城已毁,今辽宁省开原市南中固镇。第七站为银州驿,属辽东都司铁岭卫,辽金时为银州,今辽宁省铁岭市银州区。第八站为开原驿,又名开原在城驿,属辽东都司三万卫,为三万卫治和辽海卫治,还是北路参将驻地,今辽宁省开原市老城街道。这条路线上的辽阳、沈阳、铁岭、开原四卫,俗称"北四城",是从辽阳到开原以北各路驿站必经之地。原本从广宁到开原有一条陆路,三百余里,日夜兼程用不上二日即可到达,十分便捷。同时,辽河水运可以从三岔河直抵开原老米湾。所以,开原虽然偏处辽北,交通尚属便利。然而,正统初年,随着蒙古、女真部族移居辽东近边者日益增多,经常干扰交通往来。辽东边墙筑成后,整个辽河套及辽河中下游的一部分处于边墙之外,直通开原的水陆两途均被迫废弃,改绕牛庄,经辽阳北上。这样,辽阳至开原驿路成为辽东地区南北交通的唯一孔道。最初,置虎皮、沈阳、懿路、银州、开原五驿。由沈阳中卫至抚顺原有一条驿路,置有抚顺驿及抚顺递运所。永乐五年(1407),因抚顺驿利用效率太低,而银州驿至开原驿之间又路远地荒、别无他驿,便移抚顺驿于铁岭、开原间的中固城,辽阳北线驿路由此增加中固驿。

　　辽阳东线,实际是元代辽阳通往今朝鲜东宁路的故道。今丹东市振安区九连城镇金代婆速府路、元代婆娑府的故址,明朝称九连城。万历二十四年(1596),明廷在此增筑镇江城,改长奠堡备御为游击,移驻镇江,成为辽东东南边境上军事要地,也是中朝使臣来往必经之路。从辽阳东南行,沿汤河右岸陆行,先经由弓长岭一带的大石关,今称石门岭,然后过甜水站(今辽阳市东南兰河西岸的甜水乡)、连山关(今辽宁省本溪满族自治县连山关镇)、雪里站(斜烈站,亦称薛礼站)、凤凰城(今辽宁省凤城市)、汤站(今丹东市振安区汤山城镇),之后抵达镇江城(今丹东市振安区九连城镇内)。其中连山关为枢要关隘,东行去往朝鲜,西行出石门岭直达辽阳,西北行则可达沈阳中卫,并由此达开原、铁岭诸卫。《中国东北与东北亚古代交通史》论及,除上述路线外,以辽阳为中心的重要交通路线还有两条,为继承汉魏以来的古道。一条从辽阳沿浑河东北行,经沈阳、抚顺,再沿苏子河东行,经今新宾满族自治县木奇镇,再至该县永陵镇的旧老城和老城,即明末努尔哈赤作为根据地的虎拦哈达城和赫图阿拉城;还有一条从辽阳沿太子河东行,经本溪、清河城出鸦鹘关(清河城东35公里),到今新宾满族自治县永陵镇旧老城和老城的道路。这两条道路,就是明末由辽东通往建州女真部族的道路,萨尔浒大战时,明军分四路向后金都城赫图阿拉进攻,有两路大军走的就是这两条路线。

　　辽东都司境内,开原是仅次于辽阳的政治中心,也是一个非常重要的交通枢纽城站。安乐州、自在州治所在开原,三万卫、辽海卫治所也在开原,北路参将驻地还在开原,所以开原有着四通八达的交通网络。以开原为中心的驿路也有三条,因开原北陆路、开原东陆路至朝鲜后门驿路和纳丹府东北陆路经过今吉林省,将在下一个部分详细介绍,这里只详细介绍开原西陆路的情况。开原西陆路,从开原出发西行,经庆云站到达今绕阳河上游阜新蒙古族自治县境内的塔营子,即明朝时懿州,是通往福余卫等西北蒙古族部族的交通路线。《中国东北与东北亚古代交通史》考证,这条驿路所经过的驿站有庆云站、熊山站、洪州站,然后抵达懿州站。从开原出发,第二站为庆云站。辽代为祺州州治所在,金代废州存县,元代废县置庆云驿,明朝沿袭元朝置驿。今为辽宁省康平县东南25公里小塔子村东辽河西岸的古城,古城西有一座辽代砖塔,俗称小塔子,因此得名"小塔子村"。第三站为熊山站。《辽东志》关于开原山川有载:"熊山,城西北一百九十里,在辽河西岸。"根据地望推定,故址应为今辽宁省法库县西四家子古城。这个古城址,曾经出土过金代"宣差都提控印",系辽、金、元、明各朝代相沿古城。第四站为洪州站。据《析津志》记载:"驿安东北百五十里洪州,百二十五里宁昌,百二十里庆云,正东偏南咸平府大安。"据此地望推断,洪州站应为今辽宁省彰武县苇子沟镇土城子古城。第五站为这条驿路的端点,懿州站。辽宁省阜新县东北54公里的塔营子古城,符合相关史料记载的方向和距离,当为懿州站址。塔营子城南出土了元代懿州城南学田碑,已经可以肯定塔营子古城即元代懿州城遗址。懿州城为辽朝所建,金、元沿用。但辽代有南、北两处懿州,懿州顺安县在今塔营子,而懿州宁昌县在北土城子。金代的懿州州治在顺安县,亦即今塔营子古城。所以,元、明两代驿路上的"懿州站"当在塔营子古城。

以海西为中心的两条驿路,都经过今吉林省境,将在下一个部分详述。

(三)吉林地域陆路驿道

今吉林省地域,为明时奴儿干都司辖境之南部,紧邻辽东都司,是奴儿干都司与辽东都司联系的必经之地,在战略上有着特殊重要的意义。由驿站和驿路构成的驿传体系,是明朝经略东北地区的重要保证,依靠顺畅的驿路交通,明朝的羁縻政策才能够得以顺利实施。根据成书于明景泰七年(1456)的《寰宇通志》、成书于弘治十年(1497)的《弘治会典》、成书于嘉靖二十年(1541)的《大明一统文武诸司衙门官制》、成书于万历十五年(1587)的《万历会典》等史籍统计,奴儿干都司在以上各个时间节点驿站数量都是45个,大体与福建、江西比肩,高于贵州和辽东都司的驿站数量。这说明奴儿干都司驿站设置比较多,驿路体系相对比较发达,在全国的驿路体系中占有比较重要的地位。经过今吉林省境的陆路驿路干线有开原北陆路驿路、开原东陆路至朝鲜后门驿路、纳丹府东北陆路驿路、海西西陆路驿路等四条驿路,都是明朝经略东北的重要交通要道。明朝驿站一般任务是:传递文报,转运军需、贡赋和赏赐,转运来往的朝贡官员和公差人员并提供食宿。而奴儿干都司境内的驿站承担的任务显然要更复杂一些,明廷派往松花江流域、黑龙江下游地区招抚女真的官员,往来都要经过这些驿路;而奴儿干都司境内女真、蒙古各卫,也要经过这些驿路进京朝贡。此外,与中原贸易的货物运输、朝廷战略物资的输送、一般的公务往来等,也都要通过这些驿路来实现。可以说,奴儿干都司境内的驿路驿站,承担着更为繁重的迎来送往和物资运送任务,是促进境内各民族与其他地区民族进行经济文化交流的桥梁和纽带。

开原北陆路驿路,从开原出发,向北行经龙安站到达海西,是辽、金、元连接东北南北交通的古道。具体经过的驿站是,从开原站出发,经过贾道站、汉州站、归仁县、韩州、信州城、斡木城、龙安站、海西宾州站,到达终点弗颜站。这些驿站都是辽、金、元以来的州县城站,多数都已考证得比较清楚。从开原出发,以开原驿为第一站,那么第二站为贾道站。《松漠纪闻》和《御寨行程》,以及《析津志》都写作"贾道铺",《经世大典》作"夹道站"。据《析津志》记载:"咸平府大安站正北百一十里贾道铺。"《御寨行程》所载咸平府与贾道铺之间里程相同,而《松漠纪闻》所载为"一百三十里"。从地望和距离判断,贾道站当在今辽宁省昌图县鴜鹭树镇四合屯古城。第三站为汉州站,具体位置还没有考证清楚。第四站为归仁县。根据相关史料记载,专家推定今辽宁省昌图县四面城为归仁县旧址。李健才《明代东北驿站考》一文中,认定"归仁县今开原老城镇北八十里,昌图县北四十里四面城"。据《元一统志》记载:"归仁县,故城在咸平府北。旧安州,金皇统三年改为县,后废,城址犹存。"故四面城为辽代安州,亦是金、元、明时归仁站旧址。第五站为韩州,开始进入今吉林省境。前文已经介绍过,韩州为今梨树县偏脸城。需要说明的是,历史上韩州州治曾三次迁移,有四处旧址。据《辽东行部志》记载:"乙丑次韩州,宿于大明寺。韩州,辽圣宗时并三河、榆河二州为韩州。三河,本燕之三河县。辽祖掠其民于此置州,故因其旧名以改。城在辽水之侧,常苦风沙,移于白塔寨。后为辽水所侵,移于今柳河县。又以州非冲涂(途),即徙于旧九百奚营,即今所治是也。"据考证,"常苦风沙"的韩州旧址,为今内蒙古自治区科左后旗浩坦乡城五家子古城;"为辽水所侵"的韩州旧址,为今双辽市双城一带的白塔寨;"州非冲涂(途)"的韩州旧址,为今辽宁省昌图县八面城;"旧九百奚营"的韩州,则是偏脸城。而韩州州治迁徙于偏脸城的时间,据考证为金朝天德二年(1150)。第六站为信州,今公主岭市秦家屯古城。秦家屯古城,过去叫新集城,即信州城之音转。秦家屯古城即信州城,学界对此认识比较一致。第七站为斡木城,准确位置不详,应该在伊通河上游今农安县龙王乡一带。第八站为龙安站,即今农安县。此地辽代为黄龙府;金代为济州,大定二十九年(1189)又改为隆州;元代仍名黄龙府;明朝则成为重要驿站,名龙安站。第九站为海西宾州站。此站即《宣和乙巳奉使金国行程录》所载"乌舍寨",也是《松漠纪闻》所言"州近混同江"的宾州,今为农安县东北靠山镇北松花江和饮马河汇流处的广元店古城。第十站为这条驿路的终点弗颜站。《明代东北驿站考》认为:"弗颜站在今扶余县(今扶余市)境内。从海西(今扶余市境内)又分东、西两路,一路西行到兀良哈三卫,一路东北行到奴儿干都司。"

开原东陆路至朝鲜后门驿路,行进路线为:从开原出发东行,经过坊州城,之后沿辉发河流域的纳丹府城、富尔河流域的费尔忽、古洞河或海兰江流域的弗出,到达渤海国时的南京,然后向东渡过图们江进入朝鲜的东北部。驿路上的驿站有:开原驿、坊州城、奚官、纳丹府城、费尔忽、弗出、南京、随州县、海洋、秃鲁、散三(或称散叁)。这条路线亦是渤海、辽、金以来的古道,到明朝成为开原到朝鲜东北部的交通道,沿途渤海、辽、金古城位置和明朝驿站分布基本一致。女真建州左卫曾居住在今朝鲜咸镜北道的庆源、镜城、会宁一带,从这条路线所经过的驿站和建州左卫的位置来看,这条驿路应该是明朝通往建州左卫的路线,也是建州左卫的朝贡道。以开原驿为第一站从开原出发,第二站为坊州城。据《辽东志》记载,开原城"东到坊州三百里"。从今开原市老城街道东行到梅河口市山城镇,恰好为150公里，而且山城镇西北2公里山上有一座山城，周长1.5公里，为辽代古城，金、元沿用。故推定，山城镇即明朝坊州城。经考证，由开原到坊州的路线和今公路线路一致，从开原出发，沿寇河东行，经今辽宁省西丰县和清原土口子一线，到梅河口市山城镇。第三站为奚官，准确位置不详。按《辽东志》记载，奚官在坊州城和纳丹府之间，有学者将其推定为今梅河口市海龙镇古城。海龙镇古城周长1.5公里，为辽代古城，金、元沿用，出土过宋代古钱。第四站为纳丹府城，今桦甸市苏密城。苏密城坐落于桦甸盆地之中，辉发河南岸，北濒辉发河故道。清中叶以后，称这一带为"苏密甸子"，苏密城由此得名。苏密城控扼松花江水路和陆路交通之要冲，是昔日长岭—营州道上雄峙一方的赫赫重镇，地势险要、土质肥沃，是人类栖居的好地方。李文信认为："苏密城古址全仿唐式作法，不在山上，壁无箭垛，与高句丽、辽金式城郭不同，出土遗物多与渤海上京遗址遗物制法、形式相同（如印花瓦当、纹样花砖等）。"考定为渤海古城址。城的规模和布局当在渤海时期便已形成，以后为辽金沿用，大约在明后期废弃，如今亦只唯余城垣旧址。第五站为费尔忽，今敦化市大蒲柴河镇浪柴河村马圈子古城。古城西、南、东三面紧邻富尔江，有角楼、瓮城而无马面，周长1250米。城内曾经采集到"崇宁元宝"一枚，出土过宋代以及明、清铜钱。据《额穆县志》记载，富尔江流域曾发现过古印，可能是明时卫指挥之印。在古城东大蒲柴河镇，还出土过金代"副都统之印"。总之，马圈子古城一带历史积淀较厚，被专家推定为费尔忽旧址。第六站为弗出，准确位置不详。李健才认为，安图县万宝镇的万宝古城或和龙市东古城子可能是弗出的所在地。第七站为南京，今图们市磨盘山山城为其旧址。山城位于一相对独立的山体之上，山的东、南、西三面为布尔哈通河。古城周长4549米，为一椭圆形山城，渤海和东夏国时城址。城内遗物中渤海时期瓦类为多，出土的绝大多数器物属于金代的东夏国。从该城东渡图们江进入朝鲜东北部，经随州（今朝鲜咸镜北道钟城）、海洋（今朝鲜咸镜北道吉川）、秃鲁（今朝鲜咸镜南道端川西6.5公里古城），到达终点散三（今朝鲜咸镜南道北青）。元代桑吉东南行到合懒府路线，从南京万户府（今图们市磨盘山山城）沿着东海岸到合懒府（今朝鲜咸兴市）设置11个站赤，明朝的这条路线就是在元朝站赤基础上设立的，只不过终点不是咸兴而是其北部的北青。

纳丹府东北陆路驿路，从纳丹府出发，经那木剌等6个驿站到达终点站毛怜，所经驿站为那木剌、善出、阿速纳合、潭州、古州、旧开原、毛怜。这是明初通往建州卫、毛怜卫的驿路，也是建州卫、毛怜卫的朝贡道。以纳丹府为第一站，出发东北行到第二站那木剌站。李健才认为，那木剌为今桦甸市暖木条子村。暖木条子村位于桦甸市二道甸子镇东北部，北邻蛟河市，东邻敦化市，南邻桦甸市红石砬子镇色洛河村。第三站善出和第四站阿速纳合位置不详，应该位于暖木条子村东北方向，牡丹江上游敦化市西南小黄泥河子江源一带。第五站潭州和第六站古州，李健才在《明代东北驿站考》一文中有具体考证："《辽东志卷一·地理志》，开原山川条：忽儿海河（今牡丹江）在开原'城东北一千里，源出潭州城诸山，北流谷州城东，经斡朵里城北入松花江'。从忽儿海河源出潭州城东诸山来推断，潭州当在今敦化。从'北流谷州城东'来推断,谷州当在今牡丹江西岸的宁安县城。""据《元一统志》记载:开元城'正西曰谷州',《辽东志卷九》、古州条下注称'北接斡朵里'。今宁安县城正当开元城(今俄罗斯境内的乌苏里斯克,即双城子)之西,斡朵里(今依兰)之南,故以今宁安县城为谷州(古州)的所在地。"根据李健才的推断,第五站潭州为今敦化市,第六站古州为今黑龙江省宁安市。第七站旧开原,即前文李健才所言"开元城",今俄罗斯境乌苏里斯克(双城子)南面克拉斯诺雅尔山城。第八站毛怜,在今图们江北珲春市境内。《辽东志》"毛怜站"注称:"旧开原南。"旧开原为绥芬河流域双城子南面的克拉斯诺雅尔山城,毛怜站当在今绥芬河流域之南,正当珲春河流域。专家结合其他史料记载进行了综合分析判断,最后推定在珲春市境内,并获得比较广泛的认可。

　　明朝以海西为中心有东、西两条驿路,海西东水陆城站将在下个部分详细叙述,这里重点介绍海西西陆路驿道。海西西陆路从肇州出发西行,经洮儿河、台州等驿到达终点兀良河站。这是明初通往兀良哈三卫的驿路,西北连接鞑靼,战略上具有特殊重要的意义。根据历史文献记载,这条驿路从肇州出发后,所经过的驿站有龙头山、哈剌场、洮儿河、台州、尚山、札里麻、寒寒寨、哈塔山,到达终点兀良河,全线共十站。关于肇州,李健才在《明代东北驿站考》一文中进行了详细考证,综合历史文献记载,提出判定今地的五个条件并推定今黑龙江省肇东市八里城为肇州所在地。需要说明的是,李健才进行这个推定时,一般认为塔虎城为长春州旧址,而根据最新考古发现,学界倾向于白城市洮北区城四家子古城为长春州旧址,参照坐标点发生了变化,因而有学者将肇州今地定为前郭尔罗斯蒙古族自治县塔虎城。第二站龙头山,准确位置不详,当在肇东八里城西南,位于今大庆市老山头一带。第三站哈剌场,准确位置不详。第四站洮儿河,从前后站的位置来看,可能在今洮儿河下游,大安市安广镇西北,月亮湖水库南七里的腰新荒古城,周长一里。第五站台州,即辽代的泰州,金代的旧泰州。学界原认为在城四家子古城,但现在多倾向认为在黑龙江省泰来县塔子城。台州以下四站位置,因缺乏文献记载,加之地处辽阔草原之上,地点难以确定。但是学者在把兀良河站的位置确定以后,根据当今考古发现的已知古城分布情况进行反推,也大体锁定了具体位置。据《中国东北与东北亚古代交通史》考定,兀良河站应该在今乌兰浩特市东北12.5公里的前公主陵古城。而在城四家子古城和前公主陵古城之间,有四座小型辽金古城。因此推定第六站尚山,其地应为从城四家子古城沿洮儿河左岸西北行三四十公里的白城市洮北区金祥乡蒙古屯古城。第七站札里麻,今地位置可能是白城市洮北区青山镇永胜村黄家堡屯的土城子古城。第八站寒寒寨,今地位置可能位于洮南市洮儿河西岸、蛟流河东岸福顺镇翟家村附近的海城子古城。第九站哈塔山,其地位置应当是白城市洮北区岭下镇两家子村南750米的小城子古城,由此西北行三四十公里便到达前公主陵古城。前公主陵古城北通扎赉特旗的塔子城,东南通城四家子古城,西北沿洮儿河谷通好田古城,沿归流河谷通哈拉根台古城。如此通达的交通枢要,更显这条驿路战略上的巨大价值,乃明朝控制西北地区的唯一交通驿路。

（四）海西东路水路城站

元朝在奴儿干地区设置了东征元帅府,管辖黑龙江下游地区的女真人和库页岛夷人(苦夷)。明朝辽东都司设立以后,管辖这一地区陆续归顺的女真人。洪武年间,明廷已将松花江流域及图们江、鸭绿江以西地区收入版图,完成统一奴儿干地区的第一步。永乐初年,完成了对黑龙江中下游地区的统一,并于永乐七年(1409)设置奴儿干都司,最后确立了明朝在东北北部地区的疆域及管辖体制。据《寰宇通志》记载,"其地东濒海,西接兀良哈,北至奴儿干北海",即东濒日本海,西至鄂嫩河、西拉木伦河,北跨外兴安岭,南与辽东都司以及朝鲜的西北部相邻。奴儿干都司,是明朝东北北部地区最高军政机构,治所设在黑龙江下游西岸、亨滚河附近的特林(今俄罗斯哈巴罗夫斯克边疆区塔赫塔)。所辖地域居住着野人女真、吉列迷人、苦夷人等,"非重译莫晓其言,非威武莫服其心,非乘舟难至其地",特别需要使者来进行抚略,宣德施恩。所以,明廷从永乐七年(1409)开始在元代驿路基础上建设城站,永乐十年(1412)完成。据《明实录》记载:"置辽东境外满泾等四十五站,敕其提领那可、孟常等曰:朝廷设奴儿干都司并各卫,凡使命往来所经各地,旧有站赤者复设,各站头目悉恭命勿怠。"这四十五站是指从黑龙江省双城市拉林河北岸的石家崴子出发,沿松花江和黑龙江岸边设置的驿站,一直到达满泾(今俄罗斯亨滚河口莽阿臣噶珊),完全沿用元代的驿路路线。与陆路驿道相伴的水路驿道,则从今吉林市出发,顺松花江而下,进入黑龙江,直达奴儿干地区。据《辽东志》记载:"国朝(指明朝)征奴儿干,于此(今吉林市)造船,乘流至海西,装载赏赉,浮江而下,直抵其地。"从吉林市出发的水路驿道和从双城市石家崴子出发的陆路驿道构成海西东路水路城站,是明朝管理女真人的主要交通路线,也是明朝松花江下游、黑龙江下游海西女真、野人女真进京朝贡的路线。

奴儿干都司设立以后,朝廷要派官设治,派兵护印,赏赐当地部族等,都需要运送大量的生活物资和其他物资,运输工具就成了首先要解决的问题。于是,明朝在今吉林市开辟了造船基地,利用今温德河上游深山的松木造船,服务于朝廷大员来往于奴儿干地区宣德施恩、进行抚略。据《明宣宗实录》记载:"命亦失哈等率官军往奴儿干,先于松花江造船运粮。""命辽东运(粮)造船于松花江,将遣使往奴儿干之地招谕。""遣中官亦失哈等往奴儿干等处,令都指挥刘清领军松花江,造船运粮。"在吉林市朱雀山脚下,阿什哈达松花江百尺断崖处有大小两处摩崖石刻,为国家级重点文物保护单位。小摩崖石刻文字:"甲辰丁卯癸丑骠骑将军辽东都指挥使刘大明永乐拾玖年岁次辛丑正月吉。"大摩崖石刻文字为:"钦委造船总兵官骠骑将军辽东都指挥使刘清永乐十八年领军至此洪熙元年领军至此宣德七年领军至此本处设立龙王庙宇永乐十八年创立宣德七年重建宣德七年二月卅日。"从摩崖石刻文字记载可知,辽东都指挥使刘清,先后于永乐十八年(1420)、洪熙元年(1425)、宣德七年(1432)三次领军来此造船。永乐十八年首次来到此地时,在江畔修建了一座龙王庙,大约是多年无人打理,宣德七年第三次来到这里又重建了龙王庙。根据相关史料记载,明代来吉林市造船的军士应该承担着极为沉重的负担,以至于不堪忍受其苦而纷纷逃亡。据《明宣宗实录》记载:"以松花江造船军士多未还,敕海西地面都指挥塔失纳答、野人指挥头目葛朗哥纳等曰:比遣中官亦失哈等往奴儿干等处,令都指挥刘清领军松花江造船运粮,今各官还朝,而军士未还者五百余人。朕以尔等归心朝廷,野人女真亦遵法度,未必诱引藏匿,敕至即寻究,遣人送辽东总兵官处,庶见尔等归向之诚。"看来就是宣德七年这次刘清领军造船,逃亡军士500多人,以至于宣宗皇帝亲自向海西女真和野人女真头目要人,刘清也因此受到了处分。如此规模的逃亡,有的甚至"逃往海西二十余年",足见造船之役多么沉重。明宣宗宣德五年(1430)十一月,曾下令停止在松花江造船,但不久又恢复了。直到宣德十年(1435)正月,明宣宗临死前,才敕谕辽东总兵官都督佥事巫凯等人:"凡采捕、造船、运粮等事,悉皆停止。"杨宾《柳边纪略》也有记载:"永乐间,发匠卒数千造船,将以开边。未几成祖崩,仁宗即位罢归。宣德时又造,宣宗崩乃终罢。"可见,一直到宣宗去世,明朝吉林船厂的造船劳役才告结束。

从前文的叙述可知,刘清领军造船,是为亦失哈往奴儿干等处招谕做准备工作。亦失哈是东北明代历史上的一个重要人物,虽然历史文献关于此人记录不多,但还是能够梳理出大致行实。亦失哈是女真人,"亦失哈"是其女真语名字的音译,据《李朝实录》载为"亦时哥",《辽东志》载为"亦什哈"。女真语"亦奇"有"信誉"之意,"哈"意为"人",所以"亦失哈"即"亦奇哈",意为"信得过的人"。亦失哈汉名"易信","易"是用"亦失哈"的第一个音节读音,"信"是采用"亦失哈"之原意。关于亦失哈如何成为朱棣宫中太监,过去有两种说法:一说其被明军俘虏后被净身送到燕王宫中成为太监,一说阿哈出之女被永乐皇帝纳为妃子时,亦失哈随之入宫成为太监。万明《明代永宁寺碑新探——基于整体丝绸之路的思考》一文,根据新发现的亦失哈家族史料,给出了正解。明朝荣禄大夫、中军都督府都督同知武忠《墓志铭》记载:"洪武初有讳武云者,率其子满哥秃孙、可你、亦失哈慕义来归。太祖高皇帝嘉其一门敬顺天道,尊事朝廷也,赐姓武氏,授田宅,给饩廪,恩养甚厚。"根据《墓志铭》记载,武忠是武云之孙、可你之子、亦失哈的侄子。亦失哈先世为"海西木里吉寨(今黑龙江省嫩江市墨尔根江流域)人",洪武初随父武云归附明朝,其后"入内廷为奉御,历升太监,镇守辽东"。从永乐七年(1409)以内官钦差太监衔巡视奴儿干地方开始,史料中开始有关于亦失哈的记载。宣德十年(1435),亦失哈就任镇守辽东太监。镇守太监是监督、制约总兵的官员,与总兵官一同镇守辽东地方,整理城堡,操练军马,抚恤士卒,防御贼寇。凡一应大小事务,悉与总兵巡抚等官计议而行。景泰元年(1450)五月,亦失哈奉诏离开辽东进京任职,史料中再无此人的记述。亦失哈之所以在明代东北史上是重要人物,是因为他先后数次沿松花江顺流而下的水路驿道巡视奴儿干都司,为招抚当地少数民族、稳定明朝东北边疆做出了重要的贡献。关于亦失哈巡视奴儿干地区的次数,有七次、九次、十次等不同说法。但不论亦失哈到底巡视了几次,奴儿干都司建立时,其管辖地域设置126卫,至永乐末年则为184卫,而至万历年间更是有384卫、24千户所,这个数量变化凸显出明朝对奴儿干地区的招抚成效,其中当然有着亦失哈的重要贡献。而且,亦失哈在奴儿干都司治地修建和重建永宁寺，留下了《敕修奴儿干永宁寺记》和《重建永宁寺记》两通碑文，成为证明中国明朝对奴儿干地区有效管辖的重要历史文献和物证，有着巨大的政治意义和历史意义。这些，也同样凸显出顺松花江而下直达奴儿干都司水路驿道的重大贡献和重要意义。

沿着这条水路驿道，亦失哈多次巡视奴儿干都司。根据《敕修奴儿干永宁寺记》碑文记载，永乐九年（1411）春，亦失哈率官军一千余人，巨船25艘，来到奴儿干地方，开设奴儿干都司。也就是说，虽然明廷在永乐七年（1409），因奴儿干地区女真头目忽剌冬奴"奏其地冲要，宜立元帅府"，决定设立奴儿干都司，并确定"以东宁卫指挥康旺为都指挥同知，千户王肇舟为都指挥佥事，统属其众"，而真正在奴儿干地面上设立奴儿干都司，则是在永乐九年亦失哈巡视奴儿干地方时完成的。设立奴儿干都司以后，"依土立兴卫所，收集旧部人民，使之自相统属"。不过，根据《敕修奴儿干永宁寺记》碑文"是以皇帝敕使三至其国，诏安抚慰，□□安矣"的记述，可以肯定，在永乐九年之前，已经有皇帝派遣的使者来到这里三次了。这三次里面，有没有亦失哈，没有发现确切的史料记载。永乐十年（1412），亦失哈又来到奴儿干都司巡视。《敕修奴儿干永宁寺记》碑文载："十年冬，天子复命内官亦失哈等载其国。自海西抵奴儿干及海外苦夷诸民，赐男妇以衣服器用，给以谷米，宴以酒馔，皆踊跃欢忻，无一人梗化不率者。"亦失哈贯彻怀柔政策十分到位，奴儿干地区少数民族都很高兴地归顺了朝廷，但是皇帝还有更深远的考虑，"上复以金银等物为择地而建寺，柔化斯民"，要求亦失哈选择合适地方修建寺庙，目的是对当地民众进行宗教的感化教育。永乐十一年（1413）秋，亦失哈选定了满泾站左侧山上石崖原先建有观音堂的地方，修建了永宁寺，并于九月二十二日立《敕修奴儿干永宁寺记》碑。根据碑记，立碑时都指挥同知康旺、都指挥佥事王肇舟、佟答剌哈、经历刘兴等这次都随亦失哈来到了奴儿干都司。从上述情况看，亦失哈应该是永乐十一年，又去了一次奴儿干都司。据《重建永宁寺碑记》记载，可以确认永乐年间亦失哈至少巡视奴儿干都司三次，即永乐九年、永乐十年、永乐十一年。根据刘清永乐十八年领军造船的情况分析，可能在永乐十八年或者十九年还有一次。此后，亦失哈又去了多次。据《重建永宁寺碑记》记载："宣德初，复遣太监亦失哈部众再至，以当念圣天子与天同体、明如日月，仁德之大、恩泽之渥谕抚之，其民悦服。且整饬佛寺，大会而还。"这一段碑文，说明宣德元年（1426）亦失哈又一次奉命来到奴儿干都司，谕抚当地民人要感念"圣天子与天同体、明如日月，仁德之大、恩泽之渥"，当地民人非常信服。亦失哈还整饬了一番永宁寺，大概还搞了一场比较隆重的佛事，然后返回。还有，"七年，上命太监亦失哈同都指挥使康政率官军二千，巨舡五十再至"。这段记述是说，宣德七年亦失哈又一次来到了奴儿干都司，而且是率领五十艘巨船组成的船队，官军二千人，规模应该是有史料记载的历次中最大的一次。这也是亦失哈最后一次巡视奴儿干都司，此后再没有相关记载。就是这次巡视，亦失哈发现永宁寺被人为破坏了，"独永宁寺被毁，基址存焉"。于是进行了追究，毁寺的吉列迷人非常恐惧，生怕被亦失哈等砍头。"而太监亦失哈等体皇上好生柔远之意，特加宽恕。斯民谒者，仍宴以酒食，给以布物，愈抚恤。于是人无老少，踊跃欢忻，咸啧啧曰'天朝有仁德之君,乃有启处之方,我属无患矣!'"命人在原址重修永宁寺,宣德八年(1433)完成,"华丽典雅复胜于先",又立一通《重建永宁寺记》碑。而武忠《墓志铭》记载了墓主武忠随亦失哈前往奴儿干的事情:"洪熙乙巳奴儿干梗化,命亦失哈招抚,公从之有功。宣德丁未归,授锦衣卫□户(其他史料可佐证为"百户")。戊申再随亦失哈往奴儿干,中道奉敕谕山后有功,赏彩币;辛亥复随亦失哈往奴儿干,癸丑归献海青三百余,赏金织袭衣及彩币。"这里记载了武忠于洪熙元年(1425)跟随亦失哈前往奴儿干招抚,宣德二年(1427)归,授予锦衣卫百户;宣德三年(1428)再随亦失哈前往奴儿干;宣德六年(1431)复随亦失哈往奴儿干,至宣德八年(1433)归。结合两通永宁寺记事碑的碑文和武忠《墓志铭》记载,万明考定永乐至宣德年间,亦失哈七次巡视奴儿干。毫无疑问,亦失哈每次到奴儿干都司都是走的这条水路驿道。

史料中将这条驿路路线称为海西东路水陆城站,是因为这条驿路水陆并行。水路我们已经很清楚了,从吉林市顺松花江而下,进入黑龙江,然后直达奴儿干都司治地。前文也介绍了,陆路起点在黑龙江省双城市的石家崴子,终点在奴儿干都司治地西满泾站。具体路线简略介绍如下:第一站底失卜站,今黑龙江省双城市石家崴子古城;第二站阿木河站,也写作斡木火站,今黑龙江省双城市青岭乡万斛古城;第三站海胡站,今哈尔滨市阿城区料甸街道海沟村;第四站鲁路吉站,今哈尔滨市阿城区蜚克图街道附近;第五站伏答迷城站,今黑龙江省宾县西北乌尔河口西岸古城;第六站海留站,今黑龙江省宾县东北海狸红河口;第七站札不剌站,今黑龙江省宾县宾安镇;第八站伯颜迷站,今黑龙江省木兰县东五站;第九站能站,今黑龙江省通河县浓河镇;第十站哈斯罕站,今黑龙江省通河县城东三站镇;第十一站兀剌忽站,今黑龙江省通河县东北祥顺镇;第十二站克脱亨站,今黑龙江省通河县大古洞村;第十三站斡朵里站,今黑龙江省依兰县西南马大村;第十四站一半山站,今黑龙江省依兰县东北舒乐河村附近;第十五站满赤奚站,今黑龙江省汤原县固木纳城;第十六站阿陵站,今黑龙江省佳木斯市傲其村附近;第十七站柱邦站,今黑龙江省桦川县堆峰里村;第十八站古佛陵站,今黑龙江省桦川县东北宛里城;第十九站奥里米站,今黑龙江省绥滨县城西奥里米古城;第二十站弗能都鲁兀站,今黑龙江省富锦市北大桦树屯;第二十一站可木站,今黑龙江省同江市东科木;第二十二站乞列迷站,今黑龙江省抚远市勤得利古城;第二十三站药乞站,今黑龙江省抚远市东黑瞎子岛。据《明代驿站考》注明,自此站以下一直至满泾站,皆为狗站。并引《辽东志》《全辽志》注曰:"按狗站,又名水狗站。夏月乘船,冬月乘爬犁,皆以狗驾拽,故名。"从第二十四站开始,皆在今俄罗斯境,不做具体介绍。关于终点站满泾站,需要进行一些说明。清朝光绪十一年(1885),曹廷杰在黑龙江下游特林地方发现永宁寺碑和重建永宁寺碑以后,不但确认了明朝东北疆域已达黑龙江口,也确定了奴儿干都司治地和满泾站的具体位置。根据永宁寺碑文确知,满泾站在奴儿干都司治地以西不远的地方。而清朝康熙皇帝下令编绘的《皇舆全览图》的黑龙江口图,在亨滚河口北岸有"莽阿臣噶珊"屯名;《盛京、吉林、黑龙江标注战迹舆图》有"莽阿禅屯",在奴儿干都司城以西,亨滚河口北岸。"莽阿臣""莽阿禅"皆为"满泾"的音转,"噶珊"为满语,屯子的意思。由此,满泾的位置,既有明代碑文为证,又有清代舆图可考,确凿无疑。明朝在其版图之内设置的驿站,统归兵部管辖,是明朝政府统治机构的组成部分。

海西东路水路城站,是开原以北经海西女真去往奴儿干都司境内的主要交通干线。明朝永乐年间以后,由京师出山海关进入辽东都司,或者由山东登莱跨海至辽东都司,然后北行至开原三万卫,再经过坊州、纳丹府城抵达今吉林市,就站在海西东路水路城站驿路的水路起点上了。当时明朝派往奴儿干地区公干的官员、军士要使用这条驿路,而奴儿干地区的部族头领入朝进贡、进行贸易也要往返于这条驿路。根据史料记载,永乐十二年(1414)明廷"命辽东都司以兵三百赴奴儿干都司护印",这三百军士必然要从这条驿路去往奴儿干都司。宣德三年(1428)又命康旺等"往奴儿干之地建奴儿干都指挥使司,并赐都司银印一、经历司铜印一",康旺等也要通过这条驿路去往奴儿干之地。《辽东志》《明太宗实录》等记载,后来在奴儿干设立都司行署,奴儿干都司官员平时侨治于辽东都司的三万卫等,"间岁相沿领军"出巡奴儿干,"逾二年遣还"。也就是说,奴儿干都司的官员实行轮换制"现场办公",其官员领军出巡奴儿干,两年一轮换,成为定制。那么这些两年一轮换的官员和军士,都要通过这条驿道来回。因为奴儿干都司归锦衣卫管辖,史料中还有一些锦衣卫官员来往奴儿干都司的记载。比如,天顺六年(1462)三月,锦衣卫都指挥佥事马鉴等赍敕往奴儿干,命弗提卫都督安奴等"省谕奴儿干、吉列迷、黑龙江等处人民照旧买卖,有以海青等物进贡者,听马鉴等就彼给赏"。这些锦衣卫的官员当年也要通过海西东路水路城站往来奴儿干都司。随着奴儿干都司地区建置卫所数量越来越多,每年通过这条驿路进京朝贡的人员数量也越来越多。受明廷"厚往薄来"的德政吸引,黑龙江以及北海地方的女真、吉列迷、苦夷等部族,纷纷受抚纳贡,并且"借贡兴贩",明廷允许他们朝贡期间在京进行一定程度的贸易活动。这样,朝贡者不但通过朝贡获得大量赏赐,还可利用朝贡时的贸易活动购买大量的生产、生活所需物品。就这样,海西东路水路城站,客观上已经成为明代东北亚丝绸之路的重要组成部分。这条东北亚丝绸之路,以北京为起点,过辽阳后,经过开原直趋吉林市,然后经松花江、黑龙江,到达库页岛、鄂霍次克海、日本北海道岛,创生出所谓虾夷锦文化。可见,这条驿路不仅仅帮助明廷加强了对东北的经略管理,也促进了各族人民之间经济文化交流和社会经济发展,客观上还开拓出东北丝绸之路。

四、清朝吉林驿路拼图

清朝不同于明朝,建立清帝国的爱新觉罗氏是东北的世居民族,整个东北被清朝统治者视为自家的"后花园",吉林省更是被视为"龙兴之地"而倍加珍惜和爱护。顺治帝入关定鼎中原以后,将盛京(今辽宁省沈阳市)定为陪都,对东北实行特殊的军府制管理模式。康熙朝又修建了柳条新边,开始实行历时约200年的封禁政策。加之入关以后,沙俄武装一直骚扰不断,清廷必须加强北部边防。如此一来,清朝时今吉林省域内驿路的修建和驿站的设置,有着非常突出的武备特征,每一条驿路的开辟都是军事战略的需要,每一个驿站的设置和调整都是为了更好地服务于军事所需。清朝的驿传设置包括驿、站、塘、台、所、铺六种组织形式,《光绪会典》记载:"凡置邮曰驿、曰站、曰塘、曰台、曰所、曰铺,各量其途之冲僻而置焉。"其中,军报所设为站,如吉林、黑龙江所设就均为站,每站设笔帖式管理,统于将军衙门管辖。清朝时今吉林省境驿路建设和驿站设置,当始于康熙朝,中间多次增添和调整,直到光绪朝还有新的建设和发展,形成了覆盖面比较广泛的驿路交通网络,构成了具有鲜明时代特征的驿路拼图。

(一)清初盛京至宁古塔的军事交通线

清朝定都北京以后,先是以盛京总辖东北。顺治元年(1644)设盛京阿立哈大(总管),统管东北地区事务。由于沙俄频频入扰,顺治九年(1652),清廷命梅勒章京沙尔虎达、甲喇章京海塔、尼噶礼统官兵驻防宁古塔,但隶属于盛京昂邦章京(盛京将军)。顺治十年(1653),命沙尔虎达为昂邦章京,镇守宁古塔地方。从此宁古塔地方从盛京将军管辖范围析出,独立治政,辖区覆盖整个黑龙江流域。今吉林省地域在宁古塔昂邦章京管辖范围之内,是亦为吉林省设治之始。宁古塔昂邦章京驻地先是在宁古塔旧城,今黑龙江省海林市长汀镇古城村。康熙元年(1662),盛京昂邦章京改称辽东将军,宁古塔昂邦章京亦改称"镇守宁古塔等处将军",一般称"宁古塔将军"。康熙五年(1666)宁古塔将军衙署迁到宁古塔新城,今黑龙江省宁安市。一直到康熙十五年(1676)宁古塔将军移治吉林乌拉城之前,宁古塔都是东北北部最大的政治中心、军事中心。当时由于内部统治尚不稳固,清廷无暇北顾,宁古塔将军承担着非常重要的防卫责任,保持与盛京进而与北京交通线路的畅通,是极其重要的事情。于是,宁古塔通过鹦哥关至盛京,进而通达北京的这条路线,成为当时最为重要的也是唯一的交通动脉。鹦哥关,也称英额门,今辽宁省清原满族自治县英额门镇。这条路线穿行于吉林哈达岭、龙岗山脉、张广才岭、漂河岭、老爷岭诸山之间,沿浑河、辉发河、松花江、蛟河、珠尔多河及牡丹江等河谷行进。细心的读者可能会发现,其实这条交通路线是一条古老驿道,渤海的长岭营州道、元朝和明朝的纳丹府道都是这条线路。渤海长岭营州道,以渤海国上京龙泉府(今黑龙江宁安市渤海镇)为出发地,具体路线是沿牡丹江河谷到达旧国,即今敦化市。由旧国西行,经长岭府到达渤海国西境。出渤海国后,沿辉发河、浑河河谷西南行,经新城(今辽宁省抚顺市高尔山山城)、盖牟(今辽宁省沈阳市陈相屯塔山山城)至安东都护府(今辽宁省辽阳市),然后西渡辽河,继续西行至营州。而元明两代的纳丹府道,从纳丹府出发,经那木刺等六个驿站到达终点站毛怜,所经驿站为那木刺、善出、阿速纳合、潭州、古州、旧开原、毛怜。其中的潭州就是今敦化市,古州即宁古塔。可见,这是一条传统的交通路线,虽然一路山高林密,十分艰险,但在清初却是宁古塔和盛京之间联系的唯一通道。

既然是唯一通道,那么在后来的盛京至吉林乌拉驿路开通之前,所有去宁古塔的人,都

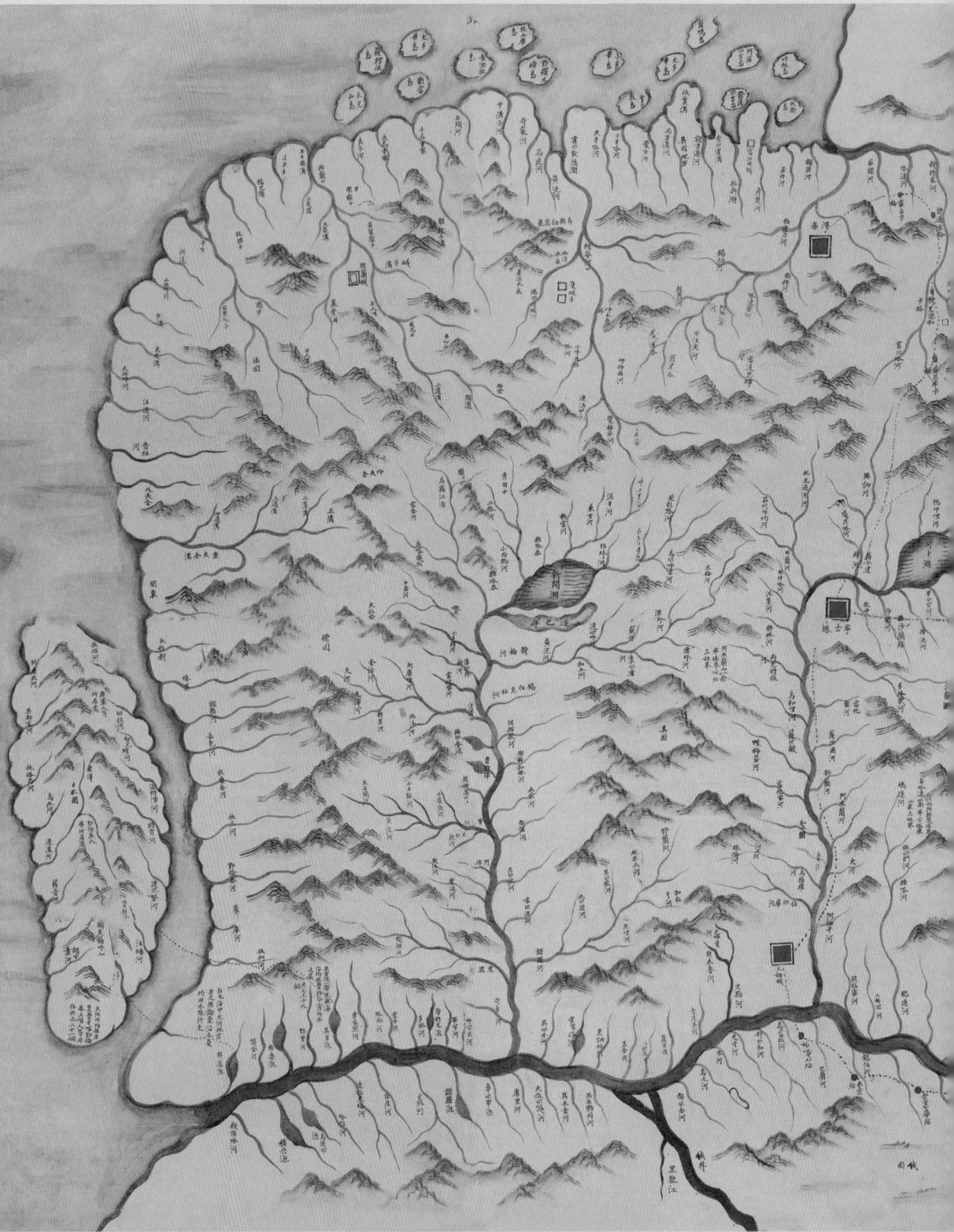

康熙年间《吉林舆图》，各条驿路皆已标明

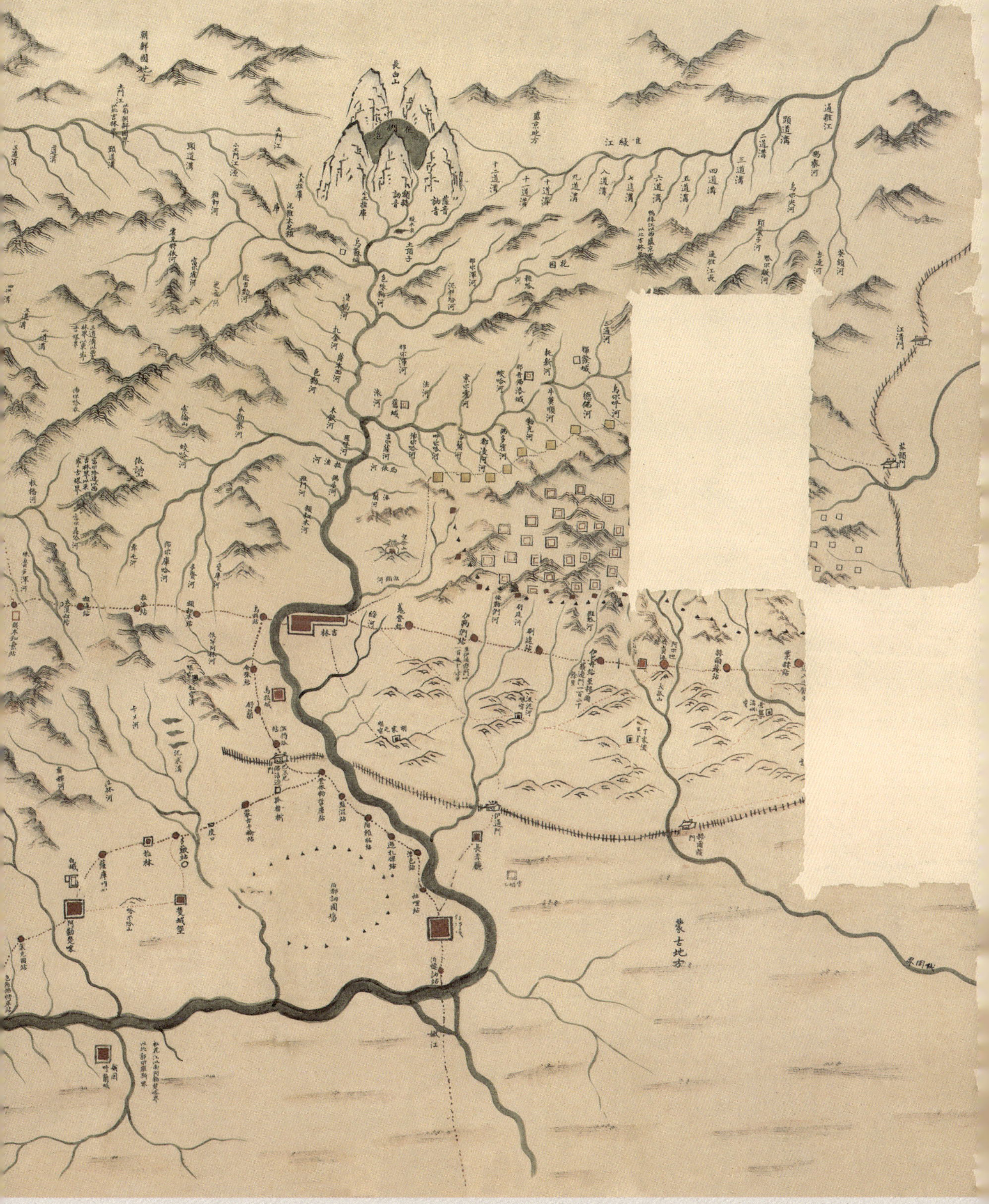

長白山
朝鮮國地方
盛京地方
吉林
蒙古地方

康熙六十年（1721）宁古塔将军辖区图

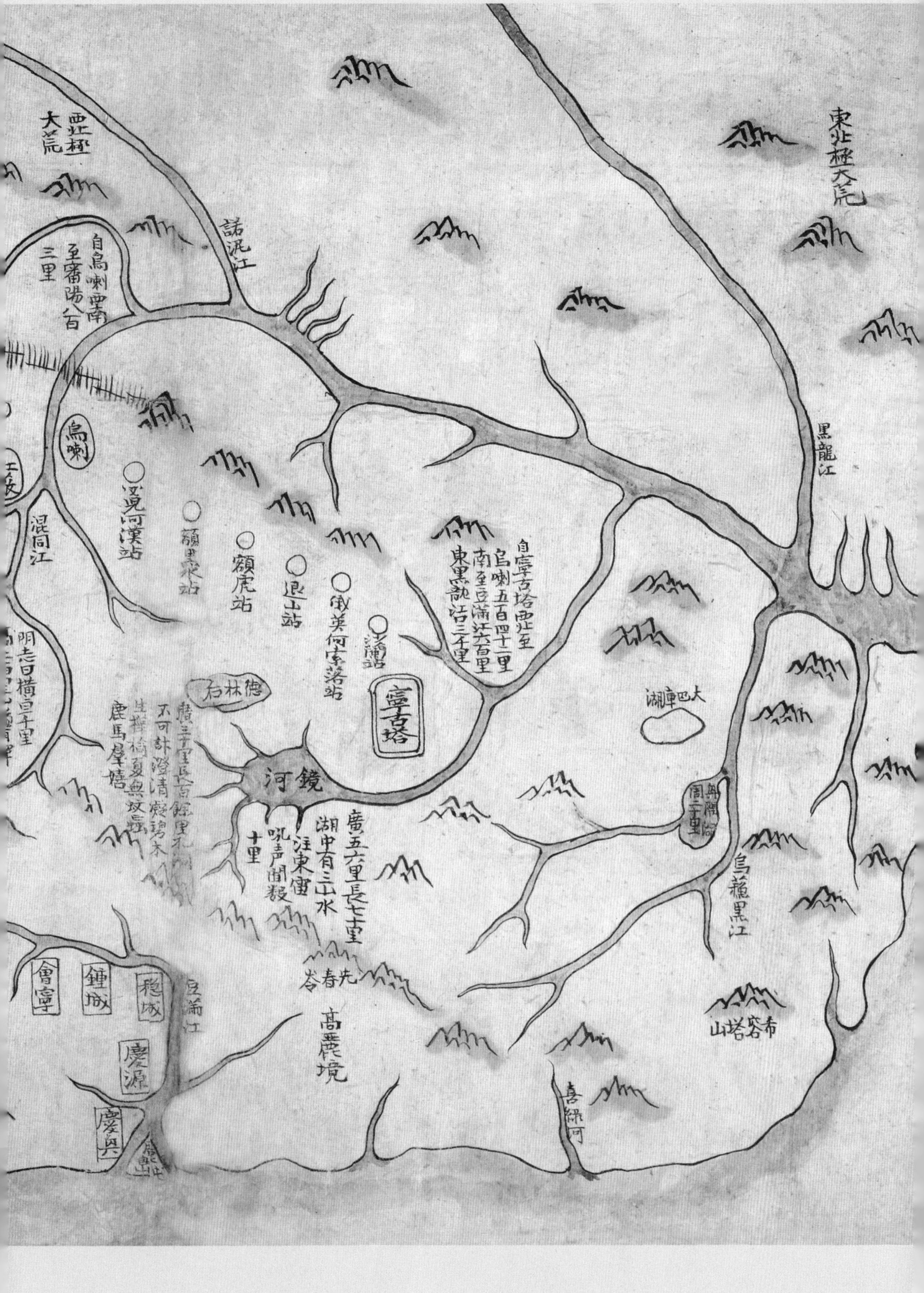

西北極大荒

東北極大荒

自烏喇東南至瀋陽八百三里

諾泥江

烏喇

覓河漢站

額黑衣站

額屍站

退山站

徹美何家洛站

法蓮語

混同江

陰志曰橫亘千里

自寧古塔西北至烏喇五百四十二里南至豆滿江六百里東黑龍江三千里

黑龍江

大車湖

寧古塔

德林石

廣三十里長三百餘里礼礼不可計澄清瀅碧木生捧橋夏與奴宜鹿馬屋噏

鏡河

廣五六里長七里湖中有三山水注東窟吼声聞穀十里

興凱湖周三百里

烏蘇黑江

先春岺

高麗境

布容塔山

穩城

鍾城

會寧

慶源

慶興

豆滿江

唐緒河

雍正十二年(1734)《盛京輿地全图》(局部)

是从这条路上走过去的。从实际发挥的作用看,这条路就是一条驿路,但从驿传设置上看却是很不完善的。一般史料中,虽对这条路线会有简略介绍,但也只是勾勒出这条路线的基本走向,具体情况很少见诸文字描述。方拱乾《宁古塔志》(又名《宁古塔志》)中,有一段比较粗线条的记述:"自鹦哥关凡一千八百里而始至(宁古塔),中惟三屯。一曰灰扒,一曰多洪,一曰株龙。多洪屯各庐屋不满十行,差卒换马之地。多山多水多虾荡。虾荡者,淖也。淖不可渡,中有结草如毯。车马履之而渡,失足则陷而倾掀焉。冬则冰。"从这段记述可以了解,这条路线上没有设置驿站,一千八百里的路途,中间只有三个差卒换马之地,可见驿路设施很不完善。文中灰扒,即辉发,指今辉南县辉发城;多洪,即昂邦多洪,亦称退传、退屯,今蛟河市前进乡;株龙多洪,即珠尔多河,今敦化市额穆镇珠尔多河村意气松屯。这条路通行状况显然比较糟糕,一路山、水、沼泽遍布,旅人极其难以通行。特别是沼泽地,只能从"结草如毯"的塔头墩上面通过,一旦踩不到塔头,则会陷身泥淖,有性命之忧。应该特别指出,方拱乾的记述是自己亲身经历,肯定能够反映这条路线当年的实际情况,但是必须把历史背景的时间节点把握住,否则就会产生误解。比如"中惟三屯"的记述,在方拱乾和吴兆骞等顺治十六年(1659)流放宁古塔的历史背景下是准确的,当时这条路上中间只有这三屯并且辟为差卒换马之地。从每屯不超过十间草房的情况来分析,可能每屯所居之人都是官方安置的照料马匹,为来往差卒补充给养的差役及其家属。修纂于嘉庆年间的《吉林志书》记载:"查吉林地方,于康熙三年设立驿站监督六品官一员,二十五年添设驿站监督六品官一员。"萨英额《吉林外记》关于沿革的记述中,有"康熙三年,添设驲站监督六品官一员,佐领一员"的记载,说明那时驿路交通已经初步形成,虽然没有正式设置驿站,但是已经安置了专门管理驿站事务的官员,对这条交通路线按照驿路规制进行管理。而"差卒换马之地"则相当于军台,是来往差卒换马和补充给养的所在。

但是,有的学者在著作或者文章中,将今吉林市也作为吴兆骞等去宁古塔经过的地点来记述,与方拱乾"中惟三屯"的记述相矛盾。前文已经说过,这条路线是传统古道,笼统言之,是沿着辉发河、松花江、蛟河、珠尔多河及牡丹江等河谷行进,并不经过今吉林市。在今蛟河市的拉法街道,与后来开辟的吉林城至宁古塔城驿路路线重合。可以肯定,吴兆骞、方拱乾等在去宁古塔的路上,绝不会经过今吉林市。之所以会有学者产生误会,可能是被吴兆骞的诗文误导了。吴兆骞是在顺治十六年(1659)和方拱乾等人一起被遣戍宁古塔,于康熙二十年(1681)遇赦奉还乡诏离开宁古塔回乡。去宁古塔和从宁古塔回来的路上,都写作了大量诗文。但是一去一回之间,情况已经发生了很大的变化。《柳边纪略》和《吉林通志》都有记载,顺治十八年(1661)清廷在吉林造船,用以征战沙俄侵略军。因为在这里设厂造船,康熙十年(1671)将宁古塔副都统移驻吉林。康熙十二年(1673),移驻吉林的副都统安珠瑚奉命建造吉林城,率三千八百名旗兵用不到一年时间完成建城工程。康熙十五年(1676),宁古塔将军移驻吉林城。通过以上情况来看,等到康熙二十年(1681)吴兆骞从宁古塔还乡的时候,船厂已经成为宁古塔将军驻地,是一个比较繁华的所在了。这个时候，因为将军驻地的迁移，船厂和宁古塔之间的交通联络已经更加畅达，船厂至开原的驿路也已经开通，船厂已经成为宁古塔和盛京之间必须经过的交通节点，成为这条交通路线上的重镇。况且，吴兆骞与当时的将军还有些交情，据吴振臣《宁古塔纪略》所载："乌拉有船厂，造大船往来诸处，又名船厂。有将军镇守，本宁古塔将军调此，即前与予父有书记之约者。留数日，更换勘合，如前护送。"这段记述，说的就是吴兆骞从宁古塔返乡，路过船厂时的情形。因此，吴兆骞的诗文中，也就有了关于今吉林市的一些记载，如果不加认真辨析，很容易将其返回时的诗文当成去时的，因而就会产生误解。比如，其《早发尼失哈》一诗毫无疑问是在吉林城写的，但一定是其回乡途中而不是遣戍途中路过的吉林城。这样，事情就能够说清楚了。

　　毫无疑问，这条交通路线通行十分艰难。道路的具体情况在官方历史文献中记载不多，但是私人著述或文学作品中，还可以看到一些形象生动的描述。清初流放宁古塔的各色流人，都是从这条路上走过去的，因而留下了一些记载。比如从方拱乾的《何陋居集》、吴兆骞的《秋笳集》、方孝标的《钝斋诗选》、祁班孙的《紫芝轩逸稿》等均能找到相关诗句。方孝标笔下对鹦哥关的描述："山川环结，至此独开一谷""设关以讥参貂之出入，关有甲士十余人守之。"过往行人必"查合其符"，"稽其人马车载之数，而后放行"。如为官员至此，关吏则"携壶浆，再坐而饷"。吴兆骞《阴沟关（鹦哥关）》诗："重山千仞叠晴空，列栅当崖锁钥雄。牙帐别开龙碛外，岩疆更抱菟城东。数家烟火黄云暮，一片牛羊白草风。去去敢伤荒徼远，辽阳今已是关中。"对鹦哥关"重山千仞""列栅当崖"的关隘地貌和雄关之设进行了生动描述，通过"数家烟火""一片牛羊"点出了鹦哥关人烟稀少的客观现实，颇类"蝉噪林逾静，鸟鸣山更幽"的写意。而"去去敢伤荒徼远，辽阳今已是关中"一句，真切流淌出诗人东出鹦哥关，遣戍宁古塔的那份萧索和悲凉之情。方拱乾有《多洪道中》诗："塈府后骑迷，木末前车见。日午不闻鸡，烟生即乡县。计日不计程，千山载一色。狐兔交马踪，知是何时雪。晴曙披深榛，日出即亭午。万壑如花丛，车马乱风雨。立马最高峰，诸峰如涌浪。明日粼粼者，历历芙蓉上。"诗中"计日不计程，千山载一色""立马最高峰，诸峰如涌浪"两句，对穿行在原始森林中的感受做出了生动的描写。这条路线，从多洪渡江穿行于纳穆窝集（老爷岭）和色齐窝集（张广才岭）之中，漫长的翻山越岭穿行林中的旅途，难免使人产生强烈的单调疲惫之感。相比较之下，吴兆骞关于两个窝集的描写，更传神一些。其《小乌稽》："连峰如黛逐人来，一到频惊暝色催。坏道沙喧天外雨，崩崖石走地中雷。千年冰雪晴还湿，万木云霾午未开。明发前林更巉绝，侧身修坂倍生哀。"如黛的群峰巍峨林立，扑面而来；沙石被大雨冲泻直下，喧嚣盈天。面对明日将要攀登的"更巉绝"的长岭，心中充溢着更加深沉的哀伤。《大乌稽》："朝辞石栈乱云巅，暮宿苍林万仞前。灌木带天余百里，崩榛匝地自千年。栖冰貂鼠惊频落，蛰树熊罴稳独悬。闻道随刊神禹迹，崎岖未曾到穷边。"《宁古塔纪略》中对大乌稽的描述为："初入乌稽，若有门焉。皆大树数抱，环列两旁，洞洞然不见天日。惟秋冬树叶脱落，则稍明。"将这对父子的诗文结合，我们可以对当年这条路线穿行林中的具体情况,获得更加真切的感受。这条路线毕竟过于艰险,而且宁古塔将军迁治吉林城以后,新辟了开原至吉林、吉林至宁古塔的驿路,这条路线逐渐被废弃。不过,后来康熙皇帝和乾隆皇帝东巡时走过这条路线的一段。

(二)吉林西路驿路

说起来,吉林城还真是一座年轻的城镇。虽然明代曾经在这里开辟船厂造过大船,但是宣德十年(1435)停止造船,这里复又归于自然。经年累月以后,那些火热的日子都浓缩成摩崖石刻上的冰冷记忆。清朝何时在这里恢复造船,史籍史料其说不一。杨宾《柳边纪略》说:"船厂设于顺治十八年,昂邦章京萨儿吴代(沙尔虎达)造船于此,所以征俄罗斯也。"《吉林通志》亦称"船厂,顺治十八年设"。而《盛京通志》有记载:顺治十五年(1658),吉林船厂造船44只。还有,参加过顺治十五年抗击沙俄侵略军战斗的朝鲜官员,根据亲身经历撰写的《北征录》记载:在松花江上看到清水军共有大中型船36只、中小型船12只,这些船只"盖自上年(顺治十四年)八月始役,今年四月完了,而匠人则皆是汉人,名数则六百名,同服橹役"。《中国东北史》据此,采顺治十四年(1657)说。而《吉林通史》,依据2000年中国第一档案馆公布的《顺治十四年吉林拉发渡口建造战船事题本》,考证清楚了这件事情。这一组档案有:《顺治十四年三月初二日多罗贝勒杜兰等为派员至拉发渡口建造战船题本》《顺治十四年三月十五日工部尚书孙塔等为建造战船以征讨罗刹事题本》《顺治十四年三月二十日兵部左侍郎额赫里等为选调江浙水手前赴宁古喇题本》。这些上奏题本显示,顺治十四年,宁古塔昂邦章京沙尔虎达奏报,详细阐明造船对击败罗刹的重要性,提出了建造战船的要求。清廷接受沙尔虎达及各部大臣在吉林拉法渡口(今蛟河市境内)建造战船的建议,调集能工巧匠及造船所需物资至拉法渡口,实施了造船工程,这些战船在顺治十五年(1658)的战斗中发挥了重要作用。由此可以肯定顺治十四年吉林确实建造了战船,不过不是在吉林乌拉船厂,而是在拉法渡口。顺治十六年(1659),沙尔虎达病故,其子巴海越级晋升,承袭其父之职任宁古塔昂邦章京。顺治十七年(1660),巴海取得了两次对沙俄入侵军队战斗的胜利,长期危害黑龙江流域的斯捷潘诺夫余党被全部肃清。清廷封赏了巴海等有功人员,但是随后发现了巴海瞒报五艘舰船受损的情况。在撤销了对巴海的封赏并进行严厉斥责的同时,清廷也意识到顺治十四年匆忙打造的船只坚固性比较差,不能适应战争的需要,因而决定设立一个专门的船厂。所以,顺治十八年(1661),在明朝船厂旧址恢复造船。工部右侍郎张缙彦受大学士刘正宗革职案牵连,于顺治十八年被流徙宁古塔,其成书于康熙十年(1671)之前的《宁古塔山水记》,有这样的记载:朝廷在吉林乌拉"治巨舰,练水师,因利乘便,于是立船厂,鸠匠作,设库房,制器物,踵至者以六百户计"。据《吉林通志》记载:"船厂,顺治十八年设,在吉林西门外松花江北岸,东西一百五十九丈六尺,南北十八丈,凡水师制造船舰均在此厂。黑龙江船舰亦寄此制造焉。"船厂之设立,当为吉林城修建之序曲。正是因为设立船厂,这里便逐渐人烟辐辏,日益繁盛。康熙十年(1671),为监督流人造船,移宁古塔副都统驻于吉林乌拉。吉林乌拉增设协领八人,增拨驻兵七百人,军事地位愈加凸显。康熙十二年(1673),安珠瑚领兵建造吉林木城。木城南依松花江,竖木为墙,高8尺。于东、西、北三面各造木城楼一座,设城门3座。木城外挖有护城壕,壕外修建土边墙,周长约4320米。吉林城建成以后,具有地理区位、水陆交通、经济人口、战略地位等诸方面优势,很快便取代了宁古塔,成为将军衙门驻地。康熙十五年(1676),宁古塔将军移治吉林城,同时原驻吉林乌拉城的宁古塔副都统复调回宁古塔镇守,而于吉林乌拉城增设吉林副都统一员。至此,吉林乌拉城成为实打实的东北地区又一个政治、军事和文化中心,以吉林城为中心的驿路拼图,就此开始构建。

作为宁古塔将军驻地,吉林乌拉城对外沟通联络摆在首位的事项,当然是畅通与盛京进而通过盛京通达京城的交通联络。吉林城与盛京城之间的驿路,以开原为重要节点。根据史料记载,盛京至开原的驿路,于康熙九年(1670)开通。而吉林城至开原驿路的开通时间,则无确说。前文提到过的张缙彦撰《宁古塔山水记》有相关记载:吉林乌拉由于"人烟凑集,去沈阳稍近,商货流通。近改驿道,移满汉章京各二人镇守,遂为宁古重地""近立驿传,通往来,百货鳞集"。因此书成于康熙十年之前,引文中所说"最近",至迟也应该是康熙九年。而高士奇《扈从东巡日录》中关于这条驿道的记载则有所不同,"己巳,驻跸塞木肯河。小阜横连,细流萦绕。新增驿道,徙奉天流人居此,作《流民叹》"。这是康熙二十一年(1682),康熙皇帝第二次东巡,高士奇作为随从在三月二十一日这天的记录。塞木肯河,为今伊通满族自治县伊丹镇老城,俗称伊丹街。这是吉林乌拉城至开原驿路上的一个驿站,康熙二十一年的时候,高士奇来此称为"新增驿道",可见这条驿道应为刚开通不久,也就是说,这条驿道应该是康熙二十年开通的。与高士奇一同随康熙皇帝东巡的南怀仁,在其《鞑靼旅行记》中也有相关记载:"为了使皇帝骑马、后妃们乘轿能够通行,从北京城到东边的终点(吉林乌拉城),凡要经过的最偏僻的地方,全都开筑了崭新的道路。""路宽十英尺,逾山涉谷,逢河架桥,长达一千多里,尽量修筑得笔直平坦。投到路两旁的土,堆成一英尺高的规整的土墙,立有标注,标示里程。"南怀仁的记述,从侧面印证了高士奇的说法。那么,问题来了:吉林乌拉到开原的驿路到底是什么时候开通的?

从常理推断,自顺治十八年设立船厂开始,吉林乌拉与盛京城之间的道路就应该开通了。按顺治十四年在拉法渡口造船的物资供应模式看,在吉林船厂造船,同样需要将造船所用的铁钉、铁锚、桐油、竹子等物料从南方通过盛京运输过来,盛京城至吉林城必然有着保证造船所需物料运送到位的交通路线。这个推断,从《宁古塔山水记》的记述来看,符合当时"商货流通"的实际。而康熙十年(1671)康熙皇帝第一次东巡,虽然没有来到吉林乌拉,但是在盛京驻跸五日"告成礼毕",便率领王公贝勒、文武诸臣"周览盛京畿内地方形胜",经今辽宁省铁岭、开原继续北行,到了叶赫正北堡(今辽宁省开原市莲花镇)等地方,实际已经进入了宁古塔将军管辖地界。据修纂于康熙十七年(1678)的《开原县志》记载,开原驿站于康熙九年(1670)设置,位于开原县城东门里。这说明,盛京至开原驿路开通于康熙九年,为康熙皇帝"周览盛京畿内地方形胜"做准备的意味十足。从康熙皇帝的行程看,从盛京出发,经懿路、铁岭、开原三个驻跸地点后,直接就到了叶赫正北堡,这样直接、迅速,显然是沿着驿路而行。而叶赫正北堡所在的莲花镇,正是后来吉林乌拉至开原驿路的蒙古霍罗站所在地,这应该不是巧合。似乎可以推定,康熙九年开通盛京至开原、开原至吉林驿路,至少通到了叶赫正北堡,这也符合有关史料关于康熙九年开通"吉林南至开原"驿路的记载。这里,"吉林南"是指宁古塔将军辖区的南边。长春市双阳区太平镇将军村杨修石家谱中,对杨家先祖迁来吉林充当站丁的情况有这样的记述:"本族原籍江苏省镇江府丹阳县。康熙五年拨至奉天省开原县,七年又拨到搜登站当差。"由此看来,康熙七年(1668)的时候,搜登站这个驿站很有可能就派驻了站丁,与康熙九年开通这条驿路在时间上比较吻合。康熙二十一年(1682),康熙皇帝第二次东巡时,因为有吉林乌拉城的行程安排,所以要把开原至吉林城的道路重新修筑整饬,可能还对驿站增派了人手,不明就里的人会因此产生"新增驿路"的错觉,高士奇很可能就是如此。可以肯定,在康熙二十年(1681)的时候,吴兆骞一家从宁古塔遇赦返乡,走的就是这条驿路,吴桭臣在《宁古塔纪略》中有明确记载。很多著作和文章对这条驿路给出了"始建于康熙九年,最后建成于康熙二十年前后"的结论,虽然看上去很合乎现有史料反映的情况,但不见得符合历史实际。"始建于"和"最后建成",说的是这条驿路修筑工程一直在延续,而且延续了十多年,这肯定不符合历史实际。元代就有一条咸平府至宋瓦江的驿路,说明历史上吉林至开原之间已经开辟出交通路线。顺治十八年在吉林设立船厂,康熙十五年宁古塔将军移治吉林,这条驿路不会直到康熙二十年才建成。所以最可能的情况是:这条路在顺治十八年船厂设立之后不久就开通了,康熙九年前后设置了驿站,康熙二十年又进行了整饬和完善。

吉林乌拉至开原驿路,在历史上被称为"西路"。驿站设置及配置情况,实际上不同历史时期有所变化,现主要按《吉林通志》记载,结合其他史料记述如下:吉林城东十里尼什哈站,又称乌拉站、泥湿哈站、密哈站,今吉林市龙潭山附近,为吉林城起始站,凡吉林各路站道都由此站出发。额设笔帖式一员,领催委官一员,站丁六十名。马六十匹,牛六十头。七十里至搜登站。搜登站,也称苏敦、苏通站,《宁古塔纪略》写作苏通,今吉林市船营区搜登站镇,在大绥河西。额设笔帖式一员,领催委官一员,站丁四十五名。马四十五匹,牛四十五头。西七十里伊勒门站。伊勒门站,又称依儿门站,《宁古塔纪略》写作衣而门,今永吉县金家满族乡伊勒门村,在岔路河西。额设笔帖式一员,领催委官一员,站丁四十五名。马四十五匹,牛四十五头。西五十五里苏瓦延站。苏瓦延站,亦称苏翰延、双羊河、刷烟站、双杨站等,今长春市双阳区,在双阳河西。额设笔帖式一员,领催委官一员,站丁四十五名。马四十五匹,牛四十五头。以上各站为当时吉林府境。伊巴坦站,又称一巴单、伊巴丹、一把淡,《宁古塔纪略》写作一巴旦,今伊通满族自治县伊丹镇,在苏瓦延站西六十里,又西四十里至伊通州城。额设笔帖式一员,领催委官一员,站丁四十五名。马四十五匹,牛四十五头。西六十里阿勒谈额墨勒站。阿勒谈额墨勒站,又称大孤山站,今伊通满族自治县大孤山镇,东五十里至伊通州城。额设笔帖式一员,领催委官一员,站丁四十五名。马四十五匹,牛四十五头。西六十里赫尔苏站。赫尔苏站,也写作克尔苏站、克尔素站等,《宁古塔纪略》写作黑而素,《秋笳集》将赫尔苏河写作"黑儿逊河",今四平市二龙湖水库水下,东一百一十里至伊通州城。额设笔帖式一员,领催委官一员,站丁四十五名。马四十五匹,牛四十五头。西八十里叶赫站。叶赫站,也写作夜黑、也合、野黑等,今四平市铁东区叶赫满族镇,东一百九十里至伊通州城。额设笔帖式一员,领催委官一员,站丁四十五名。马四十五匹,牛四十五头。西五十五里蒙古霍罗站。蒙古霍罗站,也称蒙古和罗站、棉花街站,今辽宁省开原市莲花街镇,东二百二十里至伊通州城。额设笔帖式一员,领催委官一员,站丁四十五名。马四十五匹,牛四十五头。从伊巴坦站到蒙古霍罗站,这五站均为当时伊通州境内。需要指出的是,蒙古霍罗站所在地,今为辽宁省辖地,清朝时为宁古塔将军及后来的吉林将军辖地,为伊通州所辖。根据以上所述可知,吉林乌拉至开原驿路在当时吉林辖境共设尼什哈、搜登、伊勒门、苏瓦延、伊巴丹、大孤山、赫尔苏、叶赫、蒙古霍罗共九站。过蒙古霍罗站五十五里至开原站,与盛京至开原驿路相接。

(三)吉林东路驿路

吉林城至宁古塔的驿路,历史上称为"吉林东路"。从顺治十八年在吉林乌拉设立船厂起,宁古塔和吉林乌拉之间的交通联系逐渐热络。此后,康熙十年(1671)移宁古塔副都统驻吉林,康熙十二年(1673)建造吉林城,康熙十五年(1676)宁古塔将军移驻吉林城,吉林乌拉的历史地位迅速蹿升以致取代了宁古塔。而宁古塔是颇有历史底蕴的地方,战略地位不容小觑。且不说渤海国上京龙泉府的辉煌过去,仅就清朝而言,也是有着不凡的过去。据《宁古塔志》记载:"本朝控制诸番,受貂狐皮贡,爱留卒以成之(指宁古塔)。有逻车国者闹诸番,使不得贡。敌之不胜,乃动大众,勤舟师,遂择八旗兵八十人长戍焉。复立牛录、章京、梅勒、昂邦以重其任。"其中牛录、章京、梅勒、昂邦皆指驻军职官官衔,以此反映驻军规格,但这些称谓显然不够规范。一般来说,清朝牛录的官员称"额真",牛录额真应该为佐领。章京,是对有职守的武官的称谓,并不单指某一层级。梅勒,应该指梅勒章京,为副都统。昂邦,应该指昂邦章京,为大将军。查阅相关史料,后金天命十一年(1626)皇太极登基后,就在宁古塔设镇屯兵,招抚诸部。后来成为黑龙江将军的萨布素,其父即驻宁古塔的牧马小官,萨布素也出生于宁古塔。《清太宗实录》中,有崇德二年(1637),对驻守宁古塔六年之久的将领由三等梅勒章京超擢三等昂邦章京的相关记载。可见六年前即天聪五年(1631)的时候,后金在宁古塔驻军将领已经是副都统级别了。顺治十年(1653)宁古塔从盛京析出独立设治,沙尔虎达为首任昂邦章京。康熙十五年(1676)镇守将军移治吉林,同时将移驻吉林的宁古塔副都统重新调回,宁古塔复为副都统镇守之地。由上述史实可知,宁古塔这个地方,在清朝统治者视野中,一直有着重要的地位。因此,修筑吉林城至宁古塔的驿路,在镇守将军移治吉林的第二年,就迅速提上了日程。

吉林城至宁古塔驿路始建于康熙十六年(1677),这个时间在学界被广泛认可。据《柳边纪略》记载:"康熙十六年丁巳,宁古塔梅勒章京萨不苏(萨不苏后为黑龙江将军),以绳量道里。两庹为丈,百八十丈为里。自宁古塔西关门始,至船厂东关门止,凡九万八千丈,为五百五十里。今分为八站,作六百三十余里。然以中国之里较之,直千里之外矣!"萨不苏即萨布素,康熙十七年(1678)晋升为宁古塔副都统,康熙二十二年(1683)任首任黑龙江将军,顺治十六年(1659)时当为协领。杨宾的这段文字,是目前所见关于这条驿路最具体的记载,除萨布素官职记述有误,其他当属确实,广为研究者所引用。前文记述盛京至宁古塔的军事交通线,按方拱乾记载中途只有三个差卒换马之地,而其中的多洪屯,即吉林城至宁古塔驿路上的退抟驿站,说明由此站开始直至宁古塔,两条路线重合了。也就是说,新修筑的吉林城至宁古塔驿路,从退抟驿站至宁古塔路段,是沿用了原来盛京经鹦哥关至宁古塔军事交通线的旧路。至于这条驿路建成时间,一直未见确切的史料记载,目前所见最早经行这条驿路的历史记载,是吴振臣的《宁古塔纪略》。康熙二十年(1681)吴兆骞遇赦返乡,按《宁古塔纪略》记载,从宁古塔出发以后,"第二站名鳖而汉鳖腊""第四站名昂邦多洪,第五站名拉发""第六站名厄黑木,第七站名泥湿哈",其中第三站名未记。可见,最迟康熙二十年(1681),这条驿路已经建成开通。不过,《宁古塔纪略》的记述稍有差池,这条驿路最初设置的驿站,从宁古塔出发算起的话,第二站为沙岭,第三站为必尔罕必剌,第四站为昂邦多洪(退抟站),第五站为拉法,第六站为额赫穆,第七站为尼什哈。如此,最初这条驿路只有以上七个驿站。后来,由于昂邦多洪站与必尔罕必剌站之间距离过远,康熙二十五年(1686)在两站之间,增设了鄂摩和索罗站。随后,又以这三站路程艰难增设两个腰站,在昂邦多洪站与鄂摩和索罗站之间增设了意气松小站,在鄂摩和索罗站与必尔罕必剌站之间增设了塔拉小站。光绪七年(1881),吉林将军铭安奏准,以筹办边防,文报日繁,沿驿添加站丁以及牛马,意气松和塔拉两个腰站也升为正站,应用各款一律作正开销。而且,因"自鄂摩和索罗站南,至阿克敦城一百四十余里,向无驿站",因而在"南北适中之通沟镇添设一站",又增设了通沟镇站。很显然,设置通沟镇站是为了将这条驿路延伸到敦化县城,并非朝着宁古塔方向添设驿站。这条驿路上各驿站,按现今行政区划,尼什哈、额赫穆、拉法、退抟、意气松、鄂摩和索罗、塔拉、通沟镇诸站在吉林省境,必尔罕必剌、沙岭、宁古塔三站在今黑龙江省境内。

吉林东路驿路各站设置,主要依据《吉林通志》所载顺次介绍。亦是从吉林城尼什哈站出发,第二站为额赫穆站,也称额赫茂、厄黑木、额黑木等,今为蛟河市天岗镇,在尼什哈站东九十里。额设笔帖式一员,领催委官一员,站丁二十五名。马二十五匹,牛二十五头。东八十里拉法站。拉法站,也写作拉发、拉伐,《秋笳集》作"喇伐"《盛京通志》写作"额音楚",为"额伊瑚"之转音,明永乐年间此地置额伊瑚卫,因而有此名,后来改名。今地蛟河市拉法街道。据《吉林通志》记载:"西四十里至孤家子,北十余里至石砑子。"额设笔帖式一员,领催委官一员,站丁二十五名。马二十五匹,牛二十五头。东六十五里至退抟站。退抟站,也写作推屯、图依屯,有河流名推屯,明永乐年间曾置推屯河卫,又称安巴多观站、昂邦多洪站,今地蛟河市前进乡。在此特别指出,《吉林通志》载此站名为"退搏",当为退抟之繁体字"退搏"之误。为验证这个猜测,专门于杨川主编《清代吉林邮驿及邮集图录》收录的相关原档照片中进行查找,发现涉及此站时多写作"退搏"。"搏"与"搏"字形极其相近,特别是在蝇头小楷之中,确实不易分辨。不过,读音相差甚远,据此当可判定"搏"字为正。此误,以讹传讹者颇多,常见有写作"退搏"者,均当纠正。据《吉林通志》记载:"东三十里至嵩岭",并注明嵩岭东属宁古塔管辖。额设笔帖式一员,领催委官一员,站丁二十五名。马二十五匹,牛二十五头。退抟站之前各站,属吉林府境。退抟站东八十里,意气松站。意气松站,也写作伊奇松、伊克苏,又称意气松小站,今属敦化市额穆镇意气松村。据《吉林通志》记载:"东南一百五十里至敦化县城,西五十里至嵩岭石头庙,为吉林府界。"额设笔帖式一员,领催委官一员,站丁二十五名。马二十五匹,牛二十五头。东四十里至鄂摩和索罗站。鄂摩和索罗站,《八旗通志》称"俄莫和索洛",《秋笳集》写作"曷木逊逻站",简称鄂摩和索罗站,此地即《开国方略》所称东海窝集部鄂摩和苏噜路,今属敦化市额穆镇额穆村。据《吉林通志》记载:"南一百二十里至敦化县城,北五十余里至洋白山,为五常厅界。"额设笔帖式一员,领催委官一员,站丁二十五名。马二十五匹,牛二十五头。东八十里至塔拉站,东南七十里通沟镇站。以上意气松站、鄂摩和索罗站,包括通沟镇站,为当年敦化县境。塔拉站,亦作塔拉小站,今地敦化市雁鸣湖镇塔拉站村。据《吉林通志》记载:"在通沟镇站东十里,西以都凌河与敦化县为界。"额设笔帖式一员,领催委官一员,站丁二十五名。马二十五匹,牛二十五头。至必尔罕必刺站六十里。按现今行政区划,从必尔罕必刺站开始,直至宁古塔站,为黑龙江省境。必尔罕必刺站,也作毕尔罕毕喇,简称必尔罕必刺站,今黑龙江省宁安市沙兰镇尔站村。再六十里至沙兰站,今黑龙江省宁安市沙兰镇。再八十里至宁古塔站,即宁古塔老城,今黑龙江省海林市长汀镇古城村。而宁古塔将军衙门后来迁至新城,今黑龙江省宁安市城区,并从这里迁治吉林城,故而这条驿路的终点必然是宁古塔新城,即从宁古塔站延伸至宁古塔新城。

这条驿路还有从鄂摩和索罗站向东南延伸,通往敦化县城的一条支线,并且于光绪七年(1881)增设通沟镇站。据《吉林通志》记载:"通沟镇站,西南八十里敦化县城,东八十里滴答咀,又东属宁古塔,光绪七年设。"今地敦化市官地镇岗子村东南。额设笔帖式一员,领催委官一员,站丁二十名。马二十匹,牛二十头。通沟镇站的位置,在鄂摩和索罗站东南,相距七十里;在敦化县城东北,相距八十里,三地构成了一个三角形。通沟镇站之设,使敦化县城与吉林东路驿路相沟通,方便了报文与信息的沟通。因为通沟镇站位于吉林城通往珲春副都统驻地的必经之路上,光绪二十九年(1903)十二月《吉林将军衙门户司为勘设各驿事务的移文》,根据延吉厅同知陈作彦的要求,提出了自通沟镇站至延吉厅添设六站的意见。光绪三十年(1904)十二月《延吉厅为移设各站的详文》,又提出了延吉厅至珲春城挪设驿站的意见。拟建设开通省城至珲春城之间的驿路,以免过去吉林城至珲春城需绕行宁古塔之繁难。光绪三十一年(1905)吉林将军以"现值时艰孔亟,款项奇绌,添设驿站所费不赀"为由,予以否决。因而,拟议中的通沟镇站至延吉厅各站,并未实际设置。拟议新添各站为：江密峰、延吉、绥安、怀德、茂林、清河共六站。有研究者对这段历史研究得不够透彻，误将拟议新添各站当成实际设置各站，言称光绪三十一年（1905）新设各站，对敦化市境内的清河站（黄土腰子站）、茂林站（哈儿巴岭站）遗址，与敦化市境内其他确实存在的各站遗址一并进行了考察，并撰文发表考察情况，这不符合历史实际。为避免以讹传讹，特此加以简要说明。具体的详细情况，后面将以《拟议中的驿路》为题，进行专门论说。

（四）吉林北路驿路

吉林北路驿路实际有两条驿路，一条是吉林城至瑷珲城驿路，另一条是吉林城通往三姓城驿路。吉林城至瑷珲城驿路，是康熙皇帝直接指示修建的。为防御沙俄入侵，康熙十三年（1674）清廷就在黑龙江（旧瑷珲城）派驻军队，康熙二十一年（1682）康熙皇帝亲自来到吉林乌拉，筹划布局反击沙俄入侵。据《清圣祖实录》记载，康熙二十二年（1683），决定"在黑龙江（旧瑷珲城）建城永戍，预备炮具船舰，令设斥堠于呼玛尔，自黑龙江至乌拉置十驿"，并发乌拉、宁古塔及盛京兵1100人前往筑城。清何秋涛撰《朔方备乘》记载："十月甲子，遣官勘视设驿地方。"随后，户部汇报说，瑷珲城至吉林乌拉需要设十个驿站，但设置驿站的具体地点，需要进行实地考察。建议等来年冰雪消融以后，再派人详加丈量。于是，康熙二十三年（1684）初，派户部郎中包奇等人去进行丈量，测得里程一千一百九十五里，拟设十四驿。经户部和有关衙门研究后，建议设置十六驿。但是，康熙皇帝认为这次丈量不够细致，提出"驿站事宜，关系紧要，凡丈量时，当以五尺为度，精确量之。此次丈量，里程甚远，着重加详核议题"。根据康熙皇帝的旨意，包奇等人在九十月间前往重新丈量。中国第一档案馆公布的《黑龙江将军衙门档》中，有包奇等十一月三十日题奏："臣等以五尺为度，重新量得吉林城至瑷珲城之里程，共一千三百四十里。吉林城至锦州俄佛罗七十五里，设驿一处；锦州俄佛罗至法特哈边门六十五里，设驿一处；法特哈边门至喀萨哩河七十五里，设驿一处；喀萨哩河至拉林河渡口七十五里，设驿一处；拉林河渡口至哈尔罕山五十五里，设驿一处；哈尔罕山至江岸城苏苏七十里，设驿一处；江岸城苏苏至恩都亨七十里，设驿一处；恩都亨至营额俄佛罗八十里，设驿一处；营额俄佛罗至登德黑他拉七十里，设驿一处；登德黑他拉至西拉哈河南岗俄佛罗七十五里，设驿一处；西拉哈河南岗俄佛罗至托尔洪吉山脊六十五里，设驿一处；托尔洪吉至诺音多池六十五里，设驿一处；诺音多池至呼雨哩河六十五里，设驿一处；呼雨哩河至讷穆尔河八十里，设驿一处；讷穆尔河至乌塔里山七十里，设驿一处；乌塔里山至墨底河六十五里，设驿一处；墨底河至嘎尔达苏台河七十里，设驿一处（原稿缺：嘎尔达苏台河至额裕尔河七十里，设驿一处）；额裕尔河至瑷珲城八十里，设驿一处。共设驿站十九处。"当天康熙皇帝就指示：连同地图一并交该部详核议题。户部于十二月十五日，就有关站丁选派、各驿站牛马额数及来源、站丁遣派时间以及站丁口粮、住房、工银钱发放等具体事项，都向皇帝做了汇报。康熙皇帝又要求交盛京将军、宁古塔将军、黑龙江将军"详议具题"。经三地将军与相关衙门多次研究提出意见之后,这个驿路设置方案获得了康熙皇帝的批准。

当时,为了有效防御沙俄入侵,已经在卜奎(齐齐哈尔)、墨尔根二地筑城驻兵,而且墨尔根至雅克萨之间也陆续设置了驿站。所以议政王等又会同有关人员向康熙皇帝提出建议:既然已经在墨尔根驻兵并且设置驿站,那么这条驿路就应该经过墨尔根,研究吉林至墨尔根、墨尔根至黑龙江如何设置驿站。康熙皇帝觉得这个建议可行,下谕旨"著丈量嫩江至墨尔根、墨尔根至黑龙江设驿里程"。于是,又按照新的方案再次进行丈量。康熙二十四年(1685)十一月二十八日,包奇等向康熙皇帝汇报,由吉林城量至墨尔根,又由墨尔根量至瑷珲城,共一千七百一十一里,准备设置驿站二十五处。题本提出:"吉林城至锦州俄佛罗六十五里,设驿一处(原文缺:锦州俄佛罗至法特哈边门七十五里,设驿一处);法特哈边门至盟温河八十一里,设驿一处;盟温河至逊札包苏苏八十里,设驿一处;逊札包苏苏至锡伯舍里村八十里,设驿一处;锡伯舍里村至伯都讷村七十二里,设驿一处;伯都讷村至茂兴苏苏六十五里,设驿一处;茂兴苏苏至古鲁付都统村七十三里,设驿一处;古鲁付都统村至法依福里村北塔拉哈池七十里,设驿一处;塔拉哈池至多克多力俄佛罗七十里,设驿一处;多克多力俄佛罗至温托浑托辉池七十里,设驿一处;温托浑托辉池至伊拉克阿吉尔干南池七十里,设驿一处;伊拉克阿吉尔干南池至索伦总管卜奎村六十五里,设驿一处;卜奎村至塔哈尔村七十一里,设驿一处;塔哈尔村至宁年池七十一里,设驿一处;宁年池至拉哈岗七十三里,设驿一处;拉哈岗至博尔多村五十三里,设驿一处;博尔多村至喀穆尼喀俄佛罗南端六十五里,设驿一处;喀穆尼喀俄佛罗南端至伊拉喀池六十二里,设驿一处;伊拉喀池至墨尔根村六十三里,设驿一处;墨尔根村至霍洛尔河七十里,设驿一处;霍洛尔河至喀尔他尔济河七十六里,设驿一处;喀尔他尔济河至库穆尔山岗七十里,设驿一处;库穆尔山岗至额叶楞库河四十八里,设驿一处;额叶楞库河至黑龙江城七十四里,设驿一处,共议设驿站二十五处。"户部也于十二月就设置驿站各项事宜,向皇帝进行了题奏,并得到了康熙皇帝的允准。就此,吉林城至瑷珲城驿路驿站设置正式定案。根据康熙二十四年(1685)十二月二十八日《户部为吉林至黑龙江设二十五驿所需事项咨黑龙江将军文》所载:"查得:由吉林量至黑龙江共一千七百一十一里,拟设驿站二十五处,其中增设之六处驿站,均照原设十九驿之例,每驿计领催在内,共设男丁三十人,马三十匹,牛三十头。"又康熙二十五年(1686)四月初七日《兵部为补放驿站官及笔帖式事咨黑龙江将军萨布素文》提及:"查得:宁古塔等各驿,已设驿站官一名,每驿设笔帖式一名。"综合以上史料,这条驿路初设二十五站,各站除站官以外,额设站丁三十名。目前发现这条驿路最早传递文书的时间,是康熙二十五年闰四月二十七日,说明这条驿路应该是在康熙二十五年初建成开通的。

这条驿路初设时,宁古塔将军辖境有尼什哈、锦州俄佛罗、法特哈边门、盟温河、逊札包苏苏、锡伯舍里、伯都讷七站。孟宪振《清初吉林至瑷珲驿站考》一文,通过对大量康熙年间满文《黑龙江将军衙门档》和清代内务府《舆图》的研究,认为康熙三十一年(1692),又在锦州俄佛罗至锡伯舍里村五站的四个间程中,分别增设了舒兰河、登伊勒哲库、陶赖昭、浩色四站,使宁古塔将军辖境驿站增至十一个,即尼什哈站、锦州俄佛罗站、舒兰河站、法特哈边门站、登伊勒哲库站、盟温站、陶赖昭站、逊札包苏苏站、浩色站、锡伯舍里站、伯都讷站。应当说明,由于尼什哈站为西路关防处管辖,北路一般以锦州俄佛罗站为首站,故有时不将尼什哈站计算在驿站数量之中。从茂兴苏苏站开始,进入黑龙江将军辖境。宁古塔将军辖境各站,至今仍在吉林省境。现主要根据《吉林通志》记载,将各站设置情况顺次梳理如下:从吉林城尼什哈站出发,第二站为锦州俄佛罗站,又写作金珠鄂佛罗,亦称哲松站,今吉林市龙潭区金珠镇。在尼什哈站北六十里,又北二十里至打牲乌拉城。额设笔帖式一员,领催委官一员,站丁三十名。马三十匹,牛三十头。北六十里舒兰站。第三站为舒兰站,也称舒兰河站,今舒兰市溪河镇舒兰站村。额设笔帖式一员,领催委官一员,站丁三十名。马三十匹,牛三十头。北五十里法特哈站。第四站为法特哈边门站,即法特哈站,时在柳条边法特哈边门(原称巴彦鄂佛罗边门)内,距边门十里,边门外属伯都讷厅境,今舒兰市法特镇。额设笔帖式一员,领催委官一员,站丁三十名。马三十匹,牛三十头。至此,为吉林府境,西北五十里至登伊勒哲库站。第五站为登伊勒哲库站,也写作登伊勒哲库、腾额尔哲库,今榆树市秀水镇。额设笔帖式一员,领催委官一员,站丁三十五名。马三十五匹,牛三十五头。西偏北五十里至盟温站。通往三姓城驿路在此站分道,八十里至蒙古卡伦站。第六站为盟温站,《柳边纪略》称"蒙滚河",也称蒙古尼毕喇,《吉林通志》载"南为郭尔罗斯界",今榆树市五棵树镇盟温站村。额设笔帖式一员,领催委官一员,站丁三十名。马三十匹,牛三十头。西北五十里至陶赖昭站。第七站为陶赖昭站,也称托赖昭、图赖照,今扶余市陶赖昭镇。额设笔帖式一员,领催委官一员,站丁三十名。马三十匹,牛三十头。西北五十里至逊札包站。第八站为逊札包站,即前文所称逊札包苏苏站,《柳边纪略》写作"逊札包速素",也称逊扎布,俗称五家子站,今扶余市五家站镇。额设笔帖式一员,领催委官一员,站丁三十名。马三十匹,牛三十头。西北四十里至浩色站。第九站为浩色站,亦称蒿子站,今扶余市新站乡。额设笔帖式一员,领催委官一员,站丁三十名。马三十匹,牛三十头。西北五十里至舍里站。第十站为舍里站,即前文所称锡伯舍里村,也称社哩站,今松原哈达山生态农业旅游示范区哈达山镇社里村。额设笔帖式一员,领催委官一员,站丁三十名。马三十匹,牛三十头。北八十里至伯都讷站。第十一站为伯都讷站,也写作伯德讷、白都讷,今松原市宁江区。《吉林通志》载"伯德讷站,南二十五里至伯都讷城"。额设笔帖式一员,领催委官一员,站丁三十名。马三十匹,牛三十头。北四十五里至松花江沿渡口,为黑龙江界。通过伯都讷站之后的下一站为茂兴苏苏站,为黑龙江将军辖境,今亦为黑龙江省境内,不再赘述。因此,这条驿路也有人称为吉林城至伯都讷驿路。

吉林北路另一条驿路,是吉林城至三姓城驿路。三姓,今黑龙江省依兰县,清朝宁古塔将军辖境,康熙五十三年(1714)添设协领,雍正十年(1732)设副都统镇守。辖境东至东海滨,库页岛海域均在内,北至北海(今鄂霍次克海),是宁古塔将军所辖副都统中辖地最大的。乾隆九年(1744),拉林设副都统,从登伊勒哲库向东北添设了蒙古卡伦与拉林多欢(今黑龙江省五常县红旗乡多欢村）两站。乾隆二十四年（1759），因为三姓地方与宁古塔、拉林相距都有五百里，一直未设台站，遇有要务难免耽搁，吉林将军提出由拉林沿松花江以北至三姓地方添设六个驿站。实际当时从拉林多欢站向东只增设萨库里、蜇克图、塞勒佛特库三站，仍未与三姓相通。因此，乾隆二十七年（1762），吉林将军再度提出，三姓至阿勒楚喀地势阔远，文书往来不便，要求在黑龙江将军辖境借地设置五个驿站。这次又增设佛斯亨、富斯珲、崇古尔库、鄂尔图木索、庙屯等五站，至此吉林城至三姓城之间驿路才完全接通。所以，一般认为这条驿路于乾隆二十七年（1762）开通。其后，道光五年（1825）添设双城站，光绪七年（1881）添设五常站和苇子沟站，这条驿路建设由此更加完善。按现今行政区划看，这条驿路从吉林城尼什哈站出发，一直到登伊勒哲库，与吉林城至瑷珲城驿路路线重合，利用原设驿站。从登伊勒哲库向东北分道，至蒙古卡伦站，为今吉林省境最后一站。从拉林多欢站开始，进入今黑龙江省辖境。登伊勒哲库站之前各站设置情况，前文已经详细记述，在此只详述蒙古卡伦站情况。蒙古卡伦站，又称蒙古喀抢、新站，南至登伊勒哲库站八十里，今榆树市太安乡新站村。额设笔帖式一员，领催委官一员，站丁三十名。马三十匹，牛三十头。至拉林多欢站八十里，五常站一百二十里。

（五）宁古塔至珲春驿路

清初，宁古塔和珲春之间并无驿传设置。康熙五十三年（1714）珲春置协领，由宁古塔副都统管辖，两地之间才设立卡伦传递公文。卡伦，也称台卡、军台，属于军事设施，服务于军事目的。乾隆十六年（1751）清廷规定，自宁古塔至珲春驰驿"限日行一台"。查记事止于嘉庆十八年（1813）的《吉林志书》，其中记载宁古塔地方所辖，按月更换永设卡伦：萨奇库，官一员，兵十二名；玛勒胡哩，官一员，兵十五名。珲春地方所辖，按月更换永设卡伦：密占、穆克德和，每处领催一名，兵十名；哈顺，官一员，兵十名；噶哈哩，领催一名，兵六名。据史料记载，道光年间此线计有"卡伦六处传递公文"，即玛勒胡哩、萨奇库、噶哈哩、哈顺、穆克德和、密占六卡伦。同治七年（1868），吉林将军奏请添设台卡至十处，即宁古台、新官地台、玛勒胡哩卡伦、老松岭台、萨奇库大卡、瑚珠岭台、哈顺卡伦、穆克德和卡伦、密占卡伦、珲春城台。光绪六年（1880），面对沙俄咄咄逼人、战事一触即发的危急形势，清廷发布谕旨："赏吴大澂三品卿衔，饬赴吉林随同铭安帮办一切事宜。"吴大澂于当年六月来到吉林，先后采取了加强松花江江防、创建吉林边防军、招抚韩边外等一系列重大措施，以加强边防。其间，极力倡导开辟道路、建筑桥梁、增设驿站，以此作为招垦实边、加强防务的重要内容。为了解珲春一带边防实际情况，他于十一月初八日从吉林城出发，十六日到达宁古塔。在宁古塔停留七日以后，又于十一月二十四日踏上宁古塔至珲春的旅程。这一路非常辛苦，十二月初二日才到达珲春。其《奉使吉林日记》记载：廿四日，由宁古塔启程赴珲春。是日行四十里至七间房，尖。又三十里至东京城，宿。即佛讷和古城。廿五日，行二十里至马兰河，又二十里至斗沟子，尖。又三十里至窝棘口，宿。廿六日，行二十五里至老松岭下萨奇库卡伦,尖。又行二十五里,过老松岭至三道河子,茶尖。又三十五里至骆驼砬子,宿。廿七日,行四十里至阿密达,尖。又四十里至嘎雅河,宿。廿八日,行二十五里至荒片,尖。又十里至望青,有卡房一所,即哈顺卡伦也。又十五里至五人班,宿。廿九日,行二十里至大坎子,尖。又二十里至和尚窝棚。又过一岭,俗名高丽岭。行二十五里至德同,宿。即穆克德赫卡伦。十二月初一日,行二十余里至凉水泉子,有平川地数百晌。又东南二十余里至密占,宿。初二日,行六十里至珲春。经过这一路考察,吴大澂对宁古塔至珲春交通的实际情况,掌握了翔实的第一手资料,并且在心中筹谋了驿路建设和驿站设置方案。

光绪七年(1881)二月,吴大澂和吉林将军铭安等上增设驿站、添拨额丁的奏折。奏折中有言:"窃臣等奉命筹备边防,遇有要件公文,咨札各城副都统协领,及各营统领,或宁古塔、珲春、三姓各处,事关边务,历经严饬各驿站、台卡,星飞递送,不得稍有迟延。惟自珲春至宁古塔往来文报,未能迅速。推原其故,因该处向无驿站,旧设台卡五处,由宁古塔、珲春拨派官兵轮流驻守。自同治七年,前将军富明阿奏明添设台卡五处,并宁古塔合计十台,共派俸官一员,虚衔官九员,每台派兵五、六名不等。"从奏折所言可以了解到,当时面对沙俄入侵威胁,须加强防务,宁古塔和珲春之间设置十处卡伦,难以保证两地之间公文高效传递。特别是吴大澂亲自实地考察发现的问题,在奏折中也有述及:"自上年珲春添设防兵员弁,往来文书络绎,各台卡人疲马乏,苦累不堪。臣喜、吴先后巡阅防军,由宁古塔前赴珲春,目击该官兵竭蹶情形,无从体恤。而各卡房湫隘失修,并无官员止宿之所。即借住民房,亦寥寥无几。山高林密,路僻人稀,虽匹马单身,亦必裹粮带草,无怪文报之不能迅达也。"过去设置的台卡已经不能适应当下的需要,人力不充足、设施不完备,而且处于深山大岭之中,定居民人又十分稀少,连借助民间力量也难以实现。面对如此窘迫的局面,必须下决心改善两地交通现状。怎么办?吴大澂和铭安等给出的答案是设驿站。"臣等伏念珲春为东南边要,以后防军势难裁撤,粮饷、军火转运较繁,商旅渐通,荆榛日辟,非复从前荒僻情形。而改设驿站,修建官房,尤为目前要务。"从珲春所处地理方位来看,在沙俄咄咄逼人的入侵态势之下,边防地位只能加强不能削弱,所以边防之设断不会裁撤,这是从军事意义上看;既然边防驻军不会裁撤,那么运送军火、粮饷的经济账就不能不算,畅达的驿路交通不仅有军事意义,还有经济意义;而且,移民实边的政策推动之下,商旅渐通,荆榛日辟,原来的荒陬边徼必然日益繁荣,畅达的驿路交通还具有重要的政治意义。在这样周密严谨的论证之下,宁古塔至珲春之间设置驿站,俨然成为当政者的必然之选。

至于设置驿站的具体方案,铭安和吴大澂等也早有筹划。奏折中说:"臣等往复函商,拟就旧时台卡改设正站、分站。查哈顺卡伦至穆克德和卡伦一站,名为七十里,实有八九十里。中隔高丽岭,路途甚远,自应添设分站,以均劳逸。除宁古塔原有台站毋庸另设外,拟请添设正站五处,分站五处。"具体为:宁古塔原有驿站笔帖式、领催委官各一员,毋庸另设。原设新官地台,距宁古塔城七十余里,拟改为新官地分站。归宁古塔站笔帖式、领催委官兼管。添设额丁十三名，拨给牛十三头，马十三匹。原设玛勒胡哩卡伦，距新官地六十余里，拟改为玛勒胡哩正站，添设笔帖式一员，领催委官一员，额丁十五名，拨给牛十五头，马十五匹。原设老松岭台，距玛勒胡哩六十余里，拟改为老松岭分站，归玛勒胡哩笔帖式、领催委官兼管。添设额丁十三名，拨给牛十三头，马十三匹。原设萨奇库大卡，距老松岭六十余里。拟改为萨奇库正站，添设笔帖式一员，领催委官一员，额丁十五名，拨给牛十五头，马十五匹。原设瑚珠岭台，距萨奇库六十余里。拟改为瑚珠岭分站，归萨奇库笔帖式、领催委官兼管。添设额丁十三名，拨给牛十三头，马十三匹。原设哈顺卡伦，距瑚珠岭六十余里。拟改为哈顺正站，添设笔帖式一员，领催委官一员，额丁十三名，拨给牛十三头，马十三匹。哈顺卡伦至穆克德和卡伦有八十多里，甚为辽阔。拟在哈顺之南三十八里大坎子地方，设立分站，归哈顺站笔帖式、领催委官兼管。添设额丁十名，拨给牛十头，马十匹。原设穆克德和卡伦，距大坎子四十五里。拟改为穆克德和正站，添设笔帖式一员，领催委官一员，额丁十三名，拨给牛十三头，马十三匹。原设密占卡伦，距穆克德和六十余里。拟改为密占分站，归穆克德和笔帖式、领催委官兼管。添设额丁十三名，拨给牛十三头，马十三匹。原设珲春城台，距密占六十里。拟改为珲春城站，添设笔帖式一员，领催委官一员，额丁十五名，拨给牛十五头，马十五匹。并且要求各站建官房，除原有卡房不计外，拟饬每站各盖瓦房五间。铭安奏折的提议，经过兵、吏、户工各部会议，予以认可。但是特别申明：之所以同意吉林将军的要求，是因为边防紧要，文报络绎，不能不随时变通。"应请准其暂时增添，以期无误办公，一俟边务稍松，即由该将军等奏明裁撤，以符合定制，他处不得援以为例。"光绪八年（1882）二月，皇帝批准了这个方案。严格算起来，宁古塔至珲春驿路的设置时间，应该以皇帝批准的时间为准，即光绪八年。但是，一般都从铭安上奏时间算起，包括《吉林通志》也认为这条驿路光绪七年设置。

　　按照现今行政区划，这条驿路11个驿站中，有4站在黑龙江省境内，有7站在吉林省境内。具体设置情况，以下主要依据《吉林通志》所载，进行梳理。为叙述方便，还是从珲春城站说起。珲春站，今珲春市。额设笔帖式一员，领催委官一员，站丁二十名。马二十四，牛二十头。北六十里至密占站。密占站，穆克德和站兼管之分站，今珲春市密江乡密江村。据《吉林通志》记载，西行二十八里至凉水泉，为塔城南岗分路之所。额设站丁十五名。马十五匹，牛十五头。北六十里至穆克德和站。穆克德和站，也写作穆克德赫，今图们市凉水镇南大村，旧称南大洞。据《吉林通志》记载，西北逾高丽岭，至牛什哈岭三十五里。额设笔帖式一员，领催委官一员，站丁二十名。马二十四，牛二十头。北四十五里至大坎子站。大坎子站，哈顺站兼管之分站，今汪清县东光镇大坎子村。据《吉林通志》记载，北十三里长岭子。额设站丁十五名。马十五匹，牛十五头。北三十八里哈顺站。哈顺站，因嘎呀河支流哈顺河得名，旧名大仙屯，今汪清县汪清镇春和村。据《吉林通志》记载，北三里至汪清河口。额设笔帖式一员，领催委官一员，站丁二十名。马二十四，牛二十头。北六十里至瑚珠岭站。瑚珠岭站，萨奇库站兼管之分站，在老爷岭东麓，嘎呀河右岸，今汪清县大兴沟镇五站村。据《吉林通志》记载，岭以南属珲春，以北属宁古塔，而且将此站列为宁古塔城境，与今行政区划有差异。额设站丁十五名,马十五匹,牛十五头。北六十里萨奇库站。萨奇库站,俗称骆驼砬子,今汪清县春阳镇骆驼山村。按《吉林通志》记载,属宁古塔城境。额设笔帖式一员,领催委官一员,站丁二十名。马二十匹,牛二十头。北六十里老松岭站。从老松岭站开始,为今黑龙江省境。老松岭站,今黑龙江省宁安市马河乡老松岭村;玛勒胡哩站,今黑龙江省宁安市马河乡;新官地站,今黑龙江省宁安市石岩镇;宁古塔站,今黑龙江省宁安市。这条驿路的路线,说起来也是有些历史底蕴的。渤海国上京龙泉府至东京龙原府的交通路线,大致走向基本上与其重合。宁古塔至珲春驿路开通以后,吉林城至宁古塔、宁古塔至珲春两条驿路贯通,吉林城去往珲春需经宁古塔,虽然有些绕远,但在当时的历史条件下,这就是两地之间往来的官道。历史上,其实并不存在吉林城直达珲春的驿路。有些学者将拟议修筑而实际并没有获得批准的方案,未加切实考证而当作历史实际,出现了对于驿路历史的误读。这些内容将在下一个部分详加分说。

(六)拟议中的驿路

清朝末年,吉林将军衙门确实筹划过新建几条驿路,因此形成了一些历史文件。根据这些留存下来的历史文件,我们可以将事情缘起、发展和结果还原出来。1986年,吉林省档案馆编纂了一本《吉林驿站》内部发行,为清末吉林驿站档案史料选编,其中收录了光绪二十九年(1903)十二月十七日《吉林将军衙门户司为勘设各驿事务的移文》、光绪三十年(1904)十二月十日《延吉厅为移设各站的详文》和光绪三十一年(1905)三月二十九日《吉林将军衙门兵司关于添设各路驿站的移文》。这三篇重要历史文件,基本可以反映出来清末吉林酝酿新修驿路始末。《吉林将军衙门户司为勘设各驿事务的移文》中说:"据乌拉额赫穆等站监督等禀称,职等前奉堂札内开,兵司案呈,兹据署延吉厅同知陈作彦称,厅治离省窎远,距敦化通沟四百余里,其中并无邮传,亟应择要添设驿站,俾通文报等情。据此除批饬兵、户司妥议具复等因。查新设厅、县数处,不仅延吉一厅为然,其他处有无应添驿站处所,饬令西北两路监督速即派员,往查应设驿站处所、添丁拨地各事,详细禀覆,以凭核办等因。"所谓移文,是清朝不相统属部门之间的往来公文;堂札,一般是指上对下的行文。从这篇移文的内容看,应该是吉林将军衙门户司,就勘设驿站事务给兵司的移文。上段引文,说明了事情的起因。延吉厅同知陈作彦,因延吉厅距省城太远,请求添设驿站传递文报。将军衙门批示要求兵、户两司"妥议具复"。考虑到延吉厅所遇到的情况不是个案,要求西路、北路的两路驿站监督进行详细调查。移文中也清楚说明,大孤山站笔帖式德棨、伊巴丹站笔帖式周国经勘验,伊巴丹站南至磐石县、北至农安县适中共添设七站;退抟站笔帖式富兴阿、通沟镇站领催委官李香荫等勘验,通沟镇站起至延吉厅适中共添设六站,并由省至鄂摩和索罗适中之江密峰添设一站;宁古塔站笔帖式喜云、沙兰站领催委官田毓麟勘验,由宁古塔至绥芬厅适中共添设八站。勘验情况上报以后,吉林将军批示,拟添设驿站二十二处,其应购站地、牧场及兴建官房、马棚等项,并常年经费约计共需款项各若干,"仰户兵两司会同详细合议具复查夺"。因为驿站事务归兵司管辖,所以户司给兵司移文,"亟应一并札饬两路驿站监督,饬令原勘委员,查明新添各站每站究应需用修盖官房等项,占用地基若干,所占民产之地约值地价若干,量其地势高洼,核实估计。其站笔帖式喜云所勘设站之处,究系官荒民产,均饬查明声覆。并将新添各站,某站系属要站,传递公文较繁,应添拨站丁若干;某站事简,应添拨站丁若干,均一并详细查明"。从这篇移文内容看,吉林将军对新开驿路的事情未置可否,只是要求相关部门进行细致调查,根据情况再做定夺。因此,户司向兵司移文,留下了这份宝贵的历史资料。

而《延吉厅为移设各站的详文》,主要是汇报拟将珲春所属之哈顺至密占等正分四站,挪在延吉厅赴珲春安设的具体方案。从文中看出,仍然是退传站笔帖式富兴阿和通沟镇站领催委官李香荫,受命进行具体勘查。他们"即由延吉厅至珲春城一路亲加踩验,某处平坦,人烟凑集,酌量程途里数,能否挪移几站、新设几站。该处系官荒民产,约估站基地价若干,详细踩明绘图贴说"。后来由于经费以及安全等方面原因,吉林将军衙门指示,所有履勘由珲春至延吉厅沿途挪设驿站一事,候札吉林道、全省营务处、派延吉厅吉强军胡统领,会同就便勘定界址。根据吉林将军的指示,"遵即备文移会胡统领殿甲,遵照会同查勘,酌量道路远近,以及珲、宁原设各站"。查勘以后提出的挪设方案:"又勘得由珲春城至延吉厅,为程二百有四十里,按照设驿章程,除珲延两首站不计外,其中应添分站三站。拟将珲春城首站、密江站(密占站),均仍其旧,毋庸挪改。其德通站(穆克德和站)请移设于由珲至延,距密江站五十里之窟窿山。将大坎子站移设于距窟窿山六十里之小盘岭,小盘岭距延吉厅七十里。应请将哈顺站移设于延吉厅街,为延吉首站。"详文中还对原拟延吉厅至通沟镇站设站处所,提出了一些新的意见,并且建议"拟请将台界之五台、骆驼碇子、三台、斗沟子、新官地五分站内,酌量移设四站,如此通融挪设,似觉无添站之名,而收添站之实效,更于公家饷糈不费丝毫。且珲春各分站既挪设延界,则塔界各分站形同虚设,移缓就急,或亦随时变通,因地制宜之一道也。"对延吉厅这一道详文,吉林将军衙门批示:"据详已悉。所拟移设驿站办法,是否可行,仰吉林道会同兵司悉心核议,详复察夺,仍先转饬知照。"一些人所谓省城直达珲春驿路,就是这道详文中筹划的,只是这道详文所提方案,并非最后的结果。

《吉林将军衙门兵司关于添设各路驿站的移文》则是对这件事情最后定论的意见,在复述了《吉林将军衙门户司为勘设各驿事务的移文》《延吉厅为移设各站的详文》两文意见之后,提出了兵司的结论性意见:"查大孤山站笔帖式德棨等所勘,由伊巴丹站迤南至大兴川拟设一站,拟名大兴站;由此至德胜沟拟设一站,名为德胜沟站;由此至磐石县拟设一站,名为磐石站。由伊巴丹迤北至范家屯拟设一站,名为范家站;由此至磐石县(应为长春厅)拟设一站,名为长春站;由此至轧鞯草沟拟设一站,名为新立站;由此至农安县拟设一站,名为农安站。"如此一来,吉林城到伊巴丹站以后,向南与磐石县建立驿路联系,向北与长春厅、农安县建立驿路联系,确实是非常重要的交通孔道。而由延吉厅至敦化县一路,"其延吉厅一站,拟名延吉站,即将塔城所属之哈顺站移设于此;至老头沟拟设一站,名为绥安站,即将塔城瑚珠岭站移设于此;由此至土门子添设一站,名为怀德站,即将塔城萨奇库站移设于此;由此至哈尔巴岭添设一站,名为茂林站,即将塔城老松岭站移设于此;由此至小石头河子添设一站,名为清河站,即将塔城玛瑚哩(玛勒瑚哩)站移设于此"。延吉厅至珲春一路所设各站:"由延吉厅站至小盘岭添设一站,拟名为盘岭站,即将珲春所属之大坎子站移设于此;由此至窟窿山拟设一站,名为阿林站,即将珲春所属之穆克德和站移设于此;由此再前,即至旧设之密占站,直达珲春城站,亦即毋庸挪移改设。"此外,还就宁古台至绥芬厅一路、色勒佛特库至长寿县一路驿站设置,提出了具体方案。但兵司最后表明的态度并不是很积极:"但职等详核添设各路驿站情形,虽系与设站章程相符,而值此时势艰窘,款项奇绌,兼之日俄战事纷扰,和局未定。况所需甚巨,遽难举办。职等悉心核议,惟有饬下新设各厅、县,先行安设马拨,递送公文,以期捷便而昭核实。以俟大局平定,筹有的款,再行添设。"可见,兵司虽然按照将军衙门要求进行了细致谋划,但是从现实出发,并不赞同当时添设各驿站。

　　根据兵司在《吉林将军衙门兵司关于添设各路驿站的移文》末尾注稿:"当于本年三月初四日奉宪批:据禀已悉。现值时艰孔亟,款项奇绌,添设驿站所费不赀。应如所禀,缓俟大局平定,筹有的款,再行举办。至于新设各属,文牍往来,自应先行安设马拨,随时递送,以免贻误。仰即由道分行遵照,等谕。"由此观之,当时兵司先已将具体情形和上文所述意见向将军进行了禀报,将军对其禀报做出了以上的批示。《吉林将军衙门兵司关于添设各路驿站的移文》落款时间为光绪三十一年(1905)三月二十九日,而将军批示时间是三月初四日,显然在这道移文发出之前,将军已经做出了正式决定。上述移文所述和将军批示,清楚明白显示,添设各路驿站的方案既未得到兵司支持,又未获得将军批准,筹划方案胎死腹中,并没有得到具体实施。虽然兵司意见和将军批示,都有"俟大局平定,筹有的款,再行举办"之语,可是后人都很清楚,自此以后大局并未稍有"平定"。况且,这个时候东清铁路通车,电报、电话开始引进,客观上已经不再需要大量设置驿站了。光绪三十一年(1905)二月,奉天将军赵尔巽在奉天设立文报总局,兼办吉、江两省文报事宜。光绪三十二年(1906)六月初二日设立长春二道沟文报(分)局,归奉天文报局统辖;初三日,启用"吉林文报分局"钤印。光绪三十三年(1907)吉林撤将军设行省,第二年正月将原隶属兵司的驿站事务划归民政司管理。十一月民政司提出在省城设立文报总局的意见,行省批复"先于省垣设立文报总局一所","自明年正月开办,即将原来西北两路裁撤"。宣统元年(1909)吉林文报局正式成立,然后对驿站改设提出了具体意见,全面启动全省驿站裁撤事宜。至此,传统的驿传制度在吉林省归于历史,现代邮政事业开始起步发展。从上述历史发展过程看,那几条拟议中的驿路,根本没有成为现实的历史机遇,最终还是止步于计划状态。之所以要花费一些篇幅,专题分说这件事情,是因为有些研究者存在误解,将这些计划都当作了现实,并且发表文章言之凿凿。为避免以讹传讹,在此特加专题详细分说。

吉林清朝驿站的前尘旧事

　　清朝时的吉林地域,以吉林城为中心,向西、向东、向北、向东北辐射出去4条驿路,构成了联系各方重镇的交通网络。虽然驿路之设皆是军事所需,但是驿路之用并不全是军事。一条条驿路就像一条条血脉,分布在吉林大地之上,各色人等、各种物资、各类文报、各方信息如同血液奔流在血管之中一样,源源不断地在驿路上流淌。流淌着,流淌着,世界发生了变化,这个地域也发生了变化。在时光的维度里,人、物甚至文化在驿路上流淌,而驿路在时光的隧道中前行。于是,在驿路上奔波不停的人和事,都逐渐走进了历史,成为前尘旧事。而这些在驿路上发生的前尘旧事,都会在一个一个驿站会聚、进化,并在岁月的年轮上刻下深深浅浅的印痕。我们关注吉林地域交通发展的历史,也关心因为交通发展而日渐成长的文化和社会。任何一个地域,一切的发展,最后都要体现在社会的进步和文化的发展上,吉林地域亦当如此。所以,在关注驿路的开辟和驿站设置的同时,自然要关注那些驿站的人和事,如此才能更全面、深刻地理解在驿路上走过来的历史和文化。

一、吉林驿站大略

宁古塔将军(后来称吉林将军)辖境之内,康熙朝额设驿站22个。到嘉庆朝,据《吉林志书》记载:"吉林城乌拉站至西路蒙古和罗等九站,额赫穆站至东路宁古台等九站,此两路共十八站。""金珠鄂佛罗站至北路伯德讷等十站,蒙古卡伦站至东北路妙嘎山等十站,此两路共二十站。"因为《吉林志书》记事止于嘉庆十八年(1813),故可以认为至嘉庆朝,吉林将军辖区所属驿站共38个。据《吉林驿站》收录光绪二十八年(1902)《吉林驿站建制规模人口牲丁清折》统计:"吉林城乌拉站至西路蒙古和罗站等九站,额赫穆站至东路宁古台等十站,新官地站至珲春城等十站,此两路共二十九站。""金珠鄂佛罗站至北路伯德讷等十站,蒙古卡伦站至东北两路妙嘎山等十三站,此两路共二十三站。"吉林将军辖区所属驿站合计52个,这些驿站设置一直到清末再没有变化。但是,按照现行行政区划而言,这52个驿站属吉林省境辖的有西路除蒙古和罗站之外的8站;东路额赫穆站至塔拉站,外加通沟镇站,共7站;北路金珠鄂佛罗站至伯都讷站,外加东北路蒙古卡伦站,共11站;宁古塔至珲春驿路萨奇库站至珲春站,共7站。合计33个驿站。

(一)驿站人员及站地、站房

按照清代"军报所设为站"的分类标准,吉林将军辖区之内驿路所设皆为驿站,属于军事设施。清朝驿站管理体制,按《康熙会典》记载:"在京者曰会同馆,在外者曰水马驿。其需用马、驴、车、船、人夫、什物等项,因地冲僻,酌量设置,各有钱粮额定。或设驿丞专管,或属州县官兼管,或令武职带管,俱责成各该督抚、驿道稽查整治。"吉林额设驿站属于"武职带管"一类,额设52个驿站,全部统属吉林将军衙门管辖。具体而言,驿站日常事务,公文要件,额丁人头,站官履职升迁,签发勘合、火票,等等,由将军衙门兵司主管;驿站各项开销,过往官员廪给、站官俸银、牛马草豆银、倒毙买补银,车辆、渡船、器具添置,并山林、马场、站丁随缺地,等等,由将军衙门户司主管;土木工程、官房、马号修造,路桥维护,等等,由将军衙门工司主管。至于辟建驿路、额设驿站、腰站升正站等项大事,则须将军衙门会奏,内廷部议,皇帝知道。吉林将军衙门兵司设驿站监督,对驿站日常事务进行管理。据《吉林志书》记载:"查吉林地方,于康熙三年设立驿站监督六品官一员,二十五年添设驿站监督六品官一员。"是说,康熙三年(1664)吉林地方开始设驿站监督一员,到康熙二十五年(1686)又增设一员,实际上在将军衙门设置了两员驿站监督。根据驿站线路与吉林城的方位关系,清代吉林额设驿站分为西路、东路、北路、东北路,吉林将军衙门将这四路驿站划分给两个关防处统辖。西路关防处,清徐鼐霖《永吉县志》记载:"西路站监督关防处,在粮米行官学附近。"管理西路和东路共29站,铸给铜印,印文"管理乌拉额赫穆等站监督"。北路关防处,据《永吉县志》记载:"北路站监督关防处,在乌拉站附近,今改为电灯厂。"管理北路、东

西路关防处旧址，位于今吉林市船营区北京路91号，现为吉林市审计局大楼

北路关防处旧址，位于今吉林市船营区吉林大街124号，南京街与安康胡同交会处，现为国网吉林供电公司

管理烏拉額赫穆等站監督剳部院衙門賜領文憑門
五品須戴午滿倉官鹽站官巳略布

蒿里迤府屬大小二十九站程途及相距廳府州縣道里秋目細冊事

計開

烏拉站
　東至舍音河三十里由老舍音河至金珠站六十里
　西至老舍音三十里由老舍音河至金珠站六十里
　北至金珠站六十里

蒿崟站
　東至舍音河四十里由老舍音河至烏拉站三十里
　西至介音河二十里由老舍音河至蒿崟站四十里
　南至廳界金家七十五里
　北至小河拾子八里

伊勒門站
　東至舍音河四十里由老舍音河至蒿崟站五十里
　西至伊勒門站二十里由老舍音河至蒿崟站四十里
　南至金家九十五里
　北至小河拾子八里

蘇瓦延站
　東至拉胯子二十五里由拉胯子至蘇瓦延站三十里
　西至蘇瓦延站三十五里由拉胯子至蘇瓦延站五里
　南至磨盤山谷拾八里
　北至東家七十三里

伊巴丹站
　東至七門子二十五里由伊巴丹站三十里
　西至伊巴丹站三十五里由七門子至伊巴丹站六十里
　南至廳界栁樹十五里
　北至長本嶺一百二十里

大孤山站
　東至伊通河外三十里由伊通河至赫爾蘇站三十里
　西至伊通河三十五里由伊通河至大孤山站六十里
　南至對雅台一里
　北至邊台十里

赫爾蘇站
　東至頭道溝西三十里由頭道溝至大孤山三十里
　西至頭道溝西三十里由頭道溝至赫爾蘇站六十里
　南至國邊台二十里
　北至邊門四十五里

葉赫站
　東至十里堡四十三里由十里堡至赫爾蘇站四十里由赫爾蘇站三十里
　西至楊木林子二十五里由楊木林子至葉赫站四十五里
　南至本界國邊十二里
　北至邊門二十五里

蒙古和羅站
　東至楊木林子二十五里由楊木林子至葉赫站二十五里
　西至開原驛十五里由開原驛至蒙古和羅站二十五里
　南至圍場邊二十五里
　北至邊台四十里

額赫穆站
　東至柳樹河子三十五里由柳樹河至蒙古和羅站六十里
　西至柳樹河子三十五里由柳樹河至額赫穆站四十五里
　南至威遠邊門十五里
　北至雙峯嶺七十里

拉法站
　東至老山梁子四十五里由老山梁子至額赫穆站六十五里
　西至額赫穆站六十五里由額赫穆站四十里
　南至老山嘴子十五里
　北至威遠邊門十五里

退摶站
　東至老山梁子四十五里由老山梁子至拉法站十八里共計六十里
　西至拉法站十八里共計六十里
　南至老山嘴子十五里
　北至雙峯嶺七十里

意氣松站
　東至白土嘴子二十五里由白土嘴子至退摶站六十五里共計八十里
　西至退摶站六十五里共計八十里
　南至上山下一里
　北至俊山下八十里

鄂摩和站
　東至鄂摩和站三十里由鄂摩和站四十里
　西至珠爾多河子三十里由鄂摩和至珠爾多站四十里
　南至二道溝十五里
　北至織機嶺七十里

通溝鎮站
　北至鄂摩和站七十里　南至敦化縣五十五里
　西至珠爾多河子三十里由鄂摩和至意氣松站六十五里共計八十里
　東至珠爾多河子四十里由鄂摩和至通溝鎮站七十里

塔拉站
　北至通溝鎮站七十里
　東至朱塔二十五里四果堆
　西至鄂摩和站四十里由朱塔二十五里共計六十里
　由朱塔沒河四十里共計六十里

富拉琿站　東至崇古爾庫站七十里　西至佛斯亨站七十三里

崇古爾庫站　東至鄂勒國木索站七十里　西至富拉琿站七十里

鄂勒國木索站　東至妙噶山站六十里　西至崇古爾庫站七十二里

妙噶山站　此係尾站三姓首驛南至三姓城八十里　西至鄂勒國木索站六十里　北至拉林多歡站一百三十五里

五常站　與五常廳間在一處東北至五常堡三十五里　西至蒙古客掄站一百一十里　自該站至拉林城三十里共一百三十里

雙城站　係雙城堡首驛東南至拉林多歡站　東至阿勒楚客城一百三十里

以共二十三站程途里數及註明附近廳府州縣相距道里以及自吉林省城金珠首站至噩

伯德訥尾站五百五十里至三姓城九百九十里至東北阿勒楚喀城四百七十里至雙城堡四百七十

里至拉林城三百九十里至賓州廳五百八十五里至五常廳四百四十里至榆屯廳二百七十里

為此造冊呈遞

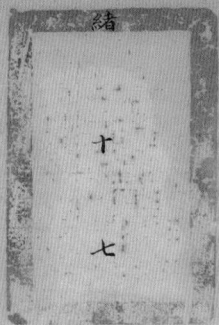

光緒十七年三月　日

光绪十七年(1891)，北路关防处所属各站程途及相距厅府州县道里数目细册

管理金珠鄂佛羅等處總
監督記名副都統花翎頭領柱全
站官五品頂戴壽康

為里造所屬二十三站程途及相距應府州縣道里數目細冊事

計開

金珠鄂佛羅站　此係首站南至吉林省城六十里
西至烏拉街城十五里
北至舒蘭河站六十里

舒蘭河站　北至法特哈站五十里
西至烏拉街城十五里
與巴彦鄂佛羅邊門一處
南至金珠鄂佛羅站六十里

法特哈站　與巴彦鄂佛羅邊門一處
南至舒蘭河站五十里
北至登伊勒哲庫站五十里

登伊勒哲庫站　北至珠榆樹伯都訥廳五十里
西至舒蘭河站五十里
自珠榆樹至蒙古喀掄站三十里共八十里
北至金珠鄂佛羅站六十里

盟溫站　西至陶賴昭站五十里
南至登伊勒哲庫站五十里
東至盟溫站五十里

陶賴昭站　西至遜扎保站四十里
南至法特哈站五十里
東至陶賴昭站五十里

遜扎保站　西至浩色站四十里
東至遜扎保站四十里
自城至伯德訥城二十里共八十里

浩色站　西至社哩站六十里
東至浩色站六十里
北至松花江渡口四十五里

社哩站　西北至伯都訥城六十里
東南至長春嶺一百里
南至伯都訥城二十里自城至楚站六十里

伯德訥站　此係尾站與戊興站三十五里共八里
自渡口至江省接壤一江分界
北至伯都訥城二十里

蒙古喀掄站　南至五常廳新設五常站間一處一百里
北至登伊勒哲庫站八十里
北至拉林多歡站七十里

拉林多歡站　東至五常廳新設五常站間一處一百里
南至薩庫哩站八十里
西至雙城站一百里

薩庫哩站　北至阿勒楚喀城二十里
西至薩庫哩站八十里
自該城至蟒克圖站四十五里南至喀掄站七十里

拉庫圖站　西至雙城站與雙城堡同在一處一百三十里
南至拉林多歡站八十里
東至葦子溝站與貴州廳同在一處一百三十里

蟒克圖站　東至拉林多歡站與雙城堡同在一處
南至拉庫哩站八十里
西至薩庫哩站六十里

葦子溝站　與貴州廳同在一處四至蟒克圖站七十里
西至薩庫哩站六十里
東至邑勒佛特庫站六十里

北路共23站,铸给铜印,印文"管理金珠鄂佛罗等站监督"。两个关防处各设驿站监督一员、总站官一员、办事笔帖式一员、领催委官一员。

　　驿站监督的选用,据《吉林志书》记载:"原系由都京人补放,定限六年,任满另行选放。于康熙六十年改为本处由仓官补放者,作为七品;由无品级笔帖式补放者,作为八品。"起初,驿站监督由京城人补放,任期六年,任满另行选放。从康熙六十年(1721)改为由本地仓官补放,并对品级做了具体规定。据《吉林通志》记载:"乾隆四年议准,宁古塔驿站官二员,由该将军于本处仓官笔帖式内,每一缺遴选二人,拟定正陪,出具考语,咨部引见。"也就是说,乾隆四年(1739),更具体地规定了由仓官笔帖式中选任,不过是"二选一"。并且具体规定:"由仓官八品笔帖式补授者,授为七品;由未入流笔帖式补授者,授为八品。六年任满,该将军出具考语,咨部注册。七品官以京城主事等员缺升选,八人后升用一人;八品官一京城正、从七品小京官员缺升用,六人后升用一人。"乾隆五十四年(1789),改为四年任满,期满升选方式仍如旧例。道光二十四年(1844)十二月,吉林将军经额布上了一份题为《为酌议整顿驿务请改监督以资弹压稽查》的奏折,其中提道:"近查站丁生齿日繁,其余丁已有一万数千名。该丁等不归旗管,仅由该站笔帖式管束,难期周妥。各站马牛例应委养足额,驰递文报、运送官物不容迟误、损失,在在紧要,必须随时认真稽查,方可杜弊。""惟是监督住居省城,名为总办驿务,其实与各站笔帖式均系七八品微员,非特不足以资弹压稽查,并难保无猫鼠同眠之病。""伏查内省驿传均由臬司道员管辖,吉林站丁余丁既不归旗,自宜另有大员弹压管束。且查吉林公仓监督,即系协领兼管,办理妥协。驿务事同一例,似应仿照办理,以期经久。"因此,请旨将二员驿站监督由将军衙门四司协领内选派,二年提请更换一次。原设二员七八品监督,改为两路总站官,仍由仓官及无品笔帖式内挑补,归协领管辖,仍支原监督之俸,照旧四年任满撤回候升,其缺另补。经额布的建议得到了皇帝的认可,道光二十五年(1845)实施。光绪三十二年(1906)旧档记载:"西、北两路,各设驿站监督一员,奏派协领管理。额设总站官二员,额设关防笔帖式各一员,领催委官各一员,专司其职。"可见,这个制度安排后来一直沿袭下来。据《吉林通志》记载,西北两路关防处总站官年俸银四十两,办事笔帖式年饷银三十六两,领催委官年饷银二十四两。

　　驿站的人员设置,一般正站有笔帖式一员、领催委官一员、站丁若干;分站,也称腰站,一般不设笔帖式和领催委官,只有站丁若干,驿站事务由相邻正站管理。各站笔帖式相当于站长,对驿站事务全面负责。笔帖式,满语称"笔帖黑色",意为办理文件、文书的人。是清代官府中低级文书官员,分六、七、八品及无品级笔帖式,一般执掌部院衙门的文书档案,主要职责是抄写、翻译满汉文。笔帖式是满人进身之阶,各衙署员缺,一般从笔帖式中考试选录。而驿站笔帖式则专掌部给关防、文报登记与财务,"凡支领驿站钱粮,由笔帖式钤用,以专责成",意即驿站印信掌握在笔帖式手中。笔帖式的选用,一般根据驿站所处位置及属地关系,或在所属副都统衙门中拣放,或由省拣补,不在驿站内部产生。领催委官,满语称"拨什库",相当于驿站副站长,专司应付,负责驿站日常迎送、文报传递等事务的安排,并有保护驿站的责任。领催委官一般在驿站产生,从站丁中拣选优良者担任,由关防处任免并报省备案。笔帖式和领催委官之间的关系在杨宾笔下还显得比较微妙。据《柳边纪略》记载:"以体统言之,笔帖式有印,若尊于拨什库。而派军马草料,则不敢侵其权。是以一站之人,惟拨什库是畏。"杨宾的结论肯定是从观察现实中得来,是客观存在的,但不见得是普遍现象。各站笔帖式年饷银三十六两,领催委官年饷银二十四两。站丁是驿站底层工作人员,负责递送文报、接送官差、运输军饷、护送贡品、押送人犯以及驿马饲养等具体驿务。吉林驿站的站丁,起初多从八旗兵丁中派充,也有部分遣戍流人。康熙二十年(1681)平定"三藩之乱"以后,东北驿站站丁主要来自三藩降卒。吉林北路各驿站站丁,最初考虑从盛京沙河站等驿内摊派,但因路程远,困难多,落实下来非常困难。所以,康熙皇帝下谕旨:"墨尔根至彼端所设之五驿,查索伦、达斡尔之贫穷者,令其驻墨尔根至锦州俄佛罗之二十驿。既然由盛京沙河站等驿人员内,摊派驻驿困难重重,即应查抄没户人,令其驻驿。"而这些"抄没户人",大多是吴三桂的部下。据《黑龙江将军衙门档案》记载:"锦州俄佛罗至墨尔根二十站驿丁,皆属重大罪犯,因圣主仁慈免死,就派往各驿。"当然,这不会只是一条驿路的站丁政策,肯定具有普遍性,各条驿路添派站丁均应来源于此。

由于吉林特殊的经济环境和地理环境,所辟驿路起初都是穿行在人烟稀少的荒山野地,驿站设置之处大多没有人家。所以康熙二十五年(1686),负责设置从吉林至黑龙江驿站的户部郎中包奇回京复命时,康熙皇帝问了他三个问题:驿站安设否?得成村落否?新迁驿地人民可以度日否?从康熙皇帝的三问之中,可以捕捉到一些不同寻常的信息:在安设驿站之初,就朝着使驿站成为村落的方向努力;能否成为村落,可能关乎驿站能否存续;驿站设置以后,驻驿站丁不见得就能够生活下去……事实是,当时的东北经济非常落后,粮食补给非常困难,朝廷无法为站丁提供必要的生活保障。因此,采取"以站养站"的策略,努力让站丁扎根成家,使驿站形成村落,拨给站丁土地,发给耕牛、农具、种子等生产物资,让他们耕田种地,自己养活自己。所以,拖家带口可以保证站丁安心驻驿,耕地打粮可以让站丁养活自己。根据相关档案记载,在这样的政策安排之下,驿站初设时,官家为站丁制作穿戴、修造房屋,每丁发放驿丁数额的银两,甚至还要负责给站丁找老婆。康熙朝,宁古塔所属25个驿站,无妻男丁205人。康熙二十三年(1684),户部以"此项驿丁皆为官差,不可无妻"为由,主张按每名女子三十两银计算,由盛京户部支取,分给无妻站丁买妻。还提出,"若彼处买妻不得,则咨行报部,由臣部陆续买得发往彼处"。康熙二十四年(1685),户部《为吉林至黑龙江设二十五驿所需事项咨黑龙江将军文》中提道:"每男丁发给田五垧,均由设驿之村庄以附近之农田拨给。"分配给站丁耕种的田地,称为随缺地。按站丁定额划拨,各驿站随缺地亩面积是确定的。站丁随缺地发给堂印执照,载明站丁所领随缺地坐落及面积。驿站的总站官、笔帖式、领催委官有饷银,马牛亦有草豆银,而站丁则全靠随缺地来生存。为鼓励站丁耕种,在驿递事务繁忙站丁无暇耕种田地的情况下,有关衙门还会派员率官劳力往各驿站协助耕田。所得之粮,除按量用作站丁口粮以外,余粮交官。相关档案记载,锦州俄佛罗至伯都讷六站,由户部郎中包奇监种,粮食产量比较高,得到了康熙皇帝的表扬:"郎中包奇监种之田,较他处多收粮食,除供给该驿人口外,仍有剩余。着将包奇较他人勤奋效力之处,记录于档,并调换地方监种,若包奇再获丰收,则分别议叙。"可见,朝廷对站丁生产粮食给予了高度的重视。

除随缺地外,驿站还有津贴地和充公地。津贴地是笔帖式、领催委官津贴和驿站经费的来源,按笔帖式和领催委官各自的标准划拨;充公地,或为驿站管理范围内之垦荒地,或为民人私垦浮多地。这些地统称为站地,一般招佃耕种,年底从所收粮款之中抽留驿站应领津贴和按一定比例抽取的驿站经费补贴外,剩余上缴。驿站招佃耕种,一般要签订契约。内容包括租地面积、位置、租额、地租形态、租粮品种、承租期限、租人和田主姓名、中间人姓名、契约签订时间以及租佃双方的其他权利和义务。站地转租他人,必须呈报关防处,获得同意后方可转租。杨川主编的《清代吉林邮驿及邮集图录》一书中收录了一张咸丰年间租种站地契约的高清照片,原文照录如下:"立租契文约人诚信社七甲民张利,因无地耕种,今租到西路关防处坐落苏瓦延站南龙王庙沟随缺地一段,计地四垧六亩。言明每垧地应纳三色租粮八斗,共该粮三石六斗八升,至秋早完,不准拖欠。倘有抗欠租粮等弊,准其夺地另租。外,于原查四至东界有柳树数株,作为交界,与原业主无涉,准其佃户经理。恐后无凭,立此租契存照。"契约中详细标明四至,并有中间人、经手查办人、原业主的姓名,签订日期是咸丰十一年十一月十八日。实际上站丁招租日久,早就出现了站地转入民人之手的情况,导致站地不断流失。为此,清廷先后颁布法令,禁止"私典私卖"。但是民典站地还是愈演愈烈,嘉庆十一年(1806)吉林将军富俊下决心进行了整饬。查出四路驿站典卖地亩共一万五千余垧,下令分别年限将典出站地收回。清廷采纳富俊意见,将收回地亩作为吉林驿站850名站丁随缺地,每丁得地15垧9亩,并颁发一张盖有吉林将军衙门文印之执照,该地作为永久随缺车价、工食、当差津贴。站丁随缺地的配给标准,到光绪三十一年(1905),吉林将军衙门兵司《关于添设各路驿站的移文》中,关于拟设驿站站丁随缺地的配给,仍然按每丁15垧9亩来计算,说明至清末一直未变。

驿站都要建设站房。吉林各路驿站因建站时间、所处地理环境的不同,站房标准、结构亦有所不同。史料关于早年站房具体情况的记述不多,大体应与当地民居结构相似。根据光绪七年(1881)吉林将军铭安等的《拟请改设驿站添拨额丁的奏折及清单》所述,拟建宁古塔至珲春正分十站,"各站应建官房,除原有卡房不计外,拟饬每站各盖瓦房五间,十站共盖五十间,每间酌给银三十两"。可见,这时驿站站房的建设标准应当是"瓦房五间",每间瓦房的造价应该是三十两银子。光绪十四年(1888)西路关防处的《奉札奏请酌加站丁的札文及粘单》中,即有关于修建站房的要求,先是说明宁古塔至珲春"惟所改正分十站介在边地僻壤之间,并无城市,仅建站务官房",后来提出"又该十站并通沟镇站、苇子沟站、五常站、塔拉站、意气松站五站官房过少,不敷占用,且无院墙。间有未发房价者,请按每站添建档房五间、仓房五间、住房五间,马棚五间,草棚两间,大门一间,周筑土墙七十八丈"。如此算下来，宁古塔至珲春十个驿站，每站有站务官房五间、档房五间、仓房五间、住房五间，这些应该都是瓦房，计20间。此外，马棚五间、草棚两间、大门一间、土筑围墙七十八丈。这应该是光绪十四年(1888)时吉林驿站站房的大致标准。对站丁住房，这则史料提出"其改设正分十站，拨往丁壮无以楼止。查各站额丁住房向未发过房价，今此十站非特新设，且地处山僻偏区，与驰站情迥异，必须因地制宜，请按每丁一户准盖苦草房三间，大门一间，周筑土墙"。吉林省档案馆收藏的光绪年间北路驿站站图，有彩色笔绘制的锦州俄佛罗站等北路23站站图，虽然有些残破，但是大部分驿站站房规模还能够直观地呈现出来。比如，苇子沟站有完整的院墙，北、西两侧各开一门，院内有10间站房，周围是站地。锦州俄佛罗至伯都讷10站，由于驿站建立的时间比较早，驿站规模相对较大，站房多的达15间。可见，驿站似乎并没有统一的站房标准。

(二)吉林给驿定例

清代驿传体系是在明代的基础上建立和发展起来的。在清朝国家法典《大清律例》中，"兵律"有邮驿律十八条，从条目到律文与明邮驿律基本相同。后来，随着邮驿的发展，虽然邮驿律保持了相对稳定性，但是邮驿律条例却不断修改、补充，在明代只有十条，至清后期则增加到五十三条。"条例"是"律"的补充，可以代替法律，即所谓"既有定例，则用例不用律"。清代规定，"凡差遣给驿者，皆验以邮符"。有两种，一种叫勘合，一种叫火牌，也称火票。官员驰驿给以勘合，兵役驰驿给以火牌。在勘合、火牌上填注奉差官役姓名，以及所准夫马车船、廪给口粮的具体数目，令沿途驿站如数供应，这就叫作"给驿"。清代给驿的原则，"各以其等，颁其禁令"。对官员依照品级不同，确定不同的给驿标准，享受不同的驰驿待遇。同时，要颁布若干禁令，禁止一些滥权行为。清代自顺治二年(1645)初次颁布给驿

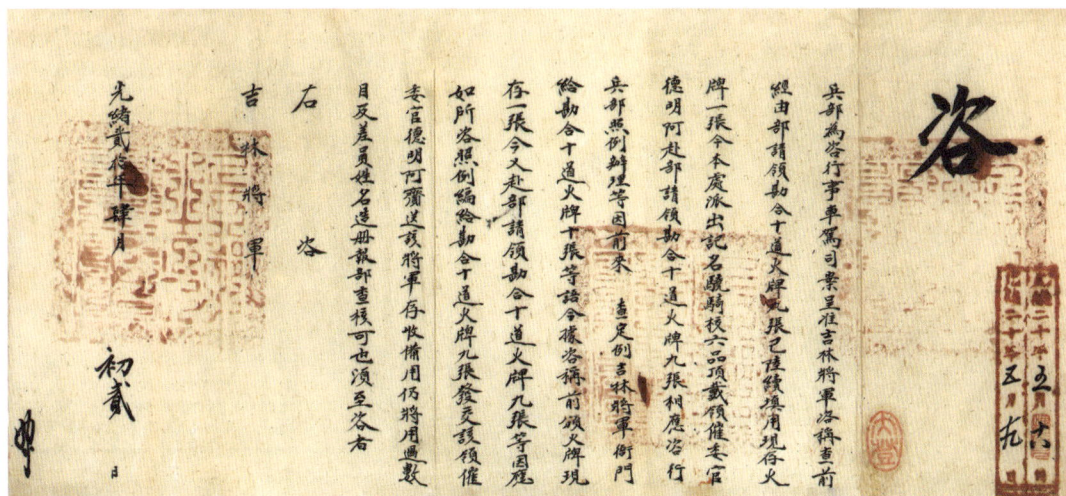

光绪二十年(1894)四月，兵部为按例编给堪合火牌并将用过数目及差员姓名造册报部查核给吉林将军的咨文

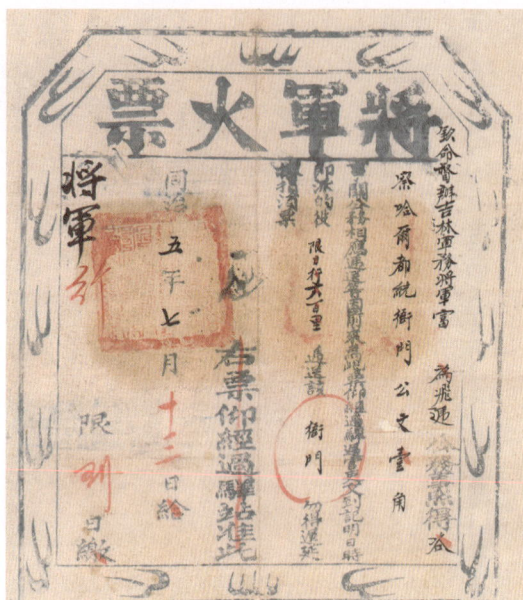

同治五年（1866）七月，吉林将军衙门为飞递公文至察哈尔都统衙门所颁发的火票，火票中明确标注"限日行六百里"

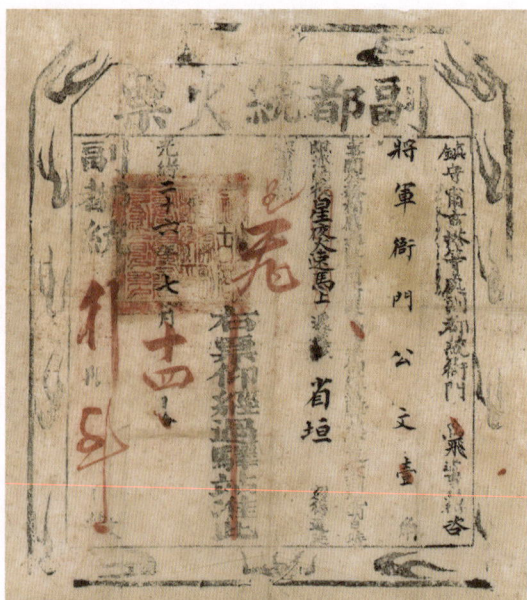

光绪二十六年（1900）七月，宁古塔副都统为递送公文至吉林将军衙门所发火票，火票上注明"星夜火速马上递"

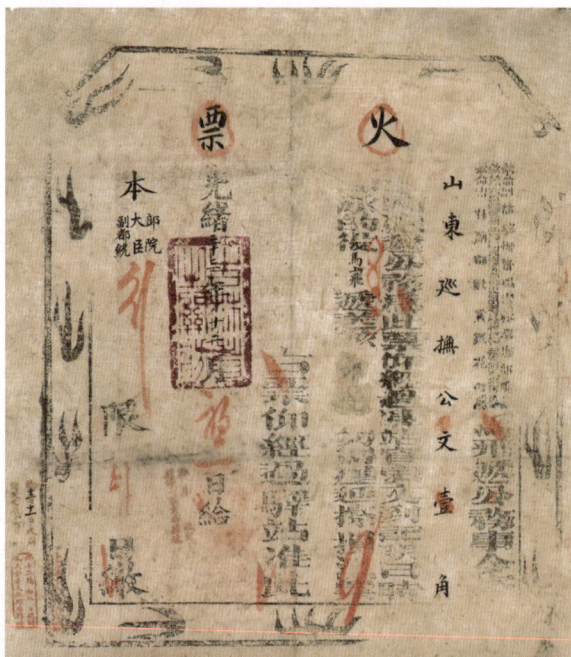

光绪三十三年（1907）十二月，东三省总督为递送公文至山东巡抚所发火票，火票上注明"马上飞递"。火票左下方及左侧空白处有北洋文报京局、奉天文报总局、保定文报分局等转递的戳记

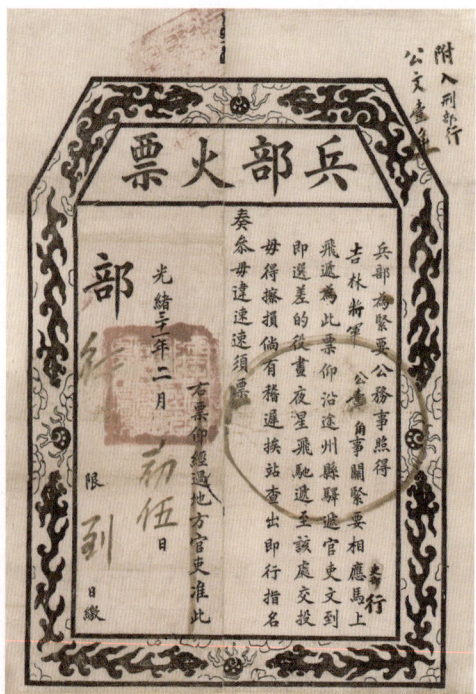

光绪三十一年（1905）二月，兵部为吏部行文吉林将军所颁发的火票，火票上注明"昼夜星飞驰递"

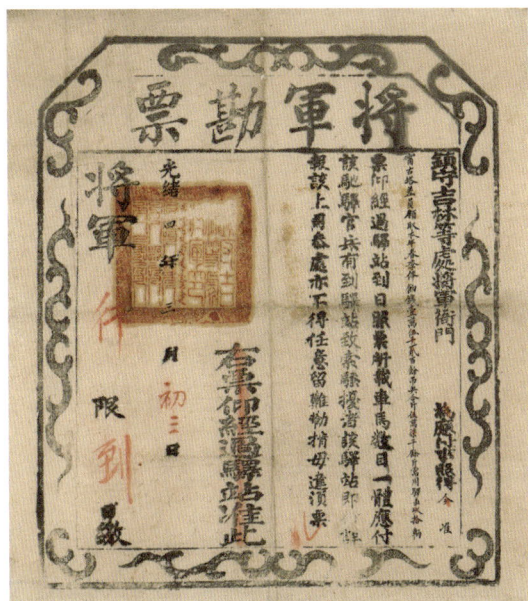

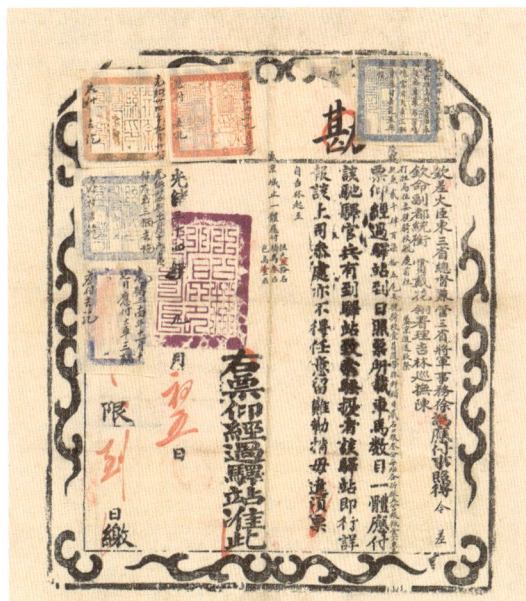

光绪四年（1878）三月，吉林将军衙门为宁古塔差员领取春季俸饷需沿途驿站提供驿车所发堪票

光绪三十四年（1908）九月，东三省总督、吉林巡抚为打牲乌拉派员前往盛京送致祭鲟鱼需沿途驿站应付给驿所发堪票，火票中注明"照票所载车马数目一体应付"，堪票上粘贴有开原县、铁岭县等出具的印花

条例以后，又经过了多次修定，内容庞杂烦琐。如，勘合廪给标准，一品官给银二钱，二品官一钱八分，三品官一钱六分，四五品官一钱四分，六七品官一钱二分，八九品官一钱。勘合内各官随从人员及八旗各官亲兵，每人各给口粮银五分。又乾隆六年（1741）定，在京大小各官奉旨出差者，均给以勘合。公、侯、伯、大学士、尚书、左都御史给廪给一份，从役七人口粮七份，马十四匹。水路船一只，夫十四名。侍郎、学士廪给一份，从役六人口粮六份，马八匹。水路船一只，夫十二名。诸如此类。另外，对离京赴任官员，衍圣公入京朝觐，驻防各官赴任，因老病告退，以及外国朝贡使者等人驰驿，也均有具体规定。禁例规定也十分具体。官役经过驿站，司驿官验明勘合、火牌方准应付，有私用驿递夫马，并差遣家人兵役私发牌票索取夫马者，以及司驿官不加盘查即行应付者，均依例议处。驿传道私发牌票，违例支取夫马者革职。奉差官员不按勘合规定路线而绕道行走，除该官吏照例处分外，并将首先滥应官一并议处。督抚、司、道的家人，私骑驿马及因事骚扰需索者，司驿官即报部参奏。若徇情不报，或由部查出，或被人首告，督抚司道并滥应司驿官一并议处。还有很多禁例规定，事无巨细，不再赘述。

　　具体给驿人员，凡文武各官，奉调来京者，朝觐进表来京者，在外起升赴京者，袭封赴京、回京者，衍圣公、正一真人朝贺，奉差出京者，奉调远行出征者，奉调隔省征剿者，奉调监军督饷随征者，奉旨勘事及别具题差出京者，进表赴任者，在任在差病故者，以礼予告致仕者，以礼回籍给假治丧者，给假守制者，以及奉有特旨驰驿者及恩礼优崇者等，不论缓急，先将缘由奏明,奉旨后知照兵部,给勘合、火牌。具体给驿原则,凡官奉差予廪给,兵予口粮,唯侍卫予饭食。出征官与奉差同。带兵领队者,于例得给驿外,加给车马。奉差官役若应付饭食,不准重支廪给口粮;应付廪给口粮,不准重支饭食。其紧要急差,饭食廪粮皆准支给。奉差出京者,陆给坐马、从马、引马、包马,水给船夫,水陆不兼支,不用马者,照应得马数,每马折给夫三名。官员坐马外,其例带跟役,各给马一匹,口粮一份。水路则无坐马、跟马,给船一只,并给纤夫。驻防及移扎官兵俱给车,其沿途家口、马匹给粮草束。如升调别省及升任回京者不给。若因事故归旗,仍按应得之数折给车价。外任奉旨驰驿者,准给夫马,水皆给船,不予廪给口粮。休致回籍及赴任,例不给驿人员。如奉旨驰驿者,亦照品级给驿,不予廪给口粮。由内地驻防调驻西北两路者,只给车马。官员阵亡及在任在差病故者,均给夫马。新满洲告假接眷者,准给驿马。其家口初次来京者,准给车价。外国贡使回往俱给驿护送。官回日照给驿。引见者只给马,扣除廪给粮。盐差、税差,夫马车船永不准给。具体给驿定例,除前引述廪给口粮和给车定例外,还有诸如阵亡等官给驿:文七品、武四品以上阵亡者,夫十六名,马四匹。京官一品至五品、外官道员游击以上、在任在差病故者,如之。文八品、武五品以下阵亡者,夫十二名,马二匹。京官六品以下、在任在差病故、外官知府都司以下、随征病故者,如之。解送物件给驿:凡物件六百斤、饷鞘六千两,各给车一辆;不及六百斤、六千两者,按物件一百斤、饷鞘一千两,各给驮马一匹,不用车处,每一饷鞘给杠夫两名。

在统一的给驿标准之下,吉林驿站还有符合本地实际的给驿规定,《吉林通志》对此有着比较详细的记述,原样择录以供参阅。关于给车马的定例,顺治十八年(1661)题准:往宁古塔,将军等官给车十辆,副都统等官八辆,佐领等五辆,骁骑校等三辆,甲兵等一辆。康熙元年(1662)题准:自宁古塔回京,将军给车五辆,副都统四辆,参领、佐领三辆,骁骑校两辆,甲兵一辆。康熙二年(1663)题准:往宁古塔驻防官兵马匹,冬季许在盛京歇养一月,春季歇养二十日。兵部发往空马,冬季歇养二十日,春季十五日。沿途每宿只给空草。康熙三年(1664)题准:公务差遣,骑乘本身马匹,自宁古塔来者,春、冬许其喂养二十日,夏、秋十五日,口粮烧柴等物并马匹草料,咨行该部给发。回日,每宿只给空草。康熙三十年(1691)题准:吉林给发勘合、火牌十张,专城副都统给发勘合、火牌各三张。如有公事用过勘合、火牌,年终将用过缘由、数目造册奏销。康熙五十五年(1716)议准:宁古塔因公事差遣,骑自己马匹来京者,由部移咨户部,给予十日口粮。如在京候部题覆者,给予二十日口粮。回日,每马日给空草一束。若系牧场马匹,日给料二升。雍正八年(1730)覆准:吉林乌拉、金珠鄂佛罗等站应用廪给银两,每年以五百两为定额,如有余剩,留为次年应付。雍正十三年(1735)议准:吉林、宁古塔等处,地处口外,路途遥远,该将军、都统、副都统等赍进本章,准差正、副二人,每人准带从役一人。如有官物需人背负者,于火牌内注明缘由,倘违例多用,照多填马匹例议处。关于给驿定例,乾隆十九年(1754)奏准:驻防各官赴任,皆按品级给予车马口粮及草料。除车辆口粮各处例皆画一,毋庸置疑外,唯马匹一项,宁古塔等处向有中途喂养之例。至拉林、吉林、伯都讷、三姓、珲春等处,同一道远驻防,又例不喂养,事不画一。且驻防各官接家眷按站行走,于中途并不住歇,是以宁古塔等处向来请领歇喂草豆者,亦属稀少,应将中途喂养马匹之例停止。乾隆二十七年(1762)遵旨议定:赏给乌拉采捕蜂蜜人等皮袄、布匹,打牲乌拉总管领取赏给缎匹等项,吉林等处伴送赫哲、费雅喀人等来京求亲拉载、赏给缎匹等项,又差员恭进蜂蜜、鱼翅、野猪、鹿尾、貂皮、松子并箭杆、雕翎等项,又运送人参、桦皮、锉草,均给与车价,令其自行雇觅。如军营撤回吉林等处官兵送回原处,仍令沿途应付车辆。其应折车价自京至直省末站,由兵部核明程途里数,照直隶车价定例,移咨户部给领。以后凡经由地方,俱令各省首站核明该省应行站数,各照原定车价,汇行给发。在外由管驿衙门核明本省程站,先行给领。经过各地方,亦令首站将该省应行站数,汇行给发所需车价,俱于驿站项下动支,先行报部查核。仍将每年用过银两,问明差使并程途里数,于驿站奏销案内,造具妥册,报部核销。

关于程限的规定,本章到京日期,吉林将军限十二日,伯都讷副都统限十五日,宁古塔副都统限十六日,三姓副都统限二十二日,阿勒楚喀副都统限二十三日。乾隆三十三年(1768)议准:凡议处案件查取职名者,查办虽由所属协领、佐领等官核转,总以接奉部咨之日为始,限定十日,出文咨送。如有必须行查所属者,即按转查程途月日若干,逐一扣明,咨部核定到京程途日期。吉林将军衙门至京二千八百八十二里,限二十九日。其行查公文限何日到省之处,即于封面上注明。咨覆各部公文,亦将限何日到京之处于封面上注明。于接到公文时,按日核对。如有逾违,查系何处迟延,即将该管官照例议处。关于奉差人员给驿:原定盛京礼部差官送长白山致祭品物,据文行盛京将军拨领催兵丁,部给兵票、火票、沿途车辆。钦天监颁发时宪书吉林者,由部另给火票,自盛京递送。吉林将军差领催人等汇送表笺,由部据各处来文给勘合、火牌,沿途应付廪粮、马匹。到京将勘合、火牌缴兵部,换给勘合、火牌。回日,支给廪粮、马匹,将所换勘合、火牌缴部。岁终汇缴兵部,察缴奏销。吉林送海东青等物,据将军勘合、火牌,沿途应付廪粮、马匹。宁古塔、打牲乌拉等处送东珠、人参、貂皮、蜂蜜、松子、松花江绿石、桦皮等物,据将军勘合、火牌及总管来文,沿途应付廪粮、车马,移盛京将军拨兵互送,部给兵票。回日,照所换兵部勘合、火牌应给。盛京工部运送吉林火药、铅子等物,据文移盛京将军,拨兵护送,部给兵票、火票。吉林赴京师领取修理舟楫应用油、麻、铁等物,回日据兵部兵票换给盛京工部来文,给火票,移盛京将军,拨兵护送。吉林将军领取赏给赫哲、费雅喀等处绸缎等物,据盛京礼部来文给火票。宁古塔、打牲乌拉等处领取俸饷、草豆及节孝建坊银,据盛京户部来文给火票。打牲乌拉总管领取包鱼白布等物,据盛京礼部、工部来文给火票。赴京师领取蜂蜜装袋等物,回据兵部火票。又定,吉林驰驿官役,骚扰驿站,照直隶各省骚扰驿站例,许驿站官一面申报该将军,一面报部查实,照例治罪。如应付迟误转捏款诬报者,亦照例治罪。如官役实在骚扰,该管官徇情不报者,发觉照徇情例议处。关于贡使给驿:赫哲、费雅喀等处进贡貂皮、江獭皮等物,据吉林将军勘合、火牌及开原城守尉来文,沿途给车,移盛京将军拨兵护送,部给兵票。回日,据兵部兵票、火票换给,沿途给车,移将军拨兵护归。

关于赴任归旗给驿,武职官自京师升任至吉林,由部换给火票,沿途给车。吉林武职官及领催兵丁身故,拉林等处种地兵丁身故,其妻子移归京师者,据将军勘合、火牌,沿途给车。关于关门禁防给驿,刑部遣发吉林人犯,据兵部火票换给,移盛京将军,拨官兵解送。有妇女、老幼、残废者,据兵部火票换给,沿途给车。自吉林解往京师及各省人犯,据开原城守尉来文,移盛京将军,拨官兵解送。据将军火票,沿途给与饮食。发遣吉林人犯身故,其妻准回原籍,据将军火票,沿途给驴,无驴给车。凡差祭长白山及采取蜂蜜、细鳞鱼官役,据盛京礼部来文;差取松子、箭杆等物出边官役,据盛京内务府来文;差送吉林火药、芦席等物出边官役,据盛京工部来文,各给与门单,守边官验放出入。官员自京师升任至吉林者,据山海关副都统来文;盛京各衙门官以事往吉林者,据各衙门来文,各给门单,守边官验放出入。吉林将军、副都统等差官领取春、秋俸饷,据将军、副都统来文;官差往京师领取修理战船油、铁等物,据盛京工部来文;打牲乌拉总管差官领取春、秋俸饷,据总管来文;回日并与门单,守边官验出。赫哲、费雅喀等处进贡貂皮、水獭皮等物,回日据山海关副都统来文,给门单,守边官验出。关于递送奏折,康熙三十一年(1692)议准:吉林将军庆贺表笺,专差恭进。其所属各副都统,汇入该将军衙门恭进(《吉林通志》原注:会典又载,东三省各衙门庆贺表笺汇入盛京将军衙门,由驿递恭进,与此不同)。雍正五年(1727)覆准:直省本章遇有霉湿破损,或由本处拜发之时包封不谨,或由沿途赍送不谨,应分别参处。嗣后有本章,将装本原箱严密封固。于到京之日,令提塘及赍本官役将装本原箱由通政司使阅看。或系内里霉湿破损,抑或外面霉湿破损,查验明确。一面揭送内阁,一面咨明本部,行查议处。如内里霉湿破损,将具题官罚俸六月;外面霉湿破损,系专差者,将差官罚俸六月,差役笞四十;由驿站递送者,挨查,系何驿霉湿破损,将马夫笞四十,司驿官罚俸两月。驻防官、将军、都统、副都统等本章有霉湿破损者,亦照此例行。乾隆三十七年(1772)议准:嗣后无论将军营以及内廷交发各省将军等报匣、夹板并军机处加封书字暨外省拜发题奏本章,均关紧要。应通行将接递过一切事件,开明程途,限行里数,以及接递入境、出境月日时刻,某站于某时某刻接收,于某时某刻递交下站,有无迟缓,逐一登明,按月造册送部,以凭查核。由以上所录可见,给驿规定相当繁杂琐屑,无法尽书全列。

(三)吉林首站尼什哈

宁古塔将军移治吉林乌拉以后,吉林乌拉自然成为将军辖区的政治、军事中心,西路、东路、北路、东北路四条驿路,都是从吉林乌拉出发,而且都是从吉林乌拉城尼什哈站出发,故而尼什哈站成为吉林首站。据《永吉县志》记载:"乌拉站,在今新开门外墙根,后改为省议会,今为建设厅。"《吉林通志》关于尼什哈站的记载:"吉林城东十里尼什哈站,凡吉林各路站道,皆出此起。"在"尼什哈站"条目之下,专门有一段注释:"按,即乌拉站。今城北十里有旧站地名,应即乌拉站,后徙城东。《盛京通志》作城西。"从《吉林通志》的这段记述可以了解，在《吉林通志》成书的时候，如果按脱稿时间算的话是光绪二十二年(1896)，尼什哈站位于"城东十里"。而此时，城北十里还有一个地方，地名叫"尼什哈站"或"密哈站"，这个地名是因为原来尼什哈站在此而得。所以，尼什哈站最初设置时候的位置，应该是"城北十里"地名就叫"密哈站"的地方，后来迁徙到"城东十里"的位置。查相关资料，如今吉林市确实有两个地方的地名和"密哈站"有关。一是据吉林省人民政府编纂《吉林市地名志》记载，"龙城村"清初曾名"密什哈站"，这个龙城村位于今徐州路路北临安胡同西侧的吉热住宅附近。二是滨江北路和清源街交会口迤东，有密哈社区，还有一个密哈站小区，有渡口居民委，还有绕过龙潭山汇入松花江的尼什哈河。需说明的是，龙潭山，原来就叫尼什哈山，当是因尼什哈河而得名。尼什哈为满语，意为"小鱼"。尼什哈河，是产小鱼的一条河；尼什哈山，是尼什哈河流过的那座山；尼什哈站，则是设在尼什哈河和尼什哈山附近的驿站。站名源于地名，地名源于河名。而"密什哈"或者"密哈"，显然是"尼什哈"的音转。所谓"渡口居委会"也在此列举出来，则是因为此"渡口"原名"尼什哈渡口"。从现今两个地名和尼什哈站有关的地方的方位可以判断，"龙城村"应该是尼什哈站最初设置的地点，而密哈社区一带则是迁徙以后的尼什哈站所在地。其实，这两个地方都在吉林城的北面，只是后来的尼

尼什哈总站(旧站)旧址，位于今吉林市龙潭区龙潭街道吉热新村象园小区内20号楼和21号楼之间，图为当年驿站门前保留下来的一棵大树

尼什哈总站（新站）旧址，位于今吉林市龙潭区徐州路14号，现为龙潭街道密哈社区办公楼

什哈站更偏东一些。史料中"城北十里""城东十里"的记述说的是大概方位，并不很准确。至于尼什哈站为什么要迁徙？何时迁徙？由于历史资料的匮乏，已经难以考证清楚了。有人研究了松花江吉林市段曾经发生过改道的历史资料以后，推测咸丰六年（1856）夏季，因为持续降水，山洪暴发，松花江从龙潭山脚下冲开了一条河道，原来的驿路、渡口不能通行，因而对驿站进行了迁徙。这也只是一种合理推测，并无切实史料支持。若从成书于道光七年（1827）《吉林外记》的记载判断，似不大可能，因为《吉林外记》记载："东路自省城小东门外乌拉站起，九十里曰额穆赫站。"在"乌拉站起"之下注曰"旧名呢什哈站，在城外十里，松花江岸北"。将记述和注释内容联系起来，可以理解为"乌拉站在小东门外十里"，与《吉林通志》记载"吉林城东十里尼什哈站"相吻合，乃迁徙以后的站址。如此，驿站之迁徙，肯定和咸丰六年（1856）的洪水无关。

尼什哈站之名到底是源于尼什哈山还是尼什哈河，抑或尼什哈河一带地方的地名就叫尼什哈，因为没有充分的史料支持，不好妄下断言。因为"尼什哈"意为小鱼，这个名字最初来源于尼什哈河，则是确定无疑。不过，从一般认知规律来看，当尼什哈山定名以后，尼什哈山名的影响力，可能要比尼什哈河名的影响力大很多。这是因为，这座山很不简单。这座山上有一个山城，是东北第一个地方少数民族建立的王国即夫余国的王都所在，某种意义上说,算是东北史的开篇地。历史上遗留下来关于夫余国的文献太过稀少,散见于中原历史典籍之中,所以关于夫余国的很多事情难以确定。即便是王都所在,也是多说并存。不过近年来随着地下考古的发现愈加丰富,结合历史文献的记载综合分析,夫余国前期王都在吉林市龙潭山、东团山一带的观点,得到多数学者的认可。而之所以认定王都在龙潭山,综合各家看法可归纳为以下四条:一是史籍记载夫余国"居于鹿山",王都所在当为山城;二是鹿山为都500余载,国势最盛时有民8万户,国都规制自然不可过于逼仄,从吉林市附近几座山衡量,唯有龙潭山最符合;三是龙潭山正南方数里为国家重点文物保护单位帽儿山古墓群所在地,已探明汉魏时代墓葬达上万座,与历史文献记载"尸国之南山上"地望相符;四是根据最新研究发现,龙潭山、东团山和九站南山城构成"山城拱卫"的三位一体格局,符合史书记载的特征。龙潭山壁立松花江东岸,临江一面悬崖峭壁,无法攀缘。北侧有登山之路,今日沿着北面的盘山公路穿过山腰间的牌楼门,再向上盘旋二三百步,就可以看见夫余人留下来的夯土城墙。城墙外侧山体陡峭,易守难攻。山城似一仰盆,中间低凹,城墙雄踞周围山脊之上。城垣平面为不规则多边形,东西较宽、南北较窄。东墙长1082米,西墙长528米,南墙长405米,北墙长381米,周长2396米。城墙随山势修筑,山脊凸起处相对较矮较窄,凹伏处则较高较宽,最矮处不足2米,最高处达10米许。城墙断面呈梯形,大部为黄土杂碎石垒筑,凹伏处为黄土夯层。城西、南、北三面凹伏处各有一门,西门宽24米,应为正门,南、北两门为便门。在城垣四面凸起处各有一平台,其中以南平台为最高,俗称"南天门"。台上有角楼建筑遗址。今天置身山城之中的人们也许不会想到,在两千年前,这里是整个东北最为繁华的所在。既然有着如此辉煌的历史,当年的尼什哈山自然会为更多人所关注。

尼什哈站设于何时史料阙如,所掌握史料中最早记述尼什哈站的,是吴桭臣《宁古塔纪略》。康熙二十年(1681),吴桭臣与父亲吴兆骞遇赦返乡,经过尼什哈站。据《宁古塔纪略》记载:"第七站名泥湿哈,十里渡松花江。"这与"城东十里"的相关记载,大致吻合。据此,可以肯定,尼什哈站至迟设置于康熙二十年(1681)。那么,更早一点该是什么时候呢?推测不会早于康熙三年(1664)。依据便是《吉林志书》记载,"吉林地方"康熙三年(1664)设立驿站监督六品官一员。这是"吉林地方"设立驿站监督官之始,也就是说,从这个时候"吉林地方"开始需要"驿站监督"这个官员。换句话说,可能从这个时候,"吉林地方"已经设置了驿站。需要注意,"吉林地方",是指吉林将军所辖地方,而在康熙三年(1664)的时候,当是宁古塔将军所辖地方,不能理解为今吉林省地方。之所以强调这个问题,是因为这个时期需要管理的驿站,很可能是鹦歌关至宁古塔驿路的驿站。鹦歌关至宁古塔路线,是清初宁古塔与盛京之间唯一的交通联络线,可能在这个时候设置了驿站。另外一种可能,是管理吉林乌拉至开原的驿路驿站。顺治十八年(1661),清廷在吉林乌拉设立船厂,开始造船。造船需要的各种物资,如桐油、铁钉、船锚等,需要通过盛京从外面运输到吉林乌拉;大批的工匠、水手等人,也需要从南方引进,同样需要经盛京输送进来。在这样的现实需求面前,盛京与吉林乌拉之间的交通不可能不畅通。那么,开辟驿路,设置驿站,不是不可能的。从顺治十八年（1661）到康熙三年（1664），中间有三年的时间，对于驿路开辟而言，似乎刚刚好。当然，这只是依常理推测，并无史料依据。但是，从长春市双阳区太平镇将军村杨修石的家谱记载来看，似乎康熙七年（1668）的时候，就已经设置了搜登站。其家谱载："本族原籍江苏省镇江府丹阳县，康熙五年拨至奉天省开原县，七年又到搜登站当差。我始祖与二世祖俱亦作世（古），所以搜登站有始祖并二祖坟茔。"查史料，康熙七年（1668）时，无论吉林副都统所辖，还是打牲乌拉地方所辖，搜登站并无卡伦一类的设置，故杨修石始祖、二世祖所当之差，很可能是驿站的差事。但是，这些都不能确定，姑为一说，备为后来者考证之用。

尼什哈站配置情况，能够查到的最早资料显示，光绪十四年（1888）之前，尼什哈站设笔帖式一员，领催委官一员，站丁五十名，每名站丁配备马一匹、牛一头。吉林西、北两路驿站，共原设额丁八百五十名，经过吉林将军于光绪四年（1878）七月、光绪七年（1881）三月、十月先后三次奏请，陆续添丁二百六十三名，使额丁达一千一百一十三名。光绪十四年（1888），西路关防处的《奉札奏请酌加站丁的札文及粘单》提出：吉林通省原设西、北两路大小三十七站，共额丁八百七十名，牛马各八百七十头匹。光绪初年以后，先是奏设练队，分驻控扼军事要地。接着又建置民署，添设防军，各种差徭，动须车马，络绎不绝；而传递往来公文，尤属日无暇晷，导致驿站差务繁重，丁力疲累已非一日。而且，驿站大小不等、站丁多寡不同，旧设新添亦未能一律。站务累极怠甚，若不及早补救，将必废弛贻误。因此要求再增加站丁三百六十七名、马三百六十七匹、牛三百六十七头，并修建一些驿站的站房。这个要求，到光绪十五年（1889）获得朝廷批准。就是在这次添设站丁中，尼什哈站增加站丁十名，马十匹，牛十头。驿站人员配置为笔帖式一员、领催委官一员，站丁六十名，每名站丁配备马一匹、牛一头。此后再没有变化，与《吉林通志》记述的配置情况相符。不过，《吉林通志》有一段注释："按：《盛京通志》作站丁、马、牛均五十。《光绪会典》事例同。事例又有水手、拨什库一，拨什库即领催也。水手三十六，今无。其建设年月亦无考。光绪十四年，增壮丁、牛、马各十。"从这一段注释看，尼什哈站一度还配备了三十六名水手。配备三十六名水手，说明尼什哈站一度承担着重要的水上事务。但具体是什么事务？水手是什么时间因何配置的？又是何时因何事裁减的？史料中并无任何线索。清代驿站站丁一般携带家眷驻站，因此驿站逐渐成为村落。根据光绪三十二年（1906）统计，尼什哈站管下有16户家庭，其中成年男子181人，未成年男子91人；成年女子134人，未成年女子87人，共计人口493人，其中学童16人。尼什哈站有60名站丁，但管下只有16户家庭，显然有的站丁家庭不在站上。考虑到尼什哈站在城东十里，离吉林城很近，一些站丁把家安在吉林城里，或者原本家就在吉林城，只是站丁独自来站上当差，也很合乎情理。

尼什哈站作为吉林驿路的首站，东至江密峰四十五里，由江密峰到额赫穆站四十五里，从首站到东路下一站额赫穆站共计九十里。然后是拉法站、退抟站、意气松站、鄂摩和索罗站、塔拉站、必尔罕必剌站、沙兰站，至宁古塔城并宁古台站六百三十三里；从那里出发，再经玛勒胡哩站、萨奇库站、噶哈哩站、哈顺站、穆克德和站、密占站，至珲春城并珲春城站一千二百五十三里;又东路由意气松站随驿路至额穆赫索罗佐领衙门并鄂摩和索罗站四十里,又鄂摩和索罗站南至通沟镇站七十里,由通沟镇站至敦化县五十五里。尼什哈站西至老爷岭三十里,由老爷岭至搜登站四十里,从首站至西路下一站共计七十里。自吉林城西路首站尼什哈站,经搜登站、伊勒门站、苏瓦延站、伊巴丹站、大孤山站、赫尔苏站、叶赫站,至蒙古和罗尾站五百一十五里,其间由苏瓦延站南至磨盘山分州一百八十五里,又由伊巴丹站北至长春府一百二十里,又随驿路西至伊通州二十五里。由尼什哈首站至北路金珠鄂佛罗站六十里,而金珠鄂佛罗站经舒兰河站、法特哈边门站、登伊勒哲库站、盟温站、陶赖昭站、逊札保站、浩色站、社里站,至伯都讷四百六十里;金珠鄂佛罗站至东北三姓城九百八十九里,至东北阿勒楚喀城四百七十里,至双城堡四百七十里,至拉林城三百九十里,至宾州厅五百八十五里,至五常厅一百一十里,至榆屯厅二百七十里。应该说明,《吉林通志》视尼什哈站为吉林驿路首站,所谓"凡吉林各路站道,皆由此起"。或许由于管辖范围的关系,西路关防处因为尼什哈站在其管辖之下,以尼什哈站为首站,北路关防处在一些文件中,以金珠鄂佛罗站为首站。比如,光绪十七年(1891)的《北路关防处呈造所属各驿分布细册》中,就有"金珠鄂佛罗站,此系首站,南至吉林省城六十里,北至舒兰河站六十里,西至乌拉街城十五里"的提法。不过,尼什哈站不在北路关防处管辖范围之内,从管理的角度视金珠鄂佛罗站为首站,也可以理解。

(四)尼什哈站的历史记忆

尼什哈站若有记忆,一定会深深记得当年,那些背负着使命勇往直前的勇士,那些咀嚼着苦难行吟驿路的流人,那些牵挂着亲情奔赴绝域的背影……首先一定会记得席纳尔图这个名字,和那个稳坐马背之上风一样疾行远去的背影。康熙二十四年(1685)后,清军兵临雅克萨城下,在发出令沙俄军队撤出的最后通牒无效后,五月二十四日凌晨发起攻城战。二十五日,沙俄军队头目托尔布津乞降,清军在平毁雅克萨城后,退回瑷珲城。为将胜利消息迅速上报朝廷,清军指挥立刻派席纳尔图以最快的速度,沿着驿路向康熙皇帝飞送捷报。席纳尔图从雅克萨沿着当时的临时驿路至墨尔根,再由墨尔根经吉林乌拉、盛京至北京,再转至古北口,六月六日康熙皇帝就接到这份奏报,前后只用了十一天。从雅克萨到北京5000余里,席纳尔图平均日行400多里。当时吉林至黑龙江的驿路还没有正式开通,席纳尔图飞马奔驰的驿路不过是一条临时驿路。之所以说是临时驿路,是因为根据一些史料分析,当时吉林至黑龙江肯定存在着一条驿路,而这条驿路又肯定不是康熙二十五年(1686)才开通的那条驿路,所以只能是临时驿路。据《圣祖实录》记载,康熙二十四年(1685)正月,清廷调派五百藤牌兵与两千匹战马由北京经盛京、吉林、齐齐哈尔至黑龙江军前,康熙皇帝专门发出谕旨:"闻此路间有缺水处,不免贻误。今自盛京抵乌拉,自乌拉经新设驿站,路直且近,当从此径抵黑龙江。"而清人西清撰《黑龙江外记》记载,四月在派兵进攻雅克萨的同时,康熙皇帝认为应该在索伦人、打虎儿人(今达斡尔人)中,选派贤能之人,加强对这些部族的统辖,而且刻不容缓。因此下令:"今著理藩院拨什库善驰马者一人,由驿递速遣至马喇处,马喇身在彼土,有贤能之人,堪任索伦、打虎儿总辖者,马喇以其名明白具疏。即付遣往拨什库斋奏,所遣拨什库限往返在二十日之内。"北京至黑龙江城四千一百里,20日跑一个来回,中途没有驿站接济,是根本不可能实现的。由这些史料可以佐证,当时肯定存在一条临时性的驿道,所设置的驿站也是临时性的,没有房屋,没有专门的站丁。在这样的临时驿道上,席纳尔图平均日行400里,委实不易。即便是到了尼什哈站,他也只是换马不换人,片刻之间继续飞驰而去,直接奔赴搜登站。因为他要去京师传送雅克萨之战的捷报,这样鼓舞人心的好消息,哪怕只是在尼什哈驿站停留了换马的片刻时间,也足够尼什哈站将这一刻化为永恒镌刻进自己的年轮之上。

如果康熙三年(1664)吉林地方增设驿站监督官员时,尼什哈站就已经设立的话,那么尼什哈站一定会记得这一年,那些来乌拉充当水兵的流人们。因为沙俄入侵黑龙江,清廷命令宁古塔将军"治师东征,令流人强壮者,供役军中"。于是,一批遣戍宁古塔的流人,被征调前往乌拉充当水兵。这些充当水兵的流人中有杨越、祁班孙、李兼汝等人。这三位都是"浙东通海案"长流宁古塔的流人,在流放之前就是志同道合的朋友,因此关系比较密切。在从宁古塔调往乌拉之前,祁班孙赋有《复迁》一诗:"兵车夹路旁,传呼何促迫。长安下羽书,云当遣军籍。牛马集前途,糇粮备今日。妇女尽随行,不得少休息。燕栖莫营巢,雀飞莫衔粟。巢成燕不归,粟陈雀不食。昔来花离枝,今去叶飘陌。花叶本无根,谁能不凄恻。山东多健儿,意气颇自得。左右配两鞬,飞驰过我侧。平居志功名,射虎常没石。一旦得从征,王侯可俯拾。献俘见天子,辉光良赫奕。出都赐金章,还当耀乡邑。男儿但堕地,聊须事金革。诗书负虚名,征途空戚戚。"此诗比较生动形象地反映出宁古塔流人备战转徙的具体情景。尽管诗意展现了御侮抗俄的爱国热情,可谁知此公心里却揣着另外的"小九九",那就是伺机逃出牢笼,摆脱遣戍之苦。当时,地方官对流人的管束不很严格,还真就被祁班孙抓住了机会。康熙四年(1665)十月初六日,在乌拉"贿其守将脱身而去"。当时,他有一个侍妾还在宁古塔,未能带同一起逃走。祁班孙成功逃脱,对李兼汝刺激很大。此人为人使酒负气,在戍所不为人喜,又因衰老不能照顾自己的生活,全靠杨越帮衬。当陪伴他的侍妾病死以后,他更加思念家乡,有时日夜哭泣。祁班孙逃跑以后,地方加强了对流人的管理,再想逃脱很不容易。看到李兼汝痛不欲生的惨状,杨越运筹很久,于康熙八年(1669),"乃以大瓮覆牛车,而匿甲(李兼汝名甲)瓮中,令仆御以出",亲自送到一条名叫杨子河的河流处,才掀开大瓮,放出李兼汝,二人挥泪而别。至于李兼汝是从乌拉逃脱的,还是回到了宁古塔以后逃脱的,相关史料并未言明。从时间上分析,从宁古塔逃脱的可能性更大。不过,他们当年一定是通过驿路来到乌拉,如果已经设置了尼什哈驿站,那么一定会在那里留下匆促的足迹。而那些足迹,自然会沉淀到尼什哈站历史记忆的最底层。

从盛京、吉林、宁古塔之间驿路上来来往往的人员中,有一种特殊的旅人,他们都饱读诗书,有的还曾经高居庙堂,可是一朝成为朝廷罪犯,便从这条驿路颠沛流离、走向自己的遣戍之地。东北一度是清朝流人的遣戍地,吉林乌拉、宁古塔都有很多流人被流放于此,而流人中的那些硕学大儒,则在遣戍地留下了最为深刻的历史印记。尼什哈站设置以后,无论是走向遣戍地的流人,还是从遣戍地遇赦回乡的幸运者,都要经过尼什哈站并在这个驿站驻足。即便是戴罪之身,舞文弄墨惯了的这些人,断不会悄无声息地从这里来和去。康熙二十年(1681),吴兆骞遇赦还乡,来到了尼什哈站。于是,吉林文学史上有了一篇题为《早发尼失哈》的诗:"绕帐笳声促夜装,明星欲落雾苍苍。征途咫尺迷孤嶂,残梦依稀认故乡。雪尽龙山三伏雨,风严雁碛五更霜。据鞍却望黄沙外,此地由来百战场。"应该是更早一些时候,吴兆骞就来到过吉林乌拉,因为《秋笳集》中有一首题为《秋夜次松花江,大将军以牙兵先济,窃于道旁寓目,即成口号,示同观诸子》的诗:"落日千骑大野平,回涛百丈棹歌轻。江深不动鼋鼍窟,塞回先驰骠骑营。火照铁衣分万幕,霜寒金柝遍孤城。断流明发诸军渡,龙水滔滔看洗兵。"此诗生动描绘了牙兵夜渡松花江的壮观场面,透射出对威武之师的心仪和自豪。此外,吴兆骞还有一首《渡混同江》:"江涛滚滚白山来,倚棹中流极望哀。襟带黄龙穿碛下,划分玄菟蹴关回。部余石砮雄风在,地是金源霸业开。欲读残碑询故老,铭功无字蚀苍苔。"这首诗载于《秋笳集》卷四,而《秋笳后集》卷七,还载有一首题为《混同江》的诗:"混同江水白山来,千里奔流昼夜雷。襟带北庭穿碛下,动摇东极蹴天回。部余石砮雄风在,地是金源霸业开。欲问鱼头高宴处,萧条遗堞暮潮哀。"比较这两首以混同江为主题的诗,意境风格基本一致,只是用词不同,当是同一首诗修改前后的两个版本,不过从气势上来讲,似乎后者更能打动人心。《秋笳集》中还有很多和吉林乌拉有关的诗,如《宿混同江明日立秋》《送钱丹季之松花江兀喇》《送友人还兀喇》《送姚琢之赴兀喇》《送陈昭令之兀喇十韵》等。无论如何,这些都在证明着吴兆骞与吉林城有过的缘分,也是与尼什哈站的不浅缘分。

　　另外一位与吉林缘分很深的流人叫张贲,字绣虎,生于1621年,明吏部尚书张瀚之后。清顺治十四年(1657)中举人,不久因受丁酉科场案牵连,与吴兆骞同系于刑部狱,本拟遣戍尚阳堡(今辽宁省开原市境内),但不知以何法斡旋得释。十二年后,即康熙九年(1670)被遣戍宁古塔,原因不详。康熙十二年(1673)春夏之际改徙吉林乌拉,康熙十四年(1675)卒于吉林,著有《白云集》十七卷。卷十二载《渡松花江》:"朔漠莽无极,山势似奔乱。云涌至兀喇,江流忽中断。巉岩肖猛兽,狰狞踞两岸。长白迅发源,倾泻动紫澜。沙屿搅洄溜,怒涛益勇悍。喷瀑渐水潮,湍激小江汉。鳌虾似带甲,怪鱼跃冰泮。小舟刳独树,争渡待日旰。转侧命斯须,先济更回唤。牛马冲急滩,中流起雕鹡。扣角自悲吟,短衣方蔽骭。"这首诗写吉林乌拉松花江段瀑布之下江流的湍急激越,并以江两岸如狰狞猛兽一样的怪石加以衬托,目的是突出以独木刳舟渡江时命悬一线的惊悚。看似写景写实,实则抒发内心复杂情感,表达困顿求通的强烈愿望。然而,这个愿望终究成为"悲吟",在吉林乌拉不过两年多的时间,张贲就埋骨异乡。张贲还有一首《松花江上渔灯》:"三月冰开夜,渔灯照远汀。天阴明积雪,风急乱流星。网密潜难稳,鱼跳水欲腥。江南乡思近,歌唱梦中听。"这首诗描写了松花江冰开捕鱼的生动夜景,而诗中不经意间流露出的浓烈思乡情怀,令人脑海里泛起那种情到深处,会不知不觉泪流满面的凄怆悲凉形象。康熙五十二年(1713),因受《南山集》案牵连而遭流放的方登峄、方式济父子,在夏日里来到了尼什哈驿站,方式济赋诗《稽林》:"古者鸡林地,沤影海东国。字异名略同,镇临大江侧。江水浮松花,瀰湊蛟鼍宅。黄茅十万家,人烟壮涛色。对岸干冈峦,林木密如棘。栝柏大十围,苍皮黳山黑。往岁罗刹羌,楼船偶肆慝。设戍滩沙高,取材便战舶。恭闻太和成,远致千牛力。由来资栋梁,曾不限方域。愿布明堂政,舞羽归至德。锁尾樯乌闲,江流清可食。物害消鲸鲵,民命远兵革。"这首诗比较写实,对当时吉林乌拉的景物风貌描写比较客观,读来脑海里可以浮现出生动具体的形象。诗中流露的个人情绪不多,最后抒发了对政明归德、江清民安的强烈向往,颇能打动人心。还有诸如英和等流人,都曾驻足尼什哈站,留下了或长或短的诗文,都留存在尼什哈站的历史记忆里。

除了流人在尼什哈站留下了深刻的历史印记以外,还有一些流人的孝义后人,为了看望和照顾被流放的亲人而颠沛竭蹶、远赴绝域。他们都曾在尼什哈站驻足,留下文化印记,流传历史佳话。最著名的一位便是杨宾。其父杨越因在"浙东通海案"中掩护钱缵曾幼子事泄,与夫人范氏流放宁古塔。康熙二十八年(1689)春,康熙皇帝南巡苏州,杨宾率弟杨宝二人随御舟行数百里,泣请代父戍边,被卫士鞭打得遍体鳞伤,几乎死去,康熙皇帝却没有答允。代父戍边不成,同年初冬,杨宾自京师出发取道柳条边赴宁古塔省亲,过吉林城时留诗《宿尼什哈站》:"水经玄菟黑,山过混同青。漫道无城郭,相看有驿亭。糠镫劳梦寐,麦饭慰飘零。明发骑鞍马,萧萧逐使星。"这首诗写景写情都很平和朴实,就像在说行旅之中的家长里短。另有一首《捉人行》:"乌腊城头鼓声绝,乌腊城下征车发。蓝旗堆里晓捉人,缚向旗墙不得脱。君莫怪,从来醉尉不可撄,霸陵夜夜无人行。射虎将军且不放,何况区区万里一书生!"诗中的乌腊城,即乌拉城。如果说前一首诗还比较平和的话,后一首则情绪比较激烈,对乌拉城下捉流放文人出征的事情很是愤慨。与杨宾来到尼什哈站的时间差不多少的还有樊莹。其父于顺治十六年(1659)被遣戍时,他尚在襁褓之中。他30岁时母亲去世,更加日夜思念远在戍所的父亲,于是不畏艰苦来到吉林寻父。初到戍所时写有《晚次松花江上即老父戍所》,充分反映了作者离合悲欢中的复杂心情:"今夕相逢预有期,穹庐倚望已多时。一声觱篥千山晚,万里尘沙匹马迟。意外悲欢今日事,梦中离别昔年思。儿童未醒来时貌,但见庞眉两鬓丝。"康熙五十四年(1715),方式济之子方观承前往卜奎探望父亲和祖父,于吉林乌拉渡松花江时有感而发,写下了《稽林渡松花江》:"万壑空明外,千家练影中。扶桑常表日,沮漆旧朝东。荡涤存荒远,微茫接混同。何当舟楫便,边势溯长风。"诗的前半段意态平平,波澜不惊,但尾联倒是与"长风破浪会有时,直挂云帆济沧海"之句意境相通。说来令人痛心,方观承祖父方登峄是方拱乾之孙,方家从方拱乾到方观承已是五代人,在五十多年的时间里两次流徙宁古塔。故而方登峄在戍所读其祖父方拱乾《何陋居集》《苏庵集》时,曾感慨颇深,并赋诗:"五十年前罹祸日,征车行后我生时。岂知今日投荒眼,又读先生出塞诗。"真是造化弄人,无可奈何。所以在这样的背景下,方观承还有勇气将一些情绪从笔端流淌出来,已经是很不容易了。方观承在其父戍所住了5年方返至京师,而后来方登峄去世以后,他盗父(方式济在方登峄之前去世)、祖骸骨,徒步背负入关。孝心感人,流传后世。此外,还有缪士毅、松安和尚、戚弢言、王贞仪等,都是遣戍流人的孝义后人,都在历史上留下了一段佳话。而这些孝义后人当年来来去去,都要经过尼什哈站。他们无论是悲戚还是欣慰的情绪,在尼什哈驿站的年轮中,都留下了些微起伏的波纹。

二、吉林西路驿站

被称为西路的吉林至开原驿路是盛京至吉林驿路的吉林将军辖区路段,也应该是吉林将军辖区最早开通的驿路。由吉林而达盛京,再由盛京而达北京,实现上达京师,由北京而达盛京,由盛京而达吉林,再由吉林而达宁古塔、瑷珲城、三姓等地,实现下抵东北边疆各个要地,这条驿路的重要性自不待言。特殊重要的地位决定了西路驿站会特别忙碌,承担着特别重要的责任。因而从历史文化角度来考察,这些驿站一定会有着更加深厚的人文底蕴。尤其是这条驿路还被称作"大御道""大站道",康熙皇帝东巡吉林曾经走过,于是更增添了一些传奇色彩。驿路形式上是交通往来的通道,实际上在驿路上往来流动的人员、物资和信息,无不是当时具体历史条件下政治、经济、文化等各个方面的具象载体。当年,有哪些人奔走在这条驿路上? 奔走的过程中发生了哪些事情? 哪些事情改变了哪些人的命运? 诸如此类的问题是我们在面对这条驿路的时候,从历史文化角度更为关心的。而关于这些问题的答案,往往不在驿路的路面上,更多的是沉淀在这条驿路上各个驿站的岁月中。西路八站之中,蒙古和罗站今属辽宁省开原市,在此分述其他七站。

(一)搜登站

搜登站位于今吉林市船营区搜登站镇搜登站村,站名源自附近的搜登河,原本写作"蒐登站",后改为现在的写法。"搜登"为满语音译,按《吉林市地名辞典》的解释,其为"岗梁"之意。也有意为水草丰盛或为鳌花鱼名的说法,此说姑且列于此。搜登站镇政府在吉长南线与口桦公路交会处,距吉林市28公里,302国道、搜登河、鳌龙河过境。搜登站村在镇东北1.5公里,驿站设置时间不详。据杨修石家谱序言所载,很有可能在康熙七年(1668)就已经设置。据光绪十七年(1891)《西路关防处呈造所属各驿分布细册》记载,搜登站东至老爷岭四十里,由老爷岭至乌拉站三十里,共七十里。西至岔路河五十五里,岔路河至伊勒门站二十里,共七十五里。光绪十四年(1888)之前,额设笔帖式一员,领催委官一员,站丁三十七名,牛马配置与站额丁数相同。光绪十四年(1888)增加站丁八名,牛马增加数目与添丁数目相同。此后,额设站丁45名,每名站丁马一匹、牛一头。光绪三十二年(1906)统计,搜登站管下16户,成年男性264人,未成年男性124人,成年女性214人、未成年女性74人,共计

搜登站旧址,位于今吉林市船营区搜登站镇搜登站村,现为民宅

人口676人,其中学童13人。对于这个统计数据,目前还不能进行非常准确的解读。从额设站丁45名的情况来看,管下只有16户人家,似乎数字过低;而从总人口676人这个数字来看,人口总数并不低。如果按户均人口计算,可达42.25人,也就是说每户人口40多人,这似乎不太可能。最有可能性的一种解释就是在驿站所在地还居住着一些不在驿站管下的民户,但是统计人口时计算在内了。不过,即便是只有16户人家,也聚集了六百多口人,这在当时也算是有规模的聚落了。《吉林志书》记载了自乾隆三十年(1765)至嘉庆十六年(1811),吉林将军辖区旌表的列女,其中各驿站旌表数量较多。清朝规定,妇女"三十岁以内孀居守节,年至五十岁孝义兼全,穷厄堪悯,照例旌表"。说明驿站有相当数量的站丁在妻子不到三十岁的时候就死去了,这反映出站丁差事的危险性。搜登站被旌表的妇女有:乾隆三十年(1765)旌表,搜登站壮丁王良俊之妻金氏;乾隆三十二年(1767)旌表,搜登站壮丁王国卿之妻靳氏;乾隆四十九年(1784)旌表,搜登站壮丁刘琨之妻窦氏;乾隆五十二年(1787)旌表,搜登站壮丁满喜梦之妻李氏;嘉庆十六年(1811)旌表,搜登站壮丁常永盛之妻雷氏。这五位受到旌表的妇女在不到三十岁的时候,身为站丁的丈夫就去世了。据《永吉县志》记载,搜登站所属第五区:"村屯有名可指者计二百七十三。大绥河、一拉溪、搜登站、岔路河四处立有集市,商民较繁。其老爷岭以东,磨盘山以北,搜登沟、碾子沟一带,住户则如落落晨星,或八九户而名一村,或一川而分数名,不能成村。百户以上者百之五,五十户以上者十之一。盖多山岭不易集居也。"据《永吉县志》所载1927年的调查数据,搜登站虽属"商民较繁"之地,也不过有民户三十八户。

　　搜登站附近有一条河,其在夏季多雨时节给驿递工作带来了很多麻烦。从现今的地图看,这条河流应该就是搜登河,在今搜登站村西边。光绪二十八年(1902)搜登站曾经为修建河桥的事情专门向驿站监督呈文。文中说:"本站街西大河一道,哨口两岸平坦漫宽,每逢阴雨连绵,河水涨发出槽,两岸汪洋。雨止三二日,始能水撤。因未修有车桥,旧有行人板桥不过浮搭,倘系水涨河发,即将板桥撤去,水消仍复搭起,以为行人渡过,不使阻滞。今春冰解河开,桥柱被水涌倒,桥板均已冲失。"从文中叙述的情况看,那时搜登河上只架设了一座简易人行板桥。依常理应该是在河里锤下了几根木桩作为支柱,上面铺设一块木板作为桥面,以供行人通过。一旦遇到多雨涨水,就要及时将桥板撤掉,否则就会被洪水冲走。这样的简易便桥,显然难于持久,故而于这年开春时就被冲垮了。恰逢驿站监督要求各站申报修补路桥的情况,搜登站计划利用这个机会,修建一座坚固的河桥。呈文中还说:"此次兴修桥工非前可比,必须坚修五、六、七孔板桥,方能久远,核计需款甚巨。职站街面并无殷实商铺,所须购料钱项毫无垫办。又兼刻值农忙,车脚无暇,挽运不易雇觅。职等拟于节后农工微暇,雇觅车辆赴省,先行由商告贷垫项,以便就近购买板片,挽运齐楚,即行开工兴建。以俟工竣,需资多寡,再行核实声覆请发估料,以抵商垫之项。仅将现时农忙不暇遽修,节后开工兴修一切缘由,理合按四百里备文申报监督总站案下。"呈文计划周详,安排合理,估计应该能够按计划实施。不过,对于驿站站丁的驿递工作而言,河水暴涨的确是一个很大的麻烦。光绪三十四年(1908)七月二十四日,搜登站站丁马春德递送官报、公报四十七卷去往伊勒门站。由于阴雨连绵,道路泥泞,乘骑之马不能畅行。到岔路河时天已经黑

位于搜登站旧址西约1公里处的搜登河

了，河水大涨，致大桥西头被水冲出了三个大窟窿，夜间不敢渡过。天明以后，附近住户用木板把窟窿覆盖上，才得以通过，已经迟误了公文递送时刻。而到了五里河子时，河水也是大涨，水势很大，从桥东头通过的时候，河水将马背上驮着的文报打湿大半。为此，搜登站笔帖式常惠、领催委官王德馨专门向西路关防处呈文报告。

清代对驿递管理比较严格，从现存的一些清代驿站档案中，还可以看到搜登站发生的事故处理文件。道光十三年（1833）五月二十七日，兵部给吉林将军发来一份关于查处递送公文失误官员的移文："职方司案呈，内阁抄出，奉上谕：宝兴奏请，将递送夹板错误之驿站官员分别交议等语。搜登站笔帖式阿克达春，于接递调任盛京将军宝兴夹板未能详查，即行递交下站。错误虽属有因，究系疏忽。阿克达春著交部议处。本路监督富冲阿，著交部察议。钦此。〔钦遵〕到部相应

光绪三十二年（1906）正月初四日，搜登站印花

行文该将军，即将应议之驿站监督富冲阿，系属何项职官，查明报部，以便核议可也。"从文内看，搜登站在接递调任盛京将军宝兴的夹板时，没有进行认真查核，导致应该发现的错误没有发现，继续错了下去，被宝兴到皇帝那里告了一状，皇帝下令对驿站笔帖式、西路驿站监督进行惩处。从"错误虽属有因，究系疏忽"的断语，可以看出原本问题不是很严重，关键在于这个错误发生在宝兴的夹板接递上，引起了宝兴的不满，也是阿克达春与富冲阿时运不济。背时的事儿，还不止一件，光绪三十四年（1908）搜登站还遇到了这样一件事情：四月初六日，搜登站接到了乌拉站站丁李振邦送来，由曲阜县（今山东省曲阜市）寄发呈宾州厅内无文件空封筒一件，照乌拉站开具收付点收，然后马上将无文封筒粘签注明，送到伊勒门站。四月十五日，伊勒门站丁刘清林送到驳回以前递送空封筒一件，同时有火石岭驻扎哨官吴得魁呈前全省营务处余总理马封一件。搜登站接件以后，立即派站丁康德林往乌拉站驳送。不久，康德林回站报告，乌拉站坚决不收。按说，空封筒本就是从乌拉站送来的，现在驳回乌拉站应该接着。可是，乌拉站就是这么"不讲究"，弄得搜登站也没有办法。幸好这个空封筒外面注有蒙古卡伦站粘签，声明于三月十二日接到时原有公文一角，外包马封一件，磨破，内有文件，随即送至拉林多欢站收讫。覆于二十二日由北路驳回，仅有破烂空封筒一个，内无文件，为此粘签注明等语。由此可以证明，文件是在北路驿站遗失的，和西路驿站无关。而那份吴得魁呈余总理的马封，因为余总理已经调回南方而无法投递；退回给吴得魁吧，这个吴哨官又已经调防回省了，赶上这个"寸劲儿"，两头都没有着落。于是，

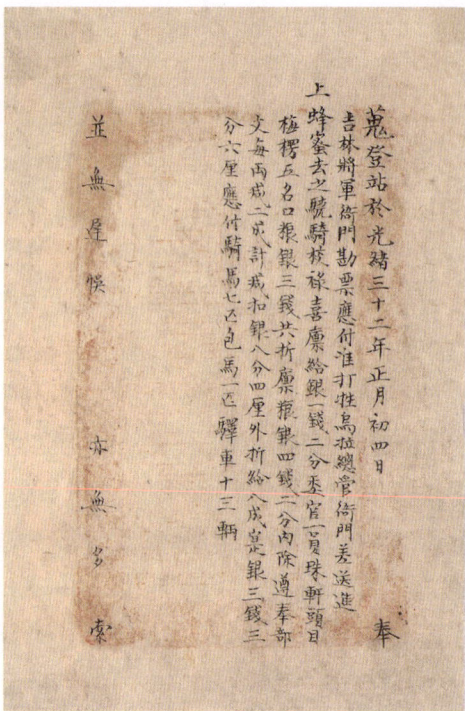

笔帖式常惠、领催委官王德馨向西路关防处呈文，请西路关防处处理这件事情。西路关防处将空封筒移送北路关防处行查，将吴哨官呈余总理马封移送全省营务处，算是给搜登站解了围。

搜登站还曾经遇到过两件憋屈事。咸丰十年（1860）十二月二十三日，从河南军营撤回的黑龙江佐领、补协领委营总胜德，带领二百七十八名官兵抵达搜登站。搜登站立刻一面分领公馆安置，一面准备菜饭。等将菜饭端上来的时候，就有三扎兰住宿站丁刘纯家里的士兵，不知叫什么名字，嚷骂为什么不准备六六八八席面，仅备这等饭菜，他们不用等话。刘纯回答说，近来驿站也没有经费，就算是这样的饭菜也是我们垫钱尽力置办的。这名士兵闻言大怒，操起饭桌将刘纯打倒在地，致使后者左颧骨受伤。驿站值班小头目郑善美见状上前劝解，士兵不但不听，还将郑善美又踢打一顿。后来经过他们同伴劝解方才住手，还嚷嚷着要进城控告。驿站马上把这件事向营总进行了汇报，可是这位营总却佯装不知。后来，经过本城烙补牛马印记官兵说和，争执才平息下来。深感委屈的驿站官员，为此向西路关防处申报官兵殴打站丁的呈文，其中说："身等伏思，近来似此陆续抽撤之兵，西厅并不发给饭食银两，抑或发给，亦不能按人备席。此际饭菜尚在无法支应，又受伊等打骂，实系冤无处申。若不据实呈明，倘有续来之兵效尤，偶尔失手酿成人命，何以处置。"在这样的兵痞面前，驿站也确实够委屈的，即便向西路关防处进行了申诉，估计也不会有什么结果。光绪二十六年（1900）俄兵入境，屡次过往，对各驿站造成很大损害。据西路关防处《查报各驿站损失情形的呈文》记载，光绪二十七年（1901）二月间，搜登站被俄兵逼迫代买民人耕牛一头，本来说好价钱是七十五吊，俄兵最后只给了三十吊，剩余四十五吊是驿站从商家借垫的。可笑的是，西路关防处的呈文报给吉林将军以后，吉林将军批示："呈悉。查搜登站等处，兵燹之后，陆续款待俄兵及雇觅炮手等项费用，自应就地赶紧筹款，设法弥补。"说来说去，还是自己的梦得自己圆，吉林将军这个"甩手掌柜"当得倒是有模有样。类似的憋屈事一定还有不少，驿人所处境遇之难由此可见一斑。

康熙皇帝曾经在搜登站驻跸，留下了一代雄主的串串足迹，也留下了后人传说演绎的一些话题。康熙二十一年（1682），康熙皇帝平定三藩以后，进行了第二次东巡，并且第一次来到吉林乌拉。在兴京祭奠永陵并凭吊萨尔浒古战场之后，三月十二日，命宫内扈从人员回盛京等候，康熙皇帝要北上吉林乌拉，感怀祖宗开基创业之艰难，演练古来帝王"春蒐"射猎之礼。自永陵北上吉林乌拉，康熙皇帝率领东巡队伍抄近路穿越大围场，走的全部是先行部队新开辟出来的土路，里程都用马匹日行多少来计算，一直到二十日来到阿尔滩讷门，才走出盛京大围场，转到由开原至吉林乌拉大站道上。三月二十四日，康熙皇帝一行行进到搜登站一带。关于这个行程，《康熙起居注》只有一句话："二十四日壬申，上驻跸苏通地方。"《扈从东巡日录》中的记载则是："壬申，雨初霁，行五十里。长岭连卷，古木致密，时有湫隘处。驻跸苏敦。"尽管还是非常简短的记事，不过传递出来的信息要丰富得多。这一天云收雨歇，行进了五十里的路程。虽然走在驿路之上，路况也不是特别好，一路坡岭相连，走过一山还是一山,穿行在茂密的原始森林之中,不时还要跨越低洼积水的山隘。没有在原始森林中行走经验的人,可能会对这样的旅程产生浪漫的遐想。但实际情况是,雨后初晴的原始森林之中潮气特别大,小飞虫非常活跃,就在人的眼前、耳边飞舞嗡鸣,有时还试图往眼睛里、耳朵眼里面钻,扰得人不胜其烦,那感觉一点也不浪漫。不过,康熙皇帝是在农历三月份来到这里的,树叶还没有长起来,飞虫还少一些。历史文献记述内容的确很少,可康熙皇帝毕竟来过这里,因此丝毫不会影响后人对康熙皇帝在这里具体活动的想象,因此附会演绎出来一些民间传说。其中,康熙皇帝搜登站"三箭伏虎"的传说,经过文人演绎以后更是活灵活现,给人很真实的感觉。可以肯定,康熙皇帝在搜登站驻跸前后两日都没有行猎射虎,否则《康熙起居注》不会如此干巴记事。行猎射杀老虎,正是皇帝英明神武的表现,那是必须要记录在案的。其实,这些民间传说的历史真实性并不重要,重要的是康熙皇帝东巡吉林乌拉在此驻跸,为搜登站的历史添上了一份比较厚重的底蕴。

(二)伊勒门站

伊勒门站所在地今为永吉县金家满族乡伊勒门村。1985年,作为内部资料出版的《永吉县文物志》记载,该村俗称"马号地"的地方有一处明代建筑遗址,东距吉林至金家公路约2公里,西距饮马河、南距村部所在地均为250米,北约350米为金星村所在地。遗址地面散布着大量的砖瓦碎块,东西长300米,南北宽200米。据《吉林通志》记载,明代永乐十五年(1417),在今饮马河东岸置伊尔门河卫。专家考证,这处遗址当为伊尔门河卫治所所在地,同时是清代伊勒门驿站站址。伊勒门站名来源于伊勒门河名。"伊勒门"也作"伊尔门",满语意为"阎王"。因为这条河河道比较狭窄,一旦雨季山洪暴发,河水冲出河道,将河道附近地域化作一片泽国,所以称为"阎王河"。后来,这条河被改名为饮马河,附会乾隆皇帝东巡时曾在这条河饮马。新中国成立以后,1958年在上游修建了石头口门水库,汹涌狂暴的河流被彻底驯服,曾经的"阎王"凶态也不复存在,"饮马"之名似乎更雅驯一些。虽然河流改名损失了原来蕴含的历史文化信息,好在伊勒门村名一直保留下来了,历史文化信息因村名得以凝聚不散。据《吉林志书》记载,荒营处出派巡查围场,按两个月更换添设卡伦有七处,伊勒门为其中一处,派官一员、兵五名。据《吉林外记》记载,围场在伊勒门设一处卡

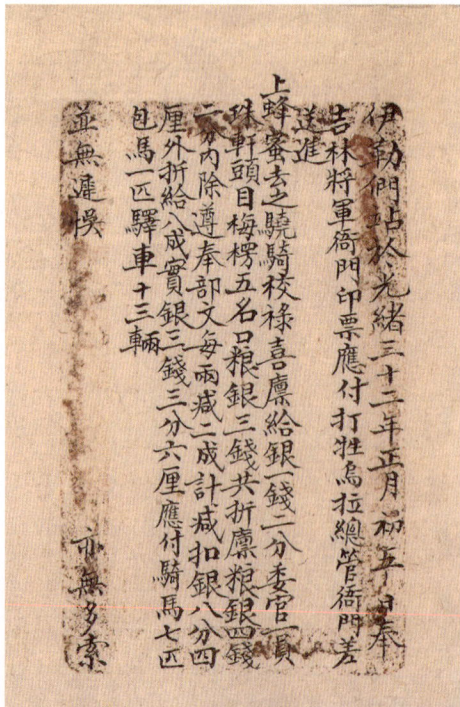

光绪三十二年(1906)正月初五日,伊勒门站印花

伊勒门站旧址，位于今永吉县金家满族乡伊勒门村十二社马号地，现为村民园地

伦，官兵两个月更换一次，一年不撤，称为"恩特赫谟特布赫卡伦"。从这些记载来看，伊勒门不但有驿站，还设有卡伦，当时应该不会太过荒僻。康熙二十八年（1689）杨宾曾在伊勒门站驻留，写下《次衣儿门》："高岗背大道，绝壁面东偏。一溪何曲折，冰下鸣涓涓。上有古今树，俯仰凌苍烟。下有嶙峋石，错落横沙边。塞门多莽莽，独此堪流连。造物若无意，鬼斧胡为穿。因兹念长夏，百鸟鸣其巅。密叶影交覆，疏花开欲然。箕踞赤双脚，科头手一编。人迹且莫到，安得世务牵。管宁既未知，康乐亦寡缘。我独领其要，请为来者传。"其对伊勒门驿站景色赞叹不已，评价甚高，誉之"独此堪流连"！

据《西路关防处呈造所属各驿分布细册》记载，伊勒门驿站东至岔路河二十里，由岔路河至搜登站五十五里，共计七十五里；西至拉腰子三十五里，由拉腰子至苏瓦延站二十里，共计五十五里；南至金家屯十五里，北至小河沿子八里。原额设笔帖式一员，领催委官一员，站丁三十七名。配备驿马三十七匹，驿牛三十七头。光绪十四年（1888）吉林将军铭安奏请，吉林驿站添设站丁，伊勒门站增丁八名，马、牛增加数量与站丁增数相同。此后，一直保持额设笔帖式一员，领催委官一员，站丁四十五名。驿马四十五匹，驿牛四十五头。光绪三十二年（1906）统计，伊勒门站管下21户，成年男性823人，未成年男性240人；成年女性388人，未成年女性216人，总人口1667人，其中有学童1人。户数、人口数都较搜登站多，但是学童人数特别少，仅有一人，想必有特殊原因，但我们已经无从知晓了。在20世纪初，能够会聚一千六百多口人的村落，一定是比较繁华的所在。从人口数量和户籍数量比较分析，伊勒门站吸引的一般民户数量比较大。这些民户应该依附于驿站以及站丁，租种驿站和站丁的土地，为驿站做一些临时性的劳役。据《吉林志书》记载，自乾隆三十年(1765)至嘉庆十六年(1811)，伊勒门站被旌表的妇女有：乾隆三十年(1765)旌表，伊勒门站壮丁张宗表之妻李氏；乾隆三十二年(1767)旌表，伊勒门站壮丁徐士焕之妻王氏、同站壮丁李士亮之妻何氏；乾隆三十七年(1772)旌表，伊勒门站壮丁王明策之妻王氏；乾隆三十八年(1773)旌表，伊勒门站壮丁钮云天之妻高氏；乾隆四十年(1775)旌表，伊勒门站壮丁尤天玉之妻雷氏、同站壮丁沙福善之妻张氏；嘉庆五年(1800)旌表，伊勒门站领催王国祚之妻李氏；嘉庆十年(1805)旌表，伊勒门站壮丁徐才德之妻李氏；嘉庆十三年(1808)旌表，伊勒门站壮丁宋辉汉之妻鲁氏。共计10人，是搜登站旌表人数的2倍。据《永吉县志》记载，伊勒门站属于第五区，1927年统计户数为33户，比搜登站少5户。仅从数字看户数增长得比较慢，从1906年到1927年这22年间，仅增加了12户。由于没有1927年的人口数据，没有办法进行比较。估计人口数肯定大幅下降，因为1927年时，伊勒门只是一个单纯的村子，驿站功能已经撤销，此时的33户是实打实的户数，不会再有其他形式存在的人口，人口数与户数的对应关系应该是真实的。此后的伊勒门村应该就是在这个基础上发展起来的，一直到如今。

现存历史档案中记载了发生在伊勒门站的一件土地纠纷案。咸丰八年(1858)二月初一日，伊勒门站上报一则呈文，恳请追查站民交涉案。站丁徐君恒有祖传熟地五十六垧。由其已故伯父徐景文在嘉庆年间租给诚信六社甲民费广盛之祖父费有德名下耕种纳租。后来徐景文因度日艰难，于嘉庆十年(1805)、十一年(1806)、十九年(1814)，三次典给费有德名下熟地四十垧，有案可查。嘉庆二十五年(1820)，前任将军富俊追查民典旗地，将这四十垧熟地撤追入官，下剩未典地十六垧，仍租给费有德耕种。又有三十余年陆续代垦地界零星边荒，计二十余垧，于道光二十九年(1849)一并租给费广盛名下耕种，有中保人费广义、费广纯可证。咸丰七年(1857)冬间，费广盛无故坚决拒绝缴纳租粮。徐君恒无奈，禀告驿站。驿站查阅嘉庆年间入官备案册载，证明徐君恒所言属实，除入官四十垧地以外，其余地亩系徐君恒己产，与官地无关。驿站随后传讯民佃费广盛，费广盛声称自己心里记着，当初从徐家典地五十六垧，现在只入官四十垧，剩余地亩费家出过典价，不到公堂讯明，不能再交租粮。驿站虽然再三开导，费广盛不但坚拒纳粮，还反诈称站中备案册载是假的，不足为凭。驿站要求费广盛拿出相关证据，他坚称是凭心里记下的，没有字据。显然存心打赖，但事关民站交涉，驿站也束手无策，只能一方面让徐君恒赴省报案，一方面向驿站监督呈文报告。这件站民交涉案最终如何解决，不得而知。不过从呈文叙述的情形看，费广盛意图打赖的事实很清楚，一般来讲很难得逞。不过这个纠纷事件可以证明，驿站名下的各种耕地一般都是租给民户耕种，而且这种租佃关系一般十分稳定，动辄以几十年计。

驿站的随缺地、津贴地、充公地都要出租给民户耕种，因此驿站就要承担催收租粮的任务。咸丰十一年(1861)十二月，伊勒门站笔帖式依林保、拨什库(领催委官)罗文秀为催收租粮事上呈一份申报，其中说："奉谕承催西路各站充公地五百零七垧五亩，除原执照内抛弃地十一垧六亩，及连年陆续被水冲成沟渠，不堪起种地二十六垧七亩，续于被水冲淘滩对河内熟地六垧三亩,又被河水涨泼出槽滩对河内熟地六垧五亩,及水冲沙压不堪耕种抛弃地二垧,已竟均各呈报在案。又除本年六月间,佃户郭金声称,被河水涨泼出槽浸淹地三垧,秋后不能收割纳粮,已竟随时呈报在案。除此实剩纳粮地四百五十一垧四亩,每年均按四六斗纳粮,因地之肥硗不等,至秋合将数目据实呈报,以备分劈。"申文所述非常详尽,将伊勒门站负责催收租粮的地亩剖算精准,原因解释得清清楚楚。能够准确掌握实际情况,说明驿站官员是在用心办事。但是,这个申文的目的并不在算账,而在于争取优惠政策。"惟各佃户声称,本年一带地方皆因春旱,高岗之地田苗不旺;又兼之六月间虫灾,而水连绵浸淹,籽粒减收各等情形。"通过反映佃户的要求,提起了话题。接着说明驿站官员并没有听风就是雨,具体办事人员没有懈怠,依然派员进行了催收。申文说,"身等派令头目李永仓等赴各佃户严饬催收,不准拖欠"。然而,佃户受灾情况属实,派出去催收的李永仓等人看到了具体情况,"嗣据回称,各佃户等承种之地,亦有高洼不等,情因本年春旱虫灾禾稼歉收各情形,恳祈少纳租粮等语"。这次不再单纯是佃户请求减租,而是驿站催收人员了解实情以后,帮助佃户提出了请求。至此,申文已经将佃户受灾情况坐实,然后并没有请求少收多少,而是直接报告只能收上来多少:"身等复饬严查,仅将收得充公租粮一百八十四石一斗六升,内除席片口袋运脚费用粮三十九石四斗外,实剩杂色租粮一百四十四石七斗六升属实。理合据实呈报,为此具呈。"看来,关防处对租粮催收的要求并不太严苛,这个申文给人的感觉就是:我只能收这些了,就这样吧!细细品味,还挺有意思!

伊勒门站门前有一条小河,光绪二十八年(1902)四月,伊勒门站向上级呈报了关于修桥的呈文。文中说:"窃职站公所前小河一道,早经修有木桥一座,原系二丈四尺长,大梁三空,兴修有年,木料均已糟朽。委因通衢大道,往来络绎,经过不堪行走,自应备料重新修理。奈因地面狭窄,旗民各户星稀,实无殷富之家,殊难筹备。"首先说明站公所前木桥早就该修理了,只是所在地方人口不多,经济实力不行,难以筹措款项,这件事情想办而办不了。而恰好这时,上级安排下来吉林至额穆索、宁古塔,并由吉赴宽城子各路桥要进行修补,费用"准其作正开销"。如此一来,修桥的款项有着落了,伊勒门站的"领导们"不由得有了更加大胆的想法。"今既蒙饬发领重新修理,距以产木之处窎远,木材时价加倍昂贵,拉运无处雇觅。现当农忙之际,未便兴修。委系往来经过络绎,车马行走不便,已将旧桥拆毁,择其可用旧料迁就补修,庶免久阻行人。其所需零星工资,先由地面竭力筹备,即可暂解燃眉。"以上所说都是铺垫,木材贵、无法拉运、农忙之际腾不出力量等虽然皆是实情,但不是想要说的重点。因为以上因素,旧桥暂时还不能拆,小打小闹地维持着,驿站还可以应付。接下来说的才是真正的目的:"职等详查,修此木桥如蒙作正开销,发项重新兴修,每被风雨颓残,难以久远。曷若改修石桥,永垂不朽,而能经久。为此呈请恳恩赏项饬领,可否备小石条,姑俟冬令挽运,明春开工兴修。如蒙准行,其所需料价运脚等项,估计应需若干数目,再行呈报发给饬领,以致工竣核清花费若干,呈报请验。"不知道伊勒门站的这座石桥后来修成没有,但不论修没修成,驿站笔帖式和领催委官能够有这样的想法,还是应该给予充分肯定。驿站一般还承担着管理地方的责任,这种抓住机会为地方造福的底层官员,用今天的话说,算是"优秀基层干部"了。

伊勒门站驿递任务多寡我们很难全面了解,但是根据一些历史档案还是可以了解某个时段的工作情况。有一份光绪二十六年(1900)苏瓦延站接递公文册档,记录了苏瓦延站正月初二日至二十九日的公文往来情况。因为苏瓦延站是伊勒门站的邻站,透过它可以了解这段时间伊勒门站送到苏瓦延站公文的情况。册档记载:正月初二日亥时正一刻(约夜间十点三十分),接得伊勒门站壮丁徐凤成送至公文;初六日申时正初刻(约下午四点十五分),接得伊勒门站壮丁李常清送至公文;初九日巳时初刻(约上午九点十五分),接得伊勒门站壮丁魏金昌送至公文;十一日未时正一刻(约下午二点三十分),接得伊勒门站壮丁徐文发送至公文;十三日酉时正一刻(约下午六点三十分),接得伊勒门站壮丁徐凤成送至公文;二十一日申时初二刻(约下午三点四十五分),接得伊勒门站壮丁徐凤成送至公文;二十一日戌时初一刻(约下午七点三十分),接得伊勒门站壮丁魏祥送至公文;二十二日酉时正一刻(约下午六点三十分),接得伊勒门站壮丁沙秉昌送至公文;二十四日戌时正三刻(约晚上九点钟),接得伊勒门站壮丁魏祥送至公文;二十六日申时正初刻(约下午四点十五分),接得伊勒门站壮丁李常清送至公文;二十九日申时正初刻(约下午四点十五分),接得伊勒门站壮丁沙明甸送至公文。以上只是正月间伊勒门站送至苏瓦延站的公文就有十一次,而这期间由伊勒门送至搜登站的公文数量因无历史资料,不好妄加猜测。不过,凭这单向公文递送数量,我们也可以大致了解伊勒门站工作的紧张程度。一般正月间事务应该较少,当为比较清闲时节,伊勒门站依然忙碌如此,最晚送达的时间是晚上九点。伊勒门站至苏瓦延站距离为五十五里,按照清朝"日行三百里者,无分昼夜,每一时行二十五里(12时为一日)"计算,站丁骑马在驿路上需要奔跑两个时辰以上。晚上九点将公文送到苏瓦延站,再用两个多时辰返回伊勒门站,站丁到家大概凌晨二点钟了。正月间是东北最为寒冷的时节,夜间一来一回四个多时辰,的确是非常辛苦。

站丁递送公文,时限要求严格,一旦出现延误,就要追究责任。同治十年(1871),伊通佐领八月二十日呈将军衙门星夜火速公文一角,二十四日方才到省,将军饬令追查迟误原因。后来,伊勒门站笔帖式依林保、领催委官杨仕晋报告,八月二十二日酉时正三刻(约下午七点钟),接得苏瓦延站壮丁于顺送到伊通佐领呈将军衙门星夜火速公文一角,即派壮丁徐廷荣向下一站递送。不料次日巳时,忽然见到徐廷荣乘骑的马匹自行跑回驿站,并将马鞍拖坏。驿站见此情景,怀疑徐廷荣路上发生不测,立即派马头郭荣带领丁役毛振生乘马沿途寻找。随后,据马头郭荣汇报,在一拉溪东二里的遥店房找到了徐廷荣。察看以后发现,徐廷荣腰腿发僵,不能动转。据徐廷荣讲述,他驰马行走到一拉溪东岭时,忽然窜出的野狼将坐骑冲惊,将其摔下马鞍,登时不能动转,一路爬行到店房将养。从这个报告可以了解到,当时站丁递送公文是存在着一定危险性的。徐廷荣碰到的显然是一只孤狼,如果是狼群的话,恐怕早已送命了。据档案记载,伊勒门站还发生过几次贻误公文递送的事件。

光绪十四年(1888)伊勒门站笔帖式贵春、领催委官杨仕普报告,七月初十日酉时正三刻,接得苏瓦延站壮丁高起龙送到公文,即派站丁沙秉有向搜登站递送。不久,沙秉有回称,行至五里河子时,河水涨发出槽,汹涌湍急,实在没法渡桥。再加上连日阴雨,夜间看不到路,所以折回。等到十一日黎明时,水势微消,再次派沙秉有将公文送到搜登站,延误七个时辰。

光绪十八年(1892)三月十四日,伊勒门站笔帖式庆禄、领催委官杨仕普报告,十一日子时正三刻,接得苏瓦延站壮丁施德保送到公文,即派站丁沙秉恩送往搜登站。但不久沙秉恩回称,走到岔路河时,河水涨发出槽,冰排齐涌,撞坏大桥七孔,实难渡越。驿站马上派头目全升随同沙秉恩再次递送,而全升很快也回来报告,岔路河确实涨水,大桥被冲坏,车辆行人被阻隔在两岸。但他在那里找到乡约,设法找到了一只小船,将沙秉恩摆渡过去了。次日,沙秉恩由搜登站返回,给回图记,收付内注十一日戌时正初刻接递,迟误七时三刻。七月十八日,伊勒门站笔帖式庆禄、领催委官张永隆报告,七月十三日未时正一刻(约下午二点十五分),接得苏瓦延站壮丁龚献廷送到公文,即差站丁徐凤成送往搜登站。戌时正初刻(约晚上八点十五分)送到,竟迟误一个时辰。据站丁回称,行至一拉溪时,河水涨发,很难涉渡。等候河水稍消,才得渡河,因此迟误。虽然这一段时间昼夜降雨,驿站还是派人进行了核实,证明站丁所言属实,特此向关防处说明情由。可见,水患是站丁的一大天敌。

(三)苏瓦延站

双阳县地方志编纂委员会编纂的《双阳县志》有这样的表述:由京师经盛京到吉林乌拉的驿路,西经石头河(即石溪河)入境,向东横穿,由长岭子东北朱家船房子屯过河入永吉州。设于此地的驿站,称"苏瓦延"站。杨修石家谱序言载:"于(康熙)二十一年朝龙兄弟俚转刷烟站充当壮丁,落户河东。站地两处,北山后占地一处。于二十七年设立站道,改刷烟站为苏瓦延站……"说明至少康熙二十一年(1682)就设置了刷烟站,可能从康熙二十七年(1688)刷烟站改名为苏瓦延站。苏瓦延站相对于其他驿站比较特殊。虽然其起初只是一个驿站,可是后来设置了地方行政机构,且是依驿站而设。同治元年(1862),在苏瓦延驿站南(原大车站)建立了马市。开始是周边农民进行交易,后来逐渐扩展到附近的州、县,交易的范围也进一步拓展,不仅是牛马交易,还包括生产生活用品、土特产品、名贵

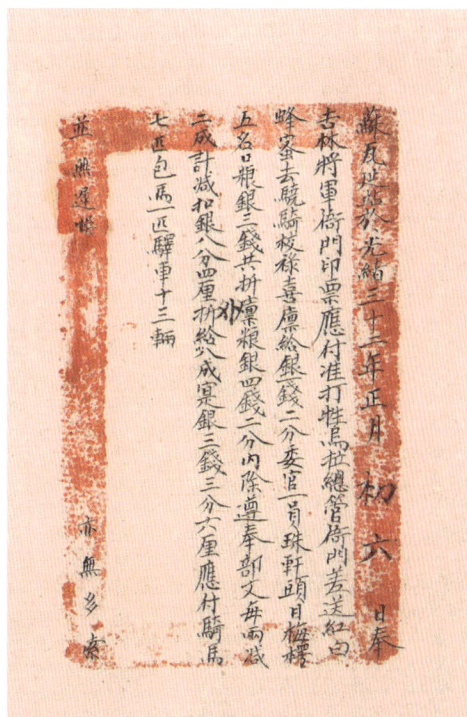

光绪三十二年(1906)正月初六日,苏瓦延站印花

苏瓦延站旧址,位于今长春市双阳区苏瓦延街10-10号,现为长春市公安局双阳分局特警大队和北山路派出所办公楼所在地

药材等,逐渐形成了一条商贾云集的街市,称苏瓦延街,并在此街基础之上发展为具有一定规模的市镇。光绪八年(1882)吉林厅升为府衙,在苏瓦延站添设分防巡检;宣统二年(1910)钦批设置双阳县,县衙一开始就设在苏瓦延驿站所内。所以,当年的苏瓦延站,就是今天长春市双阳区的前身。据《西路关防处呈造所属各驿分布细册》记载,苏瓦延站东至拉腰子二十里,由拉腰子至伊勒门站三十五里,共计五十五里;西至土门子岭三十五里,由土门子岭至伊巴丹站三十里,共计六十里(应为六十五里);南至磨盘山分州一百八十五里,北至栗家屯三十里。苏瓦延站原额设笔帖式一员,领催委官一员,站丁三十七名。驿马三十七匹,驿牛三十七头。光绪十四年(1888)吉林将军铭安奏请,吉林驿站添设站丁,苏瓦延站增丁八名,驿马、驿牛增加数量与站丁增数相同。此后,一直保持额设笔帖式一员,领催委官一员,站丁四十五名。驿马四十五匹,驿牛四十五头。光绪三十二年(1906)统计,苏瓦延站管下26户,成年男性1514人,未成年男性915人;成年女性1102人,未成年女性491人,共有人口4022人,其中学童117人。很显然,拥有4022人的苏瓦延站,在吉林绝对算得上是个"通衢大站",是人烟繁盛之处。

正是因为苏瓦延站聚集功能比较强,人烟辐辏、商户富庶,所以遭遇了匪患。光绪元年(1875)七月初五日下午三点多钟,忽然有三四十名山匪步行乔装进入苏瓦延站街,从背夹之中抽出刀、矛、火枪等武器,开始抢掠。山匪冲进德昌当柜房,逢人便砍,但是遭到了德昌当号保镖等人的强烈反击,有两名山匪当场中枪死亡,当号死伤情况不详。因为该当号房门紧闭,攻不进去,山匪纵火将当号门面铺房尽皆烧毁,大火延烧还殃及了相邻的一间银铺。苏瓦延驿站笔帖式托灵报称,职等见该匪等势甚猖狂,随督同站所头目、跑差人等,持械护守官房、马号二处,幸未被其烧掠。仅头目杨仕纯头颅被枪砂打伤一处,抬去马鞍五盘。抢至日暮时,这些山匪或骑马,或步行,纷纷出街向南逃窜。接到报告以后,吉林将军衙门立即颁行飞饬各属侦缉盗匪的札文。文中说:"当即呈奉宪谕,查此股山匪胆敢纠众持械入站,焚烧铺房,枪伤头役,实属恣意横行,目无纪律,自应立予歼除,以免啸聚为患。着即札饬附近各处,一体严缉,毋任逃窜等谕。"根据将军的意见,将军衙门做出了具体部署:"除由省遴派花翎佐领成林,管带演练马队官兵五十名,即刻启程前往苏瓦延迤南,探贼所向,实力追缉,务将此伙抢扰驿站,焚烧当商之山匪按名拿获,解究惩办,不准一名漏网,亦不得以该匪远飏无际一报塞责,致干重遣外;相应恳请飞札委参领关海遵照,迅即就近迎头截缉,毋任兔脱,思图为害;并札饬伊通佐领、巡检、伊通、赫尔苏、布尔图库边门章京等一体遵照,速即出派妥干兵役,倾探堵缉,毋任窜越;仍札覆西路驿站监督遵照,饬附近各站一体探报;及札饬伊通巡防官、骁骑校英春,刻即带兵往站南捕贼,所向按名追缉,毋令逃逸,致干查究可也!"可算是大动干戈,部署周密,措辞严厉,只是不知最后的结果如何? 因为缺乏历史资料,我们无从了解这股山匪的具体情况,但从这个事件可以判断,苏瓦延站在当时应该是一个繁华所在。

苏瓦延站是繁华的,也是繁忙的。光绪二十六年(1900)苏瓦延站五品蓝翎笔帖式萨炳阿、五品顶戴领催委官贾万盛呈造的接递公文日期时刻档册,在吉林省档案馆幸运地保存下来,使得我们能够了解这年正月初二日至二十九日苏瓦延站的忙碌状况:正月初二日亥时正一刻(约晚上十点三十分)接伊勒门站传送来的公文,即派壮丁刘恒太送至伊巴丹站,给回图记收付,内注初三日丑时正一刻(约深夜二点三十分)接递;初六日申时正初刻(约上午九点十五分)接伊勒门站传送公文,即派壮丁刘元和送至伊巴丹站,给回图记收付,内注初六日戌时正初刻(约晚上八点十五分)接递;初九日巳时初刻(约下午四点十五分)接伊勒门站传送公文,即派壮丁于太送至伊巴丹站,给回图记收付,内注初九日申时正三刻(约下午五点钟)接递;十一日未时正一刻(约下午二点三十分)接伊勒门站传送公文,即派壮丁刘元和送至伊巴丹站,给回图记收付,内注十一日酉时正一刻(约晚上六点三十分)接递;十三日酉时正一刻(约晚上六点三十分)接伊勒门站传送公文,即派壮丁刘元和送至伊巴丹站,给回图记收付,内注十三日亥时正一刻(约夜间十点三分)接递;二十一日申时初二刻(约下午三点四十五)接伊勒门站传送公文,即派壮丁刘恒太送至伊巴丹站,给回图记收付,内注二十一日戌时初三刻(约晚上八点钟)接递;二十一日戌时初一刻(约晚上七点三十分)接伊勒门站传送公文,即派壮丁王廷臣送至伊巴丹站,给回图记收付,内注二十二日子时初刻(约夜间十一点十五分)接递;二十二日酉时正一刻(约下午四点十五分)接伊勒门站传送公文,即派壮丁刘恒太送至伊巴丹站,给回图记收付,内注二十二日亥时正一刻(约晚上十点十五分)接递;二十四日戌时正三刻(约晚上九点钟)接伊勒门站传送公文,即派壮丁栗万成送至伊巴丹站,给回图记收付,内注二十五日丑时初刻(约深夜一点十五分)接递;二十六日申时正初刻(约下午四点十五分)接伊勒门站传送公文,即派壮丁刘元和送至伊巴丹站,给回图记收付,内注二十六日戌时正初刻(约晚上八点十五分)接递;二十九日申时正初刻(约下午四点十五分)接伊勒门站传送公文,即派壮丁王永太送至伊巴丹站,给回图记收付,内注二十九日戌时正初刻(约晚上八点十五分)接递。从这个档册记载我们看到,在正月里苏瓦延站仅从伊勒门站接、往伊巴丹站送单向传递就有十一次,因为没有资料无从了解苏瓦延站从伊巴丹站接、往伊勒门站送的公文有多少次。就这十一次传送,我们就看到,夜间十点以后送达的有五次,最晚的时间是深夜二点,将一来一回的时间计算在内,站丁基本上一夜都要奔跑在驿路之上。加之正月时东北正是酷寒之际,站丁的辛苦可想而知。

与夏日水患比起来,冬日的寒冷还算温情。光绪十八年(1892)六月十七日夜间二点四十五分,苏瓦延站接到伊勒门站送来的公文。因为时值黉夜暴雨,各河水涨发,担心驿路难行,驿站特意派行事比较稳妥的站丁周全、高起仁两人结伴往下站传送。当日上午十一点多钟,只见高起仁一人携带公文返回驿站,汇报说他们行抵石头河子的时候,河水已经涨发出槽。周全因为担心传递公文迟误,情急之下,背负着公文骑马涉水过河。怎奈水势太过浩大汹涌,周全骑乘的马匹逐渐力不能支,最后力竭溺毙河中。周全落马,也被河水灌晕,幸好高起仁尚未渡河,奋力将周全抢救上岸。苏瓦延站为免稽延公文,又派高起仁和施德保背负公文,从南大山里各河口发源处绕行,才送到伊巴丹站。苏瓦延站笔帖式贵春、领催委官贾万盛为此专门呈文说明,文中说:"幸无阻隔,始行送到伊巴丹站交代明确,取回该站收付,内注得十七日戌时初二刻接递。职站核计,除应送二时四刻之外,迟误时辰六个。职站合将河水涨发迟误时刻一切缘由,备文声报等情前来。"虽然驿站损失了一匹驿马,站丁周全险些丢掉性命,还是需要把迟误原因解释清楚,可见清代驿传制度之严格。站丁的工作危险性比较高,因而清代旌表的列女中,驿站站丁妻子占有一定数量。据《吉林志书》记载,自乾隆三十年(1765)至嘉庆十六年(1811),苏瓦延站被旌表的妇女有:乾隆三十二年(1767)旌表,苏瓦延站壮丁黄国仓之妻李氏;乾隆五十九年(1794)旌表,苏瓦延站壮丁王英明之妻李氏;嘉庆十三年(1808)旌表,苏瓦延站壮丁刘珍之妻穆氏;嘉庆十五年(1810)旌表,苏瓦延站壮丁赵起官之妻尚氏。苏瓦延站被旌表共四人,较搜登站少一人,较伊勒门站少六人,说明站丁处境相对要好一些。

苏瓦延站之所以能够从一个驿站而后发展成设县的规模,既在于其地理位置的优势,也在于其有着比较深厚的历史文化底蕴。辽咸雍元年(1065),完颜娄室家族部落迁徙雅挞瀓水(今双阳河),这块土地的历史开始进入精彩时段。据"大金故开府仪同三司左副元帅金源郡壮义王完颜公神道碑"碑文记载:娄室家族先祖叫合笃,居于阿注浒水(即按出虎水,今阿什河)源头,是完颜部族人。娄室的祖父冶鲁直,"以财雄乡里,枝属浸藩,乃择广土,徙雅挞瀓水,挐邻麻吉等七水之人皆附丽焉"。真实的情况应该是冶鲁直在迁徙的过程中,通过征服胁迫的强制手段,吸纳了沿途一些小部族加入进来,形成了一个大部族,在双阳地方安居下来。寿昌五年(1099),21岁的娄室代其父担任七水部长。随着军功日厚,身份愈加显赫，其家族势力也不断扩展，最后成为当地最大的地方势力。金天会八年(1130)娄室病逝于泾州(今甘肃省泾川县)，神道碑碑文给他的“盖棺定论”：“鸷勇果毅，济以明略。始自伐辽，迄于克宋。率身先行阵前，数千百战，未尝不捷。独追获辽主。至于取汴，箠马以涉大河，威名震慑南北。自国初迄今，言将帅臣，无能出其右者。”金太宗闻娄室死讯悲伤不已，命自己的亲兵卫队赴泾州为娄室护丧，“葬于济州之东南奥吉里薄屯山(今长春市二道区石碑岭)”。放下娄室的军功战绩不谈，单就娄室家族聚落的七水部对促进民族交融的历史贡献，就值得历史重笔描摹。洽鲁直在率领部族迁徙的过程中，通过强制手段吸纳了一些小部族而成为大部族，后来金朝又把小黄头室韦主部迁徙到雅挞濑水，使得不同民族、众多部族居于一地，促进了民族融合的实现。这一点，对双阳地方来说有着更大的意义。据专家考证，七水部居址为今长春市双阳区东营城子古城址。

在双阳定居的小黄头室韦部，后来在元朝“因俗而治”的宽松政策下演化为锡伯部并达到鼎盛阶段。而到了明朝洪武年间，却发生了部落首领三子争雄事件，结果长子佛尔和留居雅挞濑水原地继任首领，次子尼雅哈齐迁移到嫩江上游，三子珠察迁移到图们江流域。后来，大约是在永乐初年，珠察后裔旺扎拉达率领族人回归故土，屯扎雅挞濑水西岸，号苏完部。永乐四年，锡伯部首领病逝，因其无子部族发生首领之争，苏完部乘机越过雅挞濑水，占领了锡伯部全部领地，锡伯部随之变成了苏完部，雅挞濑水亦改称苏完河。据《明实录》记载：“永乐四年二月庚寅，女直野人头目打叶等七十人来朝，命置塔鲁木、苏温河、阿速江、速平江四卫。”其中的苏温河，即苏完河，也有作出万河。苏完河卫的设立，使得原为氏族社会结构的锡伯部转变为国家地方机构，卫治所在地成为当地政治、经济、文化中心，为后来正规行政建置的设立开了先河。苏完部在由旺扎拉达传五世至索尔果时，遇到了严峻挑战。先是扈伦四部纷纷崛起，在不断挤压之下，苏完部势力范围日益收缩，在各种势力的夹缝中艰难生存。后来，努尔哈赤统领建州女真强势崛起，苏完部陷于四面楚歌中。在这样严峻的形势下，索尔果做出抉择，于明万历十六年(1588)投奔努尔哈赤，加入建州部。据《开国方略》记载：“戊子年(万历十六年)，苏完部长索尔果率部众来归，太祖以其子费英东佐理政务。”费英东以骁勇善战著称，随父率部归顺努尔哈赤，授一等大臣；万历四十四年(1616)，其与额亦都、扈尔汉、安费扬古、何和里为理政五大臣。后又跟随努尔哈赤攻取明抚顺，被誉为“万人敌”。苏完部族人在清朝统治集团中一度有着呼风唤雨的巨大能量。索尔果的孙子鳌拜，在康熙朝就曾经压得皇帝都抬不起头来，是历史上有名的权臣。另外，还有一位麻勒吉，世居苏完，顺治九年(1652)以翻译举人举会试第一，为满族第一状元。

(四)伊巴丹站

伊巴丹站所在地为今四平市伊通满族自治县伊丹镇。从镇名可以看出，伊丹镇就是在伊巴丹驿站基础上发展起来的。伊巴丹为满语“欧梨木”的音译，欧梨木是一种野果，熟的果实紫黑色，民间称“臭李子”，学名“稠李”。伊巴丹站所在地周围生长着许多这种果树，因而得此地名。因驿站公所设置于驿路旁,驿站附近逐渐形成街市,称为伊丹街,而伊丹街至今仍为伊丹镇的中心。据《西路关防处呈造所属各驿分布细册》记载,伊巴丹站,东至土门子岭三十里,由土门子岭至苏瓦延三十里,计六十里;西至伊通州二十五里,由伊通州至大孤山站三十五里,共计六十里;南至大榆树十五里,北至长春厅一百二十里。伊巴丹站原额设笔帖式一员,领催委官一员,站丁三十七名。驿马三十七匹,驿牛三十七头。光绪十四年(1888)吉林将军铭安奏请,吉林驿站添设站丁,伊巴丹站增丁八名,驿马、驿牛增加数量与站丁增数相同。此后,一直保持额设笔帖式一员,领催委官一员,站丁四十五名。驿马四十五匹,驿牛四十五头。光绪三十二年(1906)统计,伊巴丹站管下30户,成年男性1314人,未成年男性453人;成年女性823人,未成年女性382人,总人口2972人,其中学童117人。会聚了几近三千口人的地方,在当时也算是有一定规模的集镇了。据《吉林志书》记载,自乾隆三十年(1765)至嘉庆十六年(1811),伊巴丹站被旌表的妇女有:乾隆三十二年(1767)旌表,伊巴丹站壮丁刘书绅之妻王氏、同站壮丁徐文焕之妻苏氏;乾隆四十年(1775)旌表,伊巴丹站壮丁雷起春之妻黄氏;乾隆四十四年(1779)旌表,伊巴丹站壮丁张忠孔之妻曹氏;乾隆五十一年(1786)旌表,伊巴丹站壮丁于茂之妻孙氏、同站壮丁包起彦之妻徐氏;乾隆六十年(1795)旌表,伊巴丹站壮丁李永泰之妻王氏;嘉庆十六年(1811)旌表,伊巴丹站壮丁包起鹏之妻张氏、同站壮丁徐文樊之妻李氏。共计旌表9人,而其中有三次是一同旌表两人。这种情况应该不是巧合,肯定有着某种关联。不管具体关联性如何,额设45名站丁的驿站,在这样一个历史阶段有9名站丁妻子被旌表,背后一定隐藏着大悲酸、大凄苦。

伊巴丹站旧址,位于今伊通满族自治县伊丹镇,现为伊丹镇中心小学校

吉林省档案馆保存下来一份光绪二十六年（1900）伊巴丹站兼署笔帖式、五品顶戴、奖赏蓝翎阿勒谈额墨勒站笔帖式丰年、领催委官六品顶戴周国经呈造接递公文日期时刻档册，记载了这年正月伊巴丹站接递公文的情况。正月初三日丑时正一刻（约深夜二点三十分）接苏瓦延站送来公文，即派壮丁鲍均昌送至大孤山站，给回图记收付，内注初三日卯时正一刻（约清晨六点三十分）接递；初六日戌时正初刻（约晚上八点十五分）接苏瓦延站送来公文，即派壮丁雷永千送至大孤山站，给回图记收付，内注初七日子时正三刻（约深夜一点钟）接递；初九日申时正三刻（约下午五点钟）接苏瓦延站送来公文，即派壮丁雷永千送至大孤山站，给回图记收付，内注初十日丑时初刻（约深夜一点十五分）接递；十一日酉时正一刻（约下午六点三十分）接苏瓦延站送来公文，即派壮丁孙万升送至大孤山站，给回图记收付，内注十一日亥时初一刻（约夜间九点三十分）接递；十三日亥时正一刻（约夜间十点三十分）接苏瓦延站送来公文，即派壮丁施常青送至大孤山站，给回图记收付，内注十四日寅时初三刻（约凌晨四点钟）接递；二十一日戌时初三刻（约晚上八点钟）接苏瓦延站送来公文，即派壮丁孙万升送至大孤山站，给回图记收付，内注二十二日丑时初刻（约深夜一点十五分）接递；二十二日子时初一刻（约深夜十一点三十分）接苏瓦延站送来公文，即派壮丁孙江送至大孤山站，给回图记收付，内注二十二日寅时正一刻（约凌晨四点钟三十分）接递；二十二日亥时正一刻（约夜间十点三十分）接苏瓦延站送来公文，即派壮丁闰忠财送至大孤山站，给回图记收付，内注二十三日丑时正三刻（约深夜三点钟）接递；二十五日丑时初刻（约深夜一点十五分）接苏瓦延站送来公文，即派丁（原文如此）送

伊巴丹驿站留存下来的栓马石柱（现保存在伊通满族博物馆内）

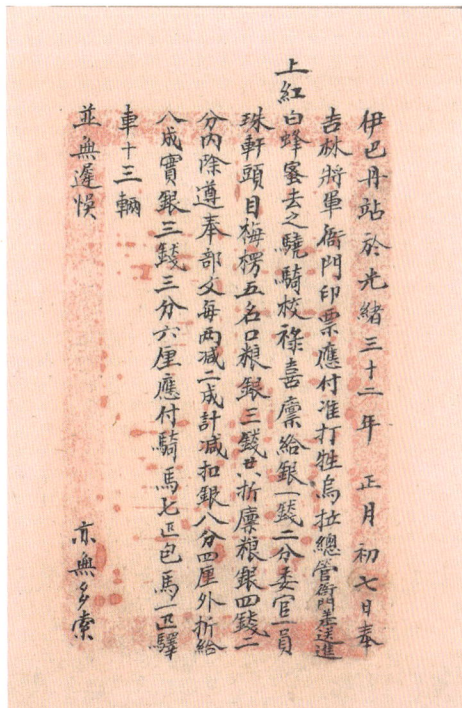

光绪三十二年（1906）正月初七日，伊巴丹站印花

至大孤山站,给回图记收付,内注二十五日卯时初二刻(约清晨五点四十五分)接递;二十六日戌时正初刻(约晚上八点十五分)接苏瓦延站送来公文,即派壮丁雷永千送至大孤山站,给回图记收付,内注二十七日子时正初刻(约深夜十二点十五分)接递;二十九日戌时正初刻(约夜间八点十五分)接苏瓦延站送来公文,即派壮丁闰忠财送至大孤山站,给回图记收付,内注三十日子时正初刻(约深夜十二点十五分)接递。读者可能已经发现,从伊勒门站到苏瓦延站,再到伊巴丹站,以及大孤山站,这就是这个正月从吉林城往盛京城方向公文在这几个驿站传递的过程。不过仅就这份记录来说,伊巴丹站因为所处地理位置,确实相较于其他驿站更为辛苦。公文传递到伊巴丹站的时间、伊巴丹站将公文送到大孤山站的时间,大多是夜间,站丁不得不在寒冷的冬夜彻夜奔驰在驿路之上。

在目前所掌握的历史资料中,记述伊巴丹站公文迟误的事情只有一件。同治十年(1871)九月,吉林将军衙门行文西路关防处,要求查明伊通佐领八月二十日呈将军衙门星夜火速公文一角,何以二十四日到省,究竟在哪站因何迟误。随后,伊巴丹站五品顶戴笔帖式祥玉、署领催银永余呈报:"职站详查,伊通佐领呈将军衙门公文一角,皮面包封,注写星夜火速,二十一日发。惟查此项无票公文,原系二十一日晚间由该处发出,始于二十二日丑刻接递。随即派丁雷玉明送往苏瓦延站去讫。旋据该丁声称,小的奉派递送公文,行至三家子屯,马瘸难行,小的无奈,牵马徒步送至苏瓦延站,给回收付,二十二日未时末刻接递等语。职等详核该丁声称迟误公文,当将该丁雷玉明斥责革退,彼时并未声明。计算此件公文自丑时至未时,除六里途程应送两时四刻外,因途中马瘸迟误三时四刻,不敢隐匿,是以陈明。"从伊巴丹站笔帖式的呈文看,该站站丁确实迟误了公文递送,迟误时间为三时四刻,按现在的时间算,应该是延误7个小时。迟误原因是半路上马瘸了,这就有点奇怪了,很可能其中另有隐情。从驿站官员呈文态度看,对此表述语意含糊,并没有查清驿马因何腿瘸,只说"当将该丁雷玉明斥责革退,彼时并未声明",显然雷玉明有主观错误,否则为何当将其"斥责革退"?"当将"是说应当而未如此,其中有点息事宁人的意味。因为没有后续处理结果的资料,雷玉明后来如何处理不得而知。不过,这件公文延误并非雷玉明一人的责任,伊勒门站站丁徐廷荣在送这件公文的时候,因野狼冲惊驿马而摔伤,又净迟误八时一刻,比伊巴丹站迟误时间还长。两次迟误叠加,导致这件公文的严重迟误。同一件公文,在两个驿站出现迟误,是偶然的巧合,还是驿站管理松懈所致?事情好像并非表面看起来那么简单。

在历史资料中,有关于伊巴丹站站丁之间土地纠纷调解的记录。有一份光绪二十年(1894)五月西路关防处为查清站丁争控随缺地界的移文。文内说:"案据伊巴丹站丁聂常呈控,站丁鲍裕昌先人抵换随缺官地,坚不退出。当经判断,总因地界不清之故,致令该丁等讦讼不休。禀请饬派附近苏瓦延站笔帖式萨炳阿,会同该站笔帖式榕昌等,按照地册所载四至,查清鲍裕昌先人抵换缺地,如数退交地丁聂常等承领结案,等因饬查前来。"这件事情大概如下:鲍裕昌的父亲鲍永年已经去世了,但是生前曾经用两段荒山抵换了聂常等站丁的随缺地三十六垧。当初在什么情况下、用什么手段抵换的,从现有材料中看不出来,但是能够看出来聂常等站丁对这种抵换不认可，但是鲍永年坚决不退。可能是鲍永年此人比较霸道，也有些手段，所以一直等到他去世以后，聂常等人才控告其子鲍裕昌。萨炳阿、榕昌等人报告，他们到伊巴丹站，带同争议双方，携带站存嘉庆二十四年（1819）牛丁随缺地册，亲往卢家沟控争地所，按照册载鲍裕昌先人鲍起富入官原地三十二段，计三十六垧，在鲍裕昌自己地界内同聂常等按段指认，详细踩验。照依册注四至相符之地，拨出三十六垧，当同两方询明无异，令鲍裕昌如数按段退出，交给聂常等人分晰承领，食租膺差。鲍裕昌父亲鲍永年以前抵换的两段荒山，仍然归鲍裕昌，与聂常等丁户再无干系。调解妥当以后，让双方"遵允结呈"，也就是立下字据，说明这个调解结果双方都认可，不能再反悔。鲍裕昌遵允结呈中说："甘愿照所查垧段界址，如数退交聂常等六户承领食租结案。嗣后无论该牛丁经理食租多寡，丁（鲍裕昌自称）毫无狡展，其前换之荒山仍归丁之本业，不与丁户等干涉。如斯办理，丁情甘允服。为此出具遵允结呈是实。"聂常等人遵允结呈中说："丁（聂常等自称）查鲍裕昌所退之地，均与册载四至相符，甘愿承领经理食租结案，并无异说。前抵换之荒山，仍归鲍裕昌本业，不与丁等干涉，如斯查清办理，甘愿允服。为此出具遵允结呈是实。"这个纠纷就这样解决了，各方皆大欢喜。

驿站不仅要面对站丁的土地纠纷，还要经常应对催租交粮带来的烦恼。咸丰十一年（1861）年底西路关防处发出札文，对伊巴丹、苏瓦延、伊勒门、大孤山、赫尔苏、蒙古和罗六站统收租粮提出新的要求，"如西路按垧征租之地，历来旗民己产，至薄者租亦一石二斗三斗。所有坐落各站充公之地，岂能概属浇薄。而各驿统收之租，即照薄者一律报出，期间肥美者自有浮余。计之所剩，不为不无小补。是定章之初，已于惠归均沾之中，寓以体恤承催之意，此则各驿之旗民共所周知者也。今核各驿报收十一年之粮，伊巴丹、刷烟（苏瓦延）两处犹在七斗八斗，而伊勒门、大孤山、赫尔苏、蒙古和罗四站，仅有三斗四斗之数，较之薄地所收，尚欠两倍三倍之多。至于运脚口袋等项报销之粮，为数并有冒。第此津贴公顷，岂可任意侵渔，若不予以限制，不特实惠无以均沾，有失调剂厚意，且恐再阅数年，势必更无底止矣。本监督甫经接署站务，每遇公事，诚不欲意外搜求，致招物议。奈值生计攸关，累极堪虞，如仍置而不理，问心实所难安。历报抛荒之地，另议查办外，合亟札仰伊勒门六站笔帖式、拨什库等知悉，各宜严查属丁，痛除积习，迅将去冬催收公粮逐一据实究明，仍照薄地租数一体报出。其运脚一项，自十一年起，定以每十石准其销粮一石。应需口袋等项，亦自去冬起，定以每百石准其销粮一石。遇有零数，以次扣抵。余出之粮，务于三月初十日以前，一并飞报前来，立待分拨。庶几惠获均沾，以昭平允，慎勿再涉支饰，致干未便可也。"核心意思就是，这六站上交公粮太少，现在按照每垧地一石两斗三斗的薄地标准收缴公粮，各站务必要在三月初十日以前交上来。不要再行狡辩虚饰，否则就不客气了。从文中可以看出，西路驿站监督刚上任不久，有点新官上任扬威亮相的意思，札文语气比较严厉。但是，上交公粮多少，实质上是利益博弈，注定不会毫无声息。伊巴丹站就上了一份呈文："遵查此项官地，身初临站亦觉租项不合，奈四六八斗之数缘地肥硗，拟定旧章，议增租夺佃之数，为户参差,未立新法。种站地者,多历年所相率成风,司站任者依样画葫,谁图勉步。故征收租项,皆昔作之于前,今兹述之于后。头目外郎膺役站所,公无奖励,从中隐避亦未可知。而密查无隙,欲禀云何。仰承监督积习欲除,先众站而忧浮冒思禁,后众站而乐以善养人,洵是惠归均沾。上司尚体时艰,在下何乐而不为。然依监督所指,薄地不下一石二三之数,身站亦应归粮四百八十余石。第未预征,兹由何补?若冒昧从事,将来无而为有,项将安依?反覆思维,此项余租虽则因循于昔,或可整顿于今,容俟秋敛集佃增租,谅尔等定有约略,所赠多寡随时飞报,庶可惠归均沾,是或一道也。至若运脚、席袋销粮已有定章,而津贴零耗尚亏资补。核计前报粮数,遵照定章,身站应销粮九十二石五斗七升六合,如数扣留。下余六十二石二斗二升四,在站封存,理宜归公。前未禀明,询系历任以来,皆由所销余粮资补零耗,体恤属下。身涉犹豫,碍难专陈。目今既蒙札驳,敢不据实声复。正值呈报续准,复驳以苏瓦延站仅退销粮,未出余租,并各站报复迟延等因,札催到站。身接阅之下,无处排遣。兴言及此,曷敢故违。无如日夜筹思,别无良图,倘蒙见原,止望秋成一线之计。否则水尽山穷,实难从命。总干禀究之可畏,亦无点金之妙术。身不胜胆裂手战,自愧驽骀庸愚,猥不供职,夫复何辞。"这份呈文,显然出自久历官场的干吏之手,出语柔中带刚,处处占尽道义,说来说去还是只能把剩余销粮上缴,仅此而已。如若不然,那你就看着办吧,所谓"水尽山穷,实难从命","总干禀究之可畏,亦无点金之妙术",直接和驿站监督摊牌。真是温言细语之间,刀光剑影闪烁。从这份呈文看,西路驿站监督的这一脚,十有八九是踢到铁板上了。

伊巴丹驿站所在地曾经生活着一个著名的家族部落,即董鄂家族。伊通县志编纂委员会编纂的《伊通县志》记载,顺治皇帝最为宠爱的董鄂妃就出自这个家族,其家族世居栋鄂即伊巴丹河一带。董鄂妃曾祖父名抢布,率400人投奔努尔哈赤,赐名鲁克素。祖父锡罕,因战功授轻骑都尉。父鄂硕为内大臣、晋子爵,因系皇贵妃之父晋升伯爵,死后加赠侯爵。鄂硕子费扬古袭伯爵,晋一等公,任内大臣。康熙皇帝于康熙二十一年(1682)第一次东巡吉林时,也曾驻跸伊巴丹。据《康熙起居注》记载:"二十一日己巳。上行围,射殪二虎。是日,上驻跸赛穆恳河地方。"《扈从东巡日录》记载:"己巳,驻跸赛木肯河。小阜横连,细流萦绕,新增驿道,徙奉天流人居此,作《流民叹》。""赛穆恳河""赛木肯河"为同音异书,均指伊巴丹地方。前一日康熙皇帝驻跸大孤山,从大孤山到伊巴丹途中围猎,射猎两只老虎,当晚住在伊巴丹。这个行程记述是确实的,《康熙起居注》和《扈从东巡日录》可以互相印证。当年伊巴丹驿站还有一座远近闻名的大戏楼,建于康熙五十年(1711),被称为"关外第一戏楼"。戏楼坐落于伊丹街中心,面北背南,以石、砖镶砌底座,凤尾式盖檐,檐下有铜钟。戏楼全高二丈,南北长二丈七尺,东西宽二丈一尺,青砖到顶。戏台台面高五尺,四周以青色大理石镶边。台前有四根直径一尺半、高一丈的朱红原木明柱,柱子上面横镶一根四方跨梁,梁头刻作象鼻状,以颜料涂为白色。前台楼顶呈马鞍形,边檐上翘,正中楼檐上雕刻着二龙戏珠图案,两边檐上各蹲伏着五只昊天犬,戏楼四角各悬一铜铸"惊雀铃"。后台是化妆室,左右各有一门,左为出将门,右为入相门。化妆室内墙壁上绘有壁画,分别是《幽王烽火戏诸侯》《楚昭王回国》和《青草坡》,室内正面墙壁上挂一横匾,上书"阳春白雪"。化妆室和前台之间设有间隔墙壁,其下是青砖墙,上边是花窗。两侧山墙各有一个月亮窗。戏台正面花窗上挂一横匾,上书"律奏阳春",两侧有对联,上联为"金榜题名虚富贵",下联为"洞房花烛假姻缘"。整个戏楼建筑精致,画栋雕梁,旧时求雨谢神多于此唱"野台戏",远近闻名,堪称一时之盛。

(五)大孤山站

大孤山站原名阿勒谈额墨勒站,也有史料写作阿尔滩讷门站、阿尔滩额林站等。"阿勒谈额墨勒"为满语,也有说为蒙古族语,"阿勒谈"意为"金","额墨勒"意为"马鞍",合起来乃金马鞍之意。此名来自附近一座形似马鞍的孤山,在阳光照射下闪烁金色光辉,故名阿勒谈额墨勒山,即金色的马鞍山。后因这一带有平地凸起的一大一小两座孤山,于是人们将这两座山又称为"大孤山""小孤山"。而阿勒谈额墨勒山就是其中的大孤山,驿站便也随之被称为大孤山站。大孤山站原址现为大孤山镇小学,至今尚遗存两墩当年驿站门底石鼓形枕石。据《吉林邮驿》记载:"驿站占地两亩,四周以青砖砌墙。建筑为海青房,有南北正房和东西厢房,有驿房二十四间。南墙外有粮仓五座。拱形起脊的门楼青砖抹缝到顶,门底设有门槛,并安装两墩鼓形枕石。门楼两侧围墙上镶有木桩,上钉拴马用的铁环。院中立四丈高的灯笼杆,在顶端高挂写有'驿站'字样的大红灯笼,里面点燃两斤重牛油制成的汤蜡,彻夜通明,数里可见。驿站门前驿道用砂石铺成,东西走向,两旁柳树成荫。"据《西路关防处呈造所属各驿分布细册》记载,大孤山站东至伊通州三十五里,由伊通州至伊巴丹站二十五里,共计六十里;西至头道沟西三十里,头道沟西至赫尔苏站三十里,共计六十里;南至封堆二十里,北至边台分界。大孤山站原额设笔帖式一员,领催委官一员,站丁三十七名;驿马三十七匹,驿牛三十七头。光绪十四年(1888)吉林将军铭安奏请,吉林驿站添设站丁,大孤山站增丁八名,驿马、驿牛增加数量与站丁增数相同。此后,一直保持额设笔帖式一员,领催委官一员,站丁四十五名。驿马四十五匹,驿牛四十五头。光绪三十二年(1906)统计,大孤山站管下30户,成年男性1256人,未成年男性551人,成年女性823人,未成年女性612人,总人口3242人,其中学童61

大孤山驿站留存下来的石鼓形门枕石(现保存在伊通满族博物馆内)

大孤山站旧址,位于今四平市伊通满族自治县大孤山镇,现为大孤山镇中心小学校

人。据《吉林志书》记载,自乾隆三十年(1765)至嘉庆十六年(1811),大孤山站被旌表的妇女有:乾隆四十年(1775)旌表,阿勒谈额墨勒站壮丁张尚忠之妻邹氏;乾隆四十七年(1782)旌表,阿勒谈额墨勒站壮丁吴凤之妻李氏;乾隆五十二年(1787)旌表,阿勒谈额墨勒站壮丁王喜信之妻马氏;嘉庆九年(1804)旌表,阿勒谈额墨勒站壮丁张谦玉之妻张氏。共有4人,算是西路驿站旌表数量较少的驿站,在一定程度上反映出站丁的境遇相对好一些。

根据伊巴丹驿站光绪二十六年(1900)正月接递公文日期时刻档册记载,可以了解到大孤山站接到伊巴丹站传递公文的情况:初三日丑时正一刻(约深夜二点三十分)接递,初六日戌时正初刻(约晚上八点十五分)接递,初九日申时正三刻(约下午五点钟)接递,十一日酉时正一刻(约下午六点三十分)接递,十三日亥时正一刻(约晚上十点三十分)接递,二十一日戌时初三刻(约晚上八点钟)接递,二十二日子时初刻(约晚上十一点十五分)接递,二十二日亥时正一刻(约晚上十点三十分)接递,二十五日丑时初刻(约深夜一点十五分)接递,二十六日戌时正初刻(约晚上八点十五分)接递,二十九日戌时正初刻(约晚上八点十五分)接递。这是光绪二十六年(1900)正月里十一次公文传递,传到大孤山站的时间。接递以后,大孤山站会立刻安排站丁向赫尔苏站传递,因没有历史资料,具体情况就不得而知了。历史档案记载了光绪十四年(1888)大孤山站传递公文迟误的情况。大孤山站笔帖式依常阿、领催委官周国万呈文报告:大孤山站于六月三十日卯时初刻(约清晨五点十五分),接得赫尔苏站差丁常振起送到若干公文,登注号簿,派令差役王钧即往伊巴丹站递送。旋据回称,行至伊通州河水涨发,不能涉过。该处原设有摆渡小船,就是为了公事来往方便,向来由伊通佐领衙门经营。现在不知为什么将水手裁撤了,以致无人摆渡。驿站当即前往该衙门分辩,他们看见有吉、江等项排单文件,害怕误事被追究责任,才安排水手摆渡过河。公文送到伊巴丹站,给回图记收付,内注三十日午时正三刻(约下午一点钟)接递。除应转的两个时辰之外,迟误一时辰七刻。看来大孤山驿站和伊通佐领衙门的关系不太融洽,这次延误公文传递事件,颇有伊通佐领衙门借机拿捏大孤山驿站的意味。而大孤山驿站笔帖式和领催委官的呈文,以说明情况的方式告伊通佐领衙门状的意图也很明显。从文中可以看出,驿站到佐领衙门理论的时候,一开始伊通佐领衙门是不肯安排摆渡的,直到看见公文中有咨发吉、江两省重要公文,害怕被追究责任,才安排摆渡。呈文专门将这个过程表述得清清楚楚,摆明了就是要告他一状。

　　1988年以内部资料印刷的《伊通县文物志》中,专门记载了大孤山站的一些情况。从记载的内容分析,其多来自民间采访,虽然不尽准确,但尚为弥足珍贵的口述史料。现将其中有价值的部分,原样引入本文:"光绪二十八年,阿勒谈额墨勒站有驿卒四十五人,多属陈汉军,以镶蓝、正蓝二旗居多。站里设驿丞一员,光绪年间为刘俊英(驿站总管,官为九品,大孤山榆树林子人氏),属正蓝旗。排头四人,站内排头及驿卒均享朝廷俸禄,着官服。当地百姓称其为'吃皇差的站达'。饲养马匹的称'马号',升挂灯笼的驿卒为'灯官'。驿站又从附近招募百姓百余人,为驿站差使,做季节性的活计,如修路、建桥、割草、植树、建房等。他们不享官禄,不穿官服,散居驿站周围,平时耕种驿站土地,不缴纳租赋,当地人称之为'站丁'。站内设有丁户籍,站丁必须随叫随到,以听差派。"以上所述,关于大孤山站额设站丁数量是准确的,关于驿卒、站丁的叙述存在概念模糊之误,额设站丁依靠随缺地生活,并不享受俸禄。其他具体生动的描述,应该是来源于生活,大致样貌不会相差很远。该文物志还记录了站丁后裔的口述内容。大孤山榆树林子站丁后裔刘庆林老人讲述:"驿站不分昼夜,备有十二匹快马,拴在墙外铁环上。当去往京师的信使从大孤山东岭骑马驰来时,对营房驿卒高喊:本差送的是哪一段的'奏章'。驿卒听见喊声,便立即从铁环上解下缰绳,把马牵至驿道上等候。信使至,驿卒侍候信使换上灰兔马,谓之'换马不换人'。随后,驿卒把信使的坐骑缰绳绕在马脖子上,此马便顺原路返回上站。沿途走村串街,旗人、民人都不敢擅自牵拢。驿马的铃、鞍、镫等,均与民用马匹不同,都是京师统一制作发

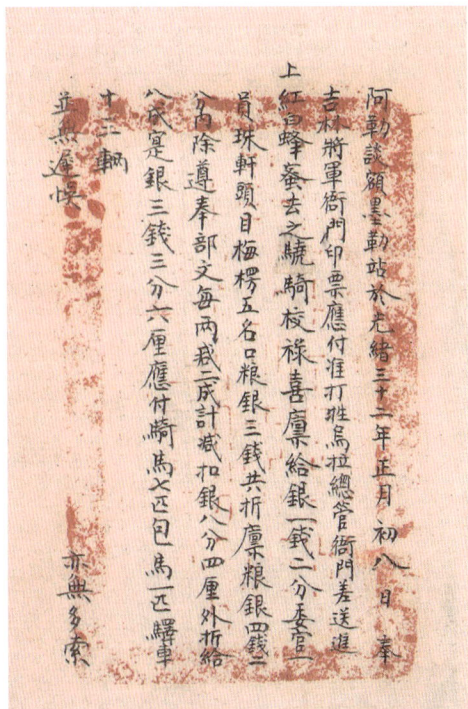

光绪三十二年(1906)正月初八日,阿勒谈额墨勒站印花

放的。马镫顶部呈龙头状，多为'七眼含珠'或'九眼含珠'，以铜制成'或克银丝'。当时规定，一般跑马传送奏章，三百里为一程；若插有鸡毛为急件，定五、六百里为一程。信使跑完一程，方可下马歇息。信使皆帽系红缨，身穿战裙，腰别大牌，背负奏章封筒。封筒用鹿皮制成，外刷桐油，以防雨雪。胸前挂有食物袋，可随时取用。"刘庆林老人的这段口述，可以肯定其中夹杂着一些戏剧成分，显然不够准确。但是，清朝时确实有传送军情急报的专差，一路换马不换人。雅克萨之战进京传送捷报的信使，十一天飞驰近五千里，就是这种情况。还有一位站丁后裔张庆麟老人，接受采访的时候已经82岁了。他讲了这样一件事："清同治三年秋，阿勒谈额墨勒站曾吃过'钦案官司'。在距驿站西三华里处杨树河子岭，曾有大宗俸银被劫，即当时惊动朝廷的'劫皇纲'事件。为此，京师镖局奉旨派两名'常匹（密探）'来阿勒谈额墨勒站办理钦案。在驿站的帮助下，明察暗访，终于在皮子窝船口（现大连附近）将杨三、杨四两名外逃首犯逮捕送京。当时从京师至吉林各驿站流传着'易过山海关，难过大孤山'之说。"这个口述内容戏剧性更强，杂糅小说、戏剧情节附会的痕迹非常明显，但应该不是空穴来风，也许有一定的历史真实在其中。无论如何，这两段来自20世纪80年代的口述史料，非常珍贵，故原文收录于此，以免为时光湮灭。

康熙二十一年（1682）三月，康熙皇帝第一次来吉林。十七日从辽宁兴京永陵北上，进入盛京大围场，一路一边行围，一边向着吉林进发，一直到二十日到达大孤山，才彻底从围场出来，走上"大御道"。细算起来，康熙皇帝一行自十七日至二十日，用了4天时间，横穿盛京大围场，经过铁岭、开原、西丰、东辽、东丰等一些当年人烟罕至的地域，来到大孤山。据《康熙起居注》记载："二十日戊辰。上行围射殪一虎。上驻跸阿尔滩讷门地方。是日，驻防乌拉地方将军巴海以下官员来朝。"康熙皇帝前一天驻跸夸兰河地方（今东辽县境内），在从夸兰河向大孤山进发途中，又行围射猎一只老虎。已经移治吉林乌拉的宁古塔将军巴海，率领二百名八旗精锐来到大孤山接驾，受到康熙皇帝的接见。据《扈从东巡日录》记载："戊辰，驻跸阿尔滩讷门，由开原至乌拉驿道也。自嘉祜禅至此，罕有人径。地湫湿，黑壤，落叶积雪穷年相仍，渐成淤泥。深者二三尺，浅者尺余。两山积水沉滞不流，色如铁锈，溅衣则赤，土人谓之红锈水。山谷之间淀水渟潴，积草凝尘、积尘生草，新者上浮水际，腐者退入淤泥。游根牵惹，累累成墩。马踏其上则不陷，失足则堕水。下马步行，庶免蹉跌。土人谓之'塔儿头'。"因为这一天行走的路线仍然是在围场之中，道路依然泥泞难行。从兴京永陵出发经嘉祜禅至此，一直穿行在大围场之中。山谷之中罕有人径，地势低洼，泡沼散落。落叶和积雪多年相互堆叠浸淫，形成了泡沼淤泥，深的地方有二三尺，浅的也有一尺多。淤泥造成积水沉滞不流，色如铁锈，衣服溅上变成红色，当地人形象地称之为"红锈水"。山谷沼泽中随处可见长满草的塔头，人最好牵马踩着草墩而行，这样能避免人、马跌倒落水。有趣的是，高士奇不改书生究根问底的本色，竟然对塔头墩的形成机理进行了深入研究，并进行了生动的描述。他的"山谷之间淀水渟潴，积草凝尘、积尘生草，新者上浮水际，腐者退入淤泥。游根牵惹，累累成墩"之描述，已经达到了科学研究的水平。在同时代人当中，他可能是第一个将东北沼泽地里的塔头墩说得如此清楚明白的人。就在这天,康熙皇帝给太皇太后、皇太后写信说:"臣虽屡有奏章,言未尽意。京师地暖,时届春深,遥知圣体康和,圣情嘉悦,臣心殊为欣慰也。专此恭请万安。"

　　清代流人无论是流放吉林乌拉、伯都讷、宁古塔、卜奎哪个去处,都要在盛京将军拨派的八旗兵押解之下,先由吉林西路驿路到达吉林乌拉,再踏上去往更为边远地方的驿路。因此,这些流人都要经过大孤山站,有感而发时,便会诉诸笔端,留下诗文。方式济受著名文字狱《南山集》案牵连,康熙五十二年(1713)携妻随父亲方登峄流徙卜奎,康熙五十六年(1717)卒于戍所,年仅42岁。其平生诗作收录于《陆塘诗稿》《出关诗》各一卷。《出关诗》之中收录了三首作于大孤山的诗。一首题为《大姑山》:"大姑山对小姑山,百里烟光两翠鬟。明月下山天似水,峭帆疑挂碧湖湾。"这是一首写景诗作,因为大孤山南15公里左右即小孤山,均为平地之上突兀崛起的山峰,所以才称为"孤山"。由是两孤山之间为平畴沃野,并无连绵山岭的遮掩,"百里烟光"一览无余,两山兀立平野,好似妇人头上的"翠鬟"。而月夜之下,苍天似水,两山又好像挺峭的船帆起伏于一湾碧水之上。另一首题为《小姑山赠乡僧志胜》:"乡音惊远塞,飘笠问奇踪。九域宁无土,何年来此峰。姓名销浩劫,岁月付疏钟。同是辞根叶,莲花胜断蓬。"从诗意来看,作者是在小孤山惊闻乡音,遇到来自家乡的僧人。一番攀谈之下,了解了志胜师傅也是患难之人。都是背井离乡的苦命人,自然会有唏嘘感慨。大概志胜的境遇在某些方面比方式济要好上一点,所以才感慨"莲花胜断蓬"。其实,都是"辞根离叶",好又能好到哪里?不过"五十步"与"百步"耳!另外一首题为《小姑庙》:"密林斜磴夕烟霏,玉女明珰敞不扉。梦里鄱湖碧千顷,一从沦谪几时归。"作者家乡有小姑庙,此诗不过是借用小孤山上的庙为抒情载体,抒发自己的思乡之情。《柳边纪略》中有一首题为《孤山道中》的诗:"小夹河边白日寒,大孤山下路漫漫。波萝叶落云还黑,塔子头烧雪未干。渴向毡墙分乳酪,饥随猎马割獐肝。中原生长何曾惯,处处伤心掩泪看。"杨宾去宁古塔时,是十月二十一日在吉林乌拉乘车过松花江,江水已经结冰。他过大孤山的时间,应该在十月十六日前后,所写景色与这个时间相吻合。农历十月,树叶差不多都落下来了,那时候东北下雪比较早,所以会有"塔子头烧雪未干"的情况出现。从下半阕四句看,似乎写的不是杨宾自己,说"中原生长"而不是"江南生长",可能另有其人。不过,不管诗文书写的对象是谁,反映出来的思想情绪终不会改变。大孤山,也就这样随着方式济、杨宾们的笔墨,投射到历史文化底色之上。

(六)赫尔苏站

　　赫尔苏站是西路驿站中唯一一个现今已经寻觅不到踪迹的驿站,因为其站址已经淹没在水下了。在今四平市正东45公里的地方,有一座水光潋滟的水库,名为二龙湖。当年的赫尔苏驿站,如今就沉睡在二龙湖水下。赫尔苏是满语音译,意为"盐水里生长的草"。此名来自赫尔苏河,也写作克尔素河、黑尔苏河,吴兆骞写作黑儿逊河。这条河,就是今天的东辽河。《汉书·地理志·水道图说》指东辽河为南苏水,明代称艾河。清代将上游河段(柳条新边以南)称赫尔苏河,下游河段(柳条新边以北)称为东辽河。赫尔苏站实际设立在古城旧址上,有学者认为这座古城即南苏城,亦在此备为一说。南苏城曾为高句丽所据,一度成为高句丽与唐朝大军对垒的前线。《资治通鉴·唐纪十七》记载:乾封二年,"侃(高侃)进至金山,与高丽战,不利,高丽乘胜逐北,仁贵引兵横击之。大破高丽,斩首五万余级,拔南苏、木底(今辽宁省新宾满族自治县木奇镇)、苍岩(今辽宁省清原满族自治县红透山镇山城,另有通化市南之说)三城,与泉男生军合"。这段记载说的是乾封元年(666)高句丽盖苏文死后,其长子泉男生与次子泉男建发生内讧,泉男生向唐朝求救,唐发兵征伐高句丽的事情。文中提到的"南苏",就是南苏城。薛仁贵就是携乾封二年(667)拔除南苏、木底、苍岩之威势,于总章元年(668)

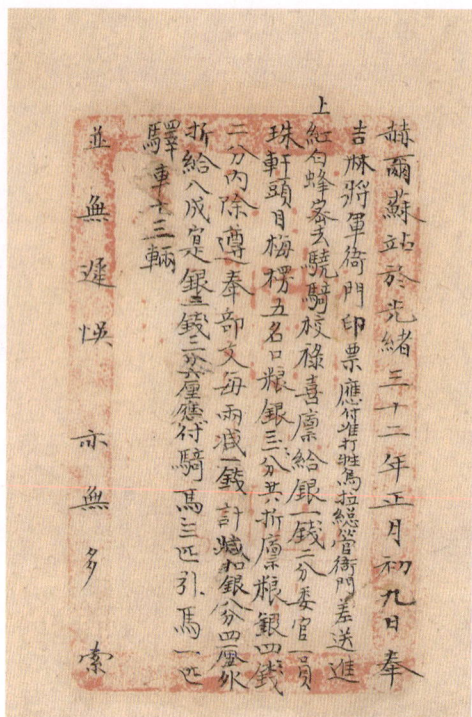

光绪三十二年(1906)正月初九日,赫尔苏站印花

"乘胜将三千人将攻扶余城,诸将以其兵少,止之。仁贵曰:'兵不必多,顾用之何如耳。'遂为前锋以进,与高丽战,大破之,杀获万余人,遂拔扶余城。扶余川中四十馀城皆望风请服。"明代嘉靖年间,海西女真扈伦四部之叶赫部定居于叶赫河畔,赫尔苏城成为叶赫部的重要城寨。万历四十一年(1613),努尔哈赤灭掉乌拉部,叶赫部收留了乌拉部国主布占泰。努尔哈赤三次遣人索要均被拒绝,遂发兵进攻叶赫部。努尔哈赤大军横扫叶赫部包括赫尔苏城在内大小城寨19处,尽焚其房舍、粮储,收编降众300户带回。

据《西路关防处呈造所属各驿分布细册》记载,赫尔苏站东至头道沟西三十里,由头道沟西至大孤山三十里,共六十里;西至十里堡四十二里,由十里堡至叶赫站四十三里,共计八十五里;南至围边二十里,北至边门四十五里。赫尔苏站原额设笔帖式一员,领催委官一员,站丁三十七名;驿马三十七匹,驿牛三十七头。光绪十四年(1888)吉林将军铭安奏请,吉林驿站添设站丁,赫尔苏站增丁八名,驿马、驿牛增加数量与站丁增数相同。此后,一直保持额设笔帖式一员,领催委官一员,站丁四十五名。驿马四十五匹,驿牛四十五头。吉林省档案馆保存着一份咸丰八年(1858)三月初七日,赫尔苏站请指委一人暂充拨什库差使的申文,文中说:"于本月初一日,据本站拨什库银俭声称,伊由省赴站偶患风痰之症,半身不能动转等语。据此,查该拨什库实系染患风痰病症,碍难支持膽差,是以恳请赏假一月,令其回家调治,候病愈时即行赴站膽差。其拨什库差务,请由职站十家长韩希冉、张安二人内指委一人,暂充拨什库差使之处,实为恩便。为此具呈。"由此看出,驿站笔帖式对于站内暂充拨什库人选有一定的建议权,但没有决定权。光绪三十二年(1906)统计,赫尔苏站管下七户,成年男性1437人,未成年男性304人,成年女性843人,未成年女性112人,总人口2696人,其中学童5人。据《吉林志书》记载,自乾隆三十年(1765)至嘉庆十六年(1811),赫尔苏站被旌表的妇女有:乾隆三十六年(1771)旌表,赫尔苏站壮丁李朝宾之妻李氏,同站壮丁李朝臣之妻李氏;乾隆四十五年(1780)旌表,赫尔苏站壮丁赵喜会之妻马氏;嘉庆五年(1800)旌表,赫尔苏站壮丁李肇祥之妻刘氏;嘉庆七年(1802)旌表,赫尔苏站壮丁韩连之妻郭氏;嘉庆十五年(1810)旌表,赫尔苏站壮丁王云公之妻张氏。共计6人。与西路其他各站旌表人数相比较,搜登站5人,伊勒门站10人,苏瓦延站4人,伊巴丹站9人,大孤山站4人,赫尔苏站被旌表的妇女人数虽不算多,可也不算少。在不到50年的时间里,就有6位妇女在不到30岁的时候就失去了身为站丁的丈夫,而被旌表的时候已经年过50岁了。这是一个额设站丁45人的驿站,比例确实不算低,说明赫尔苏站站丁境遇比较差。

现存有关赫尔苏站的历史档案中,有一份请求改换牛地执照的呈文:"呈为请领改换执照事。今据十家长张安回称,兹有养牛壮丁徐思魁接养官牛一条,当差二十七年,身体残疾,不能顾赡差使,恳祈除退等因。又壮丁徐思先接养官牛一条,当差三十八年,家无余丁,不能顾赡差使,恳祈除退等因。又壮丁张和接养官牛一条,当差十五年,家计贫苦,不能充当壮丁差使,恳请除退各等情。准令壮丁徐思魁将牛地一并执照退出,派令壮丁张凤舟接领;徐思先将牛地执照一并退出,派令壮丁李桐接领;张和将牛地一并执照退出,派令壮丁李文学接领。惟有执照相应照谕呈请改换名姓,再行分给。除将壮丁徐思魁、徐思先、张和等退牛情形,一并执照三张,声明前去。为此具呈。"这份呈文是咸丰八年(1858)正月二十六日,由赫尔苏站具呈。从呈文内容来看,赫尔苏站有三位站丁请求退出,并且已经得到了站方许可。退出的原因,徐思魁和徐思先情况差不多,都是年老体衰,不再胜任站丁工作。徐思魁当差27年,身体还有残疾,干不动了。而徐思先当差38年,年龄大概也接近60岁了,确实不太适合继续充任站丁。只是张和的原因有点令人不大理解,从当差15年的时间看,他应该还在年富力强的时候,是因为"家计贫穷",而请求退出。从这个退出理由看,当时驿站站丁来去已经比较自由了,似乎只要自己不想干了,随便找个理由就可以退出。而"家计贫穷"的理由,奇怪之处在于,似乎没有一定家底的人难以充任站丁,换句话说,就是站丁这个活计不是养家糊口的手段,而是需要自己倒贴的奉献。如若这样,谁愿意充任站丁呢?可从呈文同时报请接领壮丁的情况看,找人充任站丁并不是很困难的事情。由此看来,这个理由显然不合常理。很有可能是别有隐情,驿站呈文真的是随便找了一个理由说说而已。从呈文看,这类事情可能驿站自己就能够做主,只是牛地执照更换人名需要相关部门办理,只要一份呈文就可以了。

咸丰八年(1858),赫尔苏站还发生了一起租佃纠纷事件。赫尔苏站吉祥寺的香火地亩,原来由民人张宣耕种。咸丰七年(1857)十二月十五日,吉林寺住持明宣到驿站呈诉,张宣租种香火地租期已到，但是拖欠租粮不交，还不让寺庙另租别的佃户。驿站根据明宣的呈诉，派人传唤张宣进行调解。张宣不但不听传唤，还有一个苏姓亲戚为他帮腔，手持鸟枪吓唬、驱逐前去传唤的官人。驿站笔帖式了解到吉祥寺住持是个残疾人，不能自己走路。无奈之下，只好把明宣的原呈附入封筒，行文就近移送伊通巡检，请伊通巡检衙门调查裁决。咸丰八年（1858）正月二十九日，接到了伊通巡检的移文，说伊通巡检衙门接到驿站申文以后，立即差传被告人张宣到案，可是原告明宣迟迟没有到案。当时已经到了年底，就将张宣饬保放回屯里过年。到了正月二十一日，伊通巡检衙门再次差传原、被告双方，明宣仍然没有到案。此时已是初春冰雪开化了，为避免耽误农事，便只传唤了张宣。张宣供称，他租种吉祥寺庙香火地已经几十年了，租粮升合未欠。只是上年大旱减收，拖欠租粮元豆一石，谷子四斗，小租钱十六吊，并有以前欠钱三吊有零。恳求姑且宽限，回屯如数交还，这些地还要租种一年。考虑到张宣是租种几十年的租户，伊通巡检衙门裁定，让张宣回屯交租种地，到年底再另行租地，光明正大地搬家走人。况且，这个时候也不宜夺佃换人。因此，伊通巡检衙门给驿站行文，请驿站追令张宣交租，照旧种地。驿站按照伊通巡检衙门的要求，传明宣和张宣来到驿站公所进行调处。可是，明宣却说，年前十一月间，张宣到庙里说不再租种了，明宣才告知经理庙事的乡约惠士德、旗人苏新春、站丁徐美等人另行招佃，而且在正月十一日经管庙事的这些人，已经将地转租给民人宋文礼承种，也签订了契约。驿站又向乡约惠士德进行了调查，证明明宣所说乃是实情。驿站考虑到，巡检衙门已经讯明张宣拖欠租粮、钱文，并裁定宽令张宣回屯如数交还，将地再种一年；而经理庙事的人等，已经将地另行转佃了，便饬令乡约等与双方调处，分种香火地。想不到，张宣坚决不同意分种，而明宣也让他的师兄明一到省城，在理事同知衙门提起了控告。理事同知衙门对控案还没有进行质讯，张宣却强行对香火地进行了耕种。所以，驿站再次向上申文汇报情况，并要求对苏姓民人持枪恐吓官人的事情进行调查，对张宣欺压残疾住持明宣的事情进行处理。因为只有一份申文，我们无从得知最后的处理情况。从申文所述事情经过看，张宣显然是一个刁民，欺软怕硬。而驿站承担着处理民事纠纷的责任，但是强制力显然不强，手段也比较软弱。

清代在赫尔苏地方，除了赫尔苏驿站之外，还另有重要机构设置。也就是在康熙二十年（1681）完成的柳条新边，自辽宁省开原威远堡向北经今四平市、伊通县、长春市九台区到舒兰市亮甲山，全长345公里。设有四个边门，自南向北分别为布尔图库边门、赫尔苏边门、伊通边门和法特哈边门。赫尔苏边门，在今四平市铁西区孟家岭镇赫尔苏门满族村北耕地中，东距东辽河300米，南距赫尔苏门满族村800米，北距蔡家镇大榆树村三间房屯1000米，赫尔苏门满族村至蔡家镇乡路从边门遗址中间穿过。赫尔苏站和赫尔苏边门都在东辽河岸边，赫尔苏站在东辽河东岸，其北上20余公里东辽河上游西岸为赫尔苏边门。据《吉林志书》记载："吉林地方共有边门四座，内有三边门各属七台，其余一边门所属八台，共台二十九座，俱系康熙二十年设立。每边门各有防御一员、笔帖式一员管辖外，各有吉林移驻旗兵二十名。每边门各有总理领催一名，每台领催各一名，台丁各一百五十名。兵系看守边门，盘查出入。台丁系充当拴边、挖壕差使。"赫尔苏边门领八座边台,边内系吉林所属,边外系蒙古族游牧地。边门防御、笔帖式各一员,额兵二十名,其中领催一名,披甲十九名。据《吉林通志》记载:赫尔苏"边门设于狭隘之山间,为监视货物出入之所"。确实如此,赫尔苏边门当年是出入盛京围场和吉林围场的必经之路,边门仅能容一辆大车通过。经考古发掘,发现遗址现存边门、兵丁房、大老爷府、二老爷府、老爷庙、水井等建筑基址遗存。另外,赫尔苏还设有盛京围场的管理机构。盛京围场地界辽阔,南北480余里,南至当时沙河尔郎头南的三通河(也称三屯河或三统河),北至阿机格色合勒北的义通河(今伊通河);东西490余里,东至辉发城,西至开原威远堡边门;东南至西北510余里,东南从骆驼碰子起,西北至三因哈达交界的西北封堆;西南至东北520余里,西南从英额边门起,东北至色珠翰阿林。设有十二处卡伦分布在围场四周。每处官一员,领兵二十名,严密巡缉。卡伦设南北监督,据《盛京典制备考》记载,西半拉河监督辖南六台,包括蒙古霍落(蒙古伙落)、台必拉、西半拉河、大荒沟、土口子、梅河(梅河勒夫勒)六处卡伦;赫尔苏(赫尔东)监督辖北六台,包括双榆树、赫尔苏、归勒合、孤山河、那丹伯、大沙河。

　　赫尔苏站所在的赫尔苏城,西临东辽河,北依二龙山,山形水势相得益彰,是当年伊通州至开原城之要冲。伊通地方史料介绍,当年赫尔苏城主街呈东西向,长约1.5公里,有商号30余家,建有龙泉庙、吉祥寺、关帝庙三座庙宇,还有天主教堂。每逢赶集时候,也是熙熙攘攘,商贾云集,一派繁华热闹景象。良好的自然禀赋与所处通衢要冲之地理位置相结合,使得赫尔苏城一时成为富庶之地,不但吸引了众多闯关东的流民聚集,也引来了沙俄强盗的觊觎。据《伊通县志》记载,光绪二十六年(1900),沙俄兵侵入吉林境域,盘桓于伊通州、赫尔苏城、小孤山、火石岭一带,烧杀抢掠,无恶不作。光绪二十九年(1903),清朝设立赫尔苏分州,置州同一员,隶属于伊通州。光绪三十二年(1906)三月,沙俄兵再次侵入赫尔苏,大肆抢劫掠夺,造成民间120万吊的经济损失。据《中国东北史》记载:"1907年5月,又有赫尔苏站丁徐廷良、冯海春等15人联名向俄方提出索赔要求。他们义愤地指出:1905年2月俄军败退'境内,丛蜂四野,云集乡屯,布阵后路,接济前敌,贩运粮草,肆行扰掠,半载盘踞,不堪蹂躏。田地挖立道壕,房屋多被拆毁'。致使'民竟几不聊生,因而废时失业,逃遁远乡'。战后灾民回故土,皆无法生计,于是将损失'册报在案,曾经交涉局与俄官会议,按物估准价值',共74万余吊,呈报两次'计今二载,盼望无期',为此,他们第三次向俄方提出索赔要求,据理力争。"当然,在清末积贫积弱的情况下,提多少次索赔要求也是枉然。1942年,日本侵略者为了掠夺农业资源,大规模开发松辽平原的水田建设,在孤家子平原大面积种植水稻,因而决定修建二龙湖水库。当时伪满洲国当局,采取了野蛮手段,将赫尔苏城居民驱离家园后,直接将赫尔苏城淹没于水下。如今,只有在水库水位下降时,人们才能看到赫尔苏庙台等古建筑遗址。

　　康熙二十年(1681),吴兆骞过赫尔苏站,作《黑儿逊河眺望》诗:"长河滩难涉,歇马暂踌躇。地隔三寒外,人看万死余。沙阴低远幕,草色上征车。窜逐前贤事,飘蓬愧未如。"

不过，最能反映赫尔苏地方深厚历史文化底蕴的，还得是"二龙古城"。据《吉林省志·文物志》记载："二龙城，战国城址。位于梨树县石岭乡(1991年撤销，所辖行政区域划入石岭镇，2005年石岭镇划归四平市铁东区管辖)二龙山村北1.5公里岗阜上，被半月形吉林哈达岭余脉环抱。"经考古发掘发现，二龙湖古城址平面呈正方形，面积4万余平方米，周长700余米，城墙由黄土夹砂石堆砌而成。城内有角楼和瓮城，北部正中有夯土高台。发掘清理出圆角方形浅穴式房址16处，东西走向顺着城墙整齐排列，靠近城墙处挖有排水沟。个别房屋居住面上，不但出土了兵器、马器，还出土了一些生产、生活用品和工具，甚至还发现了许多女人化妆用的六边形色棒。房址内有凸起的长方形灶台，以废弃的陶釜为灶门，以陶管为烟囱。房屋形制与中原房屋相似，其中一处面积较大的房屋遗

清同治十三年(1874)铸造的赫尔苏驿站的铸铁大钟(现保存在伊通满族博物馆内)

址，屋子中间地面还有两个柱洞，为隔离房间的间柱柱洞，说明当时人们居住的房屋已经出现了"套间"。出土遗物大多是战国时期典型器物，如内戈式铁镰形制与河北省兴隆县战国矿冶遗址出土的双镰相同，其中一件内戈式铁镰上有燕国铭文"右止"二字。城内东南角地层堆积的第五层为筑城前当地土著文化堆积，这种土著文化遗存与古城墙之间的叠压关系，证明筑城前此地已有人居住。出土文物证明，这座古城在二千多年前曾有士兵驻扎。专家推断，该古城是燕国向北突进时，设立的军事边堡。也就是说，这座古城是秦开却胡千里后，为镇守边陲而在东辽河西岸修筑的军事营堡。另外，通过勘察和发掘，发现这座边城曾经有过繁荣景象，推测这里后来可能是燕国的一个县城。无论如何，战国时期燕文化流布已经到达这里，这是确定无疑的。二龙古城的发现，将燕国在东北的控制边界又向北推进了将近一个纬度，约100公里。二龙古城的存在表明，早在战国时期，燕国的实际管辖就覆盖到了这里，中原文化在这里盘了一个不大不小的"中国结"。作为汉民族开发东北的重要历史见证，2001年，二龙湖古城址被国务院公布为全国重点文物保护单位。赫尔苏站虽然已经淹没于水下，但幸运的是，遗留下来了一口生铁大钟。《吉林邮驿》所载照片显示，大钟整体形态似牵牛花状，顶部为猴形钟钮，四面凸铸铭文和装饰图案，重约150公斤，铸于同治十三年(1874)。铭文为："吉林赫尔苏站旗民三项人等，施舍生铁铸钟一口，重三百余斤。"这口大钟，是赫尔苏站现今唯一的遗物。

（七）叶赫站

叶赫站原址，在今四平市铁东区叶赫满族镇中心小学校院内。据1984年以内部资料出版的《梨树县文物志》介绍，驿站由驿站公所、营房、马厩三部分组成。站址西侧60米，为营房旧址，原为前后各7间青砖瓦房，外筑围墙，驻兵丁30名。马厩旧址与营房隔道相望，"现存青砖鱼鳞瓦房3间，东西长10米，南北宽6米。室内原供奉狐黄二仙，中间原为方形门洞，现已砌死。此建筑保存尚好，当地人呼之为旗官房子"。南约10米处，原有青砖瓦房5间，亦属马厩。周围亦筑围墙，内贮旗官草堆数个，饲养马二百余匹，今已无存。据《西路关防处呈造所属各驿分布细册》记载，叶赫站东至十里堡四十三里，由十里堡至赫尔苏站四十二里，共计八十五里；西至杨木林子二十五里，由杨木林子至蒙古和罗站二十五里，共计五十里；南至奉界围边（即盛京围场边界，亦为当年伊通州与奉天府的边界）十二里，北至布尔图库边门三十五里。叶赫站原额设笔帖式一员，领催委官一员，站丁三十七名。驿马三十七匹，驿牛三十七头。光绪十四年（1888）吉林将军铭安奏请，吉林驿站添设站丁，叶赫站增丁八名，驿马、驿牛增加数量与站丁增数相同。此后，一直保持额设笔帖式一员，领催委官一员，站丁四十五名；驿马四十五匹，驿牛四十五头。光绪三十二年（1906）统计，叶赫站管下22户，成年男性1696人，未成年男性548人，成年女性883人，未成年女性416人，总人口3543人，其中学童20人。据《吉林志书》记载，自乾隆三十年（1765）至嘉庆十六年（1811），叶赫站被旌表的妇女有：乾隆三十年（1765）旌表，叶赫站壮丁蔡慎之妻周氏；乾隆五十三年

叶赫站旧址，位于今四平市叶赫镇

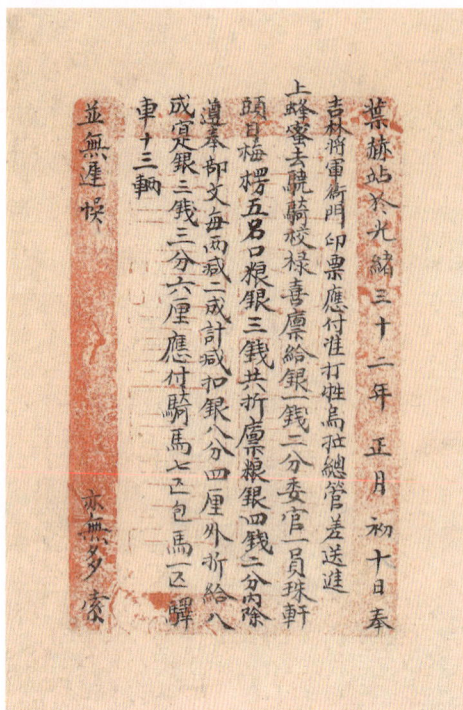

光绪三十二年(1906)正月初十日,叶赫站印花

(1788)旌表,叶赫站壮丁王瑞之妻孙氏;乾隆六十年(1795)旌表,叶赫站壮丁李桐之妻刘氏。总计旌表3人,为西路驿站之中数量最少者,说明站丁境遇相对较好。查阅档案史料,并未发现叶赫站站丁遇到危险的记载,只有一则关于狗惊驿马导致传送迟误的说明。同治九年(1870)九月十九日子时末刻(约深夜一点钟),叶赫站接到蒙古和罗站送来公文,即派站丁张勤送往赫尔苏站。但是,十九日早晨,张勤所乘的驿马自己跑回驿站,马鞍摔碎了。驿站立即派人沿驿路寻找,途中遇到张勤。张勤说,他递送公文行进到横道河地方,突然有狗冲出扑咬,驿马受惊将他掀落马背,摔伤左腿,惊马远遁。为尽快将公文送达,张勤便徒步去往赫尔苏站,于十九日卯时末刻(约早上七点钟)到达。核计除应送时刻外,迟误六刻。为此,叶赫站笔帖式穆腾额、领催委官成万春专门呈文说明,留下了历史档案。

历史档案中有一则叶赫站为清查民佃站地的呈文,反映出当时驿站站地管理粗放,利益被民佃蚕食而不觉的历史实际。呈文形成于光绪二十九年(1903)十二月。文中说,站中随牛官地是嘉庆年间奉旨赏给站丁的随缺牛地。按规定,民典站地十年已满,照相邻地块减两成纳租。有私自典出者,查出入官,历年办理情况都记录在案。但是,积年历久,水冲沙压,移丘换段以后,佃民反倒成了地主。驿站官员也不知换了多少任,没人举报谁也不会去查究。结果导致多年来官地亏短,牛丁食粮为数不足。这年春天按照上级要求清查丈量官地,当勘查到站西北坐落于黄土碱场的牛丁地时,共查出二十垧零九亩。原来系民人郑季邦租佃,查阅地册早已超过租佃期限,但是没有报告。到光绪二十六年(1900)转租秦德耕种,每年上纳官粮三十三石七斗,经郑季邦分给重牛丁名下,仅十四石三斗,其余十九石四斗连年被其吞没。现在被驿站查究,没有任何凭据,郑季邦声称原来是他的先人承种,他不知道底细,甘愿退还官地牛丁食租,只求不治罪过。驿站随即将此地另招佃户,并且将郑季邦退佃情形录取了口供,存站备查。另外,站西杨木林子坐落北河崴子站地,共查出二十六垧七亩六分,原佃户刘文焕经查也早已期满未报,其后人刘桂森转佃宋文功承种,每年纳粮五十石一斗,连年经理食租。当经问宋文功,仅分与众牛丁名下二十四石九斗九升,其余二十五石一斗一升也是连年收到自己名下。还有押契小数钱六百吊,当时没来得及追查去向。后来,驿站将佃户宋文功与刘家收租代理人郑财传唤到站,究查郑财有无确实凭据如此收租?郑财声称,自己是刘家雇工,只知道收粮,不知道还有别的情况。本应进一步讯问刘家,只是刘家居于城里,路途窎远,不便传唤到站。刘家这一年原本要收入自己名下的余粮二十五石有余,直接扣下分给众丁以弥补不足,驿站与宋佃户另立租契。驿站提出,刘家连年贪墨租粮,已经累计相当大的数量。如果甘心退还则既往不咎,如果纠缠不清则要送官查追。就这两件站地租佃积年失察情况及处理结果,驿站笔帖式专门形成了这份呈文,向上级做了详细汇报。这份汇报呈文也作为档案留存下来,我们才得以窥见驿站官地管理混乱之一斑。

光绪三十二年(1906)闰四月初一日,西路关防处给吉林将军上呈禀文,请示查报丁户熟地事宜。今天看来,这份禀文的重要价值并不是关于查报丁户熟地的事情,而是真实反映了当年沙俄军队在叶赫一带为害之烈。禀文首先陈述了叶赫站笔帖式文清、领催委官贡清林汇报的情况:叶赫站原本按照上级命令,催促丁户查报熟地,给照升科。怎奈,叶赫站属地上年俄兵屯扎数月,扰乱已极,丁民背井离乡。至今熟地半多荒芜,房间半多拆毁,丁民半未归业。情因驻守俄兵一千余,至今未退,不时赴乡掳取食物钱财,伤损人命。驿站常常会请求俄军官禁止,但空有其言,不见实效,反为害更重。站西莲花街一带,荒草满地。站东火石岭街西玉石俱焚,非他处可比。上年要求详查丁民荒熟地亩,造册奏请升科,理应按期完成。但是看到丁民苦难情状,已经西五站据情恳请缓报,且得到了前任将军的批示:禀悉。查伊巴丹迤西等站,因俄兵未退,遽难查报,请缓等情,尚属实在,应准暂缓,俟地方平静,速将各该站丁户地亩查勘造报,勿任借故推延等谕。按照要求,详查本站丁民抛家弃地实际情况,而回到驿站的还不到一半。可是,不久前伊通州发文,要求捐款建设学堂,无论旗民按一垧捐中钱一吊。现在熟地升科尚且难以造报,如何能够组织筹捐?驿站已经移文回覆,呈报在案。正在此期间,三月二十五日,驿站所属乡地到驿站报案:站丁李玉、民人张德富家,有俄兵夜间突然闯进张宅,逼索银元未遂,用枪刀杀人十二口,伤十五口。驿站官员到现场进行了查验,并且面见俄官进行交涉,但并未交涉出来头绪。叶赫站愤懑陈词:"似此凶暴,丁民屡遭其害,虽不逼惧,若此年复一年,丁民尚无定所,地何能耕。加以诸物昂贵,嗷嗷待哺,糊口尚难,遽令纳粮摊捐,更形苦累。值此百度维新之际,孰不欲激发天良,先其国急,奈逼逃未回,实难查办。恳请先将报到站之熟地查勘给票收租。其未归业之丁民,俟俄兵大退,陆续归业,再行随时查报。"叶赫站的请求得到了西路关防处的同意,西路关防处启禀吉林将军以后,将军批示:"据禀尚属实在情形,仰荒务总局核明办理,并行该监督知照。"将军也批准了驿站的意见。

发生于1904年至1905年的日俄战争,是列强在中国国土上进行的宰割中国的战争,清政府宣布所谓"中立",划辽河以东为战区,听任别国军队在中国国土上蹂躏。公布《两国战地及中立条章》,说"日俄两国失和用兵,朝廷轸念彼此均为友邦",不是"与中国开衅","应按局外中立之例办理"。实在是无耻之尤!也实在是怂得一塌糊涂!两个恶邻在中国领土上开战,侵犯中国主权,践踏中国河山,劫掠中国财富,屠杀中国人民……这还是友邦?这还是"不与中国开衅"?自欺欺人而已。这是中国近代史上的奇耻大辱,也是最令东北人民痛心疾首的一页历史。叶赫站站丁也如赫尔苏站站丁一样，在那个特殊的历史时段发出了自己的声音，通过索赔进行抗争。同样载于《中国东北史》："1907年叶赫站丁李香馥等9人，联名要求向俄索赔，他们理直气壮地指出：'光绪三十一年（1905），日俄接仗时，地作战场，由二月初旬盘踞九个月有余，丁民财产皆被扰掠一空，房屋拆毁，丁民自赴他乡'，战后回来屡奉军宪谕饬：'凡被战场处所毙伤人命、烧毁房屋、扰掠耕畜、抛荒地亩、遭损粮食、财物被抢，各家赶紧造册报知本管官，以备向俄员索赔'。仅李香馥等9家的损失，共计50.1万吊，而沙俄仅赔720吊，尚需赔偿50.03万多吊，死亡21人的损失尚未计算在内。可是，已造册上报二年，至今杳无音信，因此他们再次强烈提出要求索赔。"与赫尔苏站的索赔要求一样，由于清政府的腐败无能，注定不会有结果。据《中国东北史》记载，驻吉林省的俄官在承认的92件赔偿案件中，应赔中钱十九万余吊，但其实仅给中钱七千三百一十四吊五百二十文，不及应赔偿的千分之三十九。余下钱款，沙俄或拖延搪塞，或置之不理，或大耍无赖，就是不给赔偿。所以，无论是赫尔苏站徐廷良们，还是叶赫站的李香馥们，他们索赔的意义，就在于揭露了沙俄的侵略本质和丑恶嘴脸，彰显了东北人民敢于反抗的斗争精神，鲜明反讽了清政府奴颜婢膝的可耻行径，而经济上并未获得多少补偿。

叶赫站所在地方，乃海西女真扈伦四部的叶赫部居地。叶赫部出于原居松花江北岸的塔鲁木卫，始祖是兴根达尔汉，在女真部落南下的大潮之中，沿松花江逆流而上一路南行，元宣德二年（1427）南迁至开原城东北镇北关外。此地为叶赫河上游，水草繁茂、河柳丛生，盛产鱼虾，有成群的野鸭在河上游弋觅食。女真语称鸭子为"聂赫"，此河因此得名"聂赫勒河"，后演变为叶赫河，而后来的叶赫部则因河名而定部族名"叶赫"。海西女真扈伦四部中，最早被努尔哈赤灭掉的是哈达部，时间是万历三十一年（1603）；四年以后，万历三十五年（1607）辉发部覆灭；再过六年，万历四十一年（1613）乌拉部覆灭；而叶赫部则坚持到天命四年（1619），最后被努尔哈赤灭掉，这已经是哈达部覆灭16年以后了。与建州女真缠斗时间最久的叶赫部，虽然和其他三部都有种种恩怨是非，但与建州女真的恩怨情仇则浓得化不开、乱得理不清，一度是扈伦四部与建州女真争斗的"带头大哥"。叶赫部至今遗留东西两座古城遗址，分别在四平市铁东区叶赫满族镇（原属梨树县叶赫满族镇）西1公里与3公里处，隔叶赫河相望，是叶赫部历史的实际发生地。努尔哈赤攻下叶赫部以后，在怀柔政策之下，完整地接收了叶赫所属15部及所有城寨。叶赫部众被分别编入各旗，成为满洲共同体的重要组成部分，叶赫王族后人有的还成为清朝的股肱之臣。东城贝勒金台石之子德尔格勒授职三等副将，金台石之孙明珠在康熙朝14次晋升，官至太子太傅、武英殿大学士兼礼部尚书、佐领。而明珠的儿子纳兰性德名气更大，是康熙朝一等侍卫、著名词人，曾随康熙皇帝到过吉林。

叶赫部灭亡63年后，康熙皇帝东巡吉林经过叶赫，写下了《经叶赫废城》一诗："断垒生新草，空城尚野花。翠华今日幸，谷口动鸣茄。"一派写实风格，没有胜利者的睥睨姿态，倒也是颇为难得。而纳兰性德在吉林写下《满庭芳》："堠雪翻鸦，河冰跃马，惊风吹度龙堆。

阴磷夜泣,此景总堪悲。待向中宵起舞,无人处、那有村鸡。只应是,金笳暗拍,一样泪沾衣。须知今古事,棋枰胜负,翻覆如斯。叹纷纷蛮触,回首成非。剩得几行青史,斜阳下、断碣残碑。年华共,混同江水,流去几时回。"情接古今,意境苍凉,复杂的心绪中具有别样的厚重和深邃,给人留下了广阔的想象空间。72年后,乾隆皇帝东巡到了吉林,作七律《望叶赫旧墟》:"寒盟由彼义何甘,甲士当时祇十三。自是天心歆日角,几曾虎旅藉犀函。折冲底用称韩信,决策无须听耿弇。创业艰辛千古独,垂衣敢恃面临南。"相比之下,乾隆比他爷爷康熙的气度就差了一些,诗中那种浅显直白的顾盼自雄、扬扬得意之态溢于言表,气量格局终究小了一些。而杨宾的《叶赫行》,则从一个独特的视角出发,有着更为深沉、悲壮的历史感:"柳条边外九十里,叶赫河头道如砥。荒荒草没两空城,一在山腰一近水。同行塞上翁,回鞭指故宫。自云叶赫王家子,不与寻常六角同。地广兵强称大国,老城本在河东北。前代羁縻三百年,累朝赐出黄金勒。中叶参商兄弟争,操戈没羽伤同室。土地人民自此分,新城更筑南山侧。臂鹰走马刷烟冈,醉酒徵歌瓦子堂。可怜国事由宫禁,亡却新城旧亦亡。太祖恩深分左右,一门子姓皆奔走。予父犹能架海青,姓名曾著鹰坊首。鹰坊本未入鸰班,只在长杨五柞间。天潢一派从龙者,谁识王孙旧日颜。五六年来行虎脊,经过每见渐渐麦。老死风尘亦有情,能无对此飞魂魄。吾闻此语独停鞭,相呼搔首问青天。青天青天胡不言,昔之沧海今桑田。"当时光将当下流走变成了过去,那么过去就逐渐成为历史,而历史就该是任人评说的。不过,这种评说对于历史的当事者而言只是一种说法而已。

三、吉林东路驿站

吉林东路驿路,一端是清代行政建置之始的将军治地宁古塔城,一端是将军衙门移治以后的治地吉林城,其战略意义之重要自不必说。根据《柳边纪略》记载,这条驿路从康熙十六年(1677)即着手修建,康熙二十年(1681)前后修竣。开始时设置7个驿站,后又增设鄂摩和索罗站以及意气松、塔拉两个腰站,光绪七年(1881)两腰站升格为正站。至此,这条驿路驿站设置稳定在10站,即尼什哈站、额赫穆站、拉法站、退抟站、意气松站、鄂摩和索罗站、塔拉站、必尔罕必剌站、沙兰站、宁古台站,前7个驿站在今吉林省境,后3个驿站属今黑龙江省境。光绪七年(1881)在鄂摩和索罗站之南添设通沟镇站,以沟通敦化与东路的联络,应视为东路的一条支路,只有通沟镇站一个驿站,因此附于东路驿站一并记述。光绪七年(1881),吉林将军衙门曾经为修复宁古塔驿路发出一道札文,指出:"惟由省至塔各站道路难行,节节有洼塘,或一里、半里至七八里、十余里不等。隆冬冰冻之际,车马畅行毫无阻滞,一交夏令,大雨之后,山水涨发灌入洼区,既非舟楫可通,又非桥梁能渡。即编用木筏,仅可济人,而车辆马匹无从飞挽。"可见驿路交通状况很是糟糕,这条驿路上各个驿站的站丁们,日常递送公文必然很是艰难。

(一)额赫穆站

　　额赫穆站原址在今蛟河市天岗镇镇北尚仪村,原地尚存一棵大榆树。蛟河县地方志编纂委员会编纂的《蛟河县志》有载:"天岗镇历史悠久,原名'额赫穆'(满语,浑水之意)。早在明代就有女真族开发此地,曾设驿站,一直延续到民国初年。"1939年出版的伪满吉林省民生厅编纂的《吉林乡土志》则记载:天岗之名,始自1934年。"当时,因吉林铁路局鉴于额赫穆之(火车站)名称与额穆县音声相混,于事务上时生错误,更兼该地接近天岗山(俗称老虎砬子),遂将额赫穆站改为天岗山站,额赫穆村亦即同时改为天岗村。但天岗山命名之由来,土人多不详悉,只以该山昔年多藏老虎,故群呼之曰老虎砬子。近因车站改称后,始各以天岗相呼。推测天岗二字,或因山形峭壁高耸,山顶更时见乌云弥漫,上与天齐,遂有是称也。"额赫穆站初设情况无考,光绪七年(1881)吉林将军铭安等拟请改设驿站、添拨额丁奏折清单呈列:额赫穆站原设额丁十三名;牛十三头,马十三匹。今拟添拨额丁五名,马五匹,牛五头。经过这次添拨额丁,额赫穆站额丁为十八名;牛十八头,马十八匹。光绪十四年(1888),再次奏请增加额丁,额赫穆站增加额丁七名;牛七头,马七匹。至此,额赫穆站额设笔帖式一员,领催委官一员,站丁二十五名,马二十五匹,牛二十五头,并一直稳定下来。据《西路关防处呈造所属各驿分布细册》记载,额赫穆站西至江密峰四十五里,由江密峰至省城乌拉站四十五里,共计九十里;东至柳树河子六十五里,由柳树河子至拉法站十五里,共计八十里;南至土门子二十里,北至双峰岭十二里。档案资料显示,光绪三十二年(1906),"额赫穆站管下十五户,男大一百五十一丁,女大七十二口,小四十四口,共二百六十七丁口,学童九人"。东路驿站和西路驿站相比,驿站管下户数和人口数要少很多,这应该和这些驿站均处于深山老林之中有关,自然环境的恶劣必然导致人口聚集能力较差。查《吉林志书》所载,自乾隆三十年(1765)至嘉庆十六年(1811),吉林将军辖区旌表的列女,只

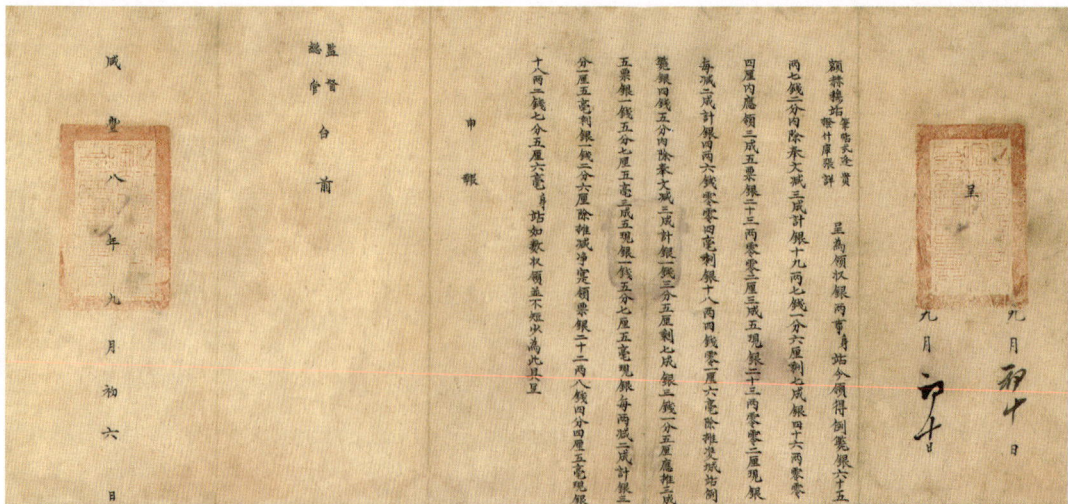

咸丰八年(1858)九月,额赫穆站笔帖式、拨什库为领收牛马倒毙银两给驿站监督、总站官的呈文

额赫穆站旧址,位于今蛟河市天岗镇尚仪村天岗大路与榆树街交会处,图为旧址上尚存的一棵大榆树

有乾隆四十三年(1778)旌表站丁张斌之妻郭氏一人。这并不是说额赫穆站站丁境遇比西路驿站站丁要好多少,而是因为驿站原本额丁数量少,管下户数更少,站丁家属并未来到驿站或者站丁根本就没有家庭,所以受到旌表的妇女才会比较少。从嘉庆十六年(1811)将近百年以后,至光绪三十二年(1906),额赫穆站管下才有15户,人口不过267人,和西路驿站规模不在一个量级上。

　　事实上,额赫穆站确实一度生存都很困难。历史档案中有一份咸丰三年(1853)额赫穆站请赏给站地周济站务的呈文,文内所述内情,着实令人同情。原来,嘉庆二十一年(1816)确定,"额赫穆站东至小孤家子屯六十五里,与拉法站接界,西至双岔河八里,与乌拉站接界"。"其额赫穆站南北近邻高山,而四面本无大段平洋,所有该站南北,即自大道为始,各给地二十里之数,永为界址。其界内除现有久居耕种旗人之外,永不准外项旗民进内私开一垄。"也就是说,当年确定,吉林东路驿路东起小孤家子屯,西至双岔河路段南北二十里范围,皆为额赫穆站养丁山场,并且"永为界址"。这样的政策规定无疑是非常优渥的,驿站日子过得还不错,所谓"是以众丁充裕,站务亦颇裕如"。但是,好景不长。道光二十三年(1843),经将军奏明,将额赫穆站大道以北的山场奉旨封禁,驿站财源顿去其半。不仅如此,原来驿站还有东路小站充公地,可以地租补贴差务,却也于道光二十六年(1846)撤归西北两路十九大站津贴差务。好在还有大道南官给山场二十里,勉力维持尚可供养站丁。想不到,道光二十七年(1847),又以大道南山场与省城山场连络,攸关风水为由,饬札严禁。而且,道光二十八年(1848)还将额赫穆站大道南之山场,作为护卫产参山场,设立卡站严加管束。如此一来,额赫穆站养丁山场全部成为封禁之地,站丁失去了生活来源,无法谋生,站务也就难以为继。额赫穆站本没有别的经济来源,全靠官给山场,砍取房木、柴薪维持站务,养活站丁。现在可好,不但将养丁山场悉数封禁,还把津贴差务的地租撤归大站,额赫穆站已经无法生存下去了。所以申诉:"朔查产参山场于道光六年前经前任将军富奏明,以色勒萨穆溪河为界,界内作为产参山场,界外仍准旗民人等砍取房木、柴薪,并设下安官,挖立封堆,封禁在案。查额赫穆站相距色勒萨穆溪河数百余里,并非与参山毗连;相距省城九十余里,与省城风水似无关碍。奈屡奉札文交卡站查禁,乃额赫穆站俱成禁山,则无空闲之地。不惟众丁樵取柴薪、房料必获违禁之咎,且举步即蹈禁地。"就这样,原本养丁的山场,现在成了累丁的禁地。无奈之下,额赫穆站站官于咸丰元年(1851)呈文,恳请减掉看山差役,而山场仍交卡界协同看管,这都登记在案。本来应该严格遵照执行,但是实际上并非如此。从以上情况看,感觉当年额赫穆站似乎被人针对,有意造成其陷于困窘之境。呈文中,额赫穆站又描述了当下的凄惨情状:"查额赫穆站除山河所占外,并无大段地土。近来生齿日繁,无地养赡,苦累之状,殊属可悯。又兼额赫穆系十三丁之小站,年前年后亦曾过兵一千名,遵札预备公馆、饭食及喂马草料,共计需费钱四百余吊,既经裁撤充公地租,又无津贴饭食银两,而丁穷站疲,可谓极矣。"然后提出近乎"哀求"的请求:"身等再四熟思,别无调济之策。惟恩监督太爷、总管老爷垂施不费之惠,代为冒恳宪恩,垂怜丁穷站疲,请将额赫穆站大道南之山场,照依嘉庆二十一年之案,赏站养丁。抑或另有调济之策。如蒙恩准,众丁得以资生,必思踊跃报效。其丁足,站务亦必充裕。身等与众丁铭心镂骨,均感鸿仁。"呈文言辞恳切、态度谦卑、情感悲切,读之令人动容,顿生无限悲悯同情之心。

同治八年(1869),额赫穆站还发生了一起官丁诉讼纠葛案。事情大体是这样的:额赫穆站丁蒋贵山到省城拦将军乘舆告状,说该站前代管拨什库张承田等侵吞站中仓粮、谷豆、牛马,被前任将军派员调查属实,交刑司审讯,饬令他们按股均摊包补。唯张承田应摊包补的份额未包。前一年的春天,额赫穆站禀请监督借放仓粮,散众丁糊口,到秋天以三分利补偿交仓。被批准以后,六月初四日札文到达驿站,而代管拨什库程万绪阻拦此事,坚决不肯开仓借粮,并未散给众丁一粒粮食。前一年的冬、春两季,站中领去草豆银三百九十两,备买草豆。不料站上豆不足几石,草不足千束,各项都不足额。冬间由站所过木车,每匹马给站钱二百文,历年收钱若干归公,亦不知作何开销。因街西头桥木已坏,又由神庙坍塌,于正月初六日经公会人等商酌,雇退丁张永发接收木车马钱,积渐备修桥梁庙宇,共收钱一百零一吊九百文,张永发经手开付桥木钱。谁知拨什库田钟灵因为没有得到木车马钱,挟嫌仗势,派人捉拿蒋贵山,要将他送案究办。于是蒋贵山逃跑到省城,才拦舆告状。将军做出批示,要求驿站监督、总站官彻查。于是,西路关防处根据蒋贵山的控告进行调查。此前,额赫穆站笔帖式额勒德布、领催委官田钟灵呈报:牛丁程万兴等呈控,站丁蒋贵山在禁山盖房开地,砍伐木植,拉运售卖,得价瓜分,招聚赌匪,在双岔河开设明局,鲸吞包赔牛价钱文等问题。驿站传蒋贵山质讯,而蒋贵山逃跑,声称进省告状,也已登记在案。因此,西路关防处将蒋贵山、程万兴等各方涉案人员一并进行过堂提讯。蒋贵山交代，他并没在禁山内砍树、开地、盖房。所拉木头，是新开荒上王佩元原来欠他的钱，用木头来还账。他雇爬犁拉出，王佩元可以证明。而他所使用的牛价钱款，是程万兴、程典等人过去从他那里借贷欠款，他直接抵扣了。他也没有在双岔河招匪、开赌放局的事情。因为听说程万兴等人在驿站把他告了，又见到驿站头目带人来抓他，一时害怕，就跑到省上去告状了。至于张承田应包谷子三十五市石，官中连年向其追缴，到底是否包赔，以及站中领去草豆银两如何使用、程万绪为何不开仓放粮、站中向拉木头车要钱等，他确实不知实情。讯问笔帖式额勒德布、领催委官田钟灵，他们诉称，驿站岁关领取草豆银两到站，都用来购买草豆，这都有账可查。购买的草束、豆料足够使马匹膘肥体壮。张承田应包仓谷，前经刑司裁断，将其房地作价，并且他还另借民地立契，均已交官按年收粮，陆续归补，业已补足。驿站确实并未向过往木车收过钱。之所以捉拿蒋贵山，是因为他被人控告，差人询拿，并无别的原因。讯问前署领催张承田，其供称应包仓谷，已经将房地作价，又借民人熟地立契，均经交官，连年归补，包项现已如数补齐，交仓不短。程万绪供称，前一年春间，本站领催委官田钟灵乞假，他被指派代署领催差使。本站笔帖式因念众丁缺乏口粮，他便列衔呈报请借仓谷，接济糊口。出陈并无息利，秋后如数收取新粮。等到批准文书到站，笔帖式因公进省，程万绪恐怕出现差错，未敢擅自放粮。后来，笔帖式回站，因为各位站丁都要借口粮，所以没有开仓放粮，并没有别的隐蔽别情。程万兴、程典共同供称，他们因为向蒋贵山讨要站中包赔牛价，而蒋贵山没给，又风闻蒋贵山在禁山砍伐木头，开地盖房，招人在双岔河开放赌局。还看见了蒋贵山拉运木头，张永发在双岔河劫车要钱。猜测蒋贵山在禁山偷砍木植，使令张永发劫车要钱分肥。现在经过审讯，才知道蒋贵山把他们的牛价抵扣了他们过去的欠债，张永发系公会安排雇其在双岔河向过往拉木车辆商捐，得钱修桥。蒋贵山有没有在双岔河放局，他们并未亲见。张永发供称，他是应本站公会雇令，在双岔河向过往拉木车辆商议，站西头桥梁已坏，希望各车无论多少，都捐献一点购买木头，以备重修桥梁，方便车辆通行。经过核查，以上涉案各方人等供称属实。最后，西路关防处裁定，牛丁程万兴、程典，因向蒋贵山讨要牛价，不知蒋贵山扣抵私债，闻风反控蒋贵山偷砍禁物，并招匪放局不实，显然有主观错误，对二人从重杖四十责惩；退丁蒋贵山被控据传，畏罪逃省，不问真伪，妄控前署领催程万绪误放仓谷，前署领催张承田应包仓谷未包，领催委官田钟灵等领取草豆银钱未备买草豆，并未得搂使木车钱文等事项，明显越级诬告，将蒋贵山照反控杖八十严加重责。以上惩处之后，交驿站严加管束。驿站笔帖式额勒德布、领催委官田钟灵，虽然没有劫车要钱的事情，但是轻信程万兴等人的呈控，不辨真伪，轻率呈报，导致蒋贵山拦舆告状，滋生讼端，是很严重的履职过失，因此将二人严加申斥，各记大过一年，期内停止升职，以示儆戒。这个打乱仗的案子还是理清了，处理得也算公允。

　　值得注意的是，这个蒋贵山倒是当年额赫穆站的一个"人物"，六年以后的光绪元年（1875），一个同样复杂的纠纷事件中，又见到了此人的身影。事情的起因是这样的：先是额赫穆站笔帖式恩隆、领催委官张馨禀报西路关防处,说站丁张承广因民人钟明刮他家的树皮,要到驿站告状。在驿站还没有调查核实的情况下,又诱使他的侄子,同为站丁的张全隆偷骑官马私传钟明。对这些情况,驿站官员均不知情。四月二十八日,钟明的姐姐周钟氏和其儿子到驿站,向马头杨勇控告张全隆私传他们的事情。当时张承广也在驿站,竟然对周钟氏破口大骂,目无法纪。杨勇立即将事情向领催委官张馨汇报,张馨正在问讯之时,原为站丁已经升授乌拉水手营领催委官张承正的妻子张程氏,闯进了驿站,咆哮公所,声言上告。委官张承正纵妻并主使他弟弟任意妄为,藐视法度,不服管束,如果不禀明惩办,只怕要助长恶劣风气,他人加以效尤。因此,要将不法之丁张承广、张全隆呈送究解。西路关防处正准备传讯涉事诸人之时,又接到了乌拉水手营领催委官张承正呈诉,说四月二十九日,他的妻子带着幼子突然慌张来找他,说二十五日民人钟明带人砍剥他家祖遗山场的树皮,被他的堂弟张承广阻拦后,钟明认错了事。想不到,二十八日,同站站丁蒋贵山凭空挑唆周钟氏,唆使张馨将程氏并张承广拘传到官,二人会审,不容分辩,将张承广鞭责一次。堂侄张全隆也在站里当差,按马头杨勇安排去传钟明,想要调解说和,硬被诬陷擅骑官马,也被鞭责。本来想张馨是驿站首领,即使问题处理得有些不大合适,也不好多生事端。加之同站站丁程听、民人周广生又来说和,他也想息事宁人。不料张馨反倒诬告他纵妻仗势控告到案。张承正也因此呈诉告状。于是,西路关防处将所有涉事人等全部传来,同堂质讯。钟明和周钟氏供称:周钟氏丈夫早逝,带幼子在娘家同住。四月二十五日,幼子喜柱上山剥取树皮,误以为张承正家山场是他们租住的房东家地界,被张承广采菜时撞见,把斧子给收去了。四月二十八日,钟氏和喜柱被驿站传去,没有什么吩咐,也就回家了。确实是因为误会,才错剥了张家的树皮。张承广供称:他是张承正的堂弟,在张承正家作佣。二十五日,民人钟明等砍剥响水河子张承正山场的树皮,他上山采菜时遇见加以阻拦。钟明当时拒不认错,他就到杨勇那里去告状了。二十七日,钟明亲自来找他认错,这事就过去了。二十八日,钟明出嫁的姐姐周钟氏,不知为何又来到驿站官房理论此事。张承广被叫到站里的时候,和她吵了几句,被驿站鞭责一次。张全隆供称:他在驿站听族叔张承广说了钟明砍剥树皮的事情。二十八日,钟明的姐姐来官房理论此事,他不知道这事已经了结,就骑马去找钟明说和此事。后来驿站查出他骑马的事情,将他鞭责一次。蒋贵山供称:四月二十八日,他在站房后看地,听官房屋里口角。只是在窗外听立,并没有和委官并列会问的事情。程听和周广生,则纯为双方调解,并无他意。见双方各不相让,也就作罢。张馨在接受质问时,承认自己过于冒失,轻率上告。而张承正则表示气愤钟明、蒋贵山无故起事,又见张馨率先上告,因此也冒失上告,触犯冒渎。西路关防处最后处理,周钟氏及其幼子喜柱,其弟钟明虽有错,但属无心,不予追究;张承广、张全隆虽有错但已被责罚,不再追究;程听、周广生无干免议;张馨处理事情既未持平允服,又且株连冒渎,本应严惩,但念其平日膺差谨慎,格外宽免,以观后效;张承正不能约束家人,理应议处,但既知愧悔,亦从宽免议。只有蒋贵山,"以无干己事,激唆讼端。既予杖责,以示薄惩,令即回屯安业。倘再不知悔改,挺身涉讼,即行送究惩治"。虽然从各方口供中,没有看出来蒋贵山到底干了些什么,但从最后的处理来看,此人就是一个无事生非的"搅屎棍",受此惩处当是不冤。在有限的历史资料中,仅有的两起纠纷事件,都有他参与其中,此人也算是"青史留名"了,只不过是个耻辱的恶名。

(二)拉法站

拉法是满语"剌伐"的音转,原意为熊。拉法站站址有旧站和新站两处。旧站位于今蛟河市拉法街道,1928年吉敦铁路在此设站,因袭拉法驿站名称。1986年以内部资料出版的《蛟河县文物志》记载:蛟河县拉法镇同心屯农民冠永年在翻修旧房时,发现一方清代木质印章。印面为楷书汉字朱文,上为横读"厢蓝旗"三字,下为竖读"拉法旧站法尔哈达"八个字,分左右两行,每行四字。印背正中有一阴刻"上"字,以标识倒正。专家考证,"法尔哈达"即满语"法尔嘎达","法尔嘎"意为族、乡党、保甲、公署之类,"达"乃头目、首领之意,故印文当为"厢蓝旗拉法旧站甲长"之意。此印捐献给了吉林市博物馆,收藏编号为1255。新站位于今蛟河市新站镇。据《蛟河县志》记载:"新站镇是蛟河县北部重镇。清同治四年(1865),废拉法旧驿站,于现址设置拉法新驿站,故简称新站。"在历史资料中,拉法还有别称。据《吉林通志》记载:"《盛京通志》作额音楚,国语异也。而清代陈梦雷编纂《古今图书集成》作额伊虎,虎亦作瑚。阿桂纂修《满洲源流考》(又称《钦定满州源流考》)有额伊瑚卫,明永乐四年置,详见沿革考。是额音楚为额伊瑚之转音,其称已旧,后改。"查《吉林通志·沿革志》:"额伊瑚卫,永乐四年置,以部长多罗为指挥,旧讹兀也吾。《盛京通志》作额音楚。按:自吉林至宁古塔路程,八十里至额赫穆站,九十里至额伊瑚站。"根据《吉林通志》的记载,拉法地方在明代为额伊瑚卫居地,因名额音楚或额伊虎。光绪七年(1881)二月,吉林将军铭安拟请改设驿站添拨站丁的奏折清单中列:"拉法站原设额丁十三名,马十三匹,牛十三头。今拟添拨额丁五名,马五匹,牛五头。"经过这次添拨额丁,拉法站额丁为十八名,马十八匹,牛十八头。光绪十四年(1888),再次奏请增加额丁,拉法站增加额丁七名,马七匹,牛七头。至此,拉法站额设笔帖式一员,领催委官一员,站丁二十五名,马二十五匹,牛二十五头,并一直稳定下来。据《西路关防处呈造所属各驿分布细册》记载,拉法站西至柳树河子十五里,由柳树河子至额赫穆站六十五里,共计八十里;东至老山梁子十八里,由老山梁子至退抟站四十五里,共计六十三里;南至小屯三十五里,北至威虎岭七十里。光绪三十二年(1906)统计,拉法站"管下六户,男大八十五人丁,小四十丁,女大四十一、小二十七口,共一百九十三丁口。学童十二人"。从总人口数量看,拉法站应该比较清冷。

光绪二十六年(1900),沙俄悍然发动对中国的全面战争,一方面参与八国联军一道行动;另一方面单独开辟"满洲"战场,沙俄侵略军分七路入侵东北。在战争中,拉法站罹受了粗暴蹂躏。在一份请款补修官房的申文中,拉法站报告:"俄兵占据官房,食用额款,剖拆墙院,焚烧档案,使用器皿,并将义仓瓦房三间、马棚三间、草棚三间、站设庙宇两所,尽数拆毁,分作柴烧。""至于今春,复将官房院内东板厢房三间,拆损无存。"沙俄侵略军驻扎在拉

拉法站旧站旧址,位于今蛟河市拉法街道拉法村旧站屯,现为民宅

拉法站新站旧址,位于今蛟河市新站镇(镇政府驻地)新站大街9号,现为吉林省长白山酒业集团有限公司

法站,对站内设施进行了粗暴破坏,竟然将驿站房舍拆掉当作烧柴。"该俄弁兵忽于九月初一日,全队开拔赴额穆索去讫。职等当即跟同公议处老总王忠举等,点验官房,现有正厅三间,前门房三间,西仓房三间,马号正房三间,西厢房三间。又查俄兵占据站外郎黄凤池住宅五间,东厢房三间,仅剩空房大架,院障拆烧。所有官房、马号、周围墙院一概皆无,窗壁不全。"从俄兵撤走以后的清点损失看,驿站设施毁去一半,而站外郎的住宅等,几乎全毁。这纯粹是强盗行径。这还仅仅是固定设施的损失,至于伤害站丁如何?"食用额款"多少?宰杀马牛多少?焚烧档案多少?毁坏器皿多少?等等。这些,在这个申文中未有反映,想来损失不会少。而光绪二十七年(1901)俄兵两次过拉法站,不但对驿站进行了侵扰,而且还祸害乡民。据吉林将军长顺为俄兵过境扰害驿站乡民事的札文所述,俄国将军保之南是克带领俄员马队五百余名、俄车一百五十余辆,由省赴双城子,于三月二十八日行抵拉法站并住宿站街。次日阴雨,住歇一天,于四月初一日去往退抟站。这伙俄兵刚走,又有西来的后尾统领阿发那什业甫,带领俄官马步炮队五百余名,俄车一百五十余辆,来到拉法站住宿。次日住歇一日,这伙统领马队俄兵竟然闯进村屯,不但抢掠粮米,强抢耕牛,还奸淫妇女,初三日离去。两起经过俄兵千余名,俄车三百余辆,四天共用谷草一万六千束,有六千束没有给草钱。这些都是村屯丁民自备谷草,就这样强行拉走还不付草钱,使得丁民无法耕种,难于糊口。沙俄侵略军为害之烈,可见一斑。

拉法站地处深山老林之中,通往上下两个邻站的驿路都要翻山过河,一到特殊季节往往难以顺畅通行。光绪二十二年(1896)三月,拉法站署笔帖式常清、领催委官薛殿文向乌拉额赫穆等站监督、副都统衔记名副都统、协领富通山呈文,说明两起公文迟误事件原因。一起发生在二月二十三日。当日申时末刻(约下午五时)拉法站接到了额赫穆站站丁黄士财送到公文共计十九件,登记落号以后,即派站丁宋振芳送往退抟站。第二天,宋振芳返回驿站,根据退抟站给付图记,收付内注二十四日辰时初一刻(约上午七时三十分)送到。计算程途里数,除去应送时间之外,迟误四个多时辰。驿站对站丁宋振芳进行了询问,宋振芳解释说,当天晚上阴天夜黑,又恰值春天开化,山上冰雪消融,道路泥泞难行。途经额勒赫河化开一半,山水汹涌不能骑马涉行,只好挨延等到天亮以后,才想办法找到别的路径绕行过去,因此迟误了公文递送的时间。就在驿站了解清楚了事情原委,准备具文呈报的时候,又一起递送公文迟误事件发生了。二十六日酉时末刻(约晚上七点钟),拉法站接到了退抟站站丁王相清送到公文共计二十二件。登记落号以后,派站丁宋振芳送往额赫穆站。也是合该这位宋振芳"倒霉",当他走到老爷岭西的时候,正赶上五道河子和六道河子山水半开,冰雪洋溢两岸,夜间还是不敢涉过。于是,又是挨延到天光放亮,另寻别径绕行通过。取回额赫穆站图记,收付内注二十七日未初初刻(约下午一时十五分)接到,核计迟误五个时辰之多。因此,常清等的呈文说:"职等维思,公文到站虽然随接随递,不敢稍涉停延,无如河冰半开,野水涌猛,东西河口皆无渡船,以致迟误文件,曷敢隐匿。是以谨将职站界内河水半开,道路泥泞,迟误公文各缘由,据实陈明,备文声报施行,等情前来。"呈文据实说明,并未往站丁身上甩锅,而驿站监督也原样呈文给兵司,兵司又给相关部门行文,这件事情就这样了结了。不过,这两起迟误公文事件对当年拉法驿站站丁行役状况之艰难是很生动的说明,而站丁宋振芳看来是个老成持重的稳妥站丁,在春天冰雪开化时节没有贸然涉水渡河,否则是很危险的。过去东北春天开化时称"跑桃花水",一个"跑"字非常形象地说明"桃花水"之浩荡凶猛。那时山上植被厚实,冬天雪大,一旦山上的积雪消融,"桃花水"汇集沟谷,水势不亚于夏季山洪暴发。不过,这样的景象现在已经很难看到了,因此对那些不了解过去东北自然生态情况的读者,也很难理解上述呈文解释的缘由,故而多说几句。

拉法在清代曾经被称为"拉法多洪",吴兆骞、方孝标诗文中都有此称谓。满语中"多洪"意为渡口,拉法多洪即拉法渡口之意。顺治十四年(1657)清朝在拉法渡口造船,为征讨沙俄入侵军队做准备。据《吉林通志》记载,最初镇守宁古塔地方昂邦章京沙尔虎达上报密件称:"以臣之见,于盛京以东之拉发渡口,今年建造战船二十只,加之现有宁古塔兵四百四十名,将军炮二十门,朝鲜鸟枪兵三百名,若蒙部议补为一千兵,则臣请率兵出征,于来年沿松花江而下,寻罗刹,遇则招抚之,不能招抚,则可战之。"二月三十日顺治帝敕谕兵部:镇守宁古塔地方昂邦章京沙尔虎达奏请建造战船以征讨罗刹一案,由议政王大臣等议奏后,俱经谕允。多罗贝勒杜兰等在《为派员至拉发渡口建造战船事题本》中,提出:"臣等钦遵谕旨会议得,在拉发渡口造船,凡所需木匠、匠役及各种物料等项,可交工部预备,不得有误。凡所需舵工、扬帆人、水手等,可交兵部预备,不得有误。造船时所需章京、木匠、匠役等人员之粮食,可交户部事先核算,并派一员该部章京前去办理,不得有误……"这个奏本得到了皇帝批准,由吏、户、工、兵各部协同负责安排造船具体细则,不准延误。三月十五日,工部尚书孙塔上奏题本,就在拉发渡口建造战船十五只的各项具体事宜,做出了详细稳妥的安排。其工匠,一是满洲族选四人,蒙古、汉军族各一人。"又咨调天津道造船巧匠三人,又从每旗十名木匠内先调四人,自带工具,再加五城之锯板木匠六十人,自带大锯三十个……""至头批派去之木匠、铁匠、匠役等人员,并其所带工具等,均由兵部驿送至拉发。""船上所用桐油两万斤,还有竹子等物,一俟从江南运送之铁锚、绳索准备齐全,即可由驿送之。驿送该项物料时,可派出护送之章京、披甲等,直送至拉发渡口。"还提到,由于这些物料都由驿送,虽然顺治十二年(1655),曾钦派二陵各二百役夫前去修建自盛京至拉发渡口路段,然而道路仍然难行,不可不修。三月二十日,兵部左侍郎额赫里为选调江浙水手前赴宁古塔,进征罗刹之敌上奏皇帝,对战船配备舵工、水手、扬帆人、炮手等做出了安排。毫无疑问,这些上奏意见都获得了皇帝的允准,所以才有了顺治十五年(1658),沙尔虎达率兵在松花江口与斯潘捷诺夫率领的沙俄侵略军激战,当场击毙斯潘捷诺夫,歼敌270余名,余者投降的胜利。

拉法站是清初盛京经鹦哥关至宁古塔驿路必经之地,也是吉林乌拉至宁古塔驿路的一个驿站,因此历史底蕴显然更加丰厚一些。从《宁古塔志》的记载来看,顺治十六年(1659)方拱乾流放宁古塔途经拉法时,这里参与建造战船的人可能都已经完成任务撤走了,所以他没有任何关于造船的记述,只有从盛京到宁古塔"中惟三屯"的记载。而随同方拱乾一起流放的其长子方孝标,却留下了一首题为《小阿稽》的诗,诗的序言中,对拉法进行了介绍:"自盛京东行九百里有混同江,江之东南岸有地曰腊法多洪。腊法者,即《清实录》中载武皇帝所灭十六国之一国也,旧城去今地尚百余里。今以往来渡江者多,遂于此设舟楫。多洪者,华言渡口也。多洪之西有大阿稽林子。阿稽者,华言山谷也。两山相压,曲径崎岖,大木千章,参霄蔽日,虽停午不见微阳,虽盛夏不知暑气。而湿蒸成露,滴叶间淙淙作雨声,彻昼夜不息。其下则溪流激湍,沙石淤泥遽步皆有。有木自蠹,折横当衢,高盈丈,广数亩,行人辄盘曲以避而蹈困攀葛,又不知凡几折矣。"文中所谓"武皇帝"指努尔哈赤。从诗序看,方孝标来时,拉法渡口设有摆渡舟楫,拉法是名副其实的渡口。而他对那木窝集,也称小窝集,即老爷岭山脉原始森林的生动具体描述,使我们在三百多年后的今天读来犹如画面在眼前般生动。其诗曰:"深林四十里,俯径入秋毫。虎迹窥人密,龙吟趁雨豪。千盘欹雾窄,二岭挟天高。刊木思神禹,乘辀岂告劳。"因为诗题为《小阿稽》,所以整首诗写的也是大山里的景象:四十里原始森林,老虎的足迹比人迹多,山高入云、窄路千盘,而山谷之中又泥淖成沼,需乘辀前行。《宁古塔志》中,有关于两个窝集的描述:宁古塔"四百余里外,皆有大树林,曰大阿稽、小阿稽,千章之木,杀其皮以令之朽,万牛不能送,时令人发深叹焉"。《柳边纪略》有云:"自混同江至宁古塔,窝稽凡二:曰那木窝稽(一作诺木阿机,又作纳本阿机。明初置纳木河卫,万历二十八年庚戌,大清命额亦都取之)、曰色出窝稽(一作色赤阿机,《盛京通志》作色齐窝集)。那木窝稽四十里,色出窝稽六十里,各有岭界。其中万木参天,排比联络,间不容尺"。而且,杨宾作有一首《纳木窝稽》诗:"跋涉过混同,所历已奇峭。结束入窝稽,一望更深奥。树密风怒号,崖崩石奔跳。阴霾不可开,白日安能照。古雪塞危途,哀湍喧坏道。更无人迹过,惟闻山鬼啸。车驱苦险泚,换马欲前导。霜蹄偶一蹶,流血沾乌帽。魂魄已莫收,僮仆徒慰劳。死亦分所当,生岂人所料。但苦历穷荒,庭闱终未到。"以上史料互相印证并互为补充,可以帮助我们更加全面地了解那时的纳木窝稽。与方拱乾一路同行的吴兆骞,写下了两首与拉法有关的诗。一首题为《七夕次喇伐朵洪》:"驻马平芜外,徘徊旅思长。河流秋淼淼,边色夜荒荒。画角千峰月,羊裘七夕霜。世途吾拙甚,不敢望银潢。"另外一首题为《喇伐道中作》:"平明吹角起征鸿,又逐戎鞍溯朔风。秋草关山人独去,寒衣乡国信谁通。龙沙迥出三边外,鸟道斜悬万岭中。千载主恩良不薄,崔骃窜处是辽东。"从诗意看,这两首诗都是作者在去宁古塔的路上作的。其抵达戍所的时间是七月十一日,而七夕即七月初七日到达拉法,时间也完全对得上。从前一首诗题看,作者一行是在拉法住了一夜,而"驻马平芜外""羊裘七夕霜"等诗句表明,他们是扎营露宿,故而可以断定这时拉法尚未设置驿站。

(三)退抟站

退抟站旧址在今蛟河市前进乡。据《蛟河县志》记载:"前进,原名退抟,系满语'羊鸨'的显著意思。前进是历史悠久的古驿站,元代在这里设'禅春'站。明永乐六年(1408)在此设推屯河卫。清代设退抟站。"元代西祥州东南行驿路,即西祥州至桑吉线路线,从西祥州

退抟站旧址,位于今吉林市蛟河市前进乡前进村(乡政府驻地)蛟金公路与Y026国道交会处

(今农安县万金塔古城)出发,经过今长春市九台区境内、今永吉县锦州碴子古城后,到达散迭(今蛟河市东天岗附近)、阿忽(今蛟河市老爷岭),然后到达禅春(今蛟河市东三河附近),再经阿母(今敦化市额穆镇)、阿剌(今敦化市额穆镇南),到达桑吉(今敦化市)。从路线来看,从阿忽站经禅春站到阿母站这一路段,与清代吉林东路驿路相应路段基本重合,所以说元代禅春站设置在退抟一带,应该是符合实际的。《明太宗实录》卷五十九永乐四年(1406)九月辛巳:"女直野人头目必缠等百六十人来朝,置秃都河、实山、忽里吉山、列门河、莫温河、阮里河、察剌秃山、呕罕河八卫,命必缠等为指挥千户,赐诰印冠带袭衣及钞币有差。"《吉林通志·沿革志》记载:"推屯河卫,永乐六年置,以部人伯臣等为指挥,旧讹'秃都'。案:河在吉林城东二百三十五里,有推屯站,自吉林至宁古塔第三站也。"虽然上述两段史料在时间上不一致,但是明代在这里设置了卫所,则是确定无疑的。另外,从这两段记述可以了解到,无论作退抟或推屯抑或其他写法,从语音判断,最初这个地名来源于河名,因河名而有卫名,由卫名遂成地名。元代这里可能称"禅春",明代才成推屯,而"禅春"和"推屯"语音也有音转的可能。推屯河当年应该是比较大的一条河流。按《宁古塔志》所载,鹦哥关至宁古塔一千八百里路途中,只有三个作为差卒换马之地的屯子,中间的一个"日多洪",就是退抟。多洪又称昂邦多洪,意为大渡口。《柳边纪略》也有"退屯站(一名昂邦多红,昂邦者,大;多红者,渡也)"的相应记载。前文叙及拉法渡口,虽然清廷最先开始在这个渡口建造战船用以征伐沙俄侵略军,拉法渡口也不过称"拉法多洪",而退抟则称"昂邦多洪",或许当年退抟的渡口比拉法的渡口还要大一些吧。

　　退抟站初置情况无考。光绪七年(1881)二月,吉林将军铭安拟请改设驿站添拨站丁的奏折清单中列:"退搏(应为"搏"字之误)站原设额丁十三名,马十三匹,牛十三头。今拟添拨额丁五名,马五匹,牛五头。"经过这次添拨额丁,退抟站额丁为十八名,马十八匹,牛十八头。光绪十五年(1889),再次奏请增加额丁,退抟站增加额丁七名,马七匹,牛七头。至此,退抟站额设笔帖式一员,领催委官一员,站丁二十五名,马二十五匹,牛二十五头,并一直稳定下来。据《西路关防处呈造所属各驿分布细册》记载,退抟站西至老山梁子四十五里,由老山梁子至拉法站十八里,共计六十三里;东至白土嘴子六十五里,由白土嘴子至意气松站十五里,共计八十里;南至二道沟十五里,北至禁山封堆十五里。光绪三十二年(1906)《吉林省西路驿站监督管下东西两路正分三十站户口总册》记载,退抟站"管下六户,男大七十四、小六十八丁,女大五十八、小二十二口,共二百二十二丁口。学童八人"。《吉林志书》记载,自乾隆三十年(1765)至嘉庆十六年(1811)旌表的列女中,退抟站有:乾隆三十八年(1773)旌表,站丁孔印之妻黄氏;嘉庆十年(1805)旌表,站丁王万魁之妻黄氏。在"管下六户""共二百二十二丁口"的人口规模之下,这么小的一个驿站,竟然有两位受到正式旌表的列女,确实有些令人惊讶。尤其是在东路驿站大多数没有出现受到旌表的妇女的背景下,为什么退抟站会出现而且是两位? 是偶然事件还是有什么必然因素? 这些,我们已经无从查考。前文在叙及额赫穆站没有受到旌表的妇女时,书中曾经分析过原因,而退抟站显然是一个特例。无论如何,仅就退抟站的情况而言,站丁孔印和王万魁在妻子30岁之前就死去了,大概率不会是自然死亡,还是能够反映这个驿站站丁差事的危险性。在已掌握的历史资料中,并无退抟站站丁递送公文遇到危险情况的记述,但是通过吉林东路驿路其他驿站站丁处境,则可以推知一二。

　　历史档案中有一份光绪二十五年(1899)西路监督《为将荒地拨作站地的移文》,可以反映一些当年退抟站的实际情况。先是退抟站笔帖式富兴阿和拉法站笔帖式经文国等联名呈文,反映两站各添设额丁十二名,但是没有拨给随缺地的事情。确实,退抟站和拉法站一样,都是在光绪七年(1881)添设额丁五名,光绪十四年(1888)添设额丁七名,两次共添设额丁十二名。按照要求,两站在春天时,就在驿站所属附近禁山之下,踏查寻觅到三段依山就势、曲直不等的闲荒地三段。退抟站寻到两段,一段南由平底沟起斜向东北至东岔河止,南北长约三里,东西宽约一里。除河洼草甸外,净约可垦地九十余垧。一段南由额勒河北沟起,北至头道滴塔止,南北长约三里,东西宽一二里。除河洼草甸之外,净约可垦地一百七十垧。两块地段合计约可垦地二百六十垧。拉法站踏查了朝阳沟闲荒一段,南以封堆起,北至太平岭林边止,南北长约三里,东西宽四里。除河泡水甸之外,净约可垦地二百九十垧。这些闲荒地块,虽然在禁山脚下封堆之内,但终究对贡山没有多大影响,所以两站笔帖式联名呈文,请求允许将三段闲荒共可开垦的五百五十余垧地交给二站招佃开垦,拨给后添站丁作为随缺地亩,并希望将剩余之地,亦给两站作为办公津贴。西路监督进行了详细调查,退抟站和拉法站原来各设站丁十三名,每丁应得随缺地十五垧九亩。这些站丁的随缺地由苏瓦延、赫尔苏等站界内划拨食租。而当这两站经奏请添丁各十二名以后,因为没有地可以作为随缺地,便允许他们在自己驿站附近踩勘闲荒报备。根据两站笔帖式呈文,西路监督认为,两站踩验的闲荒地段既然对贡山没有多大影响,可以作为后添额丁的随缺地亩。可开垦的五百五十余垧地,除每站后添站丁十二名,每名拨给随缺地十五垧九亩,两站共计应拨随缺地三百八十一垧六亩之外,仅剩荒地一百六十余垧。如此核分,每站不过得地八十余垧,可以归二站作为津贴站中公用。这个意见得到了批准,所以西路监督奉札饬,转饬两站将贡山界址划清,挖立堆记。所勘闲荒先尽后添额丁随缺地亩划拨开垦,其余荒地由两站核实招佃,得租津贴公用,同时要保护好贡山木植,不得擅自越界垦殖。札文到达驿站以后,两站自然非常高兴,所谓"钦感莫名,仰见我恩宪垂念站累,体恤丁艰之至意。"除呈文汇报划界挖堆的情况以外,两站笔帖式还表达了决心:"即将所踩闲荒先尽后添额丁十二名,每名随缺地十五垧九亩,传集荒所按名照数拨给,责令赶紧开垦,早得租粮膳差糊口。剩荒归职等两站自行招佃开垦,得租津贴公用。至于各丁户倘有力未逮者,仍由职站经理招佃开垦,督饬一律开齐,早得租粮,藉资养赡。"对于保护贡山,两站笔帖式均表示:"职等同议定章,每按春秋两季共同入山,认真稽查。倘有不肖之徒,久惯偷砍红松私运出山,定必拿获呈请解省,照例惩办。从此共守禁山,庶贡物可保永久之处。"从这份移文我们大致可以了解,驿站额丁的日子不会很宽裕。这两个驿站于光绪七年(1881)添丁五名,光绪十四年(1888)添丁七名,直到光绪二十五年(1899)才解决随缺地问题。十几年之间,后添站丁没有随缺地租粮养赡,他们是怎么维持生计的?想必有其他的办法,但因为不是政策规定,这些办法必然是临时性的、低限度保障的。

从历史档案中我们还可以了解到,驿站应该能从贡山采捕的贡品中获得一定的利益。光绪三十二年(1906),退抟站有一份关于贡山界址的呈文。从呈文内容看,退抟站有专属的采捕松塔的贡山,一直在额勒河北沟、罗圈沟、平底沟、燕尾沟等处。光绪二十六年(1900),民人吴云亭等联名呈恳包领退抟站和拉法站区间大段闲荒,其中除了贡山、旗民丁地、津贴牧场以外,剩下的地段他们愿意作价承领。没有想到,当时勘验闲荒的荒务局官员,竟然将原来的贡山当作闲荒,一并出放给吴云亭承领。于是,两站的贡山由荒务局另行踩拨。当时,经办此事的荒务局委员盛文瀚等踩留驿站东北小白石碴山一隅,作为退抟站的采贡禁山。南以燕尾沟迤北小白石碴山起,北至平底沟岭止,东西有二三十里,西面有十余里,迤东至张广才岭连脉脱脚分水岭止,有三十余里。可等到秋高气爽,荒务局总理景贵、委员魁山等来到驿站,和驿站官员一同入山,现场勘验时却发现,小白石碴山连脉脱脚周围不过十余里,迤北至呼兰岭分水,与乌拉贡山搭界,而且也没有叫平底沟岭的地名,显然原委员盛文瀚遥指错误,当时也没有进行现场勘验。即便如此,驿站还是按照要求照原来所拨界址挖立封堆,标记树押,每封堆以半里为度。西面南北共挖封堆十八座,计数九里。南面斜向东北共挖封堆十座,仍以半里核计,仅不过五里。像这么"袖珍"的山场,其中还以杂树、臭松居多,虽然也有产松塔的红松,但大概也不过三分之一。再者,原来指定东至张广才岭分水为界,实际上也不足三十里。这不但与原来踩拨文图四至不符,而且距离里数还不够。呈文中说:"贡品攸关久远,曷敢含混迁就。当以此情向该总理辩论。讵该总理言称,白石砬西南两面包套川地,堪可划出丈放。贡产不足,伊查张广才岭东坡树株较密,虽系意气松站界内,该站向无呈进松塔,本属官山。俟伊禀请大宪,由白石砬毗连向东开展,至东面脱脚分水岭底止,足敷采捕等语。职等只可依允听候明白示谕,再行会同挖立东面封堆,绘图贴说呈报之处。合将会同挖立西南两面封堆大概缘由,具文先行呈报宪鉴核夺施行。"这件事情颇有点戏剧性,一个乌龙接着一个乌龙,摆来摆去把退抟站给摆"晕菜"了。至于最后结果如何,因为没有更多的资料,我们无从得知。想来,荒务局景贵总理,这次应该不会再给退抟站摆一个乌龙了吧。

前文引《蛟河县志》的说法,认为退抟站是历史悠久的古驿站,并列举元代禅春站来加以说明。但在一些学者看来,退抟站这个地方设置驿站的历史可能还要久远一些。渤海国时期有一条契丹道,从渤海国上京龙泉府经渤海扶余府,到达契丹故地。这条路线,从上京到扶余府的一段,现在只考察到吉林市。具体路线为,从上京溯牡丹江至其支流珠尔多河,然后拐向西北,过张广才岭,进入蛟河、拉法河流域,继续向西过老爷岭,顺牤牛河到达吉林市。这一路段除牡丹江流域的渤海遗迹外,在牤牛河上游的七道河村和尚仪村分别发现了渤海建筑址和唐海兽葡萄纹铜镜,蛟河上游的前进古城有学者认为可能始建于渤海。也就是说,前进古城有可能是渤海国时期契丹道的一个重要节点。前进古城位于蛟河市前进乡张广才岭东庙岭上,东北距敦化市团山子约4.5公里,西距前进乡三河屯约4公里,西北距腰庙岭约4.5公里。这里地势险要,林深树密,西南可扼广大蛟河盆地,西北控呼兰河谷,东面与坐落在岭东敦化市境内的西北岔古城、帽儿山古城相呼应,形成掎角之势,战略地位十分重要。经过考古工作者调查,前进古城由防御墙和守备城组成,均为山皮土叠筑。守备城呈不规则长方形,周长600米,土墙下面铺有一层不规则花岗岩块石。城墙南侧偏西有一个瓮门,门向朝东,南北长22米,东西宽20米,外门道宽8米,内门道宽2米。瓮城顶略低于城墙。在北、东、西三面墙上修建有马面,北墙2个、东墙2个、西墙1个。防御墙略呈"一"字形,大体为南北向,长1189.2米。墙上有瓮门1个,旁门2个,马面10个,角楼3个,墙外有护城壕遗迹。从防御墙的走向和马面的分布看,前进古城以及帽儿山古城,都是为了抵御西侧或西北侧来犯之敌。清代吉林乌拉至宁古塔驿路通过前进古城,古城遗址上的驿道遗迹尚存,因驿道通过而切断的防御墙缺口也清晰可见。从考古情况来看,即便前进古城不是渤海时期建造,其为辽代古城则确定无疑。这也是退抟站所在地方的历史底蕴,仍不失其"历史悠久的古驿站"之谓。杨宾当年有一首《自拉发至退屯》诗:"穷发谁怜万里身,萧萧尽日逐车尘。山过拉发多松栝,路道窝稽有鬼神。日暮风生闻虎啸,天寒积雪少行人。凄凉不敢回头望,恐为乡关泪满巾。"这是杨宾去宁古塔探望父亲杨越从拉法至退抟路上所作,从江南到东北,一路艰苦备尝,心情压抑,心境悲凉,因此诗中丝丝缕缕散发着寒凉萧索的气息。鬼神也好,虎豹也好,都没有让作者内心产生多少悸动,而真正令其心酸的还是乡关日远、前途莫测的凄苦,而这份凄苦中还深深埋藏着作者心中翻腾的愤怒。至于为什么愤怒,读者可以从《柳边纪略》中找到答案。

(四)意气松站

意气松站之名,有多种写法,有写作"义气松"的,写作"伊奇松"的,也有写作"伊克苏"的,但都是满语音转。满语意思为"落叶松",因此地山林之中树木以落叶松居多,故得此名。关于意气松站旧址,今存两说。1985年以内部资料出版的《敦化市文物志》记载:"义气松站,位于额穆镇所在地西北20公里义气松屯,为明清时代的驿站旧址。"而高峰在《敦化境内的清代驿路和驿站》一文中,依据考古调查成果,介绍了意气松站旧址的情况。其文说:"义气松站旧址位于长白山余脉张广才岭的东庙岭(敦化市与蛟河市分界)上,地理坐标北纬43°49′11″、东经127°57′42.8″。建于清康熙二十五年(1686)。"为何如今驿站旧址附近无人居住,文章解释说,日伪时期实行归屯并村政策,将驿站及周围居住的百姓强行驱赶到了额穆村,因此驿站旧址经年累月以后便荒芜下来,遗址也几近夷为平地。据这篇文章介绍,驿站平面大体呈长方形,占地约5000平方米,驿道在驿站南侧门前呈东西走向通过。驿站内分办公区和生活区,周围有围墙与大门相接。从南向北通往菜地的通道将驿站分为工作和生活两个区域,办公区房屋呈南北走向,由公馆、档册房、夹杆石和大门等组成;生活区房屋呈东西走向,由厨房、储粮房、住宿房等组成,供站丁及行驿之人食宿之用,其他还有马棚、草棚、水井、菜地等。房屋的基础都是用当地的玄武岩石垒砌,在此基础之上用黄泥砌筑土墙。驿站裁撤以后,当地百姓曾在此设立了"张广才岭石头庙",后也被日伪破坏。有当地人用金属探测仪在驿站旧址探出了铁锄头、铁镐头、铁锅的残片,2011年有人探得三串清代铜钱,近一百枚。从这些考古工作成果看,高峰文章所指之意气松站旧址也有其道理。不过,意气松屯也应当和意气松站存在着某种内在联系,否则不可能出现站名与村名一致的情况。具体情况如何,恐怕需要进一步考证研究。

严格说起来,清代实际在意气松站这一带建立驿站的时间应该是在清初。清初从盛京通宁古塔只有经鹦哥关这一条路线,据《宁古塔志》所载,从鹦哥关到宁古塔中间有三个"差卒换马之地",其中之一就在意气松站一带。如果按照意气松自然屯所处行政区划来分析的话,其为额穆镇珠尔多河村意气松自然屯。这个珠尔多河村,就是方拱乾所说"中惟三屯,曰灰扒、曰多洪、曰株龙多洪"之中的"株龙多洪"。前文曾经介绍过,多洪乃满语渡口之意,株龙多洪,亦即株龙渡口。所谓株龙,是指珠尔多河。敦化市地方志编纂委员会编纂的《敦化市志》载《建县初期各乡所辖村屯表》显示,距敦化县城160里为北大秧子沟,170里为伊奇松站,而表格备注云"北大秧子沟屯西有珠尔多河渡口,通吉林府"。从现今敦化市地图看,北大秧子沟屯在意气松屯东偏北的方向上,二者相对于敦化市的方位大体为北方,三者构成了锐角三角形。而且,北大秧子沟屯在珠尔多河西岸,所以珠尔多河渡口肯定在北大秧子沟屯东。而珠尔多河村位于意气松河汇入珠尔多河之河口附近,处珠尔多河东岸。

如果以北大秧子沟屯代表珠尔多河渡口，以意气松屯代表意气松站，那么意气松站东偏北为珠尔多河渡口，其东南为珠尔多河村，三者亦构成了一个三角形。珠尔多河源出长白山，东南流入牡丹江。意气松向西，地势渐高，进入色齐窝集。意气松迤西十八里分水岭处，有窝集口，是进入色齐窝集的著名地标。从地望和意气松站所处的地理位置分析，当年鹦哥关至宁古塔交通路线上的株龙多洪，无论是指珠尔多河渡口，还是指现今的珠尔多河村，距离意气松站都不太远，完全可以算作同一地带。据《柳边纪略》记载："退屯站三里至色出窝稽，六十里至朱伦多河，五十里至俄莫贺索落站，一百四十里至必儿汉必拉站。"这里没有提到意气松站和塔拉站，说明杨宾通过这里时，这两个驿站还未设立。需要注意的是，吴桭臣《宁古塔纪略》中，吴桭臣在记录康熙二十年（1681）他与父亲吴兆骞遇赦返乡，行经宁古塔至吉林乌拉驿路时，并未提到鄂摩和索罗站；杨宾于康熙二十八年（1689）赴宁古塔，这时已经有鄂摩和索罗站了。这说明，鄂摩和索罗站设置于康熙二十年至康熙二十八年之间，与设置于康熙二十五年之说不矛盾。但杨宾赴宁古塔时，尚没有意气松和塔拉两站，这两站则肯定在康熙二十八年之后设置。有学者写文章，将意气松和塔拉两站的设置时间，与鄂摩和索罗站设置时间等同，认为也设置于康熙二十五年，这恐怕还需要仔细考证斟酌一番。

不过，不管意气松站是什么时候增设的，一直到光绪七年（1881）之前，据《吉林志书》载"此站系必尔罕必剌站笔帖式兼管"。光绪七年（1881）吉林将军铭安等《拟请改设驿站添拨额丁的奏折及清单》提出："意气松站原设额丁十名，马十匹，牛十头。仅设委领催一员，并无专任笔帖式。今拟添设笔帖式一员，改委领催为领催委官一员。添拨额丁五名，马五匹，牛五头。"也就是说，从光绪七年这次添设笔帖式开始，意气松站由原来归邻站代管的小站，正式升级为正站。不但站"领导班子"成员配齐了，站丁也由十名增加到十五名，牛、马增加数相同。到光绪十四年（1888），经过奏请，意气松站又一次性增加站丁十名，驿站规模达到了站丁二十五名，马二十五匹，牛二十五头，笔帖式、领催委官配备齐全，并一直稳定下来，直到裁撤。据《西路关防处呈造所属各驿分布细册》记载，意气松站"西至白土嘴子十五里，由白土嘴子至退抟站六十五里，共计八十里；东至珠尔多河十里，由珠尔多河至鄂摩和索罗站三十里，共计四十里；南至土山十里，北至后山八里"。光绪三十二年（1906）《吉林省西路驿站监督管下东西两路正分三十站户口总册》记载，意气松站"管下一户，男大一丁，女大一口，共二丁口"。这是吉林将军管辖之下管下户数和人口数最少的驿站，只有一户，且这户人家只有一男一女两口人。从这个数据看，那时意气松站的站丁，基本是单身驻站，是本就单身，还是家属另居他处，不得而知。就常理推测，二十五名站丁，不可能只有一位有家庭。最大的可能性就是意气松站处于深山老林之中，不但交通不够便利，生活条件也必然非常艰苦，所以一般站丁不会将家属带到站上居住。同时，这些史料也能够表明，这个时候意气松站的聚集功能还不够强大，即便是那些闯关东来的流民，也鲜少有选择依托意气松站而聚居者，意气松站一带的开发程度显然还比较初级。

从一些历史档案中，我们或许可以寻觅到更为确切的答案。光绪二十二年（1896）意气松站发生了一起遗失公文事件,驿站为此专门呈文说明情况,留下了比较详细的历史记录。意气松站五品蓝翎八品笔帖式富兴阿、领催委官周萃呈文称:光绪二十二年二月初二日亥时正刻(约晚间十点钟),接到鄂摩和索罗站差役宋芳送到公文十五件。登记落号以后,即派雇工差役宋财继乘白骟马一匹,往退抟站送递。第二天,前去送递公文的宋财继一直没有回到驿站。到了初四日下午,宋财继骑乘的白骟马自己跑回驿站。驿站人等验看马匹,仅戴着嚼环,马鞍等物尽皆无存,大家都意识到肯定出事了。马上派差人傅广志前往退抟站查询宋财继夜间来送公文之事,送达退抟站时是什么时间。而退抟站告知,宋财继并没有到退抟站递送公文。意气松站笔帖式等听闻此消息不胜惊惶,迅即派差人张万福、巡丁董庆往大岭上沿途店打听,并在岭上下一带树林中寻找,但是没有发现任何踪迹。驿站推测,宋财继夜间往退抟站递送公文,行走到岭上树林子里,或许遇到野狗冲撞,导致骑乘的马匹受惊将之摔到马下,最后被野狗食咬。不过,即便如此,公文褡包系在差人腰间,也该能够找到公文褡包以及尸骨。从具体情况分析,很有可能是遇到土匪被绑走了。岭西原有土匪一百多名,被官兵打散以后,逃窜到林中各处,宋财继极有可能遇到了这些土匪。人可以慢慢寻找,但是公文的事情不能耽误。所以,意气松站马上呈文,说明情况,"职等派人赶紧四处寻找,如能查见公文及差人宋财继踪迹,再行备文声覆外,职等谨将所失公文不敢隐瞒,理合先期备文按五百里呈报查核施行等因,呈报前来"。宋财继最后是否找到,究竟出了什么事情?因为历史档案中没有下文,我们不得而知。但是,从宋财继的身份我们倒是可以窥见那时意气松站站丁情况的一点端倪。呈文中说宋财继是"雇工差役",用今天的话说就是"临时工",并非驿站额丁。这说明,意气松驿站虽然经过光绪年间两次添拨额丁,站丁"编制"已经达到25人,但是仍然在使用"临时工"。之所以使用"临时工",综合各方面情况判断,根本的原因在于招不来站丁,而不是工作量太大人手不够。

如果说仅以一个孤立事件不足为凭的话,那么光绪三十二年(1906)意气松站给西路关防处的呈文,其中透露出来的信息更能说明问题。事情的起因是,吉兴军右营李姓管带,给意气松站移文,声称为了剿匪,要将分防意气松站与胡家店的吉兴军驻军暂时撤走,等到剿匪任务完成以后再各归原防。失去了驻军保护,意气松站上下均感觉心里很不踏实,于是给西路关防处呈文提出要求。意气松站笔帖式常兴、领催委官周萃呈文中说:"职等维思,吉兴营右哨在职站驻扎,分拨三十名正勇至岭底胡家店作为分防,接替护送往返差徭及巡查道路,尚有步匪三五成群、十数一伙,由岭上林内时常窜出,劫抢行人钱财,并阻拦职站送公文人。虽未殒失文件,将包公文油纸被贼拿去各情,均经呈报在案。"呈文报告,这一带本已日行不过岭,驻防队勇分早、晚护送两次,行人才得以安然通过,土匪才不敢滋事。有队伍驻扎的时候尚且如此,现在驻扎的队伍撤去,什么时候才能回归驻防又遥遥无期。必然导致贼匪刁风肆起,更加无所畏惧。问题的关键在于,"职站原设无丁之站,递送往返公文,雇觅民夫代替丁差权办,已有年矣。当时驻防队已撤,送公文人均各辞工不敢递送文件,在站膺差者,俱各胆破心惊"。由此看来,意气松站为"无丁之站",也就是说没有额设站丁,只是临时雇觅民夫递送公文。这些临时雇觅民夫，一旦面临危险，当然不会再为驿站工作，因为弄不好是要掉脑袋的。所以，很多人一听说没有驻军保护了，纷纷辞工不干了，即便有勉强留下来继续坚持的，也是心里害怕得不得了。而"近年来，塔、珲、南冈等处安设府厅，并有新立各局处所，往返限行公文暨原有各公署文件络绎不绝，职站不敢稍有稽迟。时值队去贼出，道路更有梗塞，有阻失公文关系匪轻，职等只可据实陈明，可否将原驻队正勇请暂留二十名，防守站务各款，保护递显著送公文，实属因公起见"。西路关防处支持意气松站的这个请求，为此行文营务处，表示"在站驻防队兵奉文调撤，唯恐贼匪肆起，道路梗塞，阻止接递公文，来往客商各节，情属实在"。"请烦速为派队仍旧驻守，以通道路而护居民，免其掠害可也。"因为有西路关防处的明确态度和移文，估计意气松站的这个要求最后应该得到满足。而呈文中"无丁之站"的信息，真正解释清楚了意气松站管下只有一户且只有两人的原因。《吉林省西路驿站监督管下东西两路正分三十站户口总册》统计时间，和这个呈文的时间为同一年，两者正好信息吻合。至于意气松站为何设为"无丁之站"，以目前掌握的历史资料尚且不能做出依据充分的考证。

意气松站界内道路状况比较差，沿路土桥数量比较多，低洼难行距离也比较长。光绪二十八年（1902），意气松站有一则为奉札查勘备修沿路桥梁的呈文，文内比较详细地说明了这方面的情况。从意气松站向东至珠尔多河十里，共有土木恒桥十五处，道路以内洼子数处。而向西至嵩岭顶四十里，共有土木恒桥大小十七处，洼处颇多。而且岭东坡原来修建了用木头铺垫的道路二里多长，踏查发现垫木已经被过往大车悉数压折，导致马车难以通行。这段道路如果修复，需要的桥木和垫道木料数量巨大，工程量也十分浩大。就在意气松驿站为此事发愁的时候，驻守额穆的俄军官已经派出十余名俄兵弹压兴修桥路。他们从额穆街起修，到意气松站呈文的时候，已经修到了驿站东桦树林子地界。不过，俄兵弹压修路，手段非常野蛮粗暴。呈文说："做工人均由民牌拨夫，亦有山东来之行路人等，至此（被）阻拦做工。每日行工人约有五六十之数。其前途所用木料，均经洋人拆毁空所房间，亦有挖取住家院墙木植。节次兴修，大约不日工程即可到站。"面对俄兵的野蛮施工，意气松站也深为忧虑："惟职站原设房间，自兵燹之后，所有房间均被拆毁，不堪栖止。况又地面孤稀，款项无措，现虽稍为补葺，恐将来道工到站，难免拆动房间，曷敢拦阻。理合预先声明，并将遵文详查界内桥路，及洋人带领民夫修道各情，具文呈报。"透过这则呈文，可以看到沙俄军队在中国土地上的肆意妄为，而身为军报台站的驿站管理人员虽内心无比悲哀愤懑，但却表现得懦弱无力，无奈地承受。当然，这不仅仅是意气松驿站管理人员的问题，而是清末积贫积弱的中国面对列强宰割的无力感的具体体现，是当时整个清朝腐败无能的一个具体事例。从这则呈文中，我们可以比较细致地了解到当时吉林东路驿路意气松驿站界内道路的情况，并由此推及整条驿路的路况，有着很大的历史价值。虽然这条驿路在光绪七年（1881）时吴大澂亲自考察过，并根据考察情况采取了一系列措施加强整顿，但是二十余年过去了，情况甚至比当年还要糟糕。

（五）鄂摩和索罗站

鄂摩和索罗站,位于今敦化市西北51公里的额穆镇,原镇政府所在地。2015年镇政府搬迁到珠尔多河西岸,原镇政府所在地改为额穆市场的一部分,驿站遗迹不复存在。鄂摩和索罗地名写法比较多,《金史》中称"窝谋海",《大清一统志》称"俄谟惠""俄摩贺"以及"俄谟和苏鲁",《柳边纪略》写作"俄莫贺索落",吴兆骞写作"曷木逊逻",等等。无论具体写作哪几个汉字,实际都是满语音转。一般解释,满语"鄂摩和"为水滨,"索罗"为十人戍所或哨卡,合起来乃"水滨哨卡"之意。也有其他的解释,诸如"鄂摩和"为湖水,"索罗"为枣,合起来乃"枣形的湖"。关于鄂摩和索罗这个地方,魏声龢《吉林地志》对其沿革有如下记述:"元为开元路、海兰路分界(原文注释:张广才岭东为海兰路,硕达勒达女真遗族所居。岭西概属开元路)。明为斡朵里卫、秃屯河卫(原文注释:今名退抟站)。明季为爱新觉罗之本部,后役属于乌拉部〔原文注释:清太祖五世祖肇祖时迁居建州右卫赫图阿拉地方(今辽宁省新宾满族自治县),是地遂为别部所据,称鄂谟和苏鲁路与赫席赫路、佛纳赫托克索路,同称窝集部,附于乌拉。万历三十五年(1607)清太祖命巴雅喇攻取之,尽有三路〕。清初设佐领,管辖台站旗丁。宣统二年设额穆县。"从这段记述可以看出,鄂摩和索罗这个地方的历史沿革比较丰富,历史底蕴也比较深厚。《吉林志书》关于鄂摩和索罗佐领设置,有如下记载:"额木和索罗地方,于乾隆三年添设佐领一员,防御一员,骁骑校一员。乾隆二十七年,添设委官四员。以上现有额设:额木和索罗佐领一员,缺出由八旗都尉、防御内拣选,引见补放。

鄂摩和索罗站旧址,位于今敦化市额穆镇政府原址,图为鄂摩和索罗站旧址上建设中的市场

防御一员,缺出由左右翼满洲、锡伯、瓜勒察云骑尉、骁骑校内拣选,引见补放。骁骑校一员,缺出由本旗委官、领催前锋内拣选,引见补放。委官四员,缺出由本佐领下领催内拣选补放。"《敦化市志》记载,宣统元年(1909)闰二月十九日,东三省总督锡良奏请"拟于额穆索站设一县治,名曰额穆县,划分敦化北隅、绥芬西隅、五常东南隅之地,以成该县区域"。闰二月二十四日,奉朱批:"会议政务处议奏,单并发,钦此。"当日会议政务处议准复奏,奉旨:"依议,钦此。钦遵。"由此,额穆县正式建治,治所就在鄂摩和索罗。吉敦铁路开通以后,蛟河镇因有铁路通过,不仅交通便利,又有煤矿、森林等优势,比鄂摩和索罗更适合作为县治所。东北沦陷以后,额穆县于1932年将县治迁至蛟河镇,1939年更名为蛟河县,1941年先后将黑石、官地、额穆等张广才岭以东的辖区划归敦化县。

前文已经考证过,鄂摩和索罗站大概设置于康熙二十年(1681)以后,康熙二十八年(1689)之前,最有可能设于康熙二十五年(1686)。光绪七年(1881)吉林添设驿站、增设额丁,此站添拨额丁五名,马五匹,牛五头。添拨以后,站丁十八名,马十八匹,牛十八头。光绪十四年(1888)再次添设额丁七名,马七匹,牛七头。至此,鄂摩和索罗站额设笔帖式一员,领催委官一员,额丁二十五名,马二十五匹,牛二十五头,以后再未有变动。据《西路关防处呈造所属各驿分布细册》记载,鄂摩和索罗站"西至珠尔多河三十里,由珠尔多河至意气松站十里,共计四十里;东至都凌河四十里,由都凌河至塔拉站四十里,共计八十里;南至通沟镇站七十里。"光绪三十二年(1906)《吉林省西路驿站监督管下东西两路正分三十站户口总册》记载,鄂摩和索罗站"管下七户,男大四十五、小三十丁,女大三十二、小六口,共一百一十三丁口。"从管下户数看,在吉林东路驿路驿站中也算是比较少的,总人口数也相对较少。不过,因为此地设有佐领一员,佐领公署就设在驿站,占地约7000平方米,想来这个地方的总人口不会太少,人口聚集功能也应该比较强大。这一点似乎无须论证太多,后来设置额穆县,将县治设于此地,就很说明问题。不过,据《蛟河县志》记载,鄂摩和索罗街曾经在光绪二十六年(1900)被沙俄侵略军劫掠,整个大街被抢夺焚烧一空,大部分工商户、居民外逃避难。光绪三十年(1904)以后,修复额穆街,修筑了城墙、城门,城墙周长二里许,高二丈,东、西、北三面有城门。由此看来,经过了两三年的恢复建设和休养生息,到光绪三十二年统计驿站管下户数和人口数量,才有了这样一个规模,也是很不容易。沙俄军队入侵东北,不光是鄂摩和索罗站损失惨重,吉林东路驿路其他驿站亦是如此,其对整个东北都造成了极大的伤害。这是一页令人扼腕、锥心痛恨的历史。

光绪十二年(1886)六月,鄂摩和索罗站发生了一起差丁淹死公文失落事故。吉林省档案馆存有一件《西路关防处为差丁淹死公文失落的移文》,这是西路关防处给吉林将军衙门兵司的移文。移文首先引述了鄂摩和索罗站笔帖式荣春、领催委官杨景春的呈文内容:六月十一日卯时初二刻(约早上五时四十五分),鄂摩和索罗站接到塔拉站差丁高宾送到公文共计二十四件,登记号簿以后,即派站丁徐常龄前往意气松站递送。大概上午十一点多钟,有居于鄂摩和索罗站迤西三十里佃民程志荣到站送信,说站丁徐常龄递送公文行走到珠尔多河时,赶上连日降雨导致河水暴涨,洪水都已经溢出河床,水势汹涌、洪流湍急。徐常龄虽然也觉得河水太大,但还在寻找合适地方强行渡河。大家都劝他不要冒险,但是他跟大家说,他递送的公文中有限行里数要求,不敢耽搁,唯恐迟误。于是,他还是找了个水浅之处乘马过河。等他走到河中间的时候,乘马体力支撑不住,连人带马一起倒入河中,被急流冲走,人马都被洪水淹毙。他们当时连忙招呼数人一起沿河寻找多时,但人马连带徐常龄系于腰间的公文包都没有找到,于是赶紧来到驿站报信。接到程志荣的报信以后,驿站立即派办事比较稳妥的小头目王廷喜,带领数名丁役,携带相关工具前往珠尔多河,查找徐常龄尸体及公文包。最终还是没有找到公文包,只得另外行文报告。接到鄂摩和索罗站的报告以后,西路关防处迅即移文兵司:"合将该站呈报差丁递送各处行限文件,行至珠尔多河,水势猛涌,该丁徐常龄坠落入水淹死,并腰系紧急公文丢失各缘由,理合备文移付,为此合移大司,请烦查核施行。"从历史上留存下来的档案资料看,类似徐常龄之遭遇的,其他驿站也有几例。从驿站呈文和西路关防处移文看,他们关注的重点都在于公文包的下落,而对站丁的死亡似乎比较冷漠。关注公文下落是应该的,但是对站丁的死亡却不该如此漠然,似乎人命和公文相比不值一提。也许,当时的官方价值判断就是如此。至于是否对徐常龄家属进行了抚恤,因为没有相关资料,尚难做出确定考证。不过,光绪二十六年(1900)通沟镇站也发生了一起类似事件,但该驿站在呈文中提出了对当事站丁家里进行抚恤的要求,其中有"可否援照光绪十六年鄂摩和索罗站办过成案,恳恩赏给恤银,以示体恤"之语。由此判断,一种可能是通沟镇站呈文将发生在光绪十二年的事情说成了光绪十六年,如果是这样,那么可以断定徐常龄家属受到了抚恤;另外一种情况是,鄂摩和索罗站在光绪十六年又发生了一起这样的事件,而且当事者家里受到了抚恤,但是这和徐常龄就没有关系了。

从遗存的清代驿站档案资料看,鄂摩和索罗站遇到水患麻烦次数比较多。除了上述徐常龄被水淹死的悲剧以外,还有两次河流涨水导致公文递送迟误的档案记载。光绪二十年(1894)二月二十九日子时初三刻(约夜间十二点钟),鄂摩和索罗站接到意气松站站丁董庆送到公文共计十五件。登注号簿以后,即派站丁周富前往塔拉站递送。然后根据周富返回驿站所持图记,收付内注写明三十日巳时初三刻(约上午十点钟)送到。核计除应送时间之外,尚迟误十四个时辰。驿站询问董庆迟误原因,周富说,他走到站东都凌河的时候,河水已经开始解冻,河床刚刚化开一点,雨雪夹杂,水势涨发,河水都已经溢出河床,无法渡河。由于没有别的路径可以绕行,无奈被水阻隔。只好等着河水水势稍有消落,才敢涉险绕越过河,将公文送到塔拉站,因此造成了延误。驿站为慎重起见,又派站丁头目宋景全前往察看,发现确实河床半开,水势涨发出槽,周富所述情况属实。于是,鄂摩和索罗站笔帖式英喜、领催委官杨景春,向管理乌拉额赫穆等站监督、副都统衔记名副都统、花翎协领庆云呈文汇报情况。呈文最后表示:"职等伏思,虽缘河水涨发,递误情形实在,攸关限里要件,曷敢代饰隐瞒。理合将递误公文缘由,备文呈报等情前来。"西路驿站监督给吉林将军衙门兵司移文:"合将该站呈报差丁周富前往塔拉站递送公文去讫,行至都凌河因河水半开半解,无法渡越,因此迟误十四时辰,合将迟误一切缘由,备文移付兵司可也。"对这种不可抗力导致的公文传递迟误,予以接受和认可了事。而吉林将军衙门则根据兵司呈文,形成咨文,"相应呈请咨行宁古塔、珲春副都统等衙门,查照可也。"也是持认可和接受的态度。光绪三十二年(1906)闰四月十八日,又发生一次公文延误事件。这天申时末刻(约下午五点钟),该站接到意气松站站丁马永祥送来公文,计三十三件,驿站当即派站丁吴春发送往塔拉站。根据马永祥取回该站图记,收付内注十九日申时正三刻(约下午五点钟)送到。核计处应送时间外,迟误九个时辰。询问该站丁,他解释说,因连日大雨,下洼子河河水涨发,洋溢两岸,虽然有摆渡船在,但是没有摆渡水手。当时已经深夜二更时分,吴春发无奈,一直等到第二日上午八九点钟的时候,水势微消,才设法渡过,导致递送迟误。驿站笔帖式英海、领催委官苗占春在呈文中说:"职等当查,果系下洼子河河水出槽,阻止迟误,别无绕渡属实。"因此向西路驿站监督呈文汇报,然后将军衙门各相关部门不过备文说明一下情况,以做了结。

顺治十六年(1659)吴兆骞和方拱乾等一道遣戍宁古塔,七夕驻宿于拉法,按照路程推算,应该在次日或者第三日驻宿于鄂摩和索罗地方。可以肯定,这个地方那时肯定还未设驿站。吴兆骞在这里写了一首题为《曷木逤逻晓发》的诗:"树杪月犹在,城头角已残。荒途分五国,归骑发三韩。野雾依山尽,春星落塞寒。鸣鞭及前侣,霜露满孤鞍。"根据同行的方拱乾记述,鹦哥关至宁古塔中途只有三个差卒换马之地,鄂摩和索罗这个地方肯定不在其列。如此说来,吴兆骞这首诗就有一些苦中作乐的想象成分了。当他们一行一大早从鄂摩和索罗出发的时候,树梢上挂着月亮是可以的,但是"城头"号角余音尚存则"不可以",因为他们只是野外露宿而已,栖身房屋尚且没有,何来"城头"?不过,作为诗歌使用这样应时应景的想象意象,倒也无可厚非。整首诗,也就这一点凄凉的浪漫,后面则是写实诗句,整个意境都是悲凉。杨宾于康熙二十八年(1689)赴宁古塔探父,也曾宿于鄂摩和索罗,虽然那时已经设置了驿站,但杨宾似乎并未宿于驿站。不过他为这里写了一首诗,题为《宿贺莫索落山中》:"日落万峰西,荒荒路欲迷。依然成露宿,何必过前溪。野火凭风力,孤群仗马嘶。穷山鸡犬绝,莫听五更啼。"杨宾此行是有僮仆跟随的,这一点在他的《纳木窝稽》诗中"僮仆徒慰劳"一句说得很清楚,但是人数肯定不多,三两个人而已。从诗句看,日落以后林中就很昏暗了,难以辨别路径。既然露宿已经成为定局,何必还要再向前渡过那条河流呢?干脆就地歇宿吧。只是在这样莽莽苍苍的原始森林之中,他们这"一小撮"人显得太孤单了,所以乘马的嘶鸣反倒给大家壮胆了。在这大山深处没有鸡犬,大家也就不要指望靠鸡叫来判断时间了。根据诗意,杨宾露宿鄂摩和索罗山中,是脚程不凑巧,没有赶上到驿站住宿,并无其他原因。吴大澂于光绪六年(1880)奉使筹办东北边务时,曾亲自考察吉林城至宁古塔驿路。其据《奉使吉林日记》记载:"(九月)十二日,过张广才岭,行五十里至义气松站,尖。又四十里至额木和索罗站,宿。"而从宁古塔返回吉林城途中,"(十二月)十六日,行二十五里至卡尾河,尖。又二十五里至三岔口,又二十里至额木和索罗站,奉到十二月初七日廷寄一道"。吴大澂此行来回,都在鄂摩和索罗站住宿。光绪十二年(1886),吴大澂为与沙俄代表会勘东部国界,又一次奔波在这条驿路上。据其《皇华纪程》记载,他二月十九日行三十里过张广才岭,又十里出窝集。在一小店打尖。然后行五十里,申刻宿鄂摩和索罗站。由于途中遇大风雪,有诗曰:"狂风似虎卷地来,吹动顽云拨不开。下罩千山同一被,满空飞絮揽成堆。天公玉戏巧难就,重阴密密谁相摧。特遣封姨作大磨,回旋鼓荡声如雷。须臾碾出白餐粉,落花片片皆琼瑰。老农拍手笑不止,顿令茅屋成瑶台。"还有一首《宿额穆站所作》诗,其中有"岭长二十有五里,平冈一伏又一起""远脉原从长白来,蜿蜒下饮松江水""山灵怪我往来久,无句题留不放走"等句。坦率而言,仅就其诗而言,断不能得附吴兆骞、杨宾之骥尾,不过也是难得的历史资料,姑列于此,读者勿怪!

(六)塔拉站

塔拉站,位于今敦化市雁鸣湖镇塔拉站村。清代属宁古塔副都统辖境,以都凌河与敦化县分界。塔拉为满语,意为山中旷野,地近塔拉泡。夏博宇在《〈中国历史地图集〉误绘"讹答剌卫"考辨》一文中,首先指出《中国历史地图集》第七册《元·明时期》奴儿干都司图中一处地名"讹答剌卫"系"答剌卫"之误。然后考证,《满洲源流考》卷十三《附明卫所城站考》记载:"塔拉河卫,旧讹答剌,今改正。永乐五年置(按:塔拉河在宁古塔城西,南又有塔拉站)。""答剌河卫"名称最早出现于《明太宗实录》永乐五年二月丙戌条:"……置河吉河、野木河、纳剌吉河、亦里察河、答剌河五卫……"此后,这一卫名长期不见于明朝官方典籍中,直到万历年间重修的《明会典》中,再次出现"苔剌河卫"之名,并注有"旧《会典》作纳剌河"一语。同时代出版的何乔远编著的《名山藏》中亦作"苔剌河卫",当是直接摘录自《大明会典》。"苔剌"即"答剌"。"纳剌河卫"之名,见于永乐本《鞑靼来文》《明英宗实录》《明神宗实录》中,可以佐证"答剌河卫"的存在。《大清一统志·吉林》记载:"珠克腾河,在宁古塔城西一百六十里,又西十里有阿拉河,又十里有塔拉河,俱发源毕尔罕窝集。"据《满洲源流考》记载:"塔拉河在宁古塔城西,南又有塔拉站。"乾隆《钦定盛京通志》记载:"案:塔拉河在吉林东四百四十里。"根据以上历史资料,可以肯定所指皆为今敦化市雁鸣湖镇塔拉站村。据《吉林通志》记载:"塔拉卫,永乐五年置,旧讹答剌。案:塔拉河在宁古塔城西南,有塔拉站。"从额穆县设置后第三年(1912)手绘印刷的《额穆县图》上,清晰可见几处上方为三角旗、下方为外圆内叉标记的地名,这就是清代额穆县版图内的驿站。由《额穆县图》从左至右(由西向东)依次为拉法站、退抟站、意气松站、额穆站、塔拉站。在吉林东路驿路驿站中,塔拉站可以算作一个分野,过塔拉站之后的宁古台、沙兰、必尔罕等站,分布于镜泊湖或牡丹江左岸,因地势平坦,故间隔大致相等,在《额穆县图》上呈一条直线,表明这是平原河谷地带驿站。塔拉站及之前的鄂摩和索罗站、意气松站、退抟站、拉法站五站之间的路线则曲折蛇行,说明从塔拉站到拉法站,驿路都穿行在山林之中,也就是穿行在色齐窝集和那木窝集之中。高峰在《敦化境内的清代驿路和驿站》一文中对塔拉站的考古发现是这样记述的:塔拉站旧址位于敦化市雁鸣湖镇塔拉村北1.5公里处,坐落于塔拉泡上游沟

塔拉站旧址,位于今敦化市雁鸣湖镇塔拉村北约1.5公里处,现为农田

谷中。遗址呈长方形,南北长70米,东西宽50米,中心有两个房屋倒塌后的基址。从遗址采集到的遗物,有夹杆石、残木立柱、砖、陶罐残片、瓷片、缸片等,多属于清朝到民国时期的遗物,遗址保存状况良好。

塔拉站初置时间尚不确切,大致情况应该与意气松站相同,不再进行具体叙述。可以肯定,一直到光绪七年(1881)之前,塔拉站都归邻站(必尔罕必剌站)笔帖式管辖。光绪七年(1881)《吉林将军铭安等拟请改设驿站添拨额丁的奏折及清单》提出:"塔拉站原设额丁十名,马十匹,牛十头。仅设委领催一员,并无专任笔帖式。今拟添设笔帖式一员,改委领催为领催委官一员。添拨额丁五名,马五匹,牛五头。"与意气松站一样,从光绪七年这次添设笔帖式开始,塔拉站也由原来归邻站代管的腰站,正式升级为正站。不但按正站设置了笔帖式、领催委官等官职,站丁也由十名增加到十五名,牛、马也随之增加相同数量。在光绪十四年(1888)添设站丁时,经过奏请,塔拉站也一次性增加站丁十名,驿站规模达到了站丁二十五名,马二十五匹,牛二十五头,笔帖式、领催委官配备齐全,并一直稳定下来,直到裁撤。据《西路关防处呈造所属各驿分布细册》记载,塔拉站"西至都凌河四十里,由都凌河至鄂摩和索罗站四十里,共计八十里;东至朱墩二十五里,由朱墩至必尔罕必剌站三十五里,共计六十里"。按照当下的行政区划,塔拉站为这条驿路东行吉林省境最后一站,下一站必尔罕必剌站属黑龙江辖境。光绪三十二年(1906)《吉林省西路驿站监督管下东西两路正分三十站户口总册》记载,塔拉站"管下六户,男大一百六十八、小一百零六丁,女大一百二十一、小七十一口,共四百六十六丁口,学童十四人"。管下六户、总人口四百六十六人,在东路今吉林省境内各站之中，是规模最大的驿站。不过，当年黑龙江省境内的必尔罕必刺站总人口六百八十七人，沙兰站总人口一千一百六十三人，都要比塔拉站人口多。如果联系当年的辖境因素，表面上看，宁古塔副都统辖境塔拉站、必尔罕必刺站、沙兰站各站总人口，明显比吉林府境额赫穆站、拉法站、退抟站，以及敦化县境意气松站、鄂摩和索罗站的总人口数量大。是否存在统计口径上的差异，则不得而知了。

从现存吉林驿站历史档案中搜寻，有关塔拉站的档案，记载了一些零星事项。光绪二十八年（1902），有一则塔拉站为奉札查勘备修沿路桥梁给驿站监督的呈文。文中说："职等遵查职站东至阿兰沟子大桥一座，小桥子沟桥一座，内有泥水洼子数处，站街西大河桥一座。西至张家店等处共有大小桥十一座，内有洼子颇多，有用楞木垫平二三处，均被大车将楞木轧断三四截不等。职等挨次周查，大小各桥应需桥梁木料，及修桥泥木工程浩大，实属非易。"从这一段文字来看，塔拉站笔帖式和领催委官等站官，工作不怎么扎实。既然是"奉札查勘"，就说明这是按照上级要求，对驿站界内桥梁、道路需要维修维护情况进行的查勘，呈文对查勘的情况的汇报应该具体细致。而文中竟然有"内有洼子颇多，有用楞木垫平二三处，均被大车将楞木轧断三四截不等"这样的语句，具体情况并没有说清楚。不过，我们

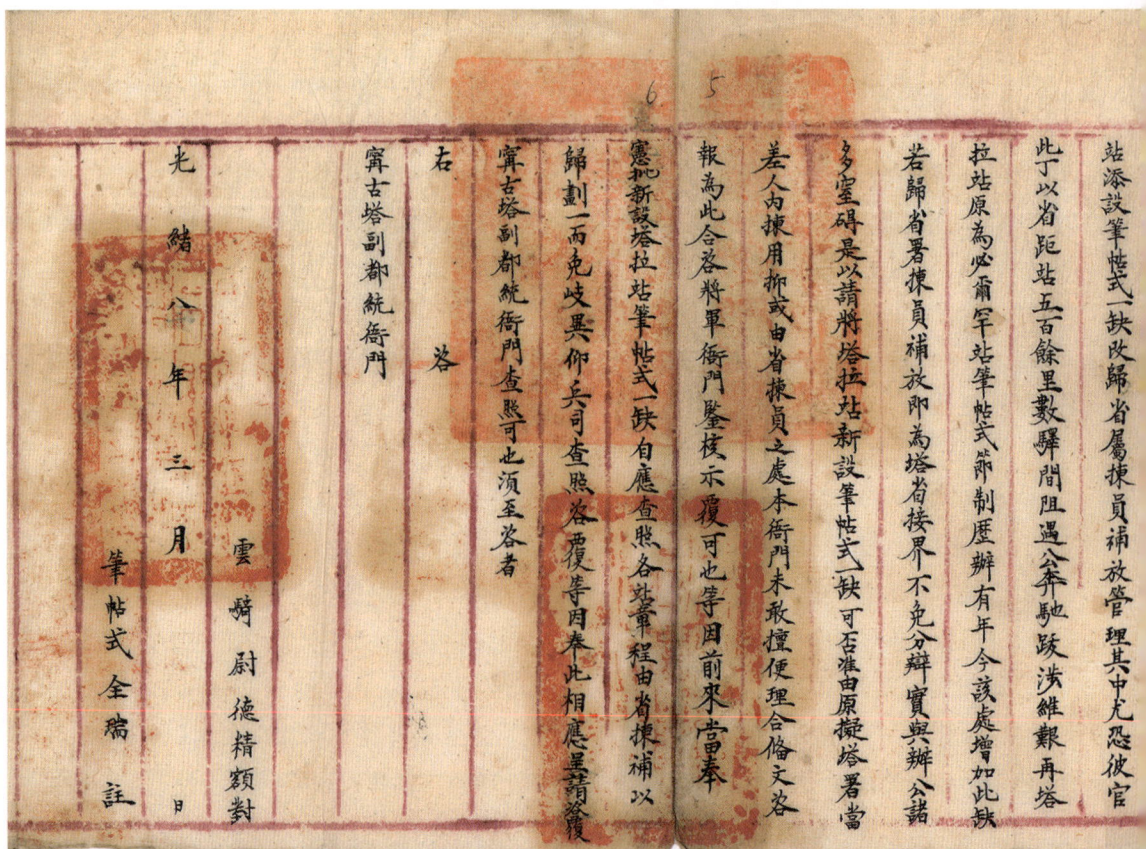

光绪八年（1882）三月，吉林将军衙门为新设塔拉站笔帖式一缺照章由省捡放事给宁古塔副都统衙门的咨文

还是能够从中大致了解到，塔拉站界内的道路情况比较差，一些泥洼路段已经不大容易通行。该如何解决呢？呈文说："伏查职站迤西额界，均系敦化县会同俄兵修理，至都凌河为吉塔接界之处，未悉能否前修。加以站界丁民星稀，实属独立难支。正在踌躇无措间，忽闻塔属派员前来勘估，现未抵站，以俟到站会商如何兴修之处，另行呈报。仅将遵札踏勘站界河洼、桥梁工程甚巨，兴修不易各缘由，理合备文呈报监督总站台前鉴核施行。"呈文前文没有把情况说清楚，后文也没有拿出什么解决办法。卒读此文，除了"我干不了"这件事说清楚了以外，再就是等和靠。等敦化县是不是能够修一部分，靠宁古塔派来的人员拿出兴修的办法。其实，从前文引述的其他驿站同类呈文看，所有的驿站都表示了对界内路桥进行维修，是驿站难以独立完成的事情，但是一般会把力所能及的事情先行安排。相形之下，塔拉站"懒政""怠政"的弊端比较明显。

　　光绪二十八年（1902），塔拉站发生了拆损文件的事件，导致宁古塔副都统为此向驿站监督发出了照会。照会说："兹于四月初六日，接准将军衙门来文，封套并书函多件。内有拆坏封套文信两件。斟询递送公文之沙兰站差丁，声称乃系塔拉站所拆。究系何等之人，即宜查明呈报。现值大乱初平，来往文报在在尤关紧要，何竟任意私拆，漫无觉察，殊属不

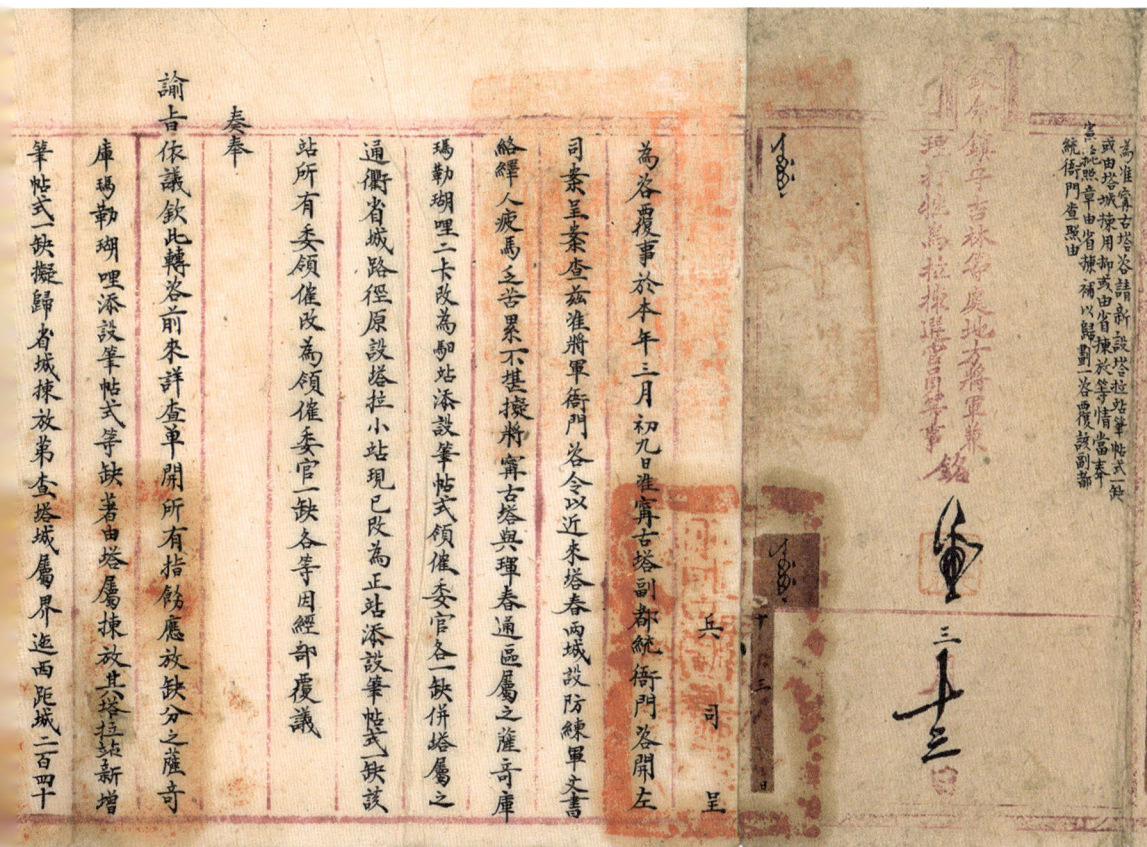

成事体。若不力求整顿,将恐胡所底止。惟查塔拉站虽系塔之接界,该站笔帖式、领催等仍归贵监督总站管辖,应就近查办,以儆将来而重驿务。理合备文呈请照会。为此照会贵监督总站,请烦饬查可也。"照会语气比较严厉,有些用词大有申斥之意,显见对发生拆损公文事件非常恼火。这件事情到底是不是塔拉站站丁所为,因为没有后续资料,不好妄自揣测。不过,按照吉林东路驿路驿站次序,塔拉站东行下一站应该是必尔罕必剌站,再下一站才是沙兰站。文件应该由塔拉站递送到必尔罕必剌站,再由必尔罕必剌站递送到沙兰站。按理,如果没有充分的证据,沙兰站站丁在接受讯问的时候,正常的回答应该是"从上站递送过来就已经拆损了",而不应该隔着必尔罕必剌站直接点明是塔拉站拆损的。联系前一则呈文塔拉站站官的"工作态度"来看,是塔拉站站丁所为的可能性比较大。也是这一年,塔拉站丁民的五谷青苗遭受到白露灾害。为此,驿站有一则呈文,先是说接到驿站属丁各姓户长高广禄等报告:站属丁民耕种的庄稼,到了七月十五日,仅有二三成秀穗,有七八成未出穗。原因是从七月初一日起夜降白露,一直到初十日,所种五谷青苗均都遭此灾害。然后说,"职等亲往站属各处查验,丁民等由春种大小麦均已成熟收割,其余青苗止有二三成秀穗,有七八成未出穗,均被白露降毁,不堪收割等情。职等将亲往属界查验青苗被白露降毁,不能收成各缘由,先行备文呈报监督、总站台前鉴核施行"。这两则史料,一则记录"人祸",一则记录天灾,都是塔拉站在光绪二十八年发生的真实事件。当事者为谁?后来的命运如何?我们无从考证,但是还是由此感受到了当年的人间烟火气息。

塔拉站虽然为吉林东路驿路驿站之中山区站和平原站的分野,但是在兵荒马乱的年代,自然也是很不太平。光绪二十八年(1902)六月,必尔罕必剌站向西路驿站监督报告:四月二十九日酉时正刻(约晚上六点钟),接到沙兰站送到公文,即派站丁董才往塔拉站递送。一直到五月初三日,董才都没有回到驿站。驿站便派站丁张景富去塔拉站查询情况。初五日,张景富返回,说塔拉站并没有见到董才前去递送文件。驿站意识到出了问题,正在派人四处查访之时,董才却于初八日瘸着腿、扶着腰,狼狈不堪地回到了驿站。据董才讲述,他在五月初一日那天奉派往塔拉站递送公文,行进到站西三十五里朱墩岭山顶时,遇到了七八十名步行山匪。山匪将董才截住,把公文抢去,看完以后骂声不绝,把文件全部扯碎焚烧。然后把董才带进了山里,用木棒狠狠打了一顿,几乎将他打死。到了初七日,在董才的再三哀求之下,这些人才把董才放了。虽然董才是必尔罕必剌站站丁,但是是在去往塔拉站途中遭遇的山匪,说明塔拉站往必尔罕必剌站行走,一路很不太平。历史档案中保存这一则塔拉站呈文,这则光绪二十八年七月十三日的呈文说:"于本月初六日申刻时,经洋枪营署营总荣带队至站南大崴子住宿,向职声称奉文督队前往必尔罕必剌站界泡顶子佐近山林内搜寻贼匪等语。职当派熟悉东山道路之丁民二人前往引路,即于初七日该营总带队前往东路去讫。据此,查职站前于五、六月间被盗匪绑去之丁民,早已央人说合,化费钱项,陆续放回等情。理合具交呈报,为此谨呈监督、总站台前鉴核施行。"这是一则纯粹汇报事情的呈文,一是说派人给洋枪营剿匪带路,一说本站被绑票的丁民都已经赎回。从这则呈文所述来看,恰与前文必尔罕必剌站呈文汇报事情相佐证,塔拉站和必尔罕必剌站之间驿路确实存在匪患,而且一度活动比较猖狂。

吴大澂在光绪六年(1880)奉使筹办东北边务时,亲赴宁古塔、珲春等地考察边务,在去宁古塔的途中,曾经在塔拉站住宿。其据《奉使吉林日记》记载:"(十一月)十三日,行五十里至张家店,尖。又二十五里至塔拉站,宿。"就是这次考察,吴大澂目睹了吉林各路驿站的疲累情形,特别是宁古塔至珲春之间未设驿站,"各台卡人疲马乏,苦累不堪","目击该官兵竭蹶情形,无从体恤"之后,与吉林将军铭安一同于光绪七年(1881)奏请添设驿站、增拨额丁。光绪十二年(1886),吴大澂受命赴珲春与沙俄代表查勘边界,又一次奔波在这条驿路之上。他以日记形式记录了此行行止、观感及勘界情况等并汇辑成书,题书名为《皇华纪程》。其中记载,二月二十二日夜宿塔拉站,有《夜宿塔拉站所作》诗:"行旌历尽厂东西,偶触吟情信笔题。风土犹存唐俗俭,又双马拉一爬犁。闲游人似打包僧,晓起餐风夜宿水。只为萍踪漂泊惯,一生衣食寄行縢。"诗句虽然不尽雅驯,还有文白夹杂的不工遣词,但诗意还是比较畅达明快,透露出作者重任在肩,不辱使命的一腔热诚,同时隐隐还有一点自矜之意。实实在在而言,吴大澂就是再自矜一些,也是有资格的。此次勘界历时近5个月,吴大澂将"土字牌"向沙草峰前移了9公里,收复了黑顶子,迫使沙俄允许中国船只自由出入图们江口,补设和增设了三大界牌,是19世纪80年代清政府外交活动非常难得的一次胜利。当然,吴大澂这次勘界并非没有遗憾,主要是"土字牌"并未前移到位,仍然有3.5公里至5公里没有收回;囿于具体任务,在俄方主动提出的情况下没有对乘势收回"黑瞎子岛"做出努力;事实上默认中国政府放弃了对南乌苏里以东领土的主权要求和对该地区中国居民的保护责任。而这些目标如果要都做到位,即使吴大澂再怎么努力,在当时的历史条件下,由于没有强大国力支持,恐怕也难以实现。所以,这笔账也不能简单记在吴大澂头上。瑕不掩瑜,这并不影响历史对吴大澂此次勘界做出积极正面评价,也丝毫不会影响后人对吴大澂的历史功绩给予热情赞颂。

(七)通沟镇站

通沟镇站,有的史料也称"通沟站",位于今敦化市官地镇岗子村东南,南面和西面临沙河,南面隔沙河与通沟岭山城相望。通沟镇站设置较晚,光绪七年(1881)二月,吉林将军铭安等《拟请改设驿站添拨额丁的奏折及清单》中提出:"东路之鄂摩和索罗站,南至阿克敦城,向非街道,本无驿站。近因南冈一带放荒渐广,经臣铭等奏请,添设敦化县知县一员,县丞一员,公事亦颇繁要。拟请于阿克敦城之北,鄂摩和索罗站之南,添设一站,以联络南路。"这里说得很清楚,只是在吉林东路驿路鄂摩和索罗站向南延伸出来一个驿站,主要是通过敦化县进而联络南路。在这个奏折的清单中,将增设驿站位置、名称列了出来:"自鄂摩和索罗站南,至阿克敦城一百四十里,向无驿站。今拟在南北适中之通沟镇添设一站。专设笔帖式一员,领催委官一员,额丁十三名,拨给牛十三头,马十三匹。""以上添设通沟镇站一站,笔帖式一员,领催委官一员。添给盖房银一百五十两,置买器具银五十两。"铭安等的这个奏折,经过各部会议议准,皇帝批准后就正式施行了。所以,通沟镇站应该设置于光绪七年。光绪十四年(1888)西路关防处关于《奉札奏请酌加站丁的札文及粘单》提出,"通沟镇站、哈顺站、穆克德和站三站,原设额丁各十三名,牛各十三头,马各十三匹。今拟请各予加添额丁七名,马七匹,牛七头。"也就是说,在光绪十四年,通沟镇站又增加了七名站丁,七头牛和七匹马。此后,通沟镇站额设笔帖式一员,领催委官一员,站丁二十名,马二十匹,牛二十头,并一直保持稳定直到驿站裁撤。这里要说明的一点是,从相关历史资料了解到,驿站额设站丁,并不意味着就是实有站丁数量,有的站丁虽然明确从哪里划拨,但存在着迟迟不能到位的情况,有的驿站甚至站丁实际数量与额设数量相差很远。

有一则光绪十四年(1888)正月的呈文,内容是通沟镇站等驿站恳请增加额丁、添建房间。呈文中说,通沟镇站等建站时盖了五间房,这五间房安设厨房、档册房和驿站笔帖式等人的住房以后,就没有闲置房间了。诸如递送公文、喂养马匹的雇工等,没有专门的房屋居住。而且,驿站中需要储备的粮食、马料,年前备办无处盛贮,夏秋雨水连连无处遮盖。至于过往差徭住宿房屋,原本是必不可少的。所以,提出要求,想要把正房五间改作公馆,添建档册、厨房五间,盛粮房五间,递送公文、喂养马匹人等住房五间,马棚五间,草棚三间,大门一间,周围群墙六十丈,公馆小墙十八丈。这个呈文在光绪十一年(1885)呈递以后,并没有得到批准。吉林将军衙门根据户、工两司会商意见回复说,新添驿站只盖五间房确实不够用,每站请再添建二十三间,与旧有驿站房间数相比较,也不算多。只是当下没有钱,所

通沟镇站旧址,位于今敦化市官地镇岗子村,现为民宅

以暂缓办理。通沟镇站等根据将军衙门的札文精神，只好自己筹措办理。可是筹划一番，更加发现拮据状况的严重，根本办不了。原因在于，这些驿站自从设立以来，原定站丁待遇太低，添拨站丁观望畏惧，迟迟不能来站膺差。通沟镇站算是情况比较好的，也只是迁来数户。在站丁不能到位，站务又不能耽误的情况下，所有需要由站丁出力和丁户出车的事情，只能从民间雇觅。每年开销不下二百两银子，都是驿站承担，已经是不堪重负了。还有一些其他因素，导致驿站负担愈加沉重。这则呈文是光绪十四年（1888）正月上呈的，而前文提过的西路关防处《奉札奏请酌加站丁的札文及粘单》，是七月发出的，这则札文中提出："又该十站（指宁古塔至珲春驿路正分十站）并通沟镇站、苇子沟站、五常站、塔拉站、意气松站五站官房过少，不敷占用，且无墙院。间有未发房价者，请按每站添建档房五间，住房五间，马棚五间，草棚两间，大门一间，周筑土墙七八十丈。"从札文内容来看，呈文提出的要求似乎得到了明确答复，但最后是否落实下来，从已有档案资料中还未看到切实描述。

据《西路关防处呈造所属各驿分布细册》记载，通沟镇站"北至鄂摩和索罗站七十里，南至敦化县五十五里"。光绪三十二年（1906）《吉林省西路驿站监督管下东西两路正分三十站户口总册》记载，通沟镇站"管下二户，男大四十八、小二十五丁，女大二十四、小二十五口，共一百二十二丁口。学童三人"。管下户数不多，但是总人口数量在吉林东路驿路各驿站中比较，也不算很少。从其他资料来看，通沟镇站所在地，应该有过比较繁华的历史。高峰《敦化境内的清代驿路和驿站》一文记述，2016年11月2日，岗子村村委会从村民乔金全手中征集了一块清代牌匾，其正面文字为"本铺精镀金點翠堆疊首饰俱全"，反面文字为"本铺精造满汉金银首饰不误主顾"。通过这些文字可以判断，这是一间首饰店的招牌。这间首饰店能够打造满族、汉族各种风格的金银首饰，而且擅长镀金、点翠、堆疊各种工艺，还非常讲信用，"不误主顾"。这块牌匾是在拆除本村供销社房屋板棚的时候发现的，很幸运地被有心人保存下来，现在为我们提供了重要的历史见证。根据这块牌匾，我们可以很有信心地推断，当年通沟镇站这个地方必然是个繁华所在，应该设有当时繁华小镇应有的各种"标配"，如烧锅、油坊、商号、当铺、客栈、饭馆等。不要说在清代，就算是在当今，金银首饰店都是高端消费场所。能够开设这样高端消费场所的地方，人口聚集度一定比较高，而高人口聚集的地方百姓日用生活消费设施必须齐全，这是基本规律。村东南遗有清代岗子古庙，古庙周围有三棵百年大柳树。据此文介绍，通沟镇站周围还遗存古庙、木牌匾、老船口刻石、一段古驿道、古驿道刻石、系船孔石等物件，虽然说不上多么丰富，但是相对于那些毫无踪迹可寻的驿站旧址，通沟镇站旧址也算得上遗存丰富了。

通沟镇站设置以后，很长一段时间里，都没有解决站地牧场的问题。通过光绪二十九年（1903）十一月十五日通沟镇站一则请求划拨站地牧场的呈文，可以了解事情的原委。原来，通沟镇站设置以后，光绪八年（1882），当时的敦化县知县赵敦诚、额赫穆索罗佐领多明阿，遵照吉林将军札文要求，会衔将通沟岭官山北面划拨为通沟镇站牧场。不过，划拨以后，山根以北居住的旗民各户各自霸占相应地段，作为自己的山场，不允许通沟镇站经营。一直到光绪二十三年(1897)上呈呈文的这任笔帖式到任以后,认真调查事情原委,了解了真实情况后,就此事向上呈文,并获得将军批示,明确重申此山为驿站牧场,从此立清界址,认真经理。驿站根据将军批示,确立南至山顶分水岭,北至山根,东西俱至山咀山根,以北界外所有熟地房园,概与原户划出。界内名凡通沟岭者,都是站中牧场。并且当即绘图上报有司,并且移付旗民两署备案。本来以为如此问题已经得到解决,不料竟然冒出来一个额赫穆佐领属下旗民贵山,硬说驿站将他家坟茔划在牧场之内了。于是呈请将军指示,要求敦化县知县和额赫穆衙署佐领共同前往,实地踏查立界。可是,旗民两署拖拖拉拉两年多,也没有踏查立界。正在驿站禀请之间,光绪二十六年(1900)八月沙俄军队入侵,更加无暇办理。等到了光绪二十八年,敦化县又设立了清赋放荒局。按相关规定,各站可以在原先拥有的牧场内,选择留下六七十垧,多出来的允许驿站报价购买,驿站若没有钱购买,则归放荒局另外租佃。根据这个规定,驿站满以为原来划拨的牧场有案可查,放荒局一定会在牧场中给驿站按要求划留土地。不料想,春天的时候,放荒局人员来到驿站牧场地界,竟然将此山全部分放给原来霸主以及旗民各户,没有给驿站划留立锥之地。于是,呈文委屈地说:"职等未敢与较,惟思设官以安站为大宗,安站以牧场为要务。现无就近又无闲荒可指,所有荒场均是旗人恒产,乃职站岂能因其霸占致使牧场无著乎?理合据实呈请总站监督台前鉴核,转请援案划拨牧场施行。"通过这则呈文,可真实感受到通沟镇站着实比较憋屈,等于从建站开始就没有真正经营过牧场,到最后连纸面上的牧场竟也失去。从光绪八年到光绪二十九年,二十多年的时间里,一个驿站的牧场问题始终没有得到解决,更不可思议的是,扯来扯去竟然给扯没了,通沟镇站所处地位之尴尬,实在是不可思议。

光绪二十五年(1899),一起拆动公文事件牵涉通沟镇站比较深。事情的起因是,招垦局接到由省递发的两件公文,均被拆动。当时从吉林城往延吉方向的公文传递,先是由吉林东路驿路驿站一直传递到鄂摩和索罗站,再由鄂摩和索罗站传递到通沟镇站,而通沟镇站再往南传递,则是由马拨承担。先是靖边右路统领富兴就此事呈文,说他们所设马拨传递文件,北在通沟岗子接手,再往北则都是驿站传递,所以对拆动公文的事情很难查究。还说,通沟镇站没有官弁,一向雇人打理,现在情况非常复杂,人心叵测,怎么能从外面雇人来传递公文要件呢?并提出建议,除了我们靖边右路稽查此事之外,可否彻查到底何处拆动公文,并严格要求各驿站以后不得仍像以前任意拆动公文。并且,对通沟镇站,要另派得力人手进行打理,才能保证公文不致有泄露的风险。坦率讲,富兴的呈文很阴险,不但为自己甩锅,还在没有任何证据的情况下,影射污蔑通沟镇站甚至整个吉林东路驿路驿站管理存在漏洞。这一则呈文,把清末官员之间钩心斗角的政治生态,活生生地呈现出来了。富兴的甩锅诬蔑果然有效,吉林将军为此批示:"驿递公文理宜严密,此次由省递发公文两件,系由何处拆动,仰兵司按站查究。并通饬各站,嗣后如查有拆动公文情事,定行参办。至通沟岗子驿站,亦着派妥弁经理,以昭慎重。"对富兴的无端指责,西路关防处自然不会无动于衷。西路乌拉额赫穆等站监督、副都统衔花翎协领恩庆等给兵司移文,首先汇报了查究情况:乌拉至鄂摩和索罗等站认真检查了来往接递公文号簿,由省发递招垦局公文角件,挨次查明,并无拆动形迹。通沟镇站笔帖式富兴阿、领催委官李香荫也有报告,按照接递号簿加细详查,二月内所有接递招垦局公文,并无注有拆动形迹。复查通沟镇站送往驼腰子马卡此项公文,取回收付亦无注有拆动痕迹。通过以上有理有据的说明,已经将富兴所说全部驳斥回去。接着,提出了西路关防处的主张:究竟是什么地方拆动了公文,需要往南挨个马卡进行查究,这样可以避免互相推诿的问题。实际上,又把皮球给富兴踢了回去。你不是说有驿站责任不清不好查吗?我们驿站已经逐个排查完毕,有理有据,公文完好送到你们马卡,马卡的收付也没有标注过拆动痕迹,说明这件事情和驿站没有关系。至于马卡怎么样,你自求多福吧。然后,进一步说明通沟镇站的具体情况:"再遵查署笔帖式系署仓差,前于去岁十月间兼署站务,会同敦额两衙门勘划牧场荒界。因敦化县令未奉端文,不肯会同办理,曾经明报请示,一面旋省就职。正值征收仓粮之时,因而未得赴站。至领催委官李香荫,系于二月十一日遵文由站起程晋省,承领站中春季津贴钱文。"如此说来,通沟镇站"领导班子"成员齐全,哪里是富兴所说那样"没有官弁,一向雇人打理"?这个移文由兵司呈给了吉林将军衙门,吉林将军衙门发出札文,"札饬靖边右路统领、二品顶戴记名副都统、前花翎协领富兴遵照可也"。看来,富兴这次应该没有什么说辞了。

光绪二十六年(1900)通沟镇站发生了一起站丁人、马被水淹死的惨剧。七月初十日辰时,通沟镇站接到鄂摩和索罗站丁周兴邦送来的公文,登记号簿以后,即派站丁王殿仁前往敦化县递送。当天,就送到了敦化县衙门,并取得收付。十一日,有船口民人赵德中突然跑到驿站报信,说王殿仁在返回途中,走到城东牡丹江西沿砖瓦窑前大江湾时,正赶上江水暴涨,水溢出河床,在两岸泛滥。王殿仁骑着马蹚水奔向船口,不幸掉入深水坑中,人和马全被淹死。当时,江水水势过大,船口虽有船只但太小,没有办法救援,所以只能眼睁睁地看着人、马都被江水冲走了。根据赵德中的讲述,驿站马上派出站丁王相君前往牡丹江船口一带,搜寻王殿仁和驿马的下落。当时恰值阴雨连绵,江水一直没有消落,查找了两天,鞍马终于在数十里之外被民人杨德胜发现并捞了上来,算是找到了,但马已经淹死了;而站丁王殿仁尸骨则遍查无着。驿站把这个具体情况及时呈文报给西路关防处。西路关防处也及时向将军衙门进行了禀报,并且提出:"职等详查该站呈报,差丁王殿仁因公人、马均被水淹毙命,情堪可悯。可否援照光绪十六年鄂摩和索罗站办过成案,恳恩赏给恤银,以示体恤。"吉林将军做出批示:"站丁王殿仁因送公文,人、马均遭淹毙,殊堪怜悯。候饬兵司查照办过成案,赏给恤银以示体恤。仍饬将淹毙马匹赶紧买补足额,仰兵司转行知照。"通过其他档案资料可以查知,最后给了王殿仁抚恤银十五两。只是这个抚恤银两不是兵司办理,而是交给了户司,在新添额外加赏款内支付。不过,不论是兵司还是户司,能够给王殿仁发放十五两银子的抚恤金,对其家小来说总算是一份安慰。其实,王殿仁被水淹死有些不应该,公文都已经送到了并取回收付,说明他已经完成任务了,不存在限时的压力。他完全可以静待水势消落,或者选择更加安全的路线去往渡口。可能问题出在疏忽大意上面,以为很有把握的事情,实际潜藏着致命危险,令人痛惜。

通沟镇站设置于通沟岗子,不是没有来由的。从地理区位来看,这个地方自古以来就是一个重要的交通节点。根据考古资料,渤海国时期的朝贡道,应该通过这里。据1985年以内部资料出版的《敦化市文物志》记载,与通沟镇站隔沙河相望的通沟岭山城,可能始建于渤海,辽金时期加以改筑沿用。山城位于官地镇老虎洞村东山上,这座山就叫通沟岭,古城处于平坦向阳的山坳中。城南,悬崖下的沙河,由南而来,在城西南角弯转向东,河道落差很大,一直擦着山根流淌。到了通沟岭东端,人们称为东山头处,转弯向北流去,流过一段距离后,又沿着山北麓折向西北流淌。这样,通沟岭东端形成了三面临水、西面一面连接高山的特殊地形。古城南临悬崖,东、西、北三面建有城墙。东墙为南北走向,长500米;北墙随山脊起伏弯转,不成直线,长600米;西墙基本为南北走向,稍有曲折,长约500米;南面临崖段长约400米。古城周长计2000余米。设有东、西、北三座城门,东、西二门稍有破坏,尚存宽度均为7米,北门完整并带有瓮城。在城内东南、东北、西北三个角,存有较大的土筑台基,应该是角楼遗址。此外,东、北、西三面墙上,还在适当位置设置了凸出城墙直线的堡垒状构筑,即所谓的"马面",总共有9个。城内北半部高,最北边是山脊,最高点海拔602米。南半部低平,东西两侧稍微隆起,东西两侧边墙便顺着山势筑于山岗之上。城西南靠近西门的地方,有一个半圆形土坑,直径6米许,里面淤积着细泥沙,应当是贮水设施。整个古城遗址保存比较完好。据《敦化市文物志》记载,据通沟岭古城不远处的岭底村西山上,还有一座通沟岭要塞,亦为渤海时期建筑,辽金时期沿用。岭底村西山为东南—西北走向,稍向北则转为东北走向,形成一个开口朝东的山坳。通沟岭要塞就坐落在山脊的南段,从北坡向上,接近山顶处有两道阶梯式构筑,山脊以南有一条壕沟。沟长250米,宽1米左右。从形式判断,这是一道防御设施,主要是为防御西南之敌。此处,东为河边峡谷通道,西为崇山峻岭,东北距通沟岭山城2.5公里,可见其乃通沟岭山城的附属防御设施,亦为通沟岭山城的前哨。通沟岭要塞、通沟岭山城、通沟镇驿站,大体上是从南向北一字排开,三者距离也大体相当,这也许不是巧合。

四、吉林北路驿站

吉林乌拉北行驿路,一般说来有两条。一条是吉林乌拉至黑龙江城(瑷珲城),一条是吉林乌拉至三姓城。从这两条驿路又延伸出若干支线,分别通往北部各重镇。而就今吉林省地域而言,实际上就是吉林乌拉至伯都讷一条驿路。这是吉林乌拉至黑龙江城驿路在吉林省境内的路段,伯都讷站向北过江的下一站茂兴站,已经是黑龙江省境。而吉林乌拉至三姓城驿路,直至登伊勒哲库站方才分道,分道后在今吉林省境内只有蒙古卡伦一站,然后就进入了黑龙江省境。所以,就北路驿站而言,除吉林乌拉至伯都讷各驿站外,只需再加上一个蒙古卡伦站,就是全部驿站了。清代将北行两条驿路划归一个关防处管理,称为北路关防处,而其驿站监督则称"管理金珠鄂佛罗等站监督"。因为吉林城站乌拉站划归西路关防处管理,其驿站监督称"管理乌拉额赫穆等站监督",所以有历史资料将金珠鄂佛罗站算作吉林北路驿路首站。当然,这是从行政管辖角度来看;如果从驿路实际来看,乌拉站还是吉林城北行驿路的首站。本部分主要介绍吉林北路驿路各驿站,故从金珠鄂佛罗站开始逐个进行梳理。

(一)金珠鄂佛罗站

金珠鄂佛罗站,今为吉林市龙潭区金珠镇金珠村金珠站屯。"金珠鄂佛罗"为满语,意为长满柳树的山头。金珠鄂佛罗站有时也简称"金珠站"。金珠站屯南距吉林市35公里,北距乌拉街10公里,吉舒公路穿屯而过。1983年以内部资料印制的《吉林市郊区文物志》记述:"据当地老者介绍,过去此地路西有'官房子'十余间,在路东有马厩数间,今已荡然无存。"看来,在20世纪80年代,金珠鄂佛罗站就已经没有任何遗存了。根据康熙二十四年(1685),户部《为吉林至黑龙江设二十五驿所需事项咨黑龙江将军文》所述,"每驿计领催在内,共设男丁三十人,马二十匹,牛三十头"。可知金珠鄂佛罗站初设时配置如是。后来经过调整,光绪十四年(1888)之前,金珠鄂佛罗站额设站丁二十七名,马二十七匹,牛二十七头。光绪十四年经过奏请,增加额丁三名,马三匹,牛三头。至此,金珠鄂佛罗站额设笔帖式一员,领催委官一员,站丁三十名,马三十匹,牛三十头,直到裁撤。据《北路关防处呈造所属各驿分布细册》记载:"金珠鄂佛罗站:此系首站,南至吉林省城六十里,北至舒兰河站六十里,西至乌拉街城十五里。"从现今地图看,乌拉街相对于金珠镇的方位,应该是北偏西,若说"北至乌拉街城十五里"可能更符合实际一些。据《吉林驿站建制规模人口牲丁清折》记载:"金珠鄂佛罗站,笔帖式崇绶。"据光绪三十二年(1906)《吉林省所属各驿站户口总册》记载:"金珠鄂佛罗站,二十户,男大五十六、小九丁,女大二十六、小四口,共男女九十五丁口。内有学童三人。"《吉林志书》记载,自乾隆三十年(1765)至嘉庆十六年(1811)受到旌表的列女之中,有乾隆四十九年(1784)旌表金珠鄂佛罗站站丁张文之妻张氏。该站仅有此一人。之所以如此,若排除统计疏漏的因素,则很可能是因为这个驿站站丁户数过少。到了1906年的时候,这个驿站总人口才95人,显然存在特殊原因。当时金珠鄂佛罗站站丁膺差状况,应该与其他各路驿站差不太多,面对的困难和危险大体相当。光绪三十四年(1908),金珠鄂佛罗站笔帖式玉春、领催委官张继广有一则呈文,报称:"刻值江河将开未开之际,冰水溶(融)化,深浅无常。南有松花江、牤牛河相隔,北有哑巴屯河、四家子河阻止。适中河口数道,兼无船只摆渡,倘遇紧要公文,不免迟误时刻之虞。"这是驿站站官的事先声明,到了开春时节,驿站管界河流较多,又没有摆渡船只,很可能迟误紧急公文,预先做出说明,免得到时承担责任。驿站已经设置二百多年了,经历了二百多个开春时节,到这任站官要专门做出说明,明显有预先推卸责任的小算计在其中。不过,说的也是实情,站丁因渡河死亡的案例相对较多。

金珠鄂佛罗站旧址,位于今吉林市龙潭区金珠镇金珠村,现为民宅

通过有限的历史资料,我们还是可以窥见当年金珠鄂佛罗站处境之艰难。有一份光绪三十一年(1905)的金珠鄂佛罗站《报告亏短款项马牛等情的呈文》,是该站笔帖式崇绥因将调任黑龙江省,对继任者进行交接的情况报告,主要是说明自己任职期间对驿站债务亏空弥补的情况。从呈文所述来看,崇绥于光绪二十七年(1901)二月二十八日接手金珠鄂佛罗站站务。当时核查站中积欠公私各款,以及亏短仓粮、额马牛条情况,按照历任交接账簿开列出来。具体情况是:驿站额设马三十匹,实际仅有两匹;额设牛三十头,实际仅有两头。亏空额马二十八匹,牛二十八头。应存谷六百一十仓石零七斗六升,实际仅有谷五百五十仓石,亏短谷六十仓石零七斗六升。亏公私各款共钱一万五千五百三十八吊四百六十文,亏短库银五百五十两。崇绥接管以后,将核查情况呈报驿站监督,请核查是否因公亏累,并请示下该如何处理。驿站监督查明,站中历任亏欠公私各款,并仓粮、额马、牛条等,均系因公亏累,要求驿站想办法节省开支、弥补亏欠。接到驿站监督的指示以后,崇绥等焦灼万状,非常担心积重难返。当时的金珠鄂佛罗站早已经疲累不堪,全站户口之中的壮丁满打满算不过三十余名,去掉老弱病残,年富力强者没有几个人。在这样艰难的情况下,崇绥和领催委官金瑶极力设法整顿,在无可筹措之中想尽一切办法,努力扭转积习、节约开支。首先对商家垫款一项进行磋商,从光绪二十七年(1901)年底一概停止付息,分年还本,幸好商户都很高兴地同意了这个方案。至于公款亏欠的弥补则更加困难,每次领取草豆等项公款,则首先尽量归补公款,剩余再酌情付还商户垫款。从崇绥接管之日起,到他离职之日止,共还陈欠钱一万一千五百零二吊二百一十文,银五百二十五两。驿站常年公用本来就

已经十分艰难,全靠租粮来抵补。可是,偏偏租粮一项也出了问题:"尤可虑者仓粮一项,有牛无地,向来官中包纳仓谷,由津贴地租粮内补交。讵自二十八年佃户矫振廷等率众抗官,于丈出浮多地租粮及商明认给每垧加租粮二斗,连原租均抗不交纳。前经承蒙监督迭次移催吉林府比追,该府如何讯断,是否比追,迄今二年之久未奉明文,无从得悉。故现在各佃户因之观望不交,拖欠官中租粮四百余石。"驿站向来是依靠将站地招佃收取租粮补贴公用的,可是从光绪二十八年(1902)开始,可能是对佃户租地进行了清查,查出来的浮多地也开始收取租粮,而且将原租粮提高了二斗。于是,在矫振廷的带领下佃户们拒交租粮,不但查出来的浮多地不交,商量好的加租二斗粮不交,竟连原来标准下的租粮也不交了。驿站将这件事情报告给驿站监督,驿站监督也移文吉林府并多次催处,只是拖了两年之久,吉林府还没有个处理结果。受此影响,仓谷截至光绪三十年(1904)年底,应存七百五十四仓石七斗六升,实际有六百二十九仓石七斗六升。除原来亏六十仓石零七斗六升外,又新增亏欠六十四仓石二斗四升。崇绥接任时,站马只有两匹,接任后陆续添购五匹。可是,实在是驿站差务繁重而马匹又少,先后累死了四匹,剩余三匹中,还有一匹为病马,仍然亏额马二十七匹。牛仍然只有两头,亏牛二十八头。

崇绥在离职之前,向北路关防处呈文,请求对该站领催委官金瑶等八人奖励功牌顶戴。北路关防处向吉林将军衙门呈报以后,将军批示:查各站官等平日办公充差勤慎,本属分所应然,时非年节,未便率请奖励。只是金珠鄂佛罗站从前公私亏款共钱一万五千余吊,银五百二十两。自崇绥补授笔帖式之缺,督饬委官站丁人等力加整顿,实事求是,共还公私亏款

共钱一万一千五百余吊,银五百二十两。如果所欠公款均已归清,则办事尚属认真,不无微劳,情况属实的话应准照拟给奖,以昭激劝。但现呈并未叙明公款已否清偿,无凭查核。因此,北路关防处于光绪三十一年(1905)十月再上《金珠鄂佛罗站查明所欠公私各款的复呈》,明确报告:"职当即详查该站账目,内载从前积欠公私各款及典地价压租钱一万五千余吊,库

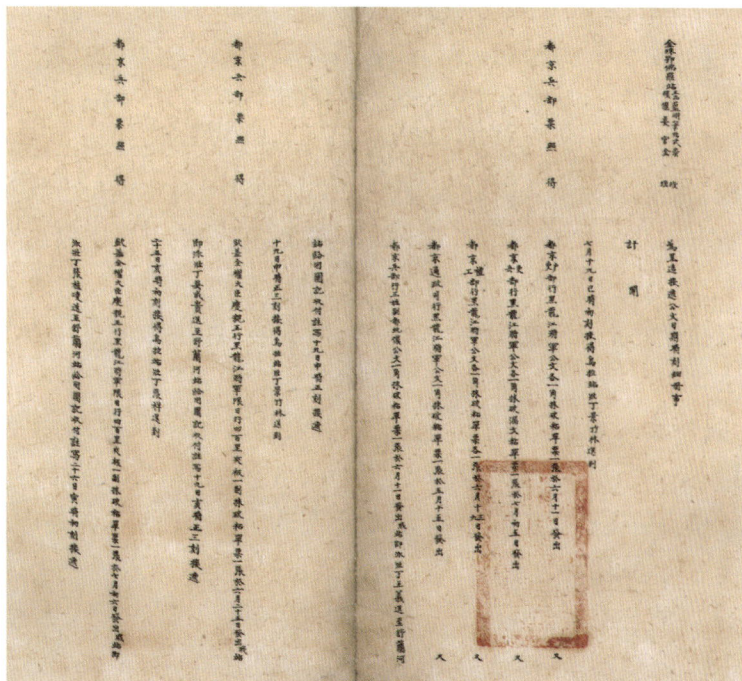

金珠鄂佛罗站接递公文日期时刻细册

款银五百二十两,经笔帖式崇绶等连年撙节,共还陈欠公私各款一万一千五百余吊,库银五百二十五两,现剩未还陈新商债及地价压租钱五千余吊。"因为有北路关防处的官方认可,崇绶等对金珠鄂佛罗站站务整顿工作的成效,当是真实的而不是崇绶的自我标榜。从以上史料中,我们一方面看到了崇绶的才干,在那么艰苦的条件下,还将驿站历年积欠基本还清;另一方面,更加令人揪心的是,这将是对站丁多么严苛的克扣,站丁的处境该是多么艰难。原本额设站丁三十人,马三十四、牛三十头的驿站,即便到了马两匹、牛两头的境地,还要维持站务的正常运转,毫无疑问,只能由站丁付出更多的努力了。也就是说,一些原本是马、牛来承担的差事,因为没有马、牛了,可能都是站丁来承担。如此一来,站丁的负担更加沉重,生活必定更加艰难。这些史料也从侧面说明,金珠鄂佛罗站人口聚集能力比较差,在经济运行十分窘迫的条件下,驿站自然难以吸引人口会集。在崇绶的呈文中还提到这样一个细节:"再站中仓粮每欲出粜,迄无领户。皆缘贫者不能耕作,借去无从归补,而种地各户悉有余粮,不肯借领。迭与委官金瑶商令设法平粜,三年之久迄未移出。"驿站粮仓里的粮食,一般是通过粜出的方式借出陈粮、归还新粮,以实现仓粮的出陈易新。但是,金珠鄂佛罗站已经三年之久未能将仓粮粜出了,原因呈文也说得很清楚。但是,归根结底,还是驿站聚集人口太少,住户境况已经固化所致。这已经是一个恶性循环,从经济角度看,活力越低人口就越少,而人口越少则导致活力更低。这也许是金珠鄂佛罗站人口数量少的一个原因,且很有可能是最重要的原因。

虽然历史留下来的资料比较少,但从以金珠鄂佛罗站所处的地理区位看,这里应该是有故事的地方。经过一番搜寻,还真就挖掘出一些历史文化底蕴。据《吉林市郊区文物志》记载,距金珠村不到10公里的金珠镇安达村南半面山群峰之中的架子山顶部,有一座山城遗址。站立山城之上,不仅500米左右宽的松花江江面情况一览无余,还可以俯瞰江西侧广大平原,乃设置军事要塞绝佳之地。山城依山势而筑,城墙用山皮土叠筑,有两道城墙,分内、外城,城门开在西南,外城周长30余米。城外北面顺山坡自下而上排列六个土坑,每坑直径约3米,深约1米,可能为军事掩体。据相关史料记载,明末乌拉部曾于松花江沿岸筑有军事城堡,架子山山城可能为其沿江城堡之一。明万历四十年(1612)正月,努尔哈赤灭乌拉部之最后一战,就是在这一带进行的。据《满洲实录》记载,正月十八日,乌拉部国主布占泰率兵三万来到富尔哈城迎战,大败以后只身投奔叶赫部。富尔哈城位于乌拉街南5公里,万家村与富尔村之间,前富尔通河、后富尔通河与松花江形成的夹角地带,四周地势平坦,是一片开阔的冲积平原。西1.2公里为由南向北流过的松花江,北2公里是由松花江干道引出的支流前富尔通河,南0.5公里为由东向西汇入松花江的富尔通河。富尔哈城为辽金时代建筑,明代被乌拉部沿用。万家村和富尔村几乎正南正北一线排列,居于金珠村西面,三者构成一个锐角三角形,金珠村居于最小锐角尖上,距二者距离各约5公里。有学者指出,努尔哈赤与布占泰的这场战争,是在富尔哈城与架子山之间的开阔地展开的。总之,就是在金珠镇金珠村一带,也就是金珠鄂佛罗站一带。安达村南山有一处新石器时期原始文化遗址,山顶则为清代炮台遗址。清朝末年,面对沙俄侵略威胁,光绪七年(1881)吉林将军铭安等就奏请在吉林城周边修筑炮台,但没有得到朝廷的允准。光绪十九年(1893)吉林将军长顺上奏重申:"周览城外形势,必须于江岸上下,并北山左右,建置实心、空心大小炮台十数座,方以资控制。"安达南山距吉林城15公里有余,处北山左翼,临江居险,正是设置炮台的理想要地。炮台址平面为长方形,四面有山石和山皮土叠筑之墙,因而又被称为"四方城"。当然,最后这些炮台并没有阻止沙俄军队进入吉林城,而是屈辱地目睹了吉林城惨遭蹂躏的历史过程,充分说明腐败无能的政权不是枪炮能够拯救的。

(二)舒兰河站

舒兰河站,有时简称舒兰站,今舒兰市溪河镇舒兰站村舒兰站屯。这条驿路初置驿站时并无舒兰河站。康熙三十一年(1692),在金珠鄂佛罗站和法特哈站中间,增设舒兰河站。"舒兰"一词为满语,其含义有多种说法,但为多数人所认可的解释为"果实"。舒兰河站之名,很明显是因河名而来,舒兰河即今溪河镇之溪浪河。1985年以内部资料印制的《舒兰县文物志》介绍:舒兰站,过去当地人称"老站房"。当地耆老介绍,当年驿站正房为九间大瓦房,是驿站当差人的住所和办公场所。正房东侧另有七间瓦房是公馆,为往来官员、差役住宿下榻之处。前面还有五间房子,是马厩。这个介绍显然不够完全,吉林北路驿路各驿站设置时间比较早,驿站规模一般都比较大,功能比较齐全,一般都建有围墙。不过,20世纪80年代的当地耆老,多在清末出生,所能看到和留下记忆的,只是驿站走向末路的情况。所

舒兰河站旧址,位于今舒兰市溪河镇舒兰站村,现为民宅

以,尽管不完全,相信是当时的实际存在。舒兰河站为后来增设的驿站,是否按照初置时二十五驿标准配备站丁和牛、马,并未见史料具体记述。但从光绪七年(1881)该站配置与金珠鄂佛罗站相同的情况分析,当是增设此站时亦按原设二十五站标准配置。光绪七年(1881),吉林将军铭安等《拟请改设驿站添拨额丁的奏折及清单》中所列:"舒兰河站原设额丁二十七名,马二十七匹,牛二十七头。毋庸添拨站丁、牛马。"说明舒兰河站当时额设站丁二十七名,可以顺利完成驿递任务,所以没有增加额丁和牛马。光绪十四年(1888),经奏请,舒兰河站增加额丁三名,马三匹,牛三头。由此,舒兰河站额设笔帖式一员,领催委官一员,额设站丁三十名,马三十匹,牛三十头,并一直稳定下来,直到裁撤。据《北路关防处呈造所属各驿分布细册》记载:"舒兰河站:北至法特哈站五十里,南至金珠鄂佛罗站六十里。"据《吉林驿站建制规模人口牲丁清折》记载:"舒兰河站,笔帖式富良阿。"据《吉林省所属各驿站户口总册》记载:"舒兰河站:七十二户,男大一百八十、小七十丁,女大一百一十三、小九十二口,共男女四百五十五丁口。内有学童二人。"驿站管下七十二户,总人口455人,规模算是中等。《吉林志书》记载,自乾隆三十年(1765)至嘉庆十六年(1811)受到旌表的列女有:乾隆三十七年(1772)旌表,舒兰站站丁江继尧之妻杨氏;嘉庆元年(1796)旌表,舒兰站站丁王连之妻龙氏。共有两位被旌表的妇女,在北路驿站中算多的,但与西路驿站相比还算是少的。从一定程度上反映出此处站丁差役的危险性相对小一些。

不过,历史资料还是记载了这个驿站站丁所做出的牺牲。有一则光绪二十五年(1899)六月十五日,《吉林练军粮饷处发给站丁恤银的移文》提道,"据金珠鄂佛罗等站监督、花翎协领庆等禀称:舒兰河站差派壮丁刘述起,前往金珠站递公文,旋回行至凤凰山北,有山河一道。该丁乘马过河,山水陡发,将马冲倒,该丁落水淹殁。查系因公殒命,情堪悯恻,可否援照伯德讷站送文站丁熊得岷坠江殒命,恤赏之案议赏等因"。文中对事件本身的叙述比较简略,事件发生的时间、具体情况都没有交代。从简略的叙述中,大致可以推测,事件发生在夏

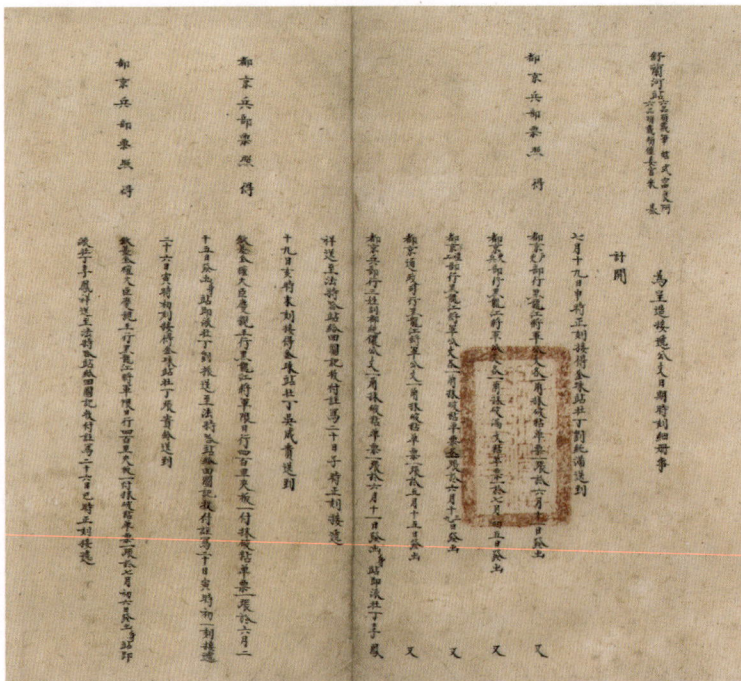

舒兰河站接递公文日期时刻细册

季。因为从"该丁乘马过河,山水陡发,将马冲倒"的情况来看,应该是这条河流上游地区突降大雨,导致山洪暴发。而刘述起乘马过河的时候,恰好山洪奔泻到此处,猝不及防之下,洪水冲倒所乘马匹,刘述起被洪水冲走淹死。在东北地区,这种情况多发生在夏季多雨季节。这则移文的形成日期是六月十五日,按公历计算当为7月。如果处理的是当年发生的事情,那么刘述起被淹死的时间很有可能就在6月或7月。这则移文同时提到两个人,除刘述起之外,还有一位富克锦协领属下正红旗披甲博尔洪阿,乘坐桦皮札页小船送公文,遭遇暴风落水淹死。金珠鄂佛罗站监督提出援照伯德讷站丁熊得嵋恤赏之案,给予刘述起恤赏。但吉林练军粮饷处在移文中说得很清楚,光绪二十年(1894)伯德讷站丁熊得嵋,因递送公文坠江殒命,由兵司移请恤赏。在办理恤赏过程中,吉林练军粮饷处"遍查历办报销恤赏案卷,并未发过似此站丁因公殒命恤赏成案,以致无凭查办",提出"可否饬由户司在于新添格外加赏款内,酌量发给,以示体恤"的建议。这个建议被吉林将军采纳,批示由户司办理。粮饷处认为,刘述起、博尔洪阿的情况与熊得嵋相同,应该还是由户司酌核办理,所以形成了这则移文,将事情转交给户司办理。站丁因递送公文殒命的事件时有发生,留下的相关历史资料也有几份,都得到了相应的抚恤。刘述起、博尔洪阿也肯定得到了恤赏,从其他同类情况看,应该发给家属抚恤银十五两。

历史档案中,留存下来关于舒兰河站的资料很少。聂士成著《东游纪程》中,记载了光绪十九年(1893)他在舒兰河站为慈禧太后遥拜寿诞的事情。聂士成,字功亭,安徽合肥人,武童出身,后加入淮军。光绪十年(1884)中法战争中,率军渡海守卫台湾,屡次击败法军的进攻。光绪二十年(1894)中日甲午战争中,勇敢善战,升任直隶提督。光绪二十六年(1900)六月,在天津统率武卫前军抗击八国联军战死。从民族气节上看,可圈可点。但是,他终归是清朝政府的官吏,镇压过太平天国义军和捻军,也残酷屠杀过义和团成员。《东游纪程》开篇说:"光绪纪元十有九年,岁次癸巳。时士成备员山西太原镇总兵,官留直统武毅等营,驻芦台。时有遣员游历东边之议,诣李傅相请行,允焉。谒辞,承派测地绘图,率武备学生行,时季秋九月也。"原来,光绪十九年(1893)朝廷有派人考察东北边境的想法,聂士成得知消息以后,马上找李鸿章主动请缨,得到首肯,于是在这年的九月初五日起行,开始了东游历程。他将游历中逐日行程及沿途见闻,有关地方历史沿革、风土人情、物产贸易都进行了记载。尤其对兵要地理、地形地貌、驻军防守、驿站道路等边疆情况,进行了更加翔实的记述。聂士成一行于十月初三日到达吉林城,宿永升客寓。十月初七日出吉林城东门,渡松花江宿乌拉站,初八日宿金珠站。初九日早八点钟从金珠站起程,冒着小雪,"向北偏西行五里至哑巴屯渡河,又三里至万家,西北向有叉道,询系往乌拉街大道"。"又四十里过四家子河,亦松花江支河。又十二里至舒兰河站。东南三十里有石磊子地方,产烟煤,亦供吉林机器局之用。是日,宿舒兰河站,计行程六十里。"初十日,是慈禧太后寿辰,聂士成率众在舒兰河站搞了一个祝寿仪式。"恭值慈禧端佑康颐昭豫庄诚寿恭钦献皇太后万寿,当饬站丁于崇文观内洒扫洁净,设立香案,率员弁等暨学生望阙叩祝毕,时七点钟矣。"从文中记述看,崇文观似为庙宇,当时各驿站确实都有附设庙宇。查舒兰县地方志编纂委员会编纂的《舒兰县志》所载《舒兰县古寺庙一览表》，舒兰河站有道光二年(1822)建的关帝庙，并无崇文观的记载。而且此表所列古寺庙，没有以"观"称名者。无论如何，崇文观总之是驿站的一处适宜于举办庄重活动的场所。聂士成在这里虔诚地为慈禧太后遥祝寿诞以后，就朝着法特哈站进发了。但是，他在《东游纪程》中的这段记述，却给我们留下了关于舒兰河站的一笔宝贵历史资料。

舒兰河站北偏东距离不足4公里的地方，有一座双印通古城。据《舒兰县文物志》记载，双印通古城位于溪河镇双印通屯0.5公里的岗地上，城墙为黄土叠筑，平面呈圆角正方形，周长225.3米。北墙中间开一门，宽约9米。古城规模较小，从地理位置来看，北有嘎呀河古城，南有小城子山金代堡寨，西邻松花江，东有古界壕，很有可能是金代的军事城堡。城东北角有一道古代界壕通过，穿过双印通村通向敖花村东山，并一直向东南方向延伸，被称为溪河界壕。据《舒兰县文物志》记载："界壕系在山脊或山腰间挖壕叠土筑成。其具体筑法是：沿着山岭的走向，挖间距4米许的两条平行沟，沟中挖出的土分别向沟两侧堆叠，这样就形成了中间高、两侧低的三道壕塄子。"舒兰市境内界壕沿线，还分布着两个烽火台。十一世纪下半叶，为了防御女真人，辽朝曾在合流前松花江以北修筑了一道边壕。据《宣和乙巳奉使行程录》记载："第三十六程，自和里间寨九十里至句孤孛堇寨。自和里间寨行五里，即有溃堰断堑，自北而南，莫知远近，界隔甚明，乃契丹昔与女真两国古界也。"学者考证，和里间寨应在今扶余市弓棚子镇滕家店一带。据《黑龙江志稿》记载：肇州"东长岗，岗南北纵二百余里，北始安达，中通老城基，又西南讫于松花，契丹、女真古界也"。综合上述史料分析，辽金界壕过松花江进入今吉林省境，应该分布在合流前松花江与拉林河之间地带，在扶余市、榆树市、舒兰市等地，都应该有分布。当年许亢宗所见"溃堰断堑"，应该在扶余市与黑龙江省哈尔滨市双城区相邻地域。《辽史·圣宗纪》记载，太平六年(1026)二月，"黄龙府请建堡障三、烽台十，诏以农隙筑之"。黄龙府所请建之堡障、烽台，必然在辽金古界之上，因而舒兰溪河界壕附近的五台山堡寨、小城子山堡寨、黄鱼圈珠山堡寨、双印通古城和嘎呀河古城，当是这一类堡障。而溪河界壕沿线分布的两个烽火台，很可能是其请建"烽台十"中的两个。如果是这样，修筑的目的就是防御女真人。平时士兵屯于城中，从事生产劳动，边界有警则按烽火台狼烟指示前来抗敌。

因舒兰河站，而有舒兰县之名，当为舒兰河站一大历史贡献。据清代郭熙楞纂修的《吉林汇征》记载，舒兰县"以其地有舒兰河站，为省北台站之一。土名朝阳川。满语舒兰，果实也。境内本属前清贡山，为采贡小红梨、山楂之地"。这里说舒兰县之设乃因舒兰河站，其实并不准确，确切而言舒兰县名乃因舒兰河站而定。据《吉林省志·建置沿革志》记载："舒兰县，宣统三年(1911)设。宣统元年(1909)闰二月十二日，东三省总督徐世昌等奏仿江省成案添设民官酌裁旗缺，其中奏请设舒兰县。奏称：'试就西路言之，吉林府辖地最广，前虽分其西南之地增设濛江、桦甸二州县，其所属尚周环千余里，虽系省治所在，而民官仅一知府，治理实有难周。拟更划其东北各屯设一县缺，治舒兰站，名曰舒兰县。'因舒兰县属暂行缓设之例,故于宣统二年(1910),先以廖楚璜为设治委员,又于宣统三年三月首任知县。"舒兰县地方志编纂委员会编纂的《舒兰县志》专门辑录一则《舒兰县县名考》记载:"1910年1月4日,吉林府派员在今溪河乡舒兰站成立了设治局,由设治委员管理境内事宜,并刊发了木质的'舒兰设治委员之关防'印一颗。1910年4月27日舒兰正式建县,设治局解体。'舒兰'二字定为舒兰县的县名一直沿用至今。"这两段叙述把舒兰县名称来历说清楚了,但是对舒兰县的设县过程说得并不清楚。实际情况是,宣统元年徐世昌奏请设置舒兰县,并未获得朝廷批准。宣统二年三月初九日,吉林巡抚陈昭常奏请,"又,舒兰位在吉林府之东北隅,距城尚二百余里,其中霍伦川一带,界五常西南境,山道崎岖,荒原间错,周围四五百里,皆无官治,时多伏莽之虞。倘无地方官就近巡防抚驭,恐难安谧。似非即行设治不足以专责成。此饶河、舒兰二县拟请改为即设者也"。根据《舒兰县志》辑录的《建县奏折》来看,陈昭常的这次奏请也没有得到皇帝批准。因为这辑资料中有这样一段记述:"宣统二年三月十八日(1910年4月27日),吉林巡抚陈昭常再次向朝廷奏请添设舒兰县,方得旨准,朱批:'准予设民官治理。'"根据民国十七年(1928)《舒兰县志》记载,"宣统二年春,省委湘人廖楚璜履界设治",拟将县治设于"右临大江,左傍驿站,水陆交通实堪立县"的白旗屯,但是"东西两境之绅商互相争执,各不相下"。于是,"廖公乃取平和主意,卜定夫字二牌,土名朝阳川官街地方。地域虽狭,境地尚适中"。如此,舒兰县因舒兰河站而得"舒兰"之名,但是县治并未设在舒兰河站。不过,舒兰河站为舒兰县贡献了名称,似为更为重大而持久的历史贡献。

(三)法特哈边门站

法特哈边门站,一般简称法特哈站或法特站,今舒兰市法特镇政府所在地,称法特屯。法特哈,《柳边纪略》写作"发忒哈"。据《吉林外记》记载:"巴彦鄂佛罗边门,旧名法特哈,以山得名。山在法特哈江西,高十余步,周数十步,形如象蹄,山根下有蹄爪之痕。圣祖巡幸驻跸,指门外黄山嘴子改名。巴彦鄂佛罗门在省城东北一百八十里,门外至黄山嘴子十五里,伯都讷界。国语:法特哈,蹄也;巴彦,富也;鄂佛罗,山嘴也。"因此,法特哈边门又称巴彦鄂佛罗边门。从以上记述看,边门因山而得名,驿站则因边门而得名。这说明驿站和柳条新边的法特哈边门在同一地方,且驿站设置晚于边门设置。有资料介绍,舒兰建县时,法特哈边门站有办公用的正青瓦房三间,厢草房三间,青瓦库房五间,马厩五间,在站外有正青瓦房三间。根据同时期驿站设置规模判断,以上说法比较靠谱,只是驿站旧址已经无处可寻。法特哈边门站初置时,额设站丁三十名,马二十四,牛三十头。光绪七年(1881),《吉林将军铭安等拟请改设驿站添拨额丁的奏折及清单》中列述:"法特哈站原设额丁二十七名,马二十七匹,牛二十七头。毋庸添拨站丁、牛马。"与舒兰河站情况相同,在这次额丁调整中,法特哈站亦维持原来定额。光绪十四年(1888),吉林所属东北两路驿站酌加额丁,法特哈站增加额丁三名,马三匹,牛三头。由此,法特哈站额设笔帖式一员,领催委官一员,额设站丁三十名,马三十四匹,牛三十头,并一直稳定下来,直到裁撤。据《北路关防处呈造所属

法特哈边门站旧址,位于今舒兰市法特镇,现为临街商铺

各驿分布细册》记载:"法特哈站:与巴彦鄂佛罗边门一处,北至登伊勒哲库站五十里,南至舒兰河站五十里。"此条史料所言"与巴彦鄂佛罗边门一处",似可理解为驿站与边门设置在一处,也可理解为二者在同一地方。仅据目前掌握的历史资料,无法确证二者是否设置在一处,故而认为在同一地方的可能性更大。光绪二十八年(1902)《吉林驿站建制规模人口牲丁清折》记载:"法特哈站,笔帖式博崇阿。"据《吉林省所属各驿站户口总册》记载:"法特哈站:一百四十六户,男大六百零二、小三百零四丁;女大三百零八、小一百一十五口,共男女一千三百二十九丁口。内有学童八人。"从总户数和总人口的数字看,法特哈站显然比金珠鄂佛罗站和舒兰河站人气高很多,人口聚集功能也更强。《吉林志书》所载,自乾隆三十年(1765)至嘉庆十六年(1811)旌表的列女之中,法特哈站站丁薛秉礼之妻温氏在嘉庆二年(1797)受到旌表。如果不存在统计疏漏的话,以法特哈站的规模,仅有一位站丁在妻子三十岁之前去世,似可在一定程度反映此处站丁境遇不是那么恶劣。当然,实际情况往往要比逻辑推断复杂得多,这不过是一个表征因素而已。在有限的吉林驿站历史档案中,有一则对法特哈站笔帖式进行奖励的记述。光绪十八年(1892)六月,吉林将军衙门《分别奖励各站笔帖式的咨文》记载,法特哈站和登伊勒哲库站在一些驿站递送超时的情况下,不及两时即将公文送到,因此两站笔帖式分别被记功一次。由此看,那时法特哈站管理不错,驿递效率也比较高。

法特哈站地处冲途,为交通枢纽,可谓四通八达。界内驿路经过河流较多,一旦河桥损坏,影响就会很大。光绪十八年(1892)《吉林将军衙门为勘估法特哈站修桥费用的札文》，充分反映出法特哈站界内驿路交通的重要性。札文引法特哈站笔帖式恒林、领催委官张廷海，向管理金珠鄂佛罗等站监督、副都统衔花翎协领富顺的呈文报告："窃查职站地当孔道，南通省垣乌拉，北达阿拉姓城，东接五常，西连伯都、江省，并有双城、五常、宝州、榆屯各厅，实驿递通衢，公私之要路。惟查站南相距十余里内，旧有木桥三座，以里因名五里桥、七里桥、十里桥，长有三、四丈、十余丈者。其沟渠通江上游，皆属哈塘水甸。又站北郢城子地方，设有木桥一座，长约两丈余。南北计桥四座，均已年久朽烂，桥梁颓坏，竖柱摧折。并站街中原有之石桥，亦塌陷不堪行走。其该站上下一带地势本属洼陷，每遇淫雨连绵，河水涨发，上游水势涌下，辄即阻滞难行，别无绕越之处。现当军需之际，不惟省属差务纷纭，且于江省各项差徭，齐字、镇边各军运解粮饷、军火，往来必由是路，在在均关紧要。倘有阻滞，贻误匪轻。"这段文字，将法特哈站界内交通的重要性，界内木桥、石桥损坏情况说得很清楚。并且说明，这些桥应该重新修整，但是所需费用甚巨，站属地方绅商丁户不多，就地筹措捐款难以满足工程需要。因为这段驿路交通关乎邻省及各城池，可以向所有受益方募化捐助，但是驿站却不便擅自行动。因为相邻的登伊勒哲库站属南大桥，在光绪八年（1882）曾经呈报由省主持修理，所需经费即是由省发动各厅共同筹集，这样才完成了这个工程。所以他们提出建议，可否参照登伊勒哲库修建南大桥的办法，广泛募化修建资金，完成这些桥的修整工程。法特哈站呈文所请，经过层层呈请之后，将军批示要求工司会同吉林道、户司研究落实。工司会同吉林道、户司研究以后，认为办法可行，但是应该先由北路驿站监督派员勘估测算，然后才好向各城副都统及伯都讷、五常、宝州各厅咨文劝捐。呈报后，将军再次批示，此桥工应由监督派员会同地方官前往勘估，其他按照所请办理。各方按照要求对各桥修整工程进行了实地勘估、会同商酌，然后提交了勘估结果：修整旧桥连同添建新桥，共八座二十一孔，预计需要经费一万二千五百吊。报给将军以后，将军批示：此项桥工为款甚巨，将来如何筹捐，仰工司会同吉林道、户司妥议

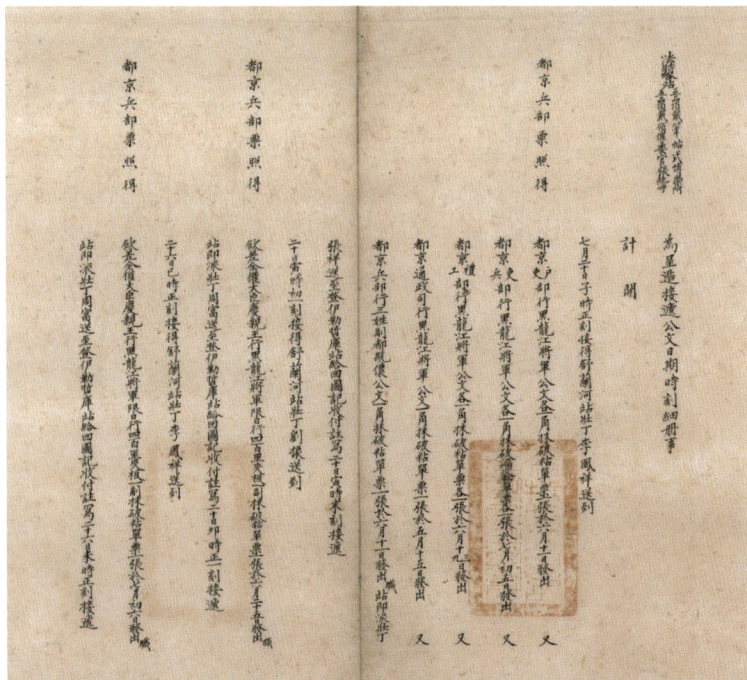

法特哈站接递公文日期时刻细册

章程覆夺。光绪十九年（1893）《吉林将军衙门为从俭勘估修桥费用的札文》载明，根据将军批示，工司、吉林道、户司研究以后提出："职等详查，现当年景歉收，商民困苦，骤难劝集巨款。各署杂款委系入不敷出，诚难筹拨。惟此桥梁实属北路畅通紧要大路，其工尤须立即修整，以便官私往来勿误。是以职等公同会议，以目前年景只可暂行粘修，缓俟丰年再照勘估改修。仍请札饬原勘之员，照依旧有木桥原式，拣其实系不堪支持者，照依粘补从俭勘估，禀覆到日再行咨札各城副都统及各厅，以便劝捐助修。"这个方案最后得到将军批准。根据光绪二十年（1894）《吉林分巡道所呈修建法特哈桥工款清单》所列，募集各方所捐助修款，钱四千七百五十吊，银七百两零七分九厘二毫，修桥实际开销三千二百零八吊五百七十文，剩余钱银如数拨归修建钟楼之用。以上所述修桥工程，从提出到最后落实，用时两年多，反复研究请示，结果只是小修小补，与最初的设想相去甚远。既可见清末行政效率之低下，亦可见驿站办事之繁难。

　　法特哈站最后一任笔帖式赵文博，敢于担当、任侠仗义、热心乡里，深得当地百姓拥戴。《舒兰县志》收录有赵文博传略。赵文博为满族正红旗人，满名博崇阿。咸丰八年（1858）出生于伊通。17岁应征当差，被送到吉林满人学堂学习，学成后派到吉林将军衙门当录生，负责誊写、行文、抄录档案等工作。日俄战争期间，败退的沙俄军队经过吉林时，将军衙门官吏大多逃遁。赵文博则坚守岗位，冒着生命危险保护衙门档案，因此受到吉林将军赏识。光绪二十八年（1902）放为法特哈站笔帖式，后又兼任登伊勒哲库站笔帖式。光绪三十三年（1907），法特街天德当铺掌柜为富不仁，以假官帖欺骗顾客，形同劫掠。迫于权贵淫威，当地百姓敢怒不敢言。法特街有一位粗豪汉子名叫关君武，为人刚烈正直，为了帮助朋友去当铺交易，也被假官帖所骗，不但没有帮到朋友，自己还蒙受损失。在与当铺理论时，被当铺掌柜激怒，冲动之下杀死了天德当铺掌柜，因此被官府关入大牢。赵文博也痛恨天德当铺为富不仁，很同情关君武，帮助他将诉状中"持刀杀人"改为"夺刀杀人"，一字之差使关君武死罪变为活罪。这个仗义之举，深受当地百姓推崇，这个故事至今仍在流传。民国四年（1915），舒兰县四合、霍伦、珠琦等川民，因当局借重新丈量土地之机加重租赋，反抗当局入川重新丈量土地，当时称丈地风潮。这年9月，有人密报贺东山在张宽店娘娘庙聚集3000余众，宰杀牲猪，竖立大旗，开会盟誓，抵制清丈。这在当时是很严重的事件，如果查实的话，会有一些人人头落地。县知事郑菜委托赵文博等会同警察进行调查。赵文博仗义执言，向官方呈交的报告说，贺东山在张宽店娘娘庙内聚众，是因为闹了虫灾，杀猪祷祭，并无竖旗盟誓等情。如此，将一场风暴化解于无形，保护了很多百姓。民国初年，赵文博在法特哈热心办学，创建舒兰县立法特哈第二小学校，被选为第一任校董。1930年，赵文博在吉林市病故。因其一生仁厚仗义，乐于为善，当地百姓一直对他念念不忘。

　　法特哈边门站因处法特哈边门附近而得名，而法特哈边门则是新柳条边北端第一边门。清朝定鼎北京以后，为保护"祖宗肇迹兴王之所"，于康熙九年（1670）至康熙二十年（1681）修建了柳条边新边。新边自开原威远堡至今舒兰市亮甲山北麓马鞍山，全长345公里。具体走向为：由威远堡经今四平市东南、公主岭市偏西、长春市南伊通河西岸，直至舒兰市亮甲山。新边修成以后，以西称为"边里"，而新边以东则为"边外"。不过，由于新边之"边里"乃老边之"边外"，松花江上游包括辉发河流域民众，仍然习惯于自称"边外"。柳条新边设置边门4座，边台29座。由北往南，法特哈边门为第一座边门，领7座边台；伊通边门为第二座边门，领7座边台；赫尔苏边门为第三座边门，领8座边台；布尔图库边门为第四座边门，领7座边台。据《舒兰县文物志》记载：据调查，当年法特哈边门以青砖砌成，门口宽可并排走两辆大车。门上有起脊门楼，上挂灰瓦，同现在的瓦房相似，1947年拆除。各边门门楼上方正中央部位原来都悬有匾额，但多已散失。门楼两旁有耳房，一边是囚室，另一边住巡差。门楼内是边门的防御衙门，有文武两个章京，下有披甲兵三四十人。平常披甲兵分班守备，职责是掌管边门启闭，稽查行人出入。过往行人必由边门通过，否则为"爬边越口"罪，要接受重罚。以上史料记述，大致可以勾画出法特哈边门当年的具体情形。康熙三十七年（1698）初秋，康熙皇帝第二次来到吉林，据《康熙起居注》记载，九月十七日至二十日，在法特哈鄂佛罗地方驻跸四天，在松花江上打渔。特别是二十日，"上渔于松花江。天清风和，一网获鱼一万四千有零，一日共获鱼至数十万。将至行宫前，积之如山，蒙古王台吉及扈从官员无不称奇"。边门外黄山嘴子也称荒山嘴子，满语称法特哈鄂佛罗。驻跸期间，康熙皇帝因"法特哈"是兽蹄之意，名称不雅，遂改为"巴彦鄂佛罗"。因"巴彦"语义为"富"，"巴彦鄂佛罗"译成汉语为"富山嘴子"，果然好听一些。康熙五十二年（1713）因《南山集》案牵连而遭流放卜奎的方登峄、方式济父子在经过法特哈边门站，方式济赋诗《法特哈门》："山口严扃月照营，等闲客过待鸡鸣。此身已在重边外，不怕阳关第四声。"前两句写景、写实，后两句写情。"此身已在重边外"一语双关，既是指地理上的边外，也是指清朝严酷政治统治之下的方家劫难。方式济曾祖方拱乾因受"南闱科场案"牵连，于顺治十六年（1659）遭戍宁古塔，五十多年以后方式济又随父亲踏上了遣戍卜奎之路，方家命运从政治上说亦是"此身已在重边外"。而"不怕阳关第四声"，表达的则是无可奈何之后，无所畏惧的心情。康熙五十四年（1715），方式济之子方观承前往卜奎探望父、祖，过法特哈边门站赋诗《法特哈边门》："已在重边外，尤严大漠防。开关无去马，落日有奔狼。草间烧痕绿，云堆碛影黄。闾门悲远望，千里更何乡。"诗作情绪总体比较低沉，看似写景，实则渲染了荒凉背景下心情的悲凉。父子同地、同题赋诗，可算是法特哈边门站对中国诗词文学的一大贡献。

（四）登伊勒哲库站

登伊勒哲库站，又名登格尔哲库站、腾额尔哲库站、秀水甸子站，位于今榆树市秀水镇所在地。据榆树市相关地情资料介绍，"登伊勒哲库"为满语，意为"锈水"，后演变为"秀水"。榆树市地方志编纂委员会编纂的《榆树市乡镇志》记载：秀水镇位于榆树市区西南21公里处，东与保寿镇为邻，西与刘家镇搭界，南与大坡镇相接，西南与德惠市朝阳乡隔松花江相望，北与闵家镇相连。镇南原有荒芜草甸子，俗称秀（臭）水甸子。《东游纪程》中亦载，登伊勒哲库站,"俗呼臭水店"。据《吉林乡土志》记载:"秀水甸子,昔名为臭水甸子。因秀水街北高而南下,街南有一大甸子,宽长约八九方里,昔时积水过多,恶臭难闻,因以得名。后以文化日进,恶'臭'字之不雅,始以同声之'秀'而代之,始为今名。"这段话,把地名的由来说清楚了。关于驿站的具体位置,一般说在秀水镇所在地。有新闻媒体曾报道:据当地人介绍,登伊勒哲库站位于今秀水镇苏家村王麻店屯,在G202国道西面坡下约10米,废弃旧路南约5米的地方。据民间传说,王麻店之名最早是因为王姓人家在这里开了一家大车店,后来驿站就设在此处。由于是口述资料,不见得准确,姑且备为一说。1983年以内部资料印制的《榆树县文物志》记载:驿站为砖瓦结构建筑。其正房五间,为处理公务之所。东西厢房各五间,东为存粮草之用,西为伙房、住宿之地。驿站南十米处,有五间马棚,系饲养牛马的地方。其南下坎有一口井,供驿站使用。因为驿站旧址今已无存,相关史料又特别匮乏,汇集以上各方资料,聊以叙述该站历史状况之大略。登伊勒哲库站可以说是吉林北路驿路的一个特殊节点驿站,吉林至瑷珲驿路和吉林至三姓驿路,在此站分成两路。于此站折向西北,为去往瑷珲方向;于此站折向东北,为去往三姓方向。据《东游纪程》记述:"察看四面,东四十里至孤榆树,北即往滨州、三姓大道,西北即往伯都讷、齐齐哈尔大道。"因为聂士成此行是去往瑷珲方向,所以"自吉林至此,行皆北向,明日则行向西矣。是日宿登伊勒哲库站,计行五十里"。因其前一日宿法特哈边门站,所以当日行五十里至登伊勒哲库站,这一日是光绪十九年(1893)十月十一日。

登伊勒哲库站为后来增设的驿站。按孟宪振《清初吉林至瑷珲驿站考》一文考证,乃康

登伊勒哲库站旧址,位于今榆树市秀水镇,现为农田

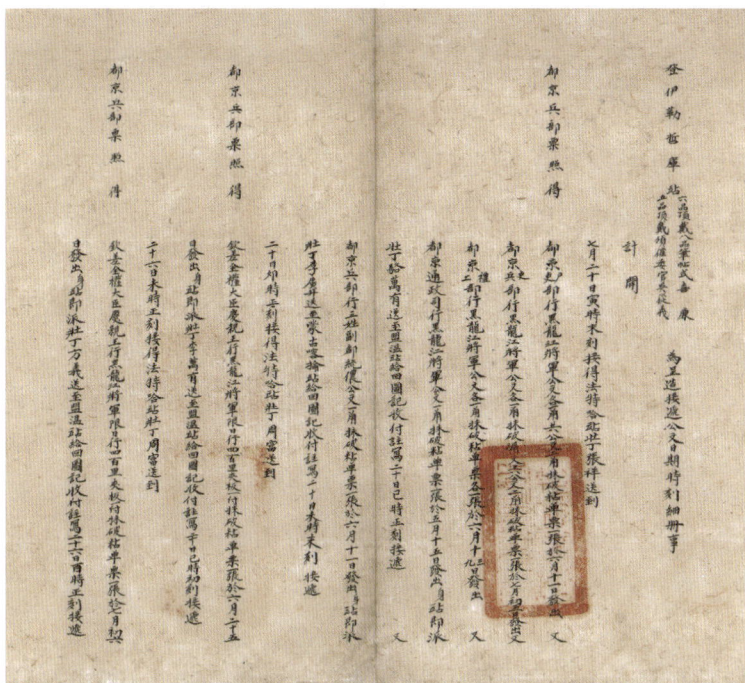

登伊勒哲库站接递公文日期时刻细册

熙三十一年（1692）增设。但《吉林通志》记载："按《盛京通志》：登伊勒哲库站、拉林多欢站，乾隆九年增设。每站额设壮丁、牛、马均十，系西路管站官所辖。"这则记述并不准确，至少管辖关系就搞错了，应为北路监督管辖。其中登伊勒哲库站"壮丁、牛、马均十"之说，作者认为不可信。因为初设二十五站均为站丁三十名、马二十四、牛三十头，增设驿站与先设的驿站在同一驿传链条上，驿递任务基本相同，而驿站配置差距如此之大，从逻辑上也说不通。至于增设时间是否准确，因没有确凿史料支持不好评说，亦于此备为一说。登伊勒哲库站初设配置，也应当是站丁三十名，马二十匹，牛三十头。根据光绪七年（1881），吉林将军铭安等《拟请改设驿站添拨额丁的奏折及清单》中"登伊勒哲库站原设额丁二十七名，马二十七匹，牛二十七头。毋庸添拨站丁、牛马"的表述，说明这时登伊勒哲库站的额丁、牛、马数量经过调整，已经发生了变化。但是，"编制"数与业务量还大体匹配，没有出现"丁少差繁"的情况。到光绪十四年（1888）吉林所属驿站额丁调整时，"登伊勒哲库站原设额丁二十七名，马二十七匹，牛二十七头。今拟加添额丁八名，马八匹，牛八头。"比金珠鄂佛罗站、舒兰河站、法特哈边门站增加数量都多。加添以后，登伊勒哲库站额设笔帖式一员，领催委官一员，额丁三十五名，马三十五匹，牛三十五头。此后保持稳定，一直到驿站裁撤。据《北路关防处呈造所属各驿分布细册》记载："登伊勒哲库站：北至孤榆树、伯都讷厅五十里，自孤榆树至蒙古卡伦站三十里，共八十里；西至盟温站五十里，南至法特哈站五十里。"光绪二十八年（1902）《吉林驿站建制规模人口牲丁清折》显示，"登伊勒哲库站，笔帖式喜廉，至盟温站五十里。"据《吉林省所属各驿站户口总册》记载："登伊勒哲库站：四百四十四户，男大九百四十三、小七百二十一丁，女大七百八十七、小六百二十九口，共男女三千零八十丁口。内有学童六十一人，信教二人。"是吉林北路驿路驿站管下户数最多、人口数最多的驿站，可能因为登伊勒哲库站特殊的地理位置，使之拥有了特殊的聚集人口功能。而在当时，一个有着三千多口人的地方，又属通衢要冲，一定是比较繁华的所在。《吉林志书》

所载,自乾隆三十年(1765)至嘉庆十六年(1811)旌表的列女之中有:乾隆五十七年(1792)旌表,登伊勒哲库站站丁刘刚之妻于氏;嘉庆元年(1796)旌表,登伊勒哲库站站丁于尚秀之妻王氏。这个驿站有两位妇女受到旌表,在吉林北路驿路驿站中算是数量比较多的。

在吉林省档案馆保存的驿站历史档案中,关于登伊勒哲库站的记载不多。光绪五年(1879),有一则吉林将军衙门通饬各驿站不得延迟公文的札文,专门点名批评了登伊勒哲库站。札文说:"照得吉省现在办理军务,清查荒地委员四出,时有文报往来,交站递送。各该站自应随到随送,岂容片刻迟延,致滋贻误。兹查北路登伊勒哲库站,因笔帖式留省办公,该站委官任听外郎稽押文报,其余各站亦间有迟误之处。似此疲玩因循,尚复成何事体。合行札饬。札到该监督,即便转饬各站遵照,嗣后北路各城及委员交递呈禀,并由省分行各处文件,务须到即递送,不得仍前延搁。如再玩误,一经查出,定行从重惩办,决不宽贷。切宜凛遵毋违。"从札文内容看,在这个时期,驿站管理比较松弛,各种弊端滋生蔓延。因为没有登伊勒哲库站如何"稽押"公文的档案记述,不好对具体情况做出判断,但是可以肯定该站被抓到了"现行",而且责任人非常明确。笔帖式不在的情况下,"二把手"领催委官就应该负起责任,督促全站正常运行。看来该站领催委官不太负责,以致"任听外郎稽押文报",不及时递送公文,实属玩忽职守。可能造成的后果尚不太严重,札文中并没有说对领催委官如何处罚,着重强调"如再玩误,一经查出,定行从重惩办,决不宽贷","勿谓言之不预也"的味道很浓,并未"惩前",重在"毖后"。而光绪十八年(1892)六月《吉林将军衙门分别奖励各站笔帖式的咨文》,则给登伊勒哲库站笔帖式记功一次。咨文说:"兵司案呈,适奉宪交以据靖边后路统领、副都统衔花翎协领恩祥递到排单公文壹角,核其逐日按站行走日期时刻,查此次各站马递公文迟速大相悬殊,有速至数刻即到者,有迟致十个时辰始到者。应即分别赏罚,以昭劝惩。查妙噶山站递文仅五刻,登伊勒哲库、法特哈两站均不及两时,着各记功一次。"而蜚克图站迟误十时之久,笔帖式被摘去顶戴一年,无过方准给还;鄂勒国木索站迟至五个时辰,笔帖式被记大过一次。这则咨文表明,这个时期登伊勒哲库站的管理比较好,驿递效率比较高,公文递送及时,笔帖式因此受到了奖励。说来也很有趣,历史留存下来这样两份史料,恰好一则以喜、一则以忧,而喜忧参半才是生活的本来面目。

另外,还有一份登伊勒哲库站光绪三十四年(1908)奉饬查复遗失信件一事的呈文。呈文内容:"适奉宪札内开,着饬各站详细查明原接曲阜县寄宾州厅马封,是否公文一角,抑或另有马封一件,作速确切逐一查明,据实声报来省,以凭核转等因。奉此,职等遵即详查职站公文号簿,于三月十二日接得法特哈站送到公文一号,内有袭封衍圣公孔咨宾州厅马公文一角,磨破漏文,于二月十五日发出。职站注号毕,送往蒙古卡伦站,随即取回图记、收付,并无遗失。又于二十四日接得蒙古卡伦站送到公文号内,有拨回自曲阜县咨宾州厅空封筒一件,抹乱两截,于二月十五日发出。注号毕,随送往法特哈站转递外,今奉饬查,合将原接原递公文,并未丢失各缘由理合备文呈报宪鉴台前查核施行。"这件事情比较复杂,因为登伊勒哲库站并非重要关联方,在此不加详述,只是将涉及此站的情形加以解说。为了更方便解释这件事,需要先说明什么是马封。过去交由驿站飞马传递的紧要公文、信札,要先用坚纸包护,钉封钤印,再装入一个封筒之内,此即被称为"马封"。马封上面写明送达地址、收件人,与我们今天的信封相似,亦有带图饰的"紫花印马封"。而马封筒,也称封筒,则是保护马封的封套,一般用防潮、耐磨的牛皮纸做成,可以说是"信封"的"信封"。驿传时代递送公文、信札,都是驿卒骑马在两地之间传送,至多有一个皮制公文包装护,经常要风里来雨里去,遇到涨发洪水时,渡河还有浸泡水中的可能,因此妥贴包装是非常重要的环节。根据呈文所述,是有一件曲阜县衍圣公发往宾州的公文,原本装在封筒之内,由于递送过程中将封筒磨破,装在封筒里面的马封脱离了封筒,原本一件公文变成了两件,而封筒之内空无一物。对空无一物的封筒,收件人自然不会接收,怀疑丢失了公文。由此引发了波及面较大的遗失信件的事件,相关驿站按要求进行回查,说明是不是自己这一站遗失的。在这样的情况下,登伊勒哲库站上报了这则呈文,说明回查情况。因为登记号簿记载比较清楚,呈文也就把涉及本站的接递情况说得清清楚楚,自证与信件遗失无关。呈文中所说三月十二日,接到法特哈站送来并送往蒙古卡伦站的公文,是往宾州递送的过程;而二十四日接到蒙古卡伦站送到再送往法特哈站的空封筒,是宾州拒接逐站回传的错被当作另一件公文的封筒。这一来一回,是个别驿站差丁不负责任,造成了涉及西路和北路两路驿递资源的浪费,并导致相关驿站的惶恐不安。不过,对登伊勒哲库站而言,只不过是查核一下上道呈文的事情,无关大碍。

(五)盟温站

盟温站,今榆树市五棵树镇东南6公里左右的盟温站村。该村北靠龚家村,东南与刘家镇相连,西邻松花江与德惠市相望,新中国成立后曾改名为解放村,后又改回今名。盟温为满语,意为土岗子。《柳边纪略》将此站写为"蒙滚河",查相关资料,附近确有一条河流名蒙滚河,"盟温"与"蒙滚"音极其相近,很可能因河名而得地名,但因无具体史料支持,不能定论。《吉林乡土志》关于"盟温站"条载:"本站为榆树县西部开辟最早之地。盟温站之称,系满洲语之译音也。清康熙二十六年时,因与沙皇俄国订《尼布楚条约》,乃由珲春副都统郎昆氏奉旨带兵五万,由水路赴黑龙江北之和议会场,担任护卫。故由吉林至扶余(即伯都讷)沿松花江设立十驿,专为传递官府文件。"这条关于驿站设置缘起的介绍,显然与历史事实不符,具体设置过程本书前已叙及,不再赘述。但关于盟温站为榆树西部最早开发的地方的记述,应该符合历史实际。据《榆树县文物志》记载:盟温站位于盟温站村庙西屯东,与庙东屯相接,西2.5公里左右是松花江。驿站所处位置为低洼地,南、北两边地势较高,北20米以外有江水冲刷形成的沟壑横穿而过。这段记述语焉不详,但是驿站位置在"庙西屯东","与庙东屯相接"的描述,很有意思。"庙东""庙西"之庙,从位置看,就应该是驿站附设之庙。查盟温站村历史上的庙宇,有相关媒体发表的两篇文章。一篇说盟温站村有一座寺庙,是驿站开通后建立的关帝庙,称护国寺,史料记载建于康熙三年(1664),坐落在盟温站村北沟屯的中央位置,距盟温站村1公里左右,是榆树境内最早的一座寺庙;另一篇说盟温站村曾有一座罗汉

盟温站旧址,位于今榆树市五棵树镇盟温站村,现为一家幼儿园

堂,位于盟温站村庙西屯,建于清朝道光年间,占地面积约6000平方米,建筑面积约500平方米,坐北朝南,青砖的院套,朱红的大门,庙门前左右两边各竖立着十米多高的旗杆,1947年被拆毁。从位置看,护国寺肯定不符合驿站附设庙宇的情况,且建立时间比驿站设置时间还早,在说法上自相矛盾;而罗汉堂大体符合驿站附设庙宇的地理位置关系,但是没有确切的史料支持。查《榆树县文物志》,记载盟温站村有一座释迦文佛庙,为康熙年间民间捐款修建,建筑瓦殿三间,钟鼓楼二间,草正房五间,家堂一间。很有可能释迦文佛庙和罗汉堂是一回事,只是民间叫法与正式名称不同而已。不管是不是这样,盟温站曾经有一座影响力不小的附设庙宇,甚至附近屯落都以与庙宇的方位关系来定名,则当是历史实际。

盟温站是吉林北路驿路往瑷珲城与往三姓城驿路分道以后,通往瑷珲城驿路的首站,是吉林北路驿路初设二十五驿站之一。初置时配置站丁三十名,马二十四,牛三十头。光绪七年(1881)吉林将军改设驿站、添拨额丁时,从盟温站到伯都讷站共六站,未纳入调整范围。之所以如此,是因为吉林将军铭安等在奏折中提出:"再省城东路至宁古塔原设九站,北路至三姓原设十四站,向来差事较简。小站旧设额丁十名至十五名不等,原因地非冲要,筹费艰难,率由旧章因陋就简。现在东北防军转粮运械,动多紧要公文,丁少差繁不敷周转。"要求调整的是吉林至三姓驿路驿站,所以这六站被排除在外。至光绪十四年(1888)再次调整时,根据档案资料记载,盟温站原设额丁二十五名、牛二十五头、马二十五匹,调整增加额丁五名、牛五头、马五匹。可见,初置三十名站丁,到光绪十四年的时候,被减掉了五名,又恢复到原来的定额。这次调整以后,再没有发生变化,一直稳定到驿站裁撤。据《北路关防处呈造所属各驿分布细册》记载:"盟温站:西至陶赖昭站五十里,东至登伊勒哲库站五十里。"光绪二十八年(1902)《吉林驿站建制规模人口牲丁清折》显示,"盟温站,笔帖式锡龄,至陶赖昭站五十里"。据《吉林省所属各驿站户口总册》记载:"盟温站:一百零二户,男大二百八十三、小一百六十四丁;女大三百四十一、小一百一十三口,共男女九百零一丁口,内有学童十一人。"总户数和总人口数在吉林北路驿路各驿站中,算是规模中等偏下。《吉林志书》所载,自乾隆三十年(1765)至嘉庆十六年(1811)旌表的列女之中有:乾隆五十五年(1790)旌表,盟温站站丁龚建训之妻李氏;嘉庆十四年(1809)旌表,盟温站站丁袭训之妻白氏。共有两名妇女受到旌表,与登伊勒哲库站相同。

　　档案资料记载,同治七年(1868),在盟温站曾经发生过一起过往官兵踢伤驿站马头的事件。盟温站笔帖式英琳呈文汇报,盟温站在接待从山东军营撤回黑龙江的官兵时,因为没有满足官兵提出的车辆安排要求,七品顶戴西丹爱隆阿和另一位名叫衣车布的人,将驿站年已六十三岁的马头王位踢伤。需要解释一下:"西丹"为满语音译,"未成丁"之义,为清代东北地区八旗内未经批甲考试的幼丁。"幼丁"为习惯语,不限于幼年,成壮者亦可称之。经过驿站与这起官兵的营总交涉,已经将肇事者扣留驿站等候问讯。北路关防处接到呈报以后,要求驿站进一步调查事件经过,特别是王位的伤情如何、是否有性命之忧等情况,要详细呈报,以便进行核办。为此,笔帖式英琳、领催委官王万森经过细致调查以后,再次呈报:马头王位被爱隆阿、衣车布等将小腹踢伤,伤处青肿,口吐鲜血,当时倒地昏迷不醒。驿站考虑到,王位已经年过六旬,身体本已羸弱不比精壮之丁,恐怕因伤毙命,便将其营总德克精额请来,察看伤情属实,并将爱隆阿扣留驿站听候问讯。营总德克精额又命令管带六起扎兰官、六品蓝翎巴音嘎尔岱带领两名士兵回到驿站,请医生为王位疗伤。王位服用了几副药剂以后,伤情已见好转,看情况不会再有生命危险。北路关防处收到盟温站呈文以后,移文兵司,请示是否可以将六起扎兰官巴音嘎尔岱以及滋事的爱隆阿、衣车布放归入队回籍,在历史档案中留下了

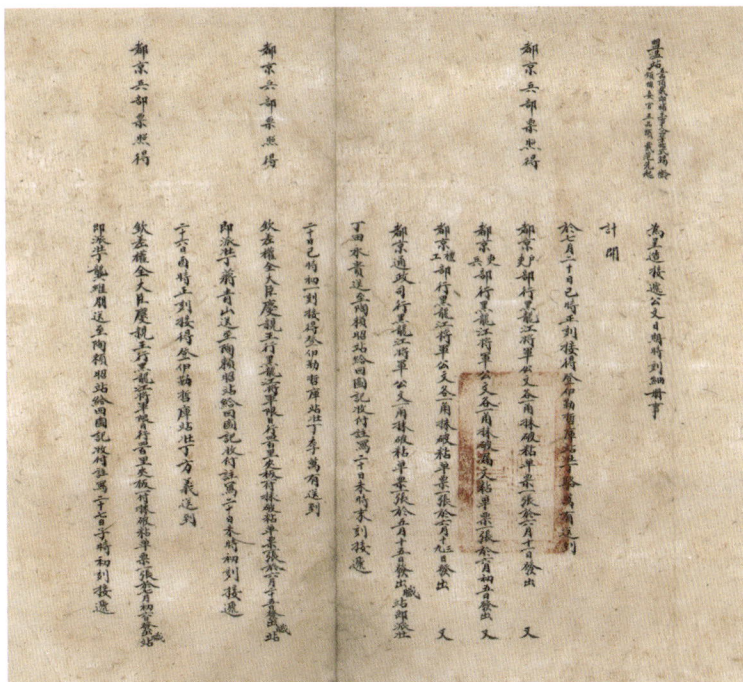

盟温站接递公文日期时刻细册

这一份移文。通过这份历史资料,我们了解到同治年间盟温驿站的一些具体情况,笔帖式是英琳,领催委官是王万森,马头王位已经六十三岁还在当差,过往官兵很蛮横,等等。这些具体信息对于今天的我们而言很稀奇宝贵。很有意思的是,历史档案中还保存下来一份同治八年(1869)盟温站请求协济车辆的移文。这年三月,盟温站接到兵部部牌,要求接待从宁夏遣撤黑龙江记名副都统依精阿管带委参领六员、委防御四员、委骁骑校三员、委笔帖式三员、协领二员、佐领九员;另外还有防御四员、骁骑校十四员、六品顶戴一员、委员一员、蓝花翎三十八员、兵二名、跟役三十五名、长马十匹等官兵人马。因为这些官兵很快就要到了,可是伯都讷厅还没有拨派协济车辆到驿站,盟温站笔帖式英琳、领催委官王万森坐不住了,向北路关防处呈文报告。呈文中说:"职等伏思,该官兵不日抵境,讷城厅官并未拨派协济车辆赴站守候伺送。倘该官兵若遽行到站,则稍有迟滞,不免酿事等情。"焦急心情溢于言表。汲取前一年官兵踢伤马头事件教训,唯恐准备工作不到位,这批官兵再闹出是非。北路关防处很理解盟温站站官心情,移文兵司,提出"今此起官兵不久抵境,讷厅协济仍未前来,竟将专办之责,委于度外。倘官兵卒(猝)至,无车运送,势必酿成巨端。为此移付大司,请烦查照。希将讷厅应备协济车辆,迅速催令分拨到站伺应,稍解站累,免误行军可也"。其中"势必酿成巨端"一句,说明问题很严重,因而盟温驿站和北路关防处都高度重视。

除过往官兵制造麻烦以外,盟温站在日常公文递送时,也不是十分太平。光绪十八年(1892)六月二十二日酉时正刻(约下午六点钟),盟温站接到陶赖昭站站丁陈国利送到公文二十七件,即派站丁柏青维乘马送往登伊勒哲库站。行走到中途卡路河子地方,突遇大雨,雷电交织。洪水滚滚奔流,一下子就把河上的小桥冲垮了。正在桥上行走的站丁人马一起落水,被洪水冲出去有二三百米,所幸站丁苦苦挣扎着爬上河岸,避免了落水淹毙的悲惨命运。但是,驿马已经被洪水冲走,马封文件也被水浸湿。惊魂未定的柏青维,仍徒步将公文送到了登伊勒哲库站,给回图记,收付注写二月二十三日子时正刻(约深夜十二点钟)接递,均注水湿抹破。柏青维这一次差使,耗时三个多时辰,虽差点丢了性命,但坚持徒步完成公文递送任务,精神可嘉。光绪二十六年(1900)六月,盟温站笔帖式锡龄、领催委官范先起呈文汇报了这样一件事情:六月二十七日子时初刻(约夜间十一点十五分),接得登伊勒哲库站站丁李祥送到都京军械处交发黑龙江将军,限日行六百里夹板一副,粘单票一张;盛京将军咨黑龙江将军公文一角,排单一张,及各项公文。盟温站即派站丁徐万发往陶赖昭站递送。据徐万发回站以后汇报,他行进到五棵树铁路旁时,有沙俄兵阻路追赶。吓得他立刻拨马回跑,那些沙俄兵才没有追上,他后来绕路将公文送到陶赖昭站。另外,还有一则光绪二十七年(1901)北路关防处请派队驻守盟温站一带的移文,讲述了盟温站站丁遭遇劫匪的事情。据盟温站笔帖式锡龄、领催委官范先起呈报:七月十二日子刻(约夜间十一点钟),盟温站接到登伊勒哲库站站丁骆万有送到公文若干件,立刻派站丁徐万发乘马往陶赖昭站递送。等到十四日,徐万发才回到驿站。他汇报说,他那天行走到刘家店西三里许,突然遇十多名马步匪把他拦住,抢走了他骑乘的青花骒马及马鞍一盘,然后把他捆绑起来扔到高粱地里半天之久。这些劫匪又劫掠了一些行人后,往南边去了。幸好劫匪并未损毁公文,脱缚以后,徐万发徒步将公文递送到陶赖昭站。为此,北路关防处提出:"查该站呈报送文差丁徐万发乘马,被匪劫去全鞍骒马一匹,恣意猖獗,若不转请饬拨队伍驻防缉捕,难免道路梗阻,迟误文报。除移全省营务处查照,希即拨队驻守,以资保卫地面,而免梗塞文报外,相应备文移付大司,请烦查核施行。"关于盗匪问题,早在光绪十九年(1893),聂士成行经盟温站时就做过分析。据《东游纪程》记载,十月十二日,"早八点钟由站(登伊勒哲库站)起行,向西五十里至盟温站小憩。适站奉金珠站监督文,内开:吉林将军准珲春副都统来咨,缉弭盗匪十则,内一条载烧锅当商及猎户兵勇所用洋枪,须编号次,并不准屯民窝藏及匿枪炮知名不报,云云。考东三省马贼俗呼红胡子,素行凶恶,抢劫行商坐贾,甚至放火行杀,往往如此。多由地旷人稀,守官防兵相距六七百里或八九百里,实难控制。且猎民半以猎为生,火枪自具,或冬为猎户,夏为马贼,若被获,辄地方联名具保即释放。所以日渐横行,肆无忌惮"。聂士成的分析当非虚言,一定是在考察过程中了解到的实际情况,看来问题很难解决,以至八年后情况更加恶劣,连驿站站丁都被劫掠了。

历史档案中,幸运地保存下来了光绪三十一年(1905)七、八两月,陶赖昭站接递公文档册。记录的都是陶赖昭站接逊札保站送到的公文,然后送往盟温站。从陶赖昭站将公文送到盟温站的相关记录,大体也可得窥盟温站这两个月的驿务运行。七月初七日,陶赖昭站丁于俭送公文至盟温站,盟温站给回图记,收付注写接递时间为巳时末刻(约上午十一点钟);七月十六日,陶赖昭站站丁于俭送公文至盟温站,盟温站给回图记,收付注写接递时间申时末刻(约下午五点钟);七月二十二日,陶赖昭站站丁于俭送公文至盟温站,盟温站给回图记,收付注写接递时间酉时末刻(约下午七点钟);七月三十日,陶赖昭站站丁吴德钦送公文至盟温站,盟温站给回图记,收付注写接递时间为酉时末刻(约下午七点钟);八月初三日,陶赖昭站站丁于俭送公文至盟温站,盟温站给回图记,收付注写接递时间为午时正刻(约中午十二点钟);八月初三日,陶赖昭站站丁张秉明送公文至盟温站,盟温站给回图记,收付注写接递时间为酉时末刻(约下午七点钟);八月十二日,陶赖昭站站丁吴德钦送公文至盟温站,盟温站给回图记,收付注写接递时间为酉时正刻(约下午六点钟);八月二十日,陶赖昭站站丁于俭送公文至盟温站,盟温站给回图记,收付注写接递时间为午时初刻(约上午十一点十五分);八月二十五日,陶赖昭站站丁吴德钦送公文至盟温站,盟温站给回图记,收付注写接递时间为午时正刻(约中午十二点钟);八月二十九日,陶赖昭站站丁于俭送公文至盟温站,盟温站给回图记,收付注写接递时间为午时末刻(约下午一点钟)。根据以上记载,七月有四次、八月有六次公文传递任务,接递时间多为白天。不过,对于盟温站而言,接到了陶赖昭站送到公文以后,马上就要安排站丁送到登伊勒哲库站。如果下午五六点钟以后接到公文,如果即行送往登伊勒哲库站的话,站丁恐怕就要赶夜路了。仅就这两个月的记录看,盟温站显然比陶赖昭站要辛苦一些。不过,如果和前文记述吉林东路驿路驿站保留下来的档册记录相比,盟温站则相对要算是比较幸运的。

(六)陶赖昭站

陶赖昭站,今扶余市陶赖昭镇政府所在地。该镇东接新源镇(原七家子乡),南连陶赖昭镇,西南临松花江,北邻肖家乡。陶赖昭,各种文献中有图赖昭、陶赖洲、托赖昭、陶赉昭、讨来诏等多种写法。据《扶余县地名志》记载:"北陶,原名陶赖昭。北陶乡和陶东村、陶西村驻地。"由于有蒙古族和满族民众先后在此聚居,因此对地名的解释就有了蒙古族和满族两个版本。陶赖昭按发音对应的蒙古族语,其意为"兔子窝";而按发音对应的满语,其意为"豆子岗"。到底哪一个版本方为正解,恐怕没有人能够说得清,而且何为正解于今已不重要了,经了漫长的历史进程,人们知道陶赖昭在哪里、何地是陶赖昭,这就可以了。陶赖昭站设置于此地,因地名而得站名。松原市扶余区史志工作委员会编纂的《扶余县志》记载:"清光绪二十七年在其南小城子设火车站,仍名陶赖昭,此地遂名北陶赖昭,后简称北陶。"这里所说的火车站,是指光绪二十二年(1896),沙俄修筑的中东铁路南满支线,陶赖昭是其一个重要节点。光绪二十七年(1901),陶赖昭站南移至4公里之外的小城子,将陶赖昭地名一并带走,于是原陶赖昭就委屈地改名为北陶赖昭了。陶赖昭站并不是吉林北路驿路原设二十五站之中的驿站,而是康熙三十一年(1692)与舒兰河站、登伊勒哲库站、浩色站等同时增设的驿站,初置时按其他驿站配置标准推测,站丁三十名,马二十匹,牛三十头。光绪七年(1881)吉林将军改设驿站、添拨额丁时,未涉及陶赖昭站。光绪十四年(1888)吉林将军希元奏请酌加站丁,根据档案资料记载,陶赖昭站原设额丁二十五名、牛二十五头、马二十

陶赖昭站旧址,位于今扶余市陶赖昭镇陶西村,现为废弃的工地

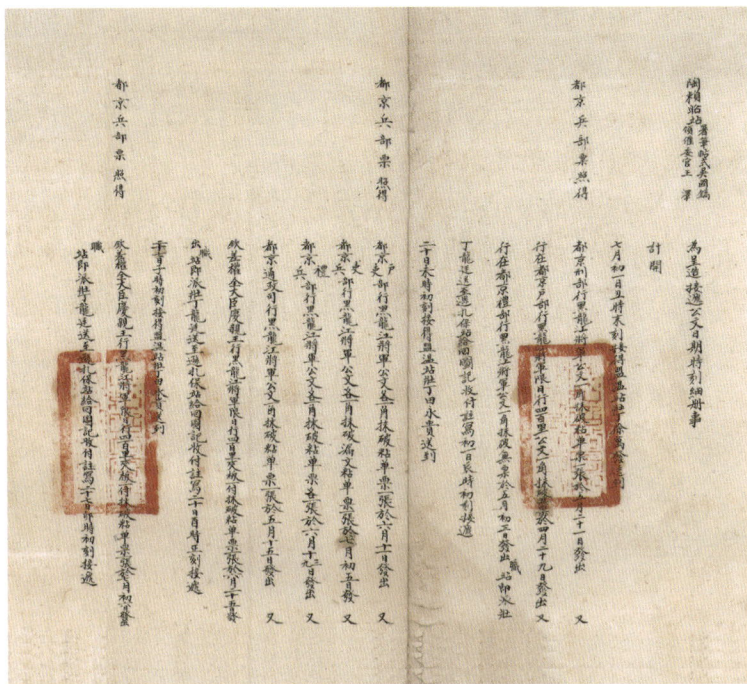

陶赖昭站接递公文日期时刻细册

五匹，调整增加额丁五名、牛五头、马五匹。这次调整以后，再没有发生变化，一直稳定到驿站裁撤。据《北路关防处呈造所属各驿分布细册》记载："陶赖昭站：西至逊札保站五十里，东至盟温站五十里。"光绪二十八年（1902）《吉林驿站建制规模人口牲丁清折》显示，"陶赖昭站，署笔帖式吴国镐，至逊札保站五十里"。据《吉林省所属各驿站户口总册》记载："陶赖昭站：二百九十八户，男大五百六十一、小三百五十七丁；女大五百二十九、小三百六十六口，共男女一千八百一十三丁口，内有学童五十六人，信教五十二人。"管下298户、总人口数1813人，在吉林北路驿路各驿站中，次于登伊勒哲库站（444户、3080人）和逊札保站（412户、2434人），可列为第三大站。

同治九年（1870），陶赖昭站发生了一起在押逃丁吞食大烟自尽的事件。根据档案文献记载，有一个叫方守业的人，"素系刁恶讼棍，逃脱在外，屡次滋事"，"自投获解"。此人可能专门与官府作对，比较善于钻政策空子，经常帮助别人告状、打官司，官府向来对这种人很头疼。可能是在同治九年的时候犯事了，主动投案，被陶赖昭站羁押起来，派人看守。本来方守业自投获解，驿站应该立即派人将其送省归案。可是那一段时间，因为有钦差大臣在省公干，往返公文时间要求紧，数量也比平时大，一时间安排不出人手，只好暂时羁押在驿站，派牌头杨亮在驿站看守。所谓牌头，是清代保甲制度每十户为一牌，设长一人称为"牌头"。所以，杨亮是方家所在牌的负责人，并非驿站工作人员。可能是方家对驿站羁押方守业不认同，驿站风闻方守业儿子方俊要进省呈控，便于闰十月二十九日呈文，先行将方守业滋事自投获解的情况做了汇报，计划于十一月初二日将方守业押解赴省。初一日晚上方守业的儿子方殿来驿站送棉衣、大烟，方守业外甥郝刚也来驿站打烟泡和方守业聊天，一直到三更时分才走。不料，方殿、郝刚走后，方守业突然出现全身抽搐、口吐白沫的症状。杨亮赶紧问方守业哪里疼痛，方守业回答说自己吞食了大烟，不行了。杨亮赶紧把方殿等找到驿站，询问给其父亲大烟等的具体情况，他儿子等人都推说不知。杨亮让他儿子马上去请医生给他父亲调治,但因为正值深夜没有去请,结果很快方守业就死了。初二日早晨四点钟左右,杨亮向驿站报告,说他负责看守方守业,一时疏忽,方守业儿子、外甥和他聊天,不知什么时候给了他大烟,使之吞食大烟自杀了,并请驿站官员前去验看。驿站官员去看了现场,方守业吞食大烟自杀情况属实。然后呈文报告说:"职等随时看验,形迹毒死属实。详查是夜伊子送棉衣、大烟,伊外甥打烟泡以备进省糜用,情属自然。叙话多时,必有隐情。尚且伊子、伊外甥走后发病,情弊显然。查方守业素系刁恶讼棍,逃脱在外,屡次滋事。自投至官,始行拿获,欲要解送归案。而该丁畏罪服毒,虽系牌头看守,自亲子男来望亦不能禁止,以致服毒毙命。职等详查方守业素行之恶,尚属该然。"不难看出,呈文明显在为驿站推脱责任,为杨亮推脱责任,同时极力抹黑方守业,咬定方守业"畏罪服毒",并且罪有应得。因为没有更多资料,对于方守业到底是为民请命的侠义之士,还是真如驿站官员所说"素系刁恶讼棍",不好做出判断。档案材料中,驿站将一纸呈文并杨亮报呈文书、以及杨亮本人一同送至省城,"呈请宪台查核施行",便没有下文了。估计,也就这样不了了之了。

光绪三十四年(1908),陶赖昭站发生了一起土地争讼案。因光绪三十三年(1907)吉林撤将军设行省,从第二年正月开始,原隶属吉林兵司专责驿站事务的西路、北路关防处划归行省民政司管辖,所以这起争讼案以吉林省民政司关于陶赖昭站争讼属地一案的移文及旗务处复文的档案形式被记载下来。根据档案叙述,陶赖昭站津贴办公地亩,在站西十数里的江套内。十二月初五日,佃户唐连海派人到站送信,"窃因长春府官带领蒙人在于江套以内查丈地界,并着与站中送信,令其来人斟询一切事情"。驿站派去的差丁回来说,"长春孟太守现奉本省抚帅札文,以蒙人在省称以佃种职站官地系伊蒙界之内,着即查勘明确,如该站果无确案,不惟退还地界,且令由何年起租照数赔还"。而且要求驿站在二十日之内查清详细回覆。情况比较严重,陶赖昭站笔帖式富隆阿、领催委官刘容宪,迅速呈文说明情况。按他们的说法,这些耕地原来是陶赖昭站的牧场,后来经过历任站官多次请示后获准招佃,以租粮补贴站务开支,已经有很多年了。在光绪三十二年的时候,佃户唐连海起了贪心,想要把这些熟地据为己有,陶赖昭站曾经移请伯都讷厅荒务分局查照,希望将这些熟地和沿江一带柳通,照旧归驿站津贴办公。该分局呈奉当时的吉林将军,获将军批示:"据呈陶赖昭站迤西,江套一段熟地四百余坰,既经站中招佃食租有年,姑准所请,仍作该站官中承领留备办公,照章升科以重课赋。其此项熟地附近沿江柳通,亦准并归站中承领,以示体恤。"荒务分局派委员穆彰阿进行了丈量,共有熟地四百二十八坰八亩一分,柳通面积四百八十八坰零七分。当时丈量委员绘图册报分局在案,驿站也造具清册一本、绘图一张,呈报监督衙门在案。虽然驿站的档案在沙俄兵入境时俱被焚烧,但是前任站官吴国镐接任时曾经呈报过,应该有案可查。呈文还提供证据,同治八年的时候,驿站曾经和鸟枪营旗户因为这些地发生过纠纷,在前将军衙门户司应该留有案底。当时判定这些地块西北一隅归该旗户,查户司存卷即可找到明证。因此,呈文提出请求,转请抚督帅安排相关部门查找以前案卷,以证明驿站所言非虚。然而,遗憾的是旗务处复文说,"查此两案敝处并未存有此项卷宗,无凭查覆"。这件事对于陶赖昭站而言,的确很憋屈。从呈文中可以看出来,驿站所说有板有眼、有理有据,绝非杜撰。只是因为驿站的档案被沙俄兵焚烧一空,只好去查找相关部门的案卷。从旗务处的复文看,敷衍意味甚浓,他们是否认真查找过都不好说。这件事情最后结果如何,我们无从得知。但是,最后的结果对于驿站而言也许并不重要,因为宣统元年(1909)正月,吉林文报局正式成立后,便全面启动了吉林全省驿站裁撤事宜,陶赖昭驿站也很快退出了历史舞台。

陶赖昭站处于中东铁路南满支线上,并且光绪二十七年(1901)以后,其南4公里的小城子设立陶赖昭火车站,这就决定了陶赖昭驿站要应对更多来自沙俄军队的骚扰。光绪二十九年(1903)十一月二十五日,陶赖昭站接到逊札保站站丁任凤递送公文计二十件,登记号簿以后,即派站丁赵强乘马送往盟温站。没想到,赵强行走到站南铁路时,遇到沙俄护路兵巡查铁路,怀疑赵强为奸细,将差丁、公文、马匹一并押送到小城子车站俄军兵营看押起来。陶赖昭驿站听闻此事以后,笔帖式等站官立即亲自会晤俄方官员,向他们索要站丁、马匹和公文。俄方官员拒绝了驿站的要求,要将原包文件送到俄军统领驻扎的老少沟查核,如果没有问题,再行发还。据说这名俄方官员是新换的,对驿站递送文件等事宜一概无知。虽然驿站官员多方努力,俄方始终没有松口。直到第二天,该俄员到老少沟向俄军统领请示,其统领命其立即将人、马、公文等悉数带回,才将赵强放了出来。赵强回到驿站以后,清点文件件数不缺,驿站又派办事稳妥的站丁,将文件送到盟温站。就此事,笔帖式吴国镐、领催委官刘宪容专门呈文上报。沙俄军队为祸吉林省,持续的时间比较长,这也是清朝末年积贫积弱中国所历经的一段悲惨岁月。光绪三十一年(1905),吉林将军衙门根据陶赖昭站提供的情报,专门发出咨文,要求日俄交战期间各驿站不得迟误公文。陶赖昭笔帖式吴国镐等报呈,从正月十九日开始,由南城子火车站抵到拨往讷城一带去之俄军马步各队,陆续经过约二三千名,风闻在社里站左近地方与日本兵队开仗。根据这个情况,陶赖昭站认为,当下俄兵络绎不绝,道路必然梗塞不通,很有可能遇到重要文件无法递送。白天还可以绕路递送,晚上一旦俄兵看守铁路,肯定不会允许站丁通过,因此有必要将这个情况提前向上报告。紧接着,伯都讷站也呈文,报告了同样的情况。为此,将军衙门咨文说:"嗣后遇有紧要公事折报,务须饬派妥丁设法绕道递送,不准藉词推诿,致干查究。"面对两个恶邻在自己的家园打仗,吉林将军衙门所能做的仅只是严苛自己的驿站,不顾站丁生命危险,必须保证驿递畅通,实属可悲可叹!

吉林档案馆保存的光绪三十一年(1905)陶赖昭站接递公文档册,很具体地记述了这年七、八两月该站的工作情况,这个档册是笔帖式吴国镐、领催委官刘宪容呈造的接递公文日期时刻细册。七月初七日辰时初刻(约上午七点十五分),接得逊札保站送到公文,即派站丁于俭送往盟温站,给回图记,收付注写初七日巳时末刻(约上午十一点钟)接递;十六日午时正二刻(约中午十二点三十分),接得逊札保站送到公文,即派站丁于俭送往盟温站,给回图记,收付注写十六日申时末刻(约下午五点钟)接递;二十二日申时初刻(约下午三点钟),接得逊札保站送到公文,即派站丁于俭送往盟温站,给回图记,收付注写二十二日酉时末刻(约下午七点钟)接递;三十日午时正刻(约中午十二点钟),接得逊札保站送到公文,即派站丁吴德钦送往盟温站,给回图记,收付注写三十日酉时末刻(约下午七点钟)接递。八月初三日辰时正刻(约上午八点钟),接得逊札保站送到公文,即派站丁于俭送往盟温站,给回图记,收付注写初三日午时正刻(约中等十二点钟)接递;初三日未时末刻(约下午三点钟),接得逊札保站送到公文,即派站丁张秉明送往盟温站,给回图记,收付注写初三日酉时末刻(约下午七点钟)接递;十二日辰时初刻(约上午七点十五分),接得逊札保站送到公文,即派站丁吴德钦送往盟温站,给回图记,收付注写十二日酉时正刻(约下午六点钟)接递;二十日辰时初刻(约上午七点十五分),接得逊札保站送到公文,即派站丁于俭送往盟温站,给付图记,收付注写二十日午时初刻(约上午十一点钟)接递;二十五日卯时正刻(约早上六点钟),接得逊札保站送到公文,即派站丁吴德钦送往盟温站,给回图记,收付注写二十五日午时正刻(约中午十二点钟)接递;二十九日辰时末刻(约上午九点钟),接得逊札保站送到公文,即派站丁吴德钦送往盟温站,给回图记,收付注写二十九日午时末刻(约下午一点钟)接递。这个档册记载的七月和八月公文递送情况,只是逊札保站送到陶赖昭站、陶赖昭站送往盟温站一个方向。按一般情况来说,日常公文往来一定是上行、下行,有来有往。是这两个月恰好只有一个方向的公文传递,还是这个档册只记载一个方向的公文递送,不能做出确定的结论。联系东路驿站此类档册的情况看,都是记载同一个方向公文传递,很有可能驿站在呈报细册时,按上下行分别统计,所以我们看到的只是一个方向的情况。如果这个推测成立,那么这个档册反映的只是陶赖昭站七、八两月公文传递的一部分,实际任务量还要更多一些。即便如此,从此档册也可得窥陶赖昭站日常公文传递情况的大概。

(七)逊札保站

逊札保站,今扶余市五家站镇。据《扶余县志》记载:五家站镇位于县区东南部,东与大三家子乡(今肖家乡)、榆树沟乡(今划归肖家乡)接壤,西与新站乡相连,南濒松花江,北与弓棚子镇相邻。清康熙年间曾在此设驿站。作者遍查手中掌握的历史资料,并未发现对站址具体地点的考证和描述,但是《扶余县地名志》有这样一条记载:"逊札保站灵祐寺遗址:位于五家站镇供销社前,为清代遗迹。"如果灵祐寺为逊札保站附设庙宇,那么驿站旧址一定在五家站镇供销社附近。逊札保站虽然又称五家站,但是查清代相关历史档案,官方文件均称"逊札保"站。"逊札保"可能是满语,但是语义不详。查了很多资料,唯《吉林乡土志》对地名有稍微详细一点的解释:"五家站,原名为逊札保站。考其原始,本站旧名为孙家波站,满语译名为逊家保站,盖'逊家保'与'孙家波'音相同,此为清初年名也。后因官府拨民,汉军旗中之巨族有五,汪、吴、郝、胡、李落户于此,遂改名为五家站焉。"也没有对"逊札保"语意进行说明。康熙二十四年(1685),户部郎中包奇等《题吉林至黑龙江设二十五驿

逊札保站旧址, 位于今扶余市五家站镇菜园子村东南方向3公里处, 现为农田

灵祐寺旧址, 位于今为扶余市五家站镇中兴路, 现为五家站镇供销社

本》中,提到"盟温河至逊札包苏苏八十里,设驿一处",可见当时这里的地名叫"逊札包苏苏"。至于何时又有五家站之名,据所掌握的最早历史文献,是成书于道光七年(1827)的《吉林外记》,在记述"逊札保站"文字之下注释"即五家子站"。《吉林通志》亦载:"逊札保站,按《会典事例》作逊札布,按俗名五家子站。"可见,五家站之名出现于康熙二十四年之后,道光七年之前。考虑到伯都讷屯田的历史,很有可能出现在嘉庆年间。因为伯都讷围场虽然一直严禁百姓入垦,但对围场周围大片肥沃土地的开垦,清廷也往往予以默许,令垦民编户耕种,交纳钱粮。嘉庆年间一直采取事前严禁,事后予以默认的态度。嘉庆二十三年(1818),吉林将军富俊曾提出开垦伯都讷空闲围场,安置闲散京旗的建议,虽然因为当时正在议开双城屯田而搁置,但是至道光元年(1821)富俊再次提出来的时候,得到了朝廷的认可。因此,落户于逊札保站的这五大家族,很可能就是这个历史阶段迁来此地,然后有了"五家子"的地名,经过一段时间得到了民间认同,驿站遂也随着有了"五家站"之名。

逊札保站是吉林北路驿路初置二十五站之一,因此可以肯定,此站初设配备站丁三十名,马二十匹,牛三十头。站丁来源,根据户部《为吉林至黑龙江设二十五驿所需事项咨黑龙江将军文》记载:"至于墨尔根至锦州鄂佛罗所设之二十驿,应查抄没户之闲散男丁,令其驻驿。查抄没户之男丁时,每驿设三十名,并从中检选优良者一名,任该驿领催。"可见,包括逊札保站在内的吉林境内初置之六站,站丁都来自所谓的"抄没户",以原来吴三桂麾下官兵为主。光绪七年(1881)吉林将军改设驿站、添拨额丁时,逊札保站不在调整范围之内。不过,此时逊札保站的配置与初置时相比,已经发生了变化,具体为站丁二十五名、牛二十五头、马二十五匹。光绪十四年(1888)吉林将军希元奏请酌加站丁,根据档案资料记载,逊札保站此次调整增加额丁五名、牛五头、马五匹。调整后,逊札保站额设笔帖式一员,领催委官一员,站丁三十名,马三十匹,牛三十头。此后驿站配置再没有发生变化,一直稳定到驿站裁撤。据《北路关防处呈造所属各驿分布细册》记载:"逊札保站:西至浩色站四十里,东至陶赖昭站五十里。"

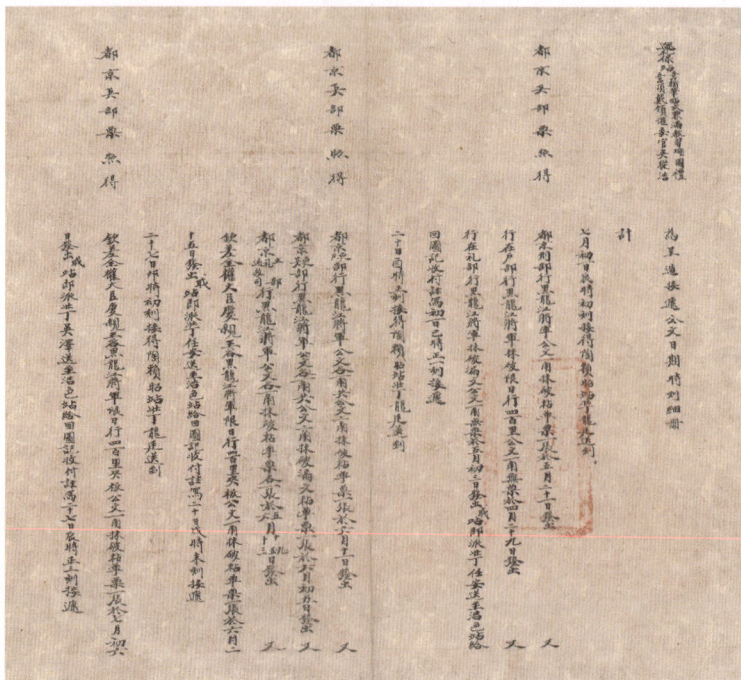

逊札保站接递公文日期时刻细册

光绪二十八年(1902)《吉林驿站建制规模人口牲丁清折》显示，"逊札保站，笔帖式胡图哩，至浩色站四十里"。据《吉林省所属各驿站户口总册》记载："逊札保站：四百一十二户，男大一千一百四十五、小二百九十七丁；女大八百二十二、小一百七十口，共男女二千四百三十四丁口，内有学童九人，信教二十四人。"管下412户、总人口2434人，在吉林北路驿路各驿站中，仅次于登伊勒哲库站(444户、3080人)，乃为第二大站。《吉林志书》所载，自乾隆三十年(1765)至嘉庆十六年(1811)旌表的列女之中有：乾隆五十一年(1786)旌表，逊札保站站丁高永升之妻王氏；乾隆五十六年(1791)旌表，逊札保站站丁吴旺之妻杨氏；嘉庆五年(1800)旌表，逊札保站站丁王儒标之妻赵氏；嘉庆十五年(1810)旌表，逊札保站站丁赵之妻李氏。一共有四位妇女受到旌表，在吉林北路驿路驿站中数量最多，当然这只是在吉林北路驿路驿站中的相对比较，实际上差距并不是很大。

　　历史档案中关于逊札保站的记录很少，没有查到以其为记述对象的历史文献，在记述别的站而涉及此站的，仅查到陶赖昭站档册。光绪三十一年(1905)陶赖昭站笔帖式吴国镐、领催委官刘宪容呈造的接递公文日期时刻细册，记述了这年七、八两月该站的公文接递情况，其所接的由逊札保站送到的公文记录也顺带反映出这两个月逊札保站的公文递送情况。七月初七日辰时初刻(约上午廿点十五分)，逊札保站站丁王有福递送公文到达陶赖昭站；十六日午时正二刻(约中午十二点四十五分)，逊札保站站丁吴凌双递送公文到达陶赖昭站；二十二日申时初刻(约下午三点十五分)，逊札保站站丁吴凌双递送公文到达陶赖昭站；三十日午时正刻(约中午十二点钟)，逊札保站站丁王有福递送公文到达陶赖昭站。八月初三日辰时正刻(约上午八点钟)，逊札保站站丁王有福递送公文到达陶赖昭站；初三日未时末刻(约下午三点钟)，逊札保站站丁吴凌双递送公文到达陶赖昭站；十二日辰时初刻(约上午七点十五分)，逊札保站站丁吴从清递送公文到达陶赖昭站；二十日辰时初刻(约上午七点十五分)，逊札保站站丁吴从清递送公文到达陶赖昭站；二十五日卯时正刻(约上午六点钟)，逊札保站站丁吴从清递送公文到达陶赖昭站；二十九日辰时末刻(约上午九点钟)，逊札保站站丁王有福递送公文到达陶赖昭站。正如前文分析的那样，这也只是逊札保站在这两个月上行方向公文转递的情况。下行公文传递记录应另有一个细册，但很可能没有保存下来。不过，很幸运的是，历史还是记住了王有福、吴凌双、吴从清三个站丁的名字。另外还有一则关于逊札保站的史料，就是关于灵祐寺的记载。据《扶余县文物志》中关于"无存寺庙"部分的记载，灵祐寺原址在扶余五家站镇供销社北院。原建筑规模较大，分前后两殿；后殿是双层殿阁，底层为大雄宝殿，是灵祐寺的主殿，说明该寺是佛教寺庙。其他建筑有正房五间，东西厢房各三间，并围有院墙。寺内原有一口大钟，据当地人回忆，钟上铭文有"雍正十三年"字样，从而证明1735年是该寺的始建年代。据说在灵祐寺附近，还有关帝庙、娘娘庙、财神庙等寺庙群建筑。

　　《吉林外记》中有这样一段记载："金太祖攻黄龙府，次混同江，无舟以渡。金主使一骑前导，乘赭白马径涉。曰：'视吾鞭所指而行。'诸军随之以济，遂克黄龙府。后使人视其渡处,深不可测。故老相传,渡处即今五家子站门前松花江,未足信。五年春,将军富俊奏准伯都讷闲荒招佃认垦取租,勘丈至五家子站北荒,见此得胜陀颂碑,今抄录入记。始知故老遗传有所本矣。"这段话,是在记述大金得胜陀颂碑之后,萨英额发表的一番议论。大金得胜陀颂碑是金朝第五位皇帝、完颜阿骨打之孙,金世宗完颜雍为追记金朝开国皇帝完颜阿骨打举兵反辽、创立大金的丰功伟绩,于大定二十五年(1185)所立纪功碑,现为国家重点文物保护单位,坐落在松原市扶余市得胜镇石碑崴子屯东1.5公里的岗阜之上。此地距五家站镇直线距离约50公里,在五家站镇北稍偏西的方位。从得胜陀到黄龙府的路线来看,若在五家站渡江南下,应该是最为便捷的路径。这个传说比较玄幻,很多史料都有记载。萨英额在《吉林外记》记载了这个传说,作者感觉其目的不在于传说,而在于阐述"故老遗传有所本"的道理。萨英额是最早将此碑著入文献者,在道光三年(1823)录文时,大金得胜陀颂碑已历600余年。风雨销蚀之下,碑文字迹已有销损。光绪十三年(1887),清代著名舆地学家曹廷杰曾亲至伯都讷碑所,实地考察并拓片,并在其所著《东三省舆地图说·得胜陀瘗碑记》中记载:"见断碣卧荆棘中,其文被风霜剥蚀,不及道光三年吉林堂主事萨英额所录之全。"可见此时碑身已断,文字更加漫漶不清。从萨英额的这段记述来看,逊札保站所在地,很有可能是当年完颜阿骨打起兵反辽的渡江之地,使这个驿站更平添了一份历史底蕴,从而在我们的心目中愈加厚重起来。

《清实录·同治朝实录》中,记载了同治五年(1866)正月涉及逊札保站的一些史料。当时,东北农民起义洪流滚滚而来,同治四年(1865)王起等29人在四平街(今梨树县)拜盟起义,开始时有二三百人,不久转战奉天围场的李维藩(即瘩痣李)也率余部前来入伙,队伍发展到了万余人。后来,又有人称"马傻子"(马振隆)和赵大刀的农民起义军头领从长春靠山屯率部来投,起义军的实力大增,具有很强的流动作战能力。先后攻破梨树、伊通等城,又南下经由开原、铁岭,突袭兴京永陵。清廷调集大批军队进行围剿,义军分成三股进行战略转移。同治五年初,王起、马傻子率领四五千名义军北上,与活动在法库的另一股义军会合后,袭击昌图,进入松嫩平原。大概就在这个时候,同治帝谕军机大臣等:"兹据德英驰奏:贼匪潜越江东,另股匪徒窜近省垣,并探闻伯都讷被匪占踞,请饬各路派兵速援各摺片。贼众由长春厅退屯农安附近靠山屯一带盘踞,即由靠山屯青山口分路窜过江东,在三家子屯逊札保站一带肆扰,并欲向石头城子双城堡等处据掠。另由奉省围场窜出马步贼匪五百余名,已过辉法河,直奔杉松蛟河等处,距吉林不过百余里。现在奉省大股匪徒,业已全数窜过吉林。该省地广兵单,处处皆贼,难于兼顾,势甚危急。亟宜由各路派兵驰赴援应。以顾大局。"于是进行了一番军事调度:飞速饬令吉林在奉天马队官兵全数赶回吉林,交德英调遣,以顾根本;酌调郭尔罗斯公旗蒙古兵,驰赴长春厅一带,就近会剿;对黑龙江官兵,立即命令宝善遵旨迅速派兵驰援。即便在清军这样的部清剿署之下,活跃在逊札保站一带的农民义军仍然四处转战,先是攻克农安,转而攻占伯都讷并据城数日,然后两攻双城堡,最后被商民迎入城中。在清军围攻之下,义军经过浴血奋战,冲出东门,攻打阿勒楚喀,随后又连克拉林、五常诸城。至三月上旬,攻占省城以北的交通要道法特哈边门,很快又占领乌拉街,兵锋直指省城吉林。但是,农民起义军毕竟无论从数量还是从装备上都比不过清军,到五月马傻子被清军杀害,这次农民起义宣告失败。

据《东游纪程》记载:"十三日。早七点钟启程,向西偏北四十里至逊札保站,俗呼五家子站,有大镇。西去二里许即松花江,往来船只木排停其西南。三百二十里至长春厅,俗呼宽城子,粮食货物所聚也。沿途地平,极易开垦。惜人稀力薄,荒芜仍多。自出法特哈边门以来,大路均宽二十余丈,无山岭,民居村镇相距三四十里或二三十里。行人三五成群,七八为偶,皆南行,无往北者。"聂士成的观察很细致,对当时具体情形的描述也很准确。从文中看,当时的逊札保站人口数量应该有相当规模,而且市面也应该比较繁华,所以才被聂士成称为"大镇"。从法特哈边门一路走来,一马平川"无山岭",很适合进行土地开发,但是因为人口数量还比较少,荒芜土地很多。民居村镇相距二三十里或三四十里,就很形象地展示了什么是地广人稀。但是,等到清末柳边弛禁以后,情况很快就不一样了。据《扶余县地名志》记载:"东站发,位于万发镇政府驻地东北5公里。民国三年(1914)原逊札保站(今五家站)站丁迁此开荒,乡人惯称站人为站棒,该屯居东,称东站棒屯,解放后去其贬意改称东站发。后站发,位于万发镇政府驻地东北4.5公里。民国五年(1916)建屯。前站发,位于万发镇政府驻地东北3.5公里,站发村驻地。民国三年(1914)建屯。居址平坦,呈长方形聚落。"这些地名清楚地表明,这些自然屯落都是先由站丁开发,然后吸引迁徙民众聚居而逐渐形成村落。这也从一个侧面说明当年的驿站对所在地的开发建设具有非常重要的人口会聚功能,到现在表现出来的特征就是驿站所在地一般都是当地村屯的中心。就吉林省境内驿站的情况看,这是比较普遍的现象,或者也可以称作"规律"。逊札保站就是如此,现在的五家站镇就是附近一带的村屯中心。不过,这里所说的站发村的三个自然屯,情况略有些特殊。因为民国三年、五年的时候,吉林驿站已经裁撤,这些迁来开发土地的站丁,很可能是驿站裁撤以后分流出来的站丁,已经是比较晚近的一些事情。

虽然历史档案中关于逊札保站的史料很少,但是相关史籍中关于逊札保站所在地的人物记述,却相对比较丰富。据《吉林志书》记载:"查吉林所属各处并无曾经旌表孝友,唯查吉林所属逊札保站站丁王瑁一户,六世同居,六十五口共食。王瑁之曾祖王弘信年至七十七岁,于嘉庆元年得受恩赏顶戴之处,理合声明。"王瑁为逊札保站站丁,上有父、祖、曾祖三代,下有子、孙两代,如此六世同居,六十五口共食,虽非经过朝廷旌表的孝友,但能维持如此庞大的家族运转,确实难能可贵。据《吉林乡土志》记载,五家站村有个吴家女,嫁给了同村的吴德,以侍奉公婆孝顺而闻名乡里。在二十三岁的时候,丈夫病逝,二人生有一女。她父母商量着想让她改嫁。她哭泣着对父母说:公公、婆婆身病体衰,女儿尚且年幼,我要是再嫁给别人,这老老少少的可怎么办? 于是更加谨慎地侍奉公婆,更加辛苦地劳作持家。族人见她矢志守寡,便在族中为她选择了一个男孩过继为子嗣。她养亲教子,五十年如一日,备尝艰苦。后来公公、婆婆相继过世,可悲的是儿媳也早逝了,留下六个孩子。她又不辞辛苦地将孙辈都抚育成人,被乡里视为典范而传颂后世。《吉林乡土志》还记载了五家站村吴万年的事迹。在日俄战争时,俄军大败以后向北逃遁,所经村屯,全都掠夺一空。风闻俄军将要溃退至五家站镇,住民纷纷开始逃亡避难。吴万年当时六十多岁,他没有随大家选择逃避,而是独自留守家园,并且很坦然地等待沙俄败军的到来。不久,沙俄军队就来了,劫掠不成便想要纵火焚烧村子。吴万年出面阻止,并对俄军晓以大义。残暴的俄军以刀、枪相逼,以鞭子、木棒殴打,吴万年都无怯意而不退缩。最后,俄军也被吴万年的勇气所感动,放弃了纵火焚村的念头,五家站村得以躲过一劫。后人提起此事,无不感叹吴万年的英勇无惧,乡里一直流传着他的故事,因而此事也得以载入志书,在历史上留下了五家站村的印记。

(八)浩色站

浩色站,今扶余市新站乡所在地。浩色,系满语,意为蒿子。《吉林通志》在浩色站条下注释:"按《会典事例》,作蒿子。"《扶余县地名志》记载:新站屯,新站镇政府驻地。为清康熙二十二年(1683)设吉林通往伯都讷驿站之一,上通逊札保站,下达社哩站,称浩色站。需要说明,这条记载关于驿站设置时间有误,应为康熙三十一年(1692)。据《扶余县志》记载:"新站乡位于县区南部松花江右岸,东接五家站镇,西邻增盛镇,南濒松花江与农安县相望,北连三井子镇、万发乡。""乡人民政府驻新站屯,清康熙年间曾在此设置驿站,时名浩色站。"以上史料的相关记述显然都过于简略,并没有说清楚浩色站和新站之间的关系。浩色站原址,今称新站,其中肯定经过了一定的历史变迁,否则地名不会有如此大的变化。查《扶余县文物志》的相关记载,这个问题基本搞清楚了。根据《扶余县文物志》的相关记述,可以大致梳理出这样一个历史发展变迁脉络:浩色站原本设置在新站乡东井坝下,后来因被洪水冲毁,迁移到现在的浩色站旧址,但是驿站名称仍然叫浩色站,只是人们习惯于称东井坝下原址为"老站",称迁移后的驿站所在地为"新站"。经年累月之后,新站就变成了浩色站所在地的新地名,并与"浩色""蒿子"混用。清楚了地名演变的问题,那么浩色站迁址是何时呢?相关志书中并没有具体记载,这个谜团似乎难以解开。幸运的是,光绪十七年(1891)吉林将军衙门《为迁徙社哩站一事的咨文》中,清楚讲述了浩色站迁移的时间,为我们揭开了谜底。咨文引述社哩站请求迁址呈文内容时提道:"如蒙允准,请仿照道光十五年挪移浩色站章程,将社哩站迁移此处,丁站得所,如苏涸辄(辙),于站务大有裨益矣。"由此得知,浩色站迁址时间是道光十五年(1835)。综合以上史料,浩色站初置于新站乡东井坝下,后因被洪水冲毁,于道光十五年迁至今新站乡新西村所在地,人们将驿站新址称为"新站",东井坝下驿站旧址被称之为"老站"。后来,新站就成为迁址后的浩色站所在地的地名。

浩色站也是康熙三十一年(1692)增设的驿站,初设时配置站丁三十名,马二十四,牛三十头。后来随着驿站调整,到光绪十四年(1888)时,额设站丁二十五名,马二十五匹,牛二十五头。经过奏请,又增加了五名额丁,五头牛,五匹马。这次调整以后,浩色站额设笔帖式一员,领催委官一员,额设站丁三十名,马三十四,牛三十头。直至吉林驿站裁撤,设置再未发

浩色站旧站旧址，位于今扶余市新站乡东井村，现为农田

浩色站新站旧址，位于今扶余市新站乡新西村，现为农田

清光绪十一年(1885)铸造的浩色站的铸铁大钟(现保存在扶余市博物馆内)

生变化。据光绪十七年(1891)伯都讷副都统柏英主修《伯都讷乡土志》记载:社哩站至浩色站六十里,浩色站至逊札保站三十里,均在伯都讷副都统辖境。每站额设笔帖式、委官各一员,设壮丁二十五名,官牛马各二十五条匹,光绪十五年(1889),奏请每站加添壮丁五名,官牛马各五头匹。据《北路关防处呈造所属各驿分布细册》记载:"浩色站:西至社哩站六十里,东至逊札保站四十里。"浩色站福庆寺遗留下来的大钟为光绪十一年(1885)铸造,其铭文有"六品衔笔帖式瑚图哩,领催委官六品军功杨文斗"的记载。光绪二十八年(1902)《吉林驿站建制规模人口牲丁清折》显示,"浩色站,笔帖式翰璋阿,至社哩六十里"。而光绪十七年(1891)十二月吉林将军衙门《为迁徙社哩站一事的咨文》中记载,那时的浩色站笔帖式就是翰璋阿。社哩站请求搬迁,吉林将军批示要求伯都讷副都统衙门派

员,会同邻站笔帖式与社哩站笔帖式一起去踏勘迁徙新址。于是相邻的浩色站笔帖式、伯都讷站笔帖式参加了社哩站搬迁新址的踏勘工作。咨文提道:"旋据云骑尉连仲、浩色站八品笔帖式翰璋阿、伯德讷站笔帖式巴彦布等呈称""职等遵奉之下,当即会同专派委员耿连仲,并邻站笔帖式翰璋阿、巴彦布,委官杨文斗、杨永春等,于二十三日驰赴社哩站。"由此可知,光绪十七年时,浩色站笔帖式为翰璋阿,领催委官为杨文斗。据《吉林省所属各驿站户口总册》记载:"浩色站:二百五十五户,男大三百六十九、小一百九十四丁;女大三百一十七、小一百四十五口,共男女一千零二十五丁口,内有学童一人。"总户数为255户,总人口1025人,在吉林北路驿路驿站中可算中等规模。《吉林志书》所载,自乾隆三十年(1765)至嘉庆十六年(1811)旌表的列女之中有:乾隆五十一年(1786)旌表,浩色站站丁吴洪烈之妻贾氏。只有一名妇女受到旌表。

浩色站旧址今已无所留存,但是浩色站附设庙宇福庆寺却留下了一口大钟。《扶余县文物志》关于无存寺庙的记载中,对福庆寺的情况有大概记述,《扶余县地名志》也有相关记述,综合二者之记述:福庆寺旧址在新站屯西部,东、西、南、北各长约110米。共有四座殿堂坐北朝南,东西并排依次是三王殿、老爷殿、大雄宝殿、娘娘殿。四座大殿建筑规格样式相同,皆为青砖墙歇山式殿顶,殿前有四根明柱,大殿屋脊有屋脊兽雕塑。殿内供奉神像并有壁画彩绘。靠近南墙处筑有一座钟楼,高约7米,以砖砌筑。福庆寺于1947年被拆毁,现仅

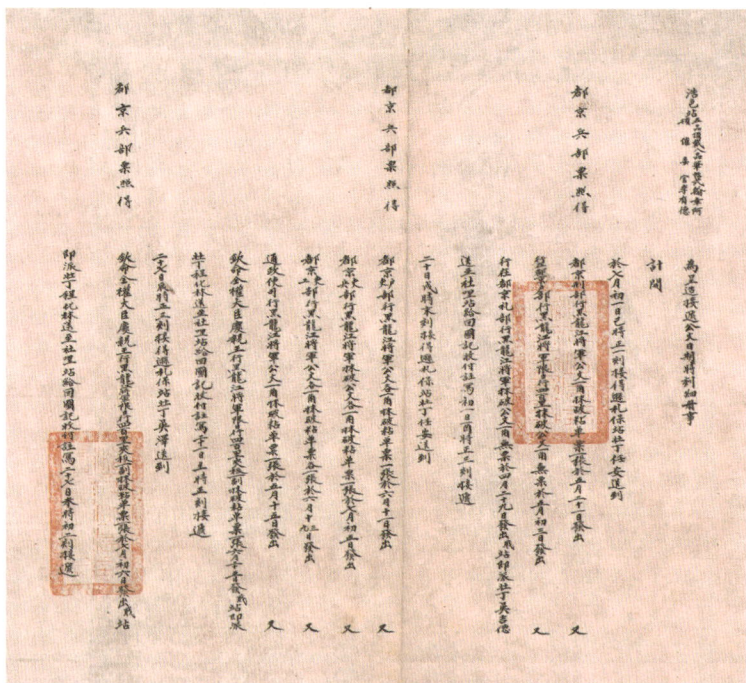

浩色站接递公文日期时刻细册

存大钟一口。大钟为生铁铸造，外形为喇叭花状，高115厘米，下口径90厘米，口缘厚4厘米，钟壁厚2厘米。钟顶有猴形钟钮，惟妙惟肖。钟上铸有铭文，字迹清晰，正中"皇清万岁"四字左右各饰一条游龙。铭文具体为："风调雨顺、国泰民安、皇清万岁。兹因浩色站福庆寺敬铸佛庙神钟一口，所有旗站承办会首及乐施衔名列后，计开：六品衔笔帖式瑚图哩，领催委官六品军功杨文斗，关防档册达杨永春，鸟枪营法哈达张富泰、杨芝、杨有用，会百站厂马文喜、魏凤保、吴从秉、杨文祥、杨有魁、吴询、杨敏、王庆、王会、吴昭，嘎山达王起有、吴鸿，伯都讷九甲人丰社民、韩希武，壮丁杨有增、马文得、杨永明、书宇达、李有得，住寺道人真童，承修匠人白忠源。大清光绪十一年（1885）六月谷旦。"铭文共177字，明确记载人名27个，各色人等及官职10种。铭文中"谷旦"一词，源自《诗经·陈风·东门之枌》的"谷旦于差，南方之原"诗句，指晴朗美好的日子，犹言"良辰吉日"。后来，古碑碣石中常用"谷旦""吉旦""吉日"等字样表述吉时。据《吉林邮驿》记载，吉林西路驿路赫尔苏驿站遗存的生铁大钟，其形制、图案与浩色站福庆寺大铁钟基本相同。赫尔苏站铁钟铸于同治十三年（1874），四面凸铸铭文，其内容为："吉林赫尔苏站旗民三项人等施舍生铁铸钟一口重三百余斤。"由此判断，清代吉林驿站附设庙宇，在某些方面可能有相同的规制标准。除这口大钟以外，浩色站福庆寺还在地名上留下了历史印痕。据《扶余县地名志》记载："浩色站福庆寺遗址，在新站乡新西村境内，为清代遗迹。庙荒村，位于新站乡政府驻地西北3.5公里，以驻地命名。清同治年间浩色站福庆寺占有荒地，称庙荒，屯从荒名，为长方形聚落。"这个地名，也可算是浩色站留下的历史文化遗产了。

　　《吉林乡土志》之"乡先贤轶闻遗事"载有光绪九年（1883）任浩色站六品笔帖式瑚图礼事迹，《扶余县志》收录了瑚图礼的传略，瑚图礼的曾孙白瑚威也写过一篇《我的曾祖父瑚站官》的文章收录于《扶余县文史资料》第十辑。综合上述资料，可以梳理出瑚图礼的一生行实。瑚图礼，满族人，姓巴雅拉氏，以谐音"白"为汉姓，道光二十九年（1849）出生，民国十六年(1927)去世。其先祖随将军驻防来吉林,屯驻伯都讷,其父为伯都讷副都统衙署主稿德成。瑚图礼十八岁考入八旗官学读书,后投效伯都讷副都统衙署充任抄写文牍的书记。光绪九年补授浩色站笔帖式,在任四年。在任期间热心慈善事业,关心民众生计,于光绪十一年带头捐资铸造浩色站福庆寺大铁钟,浩色站屯居民众制蓝地金字"公正廉明"匾额来彰显他的德行。光绪十四年(1888)调任逊札保站笔帖式。逊札保站当时是吉林将军衙门经伯都讷通黑龙江城的重要交通枢纽,地当要冲,贸易频繁,人烟稠密,地方治理事关匪浅。光绪二十六年(1900),黑龙江黑河一带遭沙俄入侵,人民罹难,沿松花江向南奔逃的难民数以万计,情状凄惨。瑚图礼念及国难民困,募集三船小米,准备亲自送往难民区赈济难民。运粮船沿江北上,沿途时有俄兵烧杀劫掠,又有土匪趁火打劫,大家都视为畏途,有人劝其不可亲往。瑚图礼回答,万人生胜我一人活,于是毅然决然地只身催舟北上。途中虽然状况频发,但瑚图礼始终沉着应对,终于将粮食安全地运送到了灾区,全部赈济灾民,无数人因此得以存活下来。回来以后,看到因为年荒谷贵而饥民号寒,又独力设一处粥厂,每天舍粥济民。后来民众要求改舍粥为舍米,便每人每日施小米一碗,每天施米四百多斤。光绪二十七年(1901),在乡倡设一所义塾,延聘教师五人,专门招收贫寒子弟入学,教授他们谋生知识,兼学先贤格言,四年后因新学堂设立而停办。宣统三年(1911),补任骁骑校;同年,因办理河南赈捐案成绩卓著,赏知府衔。瑚图礼任逊札保站笔帖式十八年,民众赠以"正大光明"匾额。1921年后,瑚图礼归居乡里,广行慈善事业,获中华民国大总统题赠"急公好义"牌匾,加给二等紫绶金质褒章。民国十五年冬月染病,医治无效去世。病重时,贫民纷纷到寺庙为其祈福,愿意以身代之。听闻瑚图礼去世噩耗,数百人不约而同聚集其住宅,哭声震天,时人称之为"大善士"。曾先后任浩色站和逊札保站笔帖式的瑚图礼,与法特哈边门站最后一任笔帖式赵文博一样,以其不凡业绩和乐善好施而青史留名,成为吉林驿站众多站官的典型代表,在历史典籍中留下了行实,书写了驿站站官的光彩一页,树立起驿站站官的光辉形象,至今仍然受到后人的缅怀和崇敬。

(九)社里站

社里站,初置时称锡伯舍里站,今松原市宁江区哈达山镇社里村。仅从地名看,已经没有一点历史传承的影子了。也正因为如此,作者曾经在现今地图上苦苦寻找松原市名社里的地方而不得,直到查松原市行政区划变更,才理出了线索。康熙二十四年(1685)户部郎中包奇等《题吉林至黑龙江设二十五驿本》之中,是这样表述的:"逊札包苏苏至锡伯舍里村八十里,设驿一处。"这是关于社里站名称最早的叫法,从字面分析,这里应该是锡伯人聚居的村子。历史上,今扶余市一带,确曾有锡伯人聚居过。但是,查作者掌握的历史资料,并没有找到确证。仅查到乾隆九年(1744)钦定《八旗满族氏族通谱》之中,颜扎氏世居地中有舍里村之名,但也不明所以。据《扶余县地名志》记载:社里,为社里乡和社里村驻地。社里,也写作社哩、舍里,为满语,其意为泉子。该地为清康熙年间开设的驿站之一。据《扶余

社里站旧址,位于今松原哈达山镇社里村,现为农田

县志》记载:社里乡位于县区南部,东临增盛镇、三井子镇,南、西濒临松花江,北接永平乡、善友乡。清康熙年间设驿站于此。土质瘠薄,常受风沙之害。相关历史文献和资料中,并无任何关于社里站旧址的记述,所以只能从地名去寻找端倪,一旦地名也被时光湮灭,寻找的过程就会更为曲折一些。那么,扶余县社里乡是如何变身成为松原市宁江区哈达山镇的呢？原来,扶余县社里乡于2007年划归松原市宁江区,2009年纳入滨江新区规划范围。2012年4月,通过撤乡建镇的论证报告,2012年8月21日吉林省民政厅下发文件,经由省政府批准,正式同意撤销松原市宁江区社里乡,设立哈达山镇。2013年9月25日,正式更名为哈达山镇,并举行了挂牌仪式。就这样,"社里"这个地名,如风飘过一样从我们的世界里溜走了。从历史文化角度看,这是令人伤心的事情,承载着深厚历史文化底蕴的地名在消失的时候,是不会自然地把其所承载的丰富内涵遗传给新的地名,随着时间的流逝,那些历史文化底蕴也会像原来的地名一样消散掉。

社里站是吉林北路驿路初置二十五个驿站之一,初置时额设站丁三十人,马二十匹,牛三十头。此后经过几次调整,到光绪十四年(1888)时,有站丁二十五名,马二十五匹,牛二十五头。而经过吉林将军希元奏请,这年又增加了五名额丁,五头牛,五匹马。这次调整以后,社里站额设笔帖式一员,领催委官一员,额设站丁三十名,马三十匹,牛三十头。直至吉林驿站裁撤,设置再未发生变化。据《北路关防处呈造所属各驿分布细册》记载:"社里站:西北至伯都讷城六十里,自城至伯德讷站二十里,共八十里。东北至长春岭一百二十里,东南至浩色站六十里。"光绪十七年(1891)十二月吉林将军衙门《为迁徙社哩站一事的咨文》

显示，社里站笔帖式为恩升，领催委官为王明堂。光绪二十八年（1902）《吉林驿站建制规模人口牲丁清折》显示，"社里站，笔帖式庆祥，至伯德讷站八十里"。据《吉林省所属各驿站户口总册》记载："社里站：二百一十二户，男大四百二十二、小二百零五丁；女大一百八十、小一百八十五口，共男女九百九十二丁口。内有学童二十四人。"管下共有212户，总人口992人，在吉林北路驿路驿站中属于中等规模。值得注意的是，社里站不足千人的总人口中就有学童24人，这个比例比较高。那时的学童不同于建立现代教育制度以后的学童，并非适龄儿童都可以入学成为学童，而是有着若干条件限制。至少，当地如果没有义学的话，穷人家的孩子不可能进入学堂学习。《吉林志书》所载，自乾隆三十年（1765）至嘉庆十六年（1811）旌表的列女之中有：嘉庆十六年（1811）旌表，社里站站丁王永富之妻雷氏。只有这一名妇女受到旌表，在吉林北路驿路各驿站之中属正常情况。

历史档案中，关于社里站迁徙的事情，记载比较详细。保存下来了两份档案：一为光绪十七年（1891）十二月，吉林将军衙门《为迁徙社里站一事的咨文》；一为光绪十八年（1892）四月，吉林将军衙门《允准社里站迁荒的咨札文》。根据这两份档案文献，可以具体了解社里站迁址事情的来龙去脉。先是社里站笔帖式恩升、领催委官王明堂向金珠鄂佛罗等站监督桂全禀报：社里站站丁王永富（应该是与前文所述受到旌表的雷氏丈夫王永富重名，二者时隔80多年）、旗丁雷永英等联名呈称：早年设站之初，将社里站设在了松花江左岸濒江之地，为沙漠地段，没有土性。年深日久，风淘沙砾，平地成丘，挪移不定。每当刮起大风，种下种子的耕田都会被刮成荒地，一粒种子都不会留下；即使庄稼已经出苗，狂风吹动黄沙也会将禾苗掩埋，致使颗粒无收。严重的时候，大风吹动沙丘移动，压埋房屋，闭塞门户，将人堵在屋里走不出去。这种情况发生过多少次，已经不可胜数。挖井取水，往往挖得很深也见不到水。社里站界内，到处黄沙漫漫，一望无际。这导致驿站站丁、旗丁以及所有屯居于此的人们都困苦不堪，生计无路。况且，站丁等本来就没有钱粮供给，全靠种地卖粮来维持生活、应承站差。像这样

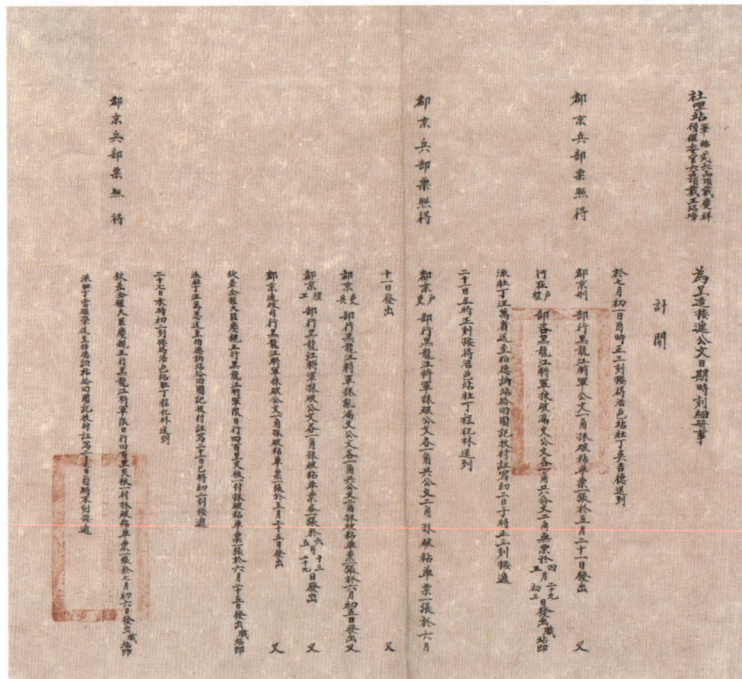

社里站接递公文日期时刻细册

沙灾无休,无计可施,已经活不下去了。因此,提出迁移站址的要求。恩升、王明堂禀称:"职等详核,本站界内苦被沙灾。站中接递差徭,因沙屯累路,车马难行,站马因而疲毙者多。该壮丁等所称本属实情,即站房马号房屋,辄被飘沙屯压。丁站同灾,束手无策。若不设法调剂,势必丁站疲累难支。职等再四思维,非另踩沃壤挪设站房,不足以资补救。"社里站所受风沙之苦,从聂士成《东游纪程》中的记述也得到了印证。其光绪十九年(1893)十月十四日行程记载:"早八点起程,西望旷野无人,行向西少偏北,行二十五里始有民屯,俗呼茶棚。又二十里有民屯曰小房身。两点钟后,风沙眯(迷)目,至晚不息。是日宿社里站,计行程六十里。"光绪十七年社里站提出迁站请求,光绪十八年吉林将军衙门批准,光绪十九年聂士成来到社里站,很有可能驿站还未迁址,所以他感受到了"风沙迷目,至晚不息"的社里站"风情"。驿站呈文在提出迁徙要求的同时,也提出了拟迁往的地点:"查有伯都讷属界之长春岭迤西,六家子屯南,南距滋生檟梨秧棵之区尚有五六十里,地属空旷。虽在封堆以内,并无钱粮佃地,南北约二十里,东西三十里。界内虽有扫熬土碱者两三户,系属私煎,委无窒碍。南距浩色站六十里,北距伯都讷站五十余里。果将社里站挪设此处,地势适中,较比旧站路顺捷径,并无绕越。"呈文还提出,如果允许社里站迁徙,就按照当年浩色站迁徙的模式办理,修房拣用旧料,不足自行筹划等迁徙具体问题的处理办法。

　　金珠鄂佛罗等站监督桂全根据社里站呈报备文层层呈报以后,得到吉林将军批示,要求伯都讷副都统衙门派员,会同邻站笔帖式,与社里站笔帖式一道进行实地踏查。于是,伯都讷副都统衙门派出云骑尉耿连仲,会同浩色站笔帖式翰璋阿、领催委官杨文斗,伯都讷站笔帖式巴彦布、领催委官杨永春,一起来到社里站。然后和社里站笔帖式恩升、领催委官王明堂等,一起到社里站恳请挪移的地方进行踏勘。踏勘以后呈交的报告说:"查得檟梨场封堆内,六家子屯前荒地一段,西由八家子屯起,东至四马架屯迤西止,约计与该站所请界址,东西宽三十里外,再东至东封堆,尚隔三十余里。北由封堆起,至南二十里,在于西南近南附近封堆内,择地设站,相距檟梨秧棵二十里许。由拟采设站处所之区起,南距浩色站七十余里,西北距伯都讷站六十余里,尚距伯都讷城五十余里。虽系适中,必须由附近村路盘绕往来,尚可通行。惟期间与禁荒有无窒碍,职等无从查考。"踏勘结果呈报以后,按吉林将军批示,户司、兵司又进行了细致调查,并报告:"详查该处荒地,前于光绪五年间,前将军铭因将备拨京旗之号荒地亩,奏明作为民佃恒产。奉准部文,另留大段闲荒,为将来京旗迁往之地。随将檟梨场界,名曰黑沙坨子闲荒,于光绪五年间声明附奏封禁,留为将来迁拨京旗之备等因在案。惟所踩之处,是否即系前奏留备迁拨京旗封禁地界之内闲荒,未据声明,殊难悬拟。"于是又经过一番呈文、批示,伯都讷副都统衙门奉命进行核查,并报告:"遵查社里站指垦挪移站务荒所,虽系于光绪五年间声明覆奏封禁,留为将来迁移京旗界内,而该站所请迁移是在西北一隅。"认为,对采捕贡品没有什么碍难,可以使用。吉林将军衙门随后又提出:"惟该站所占之荒虽居隅,其地四面宽长究有若干里数,能否敷该站之用,未据声叙,碍难核办。"于是,伯都讷副都统衙门又札饬社里站笔帖式,详查再报。社里站再次呈文,说明地方够用:"如蒙照准,所有壮余丁地、马厂,连挪移房基,一切足能敷用。"如此一番折腾下来,吉林将军衙门总算批准了:"查该站所请挪移站务地界,既据咨查明与政务均无窒碍,一边隅之地,应如所咨办理,以恤站疲,而舒丁困。"同时,要求伯都讷副都统衙门派员划清界限,挖立封堆,呈报备案。驿站迁移挪修房屋等事,等到工程完成也要呈报备考。吉林将军衙门批准时间是光绪十八年(1892)四月。通过社里站迁址申报审批过程,可以真切了解到清末政务办理过程之烦冗琐屑,阅读这两份历史档案文献,其每份公文绕来绕去的繁复赘言,令人头昏脑胀,其行政效率必然十分低下。

历史档案中还记载了社里站同治七年(1868)损坏2艘"威呼",进行赔偿的事情。"威呼"为满语,小舟之意,满族多使用由独木雕凿而成的小舟。《吉林通志·天章志》载乾隆皇帝《威呼》诗,其序曰:"刳木为舟,平舷圆底,肩锐尾修。大者容五六人,小者二三人。剡木两头为桨,一人持之,左右运棹,捷若飞行。"根据十二月十五日北路关防处《为送交包赔威呼银两的移文》所述,同治七年乌拉总管获准通过驿路将捕珠威呼(小船)五起、五十五只运送到黑龙江,但是接到黑龙江方面的咨文,只收到四起、四十五只,尚有第五起十只没有收到。乌拉总管向吉林将军衙门呈文,要求查核尚未运到的十只威呼,是哪个驿站迟误或者损坏。如果损坏了,照章每只赔偿六两银子。于是吉林将军衙门要求北路关防处札饬各站,迅速查明呈报。经过核查,只有社里站呈报损坏了两只,伯都讷站呈报损坏一只,其他各站都完好送出。依照赔偿标准,北路关防处要求两个驿站尽快上交包赔银两,以备呈交。但是,两个驿站一次次呈文,说是当下差繁钱少,正常办公经费也没有完全划拨到位,应付日常站务尚且入不敷出,哪里有余钱来上交赔偿银子。而且即便是借钱,也没有人肯借给驿站使用。虽然北路关防处屡次催促,两站一直延宕不交。在北路关防处再三催促之下,万般无奈,这两个驿站零零星星、东挪西借,好歹把银子凑足,社里站包赔银十二两、伯都讷站包赔银六两,呈交给北路关防处。然后,北路关防处移文兵司,声明包赔银子已经到位,随时可以来取。同治八年(1869)正月初七日,打牲乌拉总管衙门派委官乌凌阿,持《为领取包赔运坏威呼银两的呈文》,来到吉林将军衙门将包赔银两取走。从事情的处理过程来看,驿站挺不容易的,一旦运送物品损坏,驿站要进行赔偿,而驿站本已维持正常运转都难,再承担物品损坏的赔偿责任,更是难上加难。从北路关防处移文所述来看,作为主管部门,北路关防处对此事毫无体恤之心,只是一味催逼,把驿站逼得靠零零星星、东挪西借来凑足银两。通过以上事例,足可见清朝晚期驿站之难,也可见驿政之衰。

历史遗留下来的关于社里站的资料不多。其相邻驿站,伯都讷站留下的光绪三十一年(1905)八月接递公文档册,从中可以了解一些社里站这个时间段站务情况。根据档册记载,八月份社里站一共接到伯都讷站送到公文五次。分别是:八月初二日酉时末刻(约下午七点钟),接到伯都讷站站丁熊育福送到公文,给回图记,注写收付时间;十一日未时初刻(约下午一点十五分),接到伯都讷站站丁熊会送到公文,给回图记,注写收付时间;十九日酉时正刻(约晚上六点钟),接到伯都讷站站丁梁凤送到公文,给回图记,注写收付时间;二十四日申时末刻(约下午五点钟),接到伯都讷站站丁王瑞送到公文,给回图记,注写收付时间;二十八日申时末刻(约下午五点钟),接到伯都讷站站丁罗占禄送到公文,给回图记,注写收付时间。因为是伯都讷站档册记载的情况,我们只能了解到社里站收到公文的情况。不过,可以肯定,社里站接到伯都讷站送到的公文,一定会安排站丁将公文送往浩色站。社里站距浩色站六十里,从以上接到公文时间都是下午的情况看,如果社里站即接即送的话,站丁肯定要赶夜路,甚至整夜都在赶路,十分辛苦。另外还有一份关于社里站的珍贵历史资料,是宣统二年(1910)十一月初九日,社里文报分局与站丁王尚与签订的《立卖契文约》。光绪三十三年(1907)吉林撤将军设行省,三十四年(1908)进行驿传系统改革,全省52个额设驿站按照《改设文报分局分所试办章程》,大站改设文报分局,小站改设文报分所。共设立文报分局、分所63处,社里站改为文报分局,据宣统二年在册人员名单,社里文报分局负责人为文锦。各文报分局、分所基本在原驿站站房办公,房屋毁坏或搬迁,经总局批准亦可买房。就是在这样的背景下,社里文报分局买下站丁王尚与住宅一处,草正厢房各3间,作为官房,价值市钱1400吊整。《立卖契文约》就是买卖房屋时签订的契约,至今仍然保存完好,已成为珍贵的历史文物。

(十)伯都讷站

伯都讷站,今松原市宁江区伯都乡所在地。伯都乡原属扶余市,1995年划归松原市宁江区,位于宁江区北部。2005年9月,原伯都乡与原新民乡合并组成新的伯都乡,距市区

伯都讷站旧址,位于今松原市宁江区伯都乡,现为农田

12.5公里,东与大洼镇相邻,西濒合流前松花江,南与新城乡为邻,北临合流后松花江,与黑龙江省肇源县隔江相望。伯都讷地名,当来源于隋唐时靺鞨之伯咄部。隋朝时期,勿吉改称靺鞨,靺鞨七部之一的伯咄部居于后来称作伯都讷的这个地方。据有关史料分析,"伯都讷"应该为"伯咄"之音转,伯咄、部渚泺、伯都讷,是同音的不同汉译,满语意为凶猛的虎,即以虎为部落的名称。境内有新石器时期遗址,伯都讷古城和长岗子遗址是省级文物保护单位。民间有"先有伯都讷,后有新城府"的说法,说的就是伯都讷副都统衙门迁徙带来的变化。康熙三十一年(1692),移吉林副都统于伯都讷,称伯都讷副都统,衙署设在伯都讷城。康熙三十二年(1693)于伯都讷城南约13公里处建筑城垣,名曰新城。康熙三十三年(1694),伯都讷副都统衙门迁入新城。嘉庆十五年(1810)置伯都讷厅设理事同知,光绪八年(1882)改理事同知为抚民同知,治所移孤榆树屯(今榆树市)。光绪三十二年(1906),伯都讷厅升府,治所迁回新城,名为新城府。孤榆树另设县治,隶新城府。所谓新城,到了光绪年间,也破败得不成样子了。据《东游纪程》记载,其于光绪十九年(1893)十月十五日到达新城,宿伯都讷祥发客寓。十六日,"随遣学生等阅城址,复称方城坍塌不堪,出入无阻。其东门往吉林大道;南门距松花江里许,往长春府大道;西门距松花江三里许,过江行五十里至茶秆图墨即蒙古地方;北门往齐齐哈尔大道"。而伯都讷驿站一直在原来的伯都讷地方,十六日晚上聂士成宿伯都讷站。

伯都讷站是这条驿路初置的二十五驿之一,初设站丁三十名,马二十四,牛三十头。后来经过几次调整,虽然具体情况不详,但是从光绪二十八年(1902)《吉林驿站建置规模人口牲丁清折》中可以了解到,"乾隆二十四年十二月二十七日,经前任将军萨(萨喇善)奏请,酌量各站差役轻重,程途远近,挪移壮丁八十名,马八十匹,牛八十头,拨往萨库里站至三姓新设之八站当差"。这是在当时吉林所属三十九站之中抽调,具体各站情形不详。还有,"又于乾隆三十四年六月初五日,经前任将军伯傅(傅良)奏请,酌量各站差役轻重,程途远近,将伯都

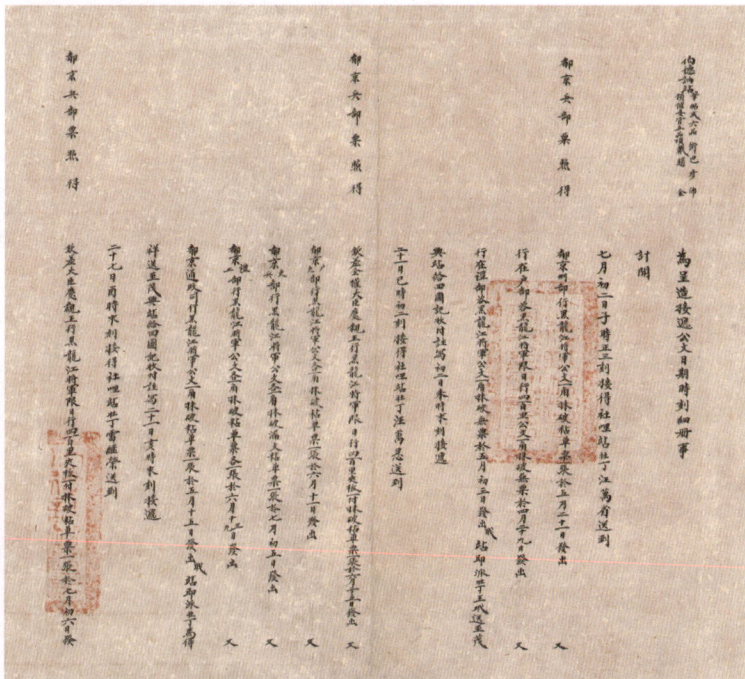

伯都讷站接递公文日期时刻细册

讷所设十站内,挪移马二十四匹,牛二十四头。拨往吉林至宁古塔所设大小九站,仍由本站内挑补壮丁当差"。此后还有调整,不过历史资料不够具体。到光绪十四年(1888)时,有站丁二十五名,马二十五匹,牛二十五头。经吉林将军希元奏请,这年又增加了五名额丁,五匹马,五头牛。此后,伯都讷站额设笔帖式一员,领催委官一员,站丁三十名,马三十匹,牛三十头。直至驿站裁撤再无变化。据《北路关防处呈造所属各驿分布细册》记载:"伯德讷站:此系尾站,与江省接壤,一江分界,北至松花江渡口四十五里,自渡口至江省茂兴站三十五里,共八十里。南至伯都讷城二十里,自城至社哩站六十里。"查相关历史档案得知,伯都讷站光绪五年(1879)笔帖式为托精阿、领催委官金万先,光绪十七年(1891)笔帖式巴彦布、领催委官杨永春,光绪二十三年(1897)笔帖式巴彦布、领催委官杨永春,光绪二十七年(1901)笔帖式巴彦布、领催委官赵金,一直到光绪三十一年(1905)笔帖式一直为巴彦布。据《吉林省所属各驿站户口总册》记载:"伯都讷站:一百一十四户,男大二百六十、小一百三十七丁,女大一百九十二、小一百三十五口,共男女七百二十四丁口,内有学童七人。"伯都讷站管下114户,总人口724人,在吉林北路驿路驿站中当属中等规模。《吉林志书》所载自乾隆三十年(1765)至嘉庆十六年(1811)旌表的列女之中,没有伯都讷站的妇女。据吉林将军衙门《关于发给因公殒命站丁恤银的札文》记载:"案查光绪二十一年二月间,伯都讷站差丁熊得嵋因递送公文坠江殒命,呈请酌量发给恤赏,实系因公殒命,究与贼接仗阵亡有间,曾经酌中拟给恤赏银十五两,发给承领在案。"由此记述,我们了解到,光绪二十一年(1895)伯都讷站曾经发生了这样一个悲剧。

现存清代驿站档案中,有关伯都讷站的资料稍微丰富一些。有一份光绪五年(1879),兵部《为伯德站迟误公文例应议处的咨文》,记载了一例伯都讷站递送公文迟误,按例应该议处的事情。根据伯都讷站笔帖式托精阿报称:上年的七月十四日巳时末刻(约上午十一点钟),伯都讷站接到社里站站丁汪泽送到公文,当即派站丁史广发送往茂兴站。因为赶上发水,史广发在站北下坎上船,摆渡水路八九十里,行至图什免地方下船,赶紧将文件送到茂兴站,计迟误一时五刻。本来事出有因,在呈文报告时将相应证明材料一同呈上,是可以免予议处的。不知什么原因,当时只向兵部呈文说明情况,没有附送相关证明材料,导致兵部"虽据该将军咨报,系因河水涨泛,该站丁由水路递送迟延时刻,然未取具印加各结,随咨送部,核与免议之例不符,本部碍难率准"。于是,吉林将军责成管理金珠鄂佛罗等站监督扎拉丰阿,饬伯都讷站再行调查说明。伯都讷站笔帖式托精阿、领催委官金万先等再次呈文报告,并加具关防印结,一并呈报。最后兵部的结论是:"今该省伯德讷站接递前项夹板公文,因江水泛涨迟延,取具印加各结送部,自应免其查议。惟该省接递迟误,应具印加各结,何以当时并未随文咨送?迨经本部行取迟延职名,始行加结送部。且该站接递迟误,系在上年七月,今该将军于本年五月,始将印结补送到部。按期核计已逾定限,例应议处。"折腾了一番以后,伯都讷站还是要面临议处的结果。不过,话说回来,上一年七月发生的事情,到了下一年的五月才将相关证明材料送到主管部门,而且还是在人家正式启动处理程序"行取迟延职名"以后,确实有些说不过去。兵部最后给出的说法,并不是因为递送公文迟误进行议处,而是因为"按期核计已逾定限""例应议处"。如此受到"议处",伯都讷站确实比较委屈,多半是吉林将军衙门的官僚疏漏所致。

清代每年发往各地的时宪书,都要由驿站承担递送任务,可能因为每次递送时宪书数量多,经常发生包封磨损,散乱丢失的情况。所谓时宪书,就是清朝钦天监(国家天文台)发布的日历,每年都要出一本。里面的内容除了一些天文现象的日期时间之外,还有一些涉及风水、择吉、算命相关的内容。中国古代认为历法乃皇权的象征,只有钦天监有权发行日历,送到各地使用。光绪十七年(1891),伯都讷站就遇到了时宪书破损纠纷。北路关防处《为转递黑龙江时宪书一事的移文》具体记载了事情的原委。伯都讷站笔帖式巴彦布、领催委官杨永春呈报:二月二十四日,接到社里站送到公文,其中有清字时宪书二十六包。伯都讷站接递时照票查验,包封均已磨乱不堪,散封不计本数,当下在社里站取回收付之内注明,然后派站丁熊杰送往茂兴站。但是,送到茂兴站以后,该站因为包封磨破不敢接收,需要请示上级,而其上级饬令茂兴站不准接收,因此将时宪书驳回。伯都讷站无奈,只得粘签注明转送社里站。同时,呈文向北路关防处进行汇报。北路关防处因此移文吉林将军衙门兵司,提出:"第思此项宪书虽经磨损,亦应接收转递江省。若该衙门接收果系不堪,及本数短少,再行挨次查究,何得中途驳回? 事关部文要件,未便任令返往驳途,不但迟延抑且无处投交。除札饬金珠至伯德讷等站遵照,即将此项部文宪书仍行迅速转递茂兴站外,理合备文移付大司,请烦查核,希冀转呈请咨黑龙江,转饬所属各站务即接递,是为公便可也。"主张继续递送,并请吉林将军衙门咨黑龙江将军衙门,说明情况,劝说其接收。至于包封磨破、时宪书散失的相关责任,接收以后可以挨站查明。北路关防处的主张合情合理,着眼于解决问题而不是互相推诿。根据清代遗存的驿站档案看,有关时宪书驿递的纠纷比较多。同治十年(1871),吉林将军衙门曾发出《查复各驿站传递时宪书失损情形的咨文》;同治十一年(1872),北路关防处发出《为查明遗失磨损时宪书情由的移文》;光绪十四年(1888),西路关防处发出《关于接收传递时宪书情形的移文》;光绪十四年,吉林将军衙门发出《为时宪书磨损短少情由的咨文》。可见,在时宪书驿递上出现问题是比较经常的现象。

在日常公文递送中,伯都讷站还遇到过其他一些问题。光绪二十七年(1901),遇到了公文无处投递的困惑。据伯都讷站笔帖式巴彦布、领催委官赵金呈文禀称:五月二十九日接到社里站站丁汪万春赶车送到大夹板一付,外随火票一张,标明于二十六年六月初五日发出。随即查登记号簿,此乃上年六月间接递黑龙江将军衙门咨京城兵部夹板一付,票一张,现经西路搜登站粘签驳回。伯都讷站按规定接收,并派站丁熊育福于次日赶车送到茂兴站。但是,茂兴站拒绝接收。站丁不敢直接拉回,在茂兴站住候两日,再三恳求,仍不接收。无奈之下,只得拉回。虽然下站已经粘签驳回了,但伯都讷站觉得这么推来推去终归不是办法,于是又派牌头梁永同站丁一道送往茂兴站,而茂兴站以公文乃去年发出,至今耽延一年多才驳回为由，仍然拒收。无奈，伯都讷站只好派站丁王得相转送社里站。谁知这次社里站以"未到本省因何驳回"为由，也拒绝接收。伯都讷站只好呈文报北路关防处，请示如何处理。北路关防处为此移文兵司，详述此事，征询处理意见。另有一份西路关防处《为搜登站接递驳回夹板公文事的覆文》，说明并非搜登站驳回，搜登也是接递"前途里驿粘签驳回"。至于到底是哪一个驿站驳回的，根据现存资料尚无从判断。事情最后如何处理，也不得而知。还有两份分别为光绪二十八年（1902）和光绪二十九年（1903），伯都讷站因为春季江冰半开和夏季江水泛滥，可能延误公文递送的呈文，表明伯都讷站每年都要面临江水带来的麻烦。春季"大小两江半开，淌流冰排，人马难行"；夏季"江水涨泛出槽，将船只挪移站北下坎大岗子应差，遇有紧急文件，不免阻滞迟误"。不过，这两份呈文，怎么看都有点投机取巧、避免被追责的小聪明在里面。尚未发生公文递送迟滞事件，预先声明可能会出现这样的问题，将来真的出现了，则有"早就声明了"的挡箭牌。驿站上峰都也是官场"老油条"，估计这种小伎俩不会有什么用处。

光绪三十一年（1905），伯都讷站笔帖式、六品衔巴彦布，署领催委官、六品顶戴杨育春，编制了八月接递公文日期时刻档册呈报北路关防处，很幸运保存了下来。根据档册记载，伯都讷站八月一共接递上行公文五次，分别是：八月初一日巳时末刻（约中午十一点钟），接到茂兴站站丁姜国岭送来公文，即派站丁熊育福送往社里站，给回图记，收付注写初二日酉时末刻（约下午七点钟）接递；初十日午时正刻（约中午十二点钟），接到茂兴站站丁张文魁送来公文，即派站丁熊会送往社里站，给回图记，收付注写十一日未时初刻（约下午一点十五分）接递；十八日申时初刻（约下午三点十五分），接到茂兴站站丁李国者送来公文，即派站丁梁凤送往社里站，给回图记，收付注写十九日酉时正刻（约下午六点钟）接递；二十三日未时正刻（约下午二点钟），接到茂兴站站丁赵永壮送来公文，即派站丁王瑞送往社里站，给回图记，收付注写二十四日申时末刻（约下午五点钟）接递；二十八日辰时正刻（约早上八点钟），接到茂兴站站丁姜国岭送来公文，即派站丁罗占禄送往社里站，给回图记，收付注写二十八日申时末刻（约下午五点钟）接递。从档册记载可以看出，从伯都讷站送公文到社里站，一般都要一天多的时间，只有二十八日是当日送当日到，早上八点钟出发下午五点钟送达。邻站之间递送公文，需要时间如此之长的驿站不多。伯都讷站与社里站之间相距八十里，相对于其他相邻驿站之间的距离而言，确实算是比较远。距离越远，站丁递送公文耗费时间越长，越是辛苦。前面所言一天多的时间，只是单程，如果计往返时间的话，则需要两三天，跑夜路是无论如何也避免不了的。而伯都讷站往茂兴站递送公文的话，可能比往社里站还要辛苦。虽然同样是八十里的距离，但是还要渡过松花江，需考虑江水涨泛的因素。另外，伯都讷站作为吉林至瑷珲城驿路的吉林尾站，与黑龙江茂兴站分属不同的将军衙门管辖，事情相对比其他驿站要多一些，有时麻烦事情也就多一些。两个驿站之间的接递，往往是两个将军辖区的交接，有时会有些敏感，这是伯都讷站的特殊性。

(十一)蒙古卡伦站

蒙古卡伦站,今榆树市太安乡新站村。据《榆树市乡镇志》记载:"新站村,驻新站屯,位于镇政府驻地东南10公里处,西与五星村、东与大岭镇林家村、南与双井子乡芦家村、北与西龙村为邻。村名由蒙古克伦站(驿站)演变而来。"很遗憾,只是没头没尾的一句简单记述,并没有传递出更多的信息。按一般逻辑推测,很可能蒙古卡伦站也有新站、旧站之变迁,所以才会从驿站演绎出来这样的地名。与吉林省境其他吉林北路驿路驿站相比,蒙古卡伦站显然要"年轻"一些。这个驿站是吉林城至三姓城驿路,在与吉林城至瑷珲城驿路分道后的首站,同时是吉林城至三姓城驿路在今吉林省境的最后一站。据《中国东北史》记载:"乾隆九年(1744),拉林设副都统,从登伊勒哲库向东北,增设了蒙古卡伦和拉林多次两站。"可以看出,最初设置蒙古卡伦站,是为了沟通拉林副都统衙门与吉林城之间的联系。乾隆二十四年(1759),因为三姓和宁古塔、拉林都相距五百多里,吉林将军提出从拉林沿松花江开通一条驿路,中间添设六个驿站。但是,当时只增建了吉林将军辖境的三个驿站,与三姓之间的联系仍未打通。乾隆二十七年(1762),吉林将军旧事重提,要求在黑龙江所属之"呼兰属巴彦苏苏以东借城设站五",才将吉林城与三姓城之间的驿路联络完全畅通。所以,就吉林城至三姓城驿路的开通看,应该是乾隆二十七年(1762),若是单论蒙古卡伦站的设置时间,则为乾隆九年(1744)。其实,这条驿路最远通到三姓,中间还沟通着拉林、双城和五常。由于双城一带屯田兴起,人口日益稠密,后来于道光五年(1825),增设双城站,与

蒙古卡伦站旧址,位于今榆树市太安乡新站村,现为新站村供销社

拉林多次站相接。这条驿路和吉林城至瑷珲城驿路，都归北路关防处管辖，所设驿站一般都称为吉林北路驿站。因为这条驿路从登伊勒哲库站分道以后，在今吉林省境内的驿站只有蒙古卡伦站一处，所以附于此处进行记述。

蒙古卡伦站初设时设置情况无考。光绪七年（1881），吉林将军铭安等在改设驿站、添拨额丁的奏折中说："再省城东路至宁古塔原设九站，北路至三姓城原设十四站，向来差事较简。小站旧设额丁十名至十五名不等，原因地非冲要，筹费维艰，率由旧章因陋就简。现在东北边防军转粮运械，动多紧要公文，丁少差繁不敷周转。"因此，要求增设驿站、添拨额丁。清单中列出："蒙古卡伦站原设额丁十五名，马十五匹，牛十五头。今拟添拨额丁三名，马三匹，牛三头。"光绪十四年（1888），吉林将军再次奏请增加额丁，希元在奏折中说："去秋奴才希出省阅军，道经三姓、宁古塔两城，见各站大小不等，额丁多寡不同，且旧设新添亦未能一律。目击苦累情状，实属疲惫已极。"这次添设额丁，还包含有"公平一律"的目的，蒙古卡伦站这样的小站，受益很大。清单列出："蒙古卡伦站，原设额丁十八名，马十八匹，牛十八头。今拟加添额丁十二名，马十二匹，牛十二头。"调整以后，蒙古卡伦站额设笔帖式一员，领催委官一员，额丁三十名，马三十匹，牛三十头。这个设置标准，一直保持到驿站裁撤。据《北路关防处呈造所属各驿分布细册》记载："蒙古卡伦站：南至登伊勒哲库站八十里，北至拉林多欢站七十里，东至五常厅（新设五常站同在一处）一百一十里。"光绪二十八年（1902）《吉林驿站建制规模人口牲丁清折》显示，"蒙古卡伦站，署笔帖式景德"。据《吉林省所属各驿站户口总册》记载："蒙古卡伦站：七十三户，男大一百三十六、小四十一丁，女大一百零四、小四十四口，共男女三百二十五丁口。内有学童两人。"相比较而言，蒙古卡伦站管下只有73户，人口325人，规模的确比较小。《吉林志书》所载自乾隆三十年（1765）至嘉庆十六年（1811）旌表的列女之中，乾隆四十年（1775）旌表，蒙古卡伦站站丁李思敬之妻李氏；嘉庆十年（1805）旌表，蒙古卡伦站站丁班文杰之妻赵氏。乾隆年间和嘉庆年间，蒙古卡伦站额设额丁至多也就是十五名，如此小规模的驿站，有两位妇女受到旌表，比例显然要比其他驿站高。

历史档案资料中关于蒙古卡伦站的文献比较少。但是，有两则史料记述了该站递送公文过程中遭受俄兵骚扰伤害的史实。光绪二十六年（1900）六月，蒙古卡伦站署笔帖式贵年、领催委官雷继德报称：六月二十三日酉时正刻（约下午六点钟），接到登伊勒哲库站送到公文，包括将军长顺咨三姓、阿城，限六百里公文各一角，又咨哈尔滨交涉局张宋，限六百里排单公文一角。蒙古卡伦站即派站丁夏永荣往拉林多欢站递送。没有想到，该站丁行进途中，在距驿站二十多里的康家屯前面，突然遭遇从战场撤退下来的俄兵三四百名，手执快枪拦路。夏永荣被吓得半死，生怕文报被这伙俄兵抢走，立刻返回到蒙古卡伦站。还有一份光绪二十六年（1900）八月，北路关防处《为洋人阻路难以驰递文件的呈文》，其中说，根据蒙古卡伦站署笔帖式贵年、领催委官雷继德报告，因为阿城失陷，该站七月二十六日接到由省发来的文件，站丁送到拉林多欢站，可是这个驿站人员都已经逃散一空，无人接收。于是粘签驳回，已经呈报在案。然后，这些文件从南路递回，蒙古卡伦站又派站丁送到拉林多欢站接收,但是拉林多欢站只是接收了东、西两路文件,还有将军衙门并分巡道、边防营务处等咨札北路三姓、宾州厅、靖边周统领等公文、马封三十余件,虽然屡次递送该站,因为萨库里站无人,而俄兵攻占阿城,盘踞白城,导致驿路梗塞,又不能绕越驰递,均粘签驳回。由于俄兵阻路,如果再有咨札北路三姓、宾州等处的文件,实在难以递送到位。北路关防处因此在给吉林将军的呈文中提出建议:"查阿城失守,三姓、宾州等处驿路梗阻,可否饬令拉林协领由该处练队安设马拨,遇有三姓等处公文,即由马拨接递,设法绕越,以通声势。所有驿路梗阻缘由,理合备文呈报宪台鉴核施行。"这个建议后来是否得到采纳,我们不得而知。平心而论,在当时的情况下,这个建议倒也不失为一个务实举措。这次俄兵入侵,给东北三省造成了严重损失,驿路梗阻、驿站被毁,百姓惨遭劫掠、蹂躏,实在是非常屈辱的一段历史记忆。

光绪三十四年(1908),发生了一起波及面较广的公文丢失事件,但因为蒙古卡伦站的工作比较认真细致,使得吉林一些驿站摆脱了嫌疑。光绪三十四年四月二十九日,西路关防处有一则《为查明遗失马封公文情由的移文》,据搜登站呈文报告:四月初六日,乌拉站送到由曲阜县寄发,呈宾州厅内无文件空封筒一件,粘签注明以后送往伊勒门站。四月二十五日,伊勒门站送来驳回的以前递送的空封筒,收到后再往乌拉站递送,不想乌拉站坚决不收。搜登站眼看这件空封筒粘在自己的手里,便呈文西路关防处进行了汇报。搜登站在呈文中说:"职等详查,此件原由北路递至乌拉站接收,该站系属西路首站,前既接收内无文件封筒,今准驳回,该站复又不接。若再互相推诿,往返驳递,恐招不以公牍为重之咎。今幸查内无文件空马封外面注有蒙古卡伦站粘签,声明于三月十二日接到时,原有公文一角,外包马封一件,磨破,内有文件,随即送往拉林多欢站接收讫。覆于二十二日由北路驳回,仅有破烂空封筒一个,内无文件,为此粘签注明等语。依此签可查为凭,此件究系蒙古卡伦站迤北驿站遗失,与西路驿站似无干涉。""请将内无文件封筒一件,既经北路蒙古卡伦站粘签注明,系前途遗失,有所查考,应请移送北路关防处行查。"西路关防处因此移文,将这件事情交接给了北路关防处。说来,乌拉站工作之不负责任,与蒙古卡伦站之认真负责,形成了鲜明对比。如果没有蒙古卡伦站的粘签注明,西路驿站恐怕都要跟着担受嫌疑。而正是因为有蒙古卡伦站的这个注明,西路关防处很轻松地就把这件事情交出去了。蒙古卡伦站这个粘签注明,实际上是把西路驿站和该站以南的北路驿站全都开脱出来,最后行查重点放在该站以北各站就可以了。这里我们看到一个很荒唐的现象:一个没有文件的空封筒,各站还一本正经地传来传去,白白浪费驿递资源,却又谁也不觉得不正常。搜登站如果不是因为空封筒粘在自己手上,也就传递走了了事,那这个空封筒还不知道要在驿路上游荡多久。

蒙古卡伦站也有关于这件事情的说明呈文,该站处理经过是这样的:三月十二日接到登伊勒哲库站送来文件,其中有曲阜县咨宾州厅正堂马封一件,系二月十五日坐发。随即派站丁郭成送往拉林多欢站,取回图记、收付,并无抹乱丢失字样。等到三月二十二日,接到拉林多欢站送到曲阜县咨宾州厅粘签驳回马封一件,封筒破烂不堪,内无文件。蒙古卡伦站因此粘签注明,声明不知文件递到哪个驿站丢失的,然后派站丁马祥送往登伊勒哲库站。正是蒙古卡伦站看到封筒破烂不成样子,特别加以粘签注明,而不是像别的驿站那样机械传递,才使事情有了转机。最后,萨库里站将事情查清楚了。原来,这件马封递送到萨库里站的时候,封筒与封筒内的文件已经分离。该站值班外郎没有认真核对,竟将原来的一件公文登记成了两件,然后传递给了蚩克图站。蚩克图站将公文送到宾州厅时,宾州厅将公文留下了,但是将破空封筒驳回。蚩克图站见宾州厅拒接空封筒,便也粘签驳回,于是这个破空封筒开始了在驿路上的"流浪旅程"。萨库里站外郎粗心大意,导致发生这个乌龙事件。萨库里站在呈文中承认错误,并愿意接受处罚。呈文说:"此件马封前途既经抹破,而至下站必将内贮公文一角全行漏出,以致职站值班外郎,竟以此件抹破马封漏出公文未加详慎,于号簿注写抹破马封空筒一个,另有公文一角。其实并未丢失,以一件公文拟为两件,致烦文牍,有干宪怒。查外郎范文举,虽系原接原递,而于号簿内并未注明,究属错误,当将该外郎鞭责革退,永不叙用。虽由外郎注号之误,总系职等遣差未慎,失于察考,亦属咎有难辞。"对事件的直接责任者准备"鞭责革退,永不叙用",萨库里站笔帖式承认自己失察之责,甘愿承受处罚。"所有职应得失察之咎,应如何惩办之处,惟有仰恳施恩于格外也。"虽然承认错误,认打认罚,但是也恳请上峰手下留情。至于事情最后如何处理,现有历史资料并没有具体记载,但是蒙古卡伦站认真负责的工作实绩,却在这个事件中成为闪光点。历史留存下来关于蒙古卡伦站的资料很有限,但在有限的历史资料中,却留下了蒙古卡伦站这样一个正面形象,这大概是一份历史的温情吧。

五、宁古塔至珲春间驿站

宁古塔至珲春驿路,是吉林省境内清代驿路开设最晚的一条。光绪七年(1881),宁古塔至珲春之间改设驿站的奏请被批准以后,光绪八年(1882)吉林将军衙门《为复准珲春至宁古塔间改设驿站的咨文》指出:玛勒瑚哩卡伦、萨奇库大卡添设笔帖式,由宁古塔拣放;哈顺卡伦、穆克德和卡伦、珲春城添设笔帖式,由珲春拣放。而管理乌拉额赫穆等站监督、二品顶戴花翎协领达春巴图鲁金福、署总站官五品顶戴记名主事喜成,在光绪八年三月二十九日《乌拉额赫穆等站为带牌拣放新添驿站笔帖式领催委官的呈文》中提出:"当将玛勒瑚哩站领催委官一缺以关防档册达周国经补放,萨奇库站领催委官一缺以关防达刘文仲补放,哈顺站领催委官一缺以关防外郎杨任开补放,穆克德和站领催委官一缺以关防外郎周俊补放,珲春城领催委官一缺以关防外郎银如峙补放。"可见,站官在批准改设驿站后的第二年就已经安排到位了,由此可以推断其驿站在站官到位以后就开始运行。光绪九年(1883),吉林将军衙门《为宁古塔至珲春添改创设十站请颁图记的咨文》所述:"现据管理乌拉额赫穆、金珠鄂佛罗等站监督等呈,据新放东路玛勒瑚哩、萨奇库、哈顺、穆克德和、珲春城、通沟镇、意气松、塔拉、五常站、苇子沟等十站笔帖式等呈,职等各站属系新经添改创设,每遇呈报应行公事,必须钤用图记方昭信守,由该监督等转请前来。查新设各站已经拣放管站笔帖式等官,所有各站应需图记十颗,应咨礼部铸造发放。"充分证明,这些驿站在光绪九年已经开始工作,呈请礼部铸造发放驿站公章。由于珲春设置协领衙门以后,一直归宁古塔副都统衙门管辖,而且这条驿路开通时,也是省城经宁古塔至珲春的唯一官道,所以驿站设置和表述顺序均从宁古塔开始。本书为了叙述方便,也从宁古塔至珲春的方向顺序讲述。不过,按照现今行政区划,从萨奇库站开始进入吉林省行政区域,所以就从萨奇库站开始记述。

(一)萨奇库站

萨奇库站,按《吉林通志》记载,另名"太平岭站",当时属宁古塔副都统辖境,今在汪清县春阳镇境内。关于具体所在,有说为石头河子村。而汪清县地方志编纂委员会编纂的《汪清县志》记载:"经考证,所述卡伦的萨奇库(今骆驼山)、葛哈哩(今五站)、哈顺(今东振)等处,均在汪清境内。"据《皇华纪程》记载:"由宁安县境最后一站老松岭,南行十三里过岭进入汪清县境内。再行四十二里经老庙、石城至萨奇库站(也称骆驼砬子)。"据《汪清县志》地名一章所载:"骆驼山,山岳地名。位于镇政府驻地东南10.5公里,以村前有一呈骆驼形的山得名,亦称骆驼砬子。"可见"骆驼山""骆驼砬子"为一地,查今汪清县春阳镇辖区有骆驼山村,无石头河子村,故当以骆驼山村为正解。《汪清县志》大事记载,"萨奇库"为满语,意为镐头。查现今汪清县地图,松岭、老庙、石城、骆驼山等地,都在图佳铁路沿线上,也从侧面证明这是一条比较可取的交通线路。光绪七年(1881),吉林将军铭安等《拟请改设驿站添拨额丁的奏折及清单》列述:"原设萨奇库大卡,距老松岭六十余里。今拟改为萨奇库

萨奇库站旧址,位于今汪清县春阳镇骆驼山村,现为农田

正站,添设笔帖式一员,领催委官一员,额丁十五名。拨给牛十五头,马十五匹。"光绪十四年(1888),吉林将军希元等奏请添增额丁,萨奇库站增添额丁五名,马五匹,牛五头。至此,萨奇库站作为正站,额设笔帖式一员,领催委官一员,额丁二十名,马二十匹,牛二十头,一直保持到驿站裁撤。据《西路关防处呈造所属各驿分布细册》记载:"萨奇库站:西至老松岭分站六十里,由老松岭分站至玛勒瑚哩站八十里,共计一百四十里;东至瑚珠岭分站七十里,由瑚珠岭分站至哈顺站六十里,共计一百三十里。"由此记述可知,从宁古塔出发,经新官地分站、玛勒瑚哩站到老松岭分站,从老松岭分站向东南行进六十里,可达萨奇库站。光绪二十八年(1902)《吉林驿站建制规模人口牲丁清折》记载,萨奇库站笔帖式为苏清阿。据《吉林省所属各驿站户口总册》记载:"萨奇库兼瑚珠岭正分二站:管下五户,男大三十三、小十二丁,女大三十一、小十五口,共九十一丁口。学童无,信教无。"正分二站合计管下只有5户人家,总人口91人,可见人口之稀少。光绪三十一年(1905),吉林将军衙门兵司《关于添设各路驿站的移文》中曾提出计划,拟于延吉厅与敦化县之间的土门子设一站,名怀德站,将萨奇库站移设以此,但后来并未实现。驿站裁撤改为文报分局、分所后,"怀德"和"萨奇库"之名都未出现,想来是彻底裁撤掉了。

光绪六年(1880),吴大澂奉使筹办东北边务。当时,沙俄加快了侵略中国东北的准备工作,不断向日本海、渤海湾增派军队,清廷饬令李鸿章、吴大澂等"密筹严防"。吴大澂到达吉林以后,采取了创办机器局、招抚韩宪宗、组建新边防军、在战略要地修筑炮台等一系列重要措施,切实加强了东北边疆的防务。他亲自从宁古塔到珲春巡阅防军,考察边疆防务情况。虽然一路历经辛苦,也亲眼看到了防军官兵疲惫竭蹶,台卡设施破败简陋的实际情形,和吉林将军铭安等一同奏请在宁古塔至珲春之间添设驿站。他将这次奉使筹边所记日记整理为《奉使吉林日记》,将筹边历程及所见所闻记录下来,其中有包括途经萨奇库站的记载:十一月"廿六日,行二十五里至老松岭下萨奇库卡伦,尖。又行二十五里过老松岭至三道河子,茶尖。又三十五里至骆驼磊子,宿"。细心的读者可能已经发现,吴大澂此处记载的地名有误,因为萨奇库卡伦和骆驼碇子应该是一个地方,在此他却记成相隔六十里的两个地方了。从《奉使吉林日记》前两天的记述看:"廿四日,由宁古塔启程赴珲春。是日行四十里至七间房,尖。又三十里至东京城,宿。即佛讷和古城。"东京城、佛讷和古城,均指渤海国上京龙泉府。"廿五日,行二十里至马兰河,又二十里至斗沟子,尖。又三十里至窝棘口,宿。"结合《皇华纪程》的相关记述分析,吴大澂这两日的行程日记虽然没有提及新官地台和玛勒瑚哩卡伦,但还是在沿着设有台卡的路线行走,后面再做具体分析。其二十六日早上从窝棘口行二十五里至老松岭下,这显然是尚未翻越老松岭的宁古塔一面的"岭下",因为从当日的记述看,还需要"又行二十五里"才过老松岭,然后"又三十五里至骆驼碇子"。日记中所说的"萨奇库卡伦"到"骆驼碇子"共六十里,而老松岭台至萨奇库大卡恰好六十里,且老松岭台和萨奇库大卡分居老松岭的宁古塔一面和珲春一面。所以,从吴大澂的行程来看,其所谓"萨奇库卡伦"应为"老松岭台",而当日住宿的"骆驼碇子"正是萨奇库大卡。显然,吴大澂在这则日记中将"老松岭台"误记为"萨奇库卡伦"了。

光绪十二年(1886),吴大澂为与沙俄勘界谈判,再次奔走在这条驿路上,他在《皇华纪程》中记述了这个旅程。这次他于二月二十五日由观音阁渡江离开宁古塔南行,当日行六十五里至下营子宿孙立美家。"廿六日行三十里至上马连河,又二十里至斗沟子,尖。饭后,过玛勒瑚哩站小憩,又三十里宿窝棘口徐家店,宿。即余辛卯年所筑之望松窝也。题诗一律:叹息山居地瘠硗,款宾只有水盈匏。青骢过处添新驿(原注:玛勒瑚哩、老松岭等处,皆大澂奏请改设新站),紫燕飞来认旧巢。不信十年能树木,可怜六载未更茅。相逢搏虎人何在(原注:徐姓之子曾搏一虎献余,今因病回家矣),笑对松林雪半梢。"察看宁古塔至珲春路线的地图可知,前文所述上马连河、斗沟子等地名均在这条路线上,由此可以断定吴大澂这两次都是沿着驿路行走的。而吴大澂诗中所谓"新驿",注释中很明确,就是指玛勒瑚哩和老松岭等站。这次《皇华纪程》日记中提到了玛勒瑚哩站,但《奉使吉林日记》和《皇华纪程》中都未提及新官地站,不知何故。应该注意的是,吴大澂二十六日住宿的窝棘口徐家店,"即余辛卯年所筑之望松窝也",说明吴大澂在"辛卯年"和这条路又发生过交集,并且修筑了"望松窝"。这一日,吴大澂"再题一律,用辛卯年题壁元韵:老农生计本萧然,况复频经旱潦年。岂有林泉留过客,漫题诗句续前缘。山中盗起愁狼跋(原注:逆旅主人言去年被盗,所蓄荡然),门外寒多惊鹤眠。为问行旌何日返,汶阳只愿早归田"。诗后附原作:"前作:一宿空山亦偶然,诛茅拓地已经年(原注:望松窝额,系庚辰所题)。边庭万里今无事,使节重来信有缘。鸟道云封乌棘暗,虬枝雪压古松眠。野人共话升平乐,各领闲荒百亩田。"这里吴大澂所谓"辛卯年"肯定是误记。查吴大澂可能经历的辛卯年,前一个是1831年,为道光十一年,此时吴大澂尚未出生;后一个是1891年,为光绪十七年,又在吴大澂《皇华纪程》所述经历之后。故而肯定,吴大澂不可能在辛卯年筑望松窝并赋诗题壁。但是,其所谓"辛卯年题壁"诗中,对"诛茅拓地已经年"一句的注释,说"望松窝额,系庚辰所题",据此可以推定,其所谓"辛卯年"乃庚辰年的后一年,实为"辛巳年","辛卯年"当为"辛巳年"之误。由此可知,辛巳年,即光绪七年(1881),吴大澂构筑了望松窝。二十七日晚上,吴大澂再次住宿萨奇库站。据《皇华纪程》记载:"廿七日,行三十五里上岭,又五里至老松岭,十三里过岭,又四十二里至骆驼磊子萨奇库站,宿。途中得诗一首:青山晓色云冥冥,入林出林车未停。两崖壁立烟岚滴,桦皮雪白乌桕青。残冰塞路顽于石,枯木倒溪醉不醒。古庙颓垣本无佛,忽有山僧来诵经。僧言此山行路苦,酾金除道仰神灵。马惜锦障泥滑滑,人行石磴水泠泠。短松万株齐若剪,横作南山翡翠屏。高者独立挺霄汉,满身龙甲都成形。孤根下蟠几百尺,掘之当有千岁苓。"这次吴大澂没有再搞错,明确记载骆驼砬子即萨奇库站。时隔六年,两度住宿于萨奇库站,吴大澂与萨奇库站的缘分也算不浅。

萨奇库站位于老松岭的珲春方向一面,但是如果往宁古塔方向递送公文,必须翻越老松岭送至老松岭站。而在清末社会动荡之下,老松岭这样的深山老林,很有可能成为"强人"聚散之处。光绪二十八年(1902),萨奇库兼瑚珠岭二站飞行呈报:七月十九日,"有匪首董太起、草上飞、四海等,带领盗匪八九十名,突然至站。不容分说,先将送公文差役张树楠捆绑在地,连打数次,意欲打死。经乡下众民苦苦求饶,吸呼废命,现在不能动转。又将职站正房五间,东厢房五间,西马棚三间,仓房二间,碾房一间,全行焚烧。该匪临行时,复又言及自此之后,不准尔等递送公文。所有站中雇工、差役见此惊惧胆裂,按名均要辞账躲避,以致递送难通"。通过呈文讲述,萨奇库站被"盗匪"攻击,不但焚毁站房,殴打差役,还威胁差役人等不准再行递送公文,以致这个驿站的雇工、差役纷纷辞职。从这些情节看,并非简单的盗匪求财,这伙"盗匪"显然有很明确的针对性,就是要切断驿路的公文递送。而这年八月,吉林全省营务处《因公文受阻请派队剿匪的呈文》也涉及这件事。呈文中讲述,据玛勒瑚哩兼老松岭站笔帖式托莫将浑、领催委官李祈年呈报,七月二十二日派差丁杨忠怀、周和升二人结伴往萨奇库站递送公文,行走到岭底窝棘口,遇到"盗匪"四十余名,要杀死差丁、焚烧公文。经此二人跪地苦求,才答应饶了二人性命,但以后不准他们再递送公文。并声称,此前他们已经将萨奇库站房焚烧净尽,并且要将该站执事张树楠打死,后来经过众人求饶才放过。说他们已经聚集千余人,武器也很充足,不日将把沿途各站全行烧毁,以报他们头目被杀之仇。由此看来,这伙"盗匪"是因为他们的头目被官方杀掉了,才采取了这样激烈的报复手段,对传递官方文件的驿站下了狠手。对此,全省营务处颇为愤慨地说:"该匪为数不过数十名,竟敢盘踞老松岭一带,阻递公文,并烧毁站房,扬言吓众。若不设法歼除,将恐滋蔓难图,应由塔城出派队伍前往实力剿捕,务将此股贼匪悉予歼灭,以通驿路。"从各种迹象分析,此文所说"盗匪",很有可能是清末农民起义队伍,与朝廷对抗的意图非常明显。至于最后是否"剿捕",情况如何,则不得而知了。

(二)瑚珠岭分站

瑚珠岭分站,在今汪清县境内。《汪清县志》大事记载,瑚珠岭地名为满语,意为槽地。有资料介绍,瑚珠岭站位于今汪清县天桥岭镇庙岭村,老爷岭东麓,嘎呀河右岸。而《汪清县志》记载,瑚珠岭站位于今五站村。其地名一章的记载:"五站,事迹地名。位于镇政府驻地西南5.8公里。别名五台站。因清朝末期,该地为宁安至延吉的第五个驿站,故名。"从宁古塔出发,经过新官地、玛勒瑚哩、老松岭、萨奇库等站,至瑚珠岭站确实为第五站。但是,这个记述并不是十分准确,因为这是从宁古塔亦即今黑龙江省宁安市至珲春的驿路,而并非宁古塔至延吉的驿路。尽管如此,其关于地名缘由的解释应该是可信的,所以瑚珠岭站位于今五站村的可能性很大。查汪清县行政区划,五站村原为双河乡所辖,1998年3月撤销双河乡建制,所辖行政区域划归大兴沟镇,故瑚珠岭站有可能为今汪清县大兴沟镇五站村。查现今地图,这条驿路各驿站基本都在图佳铁路沿线,若五站村为瑚珠岭站所在地的话,则是唯一一个离开图佳铁路沿线的驿站,具体为图佳铁路西偏南5000余米,显得有些另类。反观庙岭村,却正在图佳铁路沿线,与其他驿站情况相同。而且从地貌来看,庙岭村处于山岭之上,与五站村地貌相比更符合《吉林通志》所载地貌特征。《汪清县志》曾提到"瑚珠

瑚珠岭分站旧址,位于今汪清县大兴沟镇五站村,现为五站村村部

岭之新站(五站)",《皇华纪程》中也有"过瑚珠岭新站小憩"的记载,故推测瑚珠岭站可能有新站和老站之分。那么就有理由推测,庙岭村可能为瑚珠岭站旧站址,而五站村则是瑚珠岭站的新站址。不过,这毕竟只是推测,没有史料支持,所以当下还不能确定。瑚珠岭分站原为瑚珠岭台,为同治七年(1868)增设,属宁古塔副都统辖境。光绪七年(1881),吉林将军铭安等《拟请改设驿站添拨额丁的奏折及清单》列述:"原设胡珠岭台,距萨奇库六十余里。今拟改为胡珠岭分站,归萨奇库笔帖式、领催委官兼管。添设额丁十三名,拨给牛十三头,马十三匹。"光绪十四年(1888),吉林将军希元等奏请添增额丁,瑚珠岭分站添加额丁二名,马二匹,牛二头。此后,瑚珠岭分站保持额丁十五名,马十五匹,牛十五头,直到驿站裁撤。据《西路关防处呈造所属各驿分布细册》记载:瑚珠岭分站北至萨奇库站七十里,南至哈顺站六十里。光绪三十一年(1905),吉林将军衙门兵司《关于添设各路驿站的移文》中,曾提出计划,在延吉厅和敦化县之间添设驿站,拟在老头沟设一站,名为绥安站,将瑚珠岭分站移设于此。实际这个计划并未落实,在驿站裁撤改为文报分局、分所以后,"绥安""瑚珠岭"之名都未出现,应该是彻底消失了。

《吉林外记》记载:"宁古塔至珲春无站亦无旅店,有卡伦六处传递公文。宁古塔西九十里曰玛勒瑚哩,一百二十里曰萨奇库,八十里曰嘎哈哩,四十里曰哈顺,八十里曰穆克德和,七十里曰密占。往来行旅自裹糇粮,借宿卡伦。辎重车辆间有露宿者,俗谓之打野盘。"从这个记述看,萨奇库站与哈顺站之间,原设卡伦名为嘎哈哩,而非瑚珠岭。《汪清县志》记载,经考证,嘎哈哩(今五站)。也就是说,嘎哈哩卡伦,就是瑚珠岭台,也就是后来称

"五站"的这个地方。但是,光绪七年(1881)吉林将军铭安等要求添设驿站的奏折中说:"惟自珲春至宁古塔往来文报未能迅速。推原其故,因该处向无驿站,旧设台卡五处,由宁古塔、珲春拨派官兵轮流驻守。"说明宁古塔和珲春之间原来设五处台卡,而不是《吉林外记》所说的六处。而且,光绪八年(1882)吉林兵司《为裁撤和西赫路、嘎哈哩等四卡的移文》,其中复述珲春副都统咨文意见:"至和西赫路、嘎哈哩等四卡,其地现已划归敦城县荒,可否裁汰?"兵司的意见是:"至和西赫路、嘎哈哩等四卡,其地既已划归敦城县,该四卡无所事事,拟请一并裁撤,以省兵力,而节饷需。"最后将军批示,同意了珲春副都统和兵司的意见,包括嘎哈哩在内的这四个卡伦当是因此被裁撤。那么,问题就来了:嘎哈哩卡伦如果就是后来的瑚珠岭台,在光绪八年(1882)的时候,已经改设驿站了,不存在因为划归敦化县而被裁撤的问题。况且,从现今地图上看,宁古塔至珲春驿路各驿站,和敦化县辖境边界还有着相当远的距离,无论是当初的台卡还是后来的驿站,都不可能被划归到敦化境内。嘎哈哩卡伦和瑚珠岭台到底是不是一个地方?按照《吉林通志》记载,瑚珠岭站属"宁古塔城境","岭以南属珲春,以北属宁古塔"。而且光绪八年(1882)吉林将军衙门《为台卡支款事宜的咨文》中,也有这样的叙述:"嗣于同治七年间,因塔、春边陲与俄夷接壤,不惟匪徒中外往来窃窜,加之俄夷事件,文报倍繁。当经前任副都统乌咨请前任吉林将军富,奏准宁古塔加添城台、新官地、老松岭、瑚珠岭等四台,珲春加添城台一处。"如此说来,瑚珠岭台根本就不归珲春副都统管辖,那么珲春副都统咨请裁撤的嘎哈哩卡伦与瑚珠岭台就不是一回事。查《吉林外记》关于卡伦的记载,嘎哈哩卡伦为珲春副都统辖下。需要指出的是,《吉林外记》成书于道光七年(1827),那时就存在嘎哈哩卡伦,而瑚珠岭台于同治七年(1868)才添设,二者不可能为同一个地方。综合以上资料,可以得出以下结论:第一,珲春副都统辖下确实存在过嘎哈哩卡伦,但在光绪八年被裁撤;第二,瑚珠岭台以及后来的瑚珠岭分站,在宁古塔副都统辖下,与后来被裁撤的嘎哈哩卡伦不是一回事;第三,宁古塔至珲春之间在同治七年之前应该只有五处台卡而不是六处,《吉林外记》的记载是错误的,多出了一个嘎哈哩卡伦。同治七年之前,在萨奇库和哈顺之间如果存在一个"嘎哈哩"的话,不可能又在二者之间增设一个瑚珠岭台。而且,后来涉及这条路线的台卡或者驿站的历史资料,没有一份提到过"嘎哈哩"这个地名。按照铭安等奏折所说,宁古塔与珲春之间原设五处台卡,去掉嘎哈哩卡伦方才与此说相吻合。这五处台卡,宁古塔境内有两处——玛勒瑚哩大卡、萨奇库大卡;珲春境内有三处——哈顺卡伦、穆克德和卡伦、密占卡伦。按珲春市地方志编纂委员会编纂的《珲春市志》所载,嘎呀河也称"嘎哈哩"。从现今地图看,宁古塔至珲春驿路在今吉林省境内路段,一直在嘎呀河谷地向前延展,很有可能萨英额将别处的嘎哈哩卡伦错误地记载到这里了。虽然《汪清县志》说经考证,嘎哈哩就是五站,但是现在看来这个考证多半靠不住。

光绪六年(1880),吴大澂考察防军边务之行,应该是在二月二十七日路过瑚珠岭台。据其据《奉使吉林日记》记载,其二十六日宿骆驼砬子,"廿七日,行四十里至阿密达,尖。又四十里至嘎雅河,宿"。阿密达,又称哈达密达,按《汪清县志》记载,今名桃源。从地图上看,从萨奇库大卡经阿密达,应该先到瑚珠岭台,然后再渡嘎雅河。而吴大澂二十七日到嘎雅河住宿,说明已经路过瑚珠岭台,但未作停留,因此日记中没有记载。光绪十二年(1886)吴大澂再次行经此地,《皇华纪程》中就有了关于瑚珠岭分站的记载:二月"二十八日行三十五里至哈达密达,尖。即余辛卯年所构息庐五间,交葛翁管业,后葛翁招刘姓同居,今竟为刘独占矣。又三十七里过湖珠岭新站小憩,又八里渡嘎呀河。河冻已开,徒涉而渡,水深几及马腹矣。至郭梯阶所构官房,宿。题息庐诗一章:朝三十里一饱餐,暮五十里一投宿。暮宿临河尚有村,朝餐觅火愁无屋。偶逢葛仙两耳聋,呼之不应颜发红。为我择地结茅舍,给钱百缗使鸠工。有酒沽我无则醋,往来行人憩息于其中。养鸡放豚依苍巘,春韭早生秋菘晚。种谷可支一岁粮,采薪不劳百步远。仙翁何为去不返,守此屋者老且顽。不见仙翁喟然叹,只有息庐两字留空山"。应该纠正,此则日记中"辛卯年"亦应为"辛巳年"。这一则日记和诗文讲述,光绪七年吴大澂在哈达密达这个地方构筑了五间草房,"给钱百缗"请葛姓老翁给张罗建起来的,以供来往行人歇脚憩息。吴大澂给这五间草房起名"息庐",并亲自书额。建好以后,吴大澂将息庐交给葛老爷子来具体打理,葛老爷子又招了一个姓刘的人和他一起居住于此。光绪十二年,吴大澂再次经过此地,只有姓刘的人在此独住,葛老爷子不知为何走了再也没有回来。对此,吴大澂心中颇为惋惜,专门用了些笔墨描述葛老爷子在这里的逍遥生活:"养鸡放豚依苍巘,春韭早生秋菘晚。种谷可支一岁粮,采薪不劳百步远。"这么逍遥的世外桃源日子不过,这位葛老爷子"仙翁何为去不返"?大概这位刘姓老者不大得吴大澂欢心,故而诗中说"守此屋者老且顽",对葛老爷子十分怀念,以"不见仙翁喟然叹,只有息庐两字留空山"来抒发心中的抑郁怅然之情。按清代区划,瑚珠岭站尚属宁古塔副都统辖境,过了瑚珠岭站才进入珲春副都统辖境。

(三)哈顺站

哈顺站,位于今汪清县汪清镇境内。有资料说,今地为汪清镇春和村,旧名大仙屯。汪清县地方志编纂委员会编纂的《汪清县志(1986—2004)》记载,"汪清县准设于清宣统元年(1909),实设于宣统二年(1910),初名汪清县设治局,隶属延吉府。治所设在哈顺站(清代卡伦驿站),现汪清县春和村。"而汪清县地方志编纂委员会编纂的《汪清县志》记载,"哈顺(今东振)"。1983年以内部资料印制的《汪清县文物志》记载:"汪清县因河得名。设县之初,县治在汪清河南的哈顺站。据考证,哈顺站为清代的卡伦和驿站,原址在今东振乡汪清河汇入嘎呀河的大仙屯,故名汪清。汪清本旺钦的音转,旺钦为满语,引申义为堡垒。""1909年,又析延吉、珲春境,在汪清河南岸之哈顺站(今东振乡大仙屯)设汪清县,旋移治百草沟,隶吉林省东南路兵备道。"这两则记述非常重要,无论是春和村也好,还是东振村也罢,但具体地点都指向了大仙屯。查现今地图,在汪清河、嘎呀河两河交汇形成的三角地带,确实有标注"大仙"的地点,处于G333公路的转角处。由此可见,大仙屯这个地方至今

哈顺站旧址，位于今汪清县汪清镇春和村大仙屯，现为民宅和农田

仍在，且其位置恰好居于春和村与东振村中间。东振村原为东振乡所辖，1998年3月东振乡被撤销建制，所辖行政区域划归汪清镇管辖。查当下汪清县行政区划，大仙屯归属春和村。故可以确定，哈顺站位于今汪清县汪清镇春和村大仙屯。从前面所引文献可知，汪清县设治之初的设治机构，就驻在哈顺站。从这个情节可以推断，哈顺站在当年应该是汪清县地域内比较繁华的地方，因为设治局不会驻在偏僻弯远的地方。至于后来迁于百草沟，则和当时的日本势力干涉有着很大关系。宣统元年中日签订《图们江中韩界务条款》，规定日本可在头道沟、局子街、龙井村、百草沟等四处设领事馆，当年百草沟正式辟为商埠地。所以，汪清县设治局很快就迁移到了百草沟。

综合相关史料记载，哈顺卡伦是当初宁古塔至珲春之间所设五处台卡之一，也是当年珲春境内的第一个卡伦。具体设置时间无考，应该是在康熙五十三年（1714），设置珲春协领衙门以后。珲春协领衙门隶属宁古塔副都统管辖，两地之间必然有公文以及相关物资往来传递，在没有开辟驿路的情况下，自然是设置台卡承担驿递任务。光绪七年（1881），吉林将军铭安等《拟请改设驿站添拨额丁的奏折及清单》列述："原设哈顺卡伦，距胡珠岭六十余里。今拟改为哈顺正站，添设笔帖式一员、领催委官一员、额丁十三名。拨给牛十三头，马十三匹。"光绪十四年（1888），吉林将军希元等奏请添增额丁，哈顺站添加额丁七名，马七匹，牛七头。添丁以后，哈顺站额设笔帖式一员，领催委官一员，额丁二十名，马二十匹，牛二十头。这个配置标准一直保持到驿站裁撤。同年，西路关防处《关于珲春一带新设各站划拨地亩的禀呈文》中提道："据哈顺站声称：前拨之地多系洼塘，恳将荒片、河东、河西三段地亩拨给，以免丁户到站难以耕种。"看来，当时拨给哈顺站的随缺地不太好，所以恳请拨给好一些的地亩。据《西路关防处呈造所属各驿分布细册》记载："哈顺站：北至瑚珠岭分站六十里，由瑚珠岭分站至萨奇库站七十里，共一百三十里；东南至大坎子分站六十里，由大坎子分站至穆克德和站六十里，共一百二十里。"光绪二十八年（1902），《吉林驿站建制规模人口牲丁清折》记载，"哈顺站笔帖式祥玉"。据《吉林省所属各驿站户口总册》记载："哈顺兼大坎子正分二站：管下六户，男大二十七、小十五丁，女大二十六、小十一口，共七十九丁口。学童无，信教无。"哈顺站和大坎子分站合在一起，管下6户人家，总人口79人，和其他几路的驿站规模根本没法相比。徐曦的《东三省纪略》曾对宁古塔至珲春沿途状况有这样的描述："沿途人烟寂寞，间有零星小户，皆散于溪谷之间，车马所经，如入无人之境。"这与哈顺站管下户数和人口情况比较吻合。光绪三十一年（1905），吉林将军衙门兵司《关于添设各路驿站的移文》中曾提出计划，由延吉厅至敦化县开辟驿路，在延吉厅设一站，名延吉站，将哈顺站移设于此。虽然这个计划没能实现，但是驿站裁撤以后都改为文报分局、分所，查有延吉县分局而再无"哈顺之名"，有可能哈顺站移至延吉改为文报分局。

在《奉使吉林日记》中亦有关于哈顺卡伦的记载：光绪六年（1880）二月，"廿八日，行二十五里至荒片，尖。又十里至望青，有卡房一所，即哈顺卡伦也。又十五里至五人班，宿。五人班者，旗民关清德合五人为伙，入山樵采卜居于此。今五人相继沦谢，独关清德尚存，年已七十余，有子有孙，陶然自乐也"。吴大澂二十七日是路过瑚珠岭台以后，到嘎呀河住宿。从嘎呀河前行二十五里到荒片，应为现今地图所标"荒坪"的地方。再行十里所达之"望青"，即汪清河口，哈顺卡伦所在地。当日住宿的五人班，在现今地图上有明确标注。从日记所述来看，当年五人班这个地方，只有关清德一家居住。光绪十二年（1886），吴大澂再次从这条路经过，但其《皇华纪程》的记载中没有提及哈顺站，很显然是过其门而未入，直接走人了。从这一日记述的道路里程看，其行进节奏和光绪六年的那次几乎一致。同样是"行二十五里至荒片"，然后"又二十五里至五人班"。光绪六年那次是"十里至望青"，"又十五里至五人班"，合起来同样是二十五里。从《皇华纪程》的内容来看，因为这一次的主要任务是会勘边界，到达珲春之前还没有进入工作状态，所以吴大澂此行显得比较悠闲，更多的注意力放在了他留下的各种痕迹上，比如他以前主持构筑的草房、书写的匾额、所识的故人等，因此写就很多诗文。而对驿站设置、运行情况，他似乎并不是很关心，除了在窝棘口徐家店题诗中有一句"青骢过处添新驿"，并注释说"玛勒瑚哩、老松岭等处，皆大澂奏请改设新站"而外，其他很少涉及。路过驿站而不入，甚至连驿站名都未提及的不止一处。不过，即便是文中不曾提及，根据实际经行路线，我们还是可以推断出来其路过的具体时间。对于宁古塔至珲春驿路驿站而言，吴大澂是很重要的特殊人物，因而他在驿路驿站留下的历史足迹有着特殊的意义。

在关于吉林驿站的历史档案中，有关哈顺站的内容很少。不过有趣的是，留下了同为光绪二十八年(1902)八月,哈顺站笔帖式祥玉和领催委官李成芳的两则禀文,从中可以看出哈顺站"班子成员"之间关系不太和睦。我们先看一下祥玉八月初三日的禀文:"窃职自珲城失守,沿驿被掠迄今三年之久,未敢擅离职守,无不竭尽愚诚,接递往来公文,曷敢稍涉疏懈。惟查委官李成芳,二年之久永未赴站一视,揆其形状,恐虚贼匪,情有可恕。不言笔帖式一人在站株守,独力难支,分有应为。但二十七年分接奉札文,各站马乾及倒毙津贴银两,业已由库发出,该委官在省就近承领,两有裨益。迄今数月之久,自应由商早能汇到,何致杳无音信,分文未见。伊即便鲸吞自肥,亦得半顾站务苦累。时值禾稼青黄不接之际,珲商自城陷后元气不足,尚且自顾不暇,曷能与站如昔垫办?实令笔帖式措办维艰。所有几家佃户,亦与匪人无异,曷敢索欠?职与送文差役等日受枵腹,不堪言矣。无奈暂居民房,接递公文,曷敢疏懈!"概括起来,禀文说了这样几层意思:一是自珲春被沙俄攻陷以来三年多,笔帖式祥玉一直在非常艰苦的条件下坚守驿站、坚持工作;二是领催委官李成芳已经两年多没有来驿站工作了;三是两年多不来驿站的李成芳,却在省城把驿站的工作经费给领走数月,分文不给驿站,导致驿站已经难以维持了。从祥玉的禀文看,李成芳的做法确实很成问题。擅离职守也就罢了,还敢鲸吞公款,罪过不小。我们再看八月初八日,李成芳请假探母的禀文:"窃沐恩于八月初六日接得家信,闻悉职母忽染时症,旧疾发作。揆思职母年余七旬,念子情切,理宜回里探望。奈因站事纷繁,未敢离所,是以具情请假三个月,稍进人子之道。未敢擅拟,仰恳恩宪大人恩施格外。倘蒙允准,请为派署,以免贻误公事,一俟假满即速赴站任差,万不敢藉此安逸。"从李成芳的禀文看,似乎他一直在坚持工作。八月初六日接到母亲病重的家信,尽管内心焦急,"奈因站事纷繁,未敢离所",所以初八日呈上请假禀文。看来二人之间,必有一人所说不实。八月初三日笔帖式禀文诉苦,八月初八日领催委官禀文请假,这个时间差很容易使人联想到:李成芳得到消息,祥玉已经告了他一状,于是采取了这样的应对举措。当然,这只是猜测,真相如何,不得而知。说来,这个问题不难查清楚,从一般情理来推测,李成芳存在问题的可能性更大。

(四)大坎子分站

大坎子分站,是光绪七年(1881)宁古塔至珲春之间台卡改设驿站时新增设的一个分站。铭安、吴大澂等在奏折中说:"查哈顺卡伦至穆克德和卡伦一站,名为七十里,实有八九十里。中隔高丽岭,路途甚远,自应添立分站,以均劳逸。"因此,在大坎子地方设立一个分站,名为大坎子分站。大坎子分站旧址,原为今汪清县新兴乡大坎子村。2001年,汪清县行政区划进行调整时,撤销新兴乡建制,所辖行政区域并入东光镇,故而现为汪清县东光镇大坎子村。关于"大坎子"地名的由来,《汪清县志》地名一章记载:"大坎子,相关地名。位于乡政府驻地东南4公里。因该村驻地有一较大的山坎,故名。"文中所言"乡政府驻地"当为原新兴乡政府驻地,看来大坎子地方是因地貌而得名。据《汪清县文物志》记载:"清初,库雅拉部钮呼特氏居此,为世管佐领,驻地在今新兴乡大坎子,隶属于宁古塔将军。"查相关资

大坎子分站旧址,位于今汪清县东光镇大坎子村村部南侧100米,此地亦为"中共大坎子支部旧址""大坎子惨案地旧址"

料了解到,钮呼特氏,镶黄旗,汉姓为郎。原系东海库雅拉部炎楚河人,世系陈丁。清初朝贡,以巴克喜讷为嘎山达。康熙五十三年,授为世管佐领,移驻珲春。据《珲春市志·大事记》记载:"康熙五十三年(1714),设珲春地方协领衙门,首任协领那尔六。隶属于宁古塔副都统。将土著满族库雅拉人编为镶黄、正白、正黄三旗,将原三个嘎山达授为三旗世管佐领,分管各旗军政民事。原库雅拉打牲丁150人,当年从宁古塔调来兵40人,共190名。"综合上述资料可知,在清朝初叶珲春一带的原住民是满族库雅喇部,而库雅喇部有三个嘎山(村寨),钮呼特氏为其中之一,居住于大坎子一带。康熙五十三年设立珲春协领衙门以后,将三个嘎山分别编为镶黄、正白、正黄三旗,嘎山达(村寨头领)授为世管佐领。居住于大坎子一带的钮呼特氏被编为镶黄旗,其嘎山达授世管佐领。《珲春市志》人物传略收录了春升小传,春升即库雅喇部钮呼特氏,光绪二十七年(1901)任珲春副都统。在任期间,与沙俄斗争态度坚决,光绪三十年(1904)故于任上,享年58岁。之所以将哈顺站与穆克德和站之间的分站设于大坎子,也不是全无来由,至少这里曾经是世管佐领驻地。

　　光绪七年(1881),吉林将军铭安等《拟请改设驿站添拨额丁的奏折及清单》列述:"哈顺卡伦至穆克德和卡伦约有八十余里,中隔高丽岭,甚为辽阔。今拟在哈顺之南三十八里大坎子地方,设立分站,归哈顺站笔帖式、领催委官兼管。添设额丁十名,拨给牛十头,马十匹。"大坎子分站从无到有,和别的台卡改设驿站情况不同,房无一间、丁无一名,额丁全部由别处分拨,站房全部要择地构建,整个为白手起家。最初,包括大坎子分站在内,宁古塔至珲春正分十站额丁一百三十三名，准备就近从宁古塔所属官庄一千余名余丁中择选。但是，因为这些官庄余丁，虽然有余丁之名，实则并非征外闲人，他们还承担着帮助官庄额丁纳粮任务，如果将这些人抽调走了，官庄额丁的纳粮任务恐怕难以完成，故而于"丁银仓粮大有关碍"。后来经吉林将军允准，这一百三十三名额丁改由沙兰、必尔罕、塔拉、鄂摩和索罗四站酌拨。如此，大坎子分站这十名额丁才有了着落。至于站房，按铭安等奏折中说，每站盖瓦房五间，每间按三十两银子拨给经费。如此，大坎子分站建立起来，承担公文递送任务当不在话下。光绪十四年（1888），吉林将军希元等奏请添增额丁，大坎子分站添加额丁五名，马五匹，牛五头。于是，大坎子分站共有额丁十五名，马十五匹，牛十五头，一直保持到驿站裁撤。据《西路关防处呈造所属各驿分布细册》记载：大坎子分站北距哈顺站六十里，南距穆克德和站六十里。大坎子分站最后如何裁撤，并未见历史文献的具体记述。光绪三十一年（1905），吉林将军衙门兵司《关于添设各路驿站的移文》中曾提出计划，准备开辟延吉至珲春之间的驿路，在小盘岭添设一站，名为盘岭站，"即将珲春所属之大坎子站移设于此"。此议后来未获吉林将军批准，但是改驿归邮以后，原来的驿站都改为文报分局或分所，查无大坎子之名而有延吉县分局辖下的小盘岭分所，很有可能还是将大坎子分站迁至小盘岭改为分所。若果真如此，也算是大坎子分站的善终吧。

据《奉使吉林日记》记载，光绪六年（1880）十一月二十九日，吴大澂巡阅防军从宁古塔之珲春途中，经过大坎子，在这里吃的午饭。因为大坎子原来未设台卡，吴大澂此行路过这里将其作为中午打尖之地，很有可能这里是一个有人聚居的地方。毕竟清初这里就是世管佐领的驻地，当时整个珲春辖区也不过三个世管佐领，无论如何不该太过荒凉。可惜吴大澂对大坎子的记述十分简略，只有"行二十里至大坎子，尖"寥寥九字，对他在大坎子打尖的情况未着一字，我们也就无从了解更多的情况了。不过，光绪十二年（1886），吴大澂再次走上这条驿路的时候，和大坎子分站有了稍微深入一些的缘分，在这里住宿了一晚。据《皇华纪程》记载："二十九日，行二十五里至荒片，尖。又二十五里至五人班关清德家小憩。即余辛卯年所构之屋，手书'清乐乡'三字额犹在焉，清德钓得细鳞鱼二尾饷余。作诗一绝句谢之：羡君身似地行仙，五老来游此数椽。钓取双鱼来饷客，寿如孤鹤不知年。李仲敏奉督统委查营兵所砍电杆木亦寓此屋。又行二十五里，至大坎子，宿。"这则日记中所言"辛卯年"也应该是"辛巳年"。吴大澂二十八日晚是住宿在嘎呀河边的军营之中，从嘎呀河出发行进二十五里到达荒片，再行二十五里到五人班关清德家小憩。他光绪六年那次到五人班，在关清德家住了一个晚上，可以说关清德是他的老朋友了。这次时隔六年旧地重游，到老朋友家坐一坐、叙一叙，也是情理之中的事情。不过，从日记中我们还看到了另外一份情缘，那就是这时的关清德家所住的房子，应该是他光绪七年（1881），也就是辛巳年，"所构之屋"，他还为之题名"清乐乡"并亲自书额。这次来到这里，看到其手书"清乐乡"三字额还在，心里自有一份得意和欣慰。关清德钓两尾细鳞鱼款待他，想来在这里的"小憩"，盘桓时间应该不是太短。从五人班再行二十五里，来到大坎子分站住了下来。吴大澂此行有很多怀旧情感的流露,二十九日的行程也是如此,虽然晚上住在了大坎子分站,但是这一天的重头戏,是在来大坎子分站的路上,重点是在五人班关清德家。关清德钓两尾细鳞鱼招待他,他作一首绝句诗酬答关清德,倒也有些古君子之风。

(五)穆克德和站

穆克德和站,亦称穆克德赫站、德通站,是宁古塔与珲春之间原设五台卡之一,今为图们市凉水镇南大村。凉水镇原隶属珲春市,1991年划归图们市。据《珲春市志》记载:"为了传递公文、信件、运送物资,往来的人马车辆便在珲春与宁古塔地方的密占(今密江村)、穆克德和(今南大村)、哈顺、噶哈哩、萨奇库、玛勒瑚哩等6个卡伦之间踏出一条路来。"这一段记述显然受《吉林外记》的影响,将嘎哈哩卡伦也算在其中了。这里对穆克德和站所在地括注的"南大村",即凉水镇南大村。光绪七年(1881),吉林将军铭安等《拟请改设驿站添拨额丁的奏折及清单》列述:"原设穆克德和卡伦,距大坎子四十五里。今拟改为穆克德和正站,添设笔帖式一员,领催委官一员,额丁十三名。拨给牛十三头,马十三匹。"光绪十四年(1888),吉林将军希元等奏请添增额丁,穆克德和站添加额丁七名,马七匹,牛七头。此后,穆克德和站保持额设笔帖式一员,领催委官一员,额丁二十名,马二十匹,牛二十头,直到驿站裁撤。光绪十七年(1891)《西路关防处呈造所属各驿分布细册》记载:"穆克德和站:西至大坎子分站六十里,由大坎子分站至哈顺站六十里,共一百二十里;东至密江分站六十里,由密江分站至珲春城站六十里,共一百二十里。"据《吉林驿站建制规模人口牲丁清折》记载:"穆克德和站笔帖式吉伦。"据《吉林省所属各驿站户口总册》记载:"穆克德和兼密占正分二站:管下五户,男大三十三、小十二丁,女大三十一、小十五口,共九十一丁口。学童无,信教无。"穆克德和站和密占分站合计管下5户人家,共有91口人,实在是人丁不旺。光绪三十一年(1905),吉林将军衙门兵司《关于添设各路驿站的移文》中提出,由延吉厅赴珲春至窟窿山拟设一站,名为阿林站,即将珲春所属之穆克德和站移设于此。这个计划虽然没有实现,但是驿站改设为文报分局、分所以后,在延吉县分局辖下有空洞山分所,但是"穆克德和"之名已经消失,可能空洞山分所即穆克德和站改建。

从相关历史档案资料的记载看,光绪八年(1882),穆克德和站就已经开始递送公文了。《珲春副都统衙门档案选编(上)》收录一份光绪八年珲春副都统《为穆克德和站呈报被水冲失文件数抄单的咨文》。咨文中说,六月二十八日穆克德和站兼密占分站笔帖式乌勒希布报告,他兼顾两站事务,因密占分站还沟通和西赫路,也有来往札文,所以就亲自驻守密占分站。安排以前就戍守穆克德和卡伦的领催七十尔在穆克德和站经理文报,以便其熟习驿站事务,乌勒希布则抽空去照料一下。近日领催七十尔忽然携带号簿来找乌勒希布报告,说二十四日接到哈顺站送到公文三十三件、书信三封。因为连日来降雨不停,河流涨发洪水,等到二十五日水势稍落,立即派甲兵巴而佳阿伴同卫字军队官杨德山等乘马往珲春方向递送。他们行进至德通河渡口时,发现水流浑浊湍急,看不出深浅。巴而佳阿下河以后,

穆克德和站旧站旧址,位于今图们市凉水镇亭岩村

穆克德和站新站旧址,位于今图们市凉水镇南大村

立即被水冲走了有一里许,幸亏杨德山等奋力捞救,才捡回了一条性命。但是,系在腰间的公文包却被水冲走,七十尔听信后领兵寻捞两天,也没有找到。所以,乌勒希布赶快将具体情况呈文上报珲春副都统衙门。为此,珲春副都统法什尚阿巴图鲁依克唐阿,咨报吉林将军衙门:"据查,该站于接得公文,虽值河水涨泛,亦未敢迟压,尚知谨慎。其冒险涉渡,以致冲失文件,是出意料之外,除严饬该站详加寻找外,合将所失来文件数抄粘文尾,呈请咨报。"由此咨文我们可以了解到,光绪八年六月的时候,穆克德和站不但已经开展了公文递送业务,而且非常认真负责,即使承担一定的风险,也要及时将公文递送出去。虽然发生了公文包被洪水冲走的事故,但珲春副都统依克唐阿却非常宽容,认为是意料之外的事情,反过来充分肯定了驿站及时递送公文的做法。

光绪九年(1883)珲春招垦局《为丈拨旗站地亩的移文》,记载了为穆克德和站丈拨站地的情况:二月"二十四日,将德通应拨站地二百五十八坰,其地坐落附站德通沟内,按照三六丈量。查东至官道,西至民荒,南至山足,北至水沟,计东阔七百六十步,西一千一百二十步,南北各一千零五十步。核地二百七十四坰一亩六分六厘六毫,净地二百五十八坰"。说明穆克德和站的站地已经及时划拨到位,驿站运行有了一定的经济保障。不过,从光绪二十四年(1898)珲春副都统《为穆克德和站地被水冲刷拟另踩丈拨事的札文》看,原来划拨给穆克德和站的随缺地并不太好。札文说,据穆克德和站笔帖式吉伦等呈称,设站之初正分二站拟拨额丁二十六名,每丁应有额地十六坰;笔帖式、领催委官各一员,每员应拨随缺地各五十坰,共应拨给站地五百一十六坰,业经招垦局于沿江一带划拨在案。后来光绪二十二年(1896)、二十三年(1897)发生水灾,所拨沿江之地被水冲刷,导致六十一坰无法耕种,已经呈报查明在案。但是一直没有补拨,而且光绪十四年增加九名额丁,应领站地一百四十四坰,前后共计实亏站地二百零五坰,已经前笔帖式托伦布报请拨补在案。只是因为招垦局没有闲荒,一直没能补拨到位。于是,吉伦提出:"窃职自任事以来已及年余之久,查站务之苦累较前尤甚,所收些许租粮已不能济于时艰,而人食、马料均待买办,若不及时整顿,将来废弛益无底止。是以职等采得毗连站地之英豪甸子、第三台子地方,系属闲荒,大约开垦成熟亦有二百余坰。虽有民户吕万富、王姓等开占此荒,仅领小票,并未起领大照,可否请将此致余荒饬知招垦局量为拨给,以符原额而免疲累。"看出来驿站有点想与民人争利,想让招垦局充当恶人来巧取豪夺。果然,招垦局不肯充当这个恶人,珲春招垦局总理魁福呈文说:"附近荒地并第三台子之地,均经佃民曹文仪、胡美云、王德富、吕万富等十余家承领,丈明发给执照","今查该处地亩业经众佃民报领在先,并有搭盖房间,开垦成熟者亦复不少,未便撤出转拨站地,致令失信于民"。于是,珲春副都统衙门一通札文,将这个情况告知穆克德和站。至于驿站经费困难的事情,还得驿站自己想办法解决。在这件事情上,穆克德和站确实挺艰难,虽然图谋与民争利不对,但是他们也确实有不得已之苦衷。

其实,穆克德和站经费困难的事情,早在光绪二十一年(1895)的时候,当时的笔帖式托伦布就呈文进行了充分反映。《珲春副都统衙门档案选编(下)》收录了一份残缺的档案,是穆克德和兼密占分站笔帖式托伦布、署领催田毓麟衔名的《为站务经费不足事的呈文》。文中说，他们于光绪十七年（1891）接理穆克德和兼密占正分两站事务，当即查明这个驿站没有丁役，站务全是靠雇佣雇工、民夫来完成。额设马匹数量不足，牛一头也没有，房间不加修整，材料没有备办，经费没有准备，草豆也没有存量，还欠库款、铺债、工钱等项银五百余两，并亏欠两年的草豆银钱，这些情况都已经查明，并在当年的四月十一日具文呈报。虽然有关衙门也曾经进行了调查，但是如何解决一直也没有个说法。那时站务无法维持，禀请获得二百两银子接济急需，当然这点银两远远不够，缺口还是由商铺赊欠垫办对付下来。每年应该领取的草豆银，被前任预先借支，所以这年没有支领到任何经费。光绪十八年（1892）春天，托伦布到省清算账目，这个年份应该领取的草豆及倒毙两项银两，扣除公私各款以外，应该剩八百多两银子。但是，钱铺瑞聚号开出清单，将这些银两全部扣留以后，仍欠他们市钱八十余吊。驿站监督奉将军饬派命人将穆克德和站亏欠进行彻查，核计亏欠数千金之巨。如此巨大的亏空，谁都觉得难办，只是将亏欠的房、牛两项款项，责令经手人员照数赔补，勒令限期缴还。但是，说完以后便也没有了下文。"窃职接理站务四载，仅领得二年款项，实系不敷分遣四年之花费。唯一切需费，历经铺商台发号垫办，数年积欠甚多。此次汇给该号银五百两，于今年正月来信，仅得银三百两，屡被该号辱讨，无法可筹。"托伦布笔帖式这个站官当的实在是憋屈窝火。呈文还提到原领催委官周俊被撤回另行拣补，但是他也亏欠公款。因为呈文残缺，具体情况不详。

周俊是光绪七年（1881）穆克德和卡伦改设驿站时，以关防外郎身份补放领催委官。其被革职撤回的具体缘由，在光绪二十一年（1895）西路关防处《请撤革领催周俊的禀文》中，叙述得比较清楚。光绪二十年（1894）珲春电报分局总理郑维周向吉林将军衙门禀告，穆克德和站领催委官兼巡弁差使周俊，"经久离站，苛扣巡费银两"。吉林将军批示：候饬东路站监督等将该站委官周俊撤回，另行拣补。根据吉林将军的批示，已经将周俊撤回。但是，十一月二十五日，督办电报事宜、直隶津海关道盛宣怀提出意见："核议已革站官，私役巡丁离站十个月之久，置电线巡修于不顾，该站界内断线两日。当此军报紧急，实属任性妄为。若仅予撤回另补，似尚不足以示儆，应将委官周俊津贴罚扣三个月，稍予薄惩以昭炯戒。"根据这个情况，西路关防处在禀文中提出建议：既然两次发文饬令将周俊撤回另补，驿站领催委官之缺也不便太长时间空置，就推荐张永隆顶补。张永隆原为关防帮办达，一直工作勤奋。吉林将军批准了西路关防处的意见："张永隆既系当差勤奋，照依所禀准其顶补领催委官之缺。"事情到此本来已经算是处理完了，未承想周俊又节外生枝，呈文辩称：关防处向来有明确规定，站官出缺例应拣放不应保补。还说，撤了他巡弁差使，并未撤领催委官实缺，而且还妄议将军批示语义含混。西路关防处只得再呈禀文："职等维思，两路各站均是委官兼巡弁差使，今周俊废弛巡护，遵札已撤站官，伊竟敢捏词冒渎搅扰公事。职等只得复行具禀，拣放保补有何区别，批谕如何含混，理合陈明仰起宪鉴核夺，伏候批示遵行。"西路关防处此举老辣，说是请示，实际是告状。也许周俊有什么后台，才敢如此胆大妄为，致西路关防处不得不"打鬼借钟馗"。果然,将军衙门批示语气严厉:"此等微职末弁,保补拣放本署将军自有权衡。该领催何得妄议！况撤回另补,文义极明,仰仍转饬张永隆赴站任事,周俊所请应毋庸议。"周俊最后结局如何,相关档案资料并无下文,想来如此得罪将军,恐怕不会有什么好果子吃。

从现存档案资料的记载看,穆克德和站曾进行过一次迁移。光绪二十三年(1897),吉林将军衙门有一则《为穆克德和站请迁站房的咨文》,记载了穆克德和站请求迁移站房的事情。穆克德和兼密占分站笔帖式吉伦呈文说,穆克德和站初设时,按照旧有台卡核计程途远近添拨额丁,等到光绪十四年加添额丁时,只是将各站额丁数量均归一致,至于每站界内路途远近并未加考虑。大坎子站到穆克德和站四十五里,至哈顺站三十五里,两站路途共八十里之遥。而且穆克德和站还承担南冈诸营并各局处一路文报传递,数量日增,更加繁忙。穆克德和站原旧卡所设在德通沟中,站房所在地势狭窄,山陡林密,没有牧场。中间有山水溪流,时常涨发山洪。考虑到驿站的站地、牧场,都在莫尔和甸子一带,离现在站址不过十多里地,因此请求将穆克德和站迁移到莫尔和甸子一带,寻找地面宽阔之处择基兴修,不但方便驿递往来,还可保证长久。穆克德和站的呈文经珲春副都统衙门呈报至吉林将军衙门兵司,兵司提出意见:驿站修盖官房事关奏明报部有案之件,现在准备迁移,应该将建盖驿站官房款项并新选站址的地势、相距上下站的距离,都绘图说明清楚明白,再据情咨报。这个意见于七月二十三日得到吉林将军允准。十月二十八日,吉林将军衙门又发出《为穆克德和迁移站房等项请发公款未便照准事的咨文》,提出:"查该站地处既属狭窄,拟请将站迁移莫尔和甸子宽阔处,其所需修建新迁之站官房房价等项,即应自行筹项建修,今准咨请核发官款一节。惟现在款项支绌,兼值停工之际,所请仍发公款之处,未便照准。"这个意见于十月二十二日经过将军审阅,然后咨复珲春副都统衙门。通过这两则咨文可以了解,穆克德和站迁移站址得到了批准,从德通沟里迁出,新站址应该在莫尔和甸子一带。但是迁移站房所需款项,主要还是靠驿站自筹解决。从图们市凉水镇南大村的地形地貌分析,当是迁移以后的驿站站址。

据《奉使吉林日记》记载,光绪六年(1880)吴大澂巡边时曾在穆克德和卡伦住宿一晚:十一月"二十九日,行二十里至大坎子,尖。又二十里至和尚窝棚。老僧七十五,病不能行;其徒四十余岁,亦病僧也。又过一岭,俗名高丽岭。行二十五里至德同,宿。即穆克德赫卡伦"。吴大澂二十八日晚上住在五人班,二十九日行进二十里到了大坎子,吃了午饭;继续前行二十里到了和尚窝棚,见到了师徒两个病僧,过高丽岭再行二十五里就到了穆克德和卡伦,在这里住了一夜。据《皇华纪程》记载:"三月初一日,寒食。行二十五里至且住庵,尖。题诗一章:老僧八十余,贫病不能语。来此六十年,清修苦如许。屋庐不蔽风,爨火不常举。相对弥勒龛,顶礼无寒暑。心诚金石开,缘薄神灵助。使节偶经过,悯彼空谷处。结茅四五椽,经营费不巨。佞佛非本怀,天教来玉汝。部曲善逢迎,不惜舍金与。拓地成梵宫,维摩喜得所。老僧愿已偿,趺坐竟西去。传灯叹无才,俗子相窥觑。鹫岭被蚕食,鹊巢乃鸠居。我来清净场,扫除及沮洳。小坐怀远公,澹然无俗虑。顽石当点头,慎勿相龃龉。"且住庵,即光绪六年吴大澂路过的和尚窝棚,"且住庵"之名也是吴大澂所题。从诗中所述看,光绪六年时75岁的病僧,在吴大澂这次来到时已经去世了,但肯定去世不久。光绪六年时75岁,到光绪十二年应该81岁。诗中说"老僧八十余",说明老僧八十多岁去世,与吴大澂这次来到的时间相隔不会超过一年。而老僧去世之前,应当有很好的机缘,得到了偶尔经过的"使节"及其部曲的资助,使得原来简陋的山寺得以成就相当规模。这些事情干成了,老僧也去世了。按吴大澂光绪六年的记载,老僧应该还有个病僧徒弟,可能是太不成器,"传灯叹无才,俗子相窥觑",以致吴大澂再次来且住庵,竟然发现佛家道场竟被世俗奸人鸠占鹊巢。吴大澂可能进行了一番"扫荡",还且住庵一份清净。这是根据诗文进行的猜度,不一定准确。在且住庵吃完午饭,又前行二十五里至穆克德和站,但是没有停留,再行三十里至凉水泉子住宿。此行虽未在穆克德和站住宿,但是日记中吴大澂清楚地记载经过了穆克德和站。

(六)密占分站

密占分站,原本与穆克德和站一样,是宁古塔与珲春之间初设的五个卡伦之一,可在后来改设驿站时被改为穆克德和站兼管的分站,大概因其所处地理位置,竟然从与穆克德和"平起平坐"的关系,硬是被压成了从属分站。密占分站旧址在今珲春市密江乡密江村,密江村即密江乡政府驻地。据《珲春市志》记载:"密江的历史可上溯到石器时代,解放村曾出

密占分站旧址,位于今珲春市密江乡密江村(乡政府驻地)

土石斧石矛,有石棺墓址。密江村西岗子有古城址,辽末金初是女真族坞塔部众的居处,金太祖完颜阿骨打统一女真各部时,曾率兵来收抚坞城。明代时封任这里的女真族部落首领为卫官,设置密占卫。清代设密占卡伦,后改为驿站。"《珲春县文物志》记载,密江西岗子遗址,位于密江乡政府所在地西南约0.5公里图们江北岸东西向的台地上,东与东云洞遗址隔江相对。遗址已成耕地,地表散存陶片和瓦片。南坎下有许多人工抛掷的河卵石。1958年文物调查时,发现东西墙各长180米、北墙长193米、南墙长168米的城垣残迹。在东部断崖下发现经过加工的建筑用长方形花岗岩石条两块,长90厘米,宽32厘米,厚22厘米。此地是一处原始时期文化层和渤海时期文化层相叠压的文化遗存。根据原始时期遗物,推断其年代当是战国至汉代;从出土遗物和形制看,密江古城可能是渤海时期"日本道"上的一个驿站。渤海国后期"日本道"的陆路路线,从上京龙泉府出发,溯马连河南下,越过哈尔巴岭,进入狭长的嘎呀河谷,然后进入珲春,就是从宁古塔至珲春的驿路路线。所以,我们完全有理由相信,密占分站作为驿站的历史可以上溯到渤海国时期,密江西岗子遗址很有可能是渤海国时期"日本道"上的驿站。据《吉林通志》记载:"密拉卫,永乐八年置,旧讹木刺。案:河在珲春境,与小图们江相近。"此"密拉卫"当与"密占卫"是同一卫所,为明朝永乐八年(1410)设置。由此看来,密占站虽然只是一个分站所在地,但其历史文化底蕴则比其他正、分站都要深厚得多。

光绪七年(1881),吉林将军铭安等《拟请改设驿站添拨额丁的奏折及清单》列述:"原设密占卡伦,距穆克德和六十余里。今拟改为密占分站,归穆克德和站笔帖式、领催委官兼管。添设额丁十三名,拨给牛十三头,马十三匹。"光绪十四年(1888),吉林将军希元等奏请添增额丁,密占分站添加额丁二名,马二匹,牛二头。至此,密占分站额设站丁十五名,马十五匹,牛十五头,一直保持到驿站裁撤。据《西路关防处呈造所属各驿分布细册》记载:密占分站西至穆克德和站六十里,东至珲春城站六十里。光绪三十一年(1905),吉林将军衙门兵司《关于添设各路驿站的移文》中提出,"又查勘得由珲春城至延吉厅,为程二百有四十里,按照设驿章程,除珲延两首站不计外,其中应添分三站。拟将珲春城首站、密江站,均仍其旧,毋庸挪改。"可见在涉及珲春至延吉驿路时,对密占分站的计划是"仍其旧",直接使用。虽然后来这个计划没有落实,但"改驿归邮"以后,延吉县文报分局辖下,设置了密占分所,说明密占分站在裁撤驿站以后改设为文报分所,为延吉县文报分局管辖。密占卡伦改设密占分站以后,珲春招垦局光绪九年(1883)就给丈拨了站地,其《为丈拨旗站地亩的移文》记载:"二十二日,将密占应拨站地二百五十八垧,坐落附站西首坎上,按照三六丈量。查东至黄泥沟,西至板石沟,南至坎,北至山足,计东阔八百二十步,中一千步,西一百六十步,南北各一千五百六十步,核地二百八十六垧,除沟甸道路二十八垧,净地二百五十八垧。"珲春招垦局这次虽然行动很快,但是可能丈拨的站地位置不是太好,所以光绪十四年(1888),密占分站就提出了重新划拨地亩的要求。西路关防处《关于珲春一带新设各站划拨地亩的禀呈文》中说:新添设珲春城至哈顺等正分五站笔帖式、委官等声称,前拨各站笔帖式、领催委官、额丁等随缺荒地，界址垧数之内，不堪开垦耕种者大半，与朝鲜界址尚未分清者亦有。请由别处荒地内另行拨补足数，以免苦累。"据密占站声称：前拨之地均在江边，不堪耕种，拟恳在凉水泉子地方另行分拨。"这个要求后来是否得到批准，没有发现后续记载资料，以哈顺站的情况来类比，实现的可能性不大。

光绪二十四年（1898），密占分站遭遇了一次洪水肆虐，损失非常惨重。《珲春副都统衙门档案选编（下）》收录珲春副都统《为密占驿站被水冲毁事的札文》，比较详细地叙述了密占分站这次遭受洪灾的情况。根据穆克德和兼密占分站笔帖式托伦布、领催委官张永隆呈报，七月初四日开始珲春一带淫雨连绵，至初九日戌时变为倾盆大雨，一直下到十一日寅时才停止。所有大小河沟，无不涨发。加上山上洪水奔涌而下，图们江水都已经漫出河床，水势浩大无边。密占分站东院有旧台卡房改为马号差役住所三间，加上后来续修的马棚三间、草棚两间，共八间房全部被洪水冲走。所有柴草、粮食一无剩存，只有人和马匹得以脱身。官厅档房虽然在高岗之上，也仅剩正房没有被淹。东西厢房都已经进水，好在没有被冲倒。不过，院子里水深数尺，院墙都已经被洪水冲刷坍塌了。穆克德和站的房屋，被山洪涌下冲坏房架，但是木料尚在，可以维修。只是两站的地亩庄稼，都被淤沙涌压，靠近江河边沿的的耕地被冲去三十多垧，已经变成了河渠。即便是在平川上的站地，也有被冲成沟岗的地方，以及被沙石淤压的地段。最难办的事情在于，马号、房间都被洪水冲走了，眼下人、马均无处栖身，而且人无粮食、马无草料。附近所有积存粮草之家，无不被洪水冲淹，即便是赊借也难以办到。遭受如此洪灾，驿站必须向上呈报。所以，托伦布在呈文中说："窃思驿务房间，系属例价兴修之件，职不敢不具实呈明。被冲房间地亩，事关站务，将来应如何拨地修造之处，呈请示覆到日再行遵办。谨将被灾情形，先行备文呈报副都统衙门，鉴核施行。"接到穆克德和兼密占分站笔帖式等人的呈报，珲春副都统批示："呈悉。仰该站呈报监督请示遵行。"随后珲春副都统衙门札饬穆克德和兼密占分站笔帖式等遵照。这则札文，着实令人心生愤慨，珲春副都统的这个批示明显是在推卸责任。驿站遭受如此天灾，人、马不但无处栖身，还处于人无粮食、马无草料的绝境之中，怎么可以轻飘飘一句"仰该站呈报监督请示遵行"，就把自己以及副都统衙门置身事外了，对驿站正在承受的苦难就这样视而不见、听而不闻，这等庸官已经麻木到何等程度，又是何等不负责任！查光绪二十三年（1897）二月，原吉林副都统英廉调任珲春副都统，光绪二十六年（1900）沙俄军队侵入珲春城烧杀抢掠，副都统英廉弃城逃跑。如此不堪之人，办出如此不堪之事，倒也没有什么好奇怪的了。

光绪六年（1880），吴大澂巡阅防军至珲春，曾两次住宿密占卡伦。据《奉使吉林日记》记载："十二月初一日，行二十余里至凉水泉子，有平川地数百垧。沿图们江以东有一山，山孤立江边，形如纱帽。又东南二十余里至密占，宿。"这则日记关于里程的记载不是很准确，吴大澂前一晚住宿在穆克德和卡伦，而穆克德和卡伦至密占卡伦应该是六十里，而不是日记中所记至凉水泉子二十余里，又二十余里至密占。这次住宿密占卡伦，是吴大澂从宁古塔到珲春的途中。在珲春停留数日，十二月初八日吴大澂动身返回省城，出珲春第一晚再次住宿密占卡伦。据《奉使吉林日记》记载："十二月初八日,启程回省。行六十里宿密占"。这则日记关于里程的记述是准确的,密占卡伦至珲春城台确为六十里。光绪十二年(1886),吴大澂再次从宁古塔去往珲春进行勘界谈判,又一次路过密占分站。据《皇华纪程》记载:"三月初一日在且住庵吃过午饭,路过穆克德和站,当晚住在凉水泉子。"在凉水泉子写了一首诗:"我初度地凉水泉,六十里中无人烟。膏腴一片空弃捐,临江四顾心茫然。命工起构屋数椽,曰劝农所三字悬。屋成之岁辛巳年,作者七人始来田。朝出耦耕荷锄便,夜归一饭解衣眠。从此垦辟相蝉联,满沟满车歌十千。自我移师北海边,两年跋涉忧心煎。梦魂不到蟠岭巅(原注:蟠岭在凉水泉南四十里),重来一宿有前缘。但见西陌与东阡,鸡犬家家相毗连。五尺童子衣争牵,瞻望使君犹拳拳。遥指一屋小如船,手书篆额犹在焉。嗟我风尘未息肩,白云飞鸟何时还。安得买山古溇川,相忘凿耕唐虞天。"这首诗为我们解答了一个困惑:吴大澂为何在辛巳年,即光绪七年(1881)到处起构庐屋?原来,他在光绪六年时巡阅防军从宁古塔来到珲春,一路不仅考察防务,也在思考如何解决边境一带有土无人的问题。所以在他的一系列筹边措施中,屯垦实边是非常重要的一项。光绪七年奏准,珲春打破封禁,屯垦实边,委李金镛招民垦荒,先后设立招垦局2处,分局3处。很有可能因此,吴大澂命人在一些地方构建庐屋,作为招垦劝农之所。因为凉水泉子是他招民垦荒的重要地点,再次来到这里看到"鸡犬家家相毗连"的热闹景象,很自然地回想起当初"七人来田"的起步情景,是在感叹凉水泉子的巨大变化,也是在含蓄炫示自己的历史功绩。在凉水泉子住了一夜,三月初二日行三十里至密占分站吃午饭,然后行十里过蟠岭,再行十五里至吴凤起窝棚,下午三点多钟进入珲春城住宿南门内行台。

(七)珲春城站

珲春城站,位于今珲春市城区,据《珲春县文物志》记载:"在珲春城西五华里。"珲春是一个历史文化底蕴深厚的地方,今八连城城址即渤海国东京龙原府遗址。据《珲春古城考》记载:"四面门各一,内有子城七,中央三城,左右各二城,均相联属,共有门十四。北外垣之内,子城之北,有横墙一道,土名北大城,并七城而为八,故称八连城。"《新唐书·渤海传》记载:"贞元时,东南徙东京。"贞元元年为785年,渤海文王大兴四十九年,文王大钦茂贞元九年(793)去世,大华玙即位"复还上京"。也就是说,785年至793年之间,东京龙原府曾为渤海国王城,成为渤海国政治、经济、军事、文化中心。历史上,渤海国龙原府是通往日本的重镇。从渤海国上京龙泉府到东京龙原府,再东南行到盐州(波谢特湾北岸岩杵河口的毛口崴,俄国改名为"克拉斯基诺")出海到日本。明末建州女真和乌拉部女真在这里爆发乌碣岩大战。据《吉林通志》记载,明万历三十五年(1607),东海瓦尔喀部裴优城长策穆特赫向努尔哈赤请求归附,努尔哈赤派遣其弟弟努尔哈齐、长子褚英、次子代善、大臣费英东、扈尔汗率3000军兵到裴优城保护瓦尔喀部迁徙。到了裴优城以后,建州兵尽收环城屯寨,共500户,命扈尔汗率300军兵护卫先行。而乌拉部国主布占泰发兵一万,在一个叫乌碣岩的

珲春城站旧址，位于今珲春市内中华路与珲春西街交会处，现为临街汽车服务用品商铺

地方进行拦击。结果建州女真此战，阵斩博克多及其子，生擒贝勒常柱及贝勒瑚哩布，斩杀乌拉兵3000人，缴获战马5000匹、甲胄3000副。此后，东海女真许多部落随着瓦尔喀部"望风归附"，乌拉部失去了对东海女真的控制权。顺治元年（1644），清廷命甲喇章京沙尔虎达征珲春地方，顺治九年（1652）清廷命梅勒章京沙尔虎达、甲喇章京海塔尼噶礼统兵驻宁古塔，第二年任命沙尔虎达为宁古塔昂邦章京，珲春地方属其管辖。康熙五十三年（1714）设珲春地方协领衙门，隶属于宁古塔副都统。同治九年（1870），珲春改属吉林将军管辖，为适应外务需要，珲春协领升加副都统衔。光绪七年（1881），设珲春副都统衙门，依克唐阿为首任副都统。

宁古塔至珲春之间初设五个卡伦，其中并不包括珲春城台。同治七年（1868），经咨请吉林将军，奏准宁古塔加添城台、新官地、老松岭、瑚珠岭等四台，珲春加添城台一处。此后，宁古塔至珲春之间卡台由原来的五处变为十处，珲春增加城台一处。光绪七年（1881），吉林将军铭安等《拟请改设驿站添拨额丁的奏折及清单》列述："原设珲春城台，距密占六十里。今拟改为珲春城站，添设笔帖式一员，领催委官一员，额丁十五名。拨给牛十五头，马十五匹。"光绪十四年（1888），吉林将军希元等奏请添增额丁，"珲春城站，今拟加添额丁五名，马五匹，牛五头"。至此，珲春城站额设笔帖式一员，领催委官一员，额设站丁二十人，马二十四，牛二十头，一直保持到驿站裁撤。据《西路关防处呈造所属各驿分布细册》记载："珲春城站：西至密江分站六十里，由密江分站至穆克德和站六十里，共一百二十里。"据《吉林驿站建制规模人口牲丁清折》记载："珲春城站笔帖式春龄。"据

《吉林省所属各驿站户口总册》记载:"珲春城站:管下四户,男大十、小五丁,女大八、小四口,共二十七丁口。学童无,信教无。"这时珲春城站管下人户仅有4户,总人口27人,显然站丁并未拨派到位。光绪三十一年(1905),拟议开辟珲春城至延吉厅驿路,吉林将军衙门兵司《关于添设各路驿站的移文》中,计划挪设宁古塔至珲春各站,但珲春城站为拟议新开驿路的一端,因此不在驿站迁移挪设的计划之内。驿站裁撤之后,延吉县文报分局辖下有珲春文报分所,显然是由珲春城站改设而来。

根据档案记载,光绪九年(1883)珲春招垦局就将珲春城站地亩丈拨到位。珲春招垦局《为丈拨旗站地亩的移文》记载:"十五日先赴高丽城后西下坎,将珲城首站应拨站地三百四十垧,并应拨旗地六百一十垧,均按三千六百步为一垧,如数丈给。"但是,这时站地的位置可能不是很好,光绪十四年(1888)珲春城站就提出了新的划拨要求。光绪十四年,西路关防处《关于珲春一带新设各站划拨地亩的禀呈文》反映:"据珲春城站笔帖式等禀称:前拨嘎呀河江湾地二百垧,二道河东沟荒地一百四十余垧,当经招佃耕种。其二道河之地多系沟洼沙石,迄今二年有余,并无一户垦种。至嘎呀河之地现被韩民占种,不肯让还。且此项地

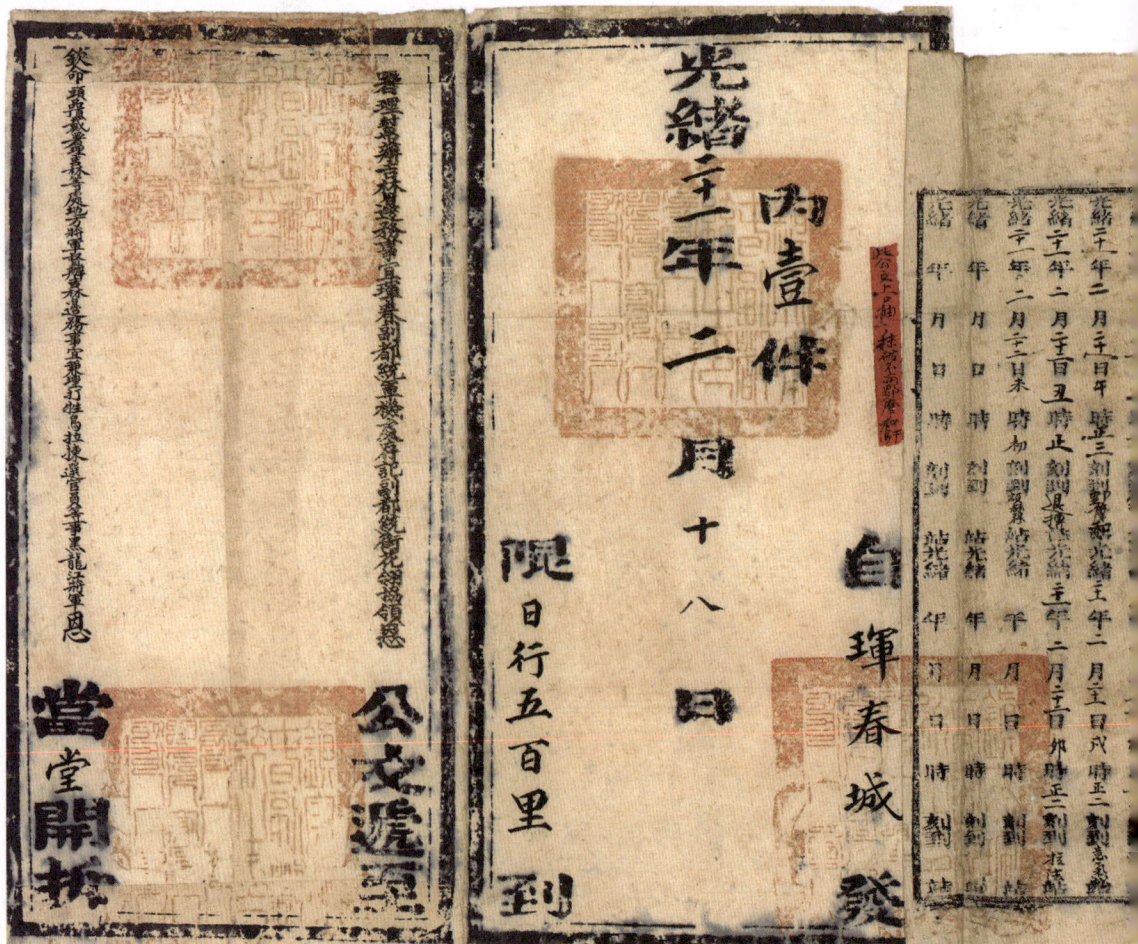

亩逼近江岸,均系沙性,又兼距站一百五十余里,恐丁户耕种不易,难期得力。拟恳由城西水湾子地方南头,另行照数指拨,作为站中随缺牛丁之地。将来丁户到站,盖房耕种,不惟传唤较易,即于公亦大有裨益。"这个请求是否得到了允准,因为没有历史资料不得而知,从其他站的类似情况推测,获准的可能性不大。历史档案中还保存着一份珲春城站的呈文。光绪二十四年(1898)二月二十七日,珲春城站笔帖式春龄、领催委官银如峙呈文报告查核遗失文件的结果:珲春副都统衙门要求各驿站,查核上一年十月二十一日"具稿昼行本衙门咨将军衙门公文",究竟是在哪一站"沉滞遗失"。珲春城站检查公文号簿,上一年十月二十日,差役赵文魁由左司领到本衙门咨将军衙门公文一份,当日又从右司领到本衙门咨将军衙门公文两份,还有清文两份,所接公文全数派差役送到密占分站。再查二十一日饬派赵文魁由承办处领到本衙门咨将军衙门公文一份,随即派差役王永贵送到了密占分站。密占分站给回两次戳记收付,内注公文件数,经核查和珲春城站公文号簿数目相符,既没有迟误,也没有丢失。于是,珲春城站笔帖式和领催委官具名,给钦命帮办吉林边务事宜镇守珲春等处副都统军功花翎英廉,呈覆具体核查情况。

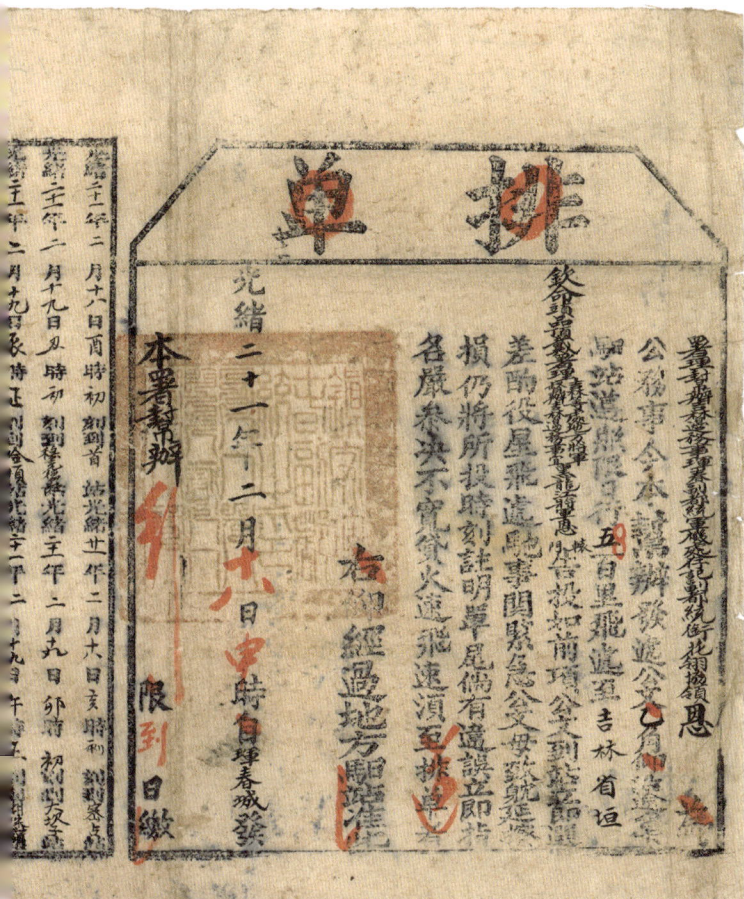

光绪二十一年(1895)二月,珲春副都统衙门自珲春城发往省城吉林限日行五百里的排单与公文封套。所发公文于二月十八日申时自珲春城发出,由各站依次递送,于二月二十二日未时初刻到达额赫穆站

珲春城站设置以后，随着吉林边务建设不断加强，移民实边政策深入实施，加上与沙俄交涉事务增加，站务较其他驿站更为繁忙。所以，于光绪十四年(1888)，提出了添设驿站的请求，吉林将军衙门户司《关于添设驿站的移文》记载了这件事情。先是西路总站官巴哈布、笔帖式连喜禀称：珲春城站笔帖式、领催委官反映，该站南临俄国并黑顶子屯垦局，西有朝鲜通商分局，北有烟集岗防营、和龙峪通商税局，所有各局营俱在设站以后设立，相距该站百数十里不等，公文络绎递送不暇。请求在珲春东南适中的地方，添设额丁，仍归城中正站兼理，以免贻误公文递送。西路关防处调查，珲春城站以一驿对应数路差徭，来往公文递送不暇，确属实情，恳请将军开恩允许添设一处分站。驿站添设事务必须经过将军衙门户、兵两司会商提出意见。户、兵两司会商后认为，珲春城站反映的情况属实。但是，添设驿站必须拣择宽裕地方，迁拨丁壮、建盖官所房间、划拨站地、添置额设牛马器具等项，都得置办裕如方可能行。特别是开销正款，动辄多方掣肘，再加上要考虑迁拨丁户，更是大费周章。即便是改设正分各站，现在已经七年多了，站丁、站地都还没有分拨妥当，有些有名无实，尚待拨办。原本改设各站本为加强防务，一旦防务稍松，就应该奏明裁撤。珲春接界并没有本省所设衙署，所称俄国、朝鲜等处，即便是往返照会公事，也不过偶尔有之。至于和龙峪通商税局、招垦局、烟集岗防营，均系暂时驻办，不是常设机构，挪换驻地没有常规。如果按照所请添设分站，一旦各营局被裁撤，驿站怎么办？户、兵司也认识到，珲春城站分递各处公文，路涉途远，确实非常艰难。因此建议：边防各军都在东路驻守，咨饬分设马拨一到两处，转递各处来往公文。或按年或按季轮换，由防营酌情办理。这些官兵每月都有军饷可以支用，将来各处营、局裁撤，也就随着一同撤回了。如果考虑防军队伍会有移驻，马拨不能长久，而必须添设驿站，再提出意见奏请添设。将军采纳了户、兵两司的意见，签批"仰如所议，具稿咨札查照办理"。珲春城站添设分站的要求，就这样被否决了。

吴大澂光绪六年(1880)巡阅防军，在十二月初二日到达珲春。这次吴大澂在珲春停留了五日，初八日启程回省。光绪七年十一月初，吴大澂由省赴三姓校阅防军，并于十二月初第二次来到珲春，在依克唐阿陪同下巡视边境，选定东、西炮台基址，依克唐阿督兵修建。光绪八年十一月十四日，吴大澂第三次来到珲春，在依克唐阿陪同下检阅防军，并与沙俄界务官交涉，据理力争要求俄方归还黑顶子。光绪十二年(1886)吴大澂到珲春，已经是第四次了。事实上，吴大澂从宁古塔至珲春的驿路走到珲春城站之日，就是他这次休闲时光终结之时。到了珲春以后，他便马上面对一系列严峻挑战。五月二十三日，吴大澂率领清政府勘界谈判团队抵达岩杵河，会见俄国滨海省省长兼驻军司令巴拉诺夫率领的俄方代表，二十五日会谈正式开始，史称"岩杵河勘界会议"。此次勘界历时近5个月，吴大澂将"土字牌"从沙草峰向前移了近9公里，收复了黑顶子，迫使沙俄允许中国船只自由出入图们江口，补设和增设了三大界牌，是19世纪80年代清政府外交活动非常难得的一次胜利。而这次胜利，可以说是沿着宁古塔至珲春驿路一站一站走过来的。

驿路驿站拉伸出来的吉林城镇骨架

　　吉林省虽然有悠久的人类发展历史,但历史发展轨迹却有着很明显的特殊性,这是历史发展的偶然性与必然性共同作用的结果。尤其是清代实行近二百年的封禁政策,导致这片广大地域有土无人,社会发展出现停滞,文化发展出现"断层",形成独有的历史文化景象。从某种意义上说,今天的吉林地域活态文化,是从清代重新"生长"起来的。如果从城镇发展历史的角度考察,也可以说,今天吉林地域上"活着"的城镇,基本都是清代以后发展起来的。城镇的出现,标志着人类文明发展的高度,但其前提必须是人口的相对密集。在人烟稀少的历史条件下,即便是有建筑意义上的城镇存在,其必然的结局也是湮灭在时光中而成为断壁残垣,成为当今的古城遗址。正是因为封禁政策的实行,清代驿路在吉林省城镇发展历史上才具有了特殊的意义。不同于中原大地上的驿路驿站,吉林地域并非因为人烟凑集而设置驿路驿站,而是因为驿路驿站之设而人烟凑集。吉林驿站均为军站,设置动机主要是基于军事战略的需要,设置之初很多驿站所在地并无民户。当关内流民"闯关东"进来以后,安全性最高的选择,必然是沿着驿路行走,靠近驿站定居。由是,在历史演进之中,驿路拉伸出来吉林地域最初的城镇骨架。

一、吉林地域城镇发展历史轨迹

吉林省地处中国东北中部,自然条件比较优越,山峦起伏、江河纵横、土壤肥沃、物产丰富,是理想的人类栖息地。早在旧石器时代,就有人类在这片土地上繁衍生息。而到了距今五六千年新石器时代的时候,境内的每一条较大的河流流域几乎都有人类奔跑腾挪、狩猎采摘的劳动身影。人类历史的长度是一日一年地丈量出来的,人类文化的厚度是一丝一缕地积淀起来的,人类文明的程度是一点一滴地进化过来的。在时光的长河里,人类的历史、文化、文明虽是不同的维度,却也统一于物化的表现形式之中。而城镇,无疑是这种物化表现形式之集大成。历史上,吉林地域范围内的政权交替,大多数是在地方民族的异族之间进行的,文明意义上的传承也因此较多地出现中断现象,而历史文化物化表现形式的继承性则要好得多,这为城镇的持续发展提供了一定的客观条件。客观而言,与中原地区相比,吉林地域的城镇发展起步相对晚一些、速度相对慢一些、完备程度相对差一些,但总归还是在向前迈进着。所以,我们可以梳理出吉林地域城镇发展的历史轨迹。

(一)吉林地域城镇由发轫至明代的发展

从历史发展过程考察,人类只有定居而且聚居以后,城镇的出现才成为可能,所以城镇是人类社会文明发展到一定程度的标志。而城镇一旦出现,便以一方政治、军事、经济、文化发展中心的角色,强势登上社会发展的广阔舞台。据《中国东北史》论述,东北地区城镇大约始自战国中后期,是伴随郡县设置、长城修筑以及屯戍之所的开辟同步出现的,一般是在地方行政中心或军事城堡的基础上发展而来。燕、秦时代,辽西、辽东、右北平三郡的郡治及所辖各县,都为一地的行政中心,设置官署、建设城郭、安置居民,逐渐具备城镇雏形。而随着人口聚集能力的不断提升,这些城镇雏形之中的手工业和商业获得发展空间,城镇雏形发展为城镇,成为地方经济和文化中心。这样发展起来的东北最初的城镇,如辽东郡治襄平(今辽宁省辽阳市)为汉代襄平城,右北平郡治(今内蒙古自治区宁城县黑城城址)为战国时期燕国花城、秦代又加扩建的外罗城。此外,还有一批燕、秦时代县治所在地发展起来的城镇。原来在长城沿线以及边塞要地修建的城堡、鄣塞、烽燧等军事据点,有的也逐渐发展成为聚居点、贸易点,继而发展成为城镇。已发现的这一类古城址以长城西段附近地区较多,而吉林省四平市二龙湖古城址也属于这一类型。据《吉林省志·文物志》记载:"二龙城,战国城址。位于梨树县石岭乡(1991年撤销,所辖行政区域划入石岭镇,2005年石岭镇划归四平市铁东区管辖)二龙山村北1.5公里岗阜上,被半月形吉林哈达岭余脉环抱。"经过考古发掘,二龙湖古城址平面呈正方形,面积4万余平方米,周长700余米,城墙由黄土夹砂石堆砌而成。城内有角楼和瓮城,北部正中有夯土高台。发掘清理出圆角方形浅穴式房址16处,东西走向顺着城墙整齐排列,靠近城墙处挖有排水沟。个别房屋居住面上,不但出土了兵器、马器,还出土了一些生产、生活用品和工具,出土文物证明,这座古城在两千多年前曾有士兵驻扎。专家推断,这座古城是秦开却胡千里后,为镇守边陲而在东辽河西岸修筑的军事营堡。另外,通过勘察和发掘,发现这座边城曾经有过繁荣景象,推测这里后来可能是燕国的一个县城。当然,吉林地域这样的古城遗址很少,但仅二龙湖古城址也足以表明,早在战国时期,燕国的实际管辖就覆盖到了这里,中原文化在这里盘了一个不大不小的"中国结"。

当历史的脚步行进到汉代,吉林地域出现了第一个地方民族政权,即夫余国。据《三国志·夫余传》记载:"旧夫余俗,水旱不调,五谷不熟,辄归咎于王,或言当易,或言当杀。"这段记载说明,农耕经济已经在夫余国占据非常重要的地位,以致"水旱不调,五谷不熟"都能够影响国王地位是否稳固。这个信息非常重要,只有农耕经济占据重要地位以后,人们才有可能定居下来,进而出现人口聚居,城镇的出现才具备前提条件。综合《后汉书》和《三国志》的相关记载,夫余国"以栅为城,有宫室、仓库、监狱""作城栅皆员""邑落有豪民,名下户皆为奴仆",说明夫余国已经存在称为"城"的人口聚居之所,只是这时的"城"乃由栅栏一类围成的圆形所在,虽然"城墙"比较"简约",但城内却宫室、仓库、监狱等设施齐全,反映出了人口大规模聚居的治理特点。除了"城"以外,还有"邑落"这样的人口聚居形式,一般由"豪民"控制,从"名下户皆为奴仆"的记述来看,所谓的"豪民"实际上就是奴隶主。如果说,"有宫室、仓库、监狱"的栅城可以称为城市的话,那么"豪民"掌控之下的邑落,大约相当于集镇。我们之所以主要依靠史料记载来推测夫余国城镇的发展情况,是因为直到当下考古发现可以确定是夫余国遗址的地点很少。结合上引史料的记载,这一点并不难理解,"以栅为城"的夫余国的"城",很难留下能够一直保存到现在的遗迹。据曲晓范、赵欣著《吉林城镇通史》记载,榆树老河深、吉林西团山、九台上河湾、吉林市杨屯大海猛、珲春萨其城、集安山城子山城等遗址,都是夫余国城址。而根据最新研究和发现,比较主流的观点认为,夫余国前期王城在吉林市,龙潭山、东团山和九站南山城构成"山城拱卫"的三位一体格局,符合史书记载的特征。此外,虽然夫余国后期王城在今农安县的观点基本成为共识,但一直缺乏考古实证的支撑,因而有一些学者主张夫余国后期王城在辽源市,其龙首山、城子山、工农山山城也构成了"山城拱卫"的格局,还梳理出在以辽源市为中心的50公里范围内,密集分布22座土城遗址构成的"土城群"。历史上留存下来的关于夫余国的文献毕竟太少了,在没有充分考古实证支撑的情况下,很多观点都不能确认。不过,夫余国已经形成了城镇,应该是确定无疑的。一般来讲,由于王城的辐射作用,王城附近城镇分布也应该比较密集。

稍晚于夫余国出现的高句丽,鼎盛时期疆域扩大至据有朝鲜半岛大部、吉林省和辽宁省部分地区,《魏书·高句丽列传》记载:"民户三倍于前魏时,其地东西二千里,南北一千余里",其城镇建设相较夫余国有了很大发展。《旧唐书·高句丽传》记载,高句丽"外置州县六十余城,大城置褥萨一,比都督;诸城置道使,比刺史;其下各有僚佐,分掌曹事"。从这段记述来分析,高句丽已经实行城邑制,而且根据城邑大小设治级别不同,大城"比都督",一般的城"比刺史"。不过,综合分析来看,高句丽这时的城邑主要应该是有城无市的军事据点性质,军事防御特征比较明显,集政治、军事和民事为一体,以山城为主。高句丽征服了新的地方,一般要在原址上改扩建,城邑普遍设置于交通要道附近,仍然沿袭山城建筑特征,依山就势,扼关守要,易守难攻。吉林省发现高句丽山城有40余座,以国都山城为中心呈放射状分布,大多在中部东南地区。吉林省高句丽山城,时代跨越早、中、晚三个时期,早期以集安霸王朝山城为代表,中期大型山城有吉林市龙潭山城、柳河县罗通山城,中晚期比较典型的是辽源市龙首山城。山城一般选择建筑在地势险要之处,因而交通不便,范围较小,物产有限,经济薄弱,自然起不到中心枢纽作用。平原城发现得比较少,吉林省共有6座。规模最大的是集安市国内城,其他如吉林市东团山平地城、白山市东马古城等,规模都比较小,一般是在战国、西汉土城基础上建造的。平原城规模虽然不大,但是与山城相比显然要繁华很多。高句丽平原城一般与山城对应建筑,虽然平原城城墙上也设有瞭望和御敌用的角楼和雉堞,但一旦发生战争,高句丽人一般是撤到附近山城去据守,平原城则多为和平时期的生产生活居所。据邵汉明主编《吉林省历史文化资源名录》记载,被定为省级以上文物保护单位的高句丽古城址有:吉林市龙潭山城、辽源市工农山城址、辽源市龙首山城址、通化市自安山城、集安市丸都山城、集安市国内城、集安市霸王朝山城、柳河县罗通山城、白山市永安遗址、白山市七道沟遗址、长白朝鲜族自治县十二道沟关隘等11处。这些高句丽城遗址,基本能够反映高句丽时期城镇的分布范围、基本特征和发展水平。

唐代渤海国时期,吉林地域城镇的发展达到了一个辉煌阶段,兴建起了数十座大小城镇,经济社会发展有了长足进步。今吉林省中东部地区是渤海国较早开发的地区,其中京显德府、东京龙原府和上京龙泉府三个农业发达地区,前两个就在今吉林省境,是渤海国文化最繁荣的地区,手工业和商业也很发达。渤海国设五京十五府六十二州,据考证,今吉林省境内有五京之中的中京显德府、东京龙原府、西京鸭渌府三京,十五府之中除上述三府之外还有长岭府和扶余府。而州一级行政建置则有中京显德府所辖卢、显、铁、汤、荣、兴六州,东京龙原府所辖庆、穆、贺三州,西京鸭渌府所辖神、桓、丰、正四州,长岭府所辖瑕、河二州,扶余府所辖扶、仙二州,以及涑、铜二独奏州。渤海国先后有四个都城,其中三个在今吉林省境,即旧国、中京显德府、东京龙原府。由于都城具有很强的辐射带动作用,故而王都附近城镇相对密集。旧国是渤海国最初的都城,位于今敦化市附近,包括敖东城、城山子山城和永胜遗址等,作为渤海国都城时间长达半个世纪之久。《吉林通史》统计,敦化市境内发现渤海国时期古城址、遗址共计22处。中京显德府遗址为今和龙市西古城,经考古专家调查考证,在其周围150公里范围内可以确认的渤海古城有6座,而和龙市境内发现渤海国古城址、遗址共15处,反映这一地区城镇已经比较密集。东京龙原府遗址在珲春市西6公里处,俗称北大城,亦称八连城。考古工作者已经在珲春市发现渤海古城址十余座,若将渤海国时期古城址、遗址全算上,则有27处之多,说明珲春市一带城镇密集程度超过和龙市。总的来看,今吉林省东部延边朝鲜族自治州和白山市地域,渤海国古城及遗址分布最为密集,这和旧国、中京显德府、东京龙原府位于这个地区有着直接关系。据《吉林通史》统计,今吉林省境内发现渤海国古城址、遗址175处,延边朝鲜族自治州地域共有134处,占比达76%以上;此外,分布较多的白山市地域内有15处,吉林市地域内有10处,长春市地域内有10处。这些数据说明,渤海国时期城镇发展很不平衡,地区差异比较明显。不过,渤海国时期城镇发展水平确实有了很大提高,从几个都城来考察,其功能已经从纯粹的军事政治功能,向兼具经济、贸易、文化功能转变。虽然还存在一些山城,也有山城和平原城呼应建筑的情况,但是平原城的数量已经较高句丽时期有了很大增长。而且,出现了城镇群落,有的地方还比较密集。

辽朝是游牧民族契丹人主导建立的政权,从城镇发展的角度来看,实在算不上是好时代。辽朝灭亡渤海国以后,虽然按照"因俗而治"的原则设立东丹国,却将原来吉林地域已经具备良好发展基础的城镇人口,都向南迁徙到辽东和辽南。这实质是一次强制性的民族大迁徙,导致的直接后果就是,不但难以计数的渤海民众因此承受巨大的肉体和精神双重痛苦,而且使包括上京龙泉府在内的许多渤海国城镇被焚烧废弃,这个地域原来人烟辐辏的繁华景象随之消散,城镇的发展自然中断。从辽朝行政区划看,吉林西部隶属上京道,其余大部原归东丹国,后来隶属东京道。根据史料记载,辽朝在吉林地域设置的府、州数量与渤海国时期相比似乎差距不大,但分布区域却大为收窄,集中于西部,可以确定位置的如长春州(今白城市洮北区城四家子古城)、龙州黄龙府(今农安县城)、宁江州(今松原市伯都讷古城)等,可以佐证这个结论。因为生活在这里的渤海民众被强迫南迁,原来生活在北方更远一些的民族如女真人等则趁机自发地向南移动,吉林地域成为辽朝的边防重地。于是,出现了这样一个现象,吉林地域考古发现辽代城址、遗址数量虽然不少,但大多是军事用途的建筑,很难令人联想到城镇建设的发展。比较特殊的情况是,查干湖一带是辽帝春捺钵之地,考古工作者在乾安县已经发现了辽代捺钵遗址群,这一带应该有季节性的"城镇群"出现,算是具有游牧民族特点的一种"城镇文化"吧。与辽帝春捺钵活动相配合,辽代在龙州黄龙府和宁江州设置了两个権场,使得这两个军事重镇因此赋得经济、贸易和文化功能,得以发展成为有城有市的"城市",这应该算是辽代吉林地域城镇发展的最大亮点。据《吉林通史》记载,吉林地域能够确指的辽代州府所在地还有正州(今通化市)、慕州(今临江市)、通州(今四平市一面城古城)、信州(今公主岭市秦家屯古城)、宾州(今农安县红石垒)、益州(今农安县西小城子古城)、威州(今农安县南刘家附近)、涞州(今吉林市附近)、长岭府(今桦甸市苏密城)、祥州(今农安县苏家店)等。这些地方,当年也应该有城镇存在。总体而言,辽代吉林地域城镇发展虽不能说是历史倒退,至少进步的幅度不大。

女真人取代契丹人成为吉林地域新的统治者之时,女真人社会开始进入奴隶制发展阶段,并在金朝政权的延续过程中进化为封建社会。吉林地域处于金朝初期统治中心地带,大批从中原掠夺过来的汉人不断被迁徙过来,农耕经济获得迅速发展。定居人口数量与城镇建设在历史上向来是正相关的关系,吉林地域金代城镇建设也与此关系重大。金代城镇的发展,很多是沿用辽代废弃的城镇旧址,并在此基础上发展成新的城镇。因此,考古工作者经常将这样的古城址称为辽金古城。据《吉林通志》记载,根据考古调查统计,吉林地域辽金古城有200多座,遗址八九百处。从类型来看,可以分为大、中、小三类。如,原被认定为辽金时期的泰州,后考定为辽代长春州、金代新泰州的城四家子古城,周长近6公里;原认定为辽代长春州,后考定为单纯金代古城的塔虎城,周长约5公里;辽金时代的黄龙府,后来改称济州、隆州、隆安府的农安古城,周长约4.5公里,这些都是大型古城的代表。又如,辽金时代为宁江州的伯都讷古城,周长约3公里;辽代为益州,金代沿用的今农安县城北40公里的小城子古城,周长2公里有余。这些可视为中型古城的代表。至于辽金时代的韩州故地偏脸城、辽金时代的信州故地秦家屯古城、辽代宾州而金代沿用的广元店古城等,则都是小型古城。一般而言,大型古城周长4公里至6公里,多为府城;中型古城周长2公里至3公里,多为防御州城;小型古城周长1公里至2公里,多为刺史州或县城。金代吉林地域人口聚居之所,除上述三种类型的古城外,还有与州县并行的女真猛安谋克城寨。这些大大小小的城镇,主要发挥着政治统治和军事镇守的功能,同时由于人口的聚集而产生了商品贸易和货币流通,逐渐发展出城市经济,从而促进了城镇建设和发展。尤其是作为重要交通驿站的一些古城,这个特征更加明显。偏脸城处于金、宋往来的交通线上,是一处著名驿站。考古发现其布局严谨的街市、作坊以及陶瓷器皿、金制品、散金碎银等,充分反映了古城居民的生活状况和手工业发展的情形,很有说服力。不过,由于后来金朝统治中心迁移,吉林地域城镇发展受到不小的影响,发展速度放缓,城镇密度较低,经济功能偏弱,虽然说其随着时代步伐在向前迈进,但是前进速度明显偏低。

元朝时,吉林地域为辽阳行省所辖。辽阳行省统辖的路、府、州前后有些变化,总体而言,其辖有辽阳、懿州、广宁、大宁、沈阳、开元、东宁、女直水达达等八路。大体上,吉林地域农安县、公主岭市、梨树县以东属开元路管辖,以西属泰宁路管辖。开元路治所曾为黄龙府,泰宁路治所则为城四家子古城。此外,可确指的元代地方行政治所还有南京万户府(今图们市磨盘山山城),以及约当今汪清县某地的宁远县治地。总体来看,元代吉林地域城镇分布相当稀落,大多沿用金代古城。从行政设置角度来考察,吉林地域在元代的城镇分布很难看出端倪;但是若从驿站设置的角度来考察,似乎尚可窥得一二。元代驿路设置比较发达,经过吉林地域有9条路线,其中以西祥州为一方端点的有4条,以桑吉为一方端点的有3条(包含"西祥州至桑吉"驿路),以建州(宋瓦江)为一方端点的1条,还有2条两个端点都在域外,是纯粹的过境路线。西祥州(今农安县万金塔古城)既然能够成为4条驿路的一方端点,显然是地理位置非常重要的一个城镇。同理,桑吉(今敦化市)能够成为3条驿路的一方端点,也当为一个重要城镇。梳理这9条驿路,设置于吉林地域可列名并确指或可确定大致方位的驿站还有如斡母站(今扶余市境内)、塔鲁站(今前郭县塔虎城)、离帕合站(今镇赉城北、英华以南)、特甫站(今长春市九台区境内)、建州站(今吉林市附近)、石敦站(今永吉县锦州砬子古城)、散迭站(今蛟河市东天岗附近)、阿忽站(今蛟河市老爷岭)、禅春站(今蛟河市东三道河子附近)、阿母站(今敦化市额穆镇)、阿剌站(今敦化市额穆镇南)、宾州站(农安县广元店古城)、韩州站(今梨树县偏脸城)、信州站(今公主岭市秦家屯古城)、大水滦站(今农安县波罗湖)、石迪站(敦化市官地镇)等。这些驿站,大致或可看作元代分布在吉林地域的"城镇",从城镇功能角度来看,显然都比较低级。若综合评价的话,元朝时候的吉林地域,城镇分布星稀,甚至可以忽略不计。

明代吉林地域西部为兀良哈三卫蒙古族各部占据,今吉林省境内松原市、白城市大部分皆为其牧场,其泰宁卫治所为城四家子古城,朵颜卫治所在朵颜山,福余卫治所在扶余市境内。而吉林地域中、东部则为建州女真、海西女真、长白山女真、东海女真等女真部落居地。努尔哈赤统一女真各部以后建立了八旗制度,八旗不但是军事组织,还具有经济职能,征赋纳粮、筹办军需等事项也以八旗为单位。建立后金政权以后,又建立了汉军八旗和蒙古八旗。由于八旗事实上是军政合一的组织,一般一旗聚居一个地域,八旗又具有了标志人口聚居的意义。如果就一般标准的城镇意义而言,明代吉林地域城镇数量极其有限。可以算得上是中心城镇的,除前述泰宁卫和福余卫治所外,还有海西女真扈伦四部中乌拉部王城(吉林市乌拉古城)、叶赫部王城(四平市叶赫古城)、辉发部王城(辉南县辉发古城)。除了这些中心城镇而外,就是一些卫所治地及拱卫堡寨。比如,努尔哈赤发兵攻打乌拉部时,先是攻克了临河5城;万历四十一年(1613),努尔哈赤一次横扫叶赫部大小城寨19处。这些城寨,就是拱卫中心城镇的堡寨。不过,这个时期吉林地域总体而言城镇建设处于停滞状态,即便是有一些人口聚居达到一定规模的城镇,从经济角度考察也不是真正意义上的城镇。《吉林城镇通史》认为:"此时吉林整体上处于一种城镇文明断裂的状态,大多数地方没有城镇分布,或有城无镇、有城无市,或有镇无城、有市无城。城镇整体上分布不均,城镇发展因王朝的更替而无法进行有效的传承,造成了大量人力和物力资源的浪费。非军事性城镇多是在农业带和移民交通线上自发形成的,城镇数量稀少,城镇规模小,以自然经济和流动性的小商贩为主,呈现出东重西轻的畸形发展态势。"即便是到了明朝末期,在后金政权统治之下,吉林地域农耕经济虽然已逐渐占据主导地位,但渔猎经济仍然占据重要地位。在这样的经济形态之下,人口聚居的意义不过是人们居住到了一处,八旗居地也只不过为后世留下了诸如"黄旗屯""蓝旗屯"的地名,总体呈现"或有城无镇、有城无市,或有镇无城、有市无城"的现象,并不是奇怪的事情。

(二)清代依托军政机构形成的城镇

清代是吉林地域城镇发展特别重要的一个历史时期,当今吉林地域城镇骨架和发展空间是在清代打下的基础。由前述可知,清代之前,吉林地域历史上一直没有获得城镇发展的良好时机,即便是有过相对充分发展的历史阶段,也因政治条件的剧烈变化被迫中断,而没有持续下来。辽金以降直至明末,吉林地域城镇发展一直乏善可陈,功能健全的城镇比较稀少,有城无市、有市无城的情况比较普遍。清朝建立以后,实行了将近200年的封禁政策,使得原本先天不足的吉林地域,城镇发展更是裹足不前。不过,历史发展的巨轮终归是不可阻挡的,任何保守力量在历史大势面前都将是螳臂当车。尽管艰难和缓慢,吉林地域的城镇终究还是慢慢发展起来了。无论是主动选择还是被动应对，不论是主观愿望还是客观效果，不论是处心积虑还是歪打正着，吉林地域城镇骨架和发展空间，还是在清代打下了基础，构建了雏形。系统梳理清代吉林地域城镇发展历程，作者认为可以归纳为四种发展模式：第一种是依托军政机构发展起来的城镇，这是吉林地域最早出现的城镇；第二种是沿交通线和新柳条边在农业带上发展起来的城镇，这是吉林地域早期城镇发展的主要模式；第三种是因航运铁路发展带动起来的城镇，这是吉林地域近代城镇发展动力最为强劲的一种模式；第四种是由放荒招垦发展起来的城镇，这是吉林地域城镇形成和发展达到高潮阶段的主要模式。上述四种模式的排序，大致是历史上城镇发展模式出现的先后顺序。为了研究和叙述的方便，本书主要以县一级行政区划治地，或者曾经为县一级行政区划治地，以及在历史上曾经有过特别重要地位的乡镇行政区划治地、集镇，作为主要研究对象并得出基本结论。应该说明的是，任何一个城镇的形成和发展，都不可能是单一社会动力作用的结果，也不可能只用一个方面的原因就能解释清楚。就上述四种模式而言，任何一种模式也不可能将其对应的城镇发展解释清楚，或者说，任何一个城镇的发展都是多方面因素共同作用的结果。但是，在多种因素共同作用的同时，总有一个因素或者说一种社会动力居于主导地位。那么，我们据此对四种模式进行了分类。

清代吉林地域第一种城镇成长模式是依托军政机构发展而来。所谓依托军政机构发展的城镇，是指此地原本只是军政机构的所在地，正因为是军政机构所在地才逐渐聚集了定居人口，从而发展成为人口聚居的城镇。在实行封禁政策的情况下，吉林地域清朝初期人口稀少，而汉族人口又特别少。那时，清朝政府在吉林地域设置了一些军政机构，初设时单纯为军事功能，至多兼具旗务管理功能，后来由于中原汉族人口，即所谓流民流入得越来越多，才逐渐增加了管理民人事务的功能。在这个过程中，这个地方逐渐发展成为重要的城镇，且一般都会成为所在区域的中心城镇。按照《吉林志书》记载，这样的军政机构有两类：一类是带有地方行政机构性质的军事机构，如吉林将军衙门（包括吉林副都统衙门）、打牲乌拉总管衙门（包括打牲乌拉协领衙门）、伯都讷副都统衙门、珲春副都统衙门、伊通佐领办事公所、鄂摩和索罗佐领办事公所等。第二类是一些永设卡伦、添设卡伦，包括吉林地方所辖按月更换永设卡伦——二道河、额赫穆、登坛、辉发等4处；按两个月更换添设卡伦——山音倭和、拉法、乌哩、蛟哈、舒尔哈、平顶山、荒沟、额赫穆屯、退挎、荒地、绥音、瓜勒察、依吉思珲、罗圈沟、钓鱼台、倒木沟等16处；荒营处派出巡查围场，按两个月更换添设卡伦——马鞍山、萨伦、伊勒门、苏瓦延、伊通、库尔讷窝集、尼雅哈器等7处。打牲乌拉地方所辖按月更换永设卡伦——喀萨哩、那木唐阿等2处，按两个月更换添设卡伦——四道梁子、常岭子、朴家屯、老少屯4处。鄂摩和索罗地方所辖按两个月更换永设卡伦——坛品、英额达巴罕等2处；三月添设，至十月撤回卡伦——通沟、即和两合1处。珲春地方所辖按月更换永设卡伦：密占、穆克德和、哈顺、噶哈哩、磨盘山、达尔欢霍洛等6处；三月添设，至十月撤回卡伦——佛多西、珠伦、阿密达、法依他库、哈达玛、西图、呼拉穆、图拉穆等8处。伯都讷地方所辖按月更换永设卡伦——当集、团山子、五道河、古景子、二道河等5处；三月添设，至十月撤回卡伦——哈萨哈博1处。总计共57处。此外，吉林地方额设官庄50处，伯都讷地方额设官庄6处，这些官庄有的也在历史发展进程中，逐渐成长为一定区域内影响力比较大的集镇。

依托军政机构成长起来的城镇是清代吉林地域较早出现的城镇，很多都是今天吉林地域重要的城镇。为了叙事方便，本书姑且把清代吉林地域较早出现的城镇定义在嘉庆年间以前。之所以如此定义，是因为从目前掌握的资料显示，《吉林志书》记事下限为嘉庆十八年（1813），这样划分可以有比较系统的资料来说明问题。根据《吉林志书》记载，清代吉林地域较早出现可算作城镇的地方有吉林城、打牲乌拉地方、长春厅、伊通地方、鄂摩和索罗地方、珲春地方、伯都讷地方、孤榆树屯、巴彦鄂佛罗边门、伊通边门、赫尔苏边门、布尔图库边门等。吉林城作为吉林将军衙门所在地，已成长为当今的吉林市。吉林市一带曾经是夫余国早期王城所在地，唐代渤海国涑州就在其附近，明代曾经三次在此造船。应该说，历史上这里确实多次成为一时重镇，只是没有延续下来。真正启动吉林市持续开发建设开端，当从顺治十八年（1661）设立船厂算起，按张缙彦《宁古塔山水记》所载，"踵至者以六百户计"。康熙十年（1671），为监督流人造船，移宁古塔副都统驻于吉林乌拉；康熙十二年（1673），安珠瑚领兵建造吉林木城；康熙十五年（1676），宁古塔将军移治吉林城。从此，吉林城成为东北地区一个实打实的政治、军事、经济和文化中心。因此，杨宾在《柳边纪略》中评价，吉林城"西关百货凑集，旗亭戏馆无一不有，亦边外一都会也"。可见，在当时吉林城已经成为人口聚集、颇具规模、市场繁荣的边外重镇。到乾隆朝，吉林城定居人口有了较大增长，按《吉林城镇通史》所述，其中以山东昌邑人居多。据《吉林志书》记载，嘉庆十五年（1810），吉林城实有行差人丁23690丁，此外还有奏准入籍征人1459丁，合计25149丁。应该注意，这只是人丁数量，如果将这些人丁的家口计算在内，即便按4倍计算，总人口也超过10万。这还没有将那些无法统计的流人计算在内。总之，这时的吉林城可能已经是人口超过10万的城市了。更为重要的是，到这个时期，吉林城基本完成了商业、手工业与农业的分离，贸易经济有了长足发展。据《吉林志书》记载，"查吉林额征牲畜、牙当、杂税银一千七百八十两，额征烟酒、貂皮税银一千二百两"，也印证了贸易经济的存在，吉林城已经有城有市。孔经伟主编《清代东北地区经济史》记载："嘉庆二十三年（1818）吉林城有梁瑞昌与陈月广伙开小店营生。在河南街还设有梁药铺。道光二年（1822），齐毓庆设德春店粮铺，孙智聪设顺源号。"据《吉林通志》记载，光绪十七年（1891）吉林府编定民户39964户，人口224534人。可以肯定，无论是作为吉林将军衙门所在地，还是作为吉林省省城，即便是现今不再是省会城市，吉林市都是吉林省非常重要的区域中心城市。

打牲乌拉地方是皇太极正式开辟的为皇室虞猎纳贡的特区，并于崇祯二年（后金天聪三年，1629）将迈图由讷殷迁任乌拉地面嘎善达。顺治十四年（1657）正式设置打牲乌拉总管衙门，系清朝内务府直属机构，首任总管为迈图，主要职能是采捕东珠、蜂蜜、鲟鱼、貂鼠、松子，以及协助地方驻防官兵采参等，自康熙四十五年（1706）增设五官屯后，又增加了积谷纳粮事务。顺治十四年机构设置时,总管品级为六品,顺治十八年(1661)改为四品,康熙三十七年(1698)改为三品,而且,乾隆五年(1740)又设置了乌拉协领衙门。打牲乌拉总管衙署原设在乌拉古城,以内城为轴心南北向扩展。康熙四十二年(1703)和康熙四十三年(1704),松花江连续发生洪灾,将打牲乌拉的房屋淹没、良田冲毁,总管穆克登报请迁移城垣,修理衙署。于是,第二年开始在城东高埠向阳之地修建新城,其址为今镇内十字街处。新城筑土为墙,周长8里,基宽3尺,高8尺,东南西北各设一个城门,城门洞均系青砖砌筑,并以东南西北为名。城内有8大胡同,街道笔直宽敞,城中心十字街处筑有木制黑漆南北相对过街牌楼两座。还在西门扩建了十字交叉的大街,作为商贾贸易的场所。总管衙门设在乌拉街城里十字街东面路北,依照副都统衙门式样修造。《吉林城镇通史》记述:"为满足人数众多的官兵及其所携带家眷者的衣食住行的需求,打牲乌拉城西门外的粮栈、杂货、布匹、车店、饭馆等各种商铺栉比林立。当地繁荣的的商业吸引了更多外地富商前来投资经营,山东、河北、山西等地的商人纷纷在此设立商铺,清前期即达到了70多户,到清末已达到了300余户。商家经营货物种类日益增加,商品流通渠道畅通,各种配套设施完善,乌拉街已拥有相对完整的产、销、运输等商业体系,各行各业各司其职。集市贸易和零售贸易都十分发达,城内主干大街上车水马龙,城外商旅不绝于道。山西、河北等地的商家将先进的经营理念和管理模式带入吉林,一定程度上影响了当地的农民和富裕人家的经营理念。"乌拉街毗邻吉林城,商业发展既承大都市辐射带动之利,又兼具历史底蕴深厚的先天优势,理所当然地成为区域内重要城镇。

长春市作为清代吉林地域重要城镇,登上历史舞台的时间显然稍晚一些。乾隆五十六年(1791),郭尔罗斯前旗辅国公恭格拉布坦私自与民人张立绪签署协议,招汉民进入其领地垦荒,于是开启了有规模的汉族移民进入蒙古王公旗地垦殖的先河,今天的长春市新立城一带开始出现汉民聚落。到嘉庆元年(1796),今长春市一带常住人口已经超过5000人。据《吉林志书》记载:"吉林属伊通边门外蒙古地方,于嘉庆五年设立长春厅通判一员,巡检一员。"查明"所开地亩共计二十六万五千六百四十八亩,民人二千三百三十户","嗣于嘉庆十一年查出,厅境续来流民一千五百九十四户","于十三年春间查竣,复查出续来流民三千一十户","兹于嘉庆十五年,查出流民六千九百五十三户","上陈新共流民一万三千八百八十七户"。从《吉林志书》记载的这些重要数据可以判断,到嘉庆十五年(1810),长春一带人口数量应该已经达到10万左右。长春作为一个以农业移民为主体、农业经济占主导地位的重要城镇,已经登上了历史舞台。长春在清代早期作为重要城镇登上历史舞台,有其历史必然性。从地理位置看,地处伊通边门之外,居于吉林西路驿路带动辐射范围之内,又是郭尔罗斯前旗蒙古王公牧地中土质肥沃膏腴之地,是得天独厚的理想拓荒地。因此,长春既是依托重要军政机构所在地发展起来的城镇,也是因为地处交通线农业带上的自然地理条件应运而生的城镇,是两种重要历史因素叠加作用的结果。据《清代东北地区经济史》记载:"长春厅设在新立城时,即有杂货铺、食品店数十家。道光六年(1826)设有于廷荣面铺,并由伙计陈瑞经营顾客赊账业务。"不过,后来长春的发展,则是因为受到了更多重要历史机遇的先后叠加作用。如,在辽河航运经济的发展过程中,长春成为辽河级差市场网络中的高级市场;在中东铁路南满支线建设中,长春是非常重要的交通节点,因此又受到近代铁路交通的牵引带动。一次一次特殊重要的历史机遇,都被长春有意无意、半推半就地"赶上了",这不能不说是长春的历史幸运。新中国成立以后,长春市成为吉林省的省会,对其现代化城市建设和发展的重要意义则不言而喻。

伊通地方,在《吉林志书》中的记载是:"伊通地方,雍正六年设立。系吉林管辖。"此时的伊通地方是佐领办事公所驻地。据《吉林通志》记载:"雍正六年,以吉林佐领、骁骑校各二人,兵一百名;及开原防御、骁骑校各二人,兵一百名,移驻伊通河。"实际上,是从吉林、开原分别拨出镶黄旗、正黄旗屯居伊通,伊通人口日盛。康熙二十年(1681),柳条边新边告竣,经过后来的伊通州境内并设置三个边门;同时,盛京至吉林驿路修竣,横贯后来的伊通州境并设有五个驿站。无论是边门还是驿站,都要派驻兵丁。如此一来,伊通事实上成为柳条新边之外吉林地方的一个交通要冲,于伊通河流域和叶赫河流域而言,又是一个经济中心。乾隆二十七年(1762),添设委官6员。至嘉庆十八年(1813),伊通地方外委以上武职"编制"为伊通佐领2员,防御2员,骁骑校4员,委官6员。而伊通佐领办事公所,正房三间,大门一间,东西厢房6间,周围板墙四十八丈四尺。教场演武厅3间,镶黄、正黄二旗义仓各3间。嘉庆十九年(1814),设立伊通河分防巡检。巡检公署有大堂3间,住房3间,书吏1间,照壁1座,义仓3间。下辖赫尔苏边门等边门、边台若干。根据伊通满族自治县征集到的部分满族家谱记述情况分析,镶黄、正黄二旗屯居伊通,是伊通满族人聚集之始。以后,乾隆年间,又有部分满族人口"随龙回迁"来到伊通。具体情况是,乾隆皇帝东巡来到吉林,经过伊通各驿站的时候,扈从人员之中,一些人被"恩准"留居伊通。嘉庆四年(1799),满族人开荒斩草、跑马圈地,又迁来了一批。最后是"皇家围场"开禁,又有大批移民涌入伊通。就这样,伊通人口日益增加,为后来设置伊通县并使之成为重要的城镇,奠定了重要的基础。据清人袁昶辑刊《吉林志略》记载,光绪八年(1882),经吉林将军铭安奏请,设置伊通州。铭安提出的设置州治之理由为:"查伊通距省二百余里,为省西最要咽喉,向归吉林厅管辖。地方辽阔,治理难周。必须添设民官,划疆分治,方能通声教而辑人民。"而史部随即提出"即请在伊通设立知州一员,名曰伊通州。该处旧有吉林分防巡检一员,改为吏目,管理伊通监狱;训导一员,振兴学校;磨盘山分防巡检一员,即由伊通州通属"。还就铸造钤印、印信、钤记,文武官员印信等事项做出了安排。

鄂摩和索罗地方,《吉林地志》对其沿革的记述前文已述及,从关于鄂摩和索罗佐领设置的记载可见,这里早在乾隆三年(1738)就设置了佐领公所,是一处重要的军政机构。不过,吉林东路驿路驿站大约设置于康熙二十五年(1686),可以肯定鄂摩和索罗驿站的设置比鄂摩和索罗佐领公所的设置要早。《敦化市志》记载,宣统元年(1909)闰二月十九日,东三省总督锡良奏请"拟于额穆索站设一县治,名曰额穆县,划分敦化北隅、绥芬西隅、五常东南隅之地,以成该县区域"。闰二月二十四日,奉朱批:"会议政务处议奏,单并发,钦此。"当日会议政务处议准复奏,奉旨:"依议,钦此。钦遵。"由此,额穆县正式建治,治所就在鄂摩和索罗。东北沦陷以后,额穆县于1932年将县治迁至蛟河镇,1939年更名为蛟河县。

珲春地方,顺治元年(1644),清廷命甲喇章京沙尔虎达征珲春地方,顺治九年(1652)清廷命梅勒章京沙尔虎达、甲喇章京海塔尼噶礼统兵驻宁古塔,第二年任沙尔虎达为宁古塔昂邦章京,珲春地方属其管辖。据《吉林志书》记载:"珲春地方,于康熙五十三年设立协领一员,防御二员。因将库尔喀气人等编设佐领时,添设佐领三员,骁骑校三员。雍正五年,添设副协领一员,乾隆元年裁汰副协领一员。乾隆二十七年,添设委官九员。以上除增添裁改之武弁外,现在实有额设:珲春协领一员,佐领三员,防御二员,骁骑校三员,委官九员。"可知,康熙五十三年(1714)设珲春地方协领衙门,隶属宁古塔副都统。《吉林地志》对当时珲春县沿革有如下记述:"金乌库哩部。《穆宗本纪》:图们、珲春水之交,乌库哩部与率宾水部起兵,太祖往攻之,抚宁诸路。明珲春卫、密札卫。今属德惠乡,清初为南荒围场。伊通州南为围场,再南为奉天围场,又东始为山兽滋生之所,即珲春、延吉地也。康熙五十三年始设协领,管辖捕獭牲丁。光绪七年增设珲春副都统,宣统元年裁,设珲春厅,今改县。"具体情况是,同治七年(1868),经珲春副都统咨请吉林将军,奏准宁古塔加添城台、新官地、老松岭、瑚珠岭等四台,珲春加添城台一处。此后,宁古塔至珲春之间卡台由原来的五处变为十处,珲春增加城台一处。同治九年(1870),珲春改属吉林将军管辖,为适应外务需要,珲春协领升加副都统衔。光绪七年(1881),设珲春副都统衙门,依克唐阿为首任副都统。同年,吉林将军铭安等《拟请改设驿站添拨额丁的奏折及清单》列述:"原设珲春城台,距密占六十里。今拟改为珲春城站。"《清代东北地区经济史》记载:"乾隆五十年(1785)珲春协领界内共有二十家铺户,内有杂货铺、皮铺、面铺,其中杨昆山杂货铺、郭泗舜面铺、侯进荣杂货铺、刘耀杂货铺、曾公禄杂货铺均有4个伙计,余湛面铺、王世杰面铺、李鼎臣杂货铺、黄美玉杂货铺、郭哲杂货铺等均有5个伙计,黄成宝杂货铺则有6个伙计。""乾隆五十年(1785)珲春有一家油坊,由周祥生开设,雇佣十一人。"这些资料反映出珲春协领域内商业发展情况良好,无论店铺数量还是规模在当时都尚称可观。而由商业发展状况则可以反推出珲春协领地方在当时必然为一个重镇。

伯都讷地方和孤榆树屯的军政机构设置有着密切关系。《扶余县志》载伯都讷机构设置:"辽时设宁江州于此,后金初,在此设伯都讷官军队站,清康熙年间,在此设驿站,三十一年(1692)移吉林副都统衙门于此(后迁至新城)。"雍正四年(1726),在伯都讷添设长宁县,隶于奉天府尹,榆树为长宁县辖境。乾隆元年(1736)裁撤长宁县,所属民人、民地拨归永吉州管理。乾隆十二年(1747),裁永吉州添设吉林厅,同时添设伯都讷巡检,隶于吉林厅,管理境内狱事。乾隆二十六年(1761),裁伯都讷巡检,改设理藩院委署主事,驻伯都讷,管理蒙务。嘉庆十五年(1810)置伯都讷厅设理事同知。据《吉林志书》记载,嘉庆十五年(1810),吉林将军奏称:伯都讷地方屯堡毗连,丁口日众,讼狱纷繁,非添设官员不足以资治理。应请仿照吉林、长春堡地方添设理事同知一员,并请添设巡检。经史部议复,应如该将军所奏,将原设理藩院委署主事裁撤,改为理事同知,驻扎本城专管地方刑钱及旗民交涉事务,并添设巡检,管理捕务,分驻孤榆树屯弹压私采、开荒等事。此议亦得到皇帝批准。光绪八年(1882),伯都讷厅衙门迁至孤榆树屯,改理事同知为抚民同知,原孤榆树分防巡检改为厅衙门司狱。光绪三十二年(1906),伯都讷厅升府,移府衙门于新城,在孤榆树屯地方设置榆树县,隶属新城府。据《清代东北地区经济史》记载:"伯都讷于乾隆元年(1736)裁汰长宁县,将牛马税改归副都统衙门征收,税额每年在120两—130两,乾隆十六年(1751)以后,杂税以204两为定额,若遇多征,尽收尽解。道光年间,牲畜、烟麻、牙当、烧酒、鱼纲税银已增至1049两3钱,增加幅度较大。"由税银增加幅度,大致可以判断在此期间伯都讷的商业发展状态,也可以间接反映出伯都讷地方的重要性和影响力。

依托永设卡伦、添设卡伦以及官庄发展起来的城镇,历史资料不是很系统丰富,根据有限资料可以梳理出一些基本情况。前文介绍,吉林地域在清代的永设卡伦和添设卡伦总计有57处,额设官庄有56处。从地名判断,吉林地方所辖额赫穆、辉发、拉法、退抟等处卡伦,荒营处派出巡查围场的伊勒门、苏瓦延、伊通、库尔讷窝集等处卡伦,打牲乌拉地方所辖喀萨哩卡伦,珲春地方所辖密占、穆克德和、哈顺、噶哈哩、珠伦、阿密达等处卡伦,后来都成为所在地域有一定影响力和辐射力的城镇。应该注意的是,这些地方之所以成为有一定影响力的城镇,最重要的原因应该是其所处地理位置比较重要。因为很多卡伦和驿站设置处于同一地方,使得当地的发展叠加了多种因素的影响。其中比较突出的是辉发、伊通、苏瓦延三处卡伦,后来都成为县级建置所在地;而额赫穆、拉法、退抟、伊勒门、密占、穆克德和、哈顺等,都是驿站所在地,后来成为当地比较重要的集镇。至于官庄,据《吉林志书》记载,"吉林地方额设官庄五十处,壮丁五百名","伯都讷地方额设官庄六处,壮丁六十名"。这些官庄所处地理位置和其他方面的情况,并没有更具体详细的历史资料。《打牲乌拉志典全书》中有关于《五官地》的记载:"乌拉官庄在城西北八十里,于康熙四十五年所设。尤家屯官庄一处,张家庄子官庄一处,前其台木官庄一处,后其台木官庄一处,蜂蜜营屯官庄一处,共官庄五处,名为'五官屯'。每屯交纳官粮,壮丁十四名,付丁十四名。每丁承种官地十五垧,照信石纳谷十二石,合仓石四十三石二斗,五屯共纳三千零二十四石。"文中所言尤家屯官庄、张家庄子官庄,今属长春市九台区莽卡满族乡;前其台木、后其台木为今长春市九台区其塔木镇;蜂蜜营屯官庄为今长春市九台区胡家回族乡蜂蜜村。这五处官庄,从现今的情况看,都是在当地有一定影响力的村镇,特别是其塔木镇,在九台区有着不容小觑的影响力和辐射力。如果说依托军政机构成长起来的城镇是当年吉林地域一级城镇网络的节点的话,那么因卡伦和官庄而成长起来的这些城镇,似可以看作当年吉林地域二级以下城镇网络的节点。

(三)清代沿交通线和新柳条边成长起来的城镇

由于历史发展的特殊际遇,清代早期吉林地域很多城镇是沿着交通线和新柳条边形成和发展起来的。在清初封禁政策之下，吉林地域很长一段时间人口增长缓慢，地域广阔，人口稀少，放眼皆是森林草莽。在这样的情况下，一些冲破封禁"闯关东"而来的流民，在由南向北的迁徙过程中，在吉林地域的行进方向基本为两种选择，一是沿着交通线辐射蔓延，一是沿着柳条边寻找落脚之地。道理很简单，在人烟稀少的环境中，刚刚来到这里的人们必然要选择有人的地方落脚，只有这样才更加安全和方便。清朝初期，吉林地域有人的地方，除了前文所述的军政机构所在地以外，也就是新柳条边的边门、边台和各条驿路的驿站了。很显然，在从南向北行进的过程中，人们行走在驿道或者沿着新柳条边伸展的小路，行进的过程中相中了什么地方就落脚定居下来，先是一家两家，逐渐越聚越多而成村落、而成集镇、而成城市，一些城镇就这样成长起来了。我们说闯入吉林地域的流民一般沿着驿路或者新柳条边由南向北行进，实际上这只是大方向的选择，不能简单理解为就是在驿路上或者就在新柳条边。从有关历史资料判断，这些流民拖家带口来到东北以后，大多数并非一下子就定居在了某个地方，还有一个逐渐熟悉环境、不断重新选择的迁徙过程。所以，那些后来聚成村落、长成城镇的地方，一定有着某些方面的自然禀赋优势，是人们主动选择的结果，也往往是多方面选择结果的叠加。因为"闯关东"过来的人们，多数是以务农为生，在吉林地域落下脚以后，或是佃租耕地，或是自己开垦荒地，这样开始新的生活。这就使得这些沿着交通线和新柳条边出现的城镇有着共同的特点，那就是都在条件优渥的农业带上。当然，时至今日，城乡分化已经非常明显，但是追根溯源，当今吉林省所谓的城市，无论大小，其最初的根脚都是乡村。而今分布在广阔的东北大平原上的所有城市，几乎都坐落在最为理想的农业带上，城市发展占用优质耕地的矛盾非常突出，其历史根源就在于此。

从历史沿革来看，今吉林省最早的城镇骨架，就是依托军政机构和沿交通线、新柳条边成长起来的城镇构成的，将这些城镇梳理出来，也就了解了吉林地域当年的城镇分布状态。前文梳理清楚了依托军政机构发展起来的城镇，现在再来梳理一下沿交通线和柳条边的重要城镇。清代吉林地域的几条驿路之中，吉林西路驿路、吉林东路驿路、吉林北路驿路都是于康熙年间投入使用，新柳条边也建成于康熙二十年（1681），所以沿着交通线和新柳条边成长起来的城镇，对后来吉林地域城镇骨架的形成具有特殊意义。这些城镇，一般具有建立时间早、历史上发挥过特殊重要作用、至今仍然具有一定的地域影响力等特点。其中一些至今仍为县级治所、乡镇（街道）治所、行政村（社区）等，只有个别的因为特殊的历史因素消失了。从今吉林省行政区域地理格局来看，吉林西路驿路所经市州级和县级以上行政区域包括吉林市、吉林市船营区、吉林市所属永吉县、长春市双阳区、四平市所属伊通满族自治县、四平市铁东区，然后出吉林省境入辽宁省境；吉林东路驿路所经过市州级和县级以上行政区域包括吉林市、吉林所属蛟河市、延边朝鲜族自治州所属敦化市，从敦化市出吉林省境入黑龙江省境；吉林北路驿路驿路所经过市州级和县级以上行政区域包括吉林市、吉林市所属舒兰市、长春市所属榆树市、松原市所属扶余市、松原市宁江区，通往瑷珲城的驿路从松原市宁江区出吉林省境入黑龙江省境，通往三姓城等地的驿路从榆树市出吉林省境入黑龙江省境。

而新柳条边起自今辽宁省开原市威远堡边门,从四平市铁东区入吉林省境,通过长春市所属公主岭市、四平市所属伊通满族自治县、长春市双阳区、九台区、吉林市所属舒兰市,至舒兰市法特哈镇亮甲山为止。从这三条驿路、一条新柳条边所通过的行政地域看,涉及长春市、吉林市、四平市、松原市、延边朝鲜族自治州等五个市州,长春市九台区、双阳区、公主岭市、榆树市,吉林市船营区、永吉县、蛟河市、舒兰市,四平市铁东区、伊通满族自治县,松原市宁江区、扶余市,延边朝鲜族自治州敦化市等13个县(市、区)。按如今吉林省"一主六双"高质量发展战略来看,涉及其中的"一主"即长春主经济圈,两个走廊中的"环长春四辽吉松工业走廊",两条旅游大环线中的"东部避暑冰雪生态旅游大环线",两个出海大通道之中的"长吉珲"大通道,两个基地中的"长春国家级创新创业基地",以及两个协同发展中的全部布局。概括起来,涉及"一主六双"发展战略中的"一主""一双"和另外"四双"中的一项,占据大半壁江山。以今天的眼光来看,这些城镇对于吉林省而言仍然有举足轻重的影响力。

　　沿驿路在农业带上发展起来的城镇,大多是吉林地域比较早出现的城镇,也是最初吉林地域城镇雏形的组成部分,对后来吉林省城镇分布大格局有着非常重要的影响。吉林城为吉林将军治地,也是吉林地域各条驿路的中心节点,因驿站成集镇的成例远比其他地方为多。吉林西路驿路是当年吉林将军辖区通往京城的驿路,也是中原"闯关东"流民自南向北迁徙的主要通道,自然比其他几条驿路有着更为丰富的历史内涵。沿驿路在农业带上聚居成邑、成集、成镇的概率更大,由驿站而成集镇的成例也更多。据记事止于光绪十八年(1892)的《吉林分巡道造送会典馆清册》记载:"吉林府府属市集十八:城东额赫穆站集、拉法站集、退抟站集;西为搜登站集、一拉溪集、岔路河集、伊勒门集、苏瓦延集;西北桦皮厂集、七台木集、木石河集、上河湾集、段家屯集、波泥河集;北为金珠鄂佛罗站集、乌拉街、舒兰站集、法特哈站集。惟苏瓦延、岔路河、法特哈三集,约有五百余家。"从这条记载中我们可以了解,吉林府属18个市集中,有额赫穆站集、拉法站集、退抟站集、搜登站集、伊勒门集、苏瓦延集、金珠鄂佛罗站集、舒兰站集、法特哈站集等9个为因驿站成集,三个规模最大的市集中有两个为驿站成集。这9个驿站成集的成例中,搜登站集、伊勒门集、苏瓦延集3集属吉林西路驿路,额赫穆站集、拉法站集、退抟站集3集属吉林东路,金珠鄂佛罗站集、舒兰站集、法特哈站集3集属吉林北路。乌拉街、桦皮厂集、七台木集等3集,则是打牲乌拉总管衙门所在地或官庄等生产基地,因打牲乌拉总管衙门而成集;其余6个市集,则是因驿路、打牲乌拉、新柳条边等人口聚集后辐射蔓延成集。而关于伊通州的记载:"州属镇一、市集二十一:城东驿马站集,西为大孤山集、小孤山集、赫尔苏集、火石岭集、英额卜港集、叶赫站集,莲花街西北为马鞍山集、靠山屯集、景家台集、五台子集、二十家子集、四台子集、下三台集、半拉山门集、下二台集,北为大南屯集、勒克山集,州属东南围荒曰朝阳山集、磨盘山镇、苏密城集。"此条记述中,因驿站成集的成例有驿马站集、大孤山集、赫尔苏集、叶赫站集等4个市集,均为吉林西路驿路驿站。需要说明,查阅房友良、赵洪主编《长春历史地图集》中收录《满洲纪行》附图,明确标注"驿马站"与"一把单"为同一地点。故可以确定,此处驿马站即伊巴丹站。伊巴丹站早在乾隆年间就是边外一个繁华集镇,甚至有一座远近闻名的大戏楼,建于康熙五十年(1711),被称为"关外第一戏楼"。当时此地能够修建戏楼,说明已经达到了一定的繁华程度,文化生活在人们日常生活中已经占据了重要的位置。综合吉林府所属市集和伊通州所属市集,吉林西路驿路每个驿站都是当时的重要市集,驿路驿站对吉林地域最初城镇的形成所关之重,在此有着最为充分的体现。当然,就伊通州所属市集分布来说,新柳条边的边门、边台显然更加重要。关于这些内容,结合新柳条边的记述再作分析。

以上因驿站成集而成为当今吉林省重要区域城市的市集,当属苏瓦延集,已经成为今长春市双阳区。吉林西路驿路开辟以后,从吉林城出发西行的第三个驿站就设在双阳,当时称为苏瓦延站。据杨修石家谱序言记述,可能开始设立驿站时称刷烟站,后改称苏瓦延站。据《宁古塔纪略》记述,出吉林乌拉由北向南第三站双羊河,亦称刷烟、苏斡延、双延河,后称苏瓦延站。无论叫什么站名,设在双阳的这个驿站都是吉林西路驿路上的一个重要交通节点。《扈从东巡日录》中记录了康熙二十一年(1682),随同康熙皇帝从沈阳去吉林,从伊巴丹站至苏瓦延的情况:"庚午(三月二十二日),雨行四十里。陂陀微上,树有断行,一山已尽,一山复来,登顿疲劳,不觉日暮,驻跸黄河。"黄河,即双阳河。驿站在人烟稀少的东北,就像一块磁石吸引铁屑一样,凝聚了越来越多的流民栖居于附近。随着大批"闯关东"的汉人在驿站周围落脚,驿道两侧出现了满、汉、蒙古、回等民族杂居村落。同治元年(1862),在苏瓦延驿站南(原大车站)建立了马市。开始是周边农民进行交易,后来逐渐扩展到附近的州、县,而且交易的范围也进一步拓展,不仅是牛马交易,甚至包括生产生活用品、土特产品、名贵药材等,逐渐形成了一条商贾云集的街市,称苏瓦延街,并在此街基础之上发展为具有一定规模的市镇。咸丰十一年(1861),原属于皇家西围场的双阳开始丈放开荒,大批来自山东、直隶等地的难民陆续涌入,以致垦地居民阡陌相连。光绪八年(1882),吉林厅升为府衙。鉴于苏瓦延距府治较远,不利行政管理,于是添设分防巡检,管理汉民事务,而旗民事务仍由吉林将军管辖。至光绪三十三年(1907),结束旗民、汉民分治状态,民事统由分防巡检管理。宣统二年(1910)三月九日,吉林巡抚陈昭常奏请朝廷:"查吉林府所治之地,周围几及一千八九百里,虽于东北一面业已设立舒兰县,而西路由省至伊通,尚二百八十里。该处系属往来驿道,屯镇相望,向为繁庶之区。吉林府远居省垣,抚驭终嫌隔阂,应分岔路河以西之地——南抵磐石,北抵长春,西抵伊通各府州县旧界,于双阳河地方,设立一县,即名曰双阳县。"同年四月十六日钦批设县,县衙设在苏瓦延站所,五月二十二日委派候补知县文信为第一任知县。九月,吉林省民政厅派员对县界进行了详细勘查,确定县域范围:东北以饮马河为界,北与长春厅交界,正西以柳边为界,南以肚带河南王宝脖子岭为界,西南以小黑顶子、三道沟诸山为界。据《双阳乡土志》记载:"南北长约一百四十里,东西宽约九十四五里,共面积一万三千一百七十余方里有奇。"从中可以看出,县域范围和撤县设区前的双阳县大致相同,只是缺少西北石碑岭一带和北部的放牛沟。

新柳条边南起辽宁省开原市威远堡,北至舒兰市法特哈镇亮甲山,康熙九年(1670)开始修建，康熙二十年（1681）告竣。自威远堡向北经今吉林省四平市、长春市双阳区、长春市新立城镇、长春市九台区到舒兰市的亮甲山，全长345公里。设有四个边门，自北向南分别为法特哈边门、伊通边门、赫尔苏边门和布尔图库边门，除法特哈边门属吉林府境外，其余三座边门均在伊通州境内。据《吉林志书》记载："吉林地方共有边门四座，内有三边门各属七台，其余一边门所属八台，共台二十九座，俱系康熙二十年设立。每边门各有防御一员、笔帖式一员管辖外，各有吉林移驻旗兵二十名。每边门各有总理领催一名，每台领催各一名，台丁各一百五十名。兵系看守边门，盘查出入。台丁系充当拴边、挖壕差使。"需要特别指出，一些介绍新柳条边边门、边台设置的文章，引用史料错误，将每个边门台丁各一百五十名，误引为每个边台台丁各一百五十名。法特哈门，又称巴彦鄂佛罗边门，位于今舒兰市法特镇。领七座边台，边内系吉林所属，边外松花江东系伯都讷界，松花江西系蒙古界。伊通边门，又名易屯门或一统门，因伊通河而得名。在今长春市新立城水库东，大南屯之东北。领七座边台，边内系吉林所属，边外系蒙古王公游牧地。赫尔苏边门，因赫尔苏河而得名，在今四平市铁东区孟家岭镇。赫尔苏边门当年是出入盛京围场和吉林围场的必经之路，边门仅能容一辆大车通过。据《吉林通志》记载："边门设于狭隘之山间，为监视货物出入之所。"领八座边台，边内系吉林所属，边外系蒙古界。布尔图库边门，位于今四平市铁东区山门镇，旧称布尔图库苏巴尔汗门，是满语"半拉山塔子门"之意，因附近有座半拉山、东南有座塔山而得名。后来省略"苏巴尔汗"，只称布尔图库门，如今人们习惯称半拉山门。领七座边台，边内系吉林所属，边外系蒙古王公游牧地。

新柳条边边台序号从北边数起，一台（即头台），在舒兰市法特镇头台村。法特哈门为第二台，过松花江以后进入今长春市九台区。就整个新柳条边而言，边台设置于今仍全部清晰可指的，唯有长春市九台区境内各边台。昔日各边台均已成为今日之地名，都是村屯、乡镇之所在。过江以后第三台今为九台区上河湾镇三台村，第四台今为上河湾镇四台村，第五台今为上河湾镇五台村，第六台今为城子街街道六台村，第七台今为城子街街道七台村，第八台今为苇子沟街道八台村，第九台则为今九台区政府所在地。查现今长春市九台区行政区地图，以上各边台发展而来的各村在地图上都有清晰标示，其中的三台、四台、五台、六台基本沿着九台区与德惠市分界线由东而西分布，由六台至七台呈正北正南走向，七台至八台、九台则由东北而西南方向延伸。根据历史文献记载，法特哈门辖七座边台，那么从城子街镇七台村往北的7座边台归法特哈边门管辖，今苇子沟街道八台村向南的七座边台，则归伊通边门管辖，其中包括今九台区政府所在地的九台。第九台以前，每个边台的名称均为现今的村名，说明每一个边台后来都成为百姓聚居点，而且是有一定影响力和辐射能力的聚居点。今九台区境内各边台，从当年行政管辖归属而言，七台以前当归吉林府管辖。而从吉林府属18个市集中，除法特哈站集以外，其7个边台无一成为市集的历史实际来看，这7台终归只是百姓聚居点而已，那时尚未成长为有区域影响力的市集，所以对这些边台在城镇发展中的实际地位和作用，还不能估计过高。作者认为，在当时的具体历史

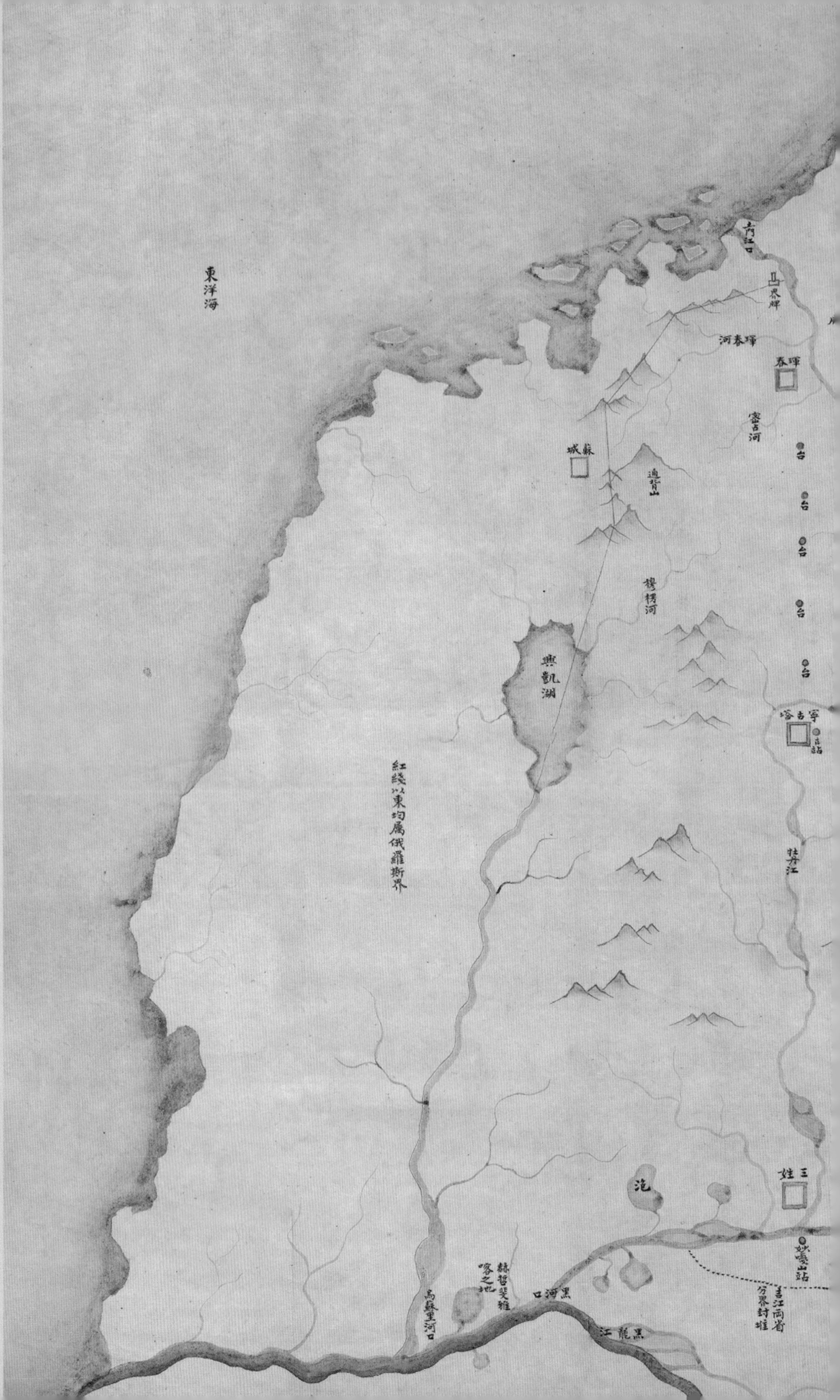

東洋海

內江口

恭岬

琿春河

琿春

蜜古河

蘇城

台

逶貨山

台

台

摟楞河

台

興凱湖

寧古塔

台

站

牡丹江

紅綫以東均屬俄羅斯界

三姓

泡

城岫山站

昌江兩省

分界封堆

賴智斐雅

喀之地

烏蘇里河口

黑河口

黑龍江

长白山

白山

泡門他

土門江源

鸭绿江源

松花江源

撢元頂

二道江

頭道江

兩江口

英額嶺

奉天界

牡丹江源

章汲河

富卡倫

道卡倫

穆齊河

河漂

烏林濟

板皮

倒子

河法捏

龍潭山

小白山

吉林

富奇卡倫

法別卡倫

法別河

朝浪河

將軍府山

河滿肚

河蒂肚

圍場迎著冕軍至咸豐十年
麥水民私相租地

圍場

輝法河

輝法城

大汶河

莫吉郭爾羅斯公牌

項恩橋

極志橋

農恩頃

奉吉兩省會啣處

奉天昌圖界

買賣街

奉吉兩省會啣處

義河卡門支

布爾圖

唐邊門

依勒門河

蘇瓦延站

依勤門河站

伊巴丹站

大旅站

和尔蘇站

嘉尔蘇站

長春站

莫吉郭尔
羅斯公境

長大站直達門

奉天昌圖界

宗蘇河

宗蘇近之門

伊通通

阿春站

伊通边門

洛木和樂

厄墨和樂

塔拉站

退搏站

懮氣松站

舒蘭荒

涼水泉

夾信氣

常五堡

山甲

金珠站

磨登站

醫巫站

雲龍喱河

拉林河

拉林河

退搏站

咸豐十年
舒蘭荒

粘板多歡站

薩摩哩站

雙城站

雙城堡

阿勒楚喀城

阿勒

阿什河

三肯霍

柳樹河

荒界網繚

咸豐十年
喜發

愛克圍

喜發

巴彥蘇蘇站

呼蘭河

拉林河站

張輸樹

倫站

張愉樹站

蒙古卡倫站

法特站

宗勒柏舊站

宗勒柏潮站

蒙溫站

陶賚站

澤孔保站

渾邑站

局城新城

索岳訥

社里站

伯都納

伯德訥站

蒙古郭尔
羅斯公境

三盆河口

嫩江

隆科城

閘伙二年改

伯都納

挹婁城

振林河界

黑龙江界

咸興站

巴彥特庫庫站

阿勒哈特庫站

条件下,边台确实发挥着吸引人口聚集的作用,但某一个人口相对聚居的村屯,是否能够成为具有比较大的区域影响力和辐射力的重要城镇,则不仅仅取决于对人口聚集的吸引力,还需要一些重要的历史机遇和特殊的发展机缘。一个城镇的发展,往往是多种历史机遇和发展机缘叠加作用的结果。由此看来,这7座边台只有法特哈边门,也就是二台具有这样的历史机遇和机缘。法特哈边门确实具有成为重要城镇的自然条件和历史机遇。之所以将新柳条边北起第一座边门设在这里,而且后来吉林北路驿路的法特哈边门驿站也设置于此,是因为从自然地理而言,法特哈地处冲途,为交通枢纽,沟通联络着四面八方。这种自然禀赋,是其他几座边台不可比拟的,可谓天然优势。

而从今长春市九台区境内各边台比较而言,甚至在整个新柳条边29个边台中比较而言,九台在后来吉林省城镇发展中的崛起,都是最为惊艳的成例。从今天的自然地理方位来看,九台位于长春市东北、吉林市西南,三地基本上构成一个等边三角形。从交通状况来说,长春与吉林之间最佳的交通路线要经过九台。第九台所在地地势平坦,地形从东向西呈缓状倾斜。九台地域的人口聚集,并非仅仅因为边台之设。地处松花江西岸的今莽卡乡莽卡屯,早在顺治年间就有满族正白旗佟姓大户"随龙征讨"来此开荒占地。以后又陆续有满族正白旗杨、石两姓相继迁入,逐渐形成村落。康熙四十五年(1706),打牲乌拉总管衙门从帮捕蜂蜜的50户牲丁中,挑选70人编为5屯,即尤家屯、张家庄子、前其塔木、后其塔木屯、蜂蜜营屯,称"五官屯",专事皇粮生产。胡家回族乡的蜂蜜、红石、宝山等较大的回民聚居村,一部分是康熙年间迁徙来的,另一部分是乾隆年间山东、河北等地回民随汉人移垦而来。西部地区土地开发较晚,龙家堡、卡伦一带为嘉庆初年开发。嘉庆八年(1803)以后,随着"封禁政策"逐渐放开,关内移民陆续迁来,进一步促进了九台地域的发展。1912年吉长铁路建成通车后,因为这里地处吉林、长春两座城市中间,而且地势平坦,于是于此设立火车站。在那个时候,火车是非常先进的交通工具,在铁轨上奔驰的,不仅仅有货流、客流,还有思想流、资金流、信息流等。所以,九台火车站的设立,必然带来九台的发展繁荣。看到了九台的优越发展条件和良好的发展前景,1916年永吉县在这里建立商场,使之成为远近闻名的大豆集散地。随着发展基础逐渐坚实,原来的小集镇逐渐开始拉开了城镇骨架,街道开始向西北延伸,于是有了上九台与下九台之分。上九台在东,下九台在西,相距1公里。九台火车站,当时就叫下九台车站。1929年,中东铁路火车一度停运,使得舒兰、五常、珠河(今黑龙江尚志县)、榆树、扶余等县以及江北各出粮之地,都将粮食运到九台,再通过火车外运,每天进入的粮车不下三千辆。如此大范围的粮食集散,一定会在短时间内形成巨大的聚集效应,其对九台集镇的发展促进作用无疑是巨大的。说来很有趣,那时的九台镇分属吉林省永吉县和德惠县管辖,铁道南归永吉县四区,铁道北归德惠县七区。而九台设县治,是在东北沦陷时期。1932年,九台绅商代表董子芹等联名呈请伪吉林公署,请准设治。1932年9月,将永吉县2区和4区全部、德惠县5区和7区全部、长春县一区部分划归九台,设立九台县。县治设在九台镇,归吉林省管辖。新中国成立以后,九台县的行政隶属关系几经变迁，1969年归长春市管辖。1988年撤县设市，2014年撤市设区，成为长春市九台区。如今的长春市九台区是长春市的东大门，长春东部绿色生态屏障，哈长—长吉大十字战略主轴线节点城市，长吉图开发开放先导区支撑腹地，长吉一体化都市区联带枢纽，长春新区的核心区域。柳条新边北起第九座边台，如今已经成长为现代化都市。

从相关历史记载来看，新柳条边自北向南延伸，从九台出境以后进入双阳。《双阳县志》在"建置沿革"章记载："清康熙十二年（1673）后，随柳条边经双阳北境，沿边设有邢家台、小河台、马头台、后台、饮马河台。每台设拨什库（领催）1名，台丁数名。此外，尚有姜家口子、陈家口子等为出入柳条边之隘口，也有台丁盘查出入行人。"查现今长春市双阳区地图，这些地名均已不复存在。但《双阳县志》载有一张《柳条边与驿路经由图》，从这张图可以看到，当年双阳县北面就是以柳条边为界与德惠县和长春县分界线。沿这条分界线自东而西，在与德惠县分界柳条边与饮马河相交处，标注有饮马河台；然后一直向西延伸至双阳县与德惠县分界线的西段末端，标注有后台；之后为以柳条边为界的双阳县与长春县分界线，分界线东部起点处标注有陈家口子、马头台；然后柳条边亦即两县分界线向西南方向延伸，在双阳县一侧依次标注着小河台、邢家台、水口子。与前面文字描述不同的是，此图并未标注"姜家口子"的位置。查《双阳县志》建置篇区域变化章，1934年保甲表中，五保驻地为马头台，所辖甲名有小河台之名；1936年保甲表中，五警区有马头台保，保驻地为马头台，下辖甲名之中有马头台甲。此后关于行政设置的记述中，再无相关地名。不论是现今的双阳区地图，还是自然屯地名，都没有查到上述边台名称。而在现今九台区地图中，查到了饮马河台的地名，其他相关地名并无发现。长春市地方志编纂委员会编纂的《长春市郊区志》记载："郊区境内的柳条边是新边的一段，全长约25公里，南起第三座边门易屯门位于伊通河东岸，今新立城水库库区内。经新立城镇的靠边王屯、靠边孙屯、幸福乡靠边吴屯、净月乡的边沿子屯、三道镇和平村的西边屯、四合村的栾家岗子屯后，入九台县放牛沟乡双山村任家屯，至今边壕遗迹在西边屯断断续续隐约可见。"从这段记述来看，新柳条边从当时的长春市郊区直接进入九台县境内。《吉林省文物志》中收录一张《清代柳边示意图》，其中伊通边门至九台之间，标注了靠边王、小河台、二台三个地名。据《长春市志·文物志》记载：新柳条边按由北向南的次序，过九台以后的第一个边台，为今九台区放牛沟镇荆家村饮马河台，也叫头台；第二个边台是位于放牛沟镇腰站村二台屯的二台；第三个边台是位于长春市净月高新技术开发区境内的后台；第四个边台是位于长春市净月高新技术产业开发区境内的小河台；第五个边台则为伊通边门门台。综合以上资料，现在基本可以确定伊通边门所领边台，按由北至南的顺序，应该为八台、九台、饮马河台、二台、后台、小河台、伊通边门门台等七台。细致推敲，各种历史记述还存在一些不一致甚至矛盾之处，当是不同的记述版本的行政区划不同所致。同时反映出，这一段新柳条边的边台，没有形成重要的城镇，所以被历史风尘慢慢湮没了。不过，作为长春段南端起点的伊通边门，虽然其今已淹没于新立城水库库区之下，但其在历史上一度为一方重镇。长春厅初设之时，就设置在伊通边门所在地。从某种意义上可以说,伊通边门是长春市的发端,换言之,长春市最初是依托新柳条边伊通边门而设置。

从长春市出境以后,新柳条边继续向南延伸,进入伊通满族自治县境内。据《伊通县志》记载:"现伊通境内的柳条边遗址主要分布在黄岭子乡、景台镇和发展乡。从黄岭子乡保家村河西屯入伊通境内,其中保家村一段1.5公里,杨家村高家屯北一段约2公里,和平村梨树沟子北一段约1.5公里的边壕今保存较好。""边门之间设若干边台,半拉山门设有上三、下三、门台、上二、下二、青阳堡、十八家等7台;赫尔苏边门设四台、门台、二十家子、十三家子、五台、景家、孙家、邢家台等8台;伊通边门所设7台,皆在今长春境内。"长春厅未设置时,新柳条边四个边门,除法特哈门属吉林府管辖外,伊通边门、赫尔苏门、布尔图库门三门均属伊通州管辖。《伊通县志》载光绪八年(1882)《伊通州边台驿站图》显示,从威远堡边门开始自东南向西北延伸至青阳堡附近的新柳条边,是伊通州与开原县的分界线;然后转而由西南向东北方向延展的柳边,分别为伊通州与昌图、奉化县(今梨树县)、怀德县(今公主岭市)的分界线,一直延伸到伊通边门。沿着柳条边自西南向东北标注着青阳堡、下二台、上二台、布尔图库边门、下三台、上三台、四台子、赫尔苏边门、二十家子、十三家子、五台子、景家台、孙家台、伊通边门等共计14个边门和边台的名称。去掉伊通边门,实际上显示了赫尔苏边门和布尔图库边门所领13个边台(包括两个边门所在地的门台),与前面文字记述相比,缺少了布尔图库所领十八家台,赫尔苏门所领邢家台。大体印证了《伊通县志》文字记述的正确性,也基本搞清楚了布尔图库边门和赫尔苏边门所领边台的分布情况。查《伊通县志》所录《1935年警察区及保甲一览表》,四区乐山镇保辖景家台甲,五区靠山镇保辖十三家子、五台子甲,六区刘家屯保辖半拉山门、下三台、四台子甲,七区泉头保辖下二台、上二台甲,八区赫尔苏保辖二十家子、赫尔苏甲。不过,后来随着行政区划的多次调整,今伊通满族自治县境内的边台只剩下五台子、景家台和孙家台三处,这三处位置均属景台镇辖域,在现今伊通满族自治县地图上都可以查到,景家台为今景台镇政府驻地,五台子为村驻地,而孙家台为自然屯落。按《吉林分巡道造送会典馆清册》记载,景家台集和五台子集为当时伊通州重要市集。

出伊通境以后,新柳条边进入今公主岭市辖境。据《怀德县志》记载:"横贯怀德县南部的柳条边,由梨树县境内的赫尔苏门向东,跨入二十家子、南崴子、城郊等乡的高台子村、二十家子村、六家窝堡村、红旗村,经四平地区农科所、吉林省原种繁殖场、县果树农场,至长春郊区的伊通边门,长约25公里。"《怀德县文物志》的记述与此大体一致。作者核对诸多历史文献记载并对照现今地图查阅,可以肯定《怀德县志》和《怀德县文物志》的相关记载都不够准确。新柳条边西自赫尔苏边门进入公主岭市境,呈自西南而向东北的方向延展,从伊通满族自治县黄岭子镇保家村河西屯进入伊通境,通往五台子,并未直接通到伊通边门。新柳条边的这一段应该设有二十家子和十三家子两个边台,不过在伊通满族自治县和公主岭市两地,无论是查地图还是查志书地名,现今只有二十家子,为公主岭市二十家子满族镇政府驻地,而十三家子地名已经消失。新柳条边从赫尔苏门出公主岭市境继续由东北向西南延伸,进入今四平市区辖境。在行政区划调整之前,新柳条边所经区域属梨树县管辖。梨树县志编纂委员会编纂的《梨树县志》记载:"梨树县内的柳条边,原是梨树、伊通两县的分界线,因1940年伪满时行政区划的变更而归属梨树辖境,全长35公里。其西南端为布尔图库苏巴尔汉(今四平市山门,1958年前梨树辖),东北端为赫尔苏边门,其间经石岭塔子沟、四平郊区下三台(1972年划归四平市属)、营城子、三家子、上三台、二道沟、大沟等村屯,隔河入怀德县境。"这一段记述主要是描述今柳条边遗址所经地点,其中有些地名为原来边台所在地。《梨树县志》还收录一张《梨树县境内柳条边地理位置图》,从图中标注的地名可以看出,自东北向西南依次为大沟(赫尔苏门)、四台子、王家油房、上三台、营城子、下三台、腰窝堡、半拉山门(布尔图库门)、上二台。与志书文字记述,并不完全一致。根据文献记载,这一段新柳条边所设边台应该有青阳堡台、下二台、上二台、布尔图库门台、下三台、上三台、十八家台、四台、赫尔苏门台等9台,对比前面文字记述和地图标注,现存边台地名有上二台、布尔图库门台、下三台、上三台、四台、大沟等6处边台地名。按《吉林分巡道造送会典馆清册》记载,这一段新柳条边各边台中,赫尔苏集、二十家子集、四台子集、下三台集、半拉山门集、下二台集均为当时伊通州重要市集。

(四)清代因航运和铁路发展起来的城镇

从人类发展历史来考察,当商品经济出现以后,一个地方的交通条件和运输效率,往往是当地经济和社会发展极为重要的影响因素。吉林地域虽然偏处一隅,近代以来的城镇发展现状也印证了这个规律。说起来,近代吉林地域对城镇发展产生比较大影响的交通方式进步,一是航运,一是铁路。就航运而言,主要是辽河及其流域航运发展所带来的巨大影响,而松花江及其流域的航运也发挥了一定作用,但显然比不上前者;就铁路而言,可以说每一条铁路的修筑和运行,都会对其沿线特别是车站附近地域的经济社会发展带来极其深刻的影响,这种影响甚至直到如今。从更抽象一些的层面来说,无论航运还是铁路,在当时的社会历史条件下,实质上都是社会生产力的发展和进步,必然会改变人类的生存状态和生活面貌。每一条航道或者铁路,其上流动往来着的不仅仅是物流、人流,还有资金流和信息流,当这些物资、人员、资金、信息等在一个地方集散的时候,这个地方毫无疑问将迅速成长为一个地域中心。随着辐射范围逐渐延展,这些地域中心会慢慢分化出梯级,形成网络。那些航运的港口、铁路的车站,毫无疑问都在这个网络之中,而航运和铁路影响所及的地域之内,随着影响力辐射强度的变化而自然形成梯级地域中心,而这些所谓的地域中心,往往会成为有较大地域影响力的城镇。因航运和铁路存在的特殊性,这些地域中心一般会呈现条带状分布的特点,而因铁路而发展起来的城镇分布更加明显一些。姑且不论其他,吉林地域因航运和铁路而发展起来的城镇,出现的时间稍晚一些,是对吉林地域城镇骨架的再次塑造和拉伸,是在原有基础上的完善和发展。虽然一些城镇的出现是初始的,但是对吉林地域城镇发展历史而言则不具有初始意义,可以算作与沿交通线成长起来的城镇的另类表现形式,无论是呈现形式还是现实意义都算不上初始。但是,越晚出现的城镇,其成长性越好,对于后世的价值可能会越大。

吉林地域的航运发展,应该是起步于明代。亦失哈七次巡视奴尔干,每次都是率领庞大的船队,从船厂顺松花江而下直达奴尔干地方。史料记载规模最大的是宣德七年(1432)那次,亦失哈率二千名官军,统五十艘巨船组成的浩荡船队来到奴尔干地方抚慰当地民人。这条航道在当时应该广被利用,只是由于主要承担公务使命,虽然存在一定的贸易活动,但总体看来还不成规模,对当时的经济社会发展没有太大影响,史料记载也比较疏略。清代康熙年间,为了抵御沙俄入侵,把军粮、军火运送到黑龙江前线,康熙二十二年(1683)三月,大学士觉罗勒德洪等人提议开辟松花江运粮航线,还提出运粮船的具体尺寸,即"长三丈(约10米)、宽一丈(约3.3米)、每船载米百石"。最初,康熙皇帝对这个提议将信将疑,派人在瀛台和通州进行试验。试验成功之后,考虑到松花江和辽河干流有船只通航,不成问题;但东辽河和伊通河水势如何,则需要实地勘查。康熙皇帝为此命盛京刑部侍郎噶尔图和宁古塔副都统瓦礼祜前往探查。验看水势之后,瓦礼祜上奏"伊通河可行三丈五尺之船"。于是,朝廷特命大臣相视河道,于开城(今沈阳市西南)、邓子村(清代文献也写作"等色屯",今公主岭市东辽河北岸戏子街村)、易屯门(今新立城水库库区水下)、易屯口(即今饮马河注入松花江的河口,农安县靠山镇红石村)等处设仓,每岁农闲时运米贮于开城仓内。春秋二季,以舟运至邓子村交卸。自邓子村至易屯门百里无水路,车运至易屯门仓内,由易屯门舟运出易屯口,竟达混同江。这个水陆联运的设想,路线清晰明确。随后,伊通河承担起运送军粮、军火、辎重的重任。伊通河是松花江水系二级支流,为饮马河支流,发源于伊通县境内哈达岭山脉青顶子山北麓,流经伊通满族自治县、长春市、德惠市、农安县,在农安县靠山镇汇入饮马河,全长342.5公里,流域面积8440平方公里。据《盛京通志》记载,伊通河运粮船只有一百艘,以康熙在瀛台试验的"白剪油船"为样式,"长三丈五尺,宽七尺,高二尺五寸,每只载米六十仓石"。浩浩荡荡的船队航行于伊通河水面,不仅为"雅克萨之役"的胜利提供了坚实的保障,还促进了今伊通河两岸百姓聚居地的开发和繁荣,为后来长春、伊通等地设治以及治地发展奠定了重要基础。客观而言,松花江及其流域航运承担公务多,商业贸易因素不够强,虽然对吉林地域城镇发展有一定促进作用,但是作用还不够显著。

若论对吉林地域城镇发展作用明显,还得是辽河的航运,今吉林省中部西南地域很多城镇的出现和发展都和辽河航运密切相关。辽河航运发展源于营口开埠。辽河古称辽水、大辽水,上游分东辽河和西辽河,西辽河发源于内蒙古自治区赤峰市附近,上游叫老哈河;东辽河发源于吉林省辽源市,西北流进入辽宁省开原市和西辽河相汇合,合流后称辽河。1958年辽河下游改道之前,辽河在营口市入海;但现入海口在辽宁省盘山县。咸丰十一年(1861)营口正式开埠,辽河适于航行的河段,上以郑家屯为起点,下至入海口,航程长760公里,加上支流太子河、浑河、蒲河、柴河、辉发河、柳河等航程,总长在1200公里以上,形成了一个以辽河干流为主体的航运网络。至清末,辽河水运成为当时东北地区第一大产业,形成了沿辽河分布的带状城镇群,总数超过了30个。据《吉林城镇通史》记载:"据统计,当时辽河干流沿岸之停船码头,总数为187处,其中大码头约为40个,其中属于今吉林省境内或靠近吉林省境的辽河干流码头是:郑家屯、三江口、英守屯、八面城、买卖街(梨树)、金家屯等,当时位于今吉林省境东辽河的重要码头包括邓子村、大疙瘩(辽源)、朝阳镇(辉南)、怀德镇、大肚川(东丰)等。"从这一段记述来看,当时辽河航运所涉及地域范围包括今双辽市、梨树县、公主岭市、辽源市、辉南县、东丰县等地方,范围相当广泛。这些码头就如同蜘蛛网上面的节点一样,每一个都有一条一条通往更远处的道路连接着更远处的城镇,吸纳着更远处的粮食和土特产成为商品,来到码头转运出去换成外面的产品输入进来。所以,到了光绪年间中后期,在今天吉林中部西南地域的一些这样节点上,相继形成了货物集散市场,包括郑家屯、邓子村、买卖街、老怀德、金家屯、大肚川、大疙瘩等地。其中,郑家屯为今双辽市所在地,买卖街为今梨树县所在地,老怀德(八家子)为公主岭市前身怀德县初置时所在地,大肚川为今东丰县所在地,可见这种影响力不容小觑。

关于郑家屯受辽河航运的影响情况,魏连生主编《双辽县志》第十八卷《交通邮电》第六章《水运》有如下记载:"清同治元年(1862),蒙王放垦,人口村落日渐增多,大量汉人迁居郑家屯,使郑家屯成为东蒙最大的牲畜贸易市场。过往西辽河靠船只摆渡。光绪二十八年(1902),商业日益兴旺,自然形成了以西辽河为主要航道的水上交通运输业。西辽河水深面宽,船只航行便利,往南可通至营口,辽源州府南1.5公里处的刘家沟成为郑家屯起运装卸码头。各地商船沿河往来不绝,贸易活动十分频繁,郑家屯成为吞吐量较大的水陆码头。"根据志书记载,那时郑家屯尚属辽源州,东西辽河均无桥梁,过往辽河只能依靠船只摆渡,因此船口(即渡口)较多,主要有西辽河的好力堡船口(那木斯蒙古族乡合力村境内)、闫家崴子船口(那木斯蒙古族乡合力村境内)、陈家船口(郑家屯镇东南)、黑老爷窝棚船口(郑家屯东北)、三棵树船口(郑家屯东北);东辽河的东龙带船口(新立乡境内)、王合船口(柳条乡王合村境内)、扬雄窝棚船口(东明镇曙光村境内)、陈才船口(王奔镇高产村境内)。水运的发达促进了商业的日益繁荣,引起了州府和商界对水运的重视,各大商户纷纷自发出资修筑堤岸,建造运粮船只。州府亦建造巡船,监管水运,予以保护,并负责征税。宣统元年(1909),州府在陈家船口设立装卸码头,此时商贾纷至,舟船云集,出现客货运输两旺的局面。1918年,随着四洮铁路部分路段通车,辽源县和双山县已初步形成了水路、陆路、铁路三位一体的交通格局。由于铁路线路短,陆路路况差,交通依然以水路为主。当时有"填不满的洮南府,拉不败的郑家屯"之说法。1923年起,由于农田用水等,辽河水位逐渐下降,较大吨位的船只难以航行,往来船只相对减少。此后,往来郑家屯的航运逐渐消失。根据志书等史料记载,从清代嘉庆年间郑家屯就有人开设小旅店,为往来沙漠的旗人服务。同治元年(1862)随着村落人口增加,商业铺户也日渐增多。到光绪二十六年(1900),郑家屯商户已达500余家。从这个粗线条商业发展脉络可以清晰感觉到,航运对郑家屯的影响之大。

《吉林城镇通史》记载了辽河航运对梨树县和公主岭市的影响。综合《吉林城镇通史》

《梨树县志》等史料记载：东辽河边的买卖城(梨树)，原为蒙古达尔罕王科尔沁右翼中旗地，蒙荒开放后为昌图府辖区。道光初年，随着移民的增加，设立梨树分防照磨，治地设于梨树城。光绪元年(1875)，商号"富盛泉"开业。光绪四年(1878)梨树始建县治，定名奉化县，归昌图厅管辖，县治设于梨树城。梨树县商业始于县境开垦，清末民初日趋繁荣。县城最大商号"富盛泉"系山西曹姓于光绪元年(1875)开办，资金为72000银元。据光绪三十二年(1906)县商务会统计，全县有会员资格的商号共170户，到1911年坐商发展到260户。小城子、榆树台、喇嘛甸、梨树、郭家店、四平街、三江口等贸易集镇已经形成。梨树街成为全县粮谷、商品交易集中地，有"上至绸缎、下至葱蒜，粗细百货、一应俱全"之说。不过，从时间判断，这里商业繁荣发展的动力，不仅仅是航运的带动，铁路的影响力这时已经叠加上来了。因为1903年东清铁路南满支线开通以后，交通要路虽然转移到四平街，但县城仍未完全失去经济中心地位。对公主岭市而言，道光末年八家子开始有人定居，同治五年(1866)设分防经历。随着东辽河航运的兴起，光绪三年(1877)置怀德县，县治设于八家子，遂改八家子为怀德镇，城内粮栈、烧锅、油坊、当铺鳞次栉比。当时商号规模最大的是源盛庆药铺，乡间有货郎(行商)走村串户。光绪三十一年(1905)，已有商业店铺70家，多分布于河南隆记路、河北头道街。怀德盛产大豆，光绪十九年(1893)曾在维也纳展销。每年入冬以后，怀德县粮食贸易十分活跃，除本地商人外，来自双阳、伊通、磐石、梨树、农安、长岭、西安(辽源)以及长春的粮食贸易者也积极参与进来，高峰期每天有2000多辆大车粮食上市。这些粮食一般经营口、大连等口岸销往南方甚至国外。类似买卖城、老怀德这样的市镇，一方面为从属于辽河城镇带的次级市镇；另一方面，也是所在地域一定范围内的中心城镇，形成了从属的相应次级市场，有的也成为具有一定影响力的城镇。当然，辽河航运的影响并不仅限于此，但是影响最为明显的成例以上述城镇最为突出，权当举例说明。

以现今吉林地域城镇结构之中重要程度相较而言，铁路对城镇发展的影响远超航运。吉林地域出现的第一条铁路为中东铁路南部线，也称南满支线，区间为哈尔滨至旅顺，1903年3月开始试运营。日本在1905年日俄战争获胜以后，接收了原由沙俄控制的长春以南至大连的中东铁路南部线及其附属地，遂将这段铁路改称南满铁路。因此，我们将原中东铁路南部线分成哈尔滨至长春(长滨线)、长春至大连(长大线)两段来叙述。据《吉林省志·交通志·铁道》记载："长滨线起自吉林省省会长春市，北上德惠，过松花江后经双城而达黑龙江省会哈尔滨市。营业长度242公里100米，吉林省境内为164公里417米，占该线总长的68%。"长滨线自今扶余市地界入吉林省境，根据东省特别区路警处《中东铁路各站调查书》记载，1930年时长滨线在今吉林省境内设置车站8个，分别为蔡家沟站、三岔河站、陶赖昭站、松花江站、窑门站、乌海站、米沙子站、宽城子站。这些车站后来成为有影响力城镇的有陶赖昭、窑门、米沙子、宽城子诸站，而松花江站在历史上一度很有影响力但后来衰落了。陶赖昭站北距哈尔滨122公里，南距长春120公里，此地原称小城子，原称陶赖昭之地在其北4公里。据《扶余县志》记载："清光绪二十七年在其(指原称陶赖昭之地)南小城子设火车站，仍名陶赖昭,此地遂名北陶赖昭,后简称北陶。"陶赖昭站设置以后,成为铁路与松花江航运的连接点,货流和客流在此集散,因而获得迅速发展。站前地带很快成为区域农产品会聚、加工、外销的商业中心,该镇由此获得迅速成长,一度与相邻的双城、九台等城镇比肩。窑门站地属德惠县,当年为中东铁路三等站,比宽城子站等级还高。该站全年输出大豆约三千吨、高粱二万八九千吨、杂粮一万四五千吨;输入绸缎、布匹一百五六十万吨,茶叶、药材千余吨,鲜果、杂货八九十吨。成为当时宽城、双城之间最繁盛城镇,是周围的大房身、大青嘴和上河湾等集散市场的上级市场,并取代大房身、农安成为东北中部重要的粮食出口基地。特区界有俄商电灯厂一处,东路设电灯厂一处,市政局建修土质马路三条。有东省特别区区立第十三小学校,特别区区立第二女子高小学校,苏联路员子弟第五中学校。窑门车站今属德惠市胜利街道,为全国重点文物保护单位。米沙子站属长春县,市内农民一千余户,多自内地迁来者。设有长春县乡立小学校,学生三十人。年产大豆约四千吨,输出约一千二百吨,运至长春,分销大连。全年输入面粉千余袋,其他杂货寥寥。有旅舍小店三四家、商铺六七家,为南线一个小站。宽城子站当时为四等站,今长春市内有遗址,不做更多介绍。而一度繁盛的松花江站,今为德惠市松花江镇松花江村后口子屯。清末修筑中东铁路时,俄国人曾在此设立养牛场。铁路通车后,在这里设立松花江(老少沟)车站,火车站与松花江航运码头实现水陆联运的衔接,这里遂成为十分繁忙的交通运输枢纽。在车站承运能力提升带动下,以汽船和木船为主要载运工具的松花江码头也快速成为松花江沿岸的重要码头。不过,《中东铁路各站调查书》记载:"(松花江站)有大小商号二十余家,金融流通以吉林永衡官帖为本位,哈币次之。俄人筑路之初,以此为水陆汇集之地,以为发展必速。年来粮商尽赴达家沟站收买粮食,本站市面颇有凋落之象。"看来在1930年的时候,松花江站已经开始衰落了。

　　中东铁路南部支线从长春站开始每30公里设置一站并按序号定名,长春站为一站,房家屯(今范家屯)为二站,公主陵(今公主岭)为三站,郭家店为四站,四平站为五站。这五站之中,长春站、公主岭站、四平站显然都是现今影响力非常大的区域中心城市。日本攫取了长春以南中东铁路南部支线控制权以后,于1907年正式成立南满洲铁道株式会社(简称"满铁"),负责铁路运输、建设和附属地市街经营。满铁成立以后,采取圈占、兼并、抢购、强租等各种方式巧取豪夺,不断扩大满铁附属地面积,按照殖民地要求规划附属地街区建设。在长春附属地除进行了街路、上下水工程、公园、电力和煤气的投资开发以外,还兴建了各种公用和民用建筑,包括由满铁直接经营、为铁路提供配套服务的火车站舍、旅馆、医院、邮局等公用设施,满铁社员住宅,文化教育设施,工商和金融业建筑,还有一些宗教建筑等。中东铁路南部支线经过公主岭地方并设置一站,因此地有埋葬乾隆皇帝第三女固伦和敬公主的陵墓,遂将站名定为"公主陵站"。又因是从长春南下的第三站,俗称"三站"。此地原本只是一个仅有几户人家的无名小村。日本记者伏屋武龙1918年著《公主岭沿革史》一书称:"从嘉庆年间始,渐渐汉人移居于此。1877年公主岭只有七八户人家居住。"设立车站以后,俄国人将铁路两侧东西长3公里、南北宽2公里的区域划为铁道附属地,修建兵营、教会、旅馆、剧场等。日本人接手南满铁路以后,将"公主陵站"改为"公主岭站",附属地也称为"公主岭铁道附属地"。光绪三十四年(1908)日本人对公主岭南满铁路附属地进行规划,确定铁北为住宅区,河北为商业区、粮栈区,当时河南一带为中国人的商业和居民区。宣统二年(1910)实行自治,划县城(怀德镇)为城乡自治区,其余地方划为四镇自治区和二乡自治区。四镇为黑林子镇、五家镇、公主岭镇、秦家屯镇,二乡为杨大城乡和毛家城乡。可见,此时公主岭地方已经成为一个正式的行政区划。光绪二十九年(1903),东清(中东)铁路干线(满洲里至绥芬河)及其支线(哈尔滨至旅大)全线通车运营,"五站"正式站名确定为"四平街站"。"五站"用了"四平街"的名字以后,原四平街随之改为"老四平"以便区分,此地为今辽宁省昌图县老四平镇。由于沙俄在四平街站前开辟了一、二、三马路街基,吸引了二三十户小商小贩来此经营,饭馆、旅店、酒馆、茶馆相继开业,逐渐热闹了起来。日俄战争以后,日本在四平街站极力扩大城市街道,开办商业,吸引老四平、梨树镇、八面城的商户纷至沓来,四平街站粗具城市规模,取代梨树镇成为区域中心,导致梨树镇日渐萧条。至此,梨树县"孵化"的四平市已经破壳而出,并且凭借地理位置的优势和各种特殊历史机遇不断成长壮大,最终成长为今天的地级市并反过来将梨树县纳入治下。这个反转,有趣而又意味深长。

除了清代建成的中东铁路南部支线以外,在吉林省城镇发展史上有着举足轻重影响力的另外一条铁路,就是催生省内第一个东西走向城镇群的吉长铁路。吉长铁路即吉林至长春铁路,正线127727米,沿线设吉林、九站、桦皮厂、土们岭、营城、下九台、饮马河、卡伦、长春等9站,1912年10月全线正式运营,1913年以后又陆续增加了哈达湾、河湾子、龙家堡、兴隆山、孤店子等5个车站。吉长铁路里程不过120多公里,行经地域不过长春、吉林两地,但是使吉林城借助这条铁路与周边大城市建立起了便捷的交通联系,将当时吉林省非常重要的两个城市紧密联系起来,带动吉林省中部形成了东西走向的城镇带,具有重要的政治和经济意义。吉林城因吉长铁路通车焕发出勃勃生机和活力,成为重要的商品运输枢纽,人口增加、百业兴旺,街市建设也有了新的面貌。长春市伊通河东原本是一片乡村地带,吉长铁路开工以后,在这里建设吉长铁路总站,除了铁路基础设施以外,还建设了一些站舍、仓库、宿舍等建筑,到1912年这里已经成为长春的一个新兴城区。更为重要的是,沿线一些车站所在地,随着吉长铁路的运营,迎来了重要的发展机遇,逐渐成长为重要城镇,《吉林城镇通史》进行了专门记述。九站,原为松花江木材漂流运输的一个站点,吉长铁路设站以后,成为松花江航运和铁路运输的货物联运节点,向外输出木材和粮食,向内输入轻工业品,货物集散量很大,极大促进了当地的经济社会发展,到20世纪20年代末成为吉林市西部的重要卫星城镇。桦皮厂,曾为打牲乌拉以桦树皮为原料生产弓箭和马鞍的基地,并因此而得名。吉长铁路通车前,也不过是一个集村。因吉长铁路设立了桦皮厂站,该地逐渐成为吉长铁路沿线仅次于九台的第二大粮食及鲜鱼等特产集散市场,20世纪20年代初形成街市并人口近万,市区设有商埠局等机构。土们岭原为一个小山村,吉长铁路需要于此打通隧道穿越山岭,聚集大量施工人员进行两年多的施工建设,导致人口迅速增加并发展成为集镇。此地处于山岭环抱之中,生态环境风貌原始,山峦沟谷形态悦目,花草树木类型丰富,吉长铁路车站的设立又解决了交通不便的问题。所以,吉长铁路通车以后,逐渐成为吉林和长春之间的一个春赏花、冬滑雪的旅游目的地,发展成为一个重要城镇。营城,原名营城子屯,为一乡间村落。吉长铁路设立车站以后,人口逐渐增加。后来又发现了煤矿,又称火石岭。20世纪20年代初,煤年产量已突破万吨,居民人口接近万人,成为远近闻名的煤城。九台,原为新柳条边北起第九座边台,清末成一村落。1912年吉长铁路建成通车后,于此设立下九台车站。因看到了九台的优越发展条件和良好的发展前景,1916年永吉县于此建立商场,使之成为远近闻名的大豆集散地,并逐渐拉开了城镇骨架,街道开始向西北延伸。就这样,吉长铁路直接带动沿线各地经济发展和人口增加,催生出吉林省中部城镇群。此外,吉奉铁路带动山城镇、海龙(梅河口)、朝阳镇、东丰、西安(辽源)、磐石、双河镇、口前、吉林市黄旗屯等城镇的发展,四郑、郑洮、洮昂铁路带动四平街、郑家屯、保康、开通、洮南、洮安(白城子)、镇东(镇赉)等城镇的发展,天图铁路带动老头沟、铜佛寺、朝阳川、龙井、开山屯等地的发展,吉敦铁路带动江密峰、天岗、蛟河、黄泥河、敦化等地的发展,铁路在吉林省城镇发展历史上写下新的篇章。但是,这都发生在民国时期,主要作用在于优化和提升吉林省城镇格局,显然开拓意味不够浓厚,不做赘述。

(五)清代因放荒招垦而建立发展起来的城镇

对于吉林地域城镇布局和架构而言,最具决定性影响作用的历史事件是放荒招垦。在清代封禁政策之下,吉林地域形成了一些禁地,不允许民众特别是汉民进入,从而导致广阔疆域有土无人的局面。这样的局面并没有维持太久,先是中原流民冲破封禁来到吉林地域,在逐利的蒙古王公和一些地方官员暗中包庇纵容之下定居耕种,逐渐形成了星散的村落和集镇;后来为了抵御沙俄侵略威胁,清廷实行移民实边政策,放荒招垦,短时期迅速出现很多新的村落、集镇,基本定型了吉林地域城镇分布和大的格局。吉林地域历史上对城镇发展产生重大影响的放荒招垦有三个方面:一是实边招垦,影响范围涉及今吉林省全境,但对东部和东北部城镇形成和发展的影响更加深刻;二是蒙荒招垦,对今吉林省西部城镇的形成和发展影响深远;三是围场招垦,对今吉林省部分城镇影响比较大。从历史发展来看,光绪年间以后的放荒招垦,时间比较晚近,客观上决定了吉林地域城镇分布和架构的基本样貌。与前文述及吉林地域城镇发展的几种形式相比较,放荒招垦对城镇发展的影响有着突出的特点:政府直接推动施行、涉及范围非常广泛、发展变化速度很快、规划计划相对周全。也是发生时间晚近一些的原因,实际上放荒招垦的作用是叠加在一些原本已有一定基础和规模的村落、集镇之上,促进了这些城镇的快速发展。所以,这里所说因放荒招垦而形成和壮大的城镇,并不一定只是这一种作用力导致的结果,往往是多种因素的历史际会、相互作用的结果。有些城镇虽然由此应运而生,但在其后来发展壮大的过程中,还是会受到多种历史机遇的影响。历史就是这样,很多事物在其发展变化过程中,影响因素往往看上去都是偶然的、不确定的，但是从最后的结果看，人们又往往看到了许多必然的东西。吉林地域城镇布局和发展，也是如此。

光绪年间"五边建设"背景下移民实边、增置固边政策的施行，是吉林地域城镇大范围集中形成和发展的最重要历史契机。光绪三年(1877)，铭安任吉林将军，六年(1880)吴大澂诏给三品卿衔协助吉林将军铭安办理边务。铭安和吴大澂等提出了包括移民实边、增置固边、镇匪安边、强军卫边、兴业富边五个方面内容的"五边建设"方案，在此背景下吉林地域放荒招垦活动达到了高潮，在这个历史时期设置的县一级行政建置最多，东部和北部的很多城镇就此形成和壮大起来。据统计，光绪七年(1881)设珲春副都统衙门，设置敦化县；光绪八年(1882)设置吉林府(今吉林市)、伊通州，农安设分防照磨、磐石设磨盘山巡检；光绪十五年(1889)长春厅升为府衙，农安县设置知县；光绪二十八年(1902)设置磐石县、辽源州(今双辽市)、东平县(今东丰县)、西安县(今辽源市)、柳河县、辑安县(今集安市)、海龙府(今梅河口市)、临江县(今白山市)、延吉厅(今延吉市)等地；光绪三十年(1904)设置靖安县(今白城市)、洮南府(今洮南市)、大赉厅(今大安市)、开通县(今通榆县)等地；光绪三十一年(1905)设置安广县(今大安市)；光绪三十二年(1906)设置新城府(今松原市宁江区)、榆树县；光绪三十三年(1907)设置桦甸县、濛江州(今靖宇县)、长岭县等地；光绪三十四年(1908)设置长白府(今长白朝鲜族自治县)；宣统元年(1909)设置额穆县(今蛟河市)、辉南府(今辉南县)、双甸县(今抚松县)、珲春厅、和龙县、延吉府、安图县等地；宣统二年(1910)设置双阳县、镇东县(今镇赉县)、汪清县等地；宣统三年(1911)设置德惠县、舒兰县等地。到宣统三年(1911)，吉林地域县一级行政机构设置基本定型，虽然后来还有一些分合调整和个别新设，但是行政建置格局已然底定。这意味着，吉林地域城镇分布的总体格局，尤其是地理分布格局，也随之基本固定下来。此后还会有此起彼伏、此消彼长，而城镇骨架和格局却不会发生太大的变化。

从前文梳理的吉林省县级行政建置的设置时间可以看出，今吉林省各县(市、区)大多是在实行"五边建设"方案背景下设置的，也就是说这些县级地方行政机构的设置大多是施行移民实边、增置固边政策的结果。换句话说，因实行移民实边政策而采取的放荒招垦举措，是决定今吉林省行政版图面貌最为重要的历史因素，也是决定今吉林省城镇分布最为重要的历史因素。其中，实边招垦影响范围最大，涉及城镇最多。《吉林分巡道造送会典馆清册》记载了光绪十八年(1892)吉林府、伊通州、长春府、农安县、伯都讷厅等地的市集情况，因吉林府和伊通州市集情况前文已经介绍，在此只详述其他几处市集。长春府，府属镇1处、市集19处：城东为东卡伦集、挖铜沟集、双庙子集、东城子集、大青嘴集、岔路口集，南为新立城集、迤西白龙驹集，北为烧锅集、双城堡集、小合隆集，东北为万宝山集、包家沟集、朱家城子镇、双山子集、郭家屯集、太平庄集、十二马架子集、大房身集、张述口集。农安县，县属市集8处：城东为万金塔集，西为龙头山集，北为哈拉海城子集，西北为巴吉垒集、加各苏台集、太平山集，东北为高家店集、靠山屯集。伯都讷厅，厅属市集20处：城东北为团林子集、大岭集、青山堡集、四合城集、向阳泡集，东南为新立屯集、兴隆镇集、土桥集、黑林子集、大坡集，西南为闵家屯集、五棵树集，西北为八号荒集、弓棚子集、八里荒集、石头城集、长安堡集、榆树沟集、长春岭集、隆科城集。《吉林分巡道造送会典馆清册》记载的是当时吉林将军管辖地域市集情况，此处选择当年为吉林将军管辖而现今仍为吉林省辖域的几个地方的市集情况加以介绍，并非当年吉林地域市集的全部。根据史料记载情况分析，这些市集在当时只是附近民众定期聚集交易的场所，还没有成为集镇。不过，可以称为市集的地方，当为四方民众往来交通方便，所在地相对人口聚集度较高，具有较大成长潜力的地方。如果再有其他诸如航运、铁路、矿山等创造的历史机遇加临，或者占据其他某种区位优势，则一定会成长为重要城镇。事实上，上述所列各地市集中，很多已经成长为当今的重要城镇。

    实边招垦大潮之中出现和成长起来的重要城镇数量很多，分布很广，如果逐一记述恐怕需要很长篇幅，因此选择几个最为典型的地方作为例证。长春厅升府和农安设县。光绪十四年（1888）七月，吉林将军希元奏请长春厅改为府治，农安设县归府管辖。奏折说："吉林长春厅地广事繁，原设通判权轻责重，政令难周，拟请改建府治，并于农安分设一县，归府管辖，以资治理而重地方。""该厅居民虽非土著，然休养生息已百余年。当时所称荒甸者，今则屋宇栉比、鸡犬相闻，三里一小屯，五里一大屯。而省东一带，无如是之稠密也。其生聚之繁庶如此。"从乾隆五十六年（1791）郭尔罗斯前旗私招汉民入垦，仅百余年后，长春一带已经成为人烟稠密、生聚繁庶的"省东"称最之地，发展速度如此之快，原来的行政建置显然已经运转不灵了。故而，希元要求长春厅升为府治，并新设归长春府管辖的农安县。到光绪十八年（1892），长春府已经有府属镇1处、市集19处，农安县有县属市集8处，显然皆为重镇。伊通州的设置。据《吉林志略》记载，光绪八年（1882），吉林将军铭安奏请设置伊通州。提出的设置州治理由为："查伊通距省二百余里，为省西最要咽喉，向归吉林厅管辖。地方辽阔，治理难周。必须添设民官，划疆分治，方能通声教而辑人民。"为此，铭安派顾肇熙和善庆进行了勘查。顾肇熙和善庆回禀称：伊通河为长吉两厅之门户，吉黑两省之通衢。前山后河，中有大道，势极扼要当冲。商贾云集，居民栉比。履勘周围，东西南北三里，能于此处修城建署，并设仓库、监狱、学署、祠庙，确于地理相宜。所谓"商贾云集，居民栉比"，说明在设置伊通州之前，这里就是一个人烟稠密的所在。设州以后，迅速成长为吉林地域的一个重镇，也是顺理成章的事情。双阳县的设置。双阳县域原属吉林西围场，咸丰十一年（1861）开始的丈放开荒，吸引了大批来自山东、直隶等地的流民。光绪八年（1882）吉林厅升为府衙，鉴于苏瓦延距府治较远添设分防巡检，管理汉民事务；宣统二年（1910）四月获得朝廷批准设立双阳县，县衙暂设苏瓦延站所。设县以后，逐渐形成了以苏瓦延大街和县境北部的新安堡、放牛沟、佘岭口子、刘家店以及南部的烧锅街、土顶子等人口密集的村镇为中心的商业区。主要商号有东发源、德兴源、双福堂、双隆泉、义兴源、双兴合、永衡源等，主要经营油、酒、麦粉、淀粉、日用百货、布匹、小五金、其他杂货以及金银首饰、铜器等。总之，不但县治所在地成为重要城镇，还带动辐射形成了一些次一级重要的集市。延吉厅的设置。延吉厅治地原称南岗或烟集岗，光绪十二年（1886）清廷于此设立招垦分局，因而吸引了大量垦民聚集。光绪十七年（1891），将原设于珲春的招垦总局亦迁来此地，导致关内汉族移民以及朝鲜移民更加踊跃地迁徙聚集。到十九世纪末，已经形成了一个大村落。光绪二十八年（1902），吉林将军长顺奏拟请择要续行增改民官折，其中提道："前当办理边防伊始，曾在珲春城设立招垦总局，又于珲春东之五道沟、西之烟集岗各设分局，招致沿边各处佃民开垦，以实边地。迄今十余年，各处阡陌相望，民户日增，早经成邑成聚，自建官以资教养。"因而"拟请于烟集岗地方，设一抚民同知，名曰延吉厅"。设厅以后，特别是宣统元年（1909）撤销珲春副都统衙门、在烟集岗设吉林东南路兵备道以后，今延吉市所在地遂成为吉林省东南部的政治中心，并逐渐成为经济中心。总之，在"五边"建设背景下，特别是移民实边、增置固边政策驱动下，吉林地域城镇发展呈现出前所未有的蓬勃兴盛态势，定型了后来吉林省城镇的基础骨架和地理分布，决定了后来吉林省城镇的总体格局和基本样貌。

　　蒙荒开垦经历的时间比较长。当年蒙古王公游牧地涉及今吉林省地域的大体情况为：科尔沁左翼中旗涉及公主岭市，科尔沁左翼后旗涉及双辽市一小部分，科尔沁右翼前旗涉及洮南市、通榆县、白城市一部分、镇赉县大部分，科尔沁右翼中旗涉及通榆县西北部，科尔沁右翼后旗涉及镇赉县和大安市各一部分，而郭尔罗斯前旗基本都在今吉林省地域，涉及长春市、农安县、德惠市、松原市、前郭尔罗斯蒙古族自治县、乾安县等广大地区。乾隆中期以后，蒙区私垦现象已经扩展到科尔沁左翼南部和郭尔罗斯前旗。乾隆五十六年（1791）郭尔罗斯前旗招汉民入境垦殖，至嘉庆元年（1796）今长春一带已有常住人口约5000人。嘉庆七年（1802），郭尔罗斯前旗续放四乡夹荒七百万亩。据《奉化县志》记载，嘉庆八年（1803），蒙王开荒略地，奉旨招垦，弛禁流民出边；《怀德乡土志》记载，怀德县蒙荒，道光初年招民开垦，始草莱而成阡陌。嘉庆十七年（1812）科尔沁左翼后旗将辽源州（今双辽市）属地放荒招垦。科尔沁右翼前旗的札萨克图郡王乌泰在光绪朝中期就开始私自放荒，被查办以后清廷方许可正式开放。科尔沁右翼后旗则自光绪三十年（1904）获准开放，涉及今镇赉县和大安市。经过清廷许可的蒙荒开垦，有规划、有秩序地付诸实施，一般都是划片开放，每一片区都有人口定居的中心。就是这些中心逐渐发展成为地域的政治、经济中心，慢慢发展成为中心市镇。随着人口不断聚集，开垦规模不断扩大，这些地方开始设立行政建置，而这些定居中心一般成为新设立的府、县的治地。吉林地域西部主要城镇，大多是这样发展演变而来的。

　　吉林西部蒙荒招垦带动的城镇形成与发展，限于篇幅仅述县治所在地情况，其他从略。梨树县、公主岭市、双辽市的基本情况，在前文关于辽河航运对城镇发展的影响部分曾经涉及，在此不做赘述。靖安县，光绪初年始有汉民进入垦殖，光绪十七年（1891）旗王乌泰私自开放旗荒，大量流民迅速涌入，洮儿河河谷地带大部分被开垦出来。光绪三十年（1904），在开放蒙荒的背景下，设置靖安县，属洮南府管辖。光绪三十三年（1907），在治地修筑县衙和城墙，始具城镇形貌，称白城子。到1912年，城区人口4000人。洮南府，其治地原名沙吉盖毛都，自清中期开始蒙汉民众于此自发形成了一个半农区半牧区的中心市场，当时整个科尔沁右翼前旗南部除此再无市镇。光绪二十八年(1902)盛京将军增祺等奏请丈放札萨克图郡王旗荒地获准,在辽源州设立札萨克图蒙荒行局,总办张心田等人到沙吉盖毛都(今洮南市)勘定城基。因此地处于蛟流河与洮儿河两河流域内,遂改名为双流镇,随即于此"招放街基"。双流镇建成后,光绪二十九年(1903),商人王佐臣集资二十股,白银二万两,成立火犁公司。同年,豫贞庆烧锅开业,杨家大饼等商户落户洮南。光绪三十年(1904),洮南庆升号等八家商号经盛京将军批准,在洮南发行街贴(地方纸币)。同年奏请设立洮南府和靖安县、开通县获准,洮南府治设在双流镇,隶属盛京将军衙门,辖靖安县和开通县。大安市,光绪三十年(1904)黑龙江巡抚程德全奏准在莫勒红冈地方(今大赉乡)设大赉直隶厅,1913年改为大赉县;光绪三十一年(1905)盛京将军赵尔巽奏准在解家窝堡(今大安市新平安镇)设安广县,县治1936年迁到原名嘎山屯的今安广镇,1958年两县合并为大安县,县治在大赉镇。大赉镇在光绪二十八年(1902)初放街基,光绪三十一年(1905)建城。民国二年(1913)城内有烧锅、铁匠铺炉、靰鞡铺、粉房、木匠铺、银匠铺等手工作坊24家,有粮米铺、杂货铺、山货铺、药铺、洋货铺、食品铺、旅店等商户97家。通榆县,大部分地属科尔沁右翼前旗。光绪十七年(1891)年,札萨克图郡王乌泰为解决债务危机采取对外招垦措施,催生人口快速增长。光绪三十年(1904)奏准设立开通县,原定治所设在哈拉乌苏(青龙泡),嗣后务本农业公司禀请并捐献巨款,将治所改移七井子东,定名富平镇(今开通镇)。1915年设立瞻榆县,县衙署暂设六家子,1917年移治所于开化镇,开化镇后改名瞻榆镇。开通县城有南北3条街,东西6条路,均等距分布,形成28个方块。1924年因四洮铁路通车带来交通便利,商业贸易蓬勃发展,商户达233户。同时期瞻榆县有商户68户。1958年两县合并建立通榆县,县治所一直驻开通镇。松原市,乃伯都讷副都统衙门所在地,嘉庆十五年(1810)设伯都讷厅,光绪三十二年(1906)伯都讷厅升府,更名为新城府,知府和副都统同驻新城。1913年更名新城县,1914年改称扶余县,1987年撤县设扶余市,1992年成立松原市,扶余市为松原市扶余区,1995年重新设立扶余县,驻地迁往三岔河镇,原新城府驻地今属松原市宁江区。新城建于康熙三十二年(1693),初建时有城墙、城壕、衙署、堆拨房、果子楼和少许民宅、店铺、作坊等。先后于乾隆三十九年(1774)、同治五年(1866)、光绪二十一年(1895)、二十六年(1900)进行过四次维修,古城因此粗具规模。清朝中期以后,逐渐成为松花江、嫩江流域较为繁荣的商业中心,来自西部、北部草原地区的牲畜、畜产品与本地出产的粮食交易非常活跃。清朝中后期,粮食交易、木材集散占据主要地位。宣统元年(1909)统计,新城府有油坊兼制粉店126家、杂货铺51家、饭店49家、叶烟店45家、大车铺29家、车店25家,共有商户325家,从业人员4196人,由此可见其商业之繁荣。长岭县,光绪三十三年(1907)东三省总督徐世昌奏请,在"省城之西郭尔罗斯前旗所放蒙荒地""长春、洮南两府要道,拟于适中之长岭子地方设知县一员,名曰长岭县",同年获得朝廷批准。设治后暂就伏龙泉蒙荒行局任事,秋后迁入长岭子屯东头道南临时衙门办公,宣统二年(1910)新县衙在长岭子屯落成,长岭子后称长岭街,1953年称长岭镇。设治前,县境新集场(今新安镇)有坐商20多户。设治后,长春、辽源、公主岭等地商人来兴办商号,宣统三年(1911),商业市场粗具规模,先后开业商号有益兴盛、德兴泰、永兴长、顺发公、福庆洪等10多户。1924年四洮铁路通车促进了长岭县的商业发展,商户增加到72户,到1926年已发展到较大坐商160多户,长岭镇、北正镇、南平镇等处均形成商业区,新安镇商市誉称"东蒙大埠"。镇赉县,地属科尔沁右翼后期。光绪二十八年(1902)蒙荒解禁后,大批汉民到来"备价领荒"垦地谋生。宣统元年(1909)盛京将军派员试办升科收租,在后查干淖(今镇赉镇)成立设治局。宣统二年(1910)奏准设县,因地属科尔沁右翼后旗镇国公封地东部,定县名为镇东县,县衙驻后查干淖。1947年,镇东县与成立于1946年的赉北县合并为镇赉县,县城仍在后查干淖,1956年改建镇赉镇。设治之初仅有商号4户,后随着垦民日增,商业贸易有了发展,到1922年,经营商户发展到22家,成立商务会组织协调商务事宜。1925年直奉战争平息,农业获得丰收,加之洮昂铁路建成,商业贸易活动更加活跃,经营商号达38户,其中杂货店16户,毡店2户,药店6户,旅店4户,粮栈6户,书店1户,粮米铺3户。1926年,商户增加到49户。

　　清朝在东北地区设置盛京围场、吉林围场和黑龙江围场,其中盛京围场涉及今吉林省东丰县、梅河口市、辉南县、辽源市西安区等地方;吉林围场的西围场涉及今吉林省伊通满族自治县、磐石市以及四平市部分地方,伯都讷围场涉及今吉林省松原市、扶余市、榆树市一些地方,南荒围场涉及今吉林省延吉市、珲春市、敦化市一些地方。因此,围场放荒是上述这些地方行政设置出现和城镇发展的前提条件。盛京围场内部根据水系流向,分东流水围场和西流水围场。据《西安县志略》记载:"东流水指辉发诸水东入松花江者言之,西流水指叶赫诸水入辽河者言之。其界在西安、东平间,钢叉岭一带。"光绪二十二年(1896)和光绪二十五年(1899),西流围和东流围相继被丈放。光绪二十七年(1901)冬,清政府于扎拉芬阿林围之大疙瘩西侧设东路保甲分局,办理民政事务,为今辽源市境内建置之始。光绪二十八年(1902),清政府批准在今辽源市境内正式设置两县,在西流围地域设置的县,县名配一个"安"字,为西安县,占9.5围;在东流围地域设置的县,县名配一个"平"字,为东平县,占22围。西安县县治所在地即后来的辽源市区,西安县后来更名东辽县,县治迁移到白泉镇;东平县选择围场中心的大肚川(今东丰镇)营建县衙,后来更名为东丰县。吉林西围场边荒的开发比较早,咸丰十年(1860)吉林将军景纶奏请开放,翌年清政府同意招民开垦。咸丰十一年(1861),原属于皇家西围场的双阳开始丈放开荒,大批来自山东、直隶等地的难民陆续涌入,以致垦地居民阡陌相连。光绪八年(1882)吉林厅升为府衙,鉴于苏瓦延距府治较远,不利于行政管理,于是添设分防巡检,管理汉民事务。而同治三年(1864)废除伊巴丹等七处围场,使得早些年来到伊通散居在大驿道两侧开荒斩草的流民,在吉林西围场弛禁以后蜂拥越过柳条边,进入原来围场地界开发围荒。如是经营近20年后,光绪八年(1882)设置伊通州和磨盘山巡检。伯都讷围场于道光四年(1824)开始正式招民开垦。伯都讷副都统张贴招垦告示:"奉谕旨:遵咨行伯都讷副都统等衙门出示晓谕招垦,派员丈地分屯,申画经界,名其为新城屯。从道光五年为始,分八旗两翼,每旗立二十五屯,每屯各设三十户,以'治本于农务兹稼穑'八个字为号,每一次各编为二十五号,共计二百屯。"由此,垦殖户日增,原来一些从事采参、偷猎活计的流民,也加入垦荒行列定居下来,在围场周边形成了聚落村屯,并在此基础上出现了具有一定影响力和辐射力的局部地域中心,进而成长为城镇。至于南荒围场的开发,光绪七年(1881)吉林将军铭安奏称:"查吉林伊通以南为围场,再南为奉天围场。入南始为山兽滋生之所,自奉天放荒后,人烟日稠,每逢捕打贡鲜竟无所获。闻其地多沃壤,可资开垦。饬据知府李金镛等履勘,禀称南荒东至苏密,西至青顶子,其间高原平壤,错立山中者,计有二十七处,约可垦地十余万垧。合无仰恳天恩俯念,吉省南荒围场无可采捕,准其援照奉省围场成案,一律招佃,认领垦种,以安民业而裕饷源。"清廷批准了铭安的请求,先后在珲春设立了招垦总局,在南岗、五道沟、黑顶子等地设立了招垦分局,并设置了敦化县。

二、吉林西路驿路城镇带及驿站驻地现状

　　吉林西路驿路是吉林地域清代驿路中最早开通的一条,因为是经过盛京通往京城的驿路,加之康熙和乾隆两位皇帝东巡吉林时曾经走过,故又被称作"大御道"。康熙十五年(1676)宁古塔将军治地迁移到吉林城,清政府与宁古塔将军衙门之间的公文往来、物资运输、人员流动都要通过这条驿路来实现。清廷内务府直接管辖的打牲乌拉总管衙门,每年往皇室贡奉的各种贡品,也必须通过这条驿路送往京城。还有,中原"闯关东"的民众,无论是走海路还是陆路,一般过盛京再向北迁移的行动,大多也是走这条驿路。客观而言,这条驿路是清代吉林地域沟通外界的最主要通道,也可以说是吉林地域开发建设的第一条"主动脉",历史地位和历史贡献都很高。我们从当今的视角考察这条驿路的历史地位和历史贡献,当然不能仅仅从驿路的交通功能评价,在作者看来,这条驿路和新柳条边共同拉伸出了清代吉林地域最早的城镇骨架,为当今吉林市至四平市一带城镇群的形成奠定了坚实的基础,这种历史贡献的价值及对历史地位的决定作用,可能比交通功能分量还要重很多。

(一)吉林市至四平市一带城镇群

　　吉林西路驿路首站为吉林城站,当时称尼什哈站或乌拉站,然后经搜登站、伊勒门站、苏瓦延站、伊巴丹站、大孤山站、赫尔苏站、叶赫站出今吉林省境,入辽宁省境经莲花街站至开原通往盛京。按现今行政区划来说,这条驿路从吉林市出发,一路向西南方向延伸,经过四平市辖域出吉林省境。作者注意到,这条驿路基本是沿着伊舒地堑开辟出来的,从自然地貌角度观察有其必然性。所谓伊舒地堑,是指吉林省中部的一条主要断裂带,位于大黑山以东、老爷岭和吉林哈达岭以西,属郯庐断裂带的一部分,因经过伊通满族自治县和舒兰市,故而得名。吉林省总体地貌东南高西北低,以中部大黑山西麓为界,可分为东部山地和中西部平原两大地貌单元。大黑山东北端起于黑龙江省五常附近,西南至辽宁省昌图和开

原一带,呈东北—西南走向斜贯吉林省中部,西邻山前台地平原,东邻伊舒地堑,是吉林省重要的地理分界线,常称大黑山线。吉林西路驿路基本穿行在伊舒地堑中,从当代卫星影像地貌图片可以明显看出,伊舒地堑地势相对平坦易行,具备开辟交通路线的理想自然地理条件。有趣的是,新柳条边与吉林西路驿路走向大致相同,伴行吉林西路驿路全程,而且很有可能是同时竣工的"建设工程"。无论是历史的偶然还是必然,在考察吉林西路驿路、驿站对该地域城镇建设发展的历史作用时,必须将新柳条边的影响因素考虑进来,否则既不符合历史实际,也难以获得正确认识。在吉林地域"筚路蓝缕,以启山林"的历史时期,新柳条边和驿路一样,既是"闯关东"民众深入东北腹地的行进路线,也是选择合适定居地点的重要依托。从经济社会发展的一般规律看,尽管驿路和新柳条边是线状延展的存在,但是对地方开发建设的影响必然以辐射状而成面、成带,因此我们在研究分析吉林西路驿路、驿站对城镇发展的影响时,要考察现今吉林市至四平市一带的城镇分布。

该如何确定吉林市至四平市这个地理空间的"带"呢?从现今吉林省行政区划图可以看到,从四平市沿着西南—东北方向观察,公主岭市、长春市、长春市九台区恰好在一条直线上;而从吉林市按照东北—西南方向观察,若将吉林市与辽源市之间连成一条直线的话,与前者连线基本平行。而这两条直线之间,恰好是吉林西路驿路和新柳条边经过的区域,再确定两端以后则可构成一个比较规则的四边形条带。这个四边形可将吉林市与长春市九台区之间连线作为东北端,因为吉林市是吉林西路驿路的起点,而长春市九台区则是新柳条边上纬度与吉林市比较接近的一个边台所在地;其西南端则应以经过四平市铁东区叶赫满族镇的与东北端线相平行的线段为端线,因为叶赫满族镇是吉林西路驿路在吉林省境内的最后一个驿站所在地。这样就构成了一个长约170公里、宽约70公里的平行四边形条带。我们对吉林市至四平市一带的城镇分布的描述,就以这个平行四边形条带区域内的城镇为研究对象。这样来确定这个"带"也许不够科学,却具有相对合理性。从地图上粗略来看,这个条带应属于吉林省中部核心地带。这个区域中,乡镇级行政中心密度很大,呈现出群状分布的特点,是吉林省乡镇级行政中心分布密度最大的区域。充分说明这个区域的开发程度很高,经济社会比较发达。据作者统计,这个条带区域内有吉林省省会长春市的行政中心,还有曾为吉林省省会的吉林市以及四平市、辽源市等3个市的行政中心驻地;有长春市双阳区、长春市九台区、公主岭市、伊通满族自治县、东辽县等5个县(市、区)行政中心驻地;有分属于4个市、10余个县(市、区)的64个乡镇(街道)行政中心。以上所列省会城市、市、县(市、区)、乡镇(街道)行政中心的分布,可以直接反映这个条带区域对现今吉林省的极端重要性,无须进行任何论证和说明。不过,历史上这个条带区域因吉林西路驿路和新柳条边而率先获得充分开发时,是以吉林城为中心逐渐形成的城镇总体格局,现今则要以长春市为中心来分析和研究这个城镇带,特别是在对城镇骨架拉伸形成历史过程进行具体考察的时候,必须高度注意观察研究视角的转换。

若对吉林市至四平市一带城镇骨架拉伸形成的过程进行考察,还是要把观察镜头重新拉回到清代。在康熙二十年(1681)新柳条边修竣和吉林西路驿路投入使用的时候,这一带可称得上城镇的地方,只有吉林城。雍正六年(1728)在伊通河设佐领办事公所,从吉林、开原分别拨出镶黄旗、正黄旗屯居,伊通事实上成为柳条新边之外吉林地方的一个交通要冲,伊通河流域和叶赫河流域的一个经济中心。嘉庆五年(1800)置长春厅,设厅治于新立城。到这个时候,吉林城、长春厅、伊通河佐领办事公所连成一线,是这一带最初的城镇骨架基础节点。到光绪十八年(1892),初步形成了基本城镇骨架。具体而言包括吉林府属18个市集,长春府属1镇和19个市集,伊通州属1镇和21个市集,共计60个镇和市集。当然,这60个镇和市集是对应吉林府、长春府和伊通州行政管辖区域而言,分布范围显然比我们前面划定的条带区域更广,应当视为广义的吉林西路驿路和新柳条边影响条带区域。因为前文已对这60个镇和市集进行过具体记述,这里重点分析一下驿路驿站和新柳条边边门边台在这些镇和市集中的分量。吉林西路驿路在今吉林省境内共有尼什哈站、搜登站、伊勒门站、苏瓦延站、伊巴丹站、大孤山站、赫尔苏站、叶赫站等8个,其中尼什哈站在吉林城内,自不必说;其他7站,属吉林府的搜登站、伊勒门站、苏瓦延站3站,属伊通州的伊巴丹站、大孤山站、赫尔苏站、叶赫站4站,在光绪十八年(1892)时均已成为市集,而且苏瓦延集为3个有五百余家住户的市集之一。新柳条边在伴行吉林西路驿路区段共有3个边门和除门台以外的19个边台,根据史料记载可以确认3个边门驻地均已成为市集,边台成为市集至少有伊通州所属的景家台集、五台子集、二十家子集、四台子集、下三台集、下二台集等6个市集,合计共有9个市集。若将驿站和边门边台合计则共有16个市集。虽然这16个市集在总计60个市集中的占比不到三分之一,但是其所居地位和辐射影响作用则非其他市集可比。尤其是7个驿站,不但苏瓦延站为有五百余家住户的大市集,而且整个驿路形成了市集带,将当时最为重要的城镇如吉林、苏瓦延、长春、伊通乃至辽宁的开原连接起来,其对所在地域经济开发和城镇建设的辐射带动作用无可比拟。而依托新柳条边边门边台形成的市集,则成为重要的拱卫和补充。因此,说吉林西路驿路驿站拉伸出了吉林地域最早的城镇骨架,一点也不为过。

(二)西路各驿站驻地现状

为准确掌握各驿站驻地现今状况,作者组织了"吉林清代驿路驿站考察组"对各条驿路驿站驻地现今状况逐个进行了实地踏查调查,获得了宝贵的第一手资料。2023年5月31日,由李云鹤、常京锁、竭宝峰、崔宇、李鹏组成的考察组,对尼什哈驿站老站和新站两个站址、西路驿站监督关防处和北路驿站监督关防处两个关防处旧址进行了现场考察。2023年6月15日至16日,由李云鹤、张圣祺、常京锁、竭宝峰、崔宇、李鹏组成的考察组,沿着吉林市至四平市方向行进,对吉林西路驿路各驿站进行实地踏查。因为先前已经对吉林城尼什哈总站进行了实地考察,所以这次考察从搜登站开始,往南逐站依次进行。6月15日考察了搜登站、伊勒门站、苏瓦延站、伊巴丹站、大孤山站、赫尔苏站等6个驿站原址,16日考察了叶赫站原址,掌握了各驿站驻地的现今状况。考察涉及长春市、吉林市、四平市3个市,吉林市船营区、永吉县、长春市双阳区、伊通满族自治县、四平市铁东区5个县、区,各市、县 (市、区)相关领导给予了大力支持,特别是四平市王昊昱副市长全程参与了四平市境内各 驿站原址的考察工作,各地地方志工作机构和地方志工作同人事先进行了非常扎实细致的 基础工作,有力保障了考察工作的顺利进行。

1.尼什哈站驻地现状

尼什哈站,也称乌拉站、密什哈站,是当年吉林将军辖境各条驿路驿站的首站,所谓"凡 吉林各路站道,皆出此起",大概相当于现今交通节点上的"中心站"。从管理体制上看,归 吉林西路驿路驿站监督关防处管辖。吉林西路驿路驿站监督关防处,一般公文称"乌拉额 赫穆等站监督",管辖吉林西路驿路、吉林东路驿路以及宁古塔至珲春驿路各站。而吉林北 路驿站监督关防处,则管辖吉林北路、吉林东北路等驿站,一般公文称"金珠等站监督"。5 月31日,考察组在吉林市先后踏查尼什哈站老站和新站两个站址、西路驿路监督关防处和 北路驿站监督关防处两个管理机构的原址。

尼什哈站在历史资料的记述中,有"城北十里"和"城东十里"两个站址。老站站址在今 吉林市龙潭区龙潭街道吉热新村象园小区院内,具体位置是徐州路488号。在当地80多岁 的文史爱好者丁万良老人引领下,考察组兜兜转转找到了位于该小区20栋和21栋住宅楼 中间的一棵古榆树。丁万良老人曾经拜访过尼什哈站秦姓站人的后人,根据驿站后人的介 绍,这里就是老尼什哈站的门口。丁万良老人说,这里原来有两棵古榆树,生长在驿站大门 的两边。后来开发商开发楼盘时,将其中的一棵古榆树迁走了,至于迁往何处,不得而知。 老人很郁闷地说,当初曾经多方呼吁,要求保护好这两棵古树,奈何无人理会。不过,看到 仍挺立于两栋住宅楼之间的这棵孤零零的老榆树,着实为其感到庆幸,能够在房产开发的 "大潮"中挺住并存活下来了,应该说还是挺幸运的。这棵古榆树树身有些向邻近的居民住 宅楼倾斜,远离楼房一侧尚有一些茂盛枝叶,大树树冠干枝几乎都被锯掉了,大概是影响了 居民生活的缘故吧。大树主干很粗,要三人才能合抱,树身上裹缠着红布,说明附近居民对 这棵古榆树已经产生了膜拜之心。据介绍,这个社区是2011年由原东方社区与象园社区合 并后成立的,是集老城区与新建区于一体的综合性社区。社区下辖4个小区,东至清源街、 西至中兴街、南至滨江北路、北至徐州路。现有总户数4433户,常住人口8183人,楼宇66 栋,平房1栋。区内有2个机关单位,110个个体商业网点。考察组进行了现场定位,其地理 坐标为N43°53′36″、E126°34′19″,并用无人机进行了航拍。

尼什哈站新站址在今吉林市龙潭区龙潭街道密哈社区,具体位置为徐州路14号,现为 密哈社区办公楼。大体范围为龙潭大街以西、化南胡同以东、滨江北路以北、徐州路以南的 区块。这座办公楼是"U"形建筑,朝向徐州路方向二层建筑为办公区,两翼向南延展的二层 建筑为商业用房。其东南约400米为天太河入松花江河口,天太河也称榆树沟河,即历史上 所称"尼什哈河"。从相对关系判断,驿站位于河口下方,由尼什哈站往东、往北的驿路路线 也在河口下方通过,以免驿路来往还需要渡过此河。由于驿站的拉动,密哈站一带一直相

尼什哈站旧站旧址，现为吉林市龙潭区龙潭街道吉热新村象园小区，图中红圈处为驿站原址

尼什哈站新站旧址，现为吉林市龙潭区龙潭街道密哈社区，图中红圈处为驿站原址

当繁荣。据考证,1946年吉林市龙潭区政府就在密哈站一带成立。新中国成立之后,在吉林市相继建成投产了一大批化工企业,密哈站一带成为当时化工企业职工家属聚居区之一。1996年,吉林市开始进行棚户区改造,居民相继搬进了新的住宅楼,同时成立了密哈社区。社区面积0.75平方公里,有居民3634户、6248人,毗邻龙潭山公园,居民多以化工公司职工为主。考察组进行了现场定位,其地理坐标为N43°53′15″、E126°35′38″,并用无人机进行了航拍。

　　吉林西路驿路驿站监督关防处的位置,徐鼐霖主修《永吉县志》记载:"在粮米行官学附近。"根据这一记载,吉林市地方志同人带领考察组来到吉林市船营区北京路踏查。据介绍,北京路与民意胡同交会处,北京路以北、民意胡同以东的市审计局大楼位置,就是西路驿站监督关防处原址,其隔北京路西南相对的是今市直机关会议中心。这个位置向东不远处,就是过去的官学以及堆房等。考察组进行了现场定位,其地理坐标为N43°50′15″、E126°33′06″,并用无人机进行了航拍。北路驿站监督关防处的位置,徐鼐霖主修《永吉县志》记载"北路站监督关防处,在乌拉站附近。今改为电灯厂。"在吉林市地方志同人带领下,考察组来到南京街与安康胡同交会处。据介绍,此地是国家电网国网吉林市供电公司院内,为当年宝华电灯股份有限公司的位置,即"电灯厂"。经过与供电公司交涉,考察组得以进入其院内,看到"宝华电灯股份有限公司旧址"标志碑。考察组进行了现场定位,其地理坐标为N43°50′20″、E126°33′33″,并用无人机进行了航拍。

2. 搜登站驻地现状

　　搜登站驻地在今吉林市船营区搜登站镇内。6月15日,在当地知情人陈德海带领下,考察组沿着一条西南—东北方向斜贯全镇的道路来到一户居民家门口,这户民宅的斜对面是伪满时期"村公所"旧址,据介绍这一带便是当年驿站所在地。陈德海介绍说,他家是搜登站镇的老住户,他的父亲曾经在镇上工作。小时候听父亲说,这个地方过去叫"跑马驿站",也有老人说这条斜贯全镇的老路就是当年的驿路。这户民宅修建自来水管道的时候,挖出来了一块大石条,看上去应该是官方建筑的构件,现在仍然存放在院内。沿着民宅门前的道路西行一百多米,就走到了镇子西部边缘。过去这条路一直向西延展,跨过镇西约一公里的搜登河与G302国道相连。二十世纪修建G302国道时,这个路段向北迁移,原来的道路便被废弃。前些年还有行人踩踏的小道可以通过,现在已经完全被辟成农田,只有搜登河的水泥桥标志着过去这条路的走向。根据历史资料记载,"本站街西大河一道",搜登河在驿站的西边。从相对地理位置关系看,当地人所指地点与此相符,而且驿站与驿路的关系也没错。虽然没有更加有力的证据来证明这户民宅一带是驿站原址,但是驿站原址一定是在这条路的沿途上,而且在镇街的范围之内,相差不会太远。考察组进行了现场定位,其地理坐标为N43°50′0″、E126°13′11″,并用无人机进行了航拍。

　　搜登站镇位于吉林市船营区西部,处于长吉图开发开放先导区腹地、吉长南线与口桦公路交会处长吉南线公路东段,东与大绥河镇接壤,南与永吉县口前镇相连,西与永吉县一

吉林市船营区搜登站镇鸟瞰，图中红圈处为驿站原址

拉溪镇毗邻，北与昌邑区桦皮厂镇交界。1961年设搜登站公社，1984年由搜登站公社改为搜登站乡，1995年由搜登站乡撤乡设镇为搜登站镇，2000年划归吉林市船营区。地处长白山山脉，地势南高北低、东高西低，域内多为半山区，南部和东部群山起伏，北部和西部多平川及丘陵，主要山峰有东大拉山、半拉山、龙脖子山、团山子、狼洞山等几十座山峰。最高点位于东大拉山，海拔约1000米。镇人民政府所在地距吉林市28公里，距长春市72公里，面积4.5平方公里。全镇面积297.8平方公里，辖1个社区，35个村、299个村民小组，是船营区最大的一个乡镇。交通条件优越，G302国道与长吉高速公路贯穿全镇，口桦公路穿行镇域南北，长吉高速公路在此预留出口。

搜登站镇是传统农业大镇，系船营区的粮食主产区，耕地面积16421公顷，其中水田3965公顷、旱田12456公顷。全镇总人口49251人，其中农业人口46848人、非农业人口2403人。基础设施齐全，经济发展势头良好，已列入吉林市小城中心试点镇，形成种植、养殖、林牧渔和乡镇各类企业协调发展的农业现代化生产体系。休闲旅游资源丰富。辖区内的吉林圣德泉亲水度假花园，集温泉泡浴、水上娱乐、休闲垂钓、养生保健、餐饮住宿、商务会议、拓展培训、休闲度假于一体。胖头沟水库，始建于1966年，蓄水量在1500万立方米，是一座中型水库。水库利用两山之间的谷地依山势而建，具有调节水源供给、渔业养殖、旅游观光等多项功能。盛产胖头鱼、鲤鱼、鲫鱼、草鱼、虾等淡水产品，美味绝伦。太平湿地，由鳌龙河冲积而成，大片的原始芦苇荡，成为鸟类生活的天堂。在春夏秋三季，白鹭、苍鹭、野鸭、白天鹅、大雁等20多种珍稀候鸟栖居于此,是难得的天然湿地乐园。

3. 伊勒门站驻地现状

伊勒门站驻地现为永吉县金家满族乡伊勒门村,具体位置在伊勒门村十二组马号地。6月15日中午时分,考察组赶到了伊勒门村。村委会大院整洁宽敞,地面全部为水泥浇筑,院内花圃盛开的鲜花在正午阳光下格外绚丽。在村负责人引领下,考察组先参观了伊勒门村的博物馆。令人吃惊的是,村博物馆竟然有一位非常专业的讲解员。进一步了解以后才知晓,这个村是一个定点研学基地,有高校教师在此坐镇。博物馆面积不大,主要展览村子历史沿革、满族民俗和当地农业生产生活的老物件。马号地在伊勒门村民委员会驻地北约300米处,现为一户居民家门前的玉米地。在地中间一处微微隆起的地方,当地人介绍说曾是一处建筑遗址,现在从这块地里还能挖出青砖,有的青砖被磨出斜面,用于特殊建筑部位,说明建筑有一定等级。根据村民和当地干部介绍,驿站原址是比较大的一片地,至少包括附近几户人家的住宅和耕地在内,但是已经说不清楚具体四至边界了。考察组进行了现场定位,其地理坐标为N43°38′41″、E125°54′4″,并用无人机进行了航拍。

伊勒门村位于永吉县金家满族乡政府驻地北7.5公里处,东与岔路河镇的黄旗堡村接壤,南与何家村毗邻,西与长春市双阳区隔饮马河相望,北与莲花村交界。距万昌先导区7公里,距中新食品区8公里,距长春1小时经济圈高速出口5公里,距饮马河1公里。地处饮马河右岸冲积平地,东部多丘陵,西部较低。面积13.5平方公里,东西走向6.5公里,南北走

伊勒门站旧址,现为永吉县金家满族乡伊勒门村,图中红圈处为驿站原址

向6公里。辖12个村民小组、6个自然屯,户籍人口638户、2394人。伊勒门村大力推进旅游观光农业基地建设,整合本村资源,建设蔬菜瓜果大棚基地80余栋,建有旅游采摘基地;建设百亩蔬菜示范区1个、香瓜示范区3个、优质水稻种植片区2个、美食甜玉米33.3公顷,形成了伊勒门村瓜果蔬菜供应区、农副产品集散地;建立了高标准农田,种植有机水稻,直供米业厂家。

永吉县月牙泉农业开发有限公司建于2021年3月,位于永吉县金家满族乡伊勒门村,占地面积3万平方米,注册资金500万元。公司以园区"三点(村综合办公楼、月牙泡、占东沟水库)、一线(双黄岔线公路)、一馆(满族博物馆)"为核心,以美丽休闲乡村为导向,根据地域四季分明、拥有占东沟水库和饮马河资源的优势,结合满族民俗文化元素及优美休闲生态环境,建成民族民俗博物馆、占东沟水库风景区、稻梦空间站、冰雪天地娱乐场、满族渔猎文化体验区、红火火辣椒基地、御膳房特色餐饮服务、格格民宿、夜文化经济带、休闲购物舍等旅游设施和旅游项目。满族民俗文化博物馆展品,是村民自发捐赠的700余件满族文化代表物件,每个物件的背后都蕴含着一段体现时代特征的故事。伊勒门村手撕画非遗传承人李宇雁开展手撕画培训,御格格老师在线向村民教授满语,推动满族文化的传承和发扬。伊勒门村大力发展乡村休闲旅游,带动农户300多户,户均增收3000多元,已成为远近闻名的网红旅游打卡地。

4. 苏瓦延站驻地现状

苏瓦延站,位于今长春市双阳区,驿站具体位置在城内苏瓦延街东部。2023年6月15日下午,考察组在双阳文史工作者带领下,来到双阳区城区东缘双阳河西岸,苏瓦延街最东端。此地现为长春市公安局双阳分局特警大队办公楼,亦是双阳区北山派出所所在地。据区领导介绍,这一带建筑很快就要拆迁,将要建设一个具有历史风貌的旧景街区。当地文史专家赵国强指认,此地为当年苏瓦延站原址,而今的苏瓦延街即当年苏瓦延老街,亦即驿路路线。之所以指认此地为驿站原址,一是老辈人口口相传,都指此地为当年驿站所在地;二是此地与历史资料的相关记述吻合,也符合驿站与驿路相邻关系的规律;三是前些年曾经在此地挖出过石碑,可以证明此地为驿站原址。考察组进行了现场定位,其地理坐标为N43°31′49″、E125°40′55″,并用无人机进行了航拍。

据了解,2006年修建北山派出所挖地基时,挖出一块石碑,碑文和驿站有关。这块石碑引起考察组的高度重视,到保存石碑的文管所察看,因为时间关系没有对碑文进行现场辨认,委托当地文保专家进行拓印,然后根据拓片来释读碑文。收到拓片以后,作者进行了认真释读,因为石碑断成两块,拼凑以后仍有一些缺失,所以碑文断断续续(省略号为碑文残缺内容,□为碑文无法辨认内容):"……管辖地界刷烟河站新建……必有一方之人民又有一方之福德……外有站名刷烟者虽曰弹丸小驿乃南北通衢而仕宦……驰骤无息曩昔有万楼银公在时首齐善念兴工动众创……崇祀威灵意在……国脉下保苍赤以为悠久长远之计不期未全善事中途而逝良□□也后有驿长高公窥此形势不忍坐视仁心募化

□□继续因而前功之不废矣□其时捐资概不乏人而乐助者亦旋踵而至为之营瓦石选木植亟亟乎似非人力之所为也兹启立者九圣行宫刻其塑像赫奕一堂画栋雕梁焕然聿新诚可谓一时之□□□成百代之□规矣迩来时和岁稔人人□荷雨露之恩民安物阜户户均□开平之祉若非□（群真）之默祐何由致此□□之境也欤巍巍乎有山之远翠洋洋□□水之清流试观此日之风景焉知不关乎冀日之淳厚也哉噫嘻移（风）易俗肇此始变今为右靡不有终今既工

碑文拓片（双阳区文管所提供）

程告竣神人□□不交感若垂不朽之遗址当勒碑铭□志云尔。"从碑文大致可以看出，刷烟河站虽然规模不大，但是地当南北通衢，人员往来不息。因而当地绅士银万楼带头兴建九圣行宫，但还未建成银万楼便去世了。后来刷烟河站姓高的驿长出面主持完成了工程，因而立碑纪念此一功德。可惜背面拓片很难辨认，无法确认立碑年月。石碑出土之处显然并非驿站所在之地，但应该距离不会太远，当地人所指位置当无大错。

长春市双阳区位于吉林省中部、长春市区东南部，面积1677.42平方公里，辖4街3镇1乡，134个行政村，总人口33.6万人，是中国梅花鹿之乡、国家级生态示范区、全国休闲农业与乡村旅游示范区、国家城乡融合发展试验区。清初，双阳地方属奉天府管辖。康熙年间双阳辟为吉林西路驿路驿站，加快了当时并不太繁荣的苏瓦延向小集镇发展的速度，宣统二年（1910）设县。1947年成立双阳县解放联合会，划为9区114个村。1956年3月，双阳隶属公主岭地区，全县划为1镇（双阳镇）50个乡。1961年冬，将10个公社划分为15个公社，同时将管理区改为大队。1984年5月，为贯彻和落实民族政策，析鹿乡、奢岭、双阳河乡部分村社成立双营子回族乡，全县辖1镇15乡，160村，1268个自然屯，2个街道，

双阳河

长春市双阳区一隅,图中红圈处为驿站原址

18个居民委。1995年7月6日,国务院批准双阳撤县设区。北部的泉眼乡,劝农山镇、四家乡划归长春市二道区。10月撤销双阳镇,设云山街道;撤销双阳河乡,设平湖街道;撤销奢岭镇,设奢岭街道;撤销山河镇,设山河街道。2000年7月,齐家乡撤乡设镇。2004年6月,撤销新安镇,将其所辖行政区域划归奢岭街道管辖;撤销石溪乡,将其所辖行政区域划归鹿乡镇管辖,鹿乡镇政府驻地不变;撤销土顶镇,将其所辖行政区域划归太平镇管辖,太平镇政府驻地不变;撤销佟家乡,将其所辖行政区域划归山河街道管辖;撤销长岭乡,将其所辖行政区域划归齐家镇管辖,齐家镇政府驻地不变。至此,双阳区辖4个街道(云山、平湖、奢岭、山河),3个镇(太平、鹿乡、齐家),1个乡(双营回族乡)。

　双阳城区距长春市中心37公里,北部区域已进入主城区控制线以内,属半小时经济圈以内。全区路网建设快速发展,龙东公路与长春市主城区相连,龙双公路连接长春龙嘉国际机场,长双烟铁路纵贯南北,长辽铁路客运班线开通。长双快速路、长春经济圈环线、延长高速等交通路网陆续竣工通车,双阳与主城区的时空距离逐步缩短、一体化发展步伐全面加快。通过全国县、市、区科技进步考核,被吉林省科技厅确定为"省现代中药科技产业(双阳)基地"、成功申报国家级富民强县专项行动计划项目,"双阳梅花鹿科技产业项目"列入科技部计划。森林覆盖率15.73%,有大小河流28条,地下水总储量12亿立方米,是长春市水源地保护区,大气质量常年保持在国家一级标准。域内已发现矿藏34种。其中,石灰石总储量达30亿吨,储量和品质位居全省乃至东北地区前列。探明石油储量2.4亿吨,天然气储量24亿立方米。煤炭、矿泉水、膨润土等资源储量大、品质高,地热资源非常丰富。是全国休闲农业与乡村旅游示范县,域内有神鹿峰旅游度假区、国家4A级御龙温泉度假村,以及众多特色"农家乐"。国家级水利风景区双阳湖嵌于城区东南,景色怡人。长春最高峰(大砬子山)坐落境内,有东北海拔最高、落差最大、面积最广的岩溶景观以及世界罕见、国内首现的冰瀑布景观。特色产业鲜明,有300多年养鹿历史,梅花鹿存栏32万只,梅花鹿产品精深加工企业发展到50余家,鹿茸总量、单产、优质品率和出口创汇额居全国各县(市、区)首位,是全国最大的鹿副产品集散地。2022年,全区地区生产总值156.8亿元,固定资产投资68.7亿元,本级财政收入4.5亿元。战略性新兴产业产值24亿元,规模以上工业总产值76.3亿元,鹿业全产业链产值突破70亿元。新建高标准农田7333.33公顷,粮食产量突破18亿斤。

5. 伊巴丹站驻地现状

伊巴丹驿站驻地现为伊通满族自治县伊丹镇政府所在地,具体位置为伊丹镇中心小学校门口,S206省道的此地路段即当年驿路路线。现今已经没有任何驿站遗迹留存,具体位置的确定完全靠当地知情人现场指认。2023年6月15日下午三点钟左右,考察组到达伊丹镇中心小学校。对知情人所指位置,考察组根据掌握的历史资料,对相关重要信息进行了细致比对,比对后认为吻合度比较高。考察组进行了现场定位,其地理坐标为N43°26′17″、E125°24′44″,并用无人机进行了航拍。也有人认为,伊巴丹驿站位于伊丹街十字交叉路以

四平市伊通满族自治县伊丹镇鸟瞰图,图中红圈处为驿站原址

西500米处道南,驿站原址现已建私人粮库。根据历史资料比对,此说似不准确,考察组没有采纳。

伊丹镇位于伊通满族自治县东北部,东与长春市双阳区平湖街道鹿乡镇为邻,西与伊通镇接壤,南与二道镇毗邻,北与新兴乡、长春市郊区接壤。镇政府驻地伊丹村,距伊通县城15公里。X001县道南北方向穿镇而过,伊丹至长春、伊通至双阳、伊通至二道等客运班车经过镇域。伊丹河纵贯伊丹镇南北,是新立城水库主要水源之一,境内全长8公里。全镇面积150.5平方公里,辖12个行政村、79个自然屯、95个村民小组、1个街道,人口23220人。有中学1所,在校学生2680名,教职工163名;有小学7所、幼儿园1所,在校学生526名,教职工124名。有镇卫生院1所,设病床50张,职工66名;有村卫生所11所,专业技术人员51名。

当地提供资料显示,2022年伊丹镇地区生产总值5.7亿元,全口径财政收入726万元,农民人均纯收入16100元,全年招商引资2.69亿元。结合"秸秆变肉、千万头牛"工程,引进省内首个安格斯肉牛繁育项目,项目建设地点位于伊丹镇伊丹村,总投资2.8亿元,规划5年完成项目建设,项目前期落地资金1000余万元,通过"公司+村合作社+农户"方式,壮大集体经济,增加农户收入。2021年项目分红17.36万元。竑瀚梅花鹿繁育基地是伊丹镇养鹿产业(整镇推进)扶贫项目,项目总投资2000万元,占地面积3万平方米,梅花鹿存栏15178头。其中,梅花鹿种母鹿8036头,公鹿4012头,梅花鹿种公鹿3130头。修建毯子村9个屯高标准农田,铺路7500米、石砌排水沟3000米。全镇生猪存栏30805头、牛存栏5986头、羊存栏1577只、禽存栏246864羽、梅花鹿存栏15869只。伊丹镇火红村被四平市文旅局评为非物质文化遗产特色村,建成民俗展览馆一间,面积70平方米,馆藏满族物件120余件。

驿站之设,实为伊丹镇地方开发建设之始,在当地人心目中留下了深刻的历史文化烙印,驿路文化甚至已经成为伊丹镇中心小学校校园文化建设的重大主题。考察组在考察伊巴丹驿站遗址时,应伊丹镇中心小学校之邀,参观了该校的教学楼。教学楼走廊两边墙上,布置了介绍中国邮驿发展历史、吉林清代驿路驿站以及伊巴丹驿站基本情况的展板,内容丰富严谨,展示形式活泼生动,适合少年儿童学习了解相关知识。这是伊巴丹驿站在这片土地上种下的文化种子,也是当地教育工作者对伊丹镇驿路历史文化的礼敬和传承。在这样的校园文化熏陶之下,这里的孩子可以通过驿路文化拓展开来,对家乡历史文化进行更加广阔、丰富、深刻的学习和了解,潜移默化之中加深了对家乡的热爱和依恋。

6. 大孤山站驻地现状

大孤山驿站驻地现为伊通满族自治县大孤山镇政府所在地,准确位置在大孤山中心校,原址上建有学校的教学楼。考察组2023年6月15日下午四点钟左右离开伊丹镇,到达大孤山中心校时已将近五点钟。中心校位于大孤山脚下,X065县道紧邻学校东侧通过。据当地知情人、最早拨驻伊通河地方正黄旗佐领后代关忠先生介绍,这条县道经过学校这一段就是当年的驿路路线。驿站原址在中心校操场北侧的教学楼位置,已经没有任何遗迹,过去曾经发现当年驿站门底石鼓形枕石现存于县博物馆。关忠说,他1982年曾经在大

四平市伊通满族自治县大孤山镇鸟瞰图,图中红圈处为驿站原址

孤山镇集市上买到一个铜铃,上面铸有"驿马奔腾,四季平安"八个大字。可惜这个铜铃被朋友借走后没有归还,说是弄丢了。想来,铜铃应该是当年驿站驿马所佩戴的专用物件。考察组核对相关历史文献记载,认为这个地点准确无误,随进行了现场定位,其地理坐标为N43°18′12″、E125°7′42″,因为夕阳西下,为了拍出效果更好的照片,摄影师崔宇特意绕到大孤山一侧,用无人机进行了航拍。

大孤山镇位于伊通满族自治县西南部,是县城西部中心镇,下辖17个行政村、1个街道、1个朝鲜族直属社、84个自然屯、126个村民小组。全镇户籍人口11078户,37486人,有满族、汉族、回族、朝鲜族、壮族等民族。全镇面积214.12平方公里。耕地面积1.28万公顷,林地面积4063公顷,荒山荒坡4840公顷,荒滩荒沟440公顷,水库、塘坝307公顷。地理概貌为"三山一水六分田"。境内有孤山河、新开河等大小河流4条,总水域面积730公顷。有欢欣岭水库1座,库容量1800万立方米。野生植物41科、300余种,其中药用植物上百种。工业原料类36种,有煤、大理石、天然气、麦饭石、玄武岩、纯净矿泉水等,其中麦饭石、天然气储量丰富。大孤山镇距离县城15公里,距省城长春63公里,距京哈铁路公主岭站30公里,距长白高速公路伊通出口16公里,处于长春和伊通半小时经济圈内,受到长春市、辽源市、四平市、公主岭市、伊通县城的经济辐射带动。省级公路伊公公路、九开公路在镇区交会,伊小公路自东向西贯穿全镇。

镇域经济以农业为主,主要种植玉米,推广黑土地保护性耕作、免耕播种、机械深松、秸秆捡拾打捆等新技术。玉米产量2.3亿公斤、水稻产量153万公斤、蔬菜产量1000万余公斤。饲养黄牛6200头、猪16996头、羊1422头,鹿360只。吉林省天食三育饮品有限公司、伊兴源饮品有限公司、利雅得能源有限公司等20余家企业落户大孤山镇。全镇有高级中学1所(二中高中部),初级中学3所(二中初中部、三十中、九年一贯制初中部),小学8所(中心校1所,村小6所,以及九年一贯制小学部1所),卫生院2所(大孤山中心卫生院,爱民卫生院)。成立环境卫生巡查队,督查各村、屯卫生。雇佣保洁员258名,负责打扫、清运垃圾。加大农村人居环境整治及河道"四乱"清理力度,建立健全常态化保洁和日常巡查机制,镇区有垃圾填埋场2个。

　　境内大孤山为伊通"七星山"之首,利用独特自然资源,以火山科普游、民俗观光游、休闲度假游为发展方向,加大旅游开发力度。吉林省九和通实业集团有限公司主要依托大孤山火山地热资源,打造大孤山温泉地热旅游开发项目,建设悦如火山温泉度假区。度假区规划面积60平方公里,规划建设大孤山火山主题公园、悦如火山温泉文化旅游博览园、松澜医养社区、伊通职业教育基地、田园旅游度假生活区、四平浙江(金华)产业园、萨满文化博览园、满族风情小镇、高新农业示范区、欢欣岭旅游运动基地十大板块。项目建成后将带动伊通旅游产业进入一个全新的跨越发展阶段,助力"一环双线"旅游经济圈建设,推动区域乡村旅游转型升级和高质量发展,为全省乡村振兴探索模式、打造样板。

7. 赫尔苏站驻地现状

　　赫尔苏驿站原址已经被淹没在二龙湖水库水下。考察组于6月15日傍晚时分来到四平市铁东区石岭镇一侧的水库堤坝上,看到了二龙湖水库浩渺的水面。据四平市考古专家隽成军介绍,赫尔苏驿站原址在我们站立的水库堤坝对岸,伊通满族自治县小孤山镇方向的水下,因为距离比较远,考察组只好在堤坝上进行了现场拍照,向着赫尔苏驿站原址方向注目礼敬。因无法现场进行坐标定位,经查证史料,赫尔苏驿站地理坐标为N43°11′33″、E124°50′40″,用无人机对水域进行了航拍。

　　当人们乘车沿着G303国道向辽源方向行进到石岭镇,向左拐个直角弯继续行进至山岗时,前方汪洋如海的水域即刻映入眼帘。但见浩淼水面波澜不惊,四山环抱一汪碧水,这就是风光秀美的二龙湖水库。二龙湖水库在四平市正东45公里处。这里是石岭镇二龙村东南部南崴屯南山脚下,是旧时公主岭至辽源、伊通至开原的要冲。东辽河从长白山西侧吉林哈达岭一路走来,到二龙山处遇阻,在河水源源不断冲击之下形成一个大水潭。潭水溢出,又被珍珠山拦住,形成了辽阔的湖面,而湖面又处于二龙山环抱之中,所以人们便称其为"二龙湖"。水库为1942年伪满洲国时期修建,当时日本侵略者为在孤家子平原开发水田种植水稻,强行驱赶水库淹没区的居民,将赫尔苏城全部淹没在水下,使之成为一座水下古城。现今每逢枯水季节,赫尔苏庙台等古建筑址仍能露出水面。如今,二龙湖最大水面170平方公里,蓄水量17.62亿立方米,是以防洪、除涝、灌溉为主,辅助发电、养鱼、综合利用的水利枢纽工程。是吉林省省管第一大水库,水面处于吉林、辽宁两省交界处,水库周边有

二龙湖水库鸟瞰图,图中红圈处为驿站原址(已淹没在湖水中)

吉林省公主岭市,四平市铁东区、伊通满族自治县,辽源市东辽县,辽宁省西丰县5县(市、区),具有得天独厚的山水自然景观和历史人文景观资源。

身处现今的二龙湖风景区,站在二龙湖大坝的泄水闸旁,可见湖畔两侧的二龙山如两条蜿蜒起伏的龙身,守护着浩浩荡荡的碧波轻浪。大坝顶端宽6米,中间耸立着三层楼式的六孔滚水闸,颇有几分雄伟壮观。水库盛产青、草、鲢、鲈、池沼虾等二十几个品种的鱼虾。春有各种候鸟来这里繁衍栖息,夏有漫山野花争奇斗艳,秋有各种野果菌菇信手可采,冬有白雪皑皑山舞银蛇。二龙湖风景区不但自然景观优美,历史人文景观资源也十分丰富。二龙山的传说故事、康熙东巡的民间逸闻动人心弦,赫尔苏古城、燕国古城遗址蕴含着久远的历史风尘。经过二龙湖水库灌区管理局的悉心经营,湖畔山脚花草树木掩映,亭台楼阁相伴成趣,二龙湖水库已经成为四平市人民休闲旅游的好去处。只是,当年驿路之上的滚滚烟尘,在赫尔苏驿站演绎的人间故事,赫尔苏古城承载的丰厚历史,如今都在水下长眠。也许,将来会有重见天日之时,那么赫尔苏驿站原址将会是保存最为完好的驿站古迹。

8. 叶赫站驻地现状

叶赫驿站驻地现为四平市铁东区叶赫满族镇政府所在地,具体位置为镇街西路北,距西南方向的叶赫部族城址一千多米,处于穿镇而过的X056县道北侧。据已退休的叶赫满族镇文化站站长柴运宏介绍,驿站原址在镇街西路北占有很大一片区域,包括驿站官员住宅以及关帝庙旧址。柴先生带领考察组来到驿站旧址踏查,这里有一处刚刚拆掉的民房残垣,在遗留原地的砖头瓦块之中,以及毗邻民居自建仓房的简陋砖墙之中,还可以寻到清代方砖。柴运宏介绍,他曾经阅读过当地一户李姓人家的家谱,其中记述他家先祖,在康熙八年(1669)奉朝廷差拨,从辽宁盖州来到叶赫驿站任领催委官。这段记述对于考证吉林西路驿路开辟时间,有一定的参考价值。考察组进行了现场定位,其地理坐标为N42°56′34″、E124°31′45″,并用无人机进行了航拍。

叶赫满族镇地处四平市东南部半山区,距市区25公里,距哈大高速公路四平出口20公里,距山门风景区10公里。东部与石岭镇为邻,东南与辽宁省西丰县柏榆镇接壤,正南毗邻辽宁省西丰县德兴乡双榆等村屯,西临辽宁省开原市莲花镇,北依山门镇,是吉、辽两省的接合部。总面积265.1平方公里,占四平市铁东区总面积29.3%。有耕地5962公顷,是一个"六山一水三分田"的丘陵半山区。辖1个社区,13个村民委员会,72个自然屯,113个村民小组。全镇总人口29974人,其中满族人口约占总人口的40%。著名的转山湖水库就坐落在叶赫满族镇境内,是一个地肥水美的鱼米之乡。2022年,叶赫满族镇人均纯收入9400元。叶赫站原址所在的叶赫村人口2375人,村集体经济总收入135.96万元,村民人均纯收入8100元。曾四次被国务院评为"民族团结进步模范集体";2003年,被中央精神文明建设指导委员会评为"全国创建精神文明村镇工作先进村镇";2008年,被建设部批准为中国历史文化名镇;吉林省社会主义新农村建设试点镇;2008年4月,成立叶赫旅游经济区;2009年,被吉林省确定为百镇建设工程首批25个试点镇之一,国家投资1.45亿元用于基础设施建设。考察组踏查

四平市叶赫满族镇鸟瞰图,图中红圈处为驿站原址

时,叶赫满族镇正在申报首批全国特色景观旅游名镇和中国环境优美乡镇。

因为地处长白山余脉大黑山系,叶赫满族镇境内山清水秀,自然风光旖旎。逢春,百花争艳,百鸟争鸣;盛夏,林木葱葱,溪水潺潺;金秋,满山红叶,果满枝头;寒冬,白雪皑皑,银装素裹。叶赫河自东向西流经叶赫全境,一条碧水呈"S"形绕山而行,形成一个333.3公顷宽阔水域的中型水库,即转山湖。湖岸林木丰美,怪石嶙峋,素有"北方小三峡"之美称。叶赫古镇历史悠久,是满族的重要发祥地之一,为清初开国皇帝皇太极生母孝慈高皇后出生地,清末孝钦显皇后(即慈禧太后)、孝定景皇后(即隆裕太后)祖籍地,以"三代皇后的故乡"而闻名。叶赫部落商间府城遗址、叶赫部落东、西两城遗址是国家级重点文物保护单位;叶赫城子山城遗址、老爷庙南山墓群遗址、盛京围场封堆、八里堡北山遗址等是省级重点文物保护单位。第三次全国文物普查在叶赫镇境内新发现历史遗址246处,年代最古老的可追溯到青铜器时代。境内有不同树龄、不同树种古树15棵。此外,还有清代大驿道遗留路段、驿站遗址、康熙东巡驻跸地遗址、校军场遗址、御用水井、叶赫关帝庙旧址等丰富的历史文化资源。

三、吉林东路驿路城镇骨架及驿站驻地现状

吉林东路驿路是吉林城通往宁古塔城的一条翻山越岭、涉水渡江的崎岖驿路,与吉林西路驿路穿行于伊舒地堑的相对平坦相比,显然要险峻艰难得多。这条驿路,基本上穿行于原始森林中,从现今地貌图来查看,从吉林市出发以后,先是要穿越纳木窝集、又称小窝集的西老爷岭山脉进入蛟河市地域,然后再翻过威虎岭山脉行进在敦化市地域,还要穿越色齐窝集、也称大窝集的张广才岭山脉,之后才能抵达宁古塔城。据《柳边纪略》记载:"那木窝稽四十里,色出窝稽六十里,各有岭界。"这样的自然地理环境,决定了这条驿路的萧索和冷清,也决定了当年行走在这条驿路上的人们的感伤和凄凉。山高林密、人烟稀少是这条驿路的显著特征。当年颠沛流离之中走过这条驿路的流人及其亲属,通过感情充沛的诗文精准描述了驿路实况,使得我们几百年后有幸得窥吉林东路驿路状况之一二。杨宾笔下有"山过拉发多松栝,路道窝稽有鬼神。日暮风生闻虎啸,天寒积雪少人行"的具体描述,也有"树密风怒号,崖崩石奔跳""更无人迹过,惟闻山鬼啸"的触目惊心;方孝标则对驿路"虎迹窥人密,龙吟趁雨豪。千盘敧雾窄,二岭挟天高"感慨颇深;吴兆骞更有"野雾依山尽,春星落塞寒。鸣鞭及前侣,霜露满孤鞍"的凄凉感受。不过,这些都是遥远的岁月痕迹,毕竟当年的原始森林都已经开发出来了,而今沿着驿路已经成长起来了一众城镇。

(一)吉林市至敦化市城镇骨架

吉林东路驿路从吉林城出发,经由今蛟河市、敦化市辖域出吉林省境,入黑龙江省境并达宁古塔城。就吉林省境内的经由路线看,若考察这一线的城镇发展,可以吉林市至敦化

市一带城镇分布和发展为主要对象。或者可以从另外一个视角来表述:今吉林市至敦化市一带城镇骨架,是由吉林东路这条驿路和驿站拉伸出来的。这条驿路康熙十六年(1677)开始修建,大约在康熙二十年(1681)修竣使用,每一个驿站的站丁都是驿站所在地最早的开拓者,是荒无人烟的古老森林中重新升腾起的第一缕人烟的制造者。就驿路沿途的开发和建设而言,他们不啻为一粒粒"种子",开枝散叶、开花结果以后,才逐渐打造出一个又一个人们聚居的家园。历史上,吉林东路驿路是一条比较古老的交通路线。元代西祥州(今农安县万金塔古城)东南行驿路,是西祥州至桑吉驿路路线,从西祥州出发,经过今长春市九台区境内、今永吉县锦州砬子古城后,到达散迭(今蛟河市天岗镇附近)、阿忽(今蛟河市老爷岭),然后到达禅春(今蛟河市东三道河子附近),再经阿母(今敦化市额穆镇)、阿刺(今敦化市额穆镇南),到达桑吉(今敦化市)。而明代纳丹府东北陆路驿路,从纳丹府出发,经那木刺等6个驿站到达终点站毛怜,所经驿站为那木刺、善出、阿速纳合、潭州、古州、旧开原、毛怜,其中的潭州即今敦化市。上述元、明两代都有行进方向大体相同、行经路线诸多重合的驿路存在,清朝吉林东路驿路无论如何都不能算是初创。不过,从清朝初年的历史实际和后来实行封禁政策的情况出发,尽管历史上曾经有过开发建设,那些成果也早就被流逝的时光席卷到历史深处而湮灭,吉林东路驿路的开拓者和驿站最初的驻站站丁们,承担的同样是开辟草莱的历史使命。这条驿路原本过鄂摩和索罗站以后,经塔拉站出吉林省境入黑龙江省境,但是光绪七年(1881),吉林将军铭安奏准,因"自鄂摩和索罗站南,至阿克敦城一百四十余里,向无驿站",因而在"南北适中之通沟镇添设一站",称通沟镇站。很显然,因为设置通沟镇站,这条驿路自鄂摩和索罗站转而向南延伸出一个分支,直达敦化县城。这里以吉林市至敦化市一线城镇为考察研究对象,并未脱离吉林东路驿路的历史实际。

根据《吉林志书》记载,吉林东路驿路沿线在嘉庆十八年(1813)时,除了各驿站以外,还有鄂摩和索罗佐领办事公所以及额赫穆、拉法、退抟等几处卡伦。可以看出,驿站之外的佐领办事公所及卡伦驻地,与相应的驿站驻地一致。这充分说明,吉林东路驿路沿线地域开发之初以各驿站为基本支撑点,那些驿站特别是与其他官方设置同驻一地的驿站,发挥了非常重要的辐射带动作用。如果说吉林市至敦化市一带存在最初的城镇骨架,那么这个骨架一定是由驿路和驿站拉伸出来的。按《吉林分巡道造送会典馆清册》记载,光绪十八年(1892),吉林府所属的额赫穆、拉法、退抟等驿站驻地,均已成为重要市集,称额赫穆站集、拉法站集、退抟站集。而到了这个历史阶段,吉林市至敦化市一带的城镇骨架已然成型。其中最为最要的骨架节点,西端吉林城,东端敦化县,中间是鄂摩和索罗。吉林城自不必细说。敦化县则于光绪六年(1880)吉林将军奏请设立,奏称"阿克敦城设立知县一员,名曰敦化县",翌年获准设立,隶吉林府,并设南冈县丞一员。至于鄂摩和索罗站,这时已经成长为一个重镇。宣统元年(1909)东三省总督锡良奏请"拟于额穆索站设一县治,名曰额穆县"。额穆县正式建治以后,治所就设在鄂摩和索罗站。有了这三个重要支撑节点,吉林至敦化一带,以吉林东路驿路驿站为主要依托的城镇带逐渐成长起来,则不再是什么困难的事情。尤其是吉敦铁路开通以后,对沿线开发建设的带动作用更加明显。《吉林城镇通史》记载,在1926年吉敦铁路开工时,铁路沿线人口只有6万多人;而在1929年铁路通车一年以后,吉林以东铁路沿线人口已超过了10万。江密峰在铁路通车以后成为木材输出集散地,天岗成为木材集散地和石料输出地,黄泥河成为一个重要的木材输出车站,都因吉敦铁路开通获得极佳的发展历史机遇并获得长足发展。特别突出的是蛟河镇,因有铁路通过,不仅交通便利,又有煤矿、森林等优势,以致1932年额穆县将治所迁至蛟河镇。虽然此举造成鄂摩和索罗地方的衰落,但也带来了蛟河镇的繁荣发展,使之成为吉林市至敦化市城镇带更加强劲的一个支撑点,事实上促进了城镇带的加快形成。就这样,吉林东路驿路城镇骨架在吉敦铁路的强力拉拽之下,逐渐强壮和丰满起来,成长为对区域经济社会发展举足轻重的城镇带。

从现今吉林省行政区划地图上查阅,吉林市至敦化市一带,设有区市行政中心1个,县(市、区)行政中心2个,原县级行政中心1个,乡镇级行政中心16个。具体而言,设区市为吉林市,县(市、区)为蛟河市、敦化市,原县级行政中心为今敦化市额穆镇。据粗略统计,乡镇级行政中心有吉林市龙潭区所属江密峰镇,蛟河市所属天岗镇、庆岭镇、拉法街道、新站镇、乌林朝鲜族乡、前进乡,敦化市所属额穆镇青沟子乡、雁鸣湖镇、黑石乡、黄泥河镇、官地镇、秋梨沟镇、沙河沿镇、江南镇等。在这样广阔的条带区域中,仅有不足20个乡镇级行政中心,与吉林西路驿路的条带区域相比,乡镇级行政中心分布密度显然要稀疏很多。其实,这并不难理解。从自然环境看,吉林西路驿路城镇带处于吉林中部长春冲积洪积台地和伊舒地堑丘陵台地宽谷区,地势平坦、土质肥沃,是理想的农业带;而吉林东路驿路城镇带处于吉东低山丘陵区和长白山低山区,山高林密,交通不便,先天禀赋相差很多。从发展机遇看,吉林西路驿路城镇带为吉林省腹心之地,无论以吉林市为省会,还是以长春市为省会,在不同历史时期都是重点发展的地域;吉林东路驿路城镇带分布于高山深谷之间,虽然也曾有过一些历史发展机遇,但是促进发展的力度和持续发挥作用的时间长度,都无法与吉林西路驿路城镇的发展机遇相比,后天际遇也相差很多。在先天禀赋和后天际遇都相差很多的情况下,吉林东路驿路城镇带的经济开发和社会发展的水平,自然要比吉林西路驿路城镇带相差很多,乡镇级行政中心分布稀疏也是很自然的事情。恰恰因为存在着如此明显的差距,吉林东路驿路各驿站在城镇发展历史上发挥的支撑作用,愈显弥足珍贵。在16个乡、镇和街道的行政中心中,天岗镇为额赫穆站驻地,拉法街道和新站镇为拉法站先后两个驻地,前进乡为退抟站驻地,额穆镇为鄂摩和索罗站驻地,官地镇为通沟镇站驻地,共有6个地方和驿站有关系。而从驿路的角度看,从吉林市至敦化市驿路,若去掉两个端点,共有额赫穆、拉法、退抟、意气松、鄂摩和索罗、通沟镇等6个驿站,除了意气松站因历史原因今无人居住以外,大多成为区域重要城镇。

(二)东路各驿站驻地现状

2023年5月31日至6月1日,由李云鹤、常京锁、竭宝峰、崔宇、李鹏组成的考察组,对吉林东路驿路各驿站驻地现状进行了实地考察。5月31日清晨,考察组先是在吉林市城区对两个驿路监督关防处原址和尼什哈站老站、新站原址进行现场考察,然后奔赴蛟河市天岗镇,考察额赫穆站原址。31日先后考察了额赫穆站、拉法站新站、退抟站、拉法站旧站各处原址,然后赴敦化市入住。6月1日,考察组先后考察意气松站、鄂摩和索罗站、塔拉站、通沟镇站各处原址,完成吉林东路驿路各驿站原址的考察工作,夜色中冒雨奔赴延边朝鲜族自治州汪清县。这条路线的考察工作,涉及吉林市、延边朝鲜族自治州2个市(州),吉林市龙潭区、蛟河市、敦化市3个市(区),得到当地相关领导的热情支持和大力帮助,这些地方的地方志工作机构和地方志工作同人先期做了大量细致扎实的基础工作,保障了考察工作顺利进行。

1. 额赫穆站驻地现状

额赫穆站驻地在今蛟河市天岗镇,具体位置在镇北尚仪村,原址尚存一棵古榆树。5月31日11时30分左右,考察组在蛟河市文管和方志部门专家带领下,来到驿站原址。驿站原址在天岗镇北部边缘地带,至今尚存的古榆树位于尚仪桥南头西侧,挺立于天岗大路中间。树根部建有围挡保护设施,树干粗壮,枝叶繁茂,仍然呈现出十分旺盛的生命力。树身上缠挂一些宽窄不一的红布,树根部还有一些有着某种含义的特殊设置。看得出来,这棵老榆树在当地人心目中,已经具有了某种神化效应,得到人们的精心呵护。古榆树所在的一片区域,应该就是当年额赫穆驿站站址。现今已经没有任何地上建筑或遗址、遗迹可寻,但此地正处于X034县道与天岗大路相接处,北侧为牤牛河,尚仪桥为牤牛河上的一座桥,而

蛟河市天岗镇鸟瞰图,图中红圈处为驿站原址

X034县道在天岗镇路段与原来的驿路路线重合。这些自然地理关系,与历史资料中关于额赫穆站的相关记述比较吻合。考察组进行了现场定位,其地理坐标为N43°54′48″、E126°57′16″,并用无人机进行了航拍。

天岗镇位于蛟河市区西,距城区38公里。东邻新站镇、拉法镇,西邻吉林市龙潭区江密峰镇,南邻庆岭镇,北邻天北镇。长图铁路由西向东横贯腹地,G302国道途经镇域4个行政村。辖区面积457平方公里,辖1个社区、21个村。有户籍9608户,人口32015人,其中非农业人口12705人,少数民族756人。镇政府驻在天岗屯。镇东为老爷岭山脉,平均海拔450米,最高山峰天桥岗海拔1156.9米。域内有原始森林保护区。西部为河谷地,主要河流有牤牛河、红星河、六道河、七道河、伙棚沟河。耕地面积3136.8公顷,林地面积36844公顷,水域面积10056公顷。主要农作物品种有玉米、水稻、大豆。天岗也是东北地区最大的石材生产基地,2021年吉林蛟河天岗石材产业园完成固定资产投资8.48亿元,工业总产值实现28亿元,全口径财政收入8138.74万元,地方级财政收入3532.82万元。曾参加第十三届"东博会"、第六届全球吉商大会和第21届厦门国际石材展,签约超3000万元项目14个,合同引资17.32亿元。

尚仪村位于镇政府东,相距3公里。牤牛河在村西流过,X034县道南北向穿村而过,在村南约3公里处与G302国道相接,G12高速公路在村北约1500米处通过。就总的形势看,尚仪村与天岗镇政府所在地同处于G12高速公路、G302国道和X034县道构成的三角形之内。尚仪村辖桦树川屯、北屯、河北屯3个自然屯,面积16.8平方公里。有户籍423户、1450人。耕地面积197公顷,集体林地面积52公顷。建有大棚蔬菜示范区。与朝鲜族村鲜光村混居,鲜光村人口90户、220人。毗邻镇政府所在地,交通便利,受到镇域经济发展辐射作用,具有良好的经济发展区位。

2. 拉法站驻地现状

拉法站有老站和新站两个地点,考察组顺路先考察了新站原址,后考察了老站原址。拉法站新站驻地现为蛟河市新站镇人民政府所在地,具体位置为新站大街9号,现址为吉林省长白山酒业集团公司。这个具体位置完全是依据当地人口口相传的口述资料确定的,考察组在当地文物和方志工作人员带领下来到此地。历史资料关于拉法站新站的记述,也只是粗线条地记到新站地名,没有更加细致的状物描述,因而考察组也无法进行更细致的比对工作。考察组进行了现场定位,其地理坐标为N43°52′50″、E127°20′1″,并用无人机进行了航拍。拉法站旧站驻地,现为蛟河市拉法街道拉法村旧站屯。考察组来到拉法站旧站原址时,已经是傍晚时分。在去往旧站屯的路上,天阴沉下来并开始飘落雨点。待考察组接近旧站屯的时候,太阳从厚重的云缝中洒下来几束金色耀眼的光辉,这让摄影师崔宇非常兴奋,一直在念叨这是他们摄影师最喜欢的"耶稣光"。旧站位置在拉法街道南约2公里,拉法河与铁路交会处西侧,铁路位于旧站东北。具体位置按当地人指认确定,考察组进行了现场定位,其地理坐标为N43°48′37″、E127°20′14″,并用无人机进行了航拍。

蛟河市拉法街道拉法村旧站屯鸟瞰图,图中红圈处为驿站原址

蛟河市新站镇鸟瞰图,图中红圈处为驿站原址

新站镇位于蛟河市区北,相距17公里。东面和北面分别与舒兰市上营镇、蛟河市前进乡相接,南接拉法街道、乌林朝鲜族乡,西靠天岗镇,面积601平方公里。辖11个村,户籍12941户、人口41094人,其中非农业人口12288人。2021年全口径财政收入5343.33万元,全镇农民人均可支配收入17825元。东部有大荒顶子山,西北部有老爷岭山,南部有拉法山,中部形成了新站盆地。境内最高峰为西土山,海拔1189.6米。东部龙凤河、西部老爷岭河、北部民主河,在新站南端汇入拉法河。域内有中型水库1座,小Ⅰ型水库1座,小Ⅱ型水库8座,总蓄水量1295万立方米,水域面积65平方公里,年产鱼类水产品5万公斤。有耕地面积6761公顷,林地面积55872公顷。种植的粮食作物主要有玉米、水稻、杂粮等,油料作物有大豆、葵花子等。有伊利石、泥炭、花岗岩、膨润土、矿泉水等矿产资源,其中泥炭和伊利石储量较大。野生动物种类繁多,野生药用植物和山野菜资源非常丰富。人文和自然旅游资源比较丰富,有金斗宫、龙凤水库、爱河水库、黄泥河水库、前红阳罗锅地新石器时代遗址、辽代界壕、拉新战斗谈判旧址、百年古榆等。镇政府驻地新站村面积5.2平方公里,户籍人口495户、1670人。有耕地206公顷,其中水田105公顷。村内有粮米加工厂、豆制品加工厂、农机具修理等小企业。

拉法街道原为拉法乡,1992年撤销拉法乡设拉法镇,2005年撤销拉法镇改为拉法街道。拉法街道地处蛟河市区北12公里处,东与乌林朝鲜族乡、前进乡接壤,南与河北街道、河南街道相连,西与庆岭镇、天岗镇毗邻,北与新站镇交界。东西最大距离31.5公里,南北最大距离20.16公里,区域面积226.75平方公里。长图铁路紧邻拉法街道西缘穿行,G12高速公路紧贴拉法街道东边通过,而G222国道则横贯拉法街区。拉法街道辖1个拉法社区、3个居民小组和18个村、122个村民小组。域内地势东西部多山,南部为河谷。有耕地3842公顷,2021年发展黏玉米产业,打造公安、永新片区,种植面积600公顷;放大"拉法大米"品牌效应,规模化种植1294公顷。有林地21900公顷,森林覆盖率57.6%。主要河流有拉法河、海青河、义马河,有小(1)型水库3座,蓄水量17603立方米。主要旅游资源有拉法山国家森林公园、保安睡佛、高丽古城、新乡砖场古人类狩猎场遗址、高丽坟、向阳水库等。旧站屯为新兴村所辖2个自然屯之一。新兴村位于街道所在地,面积4.6平方公里,有耕地118公顷,集体林地20公顷。

3.退抟站驻地现状

退抟站驻地现为蛟河市前进乡人民政府所在地,考察组于5月31日下午三点钟左右来到此地。考察组从新站镇出发前往前进乡,一路行走在比较狭窄的水泥路面上,据当地文管部门工作人员介绍,考察组所走的路线就是当年的驿路路线。之所以如此确认,是因为2022年文物管理部门曾经组织进行了驿路路线和驿站情况的普查,这条路线就是这次普查时确认的。按照当地人的指认,驿站原址在蛟金公路与Y026乡道交会处西北面,现在地面建筑为商用平房,从悬挂的招牌看是蔬菜水果店、烧烤店等。看来这个位置是前进乡政府驻地中心地带,相对比较繁华,人气比较高。路边有摆摊贩卖各种蔬菜苗、农药、肥料的经

蛟河市前进乡鸟瞰图，图中红圈处为驿站原址

营者，还有经营农特产品的货亭，路边有一家规模稍大一些的超市。考察组进行了现场定位，其地理坐标为N43°54′45″、E127°40′1″，并用无人机进行了航拍。

　　前进乡位于蛟河市区东北，距市区31.5公里。东与延边朝鲜族自治州敦化市黄泥河镇接壤，南与黄松甸镇相连，西与新站镇毗邻，北与舒兰市新安乡交界，东北与黑龙江省五常市少河子镇相邻，面积596.81平方公里，辖17个村，乡人民政府驻前进村。域内地势东高西低，处张广才岭西麓，海拔超过公里的山峰有3座，最高山峰二秃子顶海拔1176.1米。原始森林覆盖面广，森林面积36619公顷，占总面积10.5%，活立木总蓄积量491万立方米，野生动植物资源比较丰富。吉林省林业试验区国有林保护中心设在前进乡域内，加挂"吉林省威虎岭自然保护区管理局"和"吉林省林木种苗繁育推广示范中心"牌子。耕地面积4906公顷，其中水田面积1476.1公顷。草地面积2447.1公顷，水域面积251公顷。矿产资源主要有钛铁、黄铜、褐铁等，泥炭储量近3000万吨。2021年，第一产业产值16327万元，第二产业产值881万元，第三产业产值998万元。以蓝莓、玉米种植和黄牛养殖为主导产业，兼顾发展人参、山野菜等特产种植产业和林蛙养殖产业。规范发展人参、蓝莓、山野菜的种植，培育优良品种，合理安排种植面积，创建品牌特色。蓝莓种植面积500余公顷，山野菜种植面积100余公顷。按照"小规模、大群体、整村推进、分户饲养"模式推进黄牛养殖产业，全乡肉牛养殖户325户，肉牛存栏量13800余头，出栏量7524头。有专业合作社66个。位于前进乡张广才岭东庙岭上的前进山城遗址，是吉林省人民政府1987年公布的省级重点文物保护单位。山城雄踞一方,西南扼蛟河盆地,西北控舒兰河谷,地理位置十分重要,遗址保护状况良好。

前进村为乡政府驻地,辖前进屯和南沟屯2个自然屯,面积40平方公里,户籍429户、1522人。有耕地295公顷,农作物主要种植品种有玉米、水稻及杂粮杂豆。年采集红松子40吨,山野菜300吨,种植中草药20公顷,包养林蛙25条山沟。

4. 意气松站驻地现状

意气松站所在位置过去存在两说,一说为敦化市额穆镇珠尔多河村意气松屯,一说为张广才岭东庙岭。因后一说为敦化市文物工作者高峰提出,有考古调查的工作基础,作者一度比较倾向于后一说。6月1日,在对意气松站址实地踏查时,敦化市地方志同人带领考察组来到了意气松林场管辖范围深山中的一处空地。当地人将这个地方称为"老营盘",现场有房屋遗址和碾盘、碾碟等物件。作者踏查现场以后,觉得不大像,一是此地既非意气松屯也非张广才岭东岭,是过去两说之外的地点;二是遗址建筑格局不像是驿站规制,更像是晚近一些时候留下来的活动遗址。因此,考察组暂时进行了定位。作者嘱咐敦化市方志同人再进一步开展工作,确定驿站的准确位置。

6月19日,敦化市地方志工作机构负责人高志刚联系作者,提供了他们进一步工作的成果。考察组走了以后,高志刚等地方志同人又到意气松屯进行了细致调查工作。据意气松屯村民庞培明介绍,前几年有村民自建房屋时,在屯子东北部区域地下约1米深处挖出了大量青砖和陶瓷碎片,有一块方砖被保留下来。经测量,这是一块正方形方砖,边长36厘米,厚度7.3厘米。村民介绍在意气松屯南侧有一段土路,是"老官道"(驿路),根据走向判

敦化市额穆镇珠尔多河村意气松屯今貌(意气松站旧址)

断应该通过意气松村。此外,高志刚还查找到了1925年南满洲铁道株式会社哈尔滨事务所调查课《额穆敦化两县事情》中的一些记述。这本日文资料记载了沿吉林东路驿路从额赫穆站直到塔拉站的沿路情况,其中记载意气松有五户人家,至额穆10.6哩(1哩等于1.6公里)。按此记载计算,意气松至额穆17公里,与现在18公里的实际距离相差不多。据《西路关防处呈造所属各驿分布细册》记载,意气松站"东至珠尔多河十里",而意气松屯现至珠尔多河屯实际距离恰好5公里。光绪三十二年(1906)《吉林省西路驿站监督管下东西两路正分三十站户口总册》记载,意气松站"管下一户,男大一丁,女大一口,共二丁口",这又与日文资料所载"五户人家"情况基本吻合。综合以上情况,可以肯定,意气松站原址在意气松屯。敦化市地方志同人进行了现场定位,其地理坐标为N43°49′17″、E127°59′15″,并对意气松屯进行了拍照。

珠尔多河村位于额穆镇政府驻地西北,相距11公里。东、南与桦树林子村相连,西邻意气松林场,北靠北大秧村,辖区面积12.2平方公里。1964年成立珠尔多河大队,1983年改为珠尔多河村。全村户籍162户、人口599人,有汉族、满族、朝鲜族等民族。林地面积234公顷,草原面积460公顷,耕地面积365.1公顷,主要农作物有水稻、玉米、大豆等,特产有木耳、烟叶、人参等。在网络搜索到延边朝鲜族自治州电视台2021年关于珠尔多河村的一篇报道,主要内容为敦化市额穆镇珠尔多河村大力发展特色农业产业,逐步形成了以黄牛养殖、木耳种植、蜜蜂养殖为主,光伏发电等产业共同发展的多元化产业格局,进一步壮大村集体经济,增加村民收入。惠民农作物种植合作社成立于2018年,合作社加工厂为食品级洁净车间,主要生产椴树蜜、黑蜂"雪蜜"等农特产品。通过完善基础设施,拓展销售渠道,已实现稳定增收。

意气松屯属珠尔多河村,是珠尔多河村所辖珠尔多河、新立、意气松、砬子西四个自然屯之一。东距额穆镇18.3公里,东南距敦化市区70公里。地处半山区,多丘陵地,珠尔多河支流从屯南流过。面积1.7平方公里,林地面积50公顷,草原面积100公顷,耕地面积72公顷。聚落沿公路两侧分布,户籍28户,人口97人。主要农作物有水稻、玉米、大豆等。

5. 鄂摩和索罗站驻地现状

鄂摩和索罗站驻地现为敦化市额穆镇,具体位置为原镇政府所在地额穆村。6月1日,考察组来到敦化市额穆镇额穆村,看到原镇政府所在位置似乎为一个烂尾工程。据当地人士介绍,其原本是一个在建的市场,不知何故尚未建完就停工了。从现场情况看,主要工程量已经基本完成,市场总体格局很大方,全部完工应该是不错的一个乡镇农贸市场。在这个地方还立有一块纪念碑,上书"陈翰章袭击伪额穆警察署战绩地"。这次战斗发生在1939年10月6日午夜。陈翰章带领抗联部队打进了额穆街,将临时指挥部设在街东头的明家浴池,大部队先是冲进警察署将值班的六七名警察和带班警长俘虏,然后将正在打麻将的自卫团一伙全部缴械。战斗中击毙了警察署副署长日本人大道重次郎,还抓走了两个日本人。抗联战士们打开仓库,得到一些棉军衣、布匹、棉花和饼干等军需给养,10月7日黎明

敦化市额穆镇额穆村（镇政府驻地）鸟瞰图，图中红圈处为驿站原址

撤出额穆街，临走时放火烧毁了警察署。据介绍，原镇政府门前的额穆街便是当年的驿路路线。珠尔多河在镇西400多米处由北向南流过，马鹿河在镇东约500米处由北向南流过，马鹿河在镇子东南2000米左右处汇入珠尔多河。考察组进行了现场定位，其地理坐标为N43°44′45″、E128°09′4″，并用无人机进行了航拍。

额穆镇位于敦化市区西北，老爷岭东麓，距市区52公里。东与青沟子乡、雁鸣湖镇接壤，南与黄泥河镇、黑石乡相连，西与蛟河市前进乡、乌林朝鲜族乡毗邻，北与黑龙江省五常市沙河子镇、海林市长汀镇交界。东西最大距离36公里，南北最大距离93公里，总面积2584.8平方公里。有耕地面积5691公顷，林地面积236840公顷。域内有"三河一江"，即珠尔多河、马鹿河、威虎河和牡丹江，水资源非常丰富。镇辖15个村、41个自然屯，设41个村民小组。居民3528户、12109人。地处山区，西北部多为高山峻岭，海拔公里以上的山峰有11座，森林覆盖面积大，黄泥河林业局在境内设7个林场。2021年，全镇农村经济总收入6亿元，农村居民人均纯收入1.75万元。农业生产总值3.44亿元，农业增加值2.02亿元。粮食总产量5.65万吨，产值超过1.44亿元。水稻种植面积848公顷，产值1307万元；玉米种植面积5749公顷，产值7634万元；大豆种植面积4458公顷，产值5120万元。以人参为主的参药产业种植面积28公顷，年产值3500万元；烟叶种植面积41公顷，产值286万元；地栽木耳产值3420万元。黄牛存栏1.5万余头，出栏3397头，产值5096万元。额穆村为额穆镇人民政府驻地，辖3个村民小组，总户数1108户，人口2903人。光伏发电、额穆村小油坊、额穆村满族驿站等项目，每年都能壮大村集体经济。

6. 塔拉站驻地现状

塔拉站驻地现为敦化市雁鸣湖镇塔拉村，具体位置在村北约1.5公里山脚下的农田中。考察组于6月1日中午时分来到这个位置，在这里见到了唯一一块为驿站遗址设立的标志碑。这块标志碑设在驿站原址所在的农田地头一棵稠李树下，碑正面镌刻一大一小两行文字，上面一行较大的文字是"塔拉站遗址"，下面一行小的文字是"敦化市人民政府2020年10月30日立"。碑的背面镌刻的文字："塔拉站遗址位于敦化市雁鸣湖镇塔拉站村东北1.5公里。1407年，明朝设'塔拉卫'，1686年（康熙二十五年左右），设驿站，(1881)小站升格为正站。是清代吉林通往宁古塔驿路上的一个驿站。遗址呈长方形，南北长70米，东西宽50米，中心有两个房屋基址。采集的遗物有夹杆石、残木立柱、砖、陶罐残片、瓷片、缸片等，对研究清代的政治、经济、军事、交通、边疆等提供了可靠的依据。"正文下面还有两行字，一行为"保护范围：遗址本体外延30米"，另一行为"建设控制地带：保护范围外延100米"。这是考察组考察4条驿路、33个驿站当中，唯一一块当地政府为驿站遗址立的保护碑。在现场观察，驿站基址是这片农田中微微隆起的区域，考察组进入田间还捡拾到了青砖残块、瓷片、陶片等物件。总的感觉，驿站遗址距塔拉村的距离有些远，这有些不太合常理，暂时还没有合理解释。既然当地政府都已经立碑保护了，考察组进行了现场定位，其地理坐标为N43°49′24″、E128°32′1″，并用无人机进行了航拍。

塔拉站遗址保护碑（敦化市人民政府2020年10月30日立，是吉林省境内唯一一块驿站保护碑）

雁鸣湖镇原名大山嘴子镇,驻地因牡丹江流过而呈两山对峙,俗称大山嘴子,故而得名。2004年,经吉林省人民政府批准,大山嘴子镇更名为雁鸣湖镇。雁鸣湖镇位于敦化市东北部,牡丹江下游吉林省与黑龙江省交界处,雁鸣湖国家级自然保护区腹地,是吉林省东大门,镇政府驻地大山嘴子村距敦化市区50公里。西与官地镇相邻,北与额穆镇、青沟子乡相连,东与黑龙江省宁安市接壤。全镇辖1个社区,12个村民委员会、39个自然屯。总人口1.02万人,城镇常住人口0.63万人。镇域海拔高度在360米至550米之间,牡丹江自西南向东北流过,境内流程33公里。全镇总面积1508平方公里。其中,山地面积507平方公里,丘陵面积811平方公里,平原面积128平方公里,水域面积32平方公里。耕地面积9913公顷,林地面积12.58公顷。2021年全镇生产总值9.43亿元,固定资产投资7000万元。农作物种植面积14000公顷。其中,粮食作物种植12867公顷,种植水稻359公顷,玉米5962公顷,大豆6334公顷,红小豆223公顷。粮食总产量3.48万吨。还有药材类种植面积124公顷,蔬菜(含食用菌)种植面积8.06公顷。雁鸣湖镇有着独特的农业生产小气候,小粒黄豆畅销国内外,是国家优质小粒黄豆生产基地、吉林省有机大豆生产出口基地。

2007年,国务院批准雁鸣湖自然保护区晋升为国家级自然保护区,2016年,批复保护区范围和功能区调整方案。保护区总面积55016公顷,核心区、缓冲区和试验区分别为20025公顷、20169公顷和14822公顷。雁鸣湖保护区主要保护对象为中国北方具有典型性重要湿地生态系统、牡丹江上游重要水源涵养林、中华秋沙鸭等珍稀水禽重要栖息地、北亚地区野生东北虎迁移重要生态廊道和潜在栖息地。是研究和保护湿地水鸟生活习性、活动规律的重要基地,属于"内陆湿地和水域生态系统"类型自然保护区。2021年1月组建敦化市雁鸣春晓旅游咨询股份有限公司,新建小镇会客厅占地面积1200平方米,建筑面积1000平方米,为小镇居民及外来游客提供小镇概览、信息咨询、商务商贸、产品展览、创业服务、旅游服务及文化展示等服务。吉林省著名作家张笑天于20世纪70年代在大山嘴子公社体验生活,创作了小说《雁鸣湖畔》。这篇小说描写了环水大队(以小山嘴子大队为原型)在建立合作医疗站的过程中的故事,塑造了下乡知识青年的良好形象。后来被改编成评剧,并拍成同名电影,在全国产生了很大影响。现今雁鸣湖镇凭借独特的自然风光、宜人的气候条件和良好的旅游资源,依托长白山、镜泊湖等周边地区的高品位旅游资源,已成为长白山—镜泊湖旅游热线最佳中转站。

塔拉站村为雁鸣湖镇辖村,村委会驻塔拉站屯,因驻地得名。位于雁鸣湖镇政府驻地北,相距17公里,东、西、北被林区包围,南邻湖北村。辖区面积20.7平方公里。辖塔拉站屯、塔拉前屯2个屯,设2个村民小组,户籍227户,人口853人。耕地面积357公顷,主要农作物有玉米、大豆、水稻。林地面积578.7公顷。

7. 通沟镇站驻地现状

通沟镇站驻地现为敦化市官地镇岗子村,具体位置在现通沟书院与武圣观中间村路的中段,现在的通沟书院东门口立有一块刻有"通沟驿"石碑。考察组在当地知情人带领下进行考察，来到当地人士指认的驿站位置，这里已经是村民住宅，没有任何遗留痕迹。现存武圣观是当年驿站附近的庙宇，院内还有三棵古树。考察组原本计划先考察武圣观，然后沿着村路到村南考察老渡口和沙河边的古驿道。考察组对此地进行了现场定位，其地理坐标为N43°32′18″、E128°32′01″，并用无人机进行了航拍。

官地镇位于敦化市东北部，官地河西岸，距市区30公里。东邻雁鸣湖镇，南靠沙河沿镇，西接秋梨沟镇、黑石乡，北望青沟子乡。辖2个社区和45个村、93个自然屯、108个村民小组，有朝鲜族、回族、蒙古族、满族、壮族等5个少数民族。2021年居民总户数1.22万户，人口3.6万人。镇辖区东西长33公里，南北长34公里，总面积623.1平方公里，平均海拔430米。G201国道行经镇域30公里，市、乡两级公路纵横交错，各村交通非常便利。东部为山区，最高峰二龙山海拔1194米。南部为丘陵岗地，中、西部为山间盆地。主要河流有牡丹江、大沙河，建有红石和西崴子两处发电站。森林资源丰富，东南部山区主要为针、阔叶林，北部为灌木次生林。全镇林地面积11517公顷，其中人工林1703公顷，林木总蓄积量为165106立方米。2021年，全镇社会生产总值38.42亿元，农业总产值5.9亿元，农村经济总收入16.2亿元，农民人均纯收入1.82万元。全镇耕地面积2.93万公顷，种植玉米1.68万公顷，产量11.9万吨；种植大豆1.14万公顷，产量3.45万吨；种植水稻600公顷，产量400吨。此外，还种植果蔬、药材、烟叶、食用菌等经济作物。

岗子村隶属官地镇，位于镇政府驻地西南5.7公里，距敦化市城区39.1公里。村子建于

敦化市关帝镇岗子村鸟瞰图，图中红圈处为驿站原址

清乾隆元年(1736),沙河绕村子西流再向北流,因屯西沙河对岸有一山名通沟岭,古称通沟岗子,1921年属额穆县称岗子村。东邻八棵树村,西接胜利村,南对老虎洞村,北通成记号村,辖区面积5.47平方公里。境内最高处是东山头,主峰海拔570米,蕴藏的黑曜岩品位较高。西、南、北三面是一脉相连的高岗,土壤肥沃,适宜耕种。沙河南岸,生长着大面积的杜鹃花,杜鹃花被满族群众称为年喜花。岗子村历史文化底蕴深厚,考古人员在东山头遗址和岗子遗址采集到大量石斧、石锄、陶豆、陶罐、五铢钱等文物。村东通沟书院占地1500平方米,院内建有历史文化墙、东疆贤达雕塑,岗子村博物馆亦建于书院内。村西沙河北岸有一条古驿道,离沙河岸约60米,距通沟驿站原址约500米。古驿道宽约4米,在德林石(黑色带孔的玄武岩)铺设的路面上,尚可见两道清晰的车辙印痕。村东南遗有清代武圣观,其西北、西南、东南三面尚存三棵百年柳树,以西北面那棵最为茂盛,高约13米,粗约2.3米,树龄约200年。村南老渡口还遗存两块相距约3米的玄武岩系船石,一块上刻有"老船口"三字,另一块上于棱角斜凿直径约10厘米系船孔。2021年,全村粮食总产量1600万斤,全村经济总收入1400万元,人均收入1.4万元。

四、吉林北路驿路城镇骨架及驿站驻地现状

吉林北路包括两条驿路,一条是吉林城至黑龙江城(瑷珲城)的驿路,一条是吉林城至三姓城等地的驿路,但是在今吉林省境内主要是吉林城至伯都讷城的路段及登伊勒哲库站至蒙古卡伦站通往三姓城一段,所以从城镇形成发展和分布格局的角度来看,考察的空间对象是今吉林市至松原市一带。吉林城至伯都讷段驿路,最初是吉林城至黑龙江城驿路的一段,于康熙二十五年(1686)建成开通。乾隆九年(1744)拉林设副都统,又从登伊勒哲库向东北添设了蒙古卡伦与拉林多欢两站,现只有蒙古卡伦站在吉林省境内。吉林城至伯都讷城段驿路,从自然地貌类型来说,是从吉东低山丘陵区,越过中部台地平原区,进入西部沙丘覆盖平原区,突出的特征是相对平坦。而且,这段驿路一直伴随着松花江向北延伸,和松花江水路沟通密切,相得益彰。一些"闯关东"家族由南向北迁徙路线,都是水路和陆路交替前行,也充分证明了当年这个交通便利的特征。有水路交通的加持,这条驿路对沟通东北地区南北联络的战略地位和作用更加凸显出来。特别是在清代交通设施普遍落后的情况下,水路和陆路交通能够相伴互通,确实是一种得天独厚的优势。而交通便利的优势,实际上就是城镇形成和发展的优势。

(一)吉林市至松原市城镇骨架

吉林城至黑龙江城驿路从康熙二十一年(1682)前后开始筹划,康熙二十五年(1686)开始使用,建成时间虽然比吉林西路驿路、吉林东路驿路晚一些,但也不是太晚。也就是说,吉林城至伯都讷城一线驿站设立时,新柳条边修筑完成仅仅5年,郭尔罗斯前旗辅国公恭格

拉布坦与民人张立绪私下签订招垦协议,则是在一百多年以后的乾隆五十六年(1791),这个时候这一带还很少有流民入垦,处于人烟稀少的状态。可以找到的历史旁证,则是李方远受"朱三太子"案牵连,于康熙四十七年(1708)遣戍伯都讷,在康熙四十九年(1709)所著《张先生传》中,对沿途见闻有所记述:"过山海关,历沈阳城,出威远门,即条子边也。过此,无一居民矣。时已初冬月晦,朔风吹面,寒气透衣,满地荒草,沙漠无际。黄羊、山雉群集,古木怪石嵯峨。余有《关外行》一词,兹不具载。由船厂到新城,乃仲冬二十三日。伯都讷,其站名也。遂买茅舍以栖止,抄闻先生弃市之信。"从李方远这段记述可以了解,即便在驿路开通二十多年以后,过了柳条边也基本上就没有民居了,一派荒凉景象。而李方远到了伯都讷以后能够买到茅舍栖身,说明这时的伯都讷已经有了一定规模的聚居人口。另外,伯都讷新城建于康熙三十二年(1693),也比驿路开通时间晚7年。之所以列举这些史实,是为了说明驿路和驿站之设,对于这一带山林开启的肇始意义。在流民尚未大量涌入的时候,这一带的驿站已经开始经营了,驿站站丁及其家人就已经开始开发这里的土地。毫无疑问,在当时人烟稀少、狼狐出没的历史条件下,三三两两的"闯关东"流民,只能沿着驿路从南向北迁徙,选择靠近驿站的地方落脚。这是常理,不需要更多的史料支持。况且,吉林城至伯都讷路段,是当时从南向北迁徙的主要通道,并且和水路互通,是很多流民中意的迁徙路线。在这条驿路上经过的流人越多,意味着在驿路附近择地定居下来的中原民众越多,意味着驿路上的各个驿站是这一带最早出现的民众聚居邑落。

不过,认真研究吉林市至松原市一带城镇发展历史,就会发现一个比较矛盾的现象:这条驿路上当年归吉林府管辖的驿站,到光绪十八年(1892)时都已经发展成为市集,而归伯都讷厅管辖的驿站,则没有一个成为当时的市集。据《吉林分巡道造送会典馆清册》记载,吉林府所属的金珠鄂佛罗站、舒兰河站、法特哈边门站均成市集,法特哈站集还是有五百余户的三个大市集之一;伯都讷厅属市集有20个,但是没有一个是在驿站基础上形成的。这个情况,既与驿站设置较早的历史实际不匹配,又与吉林西路驿路、吉林东路驿路各驿站逐渐发展形成市集的基本规律不相符,是一种特殊现象。这个特殊现象,也对作者造成了很大的困惑。经过进一步研究,作者能给出的最为合理的解释是:这应该和土地开发的历史过程和具体操作方式有关。据《扶余县志》记载:"清顺治年间,在今扶余三井子东部设欧李贡山,为皇家封禁私产,并派员管理。康熙二十一年(1682),开围场。"因此,伯都讷厅所辖地域大多为贡山、围场。但是,这里开发得比较早,据《吉林志书》记载,伯都讷厅"原有纳粮丁民一千六百五十五户",因此早在雍正四年(1726)就设置长宁县管理民务,乾隆元年(1736)罢长宁县,第二年改设州同。此后"乾隆四十二、三等年,查出流民一千九百户""乾隆五十八年,查出流民二千一百五十一户""嘉庆五年,查出流民三百八十一户""嘉庆十四年,查出流民一千一百四十四户",可见自乾隆朝至嘉庆朝流民涌入定居垦荒一直未断。由于关内各省移垦入境的汉民日增,民务日繁,于嘉庆十五年(1810)置伯都讷厅专理民务。道光四年(1824)伯都讷围场开始正式招民开垦,伯都讷副都统衙门正式张贴招垦告示。由此，围场周边形成了聚落村屯，进而成长为城镇。因是官方主导的招垦活动，必然有着比较强的计划性，至少是连片土地集中招垦，一般聚居点的设置与招垦的土地紧密联系在一起，一定是距离将要开垦的土地最近且适于人类居住的地点。这样安排的结果，驿站驻地及其周围一定范围区域内，因为已经是"有主"之地，反倒不利于设置垦民聚居点。如此发展下来的结果就是能够形成市集的地方，一般是集中招垦时设置的聚居点而不是驿站。虽然驿站没有成为市集，但作为交通要道上的重要节点，其仍然是举足轻重的聚居邑落，在这一城镇带的发展过程中发挥着重要作用。

吉林市至松原市城镇带最初的重要支撑点，南端为吉林城，沿驿路北行渐次有打牲乌拉总管衙门所在地和法特哈站集，然后至伯都讷城。至少至光绪十八年（1892）时，这个城镇带的城镇骨架已经形成。后来，随着航运发展和铁路开通，沿线有特殊地理区位优势的地方获得了充分发展，成长为城镇骨架新的重要支撑点。如陶赖昭镇，作为中东铁路南部支线上的一个车站，成为铁路与松花江航运的连结点，货流和客流在此集散，因而获得迅速发展。站前地带很快成为区域农产品汇聚、加工、外销的商业中心，该镇由此获得迅速成长，一度与相邻的双城、九台等城镇比肩，成为这个城镇骨架上的又一个重要支撑点。此外，处于驿路之上的大坡集和五棵树集，也应该是比较重要的支撑点。从现今行政区划地图上查阅，正好处于这条驿路之上的乡镇级以上的行政中心有吉林市（尼什哈站）、江北乡、金珠镇（金珠鄂佛罗站）、乌拉街满族镇、溪河镇（舒兰河站，曾拟为舒兰县治地）、白旗镇、法特镇（法特哈站）、大坡镇、秀水镇（登伊勒哲库站）、五棵树镇（东南6公里左右为盟温站）、陶赖昭镇（北4公里左右为陶赖昭站驻地北陶乡）、五家站镇（逊札保站）、新站乡（浩色站）、增盛镇、哈达山镇（社里站）、善友镇、伯都乡（伯都讷站）、松原市。另外，蒙古卡伦站为今榆树市太安乡新站村。通过上述驿路线路上的乡镇级以上行政中心分布可以看出，吉林城至伯都讷城区间驿站，基本都成为乡镇级以上的行政中心，只有原盟温站驻地现为盟温村驻地，原蒙古卡伦站驻地为新站村驻地。这说明，这些驿站在这一带经济社会发展过程中，都发挥了相当重要的作用，除构成城镇骨架支撑点的驿站外，大多还成为这一城镇带的重要组成部分。以上所列乡镇级以上行政中心，在现今吉林省"一主六双"高质量发展战略中，都处于环长春四辽吉松工业走廊之上，可以发挥重要的辐射带动作用，在中国式现代化进程中将会担当起时代赋予的历史使命。

（二）北路各驿站驻地现状

2023年5月29日至30日，由李云鹤、常京锁、竭宝峰、崔宇、李鹏组成的考察组，对吉林北路驿路各驿站原址进行了实地考察。考察组29日清晨从长春市向松原市进发，从伯都讷站开始由北向南回溯考察。当日先后实地踏查了伯都讷站、社里站、浩色老站和新站、逊札保站、陶赖昭站，晚上入住榆树市。30日考察了蒙古卡伦站、盟温站、登伊勒哲库站、舒兰河站、法特哈站、金珠鄂佛罗站，完成了北路驿站原址的考察任务。此行涉及长春市、吉林市、松原市3个市,吉林市龙潭区、舒兰市、榆树市、扶余市、松原市宁江区5个县(市、区),各地相关领导和地方志工作机构都给予了大力支持,地方志同人做了大量扎实细致的基础工作,有力保障了考察工作的顺利进行。

1. 金珠鄂佛罗站驻地现状

金珠鄂佛罗站本为吉林北路驿路从吉林城出发的第二站,首站应为尼什哈站。但从管理体制而言,尼什哈站归吉林西路驿路驿站监督关防处管辖,而吉林北路驿路归吉林北路驿站监督关防处管辖,金珠鄂佛罗站事实上成为吉林北路驿路的首站,所以才有清代公文一般称吉林北路驿站监督关防处为"金珠等站监督"。金珠鄂佛罗站驻地现为吉林市龙潭区金珠镇金珠村金珠站屯。考察组5月30日傍晚时,从舒兰市赶到了吉林市龙潭区。在吉林市地方志同人带领下,考察组先是到金珠镇政府停车,听金珠镇当地人士介绍具体情况。在金珠镇政府门外,有一块介绍金珠鄂佛罗站情况的石碑,所载内容并不是很准确,加之有误导之嫌,考察组没有细致考察。随后,在金珠镇相关人员带领下,考察组来到金珠村,G202国道西边的一栋不太整齐的二层小楼旁边,据说这一带就是当年金珠鄂佛罗站所在地。据了解,此地为金珠村金珠站屯,过去老人称这里为"官房子",路东还曾有数间马厩。据吉林市文物工作者考证,在金珠村一带,G202国道就是当年的驿路路线。由此判断,此地为金珠鄂佛罗站所在无疑。考察组进行了现场定位,其地理坐标为N44°03′01″、E126°32′42″,并用无人机进行了航拍。

吉林市龙潭区金珠镇金珠村金珠站屯鸟瞰图,图中红圈处为驿站原址

金珠镇位于吉林市正北方向,距龙潭区人民政府驻地13公里。东邻江密峰镇,北与乌拉街满族镇亚复村、牛家村相接,西与九站高新技术开发区隔松花江相望,南接江北乡北山村。地形东高西低,山势多低缓,最高峰在石场山,海拔341.9米,其余山地平均高度在200米至250米。G202国道从镇街中部穿过,吉哈铁路在镇域平原和山地相接处通过,路东为山地,路西为冲积平原。松花江自南而北流经安达村、南兰村、岗子村。辖区面积116平方公里,辖2个社区、14个村、50个自然屯,人口24312人。有耕地面积3096公顷,2021年粮食产量6.8万吨。有吉林建龙钢铁有限责任公司等十余家驻镇企业,吉林花海旅游股份有限公司基础设施不断完善,旅游产业名牌效应凸显,被评为农业产业化省级龙头企业。吉林金珠花海度假区2022年晋级为国家4A级旅游景区,景区占地212公顷,位处北纬44度最适宜花卉生长的纬度上,种植了醉蝶、百日草、金盏菊、常夏石竹、冰岛虞美人、加拿大美女樱、熏衣草、花菱草等100余种花卉,累计投资超过2亿元,是东北最大花海主题游乐场。度假区建有高空漂流、海啸池、海盗船、鲨鱼堡、射箭场、七彩滑道等大型游乐设施,丰富拓展了游客的旅游体验,是集"文、旅、农、教、康、养"于一体的度假胜地。

金珠村位于金珠镇人民政府驻地正北方向约4公里处。南距吉林市31公里,北距乌拉街10公里,G202国道在村子东边南北向穿过。东与四间村相邻,西与荒地村相邻,南与兴华村相邻,北与乌拉街牛家村相邻。面积7.38平方公里,辖13个村民小组、4个自然屯,现有982户、2980人,其中满族856人,回族1人,其余为汉族。耕地面积4.5万公顷,农作物以水稻种植为主。村委会负责人告诉考察组,因为距离吉林市不远,当地工业企业比较多,村里青壮劳动力多数到企业打工。村里耕地则进行流转,承包给别人耕种。2022年,中共吉林省委发布追授"吉林省优秀共产党员"称号的决定,金珠村村委会原副主任田杰被追授"吉林省优秀共产党员"称号的三人之一。2022年3月17日,田杰因抗击新冠疫情连日劳累而突发疾病,为维护群众生命安全和身体健康献出了年仅42岁的宝贵生命,成为金珠村村民永远牢记在心中的英雄。

2. 舒兰河站驻地现状

舒兰河站驻地现为舒兰市溪河镇舒兰站村。考察组5月30日结束对榆树市登伊勒哲库站的实地考察以后,便沿着G202国道向着舒兰市进发,准备循着法特哈站、舒兰河站、金珠鄂佛罗站的次序逐一踏查。不想在即将进入法特镇地界的地方,碰上了一个路段正在修路,交通已经完全断开。等候将近1个小时,舒兰市的接待人员绕路赶来,带领考察组走田间机耕道绕过修路路段,直接到达溪河镇。因此,考察组对于舒兰市境内的驿站考察,从舒兰河站开始。在舒兰站村,考察组见到了舒兰河站站丁王兴的后人王国禄,王国禄也已届耄耋之年。王国禄说,他的爷爷是舒兰河站撤站之前的"马巡长",负责驿站马、牛的饲养和使用分配。王国禄老人还出示了他精心保存的爷爷的照片,从照片看是王兴老人步入老年以后照的,反映不出驿站的任何信息。在王国禄老人带领下,考察组来到村中一处十字路口,老人指认当年驿站就在十字路口一带,而穿村而过的一条村路,能够接上G202国道,是

舒兰市溪河镇舒兰站村鸟瞰图，图中红圈处为驿站原址

当年的驿路路线。根据老人的指认，考察组进行了现场定位，其地理坐标为 N44°17′34″、E126°31′41″，并用无人机进行了航拍。

　　溪河镇位于舒兰市西南部，镇人民政府驻溪河村溪浪河屯，距舒兰市中心城区54公里。1946年中国共产党在此地建立溪河人民政府，1958年设溪河人民公社，1993年溪河人民公社改为溪河镇。西与长春市九台区莽卡满族乡隔松花江相望，北与白旗镇、亮甲山乡相连，东邻吉舒街道，南与吉林市龙潭区大口钦满族镇接壤。溪河镇东部为半山丘陵区，西部主要为沃野平原。南北宽14公里，东西长18公里，面积168.96平方公里，G202国道穿越全境。松花江流经境内，境内江段长11.3公里。有水域面积169公顷，林地面积1756公顷。辖1个社区、11个村、65个自然屯，户籍9189户，人口33010人。有耕地面积7554.54公顷，其中水田面积2339.24公顷，旱田面积5215.3公顷。2021年，粮食总产量85000吨，社会生产总值67000万元，农民人均收入16430元。凤凰山旅游景区位于溪河镇南4公里，距舒兰市54公里，吉林市60公里，面积880公顷，海拔365米。景区共分5个区域：庙宇区、景观区、东顶山天然森林风光带景区、水上游乐园、综合商业服务区。溪河镇是舒兰市"西部美丽乡村示范带"最南端。

　　舒兰站村位于溪河镇北，距溪河镇人民政府所在地不足2公里，G202国道在村西边通过。辖舒兰站屯和东堡子屯2个自然屯，人口2703人，耕地面积526公顷，林地面积150公顷，水面面积4公顷。有吉米粮食、百益公司、砂场等企业，三莲稻田公园远近闻名。通过

"公司+村合作社+农户"方式,壮大集体经济、增加农户收入。2021年舒兰站村人均收入达1.5万余元。驿站文化的种子在舒兰站村扎下了根。他们在G202国道两侧修建了驿站主题文化墙,形象展示了包括驿站设立由来、功能价值、历史变迁等丰富内容,形式活泼生动,既是对驿路驿站历史文化的宣传展现,也是对舒兰站村传统驿站文化的礼敬传承。

3. 法特哈站驻地现状

法特哈站驻地在现今舒兰市法特镇街内,但是对于具体位置所在,有着不同的说法。考察组于5月30日下午到达法特镇,在当地文史爱好者和相关工作人员带领下,踏查驿站原址。当地人员先是将考察组带到法特镇桥南、G202国道东侧一排二层门市房后院,当地人指认此地为驿站原址。此处距G202国道约100米,而当地人都认为G202国道就是当年的驿路路线,这与驿站就在驿路边上的规律不符,考察组没有认可。另有当地文史爱好者主张驿站在桥北现今一座加油站的位置,而此地与新柳条边的法特哈边门距离很近,也符合居于驿路边上的规律。考察组在此地进行了定点、拍照,不过仍然心存疑虑,觉得不够托底。5月31日在吉林市考察时,丁万良老人说他多次去法特镇进行过实地考察,而且与当年驿站笔帖式赵文博的孙子进行过求证,明确指认桥南G202国道东边的那座白色二层门市房所在位置,就是驿站原址。而当地人指认门市房后院位置,是赵文博住宅所在地。至此,事情大体搞清楚了。丁万良老人出示他当年拍摄的照片,和考察组在实地见到的那座建筑完全一样,说明近些年这里的建筑没有变化。考察组当时对这里

舒兰市法特镇鸟瞰图,图中红圈处为驿站原址

进行了无人机航拍,没有对这个地点定位,后来委托当地文史爱好者进行了现场定位,其地理坐标为N44°29′14″、E126°31′04″。

法特镇原称法特区,1958年改法特乡,同年10月改为法特公社;1962年,法特公社分为法特、莲花2个公社;1984年11月,由法特公社改为法特乡;1992年12月,法特乡撤乡设镇,改为法特镇。位于舒兰市西北部,距舒兰市区45公里。地处吉林市的舒兰市和长春市的榆树市、九台区、德惠市四市(区)交会的特殊地带,东与莲花乡接壤、南与白旗镇相连、西与长春市九台区隔松花江相望、北与榆树市大坡镇为邻,G202国道从镇街中心南北向贯通而过,交通非常便利。位于松花江东岸,处于松花江和卡岔河两个平原的中间地带,地形中部高两边低,为半丘陵、半平原地带,土质肥沃,水利资源丰富,是舒兰市重点产粮乡镇之一。

2021年,镇域面积144.5平方公里,林地面积309.7公顷,耕地面积10084公顷,其中水田4364公顷、旱田5720公顷,粮食总产量95992吨。辖2个社区、9个行政村,110个村民小组、74个自然屯,户籍人口11143户、35344人,常住人口8794户、21166人。社会生产总值23508万元,农民人均年收入13892元。全镇民营经济总户数3276户,其中,企业301户,规模以上工业企业5户,个体工商户2970户,从业人员达到3663人。民营经济主营业务收入实现21.7亿元,规模以上工业总产值实现9.1亿元。经调查,全镇有劳动力8322人,其中外出就业4801人。法特镇已成为吉林地区经济综合实力强镇之一。境内西团山文化遗址为省级重点保护单位。

4. 登伊勒哲库站驻地现状

登伊勒哲库站驻地现为榆树市秀水镇一个叫王麻店的地方,在秀水镇东稍偏南方向,距秀水镇约2公里,现为一片农田。G202国道为这片农田的东边边界,而道路东边约300米的山坡上是苏家村,这片农田为苏家村所有。5月30日中午时分,考察组从盟温村来到秀水镇,在镇领导的引领下到了王麻店。据介绍,当年这个地方有一户王姓人家开了一个大车店,老板脸上有麻子,人称"王麻子",这个大车店便也被称为"王麻店"。当年此地有18户人家,多为栾姓、宋姓,站边就3户人家。现场还可以看到,在农田之中还有一段被废弃的路基,是过去的公路。而这段被废弃的公路路线,恰好是当年驿路经过此地的路段。这段路原本是G202国道的一段,后来因G202国道改道被废弃。就在当地人指认的登伊勒哲库站所在的位置,又有一片土地已经被征用,据说是要修建G202国道与长春至榆树高速公路之间的联络线。可以预见,大概一年以后,登伊勒哲库站原址,将成为这个联络线上的一段路。从登伊勒哲库站所在位置朝西北方向望去,秀水镇镇容街景尽收眼底,且地势相对较高。而从王麻店朝西南方向远望,是一片比较平坦的辽阔田野,据说就是当年所称的"臭水泡子",也就是秀水镇名称的由来。考察组进行了现场定位,其地理坐标为N44°38′47″、E126°26′59″,并用无人机进行了航拍。

秀水镇位于榆树市西南21公里处,东与保寿镇,南与大坡镇,西与五棵树镇,北与刘家镇、环城乡、闵家镇相连,西南紧靠松花江,与德惠市朝阳乡隔江相望,距长春市160公里,距

榆树市秀水镇鸟瞰图

哈尔滨140公里,距吉林市90公里,G202国道(黑大线)南北贯穿全镇。全镇东西长18.13公里,南北宽17.26公里,面积215.19平方公里。下辖16个行政村,90个自然屯,135个村民小组,总户数13232户,其中农业户13036户;总人口47271人,其中农业人口46416人。有汉、满、朝鲜3个民族,满族人口5165人,朝鲜族人口1033人,其余为汉族。镇域地势相对平坦,松花江在西、南两面流经7个村,总长25.12公里,"老干江"水域面积30平方公里。属黑土地带,拥有广阔的耕地,为农作物种植提供了良好的基础条件。盛产水稻、玉米、大豆,鱼类资源也很丰富,有"鱼米之乡"的美誉。2022年实现地区生产总值24.34亿元。其中第一产业产值8.72亿元,第二产业产值7.31亿元,第三产业8.31亿元。全口径财政收入2446万元,农民人均纯收入17902元。有三处遗址和一处古迹,包括著名的"榆树人遗址",彰显了深厚的历史文化底蕴。

依托老干江独特的自然资源,打造秀水新乡三产融合产业园。产业园规划面积66.5平方公里,规划建设综合服务中心、游客服务中心、展览展示中心、文化展览中心、社会福利养老中心、民俗文化中心、创业服务中心、农副产品交易中心、红色文化展示中心、治江供热与污水收集池、科技展示中心、乡村培训学校、棚膜经济区、江北污水处理设施、稻米观光加工厂等多个板块。项目围绕农业增效、农民增收、农村增绿,积极探索推进农村经济社会全面发展的新模式、新业态、新路径。项目建成后将带动榆树旅游产业进入一个全新的跨越发展阶段,助力旅游经济圈建设,推动区域乡村旅游转型升级和高质量发展。

5. 盟温站驻地现状

盟温站驻地现为榆树市五棵树镇盟温村。考察组5月30日考察完蒙古卡伦站以后，折返榆树市再去盟温村。新站村在榆树市东北方向，而盟温村在榆树市的西南方向，所以路线比较曲折。盟温村在五棵树镇西南方向，西距松花江约2公里，南行200米便是盟温河。考察组到达盟温村以后，村干部请来89岁的张国英老人为考察组介绍情况。在张国英老人的引领下，大家来到村幼儿园后院，此地便是盟温站原址。张国英老人说，他十多岁的时候，村里还有一位驿站的胡马倌，他曾经听胡马倌讲过一些驿站的故事。现在因为年代久远了些，驿站已经没有什么遗迹可寻了。不过，张国英老人说，在驿站原址西边500米左右，当年老爷庙门口的两棵大树至今仍在。于是考察组跟随老人来到他所说的地点，一看果然有两棵枝干虬劲的老榆树，树干根部粗约80厘米。从两棵老榆树相隔距离看，符合一般门口的宽度。在老榆树下，张国英老人介绍说，当年驿路实际是在两棵老榆树前面，也就是在老爷庙的前面通过，现在村里的水泥路是后改的路线。当地提供的文字资料介绍：盟温站村庙西屯曾有一座十八罗汉庙，后面有一座娘娘庙，两处寺庙在土改时拆除，遗址处仅存有两棵古榆树，已有百余年历史。说的就是这两棵老榆树。考察组对两个地点都进行了定位，驿站原址坐标为N44°55′19″、E126°11′28″，老榆树坐标为N44°55′17″、E126°11′40″，并用无人机进行了航拍。

盟温站村位于五棵树镇西南，相距约4.6公里，距榆树市约40公里。北靠龚家村，东、南

盟温站原址西500米左右，当年老爷庙门口的两棵大榆树，至今依然枝繁叶茂

榆树市五棵树镇盟温村鸟瞰图，图中红圈处为驿站原址

与刘家镇相邻，西邻松花江与德惠市相望。村内现有一条盟温站村至秀水镇乡路，全程35公里。原来曾有五棵树镇至秀水镇公交线路通过，后来停运。全村面积13平方公里，辖7个自然屯，12个村民小组。2022年，总户数1115户，常住户数750户，常住人口4125人。有汉、满两个民族，汉族人口占66%，满族人口占34%。生产总值7056万元，农民人均纯收入16100元。全村耕地面积1080公顷，全部为旱田；林地面积300公顷。有修理部1家，小卖店13家，比较有规模的合作社、家庭农场13个，年收入约1040万元。村经济以农业为主，主要种植玉米。饲养黄牛300头、猪200头、羊100头，有学校1所（村小），卫生所1所。成立环境卫生巡查队督查卫生。盟温站村曾是满洲八旗人户聚居地，建村时间可追溯至清代，当时有八大家族，号称"三王、四李、一户董"。据说，十八罗汉庙也曾是这一带香火旺盛的地方。而今，曾经的热闹已经成为历史，只有那两棵老榆树伫立在原地，仿佛在无声地诉说着盟温站曾经的繁华和十八罗汉庙曾经的热闹。

6. 陶赖昭站驻地现状

陶赖昭站原址现属扶余市陶赖昭镇陶西村。据松原市地方志同人考证，驿站具体位置在现今金禾饲料有限公司北侧，北陶水库南侧，六环商砼西侧，距陶赖昭镇人民政府3公里。5月29日，考察组于傍晚时分来到此地，见驿站遗址现为长方形空地，西、北两侧有树林环绕，X133县道走向在这里由西南折向东北，拐了一个近乎直角弯。从现场情况看，应该是原有地上建筑，但已经被拆掉了。据当地人介绍，三四十年以前，这个地方还有一个大车店,后来被拆掉了。据了解,这个地块归陶赖昭镇人民政府所有,属陶西村地界。在将现场情况与掌握的历史资料进行比对以后,感觉大体吻合。考察组进行了现场定位,其地理坐标为N44°51′06″、E125°54′47″,并用无人机进行了航拍。就在考察组考察工作刚刚结束,收回无人机的时候,忽然狂风骤起、飞沙走石,旁边一棵碗口粗细的杨树都被大风拦腰吹折,随后豆大的雨点就砸落了下来。大家都感到很是庆幸,无人机收回时哪怕是慢半拍,恐怕都会被大风吹走。就这样,考察组匆忙结束了一天的考察工作,告别扶余市,在黄昏中启程奔向榆树市。

陶赖昭镇位于吉林省扶余市东南部,是历史底蕴深厚、经济实力雄厚的重镇。东与榆树市接壤,南与德惠市、农安县隔松花江相望,北连扶余市区,西接五家站镇。境内有X144县道通过,榆陶公路可直达榆树,G1京哈高速在陶赖昭镇设有出口。铁路有哈大客运专线、松陶铁路、京哈铁路、陶榆铁路。陶赖昭站曾为沈阳铁路局和哈尔滨铁路局的分界点。2022年,辖区总面积296.43平方公里。辖29个行政村,84个自然屯,186个生产合作社,户籍人口50960人,常住8119户、17093人,人口以汉族为主,其中红星村为朝鲜族民族村。农作物播种面积17099.5公顷。其中玉米播种面积13554公顷,水稻播种面积2964公顷,花生播种面积292公顷,蔬菜瓜果类播种面积51.51公顷,杂粮杂豆播种面积237.99公顷,土豆播种面积36公顷。粮食总产量18.115万吨。全镇林地面积2007公顷,其中防护林1209公顷。全镇有农贸市场3处,营业面积30000平方米,镇政府所在地大集每月3次。有幼儿园4所、

扶余市陶赖昭镇陶西村鸟瞰图,图中红圈处为驿站原址

中心小学2所、村小2所,在校学生736人,教师132人;初中2所,在校学生547人,教师114人。镇内设有陶赖昭工业园区,是2005年10月经松原市人民政府批准设立的以农畜产品深加工为主导产业的市级工业园区,规划面积10平方公里。

陶西村位于镇政府驻地西北,相距3.5公里。东北沦陷时期属陶赖昭甲。新中国成立后,归陶赖昭区政府所辖;1958年人民公社化后,隶属陶赖昭管理区。1961年4月陶赖昭管理区以三岔河至小城子公路为界,分为两个生产大队,公路以西称陶西。1983年农村体制改革以后,建立陶西村村民委员会。陶西村辖自然屯1个,2022年户籍人口2480人,耕地面积800公顷。经济以农业为主,主要种植水稻、玉米;畜牧业为辅,主要饲养牛、鸡、猪。陶西村土地肥沃,适合种植水稻,纯天然绿色大米质地坚韧、细腻滑润,深受外地人士喜爱。

7. 逊札保站驻地现状

逊札保站驻地在今扶余市五家站镇,现属五家站镇菜园子村。考察组5月29日下午到达五家站镇,在当地知情人的带领下,自五家站镇中兴路西行,经南市场西侧胡同至金钻广场,沿广场东侧水泥路前行约3公里,来到了小南园子水泥路头,位于菜园子村村部东南方向3公里左右的一处农田。据逊札保驿站站丁后人吴丛有介绍,此处即驿站原址,后来改为道观,一度香火比较旺盛。因为当时此地有五大家族,分别姓汪、胡、李、吴、王,所以称五家站。据介绍,我们来此地行走的水泥路就是当年驿路路线,上通陶赖昭站,下达浩色站。松花江在此地南约0.5公里处。考察组进行了现场定位,其地理坐标为N44°57′54″、E125°

扶余市五家站镇鸟瞰图,图中红圈处为驿站原址

26′56″,并用无人机进行了航拍。根据史料记载,逊札保站灵祐寺遗址在五家站镇供销社附近,考察组返回五家站镇以后,又对原供销社所在地进行了现场考察。此地位于五家站镇中兴路边,现为一片商业门市房,已没有任何遗迹可寻。

五家站镇位于扶余市中南部,地处松花江北岸,东与陶赖昭镇、肖家乡接壤,北与弓棚子镇相邻,西与新站乡交界,南与农安县、德惠市隔江相望。清政府开辟驿路后在五家子设立驿站,称逊札保站。后来驿站与屯落连为一体,人们便将站名和屯名也合在一起,称五家站。镇辖区总面积232.6平方公里,辖25个行政村、51个自然屯,1个街道。2022年,户籍人口41251人,常住6980户、18552人,以汉族为主。五家站镇距扶余市高铁站出口34公里,距G1015铁科高速弓棚子出口14公里,距G1京哈高速公路陶赖昭出口27公里,北有弓五路与开方线相连,境内有X144、X143县道通过,镇北有扶陶公路穿过。地理位置优越,交通便利,自古就是区域物资集散中心,是扶余市的农业大镇和商贸重镇。农作物种植面积15286公顷,其中玉米播种面积12400公顷、水稻播种面积2326公顷、花生面积346公顷、蔬菜瓜果类播种面积47公顷、杂粮杂豆播种面积127公顷。粮食总产量16.74万吨。畜牧业以猪、牛、羊、家禽养殖为主。全镇总林地面积1217公顷,其中防护林833.4公顷。全镇有农贸市场1处,营业面积3000平方米,年交易额1800万元。企业60户,主要经营项目有白酒酿造、劳务、米业加工、板材加工等。拥有丰富的水资源和渔业资源,矿产资源主要为河流石和中砂,煎饼、江边鸭蛋、鲜鱼、大米是五家站镇的土特产和美食。

菜园子村位于五家站镇政府驻地南3公里处。1961年秋从西园子大队分出成立南园子大队,因驻地而得名;1981年地名普查时,更名为菜园子大队;1983年农村体制改革,成立菜园子村村民委员会,辖自然屯1个。2022年,户籍人口1597人,耕地面积160公顷。以棚菜生产为主,主要种植茄子、辣椒、黄瓜、西葫芦、西红柿、大白菜、芹菜、小包菜等。域内有渔村山庄、莲花池、农家乐等,大煎饼是菜园子村的特色美食,享有盛名。

8. 浩色站驻地现状

根据历史资料记载,浩色站有老站和新站两个站址。5月29日,考察组先是来到了新站所在地,现扶余市新站乡新西村,见到了驿站笔帖式杨文斗的后人杨剑波。在杨剑波引领下,考察组来到当年驿站所在的具体位置。这里已经是一片农田,西侧有X144县道通过。南侧有一条林带,据杨剑波介绍,是当年的驿路路线。杨剑波介绍,浩色站当年有五大家族,最有名的是杨家和吴家,杨家有5000多垧地,人称"杨半站",意为驿站一半的耕地都在杨家手里;吴家善于经商,人称"吴半街",意为驿站大街上一半的生意都是吴家的。另外三家,马家和徐家主要是种地为生,王家则教书为生。因为已经没有任何遗迹可寻,与掌握的历史资料进行比对,杨剑波所指地方基本吻合。考察组进行了现场定位,其地理坐标为N44°57′54″、E125°26′56″,并用无人机进行了航拍。然后,考察组朝着浩色站老站所在地东井村进发。老站遗址所在的东井村,在新站遗址所在的新西村之南,相距不到5公里。老驿站位置在东井村村部西南约1500米的山下处,距新站乡政府7公里,南侧紧邻松花江,东

浩色站老站驻地旧址，扶余市新站乡东井村鸟瞰图，图中红圈处为驿站原址

浩色站新站驻地旧址，扶余市新站乡新西村鸟瞰图，图中红圈处为驿站原址

邻龙王庙旧址,现为一片耕地。按照当地知情人和杨剑波的指点,考察组到耕地里仔细寻找,还能找到一些陶瓷残片。从现场情况看,这个地方距离松花江河道确实太近了,经常遭受水害是必然的。考察组进行了现场定位,其地理坐标为N44°54′50″、E125°27′42″,并用无人机进行了航拍。

新站乡位于扶余市西南部,松花江右岸,东与五家站镇相邻,南与农安县隔江相望,西与增盛镇接壤,北与三井子、新万发镇相连,因驿站而得名。辖区面积213平方公里,辖16个村、29个自然屯、78个村民小组。2022年,户籍人口25930人,常住4255户、13521人,以汉族为主。东距G1015铁科高速弓棚子出口30公里,北距G1015铁科高速三井子出口19公里,东距扶余市城区60公里,西距松原市城区66.2公里,X144县道在境内通过。农作物种植面积14820公顷,粮食总产量64773.33吨,谷物种植5213.33公顷,玉米种植面积3713.33公顷,水稻种植1500公顷,杂粮杂豆种植面积6公顷。畜牧业以猪、牛、羊、家禽养殖为主,全乡林地面积2172公顷,其中防护林1766.7公顷,坎下有原始森林170余公顷。设有农贸市场1处,营业面积2600平方米。每月逢4日为本乡区内赶大集日,一般赶集人数在3000人以上。全乡有幼儿园3所,在园幼儿234人,专任教师13人;小学2所,在校学生633人,专任教师79人;初中1所,在校学生274人,专任教师56人。拥有丰富的水资源和渔业资源,鲜鱼、煎饼、江边鸭蛋、干豆腐、大豆腐是新站乡的土特产和美食。

新西村为新站乡政府驻地。1961年以前属新站管理区,1961年4月成立新站公社,新站管理区分为两个生产大队,此大队在西,称新西大队。1983年农村体制改革,成立新西村村民委员会,辖自然屯1个。2022年,户籍人口2223人、耕地面积920公顷。经济以农业为主,主要种植玉米、花生;畜牧业为辅,主要饲养牛、羊、猪、鸡。新西村万林米业的小米、玉米糙、玉米面、各种杂粮杂豆远近闻名。

东井村位于新站乡政府驻地南5公里处。这里地处坎上,水井很深,得名深井子;后来屯子变长,人们便以屯中一条道路为界,此屯在道路以东,故而得名东井,辖自然屯1个。2022年,户籍人口891人,耕地面积350公顷。经济以农业为主,主要种植玉米、花生;畜牧业为辅,主要饲养牛、羊、猪、鸡。东井村的玉米容重高、品质好,广受好评。

9. 社里站驻地现状

社里站驻地现为松原市宁江区哈达山镇社里村,属哈达山生态农业示范开发区范围。根据历史资料的记载,位于哈达山镇的社里站址是搬迁以后的社里站所在地,因为"早年设站之初,将社里站设在了松花江左岸濒江之地,为沙漠地段,没有土性"。5月29日上午,考察组来到社里村。没有想到,社里村还有汪姓和雷姓两个驿站后人家族,并且建有家族祠堂,保存着家族族谱。汪氏族谱记载,康熙二十四年(1685)汪氏始祖汪源从山东调入吉林伯都讷厅所辖社里站,任拨什库(领催委官),社里站最后一任领催委官也是汪家人,到现在已经繁衍了十四代。雷氏族谱记载:"清顺治十八年,先祖随王师南下,一路征伐,驻足云南。康熙十二年,朝廷撤藩致吴三桂反,历八年三藩之乱平定。云南吴军被遣散,吾祖遂被

雷氏祠堂

汪氏祠堂

拨迁关东船厂，于康熙二十五年辗转至社里站戍守驿站。"在汪、雷两族知情人引领下，考察组来到汪家祠堂南侧的驿站原址，现在是一片已经播种完的耕地，没有留存下来任何遗迹。此地距哈达山镇政府约500米，西距松花江约3公里。不过，在这片耕地中随手可以捡拾瓷器残片。据松原市地方志同人介绍，他们踏查时在播种之前，露在地表的瓷器残片和砖头瓦块更多。考察组进行了现场定位，其地理坐标为N45°1′10″、E125°9′13″，并用无人机进行了航拍。经过调查，社里站老站地址已经无人知晓。根据"松花江左岸濒江之地"的记载判断，似应该在哈达山镇所在松花江段的对岸。

　　哈达山镇驻社里村。2022年，常住户3913户，总人口12300人，其中男6320人、女5980

松原市宁江区哈达山镇社里村鸟瞰图，图中红圈处为驿站原址

人。据统计,外出打工人员占青壮年人口总数的30%,从事种植、养殖等产业青壮年人口占70%。哈达山镇以农业经济为主,主产玉米、花生、杂粮杂豆。实施一村一品、一村一业工程,借助区位优势,带动农村第三产业发展,人均经济收入大幅度提高。2022年末,全镇农村经济总收入124165万元,粮食总产量3.25万吨,农民人均纯收入19000元。全镇养殖肉牛3500头,绵羊15000只,生猪出栏6000头,养殖土鸡8万只;建成6.67公顷玫瑰花种植基地1个,种植有机特色香瓜3公顷。现有中学1所,教学楼总面积2200平方米,在校学生237名;中心小学及村小学共7所,在校生442名;幼儿园2所,学龄前儿童78名。境内有6处历史文化遗址,其中省级文物保护单位1处,市级文物保护单位2处。整合历史文化旅游资源,加快文化旅游业发展步伐,培育具有满族特色的饮食文化。基础文化设施建有文化站1个、文化中心1个、村级文化活动室17个、17个村级图书室,图书存量9万册。有各类医疗卫生机构17个,病床42张,其中公立卫生机构床位10张。

社里村面积28.79平方公里,其中耕地面积1179公顷、林地137公顷、水面134公顷。2022年,户籍人口2121人,常驻人口1350人,其中男850人、女500人。社里村以种植农业为主,主要种植花生、玉米、大豆等农作物。2022年,全村种植玉米100公顷、花生900公顷,生猪出栏500头,养殖土鸡1万只。年末,全村经济总收入3840万元,粮食总产量1400吨,油料总产量3800吨,农民人均纯收入19200元。社里村为镇政府所在地,处于全镇中心地位,集市、民俗节庆等民间集会都在这里举行。旅游资源比较丰富,发展文化旅游业基础较好。2014年,哈达山镇政府编制了《社里村建设总体规划》《社里村旅游发展总体规划》,历时8年打造成绿色丛林秘境、钓鱼旅游景区和"篝火晚会"营地等特色项目。

10. 伯都讷站驻地现状

伯都讷站为城站,设在伯都古城之中,至今已经无迹可寻,考察组只好将伯都古城址作为伯都讷站址进行考察。5月29日上午,考察组到达松原市宁江区伯都乡以后,在当地知情人引领下来到伯都古城遗址所在地。1987年,伯都古城遗址被吉林省人民政府公布为重点文物保护单位,位于伯都乡人民政府所在地东南200米处。城东、南、西三面是平原,东北部有一东南走向的漫岗。遗址西240米处是伯都乡通往宁江区的X129县道,西距松花江约4公里。据资料介绍,城址略呈方形,周长3132米。东墙长709米,西墙长797米,南墙长812米,北墙长814米。从现场情况看,城墙只剩下部分残垣,大致可以看出城池范围。此地立有吉林省重点文物保护碑,镌刻有伯都古城简介,有这样一段文字:"城址略呈方形,城墙保护不够完好,有几处被取土破坏或垦为耕地。城门较清楚地看出有4个,各城门均有瓮(瓮)城,形状近于方形。保存较好的为东、西、北三个瓮(瓮)城。城内已成耕地,可以看出形状。城墙外有一方形土台,当地称为'点将台'。"保护碑的这段文字,将古城遗址状况描述得比较清楚。望着古城址上已经播种完毕的耕地,作者想象就在这片耕地的某一块区域,是当年异常忙碌的伯都讷城站。而今,那些来来去去匆忙的背影,都已经走进了深深的历史深处,因而倍生沧海桑田的无限感慨。考察组进行了现场定位,其地理坐标

松原市宁江区伯都乡鸟瞰图,图中红圈处为驿站原址

为 N45°16′21″、E124°48′21″,并用无人机进行了航拍。伯都讷站是考察组本次考察的第一站,也是作者组织的整个吉林驿路驿站历史文化考察的第一站。

伯都乡位于松原市宁江区北部,是宁江区所辖 7 个乡镇之一。2005 年 9 月,原伯都乡与原新民乡合并,组成新的伯都乡。距松原市区 12.5 公里,东与大洼镇相邻,南与新城乡接壤,西、北临松花江,与黑龙江省肇源县隔江相望,面积 282.5 平方公里,下辖新民、井发、建业、松林、河西、蔡家、杨家、仲仕、伯都、永清、新安、溪浪河、于家、新村等 14 个行政村,30 个自然屯,73 个社。2022 年末,全乡有居民 9835 户、19288 人。耕地面积 10473 公顷,其中旱田 8373 公顷、水田 2100 公顷,土壤为黑钙土、草甸土、风沙土,有机质含量高,适合作物生长。实施黑土地保护、秸秆综合利用、保护性耕作项目,安装黑土地和保护性耕作监测设备 36 台,完成黑土地项目面积 2658.27 公顷,保护性耕作面积 848 公顷。全乡粮食谷物类总产量 138698 吨、豆类产量 603.7 吨、薯类产量 930 吨,农村经济总收入 90829.6 万元,农民人均纯收入 18213 元。全乡禽存栏 310000 羽,猪存栏 12500 头,牛存栏 4230 头,羊存栏 18200 只。加大肉牛养殖规模,发展 50 头以上肉牛养殖户 16 户。有中学 2 所、小学 7 所,有医疗卫生机构 25 家,公立卫生机构床位 10 张。2022 年举办宁江区第五届农民文化节启动仪式暨伯都乡专场文艺汇演,举办伯都乡第一届农民运动会。2023 年举办以伯都讷冠名的宁江区伯都讷乡村文化旅游节暨伯都乡蟠桃节,主会场设在杨家村,在新安村、仲仕村设分会场。

永清村是伯都乡政府所在地,也是伯都古城遗址所在地。全村辖 1 个自然屯,总户数

870户，总人口3450人，常住人口1900人，有劳动力1200人。土地确权耕地面积873公顷亩，其中旱田863公顷、水田110公顷；有机动地21.46公顷，林地66公顷。全村有农机具245台（套），机电井81眼，井控面积8公顷。全村道路11.5公里，全部完成硬化。其中砖路1.5公里、水泥路10公里。居民饮用自来水覆盖率、电话和闭路电视覆盖率、家庭上网覆盖率均100%。村内有卫生室1家，面积800平方米文化活动场所1处，面积35平方米图书室1处。有经营性企业及个体工商户48户。2022年，全村经济总收入实现7540万元，村集体经济收入实现53.65万元，人均纯收入16800元。

11. 蒙古卡伦站驻地现状

蒙古卡伦站是吉林城通往三姓城驿路的一个驿站，也是这条驿路与吉林城至瑷珲城驿路分岔以后的第一个驿站，又是这条驿路出今吉林省境前的最后一个驿站，驻地在今榆树市太安乡新站村。考察组5月30日早晨来到新站村，在当地知情人引领下，首先考察了新站村附近的卡岔河码头原址。据介绍，当年蒙古卡伦驿站附近的卡岔河码头很重要，从吉林方向过来的人员、货物到蒙古卡伦站以后，可以从卡岔河码头登舟，走水路进拉林河，入松花江甚至黑龙江，走水路抵达目的地；反之则须在此登陆，走陆路驿路到达想去的地方。考察组所见的卡岔河水流细小、浑浊，显然已经没有了当年的风采。因为这里曾是水陆相交的重要交通节点，考察组对卡岔河码头进行了拍照。卡岔河位于新站村东边，码头原址距村子约1.5公里。蒙古卡伦站原址在新站村原供销社位置，现在是一个规模不大的超市。

榆树市太安乡新站村鸟瞰图，图中红圈处为驿站原址

G202国道从院门口通过,而这条国道的路线有很多段与驿路路线重合。作者曾根据"新站村"地名推断,蒙古卡伦站可能有老站、新站之设。但是,在实地考察时调查了解到,当地人从来没有听过老站、新站之说,榆树市地方志同人解释说,"新站村"之"新"是相对于盟温站和登伊勒哲库站而言,因为蒙古卡伦站之设比前两个驿站晚,并非其本身有新老之分。这个解释也很符合逻辑,看来作者原来的推测有些想当然了。考察组进行了现场定位,其地理坐标为N44°57′22″、E126°35′49″,并用无人机进行了航拍。

新站村,位于太安乡政府驻地东南11公里处,全村面积11平方公里。属典型的平原地区,地势总体平坦,西高东低。北温带大陆性季风气候特征,春季干燥风大,夏季炎热多雨,秋季降温迅速,冬季干冷漫长。年平均气温4.1℃,最高气温在7月为34.2℃,最低气温在1月为-39℃。年平均光照2840小时,年均有效积温2730℃。无霜期最长为144天,平均为148天,年均降水量590毫米。耕地面积869公顷,其中旱田面积730公顷、水田面积111公顷;有林带19条,总长7300米,林地面积51公顷。2022年,全村居民共725户,总人口2891人。辖6个自然屯,7个居民小组。交通发达,黑大公路由南到北贯穿村落。各居民组经济发展各有特色,基本实现一组一品,洋菇莛儿和大葱销售到了长春、沈阳、哈尔滨等大城市。有1个加油站,2家修理部,还有砖厂和粮库,吸收务工人员30多人。注重发展壮大村集体经济,为提升乡村治理,推进乡村建设,开展人居环境整治工作,提供了稳定的经济支撑。2022年,村集体收入54万元,主要以发包机动地为主。有两个具有一定规模的合作社,年收入300万元左右。户户通自来水,基本完成路面硬化,修建了水泥路边沟,安装了路灯,道路两侧栽植了风景树,树下栽种花草。人居环境美丽,基本实现产业兴旺、生态宜居、乡风文明、治理有效、生活富裕。

五、宁古塔至珲春驿路城镇及驿站驻地现状

宁古塔至珲春驿路是在加强边防以抵御沙俄入侵的历史背景下建设开通的,军事战略意义非常突出,固边御侮目的十分明确。这条交通线路实际早已存在,康熙五十三年(1714)清廷设珲春协领并归宁古塔副都统管辖,两地之间就设立了玛勒胡哩、萨奇库、哈顺、穆克德和、密占等五个卡伦传递公文。同治七年(1868),吉林将军奏请添设台卡至十处,即宁古台、新官地台、玛勒胡哩卡伦、老松岭台、萨奇库大卡、瑚珠岭台、哈顺卡伦、穆克德和卡伦、密占卡伦、珲春城台。光绪六年(1880),面对沙俄咄咄逼人、中俄战事一触即发的危急形势,清廷命吴大澂"饬赴吉林随同铭安帮办一切事宜"。光绪七年(1881),吴大澂和吉林将军铭安等上增设驿站、添拨额丁的奏折,光绪八年(1882)皇帝批准了他们的方案,添设正、分站各五处,分别为新官地分站(宁古塔站兼管)、玛勒胡哩站及兼管的老松岭分站、萨奇库站及兼管的瑚珠岭分站、哈顺站及兼管的大坎子分站、穆克德和站及兼管的密占分站、珲春城站,其中萨奇库站至珲春城站7个正、分站在今吉林省境内。虽然这条驿路开

通和驿站设置的时间比较晚，但基本上与这一带放荒招垦同时进行，故而从城镇发展的视角来看，呈现一些特殊的图景和变化。

(一)珲图汪城镇带

宁古塔至珲春驿路进入今吉林省境内以后，先后穿越汪清县、图们市所辖地域，然后抵达珲春市。因此，作者姑且将驿路沿线城镇带称为珲图汪城镇带。从地理区位看，属吉林省东部长白山中低山区域，且为省境最东部，自然禀赋和客观条件决定了不会在这里成长起来规模比较大的城市。查阅现今行政区划地图，图佳铁路和图珲铁路连接起来的路线，与这条驿路的路线大体重合。也就是说，图佳铁路和图珲铁路最初规划轨道路线时，实际就是选择了这条驿路的路线。其实这是很自然的事情。在山区修建铁路，一定会选择在沟谷间蜿蜒前进路线以降低铁轨的高差，而这和古代人在高山峻岭中选择交通路线的思维方式完全一致。后世坚持沿用这条交通路线，甚至近现代铁路建设也选择这条路线，充分说明这是非常合理的一条交通路线。现在，我们在地图上沿着图佳铁路和图珲铁路线观察，会发现汪清县、图们市和珲春市三个县级行政中心，恰好被这条线路连接起来。虽然没有出现大城市，但是这个区域三个最高级别行政中心如此"一线相牵"，足以体现这条路线在这个区域城镇建设和发展上的特殊意义。这三个县级行政建置中，图们市1965年方才设置，对这一带城镇发展历史考察的指标意义不大，故应着重对珲春市和汪清县进行考察。珲春于光绪七年(1881)置副都统，宣统元年(1909)裁撤副都统，置珲春厅，同年汪清设县。《东三省总督徐世昌等奏请援江省成案添设民官酌裁旗缺折》中说："就南路言之，西有长白山，东接珲春以抵俄境，长千余里，南北亦三四百里不等，仅设一延吉抚民同知，政教安能普及？且边界交涉纷起，因应尤难，拟升级改为延吉府，仍治局子街；而于珲春设一抚民同知，分治密江站以东之地，名曰珲春厅；其原辖之和龙峪分防经历治图们江北一带越垦地方，关系尤要，允宜改设正印，以重边地，拟升改为和龙县；其延吉以北之汪清河流域，荒原广漠，几为匪巢，因拟于汪清河沿岸设一县治，并分绥芬府南境之地以附益之，名曰汪清县。"珲春裁撤副都统置抚民厅，汪清设县，对珲图汪城镇带发展来说，是意义重大的历史事件，标志着清政府对地方经营提高了认识并加大了力度，所辖地域城镇因此获得了更为强劲的发展动力。

因为图佳铁路和图珲铁路路线与驿路路线大体重合，驿路沿线城镇也是铁路沿线城镇，这些城镇发展客观上必然会得益于铁路交通。《吉林省志·交通志·铁道》称图佳铁路为牡图线，按其所载，这条铁路是东北沦陷时期动工修建，1933年6月动工，1934年4月起分段运营、临时运营，1935年7月1日起全线正式运营。1985年这条铁路在吉林省设置的车站有：图们站、曲水站、石岘站，以上为图们市所辖地域；三道沟站、新兴站、汪清站、大兴沟站、庙岭站、天桥岭站、骆驼山站、春阳站、老庙站，以上为汪清县所辖地域。图珲铁路则是1987年10月开工建设，中间经历建设单位、设计单位几次更迭等颇多曲折，至1996年达到临运条件。设置车站6个,分别为图们站、庆荣站、凉水站、珲春西站、珲春站、中俄边境。显然图珲铁路修建时间很晚,是在沿线城镇格局已经定型,各城镇区域功能大体已经定位以后才通车的,对这一带城镇的发展肯定会有一定的影响,但从城镇发展分布角度看,不过是在既有格局之下一定程度的调整和完善而已。所以,研究铁路对珲图汪城镇带发展的影响,主要还是要观察图佳铁路产生的影响。由于没有更翔实的历史资料,作者只好采取就各车站所在地城镇发展状况反推的方式,来验看图佳铁路对沿线城镇发展的影响。图佳铁路吉林省境内的12个车站中,图们站和汪清站2站为县级行政中心所在地,石岘站、大兴沟站、天桥岭站、春阳站等4站为乡镇级行政中心所在地,计有6个车站所在地为乡级以上行政中心,占车站总数的一半。由此可以判断,图佳铁路对沿线城镇发展发挥了比较大的作用,将一半的车站所在地牵拉成这个城镇带的支撑点或者城镇带的重要组成部分。当然,这些重要城镇成长壮大的原因是多方面的,绝不仅仅是铁路的影响。

从现今行政区划地图看,珲图汪城镇带乡镇级行政中心以上的城镇有珲春市、英安镇、密江乡、凉水镇、图们市、长安镇、石岘镇、百草沟镇、东光镇、汪清镇、大兴沟镇、鸡冠乡、天桥岭镇、春阳镇等14个。从历史发展的角度看,珲图汪城镇带最初的支撑点为珲春城。据《吉林志书》记载,康熙五十三年(1714)珲春设协领衙署,有办事房三间、档房三间、银库两间、大门三间、仪门一间,周围土墙八十四丈。《吉林分巡道造送会典馆清册》记载,光绪七年(1881)修筑珲春城,筑土为墙,高八尺,周围约七里。城墙开四个门,东曰靖边,南曰抚绥,西曰镇定,北曰德胜。池七尺,池边植杨柳。毫无疑问,到光绪七年(1881)时,珲春是这个珲图汪城镇带的中心城市。在垦民尚未大批进入、土地尚未充分开发时,以珲春为依托支撑点,驿路上各驿站为珲图汪城镇带的形成支撑起了骨架空间。这个判断,可以从《皇华纪程》的相关记载得到证实,具体内容曾在本书"宁古塔至珲春各驿站"部分进行了详述,此处不再赘述。应该特别指出,大坎子分站为库雅拉部钮呼特氏世管佐领驻地,为清初叶珲春一带的原住民满族库雅喇部三个嘎山之一,当为人烟相对稠密的地方,在山林开启之初应当发挥了重要作用,可视为早期的一个重要支撑点。另外,哈顺站在汪清县设置之初曾为县治,《汪清县文物志》记载,"1909年,又析延吉、珲春境,在汪清河南岸之哈顺站(今汪清镇春和村大仙屯)设汪清县,旋移治百草沟,隶吉林省东南路兵备道。"可见分量亦是不轻,当可为另一个重要支撑点。不过,由于自然禀赋和历史机遇的原因,最初的支撑点并不一定就会成为当今的重要城镇。而现今此城镇带上14个乡镇级行政中心以上的重要城镇,原为驿站所在地或驿站在其辖域的,分别为珲春市、密江乡、凉水镇、东光镇、汪清县、大兴沟镇、春阳镇等7个地方,也恰好占了一半。不过,这一半的分量很重,作为区域中心城市的珲春市和三个县级行政中心之一的汪清县,都在这一半城镇之内。应该说明,汪清县县治于1938年迁到大肚川,将大肚川更名为汪清街,而汪清街和当初哈顺站驻地距离很近,二者同属汪清镇,故而相当于县治又迁回到哈顺站驻地。从这个意义上说,宁古塔至珲春驿路,拉伸出来了珲图汪城镇骨架,并形成了今日的城镇带。

(二)各驿站驻地现状

对宁古塔至珲春驿路各驿站的实地考察,是由李云鹤、常京锁、竭宝峰、崔宇、李鹏组成的考察组,于2023年6月2日至3日进行的。实地考察路线是沿着宁古塔至珲春方向行进的,也就是说,是从萨奇库站开始的这次考察行程。考察组先到了汪清县,对汪清县境内的萨奇库站、珊珠岭分站、哈顺站、大坎子分站4个驿站驻地进行了踏查;然后到图们市,对图们市境内的穆克德和站驻地进行踏查;最后到珲春市,对珲春市境内的密占分站和珲春城站两个驿站驻地进行踏查,结束了这次考察之旅。整个考察过程比较顺利,延边朝鲜族自治州、汪清县、图们市、珲春市相关领导对考察工作高度重视,延边州分管领导特意安排州文旅局工作人员随同一起考察,这些地方的地方志工作机构同人们,都做了相当扎实具体的基础工作,为考察工作顺利进行打下了坚实的基础。

1. 珲春城站驻地现状

关于珲春城站的具体位置,历史文献的记载比较粗略,只有"在珲春城西五华里"的大概信息。珲春市地方志工作人员结合史料记载和口碑资料进行了深入研究,认为具体位置应该是渤海大街建设之前珲春城的西出口,现今珲春市长安小区南侧物流场地(原珲春市水泥厂)。这个位置,距原珲春城西门恰好五华里左右,而且位于原珲春城通往图们方向驿路路线上。为了印证这个判断,珲春市地方志工作同人还寻到了当年珲春城地图,与现今地理情况进行了比照,各方信息条件基本符合。因为历史文献记载缺乏具体细节,而根据经验一般驿站原址都不会留存任何遗迹,要准确定位珲春城站的具体位置,无疑是非常困难的事情。考察组于6月3日来到珲春市,基于珲春市地方志工作同人基础工作比较扎实,在对已经掌握的资料信息进行分析比对大体吻合以后,采信珲春市地方志同人推定的具体位置,对这个位置进行了现场定位,其地理坐标为N42°51′58″,E130°20′9″,并用无人机进行了航拍。

珲春市地处吉林省东部延边朝鲜族自治州东端,图们江下游,距日本海最近点15公里(由土字牌前423号界碑至图们江出海口),为中国、俄罗斯、朝鲜三国交界处,是中国长吉图开发开放先导区的"窗口"和面向东北亚开放的"桥头堡",也是"一带一路"向北开放的战略支点。东南部以分水岭为界,与俄罗斯接壤,由北向南自384号至42号界碑之图们江水中间点止,中俄边界珲春段总长246.25公里;正西与西南方向自423号界碑之图们江水中间点至黑滴达岭南端之图们江水中间点止,与朝鲜民主主义人民共和国为邻,边界线长139.5公里。距俄罗斯符拉迪沃斯托克(海参崴)180公里,距俄罗斯哈桑区重镇克拉斯基诺46公里;距朝鲜罗津港93公里,清津港171公里。从防川沿图们江而下经入海口至日本海15公里。南部防川村,是中、俄、朝三国交界鼎足地带,面积20平方公里。从防川沿江出海到俄罗斯波谢特港61公里,往朝鲜清津、罗津、雄基和韩国釜山港均比较便利,防川是中国经水路到俄罗斯、朝鲜半岛东海岸、日本西海岸以及北美、北欧最近点。历史上,珲春有"黄金水道""海上丝绸之路"之称,拥有沿图们江出海通航权。西北起磨盘山主峰至黑滴达岭南之

珲春市城区中华路与珲春西街交会处鸟瞰图，图中红圈处为驿站原址

图们江水中间点止与图们市相接，西北起磨盘山沿老爷岭山脉诸峰分水岭为界，与汪清县及黑龙江省东宁市相连。

　　珲春市地形呈马鞍形，东、南、北三面被群山环绕，山地面积占珲春市80%以上，境内最高峰老爷岭，主峰森林山，海拔1477.4米，是中国大陆第一缕曙光首照地；西侧为珲春河冲积平原，面积600余平方公里，是珲春市人口和产业重心。城市位于珲春平原中西部，建成区面积16平方公里，远期规划总用地面积65平方公里。珲春境内还有敬信、春化等小型平原和盆地，海拔标高30米至100米，面积628平方公里，占全市面积12.21%，是水稻、蔬菜和其他经济作物主要产区。珲春地区属兴安岭山系长白山支脉，余脉分布在珲春市大部分地区。境内以老爷岭为主，下分3条山脉，即磨盘山、土门岭与通肯山。含已定名大小山岭160余座。老爷岭自东北部五道沟与六道沟之间珲春河北岸，弯曲向西北延伸，至海拔1221.9米黄松甸沟顶子处，为哈达门乡与春化镇界山。此后折向西，又向西北，再向西南，经由英安、密江直到图们市凉水镇庆荣村图们江岸，全长约120公里，有海拔公里以上山峰17座，老爷岭主峰森林山，海拔1477.4米，是境内制高点。

　　2021年，珲春市辖5个街道：靖和道、新安街道、河南街道、近海街道、海东街道；4个镇：春化镇、敬信镇、板石镇、英安镇；5个乡：马川子乡、杨泡满族乡、三家子满族乡、密江乡、哈达门乡；1个林业局：珲春林业局。市人民政府驻河南街道。户籍人口22.40万人。其中，城镇人口17.63万人，占78.7%；乡村人口4.77万人，占21.3%。总人口中，汉族12.06万人，占总人口 53.9%；朝鲜族 7.95 万人，占总人口 35.5%；满族 2.23 万人，占总人口 9.9%，其他民族 0.15 万人，占总人口 0.7%。实现地区生产总值 102.25 亿元，第一产业增加值 6.97 亿元，增长 10.2%；第二产业增加值 53.73 亿元，增长 8.1%；第三产业增加值 41.55 亿元，增长 5.6%。1992 年国务院批准珲春市为进一步对外开放的边境城市，同年批准设立珲春边境经济合作区；2000 年以后，又先后在珲春市设立了出口加工区和中俄互市贸易区，使珲春市形成了全国独一无二的"三区合一"格局；2009 年，国家批复实施《中国图们江区域国际合作开发规划纲要》，将珲春市定位为长吉图开发开放的窗口城市；2012 年，国务院批准设立中国图们江区域（珲春）国际合作示范区；2020 年，批准设立珲春海洋经济发展示范区。享有图们江区域合作开发、互贸落地加工试点、"十四五"首批国家物流枢纽、市场采购贸易方式试点、二手车出口业务地区等一系列国家级重大政策。坚持以产业振兴带动乡村全面振兴，启动实施了延边黄牛养殖示范园、冷水鱼环球之旅产业园等一批重点项目，培育发展了一大批特色种养殖和乡村旅游等优势农业产业；森林覆盖率高达 86% 以上，辖拥东北虎豹国家公园、防川 4A 级国家风景名胜区，野生东北虎豹数量居全国之首，每年有上百万只候鸟来此栖息繁衍，是著名的虎豹之乡和候鸟天堂；同时拥有朝鲜族洞箫、碟子舞和满族剪纸等非物质文化遗产。

2. 密占分站驻地现状

根据历史资料记载，密占分站驻地为今珲春市密江乡密江村，也是密江乡人民政府所在地。考察组来到密江村以后，按照当地知情人指点，找到了原密江人民公社俱乐部所在的位置。这是一座砖瓦结构的三层建筑，从外观看已经比较破败，似乎闲置多年，也许用不了多久就会被拆掉了。据介绍，这座 20 世纪 70 年代修建的俱乐部所在位置，就是当年密占分站的大概位置，我们所行走的从俱乐部楼头通过的狭窄道路，即当年驿路的路线。据了解，在当地人推定的驿站位置不远处的山上曾经建有庙舍，具体是什么庙已经说不太清楚了。考察组面临着同样的困境，查阅历史文献得知密占分站原址在密江村，但是具体位置却无从查找。有关驿站的遗址、遗迹都已经消失，只能依靠当地人口碑资料来分析推断。结合驿路路线走向、庙舍位置关系等有限信息，考察组虽然不能确定俱乐部这个位置就是正确的，但也不能证明它是错误的。所以，采信当地知情人的推定，考察组对俱乐部位置进行了现场定位，其地理坐标为 N42°59′35″、E130°8′31″，并用无人机进行了航拍。

密江乡地处珲春市西部，有珲春"西大门"之称。距珲春市区 26 公里，总面积 404 平方公里。其中，陆地 399 平方公里，占 98%；水域 5 平方公里，占 2%。东与英安镇接壤，南与朝鲜庆源郡美山里隔图们江相望，西与图们市凉水镇相连，北与汪清县东光镇毗邻。密江村在 G302 国道边上，高速公路建设之前是珲春通往延吉方向的唯一交通路线，高速公路建成后也承担部分交通流量，沿 G302 国道向西至图们市市区 35 公里。这里辽金两代为女真乌塔部辖境，明代为密占卫（亦写作密扎卫）辖境。清代先设密占卡伦，后改为密占分站。密江河原名为密占河，满语为"长披箭"之意。新中国成立后，1950 年改称第六区，1956 年改称密江乡，辖密江、东阳、中岗子、解放 4 村。1958 年改称密江公社，辖密江、解放、下洼子、中

珲春市密江乡密江村鸟瞰图,图中红圈处为驿站原址

岗子、三安、东阳、东新7个大队。1983年改公社为乡、改大队为村,辖密江、解放、下洼子、中岗子、三安、东阳、东新7个村。2011年辖密江、解放、下洼子、中岗子、三安、东新6个村,2022年大荒沟村划归密江乡,辖7个村,有6个朝鲜族村,辖区总面积756.72平方公里。全乡户籍人口881户、2246人,常住362户、647人。全乡耕地面积1009.12公顷,其中水田40.33公顷,旱田968.79公顷,主要种植玉米、大豆、水稻等农作物。密江河大马哈鱼国家级水产种质资源保护区,是全国唯一的此类保护区。密江村是边境一线村,隔图们江与朝鲜相望,边境线长12公里。

密江乡境内探明的矿产资源有花岗岩、大理石、六棱石。黑色花岗岩矿位于中岗子村东4公里,地质储量2000万立方米;大理石矿位于中岗子村,储量267万立方米;六棱石资源分布距密江村西北约43公里,为玄武岩在风化条件下形成的柱状节理,被地质部门定为国家地质文物。朝鲜族洞箫艺术被列入国家非物质文化遗产名录,密江乡是全国闻名的"朝鲜族洞箫之乡",被文化部授予"中国民间文化艺术之乡"称号,中国民间文艺家协会授予"中国朝鲜族洞箫艺术之乡"称号。密江乡成立了由70多名会员组成的洞箫协会,并组织洞箫爱好者学习洞箫、练习脍炙人口的曲子、排练传统节目,先后参加"观赏中国新世纪第一缕曙光""中国延边风景旅游活动周""中国图们江国际旅游贸易交易会开幕式""延边非物质文化展""首届吉林省农民文化节""中国少数民族非物质文化遗产展"等活动。密江乡洞箫音乐表演已真正融入旅游业,成为旅游业发展与民俗村开发不可或缺的一部分。

3. 穆克德和站驻地现状

穆克德和站是正站，兼管密占分站。通过查阅史料了解到，穆克德和站最初设在德通沟，后因山洪冲淹迁到十多里之外的莫尔和甸子。在实地考察之前，作者只知道迁址后的穆克德和站驻地为今图们市凉水镇南大村，而原来的德通沟是何所在，一直没有搞清楚。考察组一行来到南大村，在当地知情人的引领下来到南大村东侧Y011乡道附近，据说此地为当年驿站所在位置，而Y011乡道为当年驿路路线。在仔细核对驿站位置、驿路走向、上下站相对距离及方位以后，发现与作者掌握的文献记载并无明显矛盾之处，遂采纳当地知情人意见，在其指定的位置进行了现场定位，其地理坐标为N43°2′26″、E129°58′18″，并用无人机进行了航拍。作者现场向地人打听德通沟的位置，试图寻找穆克德和站最初所在的地方。很遗憾，南大村的老乡听到"德通沟"地名以后，都是一脸茫然，表示没有听说过。但在场的图们市老地方志工作者李海军却给出了答案，指出现在的亭岩村就是当年的德通沟，非常肯定地说资料来源于当地地名文献，并且已经在他参与编纂的《图们市志（1986—2000）》中进行了明确记载。于是，考察组立即奔赴亭岩村。亭岩村在南大村东北，相距约6公里，有Y011乡道和X141县道相连。亭岩村三面环山，亭岩河从村子东侧流过，现在已经修建了石头河水库。当地人介绍，村子所在的沟谷中有通往汪清县的古道。根据地形地貌和与南大村之间的距离，以及古道走向等因素判断，亭岩村为穆克德和站最初驻地当无差错。考察组进行了现场定位，其地理坐标为N43°4′16″、E130°0′36″，并用无人机进行了航拍。

《图们市志（1986—2000）》关于南大村的记载："南大村，清咸丰年间建屯，以在莫尔和甸子之北，称莫尔和甸子，又称大沟。后于清光绪二十三年（1897）穆克德赫卡伦从德通沟（现亭岩村）迁此，得名穆克德赫（俗称摸黑甸子）……1934年日伪统治时期并屯后，以屯在岭南，改名为南大洞（意为岭南边的大屯子）。1956年更名英豪，1961年恢复南大名称。"南大村位于凉水镇西北部，距图们市区19公里，距凉水镇政府6公里，面积29.96平方公里，耕地240公顷，其中水田29公顷，旱田211公顷。全村2个自然屯，8个村民小组，分为四个区域管理。户籍人口248户、740人，其中本村户籍常住人口为152户、325人，外来人口48户、95人，外出务工357人。2021年种植业产值14万元，人均年收入1.2万元。

《图们市志（1986—2000）》关于亭岩村的记载：1938年2月，80户朝鲜农民从朝鲜忠川北道迁移来此，选择林木葱茏的西沟沟口山坡建屯，取名西柏林。"西"指西沟，"林"指树林，"柏"字系取"百"谐音，便于同林字结合，构成意义完整的词。意思是，在西沟这块林木茂盛的地方，建起了这个永久的村落。1948年，以村落在亭子岩山南麓，改名亭岩。据相关历史文献记载，亭子岩山西北约400米处，有亭岩山古城，为明代毛怜卫和毛怜站驻地。山城沟口外是一条南北向河谷，谷内有通往汪清方向的古道和由北向南流入亭岩盆地的河流。这条河谷，就是今亭岩村所在沟谷。亭岩村在凉水镇北，距离约8公里，地处崇山峻岭之中。全村6个居民组，户籍人口（农业人口）175户、461人，总面积66.11平方公里，林地853.3公顷，耕地面积150公顷。常住人口43户、67人，本村户籍常住人口36户、56人，外来人口7

图们市凉水镇亭岩村鸟瞰图，图中红圈处为驿站(旧站)原址

图们市凉水镇南大村鸟瞰图，图中红圈处为驿站(新站)原址

户、11人。标准化村级卫生室正常使用,配有执业医护人员1人;有符合标准且正常投入使用的文化活动室;有黑果腺肋花楸种植基地产业项目。2020年,村集体收入为11万元,2021年为16万元。2020年,被第二批命名为吉林省少数民族特色村寨、延边州十佳魅力乡村。

4. 大坎子分站驻地现状

大坎子分站由哈顺站兼管,位于哈顺站和穆克德和站之间,驻地现为汪清县东光镇大坎子村。大坎子村位于汪清县东南部,X172县道从该村西侧通过,从X172县道继续向西过新兴河即达图佳铁路线。考察组从哈顺站驻地前往大坎子分站,在当地知情人引领下,来到大坎子村村委会南100多米的地方,这里有"大坎子惨案地遗址"标识碑和"中共大坎子支部遗址"标志碑。据介绍,大坎子分站原址就在这附近一片,驿路路线从驿站南边通过。此地有比较明显的自然地标,站在大坎子村向东北方向眺望,磨盘山清晰可见,据当地人介绍相距7公里左右。虽然没有更多详细的历史文献记载,大坎子分站驻地为大坎子村是确定的,而具体地点考察组则采信了当地人的指认,毗邻为汪清县烟草公司新兴烟叶工作站,考察组进行了现场定位,其地理坐标为N43°12′32″、E129°47′57″,并用无人机进行了航拍。

大坎子村隶属汪清县东光镇,东光镇名称取"东方的光明"之意。大坎子村原隶属汪清县新兴乡,2001年行政区划调整时,撤销新兴乡建制,所辖行政区域并入东光镇,故而大坎子村现隶属汪清县东光镇。大坎子村距离县城15公里,距东光镇政府13公里。全村耕地面积371公顷,林地面积1456公顷。大坎子村分为2个自然屯,11个村民小组。全村户籍

汪清县东光镇大坎子村鸟瞰图,图中红圈处为驿站原址

人口306户、686人,主要民族有朝鲜族、满族、汉族,其中朝鲜族125人;男性352人,女性334人。常住人口135户、335人,其中朝鲜族6人;男性170人,女性165人。种植业主要以大豆、玉米为主,产业有黄烟种植和黄牛养殖。黄烟种植业发展情况比较好,汪清县烟草公司在大坎子村设立新兴烟叶工作站,进行烟叶生产的具体指导和经营。

大坎子村是汪清县第一个党支部诞生地。《汪清县志(1909—1985)》记载:1929年,中国共产党党员韩昊从苏联经北满来汪清县筹建地方党组织,最初在大坎子发展2名党员,成立了党小组。第二年在大坎子发展党员达到4名,成立中共大坎子支部委员会,隶属中共东满特别支部,洪范植任支部书记。据《汪清县文物志》记载:1932年春,中共大坎子支部领导新兴、大坎子一带群众,开展了轰轰烈烈的"春荒斗争"。他们在新兴村集合,然后到大坎子附近一些村屯举行示威游行。游行队伍在大坎子村北头,遭到大坎子伪警署巡警的血腥镇压,当场打死1人。随后,日本讨伐队占领大坎子村,又杀害30多人。同年4月,百草沟日本领事分馆派武装部队,再次对大坎子进行清剿,逮捕10余名群众,放火烧毁了全屯80多户民房,把洪斗极等8人推进火堆里活活烧死,大坎子村变成了一片废墟。日本侵略者暴行造成的惨案,被称为"大坎子惨案"。

5. 哈顺站驻地现状

哈顺站驻地为现今汪清县汪清镇春和村大仙屯,因为行政区划调整变化的缘故,作者曾经费很大力气才搞清楚这个隶属关系。考察组6月2日来到大仙屯实地考察以后,才了然为何仅从书本字面上考证会走很多弯路。原来,哈顺站驻地确实曾叫大仙村,过去先后归属西崴子乡、东振乡,1998年乡镇合并划归汪清镇,沿袭至今。大仙村1954年正式建村,因所在地为大仙屯故名。据当地人介绍,大仙屯附近山脚下原来有一处道场,道场中有一位"看事儿"非常灵验的出家人,人们称他为"大仙"。大仙屯邻近道场之故,成屯后便名"大仙"。1983年大仙村整体从原大仙屯向北偏西方向搬迁不到2公里,即今春和村的位置,并改名为春和村。这么一番弯弯绕下来,不到实地考察很难搞清楚。不过,原大仙屯的位置,还有一些房屋,据说都是外来人口在租住。考察组来到大仙屯以后,先是在当地知情人带领下登高远望,发现大仙屯所在位置恰好在G333国道由东南向折而西南向的锐角弯里侧,汪清河在屯子北边自东向西流过,在屯西北不足200米处汇入嘎呀河,然后向南偏西方向流去。考察组在大仙屯进行了现场定位,其地理坐标为N43°21′9″、E129°45′56″,并用无人机进行了航拍。

哈顺站原址所在的春和村隶属汪清镇。汪清镇位于县境西南部汪清河岸边,是汪清县人民政府所在地,全镇辖区面积258.61平方公里。汪清镇历史文化悠久,镇内西崴子村早在新石器晚期就有人类繁衍,镇内砖瓦厂附近曾是渤海王暂留之地。汪清镇开发较早,清同治年间就有山东人到此定居,为汪清县春明社,1954年始称汪清镇。1998年与东振乡、西崴子乡合并,最终明确为现有辖区,辖汪清、砂东、东明、砂北、砂南、春和、夹皮沟、东振、河北、西崴子、大川、老村、柳树河、城关共14个行政村。2022年,全镇总人口9679人,朝鲜族6164人、满族181人。地形以低洼、山脉为主,大部分地区海拔为300—700米。气温属温带

汪清县汪清镇春和村大仙屯鸟瞰图，图中红圈处为驿站原址

季风气候的温凉区，其特点是春季暖和风大，夏季短促多雨，秋季温和晴朗，冬季漫长寒冷。全年四季分明，无酷热或奇寒天气。交通十分便利，哈尔滨至图们铁路经过镇内，蒲左高速公路和203省道穿境而过。耕地面积3298公顷，以种植水稻、玉米、大豆、蔬菜为主。林地面积17743公顷，森林覆盖率68.6%，主要树种有红松、落叶松、桦木、椴木、柞木、水曲柳、黄檗等。镇内有大小河流4条，分布均匀。先后获得"吉林省乡村振兴示范镇""全国重点镇""全国生态镇""吉林省百强镇""全省文明镇"等荣誉称号。

大仙屯现在只剩下少许房屋，大部分住房已经拆掉，宅基地已经复耕。据春和村负责人介绍，宅基地复耕土地肥力很足，粮食产量比其他耕地还高。原大仙村搬迁后更名为春和村，位于汪清镇西5公里处。面积12.54平方公里，有林地面积882公顷，耕地面积184.5公顷。境内有西山等山峰，有嘎呀河、汪清河等两条河流，自然资源丰富。主要农作物为玉米、水稻。户籍人口271户、522人，朝鲜族485人，常住人口48户、66人。2022年村集体经济收入达21.63万元。2010年被纳入吉林省"千村示范、万村提升"工程，2012年被评为省级文明先进村，2013年被列入全国美丽乡村试点村。2015年，被吉林省旅游局等评为3A级乡村旅游经营试点单位，2019年，被授予省级文明村荣誉称号。

6. 瑚珠岭分站驻地现状

瑚珠岭分站归萨奇库站兼管，是这条驿路之上今天看来唯一一个原址所在地离开图佳铁路线而且距离比较远的驿站。为此，作者在前文曾经进行了分析，根据史料的记载，怀疑此站亦有老站、新站之分,并且一度认为大兴沟镇庙岭村很可能是老站原址。考察组于6月2日先到了庙岭村,并进行了实地调查。当地人均未听说过这里设过驿站,汪清县地方志工作同人经过对历史资料的梳理,也没有找到任何文字记载。于是,考察组向大兴沟镇五站村进发,继续寻找答案。五站村为瑚珠岭分站驻地,历史资料有确凿记载。考察组到达五站村以后,因当地人只知道当年有驿路通过且在此设有驿站,但是驿站的具体位置所在却无人知晓。考察组在五站村村委会院里进行了现场定位,其地理坐标为N43°25′18″、E129°32′50″,并用无人机进行了航拍。随后,作者和当地干部群众进行讨论,探讨瑚珠岭分站与其他驿站分布规律不同的原因。在讨论中作者突然意识到,驿路开辟的时候,一般都是顺着河谷或者沟谷平坦处延伸,遇到大山隔阻一般会选择绕行。而图佳铁路修建时,遇到大山可以开凿隧道穿越过去。于是了解附近是否有铁路隧道。一位当地人介绍说,在五站村东北方向有一个叫小洞子沟的地方,图佳铁路在那里穿越了一条隧道。作者于是恍然大悟,原来图佳铁路通过隧道截弯取直,所以将五站村远远地甩了出去,并非有什么旧站、新站。至于《汪清县志》曾提到“瑚珠岭之新站(五站)”,吴大澂在《皇华纪程》中也有“过瑚珠岭新站小憩”的记载,则可能是相对于“原设瑚珠岭台”而言,称为“瑚珠岭新站”。这是实地考察破解的又一个谜题。

瑚珠岭分站驻地五站村,现隶属汪清县大兴沟镇。大兴沟镇位于汪清县中西部,距离县城13公里,镇域因为清朝封禁,曾是一片茂密的原始森林。清光绪七年(1881)施行移民

汪清县大兴沟镇五站村鸟瞰图,图中红圈处为驿站原址

实边政策后,才开始有人移居垦荒,被编为珲春招垦局春和社。1910年由延吉县划归汪清县管辖,隶属春明社。1934年伪满时期,该地曾驻有警察署。1958年9月成立大兴沟人民公社,1965年7月大兴沟人民公社改为大兴沟镇。1998年12月,进行行政区划调整,撤销双河乡建制,将其所辖行政区域划归大兴沟镇管辖。大兴沟镇现辖区面积1009.15平方公里,辖35个行政村、2个社区。全镇户籍人口11769户、24913人,常住11951人。耕地面积14526.8公顷,林地面积10104公顷。传统农业以种植玉米、大豆等为主,特色产业以黄牛养殖、绿色水稻、棚膜种植为主。

五站村在大兴沟镇政府所在地以西约8.5公里,因G333国道穿越大兴沟镇而过,所以五站村距G333国道也有8.5公里之远。不过,X188县道从五站村北面通过,也算是纾解了处于群山环抱之中的五站村的交通窘境。五站村户籍人口240户、490人,常住67户、141人。有耕地面积257.3公顷,林地面积151.3公顷。耕地面积中,旱田面积191.13公顷,水田面积66.17公顷。耕地种植品种主要为大豆、玉米、水稻。

7. 萨奇库站驻地现状

萨奇库站是当年这条驿路从宁古塔境进入珲春境的第一个驿站,驻地现为春阳镇骆驼山村。6月2日,考察组来到骆驼山村进行实地考察。据当地人士介绍,骆驼山村得名,是因为村前那座大山,两个山头酷似骆驼双峰相对,山名骆驼砬子,山下村名骆驼山村。在当地人的引领下,考察组来到骆驼山村西面山坡,这里便是萨奇库站原址所在地。这个山坡上有一座汪清县人民政府立的文物保护碑,上书"吉林省文物保护单位骆驼山遗址",由吉林省人民政府2014年8月28日公布。碑文内容为:"遗址修筑于渤海国(698—926年),是渤海上京(东京城)通往渤海东京(八连城)的一处重要遗存。遗址地势呈北高南低,中间有一条南北走向的水沟将遗址一分为二,东西长230米,南北宽20米。采集文物有:陶器口沿、器底、檐头瓦、莲花纹瓦当、指压纹板瓦、绳纹砖等。该遗址对研究渤海的交通、驿站等具有重要的价值。保护范围:以此保护标志说明牌为基准,向西80米,向东150米、向南100米。建设控制地带:保护范围外延50米。"这个省级文物保护遗址再次说明,清代宁古塔城至珲春城驿路路线,基本与渤海国时期两地的交

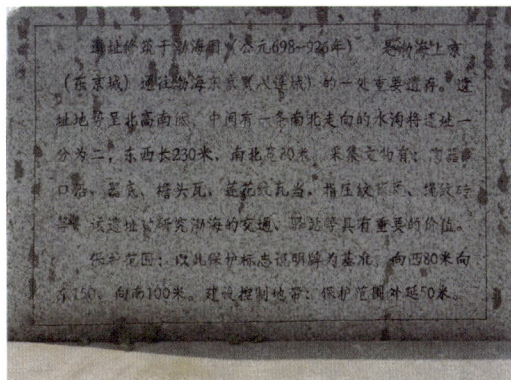

吉林省文物保护单位骆驼山遗址碑(右图为碑文)

汪清县春阳镇骆驼山村鸟瞰图,图中红圈处为驿站原址

通路线重合。而萨奇库站原址,也恰好在这个保护范围之内。据骆驼山村负责人介绍,十几年前这个地方还有一些残垣断壁,后来都被拆除了。考察组在现场发现,农田里确实散落着很多砖瓦碎块,还很幸运地发现了一块比较完整的莲花纹瓦当。考察组进行了现场定位,其地理坐标为N43°39′14″、E129°31′47″,并用无人机进行了航拍。

骆驼山村归春阳镇管辖。春阳镇域于清光绪七年(1881)施行移民实边政策后,才开始有人移居垦荒,被编为珲春招垦局春阳社,先后划归延吉厅、延吉府、延吉县管辖。1938年5月,由延吉县划归汪清县管辖,1945年11月为春光区春阳乡,1948年5月为第五区春阳村,同年7月为天桥岭区春阳村。1954年11月为汪清县春阳乡,1958年9月成立春阳人民公社,1983年9月改称春阳乡,1984年11月经吉林省人民政府批准改乡为镇。春阳镇位于汪清县西北部,辖区总面积960平方公里,下辖19个行政村,户籍人口5356户、12672人,常住2956户、6900人。总人口中少数民族2067人,其中朝鲜族1736人,满族、蒙古族、回族、布依族合计331人。有耕地面积5092公顷,种植面积4633公顷。其中,大豆2313公顷,玉米1994公顷,水田326公顷。有林地面积9374.8公顷。

骆驼山村位于春阳镇南10公里处,距离汪清县城55公里。地处春阳河右岸,图佳铁路和333国道平行于村南通过,交通相当便利。户籍人口83户、187人,常住37户、68人。面积6平方公里,耕地面积104公顷,其中旱田耕地面积100公顷,水田耕地面积4公顷。林地面积65公顷。主要产业为传统农作物种植、木耳种植、黄牛养殖等。

后　记

出于职业责任感,我们贸贸然开始了《驿路钩沉》书稿的撰写。随着笔触的不断深入,益发感受到与历史文化的疏离之严重,也愈发坚定对挖掘整理吉林古代交通路线和清代驿路驿站历史文化价值意义的认识。很荣幸,在书稿撰写过程中,本书被省委宣传部纳入"吉林文脉传承工程"之中,得以在省委宣传部有关领导的指导和帮助下完成撰写任务。

说起来,这本书也是"众手成书"。在书稿撰写过程中,我们虽然不生产知识,但无时无刻不在搬运知识,查阅检索历史资料的工作量可谓"巨大"。吉林省地方志编纂委员会研究室主任常京锁先生、吉林省方志馆馆长竭宝峰先生及省方志馆各位工作人员,随时应作者的要求查找相关资料,及时送到作者案头,为作者心无旁骛地撰写书稿提供了坚实保障。耿一然先生欣然为本书题写书名。省人大常委会退休干部巩中坚先生先后两次对书稿全文进行校对,对提高本书质量做出了重要贡献。

对各驿站原址进行实地考察,真实记录驿站原址的现状,是本书非常重要的内容。常京锁具体安排了考察组的行程计划,《中国国家地理》杂志特约摄影记者崔宇先生义务承担了实地考察的现场航拍工作。整个考察过程涉及4个市(州),15个县(市、区),用时8天,行程3000余公里。四平市副市长王昊昱全程参与考察组在四平市境内的考察工作,随时协调解决遇到的困难和问题。考察组所到的市(州)及县(市、区)相关领导、地方志工作机构的领导和工作人员、文物保护工作部门工作人员、民间文史爱好者、当地知情人士等,都热情支持帮助实地考察工作,积极参与到考察之中,有力保障了实地考察工作的顺利进行。

本书中的历史地图来自《吉林省历史图志》,《吉林省历史图志》编纂委员会编著,中国地图出版社,2020年3月第1版,审图号GS(2020)2276号;驿站的资料图片来自《清代吉林邮驿及邮集图录》,杨川主编,长春出版社,2021年4月第1版。在此,对作者的大力支持表示诚挚的感谢。

支持和参与实地考察工作的领导和工作人员有:

长春市:战国立、李锐、崔玉恺、王峰、于永彬、孟繁新、杜习斌、陈春林、尹中峰、苑立刚、杜丽娜、赵国强、于春龙、张野。

吉林市:王石红、鲁铭、周胜新、赵健敏、袁梦思、王淏、王海、吴文刚、刘广卓、刘宇峰、赵羽亭、毕淑霞、周彬、李强、沙志勇、张立春、于凤一、王向东、方永生、吴文柱、于国辉、刘磊、陈舜、于航、郭译、陈友义、赵鸿儒、钟孝义、王国禄、刘晓鹏、董跃光、骆树乔、王瑛琪、张晓刚、张译文、代学睿、李想、赵惠波、陈德海、赵承志、于洋、曹丁予、姜宇、刘子才、王志刚、邓薇、范芯岐、林晨、薛明珠、徐铭第、丁万良、王荣新、于洪林、王德龙、许艳红、闫洪涛、周婷婷、臧宇、孙超、王炳檀、杨羽婷、李萍、郎益江、刘澎、刘艳娟、季金辉、王淑霞、刘喆、刘龚、尹旭明、翁辉、杨金鑫、盖昊天、孙淑平、吴鹏飞、马赫良、李丽。

四平市：陈德明、王昊昱、于之、李美英、隽成军、刘怀辉、费东佐、牛杨、都淑艳、姜佳宁、苏立伟、赵雁如、于丹、关忠、常波、朱立东、金羽、于洋、刘东旭、朱波、翟英顺、柴运鸿。

松原市：车亦雪、杨贵春、刘化军、张昊然、张峰、邰明辉、夏晓东、刘澜博、王广泰、姜冬梅、安平来、苏铭、张宇、刘大伟、李治禹、赵树志、韩凤军、姚伟东、黄立臣、汪广泰、汪景权、汪积明、雷文军、雷恩喜、赵宏伟、景迪、孙鹏、梁启胜、杨剑波、鲁洪波、王福生、李显刚、姜永慧、姜雪、吴文财、任绍常、夏志刚、李俊成、于智钥、赵志国、张彦伟、于飞飞。

延边州：尹朝晖、崔东辉、王玉萍、丁原翔、庄冬佳、朴明旭、程艳华、翟运昌、吕家志、金慧淑、王立峰、李海军、娄晓霞、高志刚、杜宝君、林媛媛、李宝东、姜艳、丁明玲、冯秋颖、李清兰、魏云峰。

在此，向为本书成书提供支持和帮助的所有朋友，一并致以崇高的敬意和诚挚的谢意！

本人并非科班出身，一头扎进地方历史文化领域指指点点，说是滥竽充数可能有点冤枉，但实实在在是个"半吊子"。由于水平能力所限，书中乖谬不足之处一定不少，诚请读者、方家不吝赐教！

李云鹤

2023年10月29日